中国社会科学院登峰战略优势学科（产业经济学）阶段成果

产业发展的
热点与焦点问题 [2017]

HOTSPOTS AND FOCUSES ON INDUSTRIAL DEVELOPMENT (2017)

中国社会科学院工业经济研究所《产业经济学》学科组 ◎ 著

经济管理出版社
ECONOMY & MANAGEMENT PUBLISHING HOUSE

图书在版编目（CIP）数据

产业发展的热点与焦点问题（2017）/中国社会科学院工业经济研究所《产业经济学》学科组著 . —北京：经济管理出版社，2018.5

ISBN 978 - 7 - 5096 - 5720 - 1

Ⅰ . ①产…　Ⅱ . ①中…　Ⅲ . ①产业发展—中国—2017—文集　Ⅳ . ①F269.2 - 53

中国版本图书馆 CIP 数据核字（2018）第 058959 号

组稿编辑：杜　菲
责任编辑：杜　菲
责任印制：黄章平
责任校对：董杉珊

出版发行：经济管理出版社
　　　　　（北京市海淀区北蜂窝 8 号中雅大厦 A 座 11 层　100038）
网　　　址：www. E - mp. com. cn
电　　　话：（010）51915602
印　　　刷：三河市延风印装有限公司
经　　　销：新华书店
开　　　本：880mm × 1230mm/16
印　　　张：23.75
字　　　数：623 千字
版　　　次：2018 年 5 月第 1 版　　2018 年 5 月第 1 次印刷
书　　　号：ISBN 978 - 7 - 5096 - 5720 - 1
定　　　价：99.00 元

序

　　本书是 2017 年中国社会科学院工业经济研究所产业经济学科的论文集。本书所收录的论文均已发表在核心期刊上。2016 年 11 月 17 日，经中国社会科学院院务会议批准，中国社会科学院工业经济所产业经济学学科被确定为中国社会科学院登峰战略优势学科。根据优势学科建设计划，工业经济研究所将推出一批形式多样的研究成果。本书是工业经济研究所产业经济学的学者们"自选"题目的研究结果，反映学者们所关心和研究的问题。本书出版的目的是希望有更多的学者或读者关注产业经济学的建设与发展，同时反映工业经济研究所产业经济学的研究领域。

　　按照文章主体内容进行归纳梳理后，本书共分为四个专题：供给侧结构性改革与产业转型升级、经济转型与产业布局优化、能源转型与绿色发展、技术创新与产业政策研究。其中，"专题一：供给侧结构性改革与产业转型升级"主要围绕制造业系统优化、实体产业（包括高铁、电力装备、资源型产业、房地产等行业在内）转型发展以及化解产能过剩等热点问题进行独特剖析；"专题二：经济转型与产业布局优化"则聚焦京津冀与长江经济带区域协同发展、中西部和东部地区老工业基地产业布局优化等重要问题的深入研讨；"专题三：能源转型与绿色发展"主要是为应对中国当下能源转型与污染治理攻坚两大挑战，试图从能源转型风险、能源消费困境、碳排放权交易、环保投融资体系、能源税等多视角入手进行系统化的探究；"专题四：技术创新与产业政策研究"主要是对社会合作分工、技术创新外溢、"互联网＋"、分享经济、外资区位条件变化等前沿话题进行理性探索。

史　丹

中国社会科学院登峰战略优势学科产业经济学学科负责人

2018 年 1 月

目　　录

专题一　供给侧结构性改革与产业转型升级

专题二　经济转型与产业布局优化

专题三　能源转型与绿色发展

专题四　技术创新与产业政策研究

专题一

供给侧结构性改革与产业转型升级

中国制造业产业结构的系统性优化

——从产出结构优化和要素结构配套的视角*

史 丹 张 成

摘 要： 制造业产业结构的优化调整既是"中国制造2025"的核心内容之一，也是推动"供给侧结构性改革"的重要抓手，但学术界往往未能充分利用开放经济的相关信息和技术水平的贡献作用，并缺乏对要素结构进行相关配套分析。为此，本文以中国制造业两位数行业为样本，对其进行产业结构的系统性优化：即先分析2015年产出结构的优化调整目标及节能减排潜力，然后分析各种要素投入的联动配套问题，并重点针对资本存量要素测算和分析它的产能利用率状况。研究结果表明：①制造业产出结构具备较大的优化调整空间，可以为"经济增长和环境保护"双赢的实现提供支撑，能够让2015年能源强度和碳强度比原始值分别降低18.08%和17.42%。②降低要素错配，制造业产出结构优化调整后需要各种投入要素进行联动配套，特别是资本存量水平需要有较大幅度的变动。③资本要素产能利用率水平的测算结果则进一步显示，受经济增速放缓和投资惯性的影响，2015年制造业产能利用率（56.14%）远低于国民经济"十二五"规划中后期（2008~2010年）的均值水平（73.27%），而投入要素联动配套后的产能利用率则可以回升至后一水平。

关键词： 产出结构；要素结构；产能过剩；节能减排

一、问题提出

改革开放以来，中国制造业在很大程度上依靠产业结构的快速演变促进了经济增长、保障了就业、创造了中国奇迹。如今，虽然制造业总体规模已经位居世界首位，综合实力和国际竞争力得以显著增强，但由于中国经济正处于经济增速换挡期、结构调整阵痛期和前期刺激政策消化期"三期叠加"的新阶段，制造业深处稳增长和调结构的双重困境、深受发达国家和新兴经济体的双重挤压、陷入低成本优势快速锐减和新竞争优势尚未形成的两难局面，导致制造业未来的发展将越发艰辛与关键。如何进一步破解制造业产业结构高级化不够、合理化不足的弊病，发挥其作为推动经济发展提质增效升级的主战场作用，成为学术界关注的一大议题。

现在要讨论的是，中国制造业产业结构①究竟应当如何调整？现有文献正尝试回答该领域的相关问题，在科学评估中国产出结构演变历史作

* 本文发表在《经济研究》2017年第10期。

史丹：中国社会科学院工业经济研究所党委书记、副所长，二级研究员。张成：中国社会科学院工业经济研究所博士后，南京财经大学教授。

① 在具体分析之前，首先要厘清产业结构优化的概念。本文认为，产业结构优化可以分为产出结构优化和要素结构优化两类，前者是从产业间的组合关系上进行分析，后者则是从产业内生产要素的协调关系上进行研究。现有文献在研究产业结构优化问题时，大多数实际上是在研究产出结构优化。故而，本文提出产业结构的系统性优化概念，即将产出结构优化和要素结构配套进行有机结合。

用的基础上（刘伟和张辉，2008；张友国，2010），模拟分析了产出结构的优化调整方向及其反事实效果（王文举和向其凤，2014；Zhu et al.，2014；张捷和赵秀娟，2015）。但现有文献在优化产出结构时，虽然已经能够将节能减排、就业保障、产业协调等因素引入到优化分析中，但往往停留在封闭经济的视角下，没有充分利用开放经济的相关信息。同时，现有文献虽然在产出结构优化和生产要素优化配置（Ngai and Pissarides，2007；袁志刚和解栋栋，2011；Benhima，2013；董敏杰等，2015）问题上均有论述，但存在着"两张皮"现象，没能将两者有机结合，即几乎所有研究在优化产出结构时，都止步于给出各产业合意的产出水平值，而没有进一步给出资本、劳动等投入要素应当相应地调整至何种水平。对要素结构联动配套分析的尚缺导致现有产业结构优化分析的现实可操作性有待挖掘。

为了在理论上推进产业结构优化的相关研究，在实践中，为政府制定相关产业政策提供可能的帮助，本文以中国制造业二位数行业为样本进行了产业结构的系统性优化，不仅分析了产出结构的优化调整目标及节能减排潜力，而且分析了投入要素的联动配套问题及资本存量要素的产能利用率问题。本文的主要价值在于：①在对制造业产出结构进行优化时，考虑的因素更全面、科学，兼顾了需求和供给的相关信息，特别是对"需求侧"中进出口潜力指标和"供给侧"中技术水平贡献度指标的考虑，现有文献鲜有涉及；②克服现有文献分析产出结构优化和要素结构优化上的"两张皮"现象，将产出结构优化分析和要素投入联动配套进行了有机结合；③在研究要素结构的联动配套时，本文遵循继承与批判的思路，不仅依靠提取历史信息对要素结构进行初步配套，而且针对潜在的资本要素产能过剩问题，对资本要素的配置进行更深入的分析。

二、理论阐述：产业结构的系统性优化

自经济学将产业结构纳入研究范畴以来，产业结构调整就被视为经济增长的重要动力（黄亮雄等，2013）。历经多年发展，产业结构的研究范畴不断扩展，涵括了产业经济系统的所有内部构成（原毅军和董琨，2008）。概括地看，产业结构的两个核心结构应当是产业间的组合关系（产出结构）和产业内生产要素的协调关系（要素结构）。本文发现学者们在产出结构和要素结构的优化问题上虽然已经分别写下了浓重的一笔，但遗憾的是，鲜有学者将两者结合起来分析。而本文则要尝试将两者结合，从产出结构优化和要素结构配套的视角，对产业结构进行系统性优化。

（一）产出结构优化的理论阐述

应当如何对制造业的产出结构进行优化？早期的产出结构优化模型在因素考虑上较片面，往往只考虑了经济增长、污染物排放和能源消耗等众多目标中的1~2个目标（马树才，2005；刘小敏等，2007），使相应的产出结构优化方案的合理性有待考究。近年来，学者们开始重视根据产业间关联、消费需求结构和资源禀赋条件等因素，对不合理的产出结构进行调整，促使各产业协调发展（江洪和赵宝福，2015；焦翠红，2015；赵岩等，2016）。在吸纳现有文献的基础上，本文在优化产出结构时主要考虑以下因素：

1. 经济增长和资源环境

随着资源短缺和环境恶化问题的日益突出，经济增长早已经不是中国唯一的目标，而是应当在合理兼顾的条件下，最大化实现经济增长、资源节约和环境保护的"共赢"。

2. 劳动力就业

中国作为一个人口大国，劳动力能否有效就业事关国计民生，因此在产出结构优化调整时，必须保证劳动力享受到结构改革的红利。

3. 产业间关联

判断经济体是否稳定的一个关键因素就是产业间是否能够协调发展，某一产业的发展离不开其他产业的支撑，反过来也需要该产业去支撑其他产业的发展。

4. 进出口结构

在开放经济条件下，中国可以出口和进口相关产品，但从产业安全的角度出发，应当将也正在将事关国计民生的产品进口比率控制在一定范围内，至于出口量，也不能无止境增长，要受到国际市场的种种限制。合理的制造业产出结构应当能够适应进口和出口两方面带来的制约，降低商品短期和产品积压现象。

5. 国内最终消费结构

产出的最终目的是满足国内最终消费，各产业需要提供适合国内潜在最终消费结构和能力的产出安排。

6. 技术贡献度

由于技术进步和产出结构演变存在双向互动关系（Montobbio，2002；Krüger，2010），所以合理的产出结构应该能保障生产技术的持续发展。产出的总量固然重要，但这些产出中有多大份额是由技术水平引致的，则是判断产业结构是否实现高度化的核心指标之一。

（二）要素结构配套的理论阐述

在产出结构优化完毕后，每个产业的产出规模将会有不同程度的变更，为了适应这种变更，每个产业内的要素结构应该发生必要的变化，否则可能将会加剧潜在的要素错配现象。虽然近年来有大量文献研究了劳动力错配和资本错配问题（Dollar and Wei，2007；杨志才和柏培文，2017），但这些研究往往是针对实际产出规模做出的调整，而且劳动力虽然被视为投入要素之一，但不能忽略它的"产出"特征，低失业率一直是国家健康协调发展的追求与目标之一，从而意味着合理的产业发展必须起到支撑就业的社会责任。由于行业的异质性很大，不同行业对就业的支撑能力有很大差异性，贸然用基于行业层面数据的计量模型去优化行业间的劳动力配置，所得的结论有待商榷。为此，本文认为可以将资本、劳动力和中间产品投入这三个要素进行特征区分，进行如下差异化处理：①劳动力。鉴于每个行业在吸纳劳动力上的差异性，将既定年份的劳动力吸纳数量和经济产出建立联系，则一个确定的经济产出应

当支撑的就业量亦能得以确定。②中间产品投入。诚如"巧妇难为无米之炊"，制造业的经济产出离不开中间产品的支撑，历年相对稳定的增加值率数据，从一个侧面证实了中间产品投入和经济产出之间的稳定关系。③资本要素。一旦经济产出规模、劳动力和中间产品投入得以确定，则根据要素投入和经济产出的历史关系，可以倒逼计算出资本要素应当位于何处。

需要注意的是，考虑到制造业部门普遍存在的资本要素产能过剩问题（韩国高等，2011；国务院发展研究中心《进一步化解产能过剩的政策研究》课题组，2015；董敏杰等，2015），本文通过倒逼法计算出的资本要素也不一定合理。如果历史数据已经表明资本要素产能过剩，则根据要素投入和经济产出历史关系的倒逼法，只不过将优化后的资本存量调整至历史产能过剩均值水平。为此，可以通过数据包络、成本函数等分析方法，对优化后的要素投入和经济产出进行分析，识别出潜在的资本要素产能过剩程度，为资本要素的进一步优化调整提供方向。

三、模型与研究方法

在研究方法上，本文遵循如下层层递进的三个步骤：第一步使用非线性规划技术，在节能减排视角下，综合考虑就业保障、产业均衡、进出口潜力、技术水平贡献度等多个因素，从产出角度对2015年的制造业产出结构进行优化；第二步使用超越对数生产函数模型，在提取出要素投入与经济产出非线性关系的基础上，对优化后的产出结构配套相对适宜的要素格局；第三步则运用数据包络分析技术，重点针对资本存量要素，测算并分析优化前后的产能利用率水平。

（一）非线性规划模型的构建

根据前文的理论阐述，本文在就业保障、产出间均衡发展、国内最终消费潜力、进出口潜力和技术水平贡献度约束的前提下，假定能源消耗总量和二氧化碳排放总量均不能高于上限约束，为实现全国整体的资源环境强度（能源强度和碳

（二）劳动投入（L）

选用年末全社会从业人员数指代。

（三）资本投入（K）

根据永续盘存法计算得出，公式为 $K_t = K_{t-1}(1-\delta_t) + I_t/P_t$，具体计算时，采用董敏杰等（2015）提供的方法[①]，其中 I_t 是新增投资额，用相邻两年的固定资产原价的差值指代，P_t 是投资品价格指数，用固定资产投资价格指数指代，折旧率 δ_t 用历年估算折旧率的均值[②]来度量，基期的资本存量 K_0 用 2000 年固定资产原价与累计折旧的差值近似表达。

（四）中间产品投入（M）

用工业总产值减去工业增加值、应交增税后，再除以原材料购进价格指数指代，其中工业部门两位数行业的工业增加值在 2001～2007 年的数据来自《中国工业统计年鉴》，2008～2015 年的数据则根据当年工业总产值与 2003～2007 年平均工业增加值率的乘积近似表达。

（五）技术进步（T）

超越对数生产函数模型如果需要加入技术进步，则用时间跨度 1～13 刻画。

（六）能源消耗量（E）

计算时采用的终端能源消耗为原煤、洗精煤、其他洗煤、型煤、焦炭、焦炉煤气、其他煤气、原油、汽油、煤油、柴油、燃料油、液化石油气、炼厂干气、天然气、其他石油制品、其他焦化产品、热力和电力，并根据国家统计局提供的标准煤折算系数转换成标准煤形式。

（七）二氧化碳排放量（C）

常规化石能源的二氧化碳排放因子以 IPCC（2006）提供的数据为准，电力作为二次能源，其二氧化碳排放因子采用国家气候战略中心提供的全国基准数据，热力消费假设所有的热力均由原煤燃烧产生，按照原煤的排放系数进行折算。

（八）能源强度（EP）、碳强度（CP）和劳动力强度（LP）

分别用能源消耗量、二氧化碳排放量和劳动力数量与工业总产值的比值表示。

（九）进口额（IM）、出口额（EX）、直接消耗系数（a_{ij}）和其他消费（XF）

根据中国 2012 年投入产出表为基准，合并计算得出相关行业的对应数据。其中，其他消费使用制造业外所有部门对制造业产品的间接消费总额和居民、政府、资本形成的最终消费总额的加总值衡量。

（十）能源强度的权重系数（γ_{EP}）

将能源强度和碳强度的权重系数均取值 0.5。

（十一）技术水平贡献率（TP）

技术水平引致的产出增长额度与总产出之间的比值。[③]

（十二）全国劳动力总量变动率（λ）

根据全国劳动力总量近三年变动率绝对值的均值为上下约束线。

（十三）进口额变动率（θ）、出口额变动率（ϖ）、直接消耗系数变动率（γ）和其他消费变动率（ψ）

根据已有数据，使用差分法，估算得出 2015 年相对于 2012 年的变动率。

五、实证结果及其分析

（一）制造业节能减排进程的总体演变

自中国加入 WTO 以来，制造业总体在节能减排上付出了巨大的努力并收获了一定的成绩，总体来看：

1. 能源强度和碳强度趋于降低，节能减排成绩凸显

能源强度由 2003 年的 0.6106 万吨标准煤/亿

---

① 由于后续需要使用各省份分行业的资本存量，受限于数据可得性，本文借鉴了董敏杰等（2015）提供的与现有文献略有不同但相对可行的计算方法。

② 历年估算折旧率的计算方法为：（历年累计折旧额－上年累计折旧额）/上年固定资产原价。除废弃资源和废旧材料回收加工业的折旧率均值高达 20% 外，其他制造业的折旧率均值普遍围绕 5.87% 上下波动。

③ 计算思路：先使用随机前沿生产函数模型，计算出经济产出增长率中有多大比率是由技术进步引致，进而计算出经济产出中有多大比率是由技术水平引致。限于篇幅，具体计算方法可以向笔者索要。

元逐步降低至 2015 年的 0.2348 万吨标准煤/亿元，年均降低率高达 7.83%[①]；同期的碳强度则由 1.6023 万吨/亿元降低至 0.6784 万吨/亿元，年均降低率则为 6.57%。

2. 在各行业内部，能源强度和碳强度的排名在样本间存在一定的变迁

如皮革、毛皮、羽毛（绒）及其制品业的能源强度从小到大排名由 2003 年的第 3 位降低为 2015 年的第 6 位。再如，农副食品业的碳强度排名则由 2003 年的第 10 名，降低至 2015 年的第 16 名。

3. 行业间的能源强度和碳强度差异极大且差异程度趋于加剧

以能源强度指标为例，在 2003 年，能源强度最高的是石油加工、炼焦及核燃料加工业（2.3737 万吨标准煤/亿元），最低的则为通信设备、计算机及其他电子设备制造业（0.0367 万吨标准煤/亿元），前者是后者的 64.68 倍，该年所有行业的变异系数为 1.3217。随着节能减排工作的推进，在 2015 年，两者的能源强度分别降低至 1.3951 万吨标准煤/亿元和 0.0103 万吨标准煤/亿元，但两者的倍数扩大至 135.45 倍，至于总体

的变异系数则上升至 1.7296。类似的情况也出现在碳强度指标上。

（二）制造业产出结构的优化调整

基于前文给出的非线性规划技术，从节能减排即最小化资源环境强度的角度，本文估算了 2015 年制造业各行业的合意产出规模及相应的能源消耗和二氧化碳排放状况[②]。

1. 制造业产出结构优化调整后的潜在效果

2015 年制造业总产值为 898564.05 亿元，优化后的总产值可以提高至 938833.01 亿元，比前者提高了 4.48%，但却可以带来较良好的节能减排效果，能够让能源消耗总量由 2015 年的 211017.20 万吨标准煤降低至 180618.72 万吨标准煤（降低率为 14.41%），使二氧化碳总量由 609611.39 万吨降至 526001.46 万吨（降低率为 13.72%），从而让资源环境强度由 0.4566 万吨/亿元降低至 0.3763 万吨/亿元（降低率为 17.59%），其中能源强度由 0.2348 万吨标准煤/亿元降低至 0.1924 万吨标准煤/亿元（降低率为 18.08%），碳强度由 0.6784 万吨/亿元降低至 0.5603 万吨/亿元（降低率为 17.42%）（见图 1）。

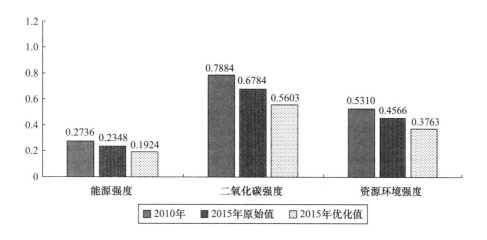

图 1　制造业三种强度指标的变动状况

---

① 计算公式：$1 - \sqrt[12]{EP_{2003} - EP_{2015}}$。

② 本文在分析中将能源强度和碳强度的权重系数均取值为 0.5。经建议，本文将两者的权重系数变更为 0.75、0.25 及 0.25、0.75，进行了稳健性检验，结果发现细分行业中除石油加工、炼焦及核燃料加工业和非金属矿物制品业等个别行业的资源环境强度结果有 1%~2% 的差异率外，其他细分行业的差异率均保持在 1% 以内。之所以呈现这种良好的稳健性，原因有二：一是因为各行业在能源强度和碳强度上高度相关；二是由于众多条件约束制约了各个行业的波动空间。

2. 制造业细分行业产出结构的优化调整结果与分析

为更清晰地展示 2015 年制造业各行业优化值与 2015 年原始值及 2010 年原始值相比的产出规模调整方向与程度，本文绘制了图 2。同时，为便于深入把握各行业的调整状况与格局，本文引入强绝对增产、弱绝对增产、相对增产、绝对减产、强相对减产和弱相对减产六个分类，每一类的具体划分依据如表 1 所示。其中，强绝对增产指该行业的产出规模不仅大于 2015 年原始值，而且大于 2015 年优化值与 2010 年相比的平均增速（66.57%，以下简称基准增速）。在图 2 中只需要观察各行业的 ● 型和 ▲ 型标识，如果全部分别超出 0 和 66.57% 的增减临界线，则说明该行业为强绝对增产行业。观察后可知，符合该标准的行业有医药制造业，专用设备制造业，电气机械及器材制造业，通信设备、计算机及其他电子设备制造业，废弃资源和废旧材料回收加工业等 9 个行业。强相对减产指该行业的产出规模虽然比 2010 年产出有所增长，但小于基准增速，而且小于 2015 年原始值，即需要该行业的 ● 型和 ▲ 型标识分别低于 0 和位于（0，66.57%]的区间。可以看出，农副食品加工业，食品制造业，造纸及纸制品业，橡胶制品业和黑色金属冶炼及压延加工业等 17 个行业属于强相对减产行业。弱绝对增产指该行业的产出规模大于 2015 年原始值，并比 2010 年产出有所增长，但小于基准增速，在图 2 中需要该行业的 ● 型和 ▲ 型标识分别高于 0 和位于（0，66.57%]的区间，属于该类型的行业为交通运输设备制造业。弱相对减产则指该行业的产出规模小于 2015 年原始值，但大于基准增速，在图 2 中如果某行业的 ● 型标识低于 0 的增减临界线，但 ▲ 型标识高于 66.57% 的增减临界线，则说明该行业为弱相对减产行业，仅有饮料制造业和文教、工美、体育、娱乐用品制造业及其他制造业属于该类型，说明即使和 2015 年原始值相比，需要适度减少这两个行业的产出规模，但它们和整个制造业的基准增速相比，依然领先于均值水平。至于其他几种类型则并无任何行业归属于它们。

可以看出，中国需要强绝对增产的 9 个制造业行业里，不仅有高技术含量的先进制造和高端装备制造业，有无穷潜能的互联网行业，还有往往被世人忽视的"静脉产业"。毫无疑问，先进制造、高端装备制造业和互联网行业以及进一步融合的"互联网＋"行业无疑是"中国版工业 4.0"和"中国制造 2025"路线图能否顺利实现的重中之重，其重要性无须赘述。实际上，作为"静脉产业"的废弃资源和废旧材料回收加工业，虽然产出比重不占优势，但优化增长势头无疑是强绝对增产行业中的佼佼者，需要将 3279.92 亿元的原始产值提升至 5917.63 亿元，增长幅度高达 80.42%。从美欧和日本等发达国家的发展进程来看，近几十年来均较重视发展"静脉产业"，注重利用循环经济理念有机协调当今世界发展所遇到的两个共同难题——垃圾过剩和资源短缺，通过垃圾的再循环和资源化利用，让自然生态系统逐步走向良性循环的状态。基于中国当前面临的资源短缺和环境污染的现状，及早在党的十六届五中全会就明确提出的要"大力发展循环经济，完善再生资源回收利用体系"的要求，适时大力推进"静脉产业"，将其融入至"工业 4.0"和"中国制造 2025"路线图的大浪潮中是历史的趋势和必然。

需要进一步指出的是，应当如何理解处于强相对减产的行业。不可否认，处于这种类型的行业总数高达 17 个，其中不乏纺织、食品加工等传统劳动密集型轻工业，也有化学原料及化学制品制造业和黑色金属冶炼及压延加工业等资本密集型重工业。这些行业有多个行业归属于国家发展和改革委员会与工业和信息化部，会同中国国务院有关部门提出的"十大产业振兴规划"之列。实际上，不同程度地减少这些高资源环境强度产业的产出总量是基于投入产出的框架，在满足消费、投资和所有产业的中间品需求、进出口格局约束和技术水平贡献度的前提下做出的一个宏观优化布局。为了总体的资源环境强度最小化，同时避免产能过剩问题，这些行业需要在一定程度上让步于强绝对增产的行业。当然，这种让步并不是让每个企业削减产量，而是以各行业的总产出规模为目标值，在每个产业内部实现优胜劣汰，关停并转掉各行业内部相对更高消耗、高污染的企业，适度扩大各行业中具备相对比较优势的企业，实现规模经济和范围经济。至于弱相对减产的行业，其基本情况和强相对减产行业类似，也需要适度让步于强绝对增产行业，所不同的是弱相对减产行业虽然需要降低一些产出额，但其优化后的增长速度依然领先于基准增速（见表1和图2、图3）。

表1 制造业产出规模增减类型分类标准

	与2015年相比的调整度（%）		与2010年相比的增长度（%）		
	$R_1 > 0$	$R_1 \leq 0$	$R_2 > 66.57\%$	$0 < R_2 \leq 66.57\%$	$R_2 \leq 0$
强绝对增产	●		▲		
弱绝对增产	●			▲	
相对增产	●				▲
绝对减产		●			▲
强相对减产		●		▲	
弱相对减产		●	▲		

注：●表示与2015年相比的调整度，▲表示与2010年相比的增长度。表3中的符号标识与此处相同。

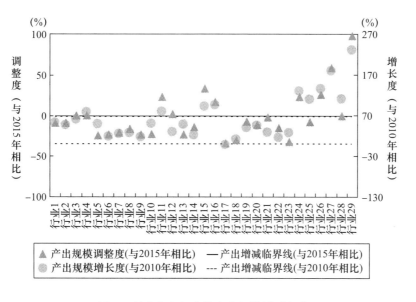

图2 制造业各行业的产出规模增减程度

注：图中实线为以2015年为比较基准的产出增减临界线，临界点为0，虚线为以2010年为比较基准的产出增减临界线，临界值为0和66.57%。

（三）制造业最优产出结构的要素结构联动配套

1. 超越对数生产函数模型的估算结果及分析

在使用随机前沿生产函数模型估算各要素投入对经济产出的影响作用时，需要对随机前沿生产函数的适用性及具体形式进行判定。凭借似然比检验和显著性检验，发现式（12）中的资本存量和中间产品投入的交乘项、技术水平与资本存量的交乘项以及技术水平与中间产品投入的交乘项需要被剔除，最终的结果如表2所示。从中可以看出，该模型不仅所有自变量的系数结果均至少在10%的显著性水平上显著，且γ值高达0.9693，并在1%的水平上显著，说明普遍存在技术无效率，前沿生产函数的误差主要由技术无效率引致，从而进一步表明使用随机前沿生产函数是必要和有效的。

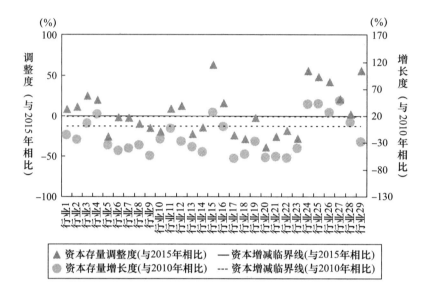

图3　制造业各行业的资本存量增减程度

注：图中实线为以2015年为比较基准的资本存量增减临界线，临界点为0；虚线为以2010年为比较基准的产出增减临界线，临界值为0和18.03%。

表2　随机前沿生产函数模型估计结果

指标	系数	指标	系数	指标	系数
LnK	0.3410 ***	LnK × LnK	0.0214 *	T × LnL	0.0078 ***
	(3.4377)		(1.9036)		(3.9581)
LnL	− 0.5358 ***	LnL × LnL	0.0745 ***	截距	− 0.4902 *
	(− 6.8444)		(3.3137)		(− 1.6558)
LnM	1.4228 ***	LnM × LnM	− 0.0624 ***	σ^2	0.0798 ***
	(11.1265)		(− 4.6877)		
LnK × LnL	− 0.1184 ***	T	0.0433 ***	γ	0.9693 ***
	(− 4.7794)		(3.9220)		
LnL × LnM	0.0823 **	T × T	− 0.0016 ***	Log − Likelihood	630.0665
	(2.3641)		(− 5.6507)		

注：括号内为Z值；***、**、*分别表示在1%、5%、10%的水平上显著；Ln表示以e为底取对数。

表2的相关结果为配套分析2015年要素投入量提供了可能，在具体分析之前，考虑到制造业部门普遍存在的资本要素产能过剩问题，本文将资本存量设定为自由处置变量，寄希望于能够凭借要素结构的联动配套降低资本要素的产能过剩程度。同时，为了保障就业和延续前文的分析思路，本文将既定年份的劳动强度系数设定为独立于经济产出水平，即采用前文求得的劳动强度系数，根据优化后的产出水平计算出各行业可以支撑的就业量。考虑到中间产品投入在制造业生产过程中的基础支撑作用，可以简单地将既定年份的中间产品投入强度系数设定为独立于经济产出

水平，进而也能根据优化后的产出水平得到相应的中间产品投入水平。

2. 制造业细分行业合意产出的要素结构联动配套结果及分析

根据制造业各行业的 2015 年合意产出值可以计算出相应的资本存量、劳动力和中间产品投入的合理水平。从总量上看，制造业总体需要 147085.61 亿元的资本存量和 485067.62 亿元的中间产品投入，分别比原始值降低了 26.02% 和提高了 0.74%，并可以提供与 2015 年原始值极为接近的就业量。相对而言，通信设备、计算机及其他电子设备制造业，交通运输设备制造业和电气机械及器材制造业提供了最大的就业岗位，并使用了最多的中间产品投入，表明这三大行业将会在保障就业和带动其他行业发展上发挥极为

重要的作用。

为深入对比分析制造业各行业资本存量的增减变动格局，本文也通过将其分为强绝对增投、弱绝对增投、相对增投、绝对减投、强相对减投和弱相对减投来进行分析，分类标准如表 3 所示。结合表 3 和图 3 发现，医药制造业，交通运输设备制造业，通信设备、计算机及其他电子设备制造业等 6 个行业属于强绝对增投行业，橡胶制品业，化学原料及化学制品制造业和纺织业等 11 个行业属于绝对减投行业，皮革、毛皮、羽毛（绒）及其制品业，纺织服装、鞋、帽制造业和非金属矿物制品业等 4 个行业属于强相对减投行业，而农副食品加工业，饮料制造业，废弃资源和废旧材料回收加工业等 8 个行业则属于弱相对减投行业。

表 3　制造业资本存量增减类型分类标准

	与 2015 年相比的调整度（%）		与 2010 年相比的增长度（%）		
	$R_3 > 0$	$R_3 \leq 0$	$R_4 > 18.03\%$	$0 < R_4 \leq 18.03\%$	$R_4 \leq 0$
强绝对增投	●		▲		
弱绝对增投	●			▲	
相对增投	●				▲
绝对减投		●			▲
强相对减投		●		▲	
弱相对减投		●	▲		

对比分析资本存量规模和产出规模的增减格局发现，两者的总体变动趋势基本一致，但有些行业则差距迥异。如废弃资源和废旧材料回收加工业，印刷业和记录媒介的复制虽然在产出规模上处于绝对增产格局，但在资本存量规模上却处于弱相对减投格局，说明资本投资虽然是保障经济的重要因素，但过分依赖资本大量投入、高消耗和高污染的粗放型生产模式，往往也带来了严重的产能过剩问题。本文注意到当前钢铁、电解铝、水泥、煤化工、风机设备、多晶硅、造纸等行业被普遍认为是产能过剩较严重的行业，他们对应的则是有色金属冶炼及压延加工业、黑色金属冶炼及压延加工业、化学原料及化学制品制造

业、造纸及纸制品业、非金属矿物制品业和专用设备制造业 6 个行业（董敏杰等，2015）。在前文产出结构的优化分析中，前 4 个行业均需要在一定幅度上降低产出规模增长速度，并使资本存量规模有更大程度的降低，但这种降低只是在接受历史产能过剩和落后产能比重格局的前提下，对资本存量规模做出的定位。这种定位能在多大程度上解决产能过剩问题，则成为下文的分析重点。

（四）制造业资本要素产能过剩水平的定位与削减

近年来，国家较为重视解决制造业的落后产能问题，并取得初步成效，据国家工业和信息化部提供的数据，截至 2015 年底，中国淘汰炼钢、

水泥和平板玻璃等分别高达 8634 万吨、6.19 亿吨和 1.66 亿重量箱，高于国民经济"十二五"规划制定的要分别淘汰 4800 万吨、90 万吨和 0.9 亿重量箱的任务目标，提前完成"十二五"规划目标。但落后产能的削减并不意味着产能过剩问题也能随之解决，若不能做好资本存量要素的淘汰、合并、转型和增速控制，则产能过剩问题并不会有效得以控制与解决。据国家统计局自 2014 年以来累计统计的 6 万余户大中型企业数据显示，几乎所有企业的产能综合利用率均低于 80%。特别是在经济持续处于新常态后，经济增速的持续放缓若不能配套实现资本存量的对应调整，必将会使产能过剩问题持续发酵与恶化。因此，从解决产能过剩的角度对制造业的资本存量进行评判与定位具有重要的现实意义。

本文使用 Cooper 等（2004）构建的基于投入导向的规模收益不变的非自由处置变量模型来测算全国制造业各细分行业 2015 年原始值和优化值的资本要素产能利用率。为了给每个细分行业均构建一个效率前沿面，需要多个经济体的相关数据。考虑到数据的可得性，本文以各细分行业的 30 个省份及全国整体的数据，共计 31 个 DMU 的投入产出数据为样本进行分析。

1. 制造业要素格局联动配套前后的资本要素产能过剩水平测度结果与分析

图 4 汇总了 2015 年制造业各行业原始值及优化值的产能利用率状况，从中可以看出，制造业原始值整体的产能利用率约为 56.14%。相对而言，轻工业和高新技术产业的产能利用率普遍较高，如其中的医药制造，纺织服装、鞋、帽制造业的排名相对靠前。而重工业的产能利用率则普遍较低，如废弃资源和废旧材料回收加工业，有色金属冶炼及压延加工业和石油加工、炼焦及核燃料加工业居于制造业末三位。本文计算的制造业各行业的产能利用率总体排名格局和韩国高等（2011）、董敏杰等（2015）基本一致。

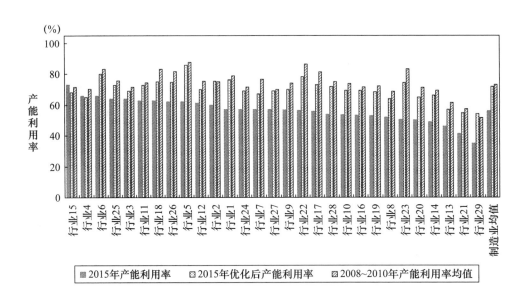

图 4　制造业各行业的产能利用率对比

通过对 2015 年制造业产出结构及要素结构进行优化，能够在较大程度上提高制造业的产能利用率，整体均值可提高至 72.04%，在取值上仍然低于美国等发达国家经常引用的 79%~82% 的合意产能利用率水平（钟春平和潘黎，2014）7~10 个百分点。从分行业角度来看，除医药制造业优化前后的产能利用率几乎保持不变外，其他各行业的产能利用率均有不同程度上升，特别是纺织业的产能利用率可以提升至 85.84%，居于冠军之位。本文关注到废弃资源和废旧材料回收加工业在优化后的产能利用率依然低至 55.12%，继续处于末位水平，原因就在于近几年各地区在响应大力发展"静脉产业"政策时，陷入了低水平建设、重复建设和恶性竞争格局。以生活垃圾全资源化处理（TWR）企业为例，通过国务院参事室对天津等地的调查数据来看，多地区的生活垃圾排放存在着排放量"吞不完"和TWR企业"吃不饱"并存的局面：一方面，部分TWR企业设计能力偏小，无法实现规模经济，导致生活垃圾"吞不完"现象；另一方面，一些TWR企业则又存在"吃不饱"现象，即和TWR企业的日处理设计能力相比，每日运来的生活垃圾数量尚不足一半。类似的情况也存在于工业垃圾的处理企业上。究其根本原因就在于，过去鲜有人问津的废弃资源和废旧材料回收加工业，在国家处理补贴标准和全资源回收收益的保障下已经变得有利可图，但各地区在废弃资源和废旧材料回收加工业的布局上普遍不合理，不是设计能力过小的重复建设、低水平建设横行，就是设计能力较大，但辐射半径内的废旧资源因运输成本、恶性竞争等问题并未被集中运送和处理。大力推行"静脉产业"应是中国当前的必然选择，但需要理顺废旧资源的跨区域运输问题，根据人口密集度、企业密集度和运输成本等多因素合理布局系统的"静脉产业"。

2. 制造业资本要素产能过剩问题的削减分析

仅仅通过提取历史信息，去给优化后的合意产出规模进行要素格局联动配套，可以让制造业的产能利用率水平有不同幅度的上升，但产能过剩问题依然存在。因为这里对制造业各行业资本存量的调整是根据历史样本数据中资本存量和经济产出之间的非线性关系为基准的，所以调整后的产能利用率结果应当和历史均值相当，图4中2008~2010年产能利用率的均值约为73.27%，和2015年要素格局联动配套后的取值（72.04%）较接近。从这个意义上讲，以史为鉴的调整，在技术上只是逼近于历史均值水平，避免经济增速放缓背景下，地方政府"病急乱投医"式的过度投资，但这仅是制造业提高产能利用率、降低产能过剩问题的第一个层次。在将资本存量根据合意产出水平调整至历史均值水平后，

往往与以国内高效率经济体为效率前沿面的产能利用率水平有一定差距，对这个差距进行削减就成为中国制造业提高产能利用率、降低产能过剩问题的第二个层次。

在解决第一层次产能过剩问题的基础上，要重点关注和解决废弃资源和废旧材料回收加工业，有色金属冶炼及压延加工业和石油加工、炼焦及核燃料加工业等产能利用率大幅低于合意产能利用率水平的问题，根据两者之间的差距，对资本存量值做进一步的调整，实现产能利用率由第一层次向第二层次的跨越。这一步跨越是质的变化与飞跃，会比实现第一层次要艰难得多。正如Coelli等（2002）和董敏杰等（2015）指出的那样，由于诸多经济体可能会存在着固定投入相等但生产能力不同的现象，即在技术效率上存在差异性，因而可以将产能利用率进一步分解为设备利用率和技术效率（Coelli et al.，2002；董敏杰等，2015）。那么，治理资本要素产能过剩问题最直接的措施可以从针对产出要求确立合理的企业规模，避免规模过小或规模过大引致的规模不经济现象着手，注重提高设备利用率。同时，不仅应当注重提高企业的技术水平和管理水平，提高显性的技术效率水平，而且应当从淘汰落后产能和"建价虚高，物低所值"的"泡沫固定设备"着手，降低隐形的技术无效率水平。

（五）对制造业产业结构系统性优化的进一步思考

中国自1978年改革开放以来，与他国的贸易往来密切程度不断加强，中国已成为世界上最大的出口国，但有两个特征不容回避：一是出口产品往往集中在高耗能和高污染行业的纺织业，化学原料及化学制品制造业等行业；二是存在贸易增加值"剪刀差"，不仅体现在高耗能和高污染行业，而且存在于通信设备、计算机及其他电子设备制造业等相对低能耗和低污染行业。由此可见，辉煌的贸易成绩背后存在着诸多困境与无奈，中国制造业整体在一定程度上尚拘泥于产品代加工层次，或者自身有完整研发生产系统，但品牌价值较低，缺乏国际竞争力。处于"微笑曲线"

低洼阶段或低层次"微笑曲线"的产业格局，导致中国付出了巨大的人力、物力和资源环境成本，才换来当今的外汇储备格局。必须承认，这是中国作为发展中国家在经济攀升过程中难以逾越的发展阶段。随着中国经济的腾飞及大国地位的稳固，中国应当积极寻求国际分工格局的优化，实现工业增加值率的稳步上升，用更少的成本特别是资源环境成本获得更高的经济回报。

根据本次制造业产出结构优化结果，中国应当强绝对增产的 9 个行业里，多数行业的出口进口比低于制造业整体平均水平。对于这些行业，中国首先要注重加大这几个行业的要素投入和产出力度，降低国内对进口产品的依赖程度，提升国内对本国产品的需求强度。其次要提高产品国际竞争力，加强国外对本国商品的需求强度，这一方面要注重推进民族品牌的国际精品化进程，打破"微笑曲线"整体低位徘徊的格局，实现"微笑曲线"的整体攀升；另一方面要注重实现由固有"微笑曲线"低洼阶段向研发、设计和销售的高端阶段爬升，进而提高强绝对增产行业的国际竞争力与贸易主动权。至于需要相对减产和绝对减产的行业，则要根据当前的贸易格局和资源环境强度，实现差异化的发展策略。对于黑色金属冶炼及压延加工业和非金属矿物制品业等高资源能耗强度和高出口进口比的行业，要注重降低对用环境换外汇发展模式的依赖程度，降低行业发展规模，减少出口强度。对于有色金属冶炼及压延加工业和化学原料及化学制品制造业等高资源能耗强度和低出口进口比的行业，可以注重关停并转掉一批产能差、能耗高、污染重的企业，适度加大进口程度来满足国内中间产品的生产需求。当然，对于制造业的任何一个行业，注重推行品牌的国际化、国际分工的高端化、落后企业的关停并转化、进出口产品的选择化、先进节能减排技术和有国际竞争力企业的高层次"引进来"、并购及控股国外先进制造业的高层次"走出去"、产业要素结构的配套调整都将是贯穿产业结构优化调整工作的基本思路，要做到合理搭配，在新常态下轻重有序、有破有立地推进制造

业的节能减排进程和经济腾飞战略。

六、结论与启示

产业结构的合理与否，将会决定产业的行为和绩效。从而意味着，能否根据现实国情对制造业的产业结构进行优化调整将是左右"中国制造2025"未来成效的重要因素。因此，本文以制造业两位数行业为样本，对其进行产业结构的系统性优化：即先分析了2015 年产出结构的优化调整目标及节能减排潜力，然后分析了各种要素投入的联动配套问题，并重点针对其中的资本存量要素测算分析它的产能利用率状况。研究发现，①制造业产出结构通过优化调整，可以分别降低能源强度和碳强度18.08% 和17.42%。②降低要素错配，制造业产出结构优化调整后需要各种投入要素进行联动配套，特别是资本存量水平需要降低26.02%。③2015 年制造业产能利用率远低于国民经济"十二五"规划中后期的均值水平，而投入要素联动配套后的产能利用率则可以回升至后一水平。

基于本文的研究发现，相关的启示可以体现为以下两点：首先，"中国制造2025"不应是制造业的全行业"盛宴"，要做到有破有立、重点突破。可以重点发展医药制造业，专用设备制造业等9 个行业，提升经济增速；要适度控制饮料制造业和文教、工美、体育、娱乐用品制造业及其他制造业的增长速度，但要保证其高于整个制造业的基准增速；农副食品加工业和食品制造业等其他制造业则要控制在整个制造业基准增速的下方，避免其过度增长。

其次，生产要素的异质性要求政府"有形手"和市场"无形手"的联合方式必须因"素"制宜。一方面，政府应打破劳动力市场的制度性分割，减少依附于户籍、编制等制度上的福利待遇，进而降低劳动力流动的成本，促使劳动力的自由流动，但要谨防资本逐利过程中，过度提高资本有机构成导致的失业问题。另一方面，政府不仅要根据产出结构优化调整需要，明确制造业

各行业的合理资本存量水平，避免行业整体规划上的投资失调，而且要通过多种途径和手段规范、约束地方政府的投资行为，抑制各地投资过度扩张的势头。同时，要加大政企分开和投资体制改革的力度，让政府尽快退出投资市场的主体地位，在资本要素配置上不再担当主要角色，而是起到规范市场和引导市场的作用，让投资行为步入良性的市场化运行机制。

参考文献

［1］董敏杰、梁泳梅、张其仔：《中国工业产能利用率：行业比较，地区差距及影响因素》，《经济研究》2015 年第 1 期。

［2］国务院发展研究中心《进一步化解产能过剩的政策研究》课题组：《当前我国产能过剩的特征、风险及对策研究，《管理世界》2015 年第 4 期。

［3］韩国高、高铁梅、王立国、齐鹰飞、王晓姝：《中国制造业产能过剩的测度、波动及成因研究》，《经济研究》2011 年第 12 期。

［4］黄亮雄、安苑、刘淑琳：《中国的产业结构调整：基于三个维度的测算》，《中国工业经济》2013 年第 10 期。

［5］江洪、赵宝福：《碳排放约束下能源效率与产业结构解构，空间分布及耦合分析》，《资源科学》2015 年第 1 期。

［6］焦翠红、李秀敏：《经济增长：节能减排与区域产业结构优化》，《税务与经济》2015 年第 2 期。

［7］刘伟、张辉：《中国经济增长中的产业结构变迁和技术进步》，《经济研究》2008 年第 11 期。

［8］刘小敏、肖春来、李红梅：《某地区总排污控制下的产业结构优化研究》，《北方工业大学学报》2007 年第 1 期。

［9］马树才：《以经济增长为目标的产业结构调整优化模型》，《辽宁大学学报》（自然科学版）2005 年第 3 期。

［10］王文举、向其凤：《中国产业结构调整及其节能减排潜力评估》，《中国工业经济》2014 年第 1 期。

［11］谢建国：《外商直接投资对中国的技术溢出：一个基于中国省区面板数据的研究》，《经济学》（季刊）2006 年第 4 期。

［12］杨志才、柏培文：《要素错配及其对产出损失和收入分配的影响研究》，《数量经济技术经济研究》2017 年第 8 期。

［13］袁志刚、解栋栋：《中国劳动力错配对 TFP 的影响分析》，《经济研究》2011 年第 7 期。

［14］原毅军、董琨：《产业结构的变动与优化：理论解释和定量分析》，大连理工大学出版社，2008 年。

［15］张捷、赵秀娟：《碳减排目标下的广东省产业结构优化研究——基于投入产出模型和多目标规划模型的模拟分析》，《中国工业经济》2015 年第 6 期。

［16］张友国：《经济发展方式变化对中国碳排放强度的影响》，《经济研究》2010 年第 4 期。

［17］赵岩、黄鑫鑫、王红瑞、王欣莉、许新宜：《基于区间数多目标规划的河北省水资源与产业结构优化》，《自然资源学报》2016 年第 7 期。

［18］钟春平、潘黎：《"产能过剩"的误区——产能利用率及产能过剩的进展、争议及现实判断》，《经济学动态》2014 年第 3 期。

［19］Battese G E, Coelli T J. A Model for Technical Inefficiency Effects in a Stochastic Frontier Production Function for Panel Data［J］. Empirical Economics, 1995, 20（2）：325 – 332.

［20］Benhima K. Financial Integration, Capital Misallocation and Global Imbalances［J］. International Money and Finance, 2013（32）：324 – 340.

［21］Coelli, T., Grifell – Tatje, E., and Perelman, S. Capacity Utilisation and Profitability：A Decomposition of Short – run Profit Efficiency［J］. International Journal of Production Economics, 2002, 79（3）：261 – 278.

［22］Cooper W W, Seiford L M, Zhu J. Data Envelopment Analysis：A Comprehensive Text with Models, Applications, References and DEA – solver Software［M］. New York：Springer Science & Business Media, 2004.

［23］Dollar D, Wei S J. Das（Wasted）Kapital：Firm Ownership and Investment Efficiency in China［J］. NBER Working Paper, 2007.

［24］Kirkley J, Paul C J M, Squires D. Capacity and Capacity Utilization in Common – pool Resource Industries［J］. Environmental and Resource Economics, 2002, 22（1 – 2）：71 – 97.

［25］Krüger J J. Productivity and Structural Change：A Review of the Literature［J］. Economic Surveys, 2002, 22（2）：330 – 363.

［26］ Montobbio F. An Evolutionary Model of Industrial Growth and Structural Change ［J］. Structural Change and Economic Dynamics, 2002 （13）: 287 – 424.

［27］ Ngai L R, Pissarides C A. Structural Change in a Multisector Model of Growth ［J］. The American Economic Review, 2007, 97 （1）: 429 – 443.

［28］ Zhu Y B, Shi Y J, Wang Z. How Much CO_2 Emissions Will be Reduced through Industrial Structure Change if China Focuses on Domestic Rather than International Welfare? ［J］. Energy, 2014 （72）: 168 – 179.

Systemic Optimization Studies on Industrial Structure of China's Manufacturing Industry

—Based on the Perspective of the Output Structural Optimization and the Element Structural Matching

SHI Dan, ZHANG Cheng

Abstract: The optimization and adjustment on industrial structure of manufacturing industry has been one of the core contents of "Made in China 2025" policy, and also the important way to promote the supply – side structural reform. Scholars at home and abroad have paid great attention to this topic, however, they have not taken full advantage of the relevant information of open economy and the contribution of technology progress, and there is not enough analysis of the element structure in the present academic research. Therefore, the authors in this paper adopt the double – digit industries data of China's manufacturing industry to analyze its systemic optimization problem of industrial structure. The authors first do a descriptive analysis on the optimizing adjustment targets of output structure and the potentials for energy conservation and emission reduction in 2015. Then they analyze the non – linear relationship between element inputs and economic output to find out the relatively appropriate element matching structure. Finally, focusing on the capital stock, the authors calculate and analyze its capacity utilization level based on Data Envelopment Analysis technology.

The indications of the research are as follows. Firstly, output structure optimization and adjustment of manufacturing industry has great improvement potential, which can boost win – win situation between economic growth and environmental protection, and it reduces the energy intensity and carbon dioxide intensity by 18.08% and 17.42% respectively comparing with the original value in 2015. Secondly, in order to avoid resource misallocation, input factors of manufacture industry need the appropriate linkage matching, especially the capital stock element which should be adjusted by large margin after the optimization of output structure. Finally, further analysis of the calculation results of capital capacity utilization level shows that the utilization rate of manufacturing capacity （56.14%） in 2015 is much lower than the average level （73.27%） in the second half of the 12th Five – Year Plan for the National Economy （2008 – 2010）, which is affected by the investment inertia and slowdown of economic growth, while the capacity utilization level could be improved to the latter level after the linkage matching of input factors.

Key words: Industry Structure; Element Structure; Overcapacity; Energy – saving and Emission – reduction

固定资产投资、产业结构升级、就业与经济增长

——基于辽宁省 14 个地级市 2000~2015 年面板数据的实证研究[*]

史　丹　吴仲斌

摘　要：本文利用辽宁省 14 个地级市 2000~2015 年的面板数据，通过描述性分析和计量回归分析，研究了辽宁省经济增长特点以及固定资产投资增长率、产业结构升级、就业对辽宁省经济增长的影响。研究发现，2010 年是辽宁省经济增长的拐点，是典型的第二产业拉动型经济增长模式。辽宁省固定资产投资对经济增长率有显著的正效应，经济高速增长和大幅下滑主要是由于固定资产投资变动；产业结构升级对经济增长率有显著的负效应，有利于平抑经济波动；就业人数基本上负增长或零增长，对经济增长的影响不显著。

关键词：固定资产投资；产业结构升级；就业；经济增长

一、引　言

辽宁省作为中国东北老工业基地三省之一，中华人民共和国成立以后至改革开放前一直处于国家经济发展前列，是我国经济大省。改革开放以后，特别是进入 21 世纪以来，如图 1 所示，辽宁省虽然经济增长态势总体上与全国保持一致，经济增长率在 2000~2007 年持续提高、2008~2010 年高位徘徊运行、2011~2015 年快速下降，经济总量持续增长，但近年经济增长率快速大幅下降，2014~2016 年经济增长率全国垫底，2016 年甚至出现负增长（-5%），在全国经济发展中的地位也逐步下降，GDP 总量在全国 31 个省份（不包括港澳台地区）的排名由 2010 年的第 6 位下降到 2015 年的第 9 位。从政策实践看，自 20 世纪 90 年代初的"东北现象"开始，中央政府和地方政府出台了一系列支持东北（包括辽宁）经济发展的政策措施，但未达到预期效果，这说明支持东北的政策措施未对准问题症结。因此，探讨影响辽宁省经济相对衰落，特别是近年来迅速大幅下降的原因，具有特别重要的现实意义。

现有对辽宁省经济增长问题进行专门研究的文献不多，研究角度大致可归纳为以下几个方面：一是制度创新说。于书今和卢松（2003）认为，辽宁的干部按计划经济办法做国家投资项目的组织管理比较熟悉，而根据市场需要，自己开发项目，运用市场经济手段科学管理却比较薄弱。曹煜玲和张军涛（2011）认为，辽宁沿海城市区域经济一体化发展，应通过制度创新破除阻碍一体化的制度性障碍，提升区域性组织协调的法律效力，避免以类似"市长联席会议"等官员之间的承诺为经济发展的协调机制。二是产业结构说。牛

* 本文发表在《地方财政研究》2017 年第 2 期。

史丹，中国社会科学院工业经济研究所党委书记、副所长、二级研究员。吴仲斌，中国社会科学院财贸经济研究院博士后。

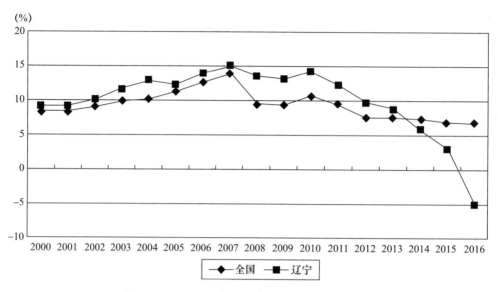

图1　2000～2016年辽宁省和全国GDP增长率

资料来源：历年《辽宁省统计年鉴》，下同。

似虎和王晶（2011）分析得出辽宁经济增长主要源于第二产业的发展；第一产业的发展水平较低，并制约于区域经济的增长；第三产业的发展对相关产业与区域经济的影响并不显著。李慧敏等（2015）利用灰色关联分析得出辽宁省三大产业与经济增长均有显著的关联性，且第一产业农林牧渔业与生产总值的关联度最低，第二产业与生产总值的关联度最高。姜丽（2016）认为，辽宁第一产业对经济增长的拉动作用有限，第二产业在不同时间段对经济增长的影响是不同的，而第三产业对经济增长的拉动作用则愈加凸显。三是劳动供给说。吴建宁（2007）认为，在辽宁省的各级教育中，中等教育和高等教育对产出增长贡献最大，且中等教育贡献率存在明显上升趋势。发展教育以提高劳动者教育年限和人力资本存量是促进辽宁经济发展的关键。四是技术创新说。孙晓梅（2010）认为，辽宁的技术创新存在引进—落后—再引进—再落后的技术发展怪圈，也存在传统的重工业比重大、工业产品盈利水平低、不同城市的技术创新水平不同、市场发育程度低、从事技术创新活动的企业占比不高、产学研等横向合作程度不高、企业竞争力不足且技术创新水平不高等问题，因而导致技术创新对经济增长的拉动作用有限。实际上辽宁高新技术产业的发展已初具规模，在此基础上大力促进主导产业的技

术创新发展，可以有力拉动经济增长。五是出口说。刘迪（2007）认为，增加辽宁的出口贸易会促进经济的增长，但是出口贸易较国内贸易而言具有更大的不稳定性。因而加快出口贸易的发展速度，增强出口商品竞争力，加强出口贸易对辽宁经济增长的拉动作用明显。林莉（2011）认为，辽宁省的对外出口额、对外进口额及经济增长三者存在长期均衡关系；对外出口对辽宁省经济增长有较强的正向效应，由于金融危机对辽宁省出口产生影响的缘故，从短期看表现不是很明显，但从长期看，出口的拉动作用还是很明显的；六是引进外资说。周娟等（2009）认为，辽宁省实际利用外资额同辽宁省国内生产总值及进出口总额存在高度的正相关关系，利用外资对辽宁省经济有巨大的拉动作用；外商直接投资（FDI）对辽宁省工业部门的确存在技术外溢效应，即引入外资每增加1%，会促进工业部门产出增加2.75%。延亚东认为，FDI除了拉动固定资产投资额，也对辽宁省GDP起着促进作用。七是城乡差距说。张庆君和姚树华（2004）认为，辽宁省农村居民收入增长长期低于城镇居民收入增长，会导致城乡居民收入差距的扩大，从而使农村消费倾向下降。由于收入水平的限制，农民对工业品的购买力低，影响了拥有巨大潜力的农村市场的发展。进而制约了城乡经济的良性循环，不利

于经济的发展。八是投资说。朱天星等（2010）认为，辽宁省产业投资对经济增长有促进作用，而政府投资对经济有很强的拉动作用，对私人投资则有一定的"挤出效应"。政府应在投资规划上给予适当的调控，扩大私人投资的发展空间。褚敏（2015）认为，辽宁省的住宅投资对经济和社会发展具有重要作用。住宅投资可通过就业、储蓄、投资和劳动生产率等影响经济发展。但辽宁的住宅投资不能拉动本地的经济增长。九是信用人文环境说。丁跃进（2007）对比分析了浙江和辽宁的人文环境，认为辽宁人文传统中的小农思想、轻视工商、不重功利、一切唯上和"等靠要"等理念与浙江人敢于闯市场、敢于闯天下、敢于求功利的理念，是造成两地经济发展差异的重要因素。

这些研究从不同角度探讨了辽宁省经济增长问题，具有一定的借鉴意义。但鲜有以辽宁省14个地级市作为样本，利用14个地级市2000～2015年的面板数据，构建计量经济模型研究固定资产投资、产业结构升级、就业对辽宁省经济增长的文献。本文以下结构为：第二部分为经济增长特征描述性分析和研究假设；第三部分为研究变量、数据和模型；第四部分为实证分析；第五部分为研究结论与政策建议。

二、经济增长特征描述性分析和研究假设

（一）经济增长率特征的描述型分析

2000～2015 年辽宁省 14 个地级市全部地区国内生产总值（以下简称全部 GDP）如图 2 所示，其变动趋势可划分为三个阶段：一是 2000～2004 年总体呈快速上升趋势，不同市之间有差异，个别市年度之间有波动；二是 2004～2010 年总体呈缓慢上升趋势，不同市之间有差异，年度之间有波动，总体上有一个"筑顶"，处于高位运行；三是 2010～2015 年逐年大幅下降，各市变化比较一致，其中，丹东、阜新、铁岭、朝阳出现负增长，各市经济增长率明显逐年分化。

第一产业国内生产总值（以下简称第一产业 GDP）增长率如图 3 所示，其变动趋势可划分为两个阶段：一是 2000～2004 年总体呈上升趋势；二是 2004～2015 年呈缓慢下降趋势，除阜新、朝阳两个农业市年度之间出现大幅波动外，其他市年度之间波动不大，平均增长率水平在 5%～10% 波动。

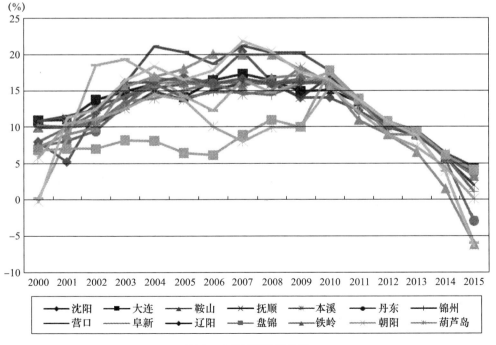

图 2　全部 GDP 增长率

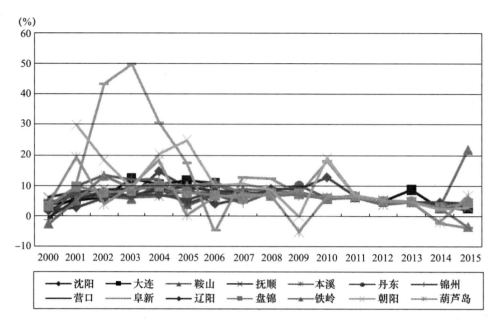

图3　第一产业 GDP 增长率

第二产业国内生产总值（以下简称第二产业 GDP）增长率如图 4 所示，其变动趋势可划分为三个阶段：一是 2000～2004 年总体呈快速上升趋势，不同市之间有差异；二是 2004～2010 年呈略有增长、总体平衡高速增长趋势，增长率高达 20%，个别市达 30%，年度之间有波动，不同市之间有差异，总体上有一个"筑顶"，处于高位运行；三是 2010～2015 年逐年大幅下降，各市经济增长率明显逐年分化。

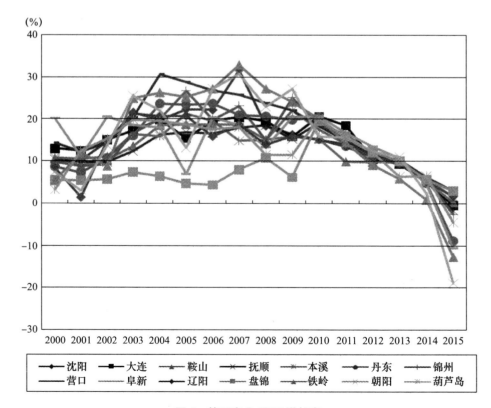

图4　第二产业 GDP 增长率

第三产业国内生产总值（以下简称第三产业GDP）增长率如图5所示，其变动趋势可划分为三个阶段：一是2000～2004年总体呈快速上升趋势，年度之间有波动，不同市之间有差异；二是2004～2010年总体呈缓慢上升趋势，高位运行，增长率高达15%，个别市达20%，年度之间有波动，不同市之间有差异；三是2010～2015年明显逐年下降，而且下降幅度很大，各市经济增长率明显逐年分化。

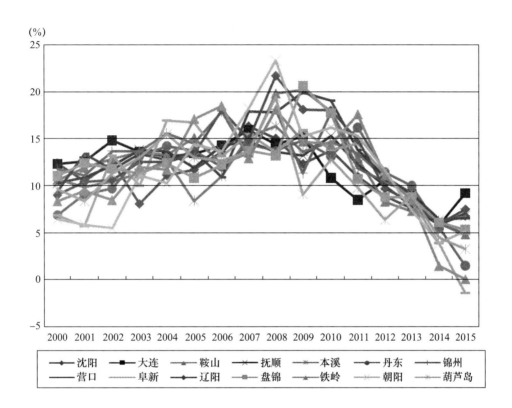

图5　第三产业GDP增长率

特别地，比较图4和图5可知，14市第二产业GDP增长率变动趋势与第三产业GDP增长率变动趋势比较一致。但是，各市第三产业GDP增长率无论是在经济增长率上升、高位运行阶段，还是在下降、低位运行阶段，一直都比较收敛、比较稳健，增长率波动相对较小；第二产业GDP在经济增长率上升阶段、高位阶段比较发散，在下降阶段则比较收敛，增长率波动相对较小。这说明，相对于第二产业，第三产业发展更有利于在促进经济平稳高速增长的同时，平抑经济波动。

从相对增长率看，如图6、图7、图8所示，2000～2015年辽宁省14个地级市第一产业GDP增长率与全部GDP增长率的比值约为0.5，小于1，表明第一产业拉了总体经济增长的后腿，各市

2015年经济增长率明显分化。第二产业GDP增长率与全部GDP增长率的比值，2000～2002年约为1，与总体经济增长持平；2003～2013年约为1.2，明显高于总体经济增长；2014～2015年小于1，赶不上总体经济增长率，2015年明显分化。第三产业GDP增长率与全部GDP增长率的比值，2000～2002年大致为1，与总体经济增长持平；2003～2013年小于1，慢于总体经济增长；2014～2015年大于1，快于总体经济增长，2015年明显分化。

综合以上分析可知，14市全部GDP增长率变动趋势与第一产业GDP增长率变动趋势差异较大，与第二产业GDP增长率变动趋势高度一致，与第三产业GDP增长率变动趋势比较一致：

2000～2004 年全部 GDP 增长率不断提高，第二产业 GDP、第三产业 GDP 增长率略快于全部 GDP 增长率；2004～2010 年全部 GDP 增长率在高位运行，第二产业 GDP 增长率快于全部 GDP 增长率，第三产业 GDP 慢于全部 GDP 增长率；2010～2015 年全部 GDP 增长率快速下降，第二产业 GDP 增长率慢于全部 GDP 增长率，第三产业 GDP 增长率快于全部 GDP 增长率。可以判断，14 市第一产业 GDP 增长速度相对较低且较平稳，经济高速增长主要依靠第二产业拉动，是典型的第二产业拉动型的经济增长模式；第三产业发展促使经济保持较高的增长速度，同时平抑经济大幅波动，起到"经济增长稳定器"作用。各市全部 GDP 增长率变动主要是由于第二产业 GDP 和第三产业 GDP，特别是第二产业 GDP 增长率变化引起。

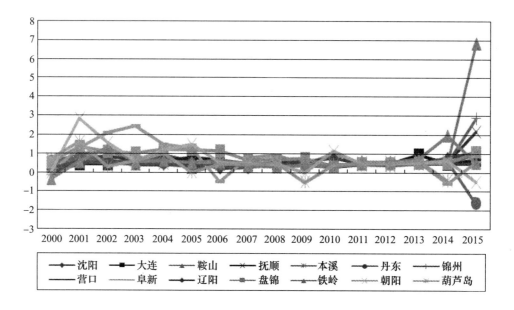

图 6 第一产业 GDP 增长率与全部 GDP 增长率的比值

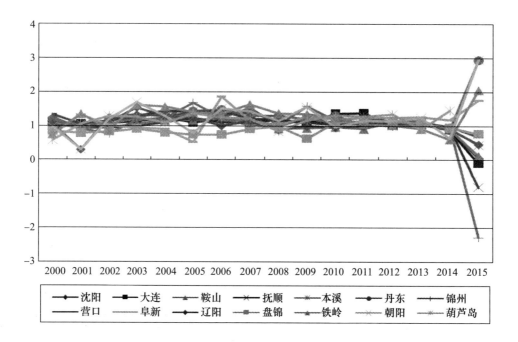

图 7 第二产业 GDP 增长率与全部 GDP 增长率的比值

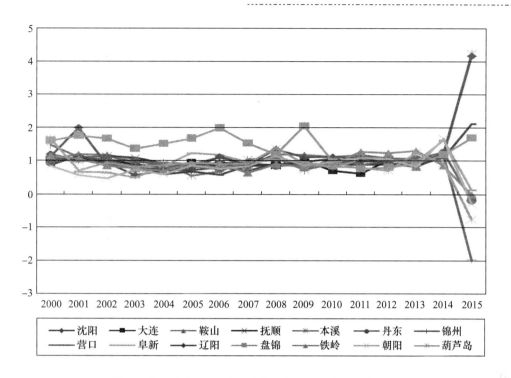

图8 第三产业GDP增长率与全部GDP增长率的比值

（二）研究假说

现代经济增长要素可分为资本、劳动、技术、制度等，其中制度和技术是慢变量，重大的制度创新和技术创新短期内不会经常性地发生。一旦技术创新或制度创新得以实现，将导致经济的大幅增长，并迅速转化为经济增长存量，但不会突然引起经济增长率长时期大幅下滑。辽宁省2000～2010年GDP增长不断提速、高位运行，2010～2015年经济增长率逐年大幅下降，这是技术创新或制度创新难以解释的，而且，2000～2015年，辽宁省也没有出现重大的技术创新和制度创新。需要从其他方面探寻辽宁省经济增长大幅波动的原因。

从资本投入看，固定资产投资能显著拉动第二产业、第三产业，特别是第三产业发展，从而拉动经济增长。比较图2和图9可知，14市2000～2004年GDP增长不断提速，2005～2010年一直在高位运行，2010～2015年经济增长逐年快速下降；固定资产投资增长率在2000～2004年不断提速，2005～2010年一直在高位运行、增长率高达40%，2010～2015年经济增长逐年快速下降，与全部GDP增长率变动趋势、第二产业GDP增长率变动趋势、第三产业GDP增长率变动趋势非常一致。为此，我们提出：

假设1：固定资产投资增长率是影响辽宁经济增长率变动的重要因素。

从产业结构升级看，在主要依靠固定资产投资拉动的经济体中，固定资产投资对第二产业GDP增长率影响相对较大，对第三产业GDP增长率影响相对较小。在经济上行阶段，第二产业GDP增长率高于全部GDP增长率，第三产业GDP增长率低于全部GDP增长率；在经济下行阶段，第二产业GDP增长率低于全部GDP增长率，第三产业GDP增长率高于全部GDP增长率。比较图4和图5可知，14市第二产业GDP增长率变动趋势与第三产业GDP增长率变动趋势比较一致，但变动幅度不一致。各市第三产业GDP增长率无论是在经济增长率上升阶段、高位运行阶段，还是在下降阶段，一直都比较收敛、比较稳健；第二产业GDP在经济增长率上升阶段、高位阶段比较发散，在下降阶段则比较收敛。从图10可知，2000～2004年产业结构升级总体呈下降趋势，2004～2010年总体呈稳定趋势，2010～2015年明显上升，不同市之间有差异，但走势比较一致。

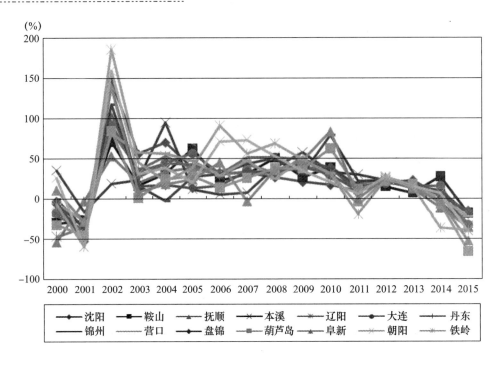

图9 固定资产投资增长率

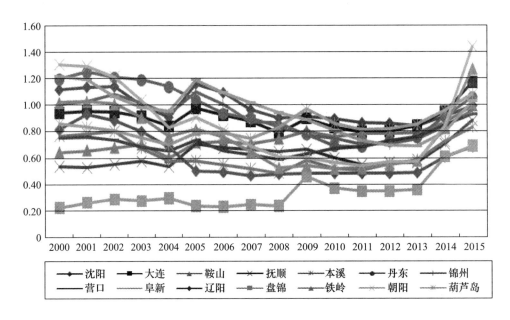

图10 第三产业国内生产总值与第二产业国内生产总值的比值

我们用产业结构升级来综合分析第二、第三产业情况变化情况，用同年第三产业 GDP 和第二产业 GDP 的比值为指标，比较图 2 和图 9 可知，第三产业 GDP 与第二产业 GDP 比值的变动趋势与 GDP 增长率变动趋势相反，产业结构升级将有利于经济增长波动，促进经济平稳运行。为此，我们提出：

假设2：产业结构升级有利于平抑辽宁经济增长率大幅波动。

从就业看，由于就业观念、长期低出生率、人口外流等原因，如图 11 所示，14 市 2000 ~ 2005 年基本上是负增长，2006 ~ 2015 年基本上是零增长，与全部 GDP 增长趋势不一致，就业难以解释经济波动。为此，我们提出：

假设3：就业对辽宁经济增长率影响不大。

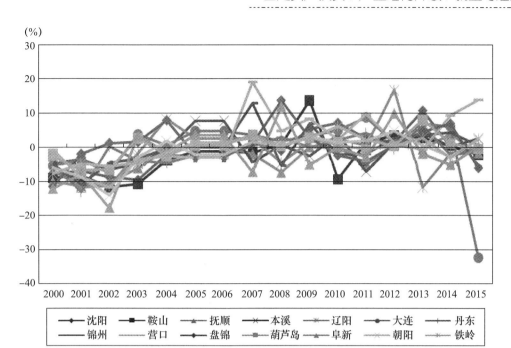

图 11 就业增长率

三、变量、数据和模型

为进一步论证辽宁省固定资产投资增长率、产业结构升级、就业与经济增长之间的关系，我们选用辽宁省 14 个地级市 2000～2015 年的面板数据，构建模型进行回归分析。

（一）变量和数据

1. 被解释量和解释变量

结合前文的描述，选取 14 个地级市经济增长作为被解释变量，用年度全部 GDP 增长率作为衡量指标。选择固定资产投资、产业结构升级、就业作为解释变量，分别用当年度固定资产投资与上年固定资产投资的比值、同年第三产业 GDP 与第二产业 GDP 的比值、当年就业总人数与上年就业总人数的比值作为衡量指标。

2. 控制变量

由于固定资产投资增长率、产业结构升级、就业并非是影响一个地区经济增长的仅有因素，为避免得到有偏误的结论，需引入相关的控制变量来抑制其他潜在因素带来的影响，以便更准确地观察固定资产投资增长率、产业结构升级、就业的影响。为此引入如下控制变量：

（1）经济发展阶段。不同的经济发展阶段，其潜在经济增长率水平不一样。用第一产业 GDP 占全部 GDP 的比重表示经济发展阶段。

（2）城乡差距。劳动投入是一个地区经济增长的来源，城乡差距有利于增强劳动力由乡村向城镇转移的意愿，增加劳动力供给和改善就业结构。用城镇居民可支配收入与农民可支配收入的比值表示城乡差距。

（3）对外开放。对外开放是现代经济发展的重要驱动因素，主要包括两个方面变量，一是吸收外商投资，用外商投资与全部 GDP 的比值表示；二是对外贸易，用出口总额占 GDP 的比重表示。

（4）市场化程度。改革开放以来，制度因素在我国高速的经济发展中起到了重大的作用，制度变迁主要体现在国有制比重不断下降而非国有制比重不断上升，可以采取非国有化率来表示。由于非国有化的改革主要表现在第二产业领域，因此，用非国有第二产业总产值占第二产业总产值的比重来表示非国有化率。

（5）信用程度。近来不少研究提出"投资不过山海关"，政府和企业信用影响了社会资本投资。用两个指标来度量信用程度，一是基本建设投资中国内贷款与国内预算比值，表示社会资本投资意愿；二是自筹资金与基本建设投资比值，表示企业接受社会外部资金程度。

需要说明的是，由于数据的可得性，本文没有引入技术方面的控制变量。

3. 数据

所需 14 个地级市数据均从 2000~2016 年辽宁省统计年鉴直接获取或通过计算得到，个别年份的数据部分缺失，本文采用趋势外推法进行估计处理。

（二）模型设定

本文将模型设为：

$$y_{it} = \lambda_i + \beta_1 GT + \beta_2 CY + \beta_3 JY + \varepsilon_{it} \qquad (1)$$

式中，y，λ，β，ε，i，t 分别表示生产总值增长率、各区域不能观测的效应、回归系数、随机误差项、地区和时间，GT 表示固定资产投资增长率，CY 表示第三产业 GDP 与第二产业 GDP 的比值，JY 表示就业人数增加率。引进前文所述的控制变量后，模型变为：

$$y_{it} = \lambda_i + \beta_1 GT + \beta_2 CY + \beta_3 JY + \theta_1 YC + \theta_2 WS + \theta_3 ZC + \theta_4 DY + \theta_5 CK + \theta_6 SCH + \theta_7 CX + \varepsilon_{it} \qquad (2)$$

式中，YC 表示第一产业 GDP 占全部 GDP 的

比重，WS 表示外商投资与 GDP 的比值，ZC 表示自筹资金占基本建设投资的比重，DY 表示基本建设投资中国内贷款与国内预算的比值，CK 表示出口总额占全部 GDP 的比重，SCH 表示非国有化率，CX 表示城乡收入差距。

四、实证分析结果

（一）分地区实证结果

辽宁省各地经济发展水平差异较大，辽中南城市群由沈阳、辽阳、鞍山、抚顺、本溪 5 个城市群组成，是典型的老工业基地，工业发达，工业实力雄厚。沿海城市群由大连、营口、盘锦、葫芦岛、锦州、丹东 6 个城市组成，是东北亚重要的国际贸易和货物转运中心，借助优异的航运优势，经济发展水平迅速提高。辽西北、辽东地区由朝阳、阜新、铁岭 3 个城市组成，由于各种不利客观因素约束，经济发展水平相对滞后。为进行总体分析和地区比较，我们分别对辽宁省全部 14 个市、辽中南 5 个市、沿海 6 个市、辽西北辽东 3 个市进行实证分析，估计结果如表 1 所示。

表1　分地区回归分析结果

	14 个市			辽中南 5 市		
	1 号模型	2 号模型	3 号模型	1 号模型	2 号模型	3 号模型
	OLS	FE	RE	OLS	FE	RE
GT	6.855***	5.847***	6.695***	5.916***	5.698***	5.916***
	(0.77)	(0.72)	(0.758)	(1.173)	(1.206)	(1.173)
CY	−6.349***	−15.58***	−7.548***	−6.963***	−5.583	−6.963***
	(1.753)	(2.338)	(1.821)	(2.584)	(4.436)	(2.584)
JY	9.095*	5.508	8.534	10.53	10.56	10.53
	(5.397)	(5.026)	(5.315)	(7.14)	(7.435)	(7.14)
YC	0.0277	0.308*	0.0472	−0.232	−0.411	−0.232
	(0.0492)	(0.179)	(0.0561)	(0.321)	(0.572)	(0.321)
WS	3.356	−56.29	−2.142	237.1*	162.8	237.1*
	(81.8)	(99.14)	(84.63)	(126.6)	(179.1)	(126.6)
ZC	−5.402**	−4.328*	−5.458***	−1.826	−1.966	−1.826
	(2.09)	(2.32)	(2.085)	(3.543)	(3.881)	(3.543)
DY	−0.0135	0.017	−0.00943	−0.116*	−0.137*	−0.116*
	(0.0144)	(0.0145)	(0.0143)	(0.0612)	(0.0746)	(0.0612)

续表

	14 个市			辽中南 5 市		
	1 号模型	2 号模型	3 号模型	1 号模型	2 号模型	3 号模型
	OLS	FE	RE	OLS	FE	RE
CK	34.96	108.9 **	49.18 *	58.1	139.3 *	58.1
	(23.57)	(45.63)	(25.79)	(63.9)	(77.76)	(63.9)
SCH	4.094	−3.529	2.792	−4.391	−6.105	−4.391
	(2.981)	(3.22)	(3.032)	(4.046)	(4.156)	(4.046)
CX	−1.268	0.278	−1.217	−3.366	−4.583	−3.366
	(0.927)	(1.307)	(0.968)	(2.668)	(3.224)	(2.668)
常数项	10.70 ***	16.70 ***	12.35 ***	22.39 ***	26.36 ***	22.39 ***
	(3.724)	(5.659)	(3.815)	(6.2)	(7.892)	(6.2)
样本量	224	224	224	80	80	80
R^2	0.365	0.471		0.515	0.541	
	经检验使用 2 号模型，FE 固定效应模型			经检验使用 3 号模型，RE 随机效应模型		

	沿海 6 市			辽西北、辽东 3 市		
	1 号模型	2 号模型	3 号模型	1 号模型	2 号模型	3 号模型
	OLS	FE	RE	OLS	FE	RE
GT	5.106 ***	4.933 ***	5.106 ***	4.507 ***	4.246 **	4.507 ***
	(1.179)	(1.089)	(1.179)	(1.617)	(1.618)	(1.617)
CY	−12.70 ***	−16.01 ***	−12.70 ***	−22.26 ***	−28.85 ***	−22.26 ***
	(3.4)	(3.674)	(3.4)	(5.169)	(6.717)	(5.169)
JY	1.843	−0.834	1.843	15.85	11.67	15.85
	(6.743)	(6.337)	(6.743)	(17.58)	(17.72)	(17.58)
YC	0.365 **	0.414	0.365 **	−0.265	0.377	−0.265
	(0.154)	(0.264)	(0.154)	(0.413)	(0.588)	(0.413)
WS	−11.34	−89.75	−11.34	−1622.1 **	−1719.9 **	−1622.1 ***
	(106)	(115.3)	(106)	(601.8)	(663.4)	(601.8)
ZC	−2.474	−2.501	−2.474	−12.29	−9.395	−12.29
	(3.276)	(3.858)	(3.276)	(8.388)	(8.615)	(8.388)
DY	0.00194	0.0172	0.00194	−0.228	−0.261	−0.228
	(0.014)	(0.0142)	(0.014)	(0.246)	(0.248)	(0.246)
CK	137.0 ***	107.3 **	137.0 ***	14.67	334.3	14.67
	(44.55)	(53)	(44.55)	(412.6)	(474.3)	(412.6)
SCH	12.85 ***	5.329	12.85 ***	−28.89 **	−23.08	−28.89 **
	(4.302)	(4.81)	(4.302)	(13.85)	(14.3)	(13.85)
CX	1.007	−0.447	1.007	−4.873	−0.108	−4.873
	(1.669)	(2.604)	(1.669)	(3.564)	(4.766)	(3.564)
常数项	−3.911	8.659	−3.911	78.75 ***	51.60 *	78.75 ***
	(6.858)	(9.357)	(6.858)	(24.08)	(29.83)	(24.08)
样本量	96	96	96	48	48	48
R^2	0.447	0.468		0.65	0.671	
	经检验使用 2 号模型，FE 固定效应模型			经检验使用 3 号模型，RE 随机效应模型		

注：括号中的数值为相应的 T 检验值。*、** 和 *** 分别表示在 1%、5% 和 10% 显著性水平上显著，下表同。

从 14 个地级市估计结果看，β_1 均显著为正，β_2 均显著为负，且都在 10% 显著性水平上显著，说明固定资产投资增长率对经济增长率有显著的正效应，产业结构升级对经济增长率有显著的负效应。β_3 不显著，表明就业人数变动对经济增长率影响不大。θ_1 为正且在 1% 显著性水平上显著，θ_5 为正且在 5% 显著性水平上显著，表明农业比重越高、出口份额越高，经济增长率越高；θ_3 为负且在 1% 显著性水平上显著，表明自筹资金比重越高，经济增长率越低。其他变量的影响都不显著。

从辽中南 5 市估计结果看，β_1 均显著为正，β_2 均显著为负，且都在 10% 显著性水平上显著，说明固定资产投资增长率对经济增长率有显著的正效应，产业结构升级对经济增长率有显著的负效应。β_3 不显著，表明就业人数变动对经济增长率影响不大。θ_2 为正且在 1% 显著性水平上显著，表明外商投资比重越高，经济增长率越高；β_4 为负且在 1% 显著性水平上显著，表明国内贷款比重越高，经济增长率越低。其他变量的影响都不显著。

从沿海 6 市估计结果看，β_1 均显著为正，β_2 均显著为负，且都在 10% 显著性水平上显著，说

明固定资产投资增长率对经济增长率有显著的正效应，产业结构升级对经济增长率有显著的负效应。β_3 不显著，表明就业人数变动对经济增长率影响不大。θ_5 为正且在 5% 显著性水平上显著，表明出口份额越高，经济增长率越高。其他变量的影响都不显著。

从辽西北辽东地区 3 市估计结果看，β_1 均显著为正，β_2 均显著为负，且都在 10% 显著性水平上显著，说明固定资产投资增长率对经济增长率有显著的正效应，产业结构升级对经济增长率有显著的负效应。β_3 不显著，表明就业人数变动对经济增长率影响不大。θ_2 为负且在 10% 显著性水平上显著，θ_6 为负且在 5% 显著性水平上显著，表明外商投资比重越高、市场化程度越高，经济增长率越低。

（二）分时间段实证结果

从前文描述性分析可知，辽宁省经济增长率 2000～2010 年一路上行，2010～2015 年大幅下滑，2010 年是重要拐点，依据这个重要节点，我们将 2000～2015 年以来经济增长进程分成 2000～2010 年、2010～2015 年两个阶段进行实证分析，估计结果如表 2 所示。

表 2   分时间段回归分析结果

	2000～2010 年			2010～2015 年		
	1 号模型	2 号模型	3 号模型	1 号模型	2 号模型	3 号模型
	OLS	FE	RE	OLS	FE	RE
GT	2.011***	1.591***	2.011***	11.46***	8.850***	11.46***
	(0.642)	(0.526)	(0.642)	(1.591)	(1.764)	(1.591)
CY	0.971	−4.905**	0.971	−11.42***	−18.51***	−11.42***
	(1.544)	(2.406)	(1.544)	(2.408)	(4.551)	(2.408)
JY	10.11*	5.548	10.11*	0.592	−0.518	0.592
	(5.274)	(4.726)	(5.274)	(5.589)	(6.225)	(5.589)
YC	0.0628	0.104	0.0628	−0.0761	0.0434	−0.0761
	(0.0422)	(0.157)	(0.0422)	(0.0575)	(0.483)	(0.0575)
WS	51.87	65.26	51.87	−101.1	−174.5	−101.1
	(73.7)	(96.25)	(73.7)	(121)	(141.6)	(121)
ZC	8.011***	10.30***	8.011***	−6.056	−6.66	−6.056
	(1.938)	(2.12)	(1.938)	(4.308)	(5.404)	(4.308)

	2000～2010 年			2010～2015 年		
	1 号模型	2 号模型	3 号模型	1 号模型	2 号模型	3 号模型
	OLS	FE	RE	OLS	FE	RE
DY	0.0628 *	0.0634 *	0.0628 *	− 0.0207 *	− 0.0144	− 0.0207 *
	(0.0353)	(0.0323)	(0.0353)	(0.0113)	(0.0121)	(0.0113)
CK	− 0.232	14.89	− 0.232	60.96	− 154.6	60.96
	(18.09)	(35.28)	(18.09)	(42.17)	(137.9)	(42.17)
SCH	9.781 ***	1.498	9.781 ***	− 8.542 **	− 9.096 **	− 8.542 **
	(2.393)	(2.612)	(2.393)	(4.214)	(4.425)	(4.214)
CX	− 0.64	− 2.040 *	− 0.64	− 2.281	− 4.082 *	− 2.281
	(0.707)	(1.134)	(0.707)	(1.605)	(2.36)	(1.605)
常数项	− 2.182	10.19 **	− 2.182	22.85 ***	37.82 ***	22.85 ***
	(2.907)	(4.74)	(2.907)	(7.98)	(11.69)	(7.98)
样本量	154	154	154	84	84	84
R^2	0.499	0.612		0.779	0.838	
	经检验使用 2 号模型，FE 为随机效应模型			经检验使用 2 号模型，FE 为固定效应模型		

从 2000～2010 年看，β_1 均显著为正，β_2 均显著为负，且都在 10% 显著性水平上显著，说明固定资产投资增长率对经济增长率有显著的正效应，产业结构升级对经济增长率有显著的负效应。β_3 不显著，表明就业人数变动对经济增长率影响不大。θ_3 为正且在 10% 显著性水平上显著，表明自筹资金比重越高，经济增长率越低；θ_4 为正且在 1% 显著性水平上显著，表明贷款比重越高，经济增长率越高。θ_7 为负且在 1% 显著性水平上显著，表明城乡差距越大，经济增长率越低。其他变量的影响都不显著。

从 2010～2015 年看，β_1 均显著为正，β_2 均显著为负，且都在 10% 显著性水平上显著，说明固定资产投资增长率对经济增长率有显著的正效应，产业结构升级对经济增长率有显著的负效应。β_3 不显著，表明就业人数变动对经济增长率影响不大。θ_6 为负且在 5% 显著性水平上显著，表明市场化程度越高，经济增长率越低；θ_7 为负且在 1% 显著性水平上显著，表明城乡差距越大，经济增长率越低。其他变量的影响都不显著。

综合上述分地区、分时间段计量结果，可以得出非常一致且稳健的结论：β_1 显著为正负，表明固定资产投资增长率对经济增长率有显著的正效应；β_2 都显著为负，表明产业结构升级对经济增长率有显著的负效应，有利于平抑经济波动；β_3 都不显著，表明就业人数变动对经济增长率影响不大。此外，经济发展阶段、城乡差距、市场化、社会信用、对外开放等对经济增长影响不显著或不稳定，可能是这些控制变量本身与被解释变量因果关系不明显，也可能是其本身变化较小，还可能是受到其他变量的影响，具体原因有待进一步深入研究。

五、结论及政策含义

本文对辽宁省经济增长特征及影响因素进行描述性分析和计量分析，主要有如下结论：

第一，描述性分析结果表明，14 市第一产业 GDP 一直保持相对低速稳定增长，与全部 GDP 增长率变动趋势差异较大。全部 GDP 增长率与第二产业 GDP 增长率变动趋势高度一致，与第三产业 GDP 增长率变动趋势比较一致：2000～2004 年全部 GDP 增长率不断提高，第二产业 GDP、第三产业 GDP 增长率略快于全部 GDP 增长率；2004～2010 年全部 GDP 增长率在高位运行，第二产业 GDP 增长率快于全部 GDP 增长率，第三产业 GDP 慢于全部 GDP 增长率；2010～2015 年全部 GDP 增长率保持快速下降趋势，第二产业 GDP 增长率慢于全部 GDP 增长率，第三产业 GDP 快于全部 GDP 增长率。2010 年是辽宁省经济增长的拐点。辽宁省经济高速增长主要依靠第二产业拉动，是典型的第二产业拉动型的经济增长模式；第三产业发展有利于促使经济保持比较高的经济增长速度并平抑经济大幅波动，起到"经济增长稳定器"的作用；全部 GDP 增长率变动主要是由第二产业和第三产业、特别是第二产业 GDP 增长率变化引起。

第二，回归分析结果表明，不论是分地区看，还是分时间段看，固定资产投资增长率对辽宁省经济增长率有显著的正效应，产业结构升级对经济增长率有显著的负效应，就业人数变动对经济增长率影响不大，结论非常一致且稳健。这进一步证明，辽宁省固定资产投资是经济增长高速增长且大幅波动的主要因素，是典型的投资拉动型、第二产业拉动型的经济增长模式；第三产业发展则起到"经济增长稳定器"的作用，促使经济保持比较高的经济增长速度，同时平抑经济大幅波动；就业对辽宁省经济增长的作用不明显。此外，经济发展阶段、城乡差距、市场化、社会信用、对外开放对经济增长影响不显著或不稳定，其具体原因需要进一步深入研究。

基于上述研究结论，建议政府在制定促进辽宁省经济增长的政策措施时，要充分考虑固定资产投资是影响辽宁省经济发展高速发展和大幅下滑的主要原因、产业结构升级能有效促进经济增长并平抑经济增长波动、就业人数对经济增长没有明显影响等特点，调整过去的"输血式"项目支持政策。应在稳定固定资产投资的同时，大力发展第三产业、促进产业结构优化升级、提高劳动力素质。此外，还要针对市场化和对外开放对过去辽宁省经济增长没有发挥其应有的作用，深入研究其原因，并制定相应对策。

参考文献

[1] 于书今，卢松．改革取向与制度创新——辽宁老工业基地振兴报告 [C]．辽宁省哲学社会科学获奖成果汇编，2003.

[2] 曹煜玲，张军涛．机制与制度创新视域下的辽宁沿海城市带网络化发展 [J]．城市，2011（6）：11-14.

[3] 姜丽．辽宁产业结构演进对经济增长的影响分析 [J]．特区经济，2016（3）：86-89.

[4] 牛似虎，王晶．辽宁经济增长与产业结构的实证分析 [J]．渤海大学学报（哲学社会科学版），2011，34（3）：52-55.

[5] 李慧敏，王淑梅，董梦瑶．辽宁产业结构与经济增长的关联性分析 [J]．特区经济，2015（11）：70-72.

[6] 吴建宁．人力资本对辽宁经济增长贡献的实证研究 [J]．辽宁经济，2007（2）：62-63.

[7] 王馨．辽宁经济增长方式转变中的人力资源开发问题 [J]．大连海事大学学报（社科版），2009，8（6）：6-9.

[8] 孙晓梅．基于技术创新的辽宁经济增长点研究 [D]．辽宁工程技术大学，2011.

[9] 刘迪．辽宁出口贸易促进经济增长的实证分析 [J]．辽宁工业大学学报（社会科学版），2007，9（2）：12-15.

[10] 林莉．辽宁对外贸易与经济增长动态关系探讨 [J]．商业经济研究，2011（2）：132-133.

[11] 周娟，罗丹程，张广胜．合理利用外资振兴辽宁老工业基地 [J]．沈阳工业大学学报（社会科学版），2009，2（1）：24-27.

[12] 张庆君，姚树华．辽宁经济增长与城乡居民收入的相关性分析 [J]．辽宁经济，2004（2）：27-27.

[13] 朱天星，高丽峰，杨中原等，辽宁产业投资与经济增长关系的实证研究 [J]．沈阳工业大学学报（社会科学版），2010，3（3）：240-243.

[14] 褚敏．住宅投资是地方经济的新增长点吗？——基于辽宁的实证检验 [J]．东北财经大学学报，2015（4）：44-49.

[15] 丁跃进．论人文传统差异对经济发展的影响——以浙江和辽宁两省为例 [J]．山东理工大学学报（社会科学版），2007，23（6）：21-24.

[16] 史丹．东北老工业基地制度创新问题与对策研究 [J]．经济研究参考，2006（82）.

Fixed – asset Investment, Upgrading of Industrial Structure, Employment and Economic Growth

—An Empirical Analysis Based on the Dataset of 14 Prefecture – level Cities in Liaoning Province during 2000 – 2015

SHI Dan, WU Zhongbin

Abstract: In this paper, authors adopt the descriptive and econometric analysis methods to give a summary of the economic growth features in Liaoning Province, and they analyze the impact of fixed – asset investment growth rate, upgrading of industrial structure and the employment on economic growth of Liaoning Province with the dataset of 14 prefecture – level cities in Liaoning Province during 2000 – 2015.

The research finds that the economic growth in Liaoning Province, mainly driven by the secondary industry, reached the inflection point in 2010. In addition, the fixed – asset investment had notably positive effect on economic growth in Liaoning Province, and its fluctuation was the main factor to lead to the rapid economic growth and the sharp downturn. The upgrading of industrial structure had a largely negative effect on economic growth, which could help stabilize the economic fluctuation. We also find that the employment in negative or zero growth had little impact on the economic growth.

Key words: Fixed – asset Investment; Upgrading of Industrial Structure; Employment; Economic Growth

从逆向工程到正向设计

——中国高铁对装备制造业技术追赶与自主创新的启示[*]

吕　铁　江　鸿

摘　要：本文整合技术追赶的传统理论观点，构造出基于技术学习的后发国家产业技术追赶分析框架，并运用这一框架分析来自中国高铁装备产业的一手调研数据。结果表明，该产业能够在后发情境下快速发展出正向设计能力，得益于四个主要因素，即强调工程化和商业化的技术能力建设思路，传承有序的人力资源积累和协调有效的长期合作机制，持续完善、高效运转的行业试验体系，以及密集试验、批量应用中发现问题、解决问题的高强度学习机制。本文进一步讨论了高铁装备产业对中国装备制造业发展正向设计能力、加快技术追赶速度的借鉴意义，据此提出了研究发现的政策启示。

关键词：正向设计；技术追赶；自主创新

一、引　言

正向设计能力（Methe，1995）是从用户需求出发确立顶层设计要求，自上而下地分解、细化复杂产品（系统）功能，确定产品功能结构、子系统和零部件解决方案，形成可批量生产[①]、稳定运行的商业化产品并实现全生命周期支持的能力。正向设计[②]与逆向工程是制造业产品开发的两类典型模式，但唯有前者才能引致真正的自主创新产品。传统的技术追赶研究将后发国家产业技术能力的形成过程简单划分为逆向工程和自主创新两个阶段（汪建成、毛蕴诗，2007）。但对中国高铁装备产业等装备制造部门的观察和分析显示，在这两个阶段之间存在着重大的能力断层，而这一断层突出表现为正向设计能力的缺失。对于正向设计能力形成过程的分析，有利于打开后发国家产业实现由逆向工程到自主创新跃迁的过程"黑箱"。

目前，中国装备制造部门普遍结束了单一的OEM阶段，但各部门的设计能力仍存在巨大差异。很多企业的自主设计活动停留在逆向工程阶段，出于对技术标准、产品质量和知识产权的考虑，不得不沿用仿制对象的供应商。在国产化率和全球份额增加的表象下，是缺少自主性的普遍事实。例如，除了移动智能终端SOC芯片、智能电视芯片等少数领域内的明星企业之外，中国大多数集成电路设计企业不具备架构设计能力，只

---

* 本文发表在《经济管理》2017年第10期。

吕铁，中国社会科学院工业经济研究所研究员；江鸿，中国社会科学院工业经济研究所副研究员。

① 不少复杂产品（系统）是根据用户的个性化需求量身定做的，生产数量有限。尽管这些产品的设计生产企业通常只进行单件小批量生产，但在技术和工程上具备大批量生产相同产品的能力。

② 国外文献一般以逆向工程（Reverse Engineering）与正向工程（Forward Engineering）相对，以逆向设计（Reverse Design）与正向设计（Forward Design）相对，但细究其内涵，两对词汇在多数情况下具有很强的互换性。尽管逆向工程和正向工程在中文文献中更常见，但考虑到本研究的重点在于设计能力而非工程能力，为避免歧义，本文通篇使用逆向工程与正向设计的提法。

能通过"抄板"亦步亦趋地再现国外设计，向特定供应商采购标准单元生产后低价竞售，产品严重同质化，产品升级换代主要跟随国外先进企业，难以在产品性能上超越仿制对象（魏少军，2016）。ADI等国外企业却可采用特殊的封装技巧或增加冗余电路的手法加大逆向工程的难度与成本，在既有产品设计被其他厂商高效复现之前即推出下一代产品，充分享受自主创新收益。与此相比，中国高铁装备、水轮机组等少数部门则已培育出正向设计能力，可设计生产满足最新异质性需求、性能达到甚至超过国际先进水平的自主知识产权产品。究竟是哪些因素促使这些部门率先冲破逆向工程窠臼、发展出正向设计能力？相关因素如何影响正向设计能力发展？这些问题对理解中国装备制造业技术追赶绩效差异、加快技术学习和技术追赶具有重要意义。

与回答上述问题的迫切需要形成鲜明对比的，是当前有关后发国家复杂装备制造业技术追赶研究的相对缺失。第一，现有研究关注了技术追赶过程中的技术学习，但侧重回答后发国家应当学习什么或学到了什么，很少关注具体的学习实践如何进行，以及不同实践对建立和维持技术能力的意义。第二，现有研究致力于寻找普适规律，较少对理论进行情境化修正或整合。受"华盛顿共识""东亚秩序"和"北京共识"的影响，后发国家技术追赶的政策和模式逐渐趋同，但技术能力差距却不断扩大（Cimoli et al.，2009）。这表明，去背景化的研究结论与成功的技术追赶之间不存在必然联系，新技术经济范式下的技术追赶需要更加情境化的研究。第三，现有研究较少关注复杂装备制造业，前述问题在这些部门的研究中尤为突出。目前，有关技术追赶的关键研究发现多数基于对电子、通信、家电、汽车等产业的考察。仅有的少数以复杂装备制造业为背景的研究停留于对技术追赶模式的概括描述和对技术追赶路径的阶段划分，缺少对技术学习实践和技术能力形成细节的刻画，也很少进行情境化分析。

本文以中国高铁装备产业这一典型的复杂装备制造部门为研究对象，探讨正向设计能力的形成过程，以期为推动中国装备制造业的技术追赶和自主创新提供参考。本文的主要贡献在于：①在既有理论研究的基础上，整合构建了战略导向—资源配置—活动系统—学习机制的后发国家技术追赶分析框架；②运用新构建的分析框架分析技术追赶过程中技术学习的资源基础、活动系统和运行机制，弥补了当前技术追赶研究对技术学习实践关注不足的缺陷；③全面收集了中国高铁装备产业的一手数据，将复杂装备制造业纳入技术追赶研究的图景之中，扩展了后发国家技术追赶研究的实证背景。

二、文献回顾与分析框架

发展正向设计能力是后发国家在深度嵌入全球产业链的开放环境中进行技术追赶的重要目标。正向设计能力与逆向工程能力同属产品设计能力（Razavi & Jamali，2010），都是技术能力的重要组成部分。但从同一产品的开发设计来看，逆向工程是以仿制对象为起点，旨在破解特定仿制对象的技术规范或技术数据包，使自身产品尽可能接近仿制对象。正向设计则是以用户需求为起点，旨在首先完整理解产品工作逻辑以及产品设计与产品性能之间的关系，在此基础上开发适用于不同需求的产品系列。因此，逆向工程有明确的仿制对象和知识搜寻范围，而正向设计的知识搜寻范围与应用方式均不确定，对设计能力提出了更高要求。具备正向设计能力的企业能够适时调整产品性能、完善产品谱系，满足异质性用户需求，掌握产品线扩展和供应商选择的主动权，使国际供应链资源由"不得不用"向"为我所用"再向"用舍在我"转变。因此，通过发展正向设计能力，后发国家企业能够彻底摆脱"受制于人"的普遍问题。

技术追赶是经济学与管理学研究的传统问题，东亚国家和地区更是近来的研究重点。相关研究主要围绕技术追赶的制度安排、机会与可能性、路径与模式、技术学习这四个主题展开，在前三个主题下均发展出了一些经典理论与模型。在制度安排的主题下，Johnson（1982）、Amsden（1989）、Wade（1990）等提出并完善了发展型国家理论，认为政府干预市场是众多东亚国家和地区技术追赶的关键因素。在机会与可能性主题下，Perez 和 Soete（1988）提出了"机会窗口"概念，认为后发国家可以利用新技术范式带来的"第二类机会窗口"实现技术追赶。不少学者运用并拓展了这一概念，提出商业周期、制度型市场等其他可能的机会窗口（Mathews，2005；Guiennif & Ramani，2012；魏江等，2016）。Borenztin（1998）和 Blomstrom（1999）则提出了"发展门槛"观点，指出后发国家必须具有一定的技术能力和基础设施，才能有效利用先进技术所有者的技术外溢。在此基础上，很多相关研究也进一步探讨了产业的进入成本与进入时机（顾卫东，2008）。在路径与模式的主题下，Hobday（1995）的 OEM—ODM—OBM 模型和 Kim（1980）的引进—消化—提高模型被广泛采用。一些研究特别关注后发国家跨越特定阶段的可能性，提出了路径跟随、阶段跳跃、路径创造等不同的追赶模式（Lee et al.，2001）。

与上述研究相比，技术学习主题下的技术追赶研究在深度和系统性上都有所欠缺，停留于对知识来源、学习模式、学习内容的分类，缺少对技术学习实践及其作用机制的刻画与分析。①就知识来源而言，现有研究对源于国外技术引进和源于国内自主研发的知识与技术能力提升的不同关系多有探讨。部分研究强调技术引进对技术追赶早期阶段学习的重要性（Baskaran，2001；Zhang & Barbara，2001；张米尔、田丹，2008）；部分研究强调自主产品平台对技术能力提升的重要性（路风、封凯栋，2004；徐雨森等，2008；路风、蔡莹莹，2010）；部分研究则强调不同来源知识的协调利用和并行学习（Cho & Lee，2003；Lee et al.，2011）。然而，这些研究都只关注对不同来源知识的学习结果及其对技术能力提升的最终影响，对不同来源知识的技术学习机制特别是技术学习如何促进由技术引进到自主研发的转变则语焉不详。②就学习模式而言，现有研

究多借鉴技术追赶路径的研究成果，探讨特定追赶阶段的学习模式。例如，陈劲（1994）认为在技术吸收—技术改进—自主创新的不同阶段存在着干中学—用中学—研究开发中学的动态转变。魏江等（2016）发现，企业会根据技术不连续性和制度型市场机会的差异，分别选择并进式、内控式、外植式和采购式四种学习模式。然而，这些研究仅注重学习模式的类型化，并未讨论不同追赶阶段或条件下技术学习实践和模式转变的机制与结果。③就学习内容而言，现有研究致力于讨论特定产品技术特性和特定技术追赶阶段要求的关键技术能力。例如，Kim 及其合作者（Kim & Lee，1987；Kim，1997）发现，产品创新对复杂产品（系统）的技术追赶最为重要，工艺创新和产品开发对批量生产的消费品的技术追赶最为重要。吴先明、苏志文（2014）将技术引进后的内部融合分为技术迁移和技术提升两个阶段，认为前一阶段的学习重点是技术资源和研发方向整合，后一阶段的学习重点是技术水平和研发能力提升。然而，这些研究都没有深入阐述技术学习活动如何引致关键技术能力。

总体来看，尽管现有的技术追赶研究从制度安排、机会窗口等视角为复杂装备制造部门的技术追赶提供了具有一定解释力的概念，但既没有深入探讨真正引致正向设计能力跃迁的技术学习实践，也没有构造出基于技术学习的产业技术追赶分析框架。如果仅仅明确技术学习的重要性和阶段性特点，却不具体回答整个产业层次的技术学习活动实际如何进行以及其他技术追赶相关因素如何与技术学习活动相关联的问题，研究结论必然难以直接指导技术追赶实践。因此，有必要整合制度安排、机会窗口等视角与技术学习视角，形成更加全面、更具总体观的分析框架。

本研究在延续技术追赶研究四个关键主题的基础上，构建出以技术学习为中心的后发国家技术追赶分析框架，运用该框架分析中国高铁装备制造业由逆向工程到正向设计的转变。这一框架的理论逻辑在于，技术学习是各类因素影响技术追赶结果的最终环节。制度安排等因素既然能够

作用于技术追赶，必然对技术学习活动存在实际影响，能够"投影"出技术学习活动分析框架。与技术追赶的制度安排、机会窗口与可能性、路径与模式、技术学习四个主题相对应，这一分析框架包括战略导向、资源配置、活动系统和学习机制四个维度。具体而言，战略导向是指受产业政策等制度性安排影响的技术学习导向，决定了产业技术主体的活动目标。资源配置是指可以支持技术学习活动的资源存量及其配置机制，决定了产业技术主体在特定的"发展门槛"条件下是否能及时获取并调动资源，开展技术学习，回应技术追赶的"机会窗口"。活动系统是指在特定的产业技术追赶路径与模式下技术学习凭依的主要活动，由研发设备等硬件和活动组织等软件构成，其侧重点会因其行业技术创新的知识基础而有所差异。例如，科技驱动型产业的技术追赶活动体系更强调基础研究活动，而经验驱动型产业的技术追赶活动体系更强调试验验证活动。学习机制是指在上述因素的基础上，产业技术相关主体获取并内化技术知识、提升技术能力的机制。简言之，战略导向、资源配置和活动系统从目标、资源、活动方式等方面塑造了技术学习的环境；当环境较为有利时，学习机制将更加高效地发挥作用，支撑起后发国家的技术能力提升与技术追赶。

三、数据收集与分析

本研究采用三角交叉方法收集数据，通过对中国高铁装备产业相关主体的访谈收集一手数据，辅以对公开报道、行业期刊、企业年鉴、内部文件等资料的广泛搜索。2015 年 7 月至 2016 年 7 月期间，研究团队共进行了 37 次焦点小组访谈，所有访谈均有录音。为丰富基于不同视角的信息，提高研究的信度和效度，研究团队选择的受访主体广泛覆盖了高铁装备用户、高铁装备总成企业、配套企业、高铁建设企业、相关高校和科研院所。[1] 受访对象主要包括上述主体的高层管理人员、技术管理人员、项目管理人员和各个技术领域内的科研人员。所有访谈都采取非结构化形式，以确保更多的细节能从访谈中涌现。

本研究数据处理步骤如下。在每次访谈结束后，研究团队立即将所有访谈录音转录为文本，并对当时所有访谈转录文本和二手数据等原始材料进行归纳式编码和分析。在此过程中，研究团队一面根据编码过程中涌现的新主题调整访谈提纲，修正理论抽样计划，一面不断检视并调整原始编码和一级编码，在重复迭代之中提高一级编码的信度，为更高维度构念的汇总奠定基础。当数据出现理论饱和，无法再从新收集的数据中提炼出与正向设计能力及其提升相关的新见解时，研究团队即停止了数据收集，并对原始编码和一级编码进行了讨论与确认。基于前文发展的分析框架，研究团队进一步寻找一级编码之间的联系，分别抽取出与战略导向、资源配置、活动系统、学习机制等二级主题相关的一级节点，最后对二级主题进行三级编码，建构出各主题与正向设计能力提升之间的关系。为了降低整个编码分析过程中可能的偏见，研究团队采取了以下措施：第一，在编码完成后，请其他研究者独立评估三级编码和二级编码，并就有异议之处进行了深入讨论，在达成共识的基础上修正编码。第二，邀请中国铁路总公司等局内人士进行检验（Evered & Louis, 1981），以确保研究团队已对场域内的实际情况做出了合理解释。

---

[1] 各类受访机构包括：①高铁装备用户：中国铁路总公司、成都铁路局、太原铁路局。②高铁装备总成企业：青岛四方机车车辆股份有限公司（简称四方）、长春轨道客车股份有限公司（简称长客）、唐山机车车辆有限公司（简称唐车）。③高铁装备配套企业：戚墅堰机车车辆工艺研究所有限公司、株洲电力机车有限公司、株洲电力机车研究所有限公司。④高铁建设企业：京福铁路客运专线安徽有限公司、铁建重工集团有限公司、中铁二局股份有限公司、中铁二院工程集团有限责任公司。⑤高校与科研院所：西南交通大学（简称西南交大）、中南大学、中国铁道科学研究院（简称铁科院）。

四、中国高铁装备产业的正向设计能力发展

以准高速和高速①动车组的技术进步为标志，中国高铁装备产业及其设计能力的发展经历了三个阶段。

（一）独立研发阶段（1990～2003 年）

1995 年以前，铁道部已开始组织研制准高速与高速列车，但尚未突破"机车 + 客车"②路线，也未有国产准高速或高速动车组问世。1995 年以后，围绕铁路局招标项目和原铁道部部管项目，中国高铁装备研发人员广泛尝试内燃、摆式、电动等技术路线，开发出众多新型动车组。这些车型虽然具有"需求引致"的正向设计色彩，但并未从根本上摆脱逆向工程和少量试制的特点。①就车体和头型设计、牵引制动系统、转向架构造、网络控制系统四项决定动车组知识产权归属的核心设计而言，这些型号的不少核心设计源于对国外产品的模仿和改造。②这些型号产量极小，未形成批量生产能力。据研究团队统计，这一时期中国企业共推出 13 种新型动车组，总产量却不足 40 列，其中只有 5 个型号产量超过 1 列。③当时已投入或即将投入运营的 5 种电动车组都曾多次出现机破事故，难以满足稳定运行的商业化要求。

（二）引进学习阶段（2004～2008 年）

围绕时速 200 千米和 300 千米动车组采购项目，铁道部组织完成了动力分散型电动车组技术的全面引进。四方、唐车、长客分别与日本川崎重工（简称川崎）、德国西门子和法国阿尔斯通合作，联合设计生产 CRH2A、CRH5A 和 CRH3C，并自行衍生出部分新型号，初步形成了

CRH 动车组产品系列。这些国产化型号虽然实现了大批量供应和商业化运行，但国内企业只能在原型车平台上进行小范围的环境适应性改进，不具备整车正向设计能力。①首批次 CRH 高速动车组的优化改造只能以中外联合设计的方式进行，研发周期和产品性能取决于原型车的技术成熟度。例如，四方与川崎联合设计的 CRH2A 基于日本成熟平台，不仅率先下线，而且很快实现了稳定的商业运行。长客与阿尔斯通联合设计的 CRH5A 却因阿尔斯通此前没有成熟的动力分散型电动车组平台，对原型车进行了基础性修改，投入运行早期的故障率长期居高不下。②中国高铁装备研发主体尚不通晓引进车型工作逻辑，自行完成的改进设计和型号衍生并未对原有平台进行大幅度改动，未达到正向设计产品的标准。以性能提升最显著的 CRH2C - 1 为例，尽管其速度（时速 300 千米）超过了引进车型 CRH2A（时速 250 千米）一个等级③，但其设计主要是将 CRH2A 从 4 动 4 拖结构恢复为日本原型车 E2 - 1000 的 6 动 2 拖结构④，使动车数量从 4 节增加到 6 节。由于 E2 - 1000 原版时速已经达到 275 千米，CRH2C - 1 略作改进即"具备了提速到时速 300 千米的动力"（赵小刚，2014）。

（三）正向设计阶段（2008 年至今）

以建设京沪高铁为契机，铁道部和科技部共同组织研制时速 350 千米及以上高速动车组，于 2010 年完成了四类核心设计全部自主化的 CRH380A、CRH380B 和 CRH380CL。此后，四方、长客、唐车又继续衍生出多种长大编组、高寒环境、强风沙环境的 CRH380 新车型。在 CRH380 系列研发过程中，中国高铁装备产业发展出整车层次的高速动车组正向设计能力，并运

---

① 综合各方定义和历史提法，本文将时速 160 千米至 200 千米称为准高速，时速 200 千米及以上称为高速。

② 普通客运列车是由一辆客运机车（提供动力）和多辆客车（不带动力）构成的编组，客车数量可调整。动车组是由多辆动车（自身带动力）和多辆拖车（不带动力）构成的编组，编组中的动车与拖车数量固定。根据动力来源，动车组可分为内燃动车组和电动车组。根据动力分布方式，动车组可分为动力集中型动车组（动力装置集中安装在列车两头的车辆上）和动力分散型动车组（动力装置分布在列车的多个不同位置）。除特别说明外，后文所涉动车组均为动力分散型电动车组。

③ 高速动车组每提升 30～50 千米时速，速度就上了一个等级，设计上要做出较大调整。

④ "4 动 4 拖"指该型号动车组由 4 列动车和 4 列拖车构成，"6 动 2 拖"指该型号动车组由 6 列动车和 2 列拖车构成。这是铁路系统内部描述动车组编组方式的普遍用法。一般而言，动车数量越多，动车组动力越大，最高时速越快。

用这一能力自主开发出速度等级和环境适应性远超引进型号的全新动车组，形成了时速 160 千米至时速 400 千米的自主化产品序列。2017 年 6 月，具有完全自主知识产权和技术标准体系的时速 350 千米"复兴号"中国标准动车组（简称标动）正式投入运营。这是中国高铁装备产业集中运用高速动车组正向设计能力的最新成果。标动包括四方的 CR400AF 和长客的 CR400BF 两个型号，但不同厂家产品可互联互通，相同速度等级动车组可重联运行，不同速度等级动车组可互相救援。这表明中国高铁装备研发人员已因需开发出了不局限于引进平台的全套高速动车组工作逻辑，使脱胎于不同平台的标动实现了机械接口的物理互联、电气接口的数据互联、软件接口的逻辑互联和操作界面的互通、主要硬件的互换，确立了不同于"欧标"和"日标"的中国标准体系。

五、正向设计能力发展的促进因素及其作用

运用前文发展的技术追赶分析框架，考察高速动车组技术追赶过程中战略导向、资源配置、活动系统、学习机制四方面的特点，中国高铁装备产业正向设计能力的跃迁主要得益于以下因素。

（一）战略导向：强调工程化和商业化的技术能力建设宗旨

批量生产自主研发、性能成熟的商业产品是 2004 年后中国高铁装备研发的根本宗旨。这改变了整个产业的技术能力演进方向，使其快速向兼具技术和经济合理性、满足规模化需求的正向设计路径收敛。强调"先进、成熟、经济、适用、可靠"的大规模技术引进引致了成熟、完整的正向设计理念。铁科院首席研究员王悦明在受访时指出，2004 年前，铁路局招标研制的众多准高速或高速列车型号都以创新示范为目标。这些型号往往"一型一列"，即使"只在局管范围内跑旅游线路"，多数型号也"经不住跑"。而在原铁道部主抓的 3 个国家级高速电动车组项目中，"大

白鲨"和"先锋号"均属试验样车，没有批量生产计划；唯有"中华之星"在立项之初即以批量生产、长期运营为目标。2004 年后的技术引进是中国高速动车组研发全面要求"批量、固化"的起点。对研发人员来说，CRH 系列型号不再"只是研究一个样车，考虑一项性能"，而是要将批量生产可行性和长期运营可靠性纳入全盘考量。

值得注意的是，对工程化、商业化速度与效果的追求常常使后发国家陷入对国外成熟产品的逆向工程之中。然而，大规模技术引进并没有淡化中国高铁装备产业的自主研发意愿，而将这种意愿引向了规模生产的正向设计产品。尽管不少人士诟病铁道部在技术引进时要求前期研发的非 CRH 型号全体下马，但其初衷并非完全放弃自主开发。否则，2004 年、2005 年的两次招标就不会明确要求以中外联合设计的方式对引进车型开展适应性改造，也不会设置"技术转让实施评价"考核环节。中国高铁装备产业的自主研发意愿从未消失，在完成对 CRH 系列的技术吸收后，即被迅速导入 CRH380 系列的正向设计中。

（二）资源配置：传承有序的人力资源积累和协调有效的长期合作机制

中国高铁装备正向设计能力的载体是各尽其能的产学研人才队伍，是将这些人才组织起来的产业活动体系。这不仅保存和拓展了中国高铁装备产业的知识和能力基础，而且促使各方以并行工程的方式深度协作，加快科学研究、产品开发、生产制造之间的迭代循环过程。

1. 早期自主研发项目形成的人才储备，从人力资源供给上保证了技术引进与消化吸收的效率效果

而这批宝贵的技术人才得以保全，应归功于管理者抱负和大规模技术引进。据受访的四方技术中心研发人员回忆，"1998 ~ 2003 年是最困难的时期，每年都停工。停工期间，全厂干部和职工都拿 400 元基本工资，实际到手 256 元，但所有技术人员工资照发，因此，四方的技术人员没有断层。"大规模技术引进"不仅带来了技术提升，更在关键时刻留住了人才"。被及时保存和

激活的个人经验与组织记忆，极大提高了知识获取和应用速度。铁科院一位车辆研究专家在受访时指出，"2004年前培养的这批人真正造过车。他们来引进，看一样的图纸，听一样的说明，但理解快得多，清楚得多。"川崎曾认为四方需要16年时间才能完成对引进技术的消化吸收，但中国高铁装备产业只用5年时间即已实现了正向设计。

2. 超越铁路系统传统边界的产学研长期合作，使铁路系统内外的相关人力资源被有效组织起来，服务于高铁装备技术突破与正向设计

2004年前，中国轨道交通装备的产学研合作在范围和理念上存在明显局限。列入"九五"攻关计划的"先锋号"和"中华之星"都是原铁道部部属工厂、院校和科研机构的合作成果，完全不涉及铁路系统之外的机构。大规模技术引进后，这些局限均被打破：一是原本局限于铁路系统内部的合作扩展到铁路系统之外。2008年，铁道部和科技部组织了铁路系统内外的25所高校、11家科研院所、51家国家重点实验室和工程研究中心开展协作，共同支撑起CRH380自主创新。这一合作模式也延续到了此后的高铁装备正向设计活动之中。二是原本局限于单个科研项目的短期合作扩展为企业主导的长期合作。四方总工程师梁建英指出，"技术引进之前，我们也参与一些合作项目，但态度是很被动的。有时候有技术难题，但不愿意找外面的单位合作，总觉得自己也能做出结果。后来在引进中发现，很多技术，特别是前沿技术和理论基础，必须有外部支持，才能更上一层楼。我们的创新模式有了很好的转型，和高校、科研院所开展稳定的长期合作"。铁路系统实现政企分开改革后，高铁装备创新体系中的行政力量将逐步减弱，但行之有效的产学研合作机制将因企业对外长期合作理念的兴起得以维持和发展，继续服务于产品正向设计。

（三）活动系统：持续完善、高效运转的行业试验体系

对基于经验性知识的装备制造部门而言，试验活动是产学研各方主体开展研发与技术学习的

基础体系。正向设计因其向前发展的建构本质，所需试验的种类繁、体量大、密度高，对试验设施、试验思路和试验组织都提出了全新要求。中国高铁装备试验得以快速进入了探索与验证并举的正向设计阶段，是不断完善的试验硬件与同步提升的试验理念、试验规范、试验组织等软件相辅相成的结果。

1. 根据本土需要建设或升级的众多试验台与实验室意味着国际领先而又极具适用性的仿真测试环境与台架试验条件

截至2015年底，中国共有18个运行或在建的国家级高铁相关试验平台。1995年建成的西南交大牵引动力国家重点实验室因其"在运行时速才几十公里的时代"建设450千米时速轮轨滚动振动整车试验台的超前意识，在各型号准高速和高速列车研制中发挥了不可替代的作用。西南交大张卫华教授在访谈中表示，如果没有400千米以上时速的整车台架试验准备，中国高铁动车组开发不可能如此顺畅地进入350千米乃至更高时速的线上试验阶段。其余17个试验平台中，有15个在2004年大规模技术引进后启建。尽管受建设周期限制，目前只有半数完成验收，但功能和精度均达到了国际顶尖水平。

2. 2004年后新建的众多线路带来了全球仅见的超大体量、复杂条件现场试验窗口和数据获取机会

从试验规格来看，2002年用于"中华之星"性能测试的秦沈客专山绥试验段长度64.1千米，与法国TGV冲高试验段处于同一长度量级，但在最高试验速度上仍相去甚远。此后，建造标准更高的京津、武广、郑西、京沪等线则创造了大量时速300千米以上的超长试验段。从试验周期来看，每条新线都提供了在建期间的多段、多次试验段试验窗口期，全线铺通后的长距离全线试验窗口期，以及投入运营后的跟踪试验期。更重要的是，这些线路的建设时间相互衔接、建造标准逐步提升、运行环境差异较大，在整体上保证了近十年来兼具连续性和差异性的不间断线上试验。从试验工况来看，无论是地质和气候，还是运行

距离和开行密度，中国高铁运行条件之复杂堪称全球之最。遍历各种环境的线上试验为中国高铁装备产业带来了无可匹敌的问题库和数据库。受益于此，标动正向设计才有能力同时应对"长距离持续高速运行、开行密度较高、载客量较大以及高寒、多雪、高原风沙、沿海湿热、雾霾、柳絮等环境"的苛刻要求。

3. 测试与分析并重、验证与探索并重、短期研制与长期跟踪并重的理念是引领中国高铁装备试验全方位支持正向设计的首要因素

第一，中国高铁装备试验的测试活动与分析活动素来在人员和组织上高度统一，有助于研发人员深入解读试验结果，加快试验与设计的迭代过程。相比之下，原为全球第一的德国慕尼黑滚动振动试验台只是"作为试验工具存在，只提供测试数据，不做任何分析"（沈志云，2014）。第二，2004 年技术引进之初，中国高铁装备研发人员已有意向试验体系中注入探索性和长期性元素，在高铁联调联试、动态检测等验证性试验阶段增加科研试验。第三，自 2008 年京津城际通车起，中国高铁装备研发人员即创造性地对所有投入运营的新车型开展全生命周期的跟踪试验和数据采集。西南交大张卫华教授和徐志根教授解释说，"列车性能会蜕变，而且每列车在每条线上的表现都不一样。跟踪运营列车，从一级修到四级修①，性能变化规律掌握一清二楚，不但对养护有好处，对指导设计更有作用"。

4. 有力的试验组织、清晰的试验规范和相应的组织惯例，使高铁装备试验体系得以极高的试验密度有序运转

作为后发竞争者，中国高铁装备产业在追赶过程中面对着试验量更大、时间更紧的挑战，只有加大试验密度，才能使研发人员尽早"认识到产品设计表征出来的特征"，加快正向设计进度。这一期望得以实现，最初得益于铁道部集中管理的组织安排。曾全程参与 CRH380 系列研制工作

的四方技术中心受访人员回忆说，"当时做试验，不需要层层审批，而是报到原铁道部动车组项目联合办公室（简称动联办），马上安排"。此外，早在 CRH380 上线试验之时，中国高铁装备产业即以确立试验规范为要务。原动联办成员、现中国铁路通信信号上海工程局集团有限公司总经理宋晓风回忆说："武广线试验有四项要求，第二项就是建立联调联试机制和整套标准，将来为其他线所用。"由此，中国高铁及早确立了涵盖科研试验、型式试验、产品检验、联调联试、运行考核、跟踪试验的详细试验规范，非正式协同惯例也逐渐生成。动联办于 2011 年撤销后，试验规范与相关惯例仍然延续下来，成为协调高密度试验的主要机制。

（四）学习机制：密集试验、批量应用的高强度技术学习

面对日、德、法三国差异化的高速列车设计，中国高铁装备研发、设计、制造、试验各参与单位以深刻理解不同车型运行原理、融会形成自主设计思想为目标，开展高强度并行学习，在试验效率、问题识别、工作逻辑、设计工具、标准确立等方面快速改善，在短时间内引致了正向设计能力的突变。

1. 通过基于高密度并行试验的"试验中学"（Thomke，2003；Thomke & Reinertsen，2012），中国高铁装备研发人员迅速增强了试验技术，提高了试验效率，为产品改进和正向设计提供了适时、优质的数据支持

试验效率是整个试验周期（设计、实施、分析）所获信息的价值与成本比（Thomke，1998），虽与试验速度有关，但绝不等同于此。如果试验设计或操作不合理，试验速度反而有损试验效率。在铁科院国家工程实验室工作的丁福焰举例说，"现在的测试系统都很先进，采数据、出报告好像很容易。但实际上影响因素很多，包括机械、

---

① 中国动车组修程分为一级检修到五级检修 5 个等级。每次运行结束（一般 1~2 日）后执行一次一级检修，每运行 3 万千米（或每月）执行一次二级检修，每运行 45 万千米（或每年）执行一次三级检修，每运行 90 万千米（或每三年）执行一次四级检修，每运行 180 万千米（或每六年）执行一次五级检修。

安装、研判等。即使是摩擦系数这么简单的参数，如果把握不当，做一天试验，测出来的数据根本是错的"。由此可见，试验效率取决于试验技术，后者则与经验学习紧密相关。

同时引进多国高速动车组并辅之以大范围的产学研合作，使中国高铁装备产业得以兼具并行试验速度较快和串行试验促进学习的优点（Thomke et al.，1998）。组建多个项目团队、分别攻关指定型号，这属于典型的并行安排，有利于在短期内完成大量试验，但不同团队难以获取其他团队的同期经验，容易造成各团队"背对背"试错的冗余试验，影响学习效果和试验技术改进。若采取减少单轮试验量、增加试验轮次的串行安排，则难免降低试验速度。与此相比，前述的产学研合作机制，尤其是科研人员的跨团队活动，增强了中国高铁装备试验团队之间的实时信息交流，在保证并行试验速度和密度的同时，获得了原本在串行试验中才能达到的学习效果。就试验设计而言，据西南交大张卫华教授介绍，"标动共有 16 个速度挡，161 个工况，2000 多个组合。虽然不是每个组合都做了试验，但也做了上千个组合"。研发人员并非不计成本地做加法，而其增删取舍试验设计的基础就是前期积累的试验技巧和相关知识。就试验操作而言，负责标动线路试验的大西高铁试验指挥部受访人员表示，"试验大纲比较粗，通过现场优化才将互不干扰的试验内容并行安排，不至于因某项试验出现问题而荒废整天的实验时间。而在并行安排中如何进行试验穿插，就取决于长期练出来的经验"。

2. 通过工程实践与设计实践反复迭代的"干中学"（Arrow，1962），中国高铁装备研发人员在设计输入和设计工具上取得了大量突破，形成了具有鲜明中国特征的自主化正向设计平台

在访谈过程中，不少技术专家指出，"车辆设计知识是高度依赖经验积累的，很难从书上或者国外学到"。从 2004 年前的自主研发到大规模、多源头的技术引进和消化吸收，经验知识积累大大加速，主要体现在三个方面。

（1）识别核心问题。影响高速动车组性能的因素极其庞杂，不可能也不必要全部纳入模型。确认核心问题及其影响因素是合理简化设计模型的先决条件，而不同问题和要素的相对重要性往往在产品开发和工程实践中才能显现。例如，尽管文献广泛提及空气动力学问题，但中国高铁装备研发人员却是在广深线提速过程中才真正认识到这一问题的重要性。铁科院首席研究员王悦明回忆："广深线提速前，我们看过国外文献，知道空气动力学研究是基本要求，但从上到下都不重视。没想到，在 160 千米到 200 千米的低时速下已经出现很多问题。准高速列车和老式客车交会，把对面的木头窗子都吸过来了。我们意识到空气动力学的确是高速情况下的大问题，铁道部才会支持相关研究，为后来的高速动车组打下了基础。"中国高铁装备研发人员对气密强度的认识则是在武广线试验中得到深化的。铁科院原副院长康熊研究员介绍说，"当时我在四方的车上，过隧道时能感觉到晃动很大。后来用传感器测，侧墙板最大内移达到 12 毫米，疲劳问题严重"。针对这一问题，四方技术中心副主任孙彦表示："从日本引进的 CRH2A 时速只有 250 千米，根本没发现气密强度的问题，日本人当然也不会主动提醒。所以，在研发 CRH380A 的前身 CRH2C－350 时，车体气密强度的要求就沿用了之前的 4000 帕。结果，CRH2C－350 在武广线上过隧道后，车体和门窗全都变形。我们在排查后发现，气密强度是造成此情况的主要指标。"认识到这一问题后，四方投入大量研究资源，"在车体重量仅增加 4% 的情况下"，将 CRH380A 的"气密强度从 4000 帕提高到 6000 帕"（矫阳，2011）。得益于经验性的问题识别和定义，中国高铁装备产业才能在迫切的追赶要求下，最大限度地减少过冗余、过试验、过设计造成的浪费，将有限资源聚焦于"真正的问题"。

（2）构建工作逻辑。高速动车组的架构高度模块化（Baldwin & Clark，2000），其性能提升需要同级组件的优化匹配和自下而上的有效集成。正向设计能否形成符合用户期望的整车工作系统，实现这一设计的生产成本是否合乎预期，取决于

研发人员对各级组件之间静态依赖关系和特定场景下动态调用关系的定义。这些关系的结构化表达，就是车辆工作逻辑，也是正向设计的精华所在（沈志云，2014）。由"中华之星"等早期型号到CRH380系列和标动，中国高速动车组工作逻辑急趋复杂。以信息传输为例，铁科院首席研究员王悦明介绍说，"'大白鲨'的信息传递量和机车拉客车差不多，主要是一条开门线和两个司机室的控制线需要全列贯通。CRH型号则是每条信息都要传到主控车和其他列车"。中国高铁装备研发人员通过反复调试不同应用条件下的引进车型故障逻辑，逐步加深了对高速动车组工作逻辑的认识，随后根据实际运行条件自行设置逻辑或改写原有逻辑。① 在密集的"试错—改错"过程中，中国高铁装备研发人员掌握了部件级、产品级、系统级等各层次硬件和嵌入软件、应用软件的联通、控制、监测、诊断等关系。目前，标动已经达到了"长客造和四方造车辆均能接收、执行、反馈对方主控车指令"这一"从未有过的信息传递和处理水平"。考虑到车速越高，"需要及时观察、判断的情况越多，对可靠性和实时性的要求越高，软件接口越多"，不同厂家车辆之间互联互通的事实反映出中国高铁装备研发队伍已具备了自主开发全套车辆工作逻辑的能力。

（3）发展设计工具。高速动车组是众多组件交互形成的大型装配体，结构复杂、关联量大、参数繁多是其设计模型的固有特征。在明确关键变量及其关联关系的基础上，内置了逐层级关联关系的设计工具可固化产品工作逻辑、实现组件协同变形，帮助研发人员根据特定用户需求自顶向下地生成设计模型，减少设计工作量，丰富产品多样性。而要发展出正确传递并表达设计信息的优质工具，并保证其可读性、稳定性、后续开发与维护便利性，则有赖于研发人员在建模方法、设计参数、程序结构、实现方法上的实践经验。

就建模方法和设计参数而言，西南交大徐志根教授表示，高校实验室的"支撑作用之一，就是确定设计用参数。我们根据基础理论和实验室数据建立模型，在大系统动力学的基础上做一个设计平台，为工厂提供动力学参数。工厂拿到这些参数，就能设计车辆"。就程序结构和实现方法而言，不少设计软件和设计环境"都是通过搞动车组，一点点摸索、一点点琢磨、一点点建立起来的"。例如，长客副总工程师李军反映，"2006年底，长客派队去唐车参与CRH3A的消化吸收，了解到西门子用的是ELCAD三维设计软件，就联系软件公司，咨询设计步骤，再按照步骤自己摸索着搭建设计平台。为了测试平台是否有效，就把西门子给的生产图纸拿来，看能不能生成一样的图纸。如果不行，根据两头的结构和结果，继续推测、调整。2007年我们完全复原了西门子的车体设计。这就证明，我们有了自主的设计平台，而且和西门子的平台至少在工程化上是等效的。标准动车组设计的所有分析计算模块，都是这样建立起来的"。

3. 通过运行、维护技术来源各异的多种列车型号的"用中学"（Mukoyama，2006），中国高铁装备研发人员对各种设计理念在特定条件下的具象差异有了更为深入、直接的认识，提升了依据应用环境确立设计标准的水平

研究表明（Von Hippel & Tyre，1995），新装备有80%的问题都是出乎设计人员预料、在投入使用后才首次发现的，而解决这些问题所需的信息也隐藏在使用环境之中。在访谈过程中，来自不同单位的标动研发人员均表示，他们是在"融合国内现有4个平台的设计理念的基础上，综合对实际应用情况和应用需求的了解，确定了适合国内环境的设计要求"。标动网络控制系统中的监测设置就是应用现实推动设计变化的典型。受

---

① 以长客为例，一位受访技术人员表示，"CRH（5型车）故障很多，阿尔斯通解决不了，只能和长客分享控制程序，但这些程序本身就有缺陷。比如列车关门时，不管哪扇门，只要最后关，就关不上。反复排查，发现关门时空调还在打新风，车内有正压。我们增加一条新逻辑，设定关最后一扇门的瞬间空调停止，问题消失。5型车的类似问题几百上千件，我们一点点解决。掌握逻辑，用了整整7年。现在，至少在中国条件下，我们对5型车逻辑的理解比阿尔斯通好"。

访的标动线路试验人员介绍说，"日系车强调人的作用，很多监测项目由人工完成，不包含在监测系统之内，因此，对管理精细程度要求高，检修频率高。德系车强调硬件的作用，监测事无巨细，需要的检修人员少，但操作复杂，容易报故障"。这两种理念本无高下之分，也各自延伸出了适用的配套模式。① 然而，一旦落实到他国环境中，管理者或操作者对这些问题响应和处置方式的态度却可能截然不同。"有些铁路局不喜欢欧洲车型，因为报警、停车太频繁；但是，有些铁路局认为小问题都报警也没关系，心里踏实。"为摸清用户偏好与成因，标动研发团队广泛调研国内装备应用单位，最终在一线经验的基础上建立起全新的适用性自主标准。"在体系架构上，我们比德国更强调监测，安全监测点从引进车型的 1000 多个增加到标动的 3000 多个。但在信息展示上，我们把监测信息分成了给司机、给随车机械师和给段上检修人员的部分。司机不会被频繁的报警打扰，随车机械师则能全面掌握车辆状态。"

六、研究结论与政策启示

（一）研究结论

本文运用基于技术学习的技术追赶分析框架，考察中国高铁装备研发由逆向工程转为正向设计的全过程，得出了如下结论：①从战略导向看，扭转既往以探索实验和产品示范为主的研发导向，将批量生产自主研发、性能成熟的商业产品作为根本宗旨，是该产业形成正向设计能力的前提。②从资源配置看，数十年传承有序的人力资源积累和协调有效的长期合作机制，是该产业形成正向设计能力的基础。③从活动系统看，根据科研与工程需要持续完善的试验体系，特别是同步提升的试验理念和组织水平，是该产业形成正向设计能力的重要支撑。④从学习机制看，同时引进多国技术促成的"试验中学""干中学""用中

学"等高强度并行学习，是该产业形成正向设计能力的主要途径。

高铁装备产业的借鉴意义，在于明确四类关键因素的作用以及如何营造具备这些促进因素的制度与产业环境，而不在于对政府主导型技术追赶模式的简单复制。尽管"统一招标、单头对外、指定承接方和转让方"的顶层设计被视为中国高铁装备产业避开引进依赖陷阱的关键制度安排，但只有在同时满足市场规模、引进来源、技术周期、吸收能力等多种条件的前提下，这类安排才可能达成目标。①中国是高铁装备的最大市场，具有整合国内需求、提高买方谈判能力的天然优势。相比之下，石油装备、大飞机等产品的国际买家数量多、份额大，中国无法通过掌控最终市场附加技术转让条款。②拥有高铁装备技术的国际供应商较多，愿为争取订单接受技术转让要求。而很多装备制造部门或是面临长期、严格的国外技术封锁（如航空发动机），绝无技术引进的可能性；或是国内需求逼近国际技术前沿面（如特高压成套设备），缺少可供借鉴的成熟技术。③高铁装备是产品架构相对稳定的长生命周期产品，引进当代或前代产品可为国内企业赢得技术追赶必要（尽管依旧紧迫）的窗口时间。大规模集成电路等短生命周期产品部门则很难寻觅到类似机会，如没有持续稳定的大规模产业投资，难以通过技术引进在产品换代前完成从逆向工程到正向设计的转变。④高铁装备技术引进的成功离不开已有的知识基础。20 世纪 80 年代原铁道部也曾两次组织机车技术引进，但当时铁路系统整体"技术水平还比较低下，要将引进技术大面积国产化的难度极大"（赵小刚，2014）。若没有20 世纪 90 年代的知识积累，高速动车组研发人员不可能将嵌入在引进装备中的缄默知识迅速内化为正向设计能力。

（二）政策启示

针对中国装备制造业技术追赶在战略思路、

---

① 以轴温监测处置为例，受访的标动研发人员表示，"日本车轴温再高也不停车，只是加个熔断器，因为日本线路短，轴温再高，也能很快到站。欧洲车详细监测轴温和两轴温差，结果不对立刻报警、停车，启动预案"。

资源配置、活动系统等方面的需求与缺陷，政府应通过引导和服务的方式，持续参与到中国装备制造业正向设计能力发展促进因素的积累之中：

1. 破除大量装备研发项目停留于首台（套）示范的现象，从扩大国内需求、分散用户风险的角度出发，加快自主设计装备的规模化商业应用

对大飞机、航空发动机等难以从资本市场获得足量产业投资的重大技术装备制造部门，长期维持甚至加强结构性支持政策，既要通过持续性的财政补贴、首台（套）保险等手段将自主设计装备"扶上马"，更要运用阶段性的销售保护、政府采购、出口信贷等手段"送一程"，增强自主设计装备的市场预期，甚至如原铁道部在高铁动车组招标中所做的那样，直接为国内后发企业创造初期市场。对产业资本门槛较低但市场不确定性同样很高的其他装备制造部门，以强化质量保证体系和风险规避机制为目标，尽快出台普惠性支持政策。相关政策不必制定支持目录，而应将引导装备制造企业通过市场手段将自主设计新产品推向商业化。

2. 加大装备制造业专用性人力资本投资，预防复杂装备及其关联部门的专用性人才流失与断层，避免个人层次的激励不足影响产业层次的正向设计能力发展

受历史原因影响，国有企业无疑是目前中国复杂装备制造业专用性人力资本的蓄水池。近年来，中国装备制造业用人规模持续增长，但国有企业员工激励水平却有逐步下滑的趋势，人才流失特别是青年骨干流失加剧。针对这一现象，政府应加快推进国有企业考核体系和薪酬体系改革。短期来看，在保留工资总额限制的前提下，一方面应根据企业的实际效益和战略地位，为关键企业配备具有市场竞争力的工资总额；另一方面应在企业内部健全员工绩效动态考核机制，切实根据考核结果分配工资总额，以务实的态度最大化绩效薪酬的激励作用。长期来看，必须全面建立起基于硬预算约束的国有企业治理机制和管理体系，给予国有企业自行调整薪酬总额的权力，彻底消除员工收入和激励水平之间的矛盾。需要注意的是，政府不应出于对国有企业人才流失的担忧而设置违背市场原则的流动障碍，致使装备制造业的人才吸引力下降，自主研发后继乏力。同时，政府也应以加强人力资本供给为目标，提高学科教育质量、激发青年投身装备制造类专业和相关高校培养更高素质新生力量的动力，在产业层次上保证人才梯队的完整性和自主研发的可持续性。

3. 建设行业试验平台与数据库，重塑共性技术供给体系，加强装备制造业跃升到正向设计所必需的试验数据与共性技术的积累和扩散

中国装备制造业的部门创新体系正由政府主导转向企业主导。这在总体上有利于提高创新效率，但也给硬件投资大、组织成本高的正向研发试验和溢出效应强、直接收益低的共性技术研究带来了投入不足的隐忧。政府应充分利用当前资金相对充裕和全球高素质人才快速流动的有利条件，尽快夯实公共性的行业试验体系与共性技术研发体系。首先，将各级公共性试验资源整合到行业试验平台之中，提供无利或微利的试验服务。其次，建设行业试验数据库，运用试验平台补贴附加要求（如部分数据公开要求）等措施，鼓励参试机构共享试验设计、试验数据、试验规范和试验技术，在全行业范围内增强知识积累和学习效应。最后，前瞻性地推进装备制造业共性技术供给体制改革，保证共性技术研发、扩散和共享过程中公共性和效率性的平衡。

参考文献

［1］Amsden A H. Asia's Next Giant: South Korea and Late Industrialization［M］. New York: Oxford University Press，1989.

［2］Arrow K J. The Economic Implications of Learning by Doing［J］. The Review of Economic Studies，1962，29（3）：155－173.

［3］Baldwin C，Clark K. Design Rules（Volume 1）: The Power of Modularity［M］. Cambridge，Massachusetts: MIT Press，2000.

［4］Baskaran A. Competence Building in Complex Systems in the Developing Countries: The Case of Satellite Building in India [J]. Technovation, 2001, 21 (2): 109 – 121.

[5] Blomstrom M, Sjoholm F. Technology Transfer and Spillovers: Does Local Participation with Multinationals Matter? [J]. European Economic Review, 1999, 43 (4 – 6): 915 – 923.

[6] Borenztein E, Gregorio J D, Lee J W. How does Foreign Investment Affect Economic Growth? [J]. Journal of International Economics, 1998, 45 (2): 115 – 135.

[7] Cho H D, Lee J K. The Developmental Path of Networking Capability of Catch – up Players in Korea's Semiconductor Industry [J]. R&D Management, 2003, 33 (4): 411 – 423.

[8] Cimoli M, Dosi G, Stiglitz J E. Industrial Policy and Development: The Political Economy of Capabilities Accumulatio [M]. Oxford Toronto: Oxford University Press, 2009.

[9] Evered R, Louis M R. Alternative Perspectives in the Organizational Sciences: "Inquiry from the Inside" and "Inquiry from the Outside" [J]. Academy of Management Review, 1981, 6 (3): 385 – 395.

[10] Guiennif S, Ramani S V. Explaining Divergence in Catching – up in Pharma between India and Brazil Using the NSI Framework [J]. Research Policy, 2012, 41 (2): 430 – 441.

[11] Hobday M. Innovation in East Asia: The challenge to Japan [M]. Aldershot, Hants: Elgar, 1995.

[12] Johnson C A. MITI and the Japanese Miracle: The Growth of Industrial Policy, 1925 – 1975 [M]. Stanford, California: Stanford University Press, 1982.

[13] Kim L, Lee H. Patterns of Technological Change in a Rapidly Developing Country: A Synthesis [J]. Technovation, 1987, 6 (4): 261 – 276.

[14] Kim L. Imitation to Innovation: The Dynamics of Korea's Technological Learning [M]. Harvard Business Press, 1997.

[15] Kim L. Stages of Development of Industrial Technology in a Developing Country: A model [J]. Research Policy, 1980, 9 (3): 254 – 277.

[16] Lee K, Lim C. Technological Regimes, Catching – up and Leapfrogging: Findings from Korea industries [J].

Research Policy, 2001, 30 (3): 459 – 483.

[17] Lee K, Jee M, Eun J – K. Assessing China's Economic Catch – Up at the Firm Level and Beyond: Washington Consensus, East Asian Consensus and the Beijing Model [J]. Industry and Innovation, 2011, 18 (5): 487 – 507.

[18] Mathews J A. Strategy and the Crystal Cycle [J]. California Management Review, 2005, 47 (1): 6 – 31.

[19] Methe D T. Moving into the Technological Fast Lane: From Reverse to Forward Engineering Through the Establishment of Innovation Communities in Korea [C]. Proceedings for Operating Research and the Management Sciences, 1995.

[20] Mukoyama T. Rosenberg's "Learning by Using" and Technology Diffusion [J]. Journal of Economic Behavior and Organization, 2006, 61 (1): 123 – 144.

[21] Perez C, Soete L. Catching up in Technology: Entry Barriers and Windows of Opportunity [A] // Dosi G, Freeman C, Nelson R, Soete L. (ed.) Technical Change and Economic Theory [C]. New York: Pinter Publishers, 1988.

[22] Razavi H, Jamali N. Comparison of Final Costs and Undervalues between Reverse and Forward Engineering Products [C]. The 2nd International Conference on Engineering System Management and Applications, ICESMA, 2010.

[23] Thomke S H. Managing Experimentation in the Design of New Products [J]. Management Science, 1998, 44 (6): 743 – 762.

[24] Thomke S H, von Hippel E, Franke R. Modes of Experimentation: An Innovation Process and Competitive Variable [J]. Research Policy, 1998, 27 (3): 315 – 332.

[25] Thomke S H, Reinertsen D. Unlocking Innovation Through Business Experimentation [J]. Harvard Business Review, 2012, 90 (5): 84 – 94.

[26] Thomke S H. Experimentation Matters: Unlocking the Potential of New Technologies for Innovation [M]. Boston Massachusetts: Harvard Business School Press, 2003.

[27] Von Hippel E, Tyre M J. How Learning by Doing is Done: Problem Identification in Novel Process Equipment [J]. Research Policy, 1995, 24 (1): 1 – 12.

[28] Wade R. Governing the Market: Economic Theory and the Role of Government in East Asian Industrialization [M]. Princeton, N. J: Princeton University Press, 1990.

[29] Zhang W, Barbara I. Managing the Product Development of China's SPC Switch Industry as an Example of CoPS [J]. Technovation, 2001, 21 (6): 361 – 368.

[30] 陈劲. 从技术引进到自主创新的学习模式 [J]. 科研管理, 1994 (2).

[31] 顾卫东. 我国汽车产业技术赶超的进入成本 [J]. 经济管理, 2008 (1).

[32] 矫阳. "中国面孔"是这样雕塑的 [N]. 科技日报, 2011 – 10 – 22.

[33] 路风, 蔡莹莹. 中国经济转型和产业升级挑战政府能力——从产业政策的角度看中国 TFT—LCD 工业的发展 [J]. 国际经济评论, 2010 (5).

[34] 路风, 封凯栋. 为什么自主开发是学习外国技术的最佳途径?——以日韩两国汽车工业发展经验为例 [J]. 中国软科学, 2004 (4).

[35] 沈志云. 我的高铁情缘——沈志云口述自传 [M]. 长沙: 湖南教育出版社, 2014.

[36] 汪建成, 毛蕴诗. 技术改进、消化吸收与自主创新机制 [J]. 经济管理, 2007 (3).

[37] 魏江, 潘秋玥, 王诗翔. 制度型市场与技术追赶 [J]. 中国工业经济, 2016 (9).

[38] 魏少军. 2015 年中国集成电路设计业的发展情况 [J]. 集成电路应用, 2016 (1).

[39] 吴先明, 苏志文. 将跨国并购作为技术追赶的杠杆: 动态能力视角 [J]. 管理世界, 2014 (4).

[40] 徐雨森, 洪勇, 苏敬勤. 后发企业技术能力生成与演进分析——以中国华录·松下公司 DVD 视盘机产业发展为例 [J]. 科学学与科学技术管理, 2008 (5).

[41] 张米尔, 田丹. 第三方技术源对跨越追赶陷阱的作用研究 [J]. 科学学研究, 2008 (2).

[42] 赵小刚. 与速度同行: 亲历中国铁路工业 40 年 [M]. 北京: 中信出版社, 2014.

From Reverse Engineering to Forward Engineering

—The Implications of High – Speed Railway Equipment Industry on Technological Catch – up and Independent Innovation in the Chinese Equipment Manufacturing Industry

LV Tie, JIANG Hong

Abstract: This paper constructs an integrative analytical framework of industrial technological catch – up in latecomer economies based on conventional theories. Using this framework and drawing on qualitative interview data collected from the Chinese high – speed railway equipment industry, we identify four critical factors contributing to the development of forward engineering capabilities in the focal industry. These include the emphasis on engineering and commercialization, the accumulation of human resources and the strategic collaboration that effectively activates these resources, the ever improving and effectively operating experiment system, and the learning – by – experimenting, learning – by – doing, and learning – by – using mechanism activated by intensive experiments and mass application. On this basis, we make several suggestions on policy making that would help the Chinese equipment manufacturing industries develop forward engineering capabilities and accelerate technological catch – up.

Key words: Forward Engineering; Technological Catch – up; Independent Innovation

中国高铁"走出去"面临的新挑战与战略调整[*]

吕 铁 黄阳华 贺 俊

摘 要： 在中国高铁完成了掌握正向设计能力和具有完全知识产权自主开发两次历史性的跨越之后，国人对高铁的期许和关注点开始逐渐由技术领先向拓展全球市场转移。中国高铁"走出去"的意义，已经超越了一般的产业或部门竞争力提升的范畴，更多地承载了国人对产业强国的期盼与梦想。然而，当中国高铁"走出去"由过去的勘察设计、工程建设、装备制造等单个环节的局部"试水"，进入产业链整体"出海"阶段的时候，高铁"走出去"的战略定位、组织协调机制建设和国外市场技术标准导入等深层次问题也逐渐浮出水面，成为我们必须重新思考和面对的困难。

关键词： 正向设计；战略定位；组织协调机制

一、高铁"走出去"不是国内成功模式的简单复制

受我国铁路长期政企合一体制惯性的影响，同时也出于国内高铁快速发展过程中资源高效整合的需要，过去十余年我国高铁部门的治理带有较强的行政协调色彩。这种部门治理方式有效地发挥了社会主义市场经济集中力量办大事的优势，在较短时间内追上老牌高铁强国数十年积累起来的技术水平。行政协调在国内的成功很容易让人延续在高铁"走出去"过程中同样复制国内治理模式的思维。然而，由于国内和国外迥异的市场需求条件和竞争环境，中国高铁"走出去"并不是国内成功模式的简单复制。

高铁产业链可分为勘察设计、工程建设、装备制造和运营组织管理等环节。在传统计划经济时代，铁路主管部门（铁道部）通过计划指令履行铁路部门管理和产业链协调之责。改革开放后，我国铁路系统历经多轮重大改革，铁道部所辖勘察设计、工程建设、装备制造等业务相继"脱钩"，再加上 2011 年铁道部被拆分，各业务领域逐渐形成了相对独立的经营主体。但即便在相对市场化的环境下，中国铁路总公司凭借对国内市场资源的垄断性掌控，仍然能够对全产业链发挥有效的组织协调作用。因此，尽管过去十几年我国铁路管理体制几经变化，但我国高铁发展始终满足两方面的有利条件：一是有效协调。铁道部或中国铁路总公司通过综合运用高铁发展规划、牵头制定高铁技术标准、组织科研攻关、创新试验手段、培育初始市场等方式，有效整合了分布在高铁产业链上的各类资源；二是激励相容。快速发展的国内市场形成了推动企业创新发展的强大动力，实现了企业自身成长的内在激励与国家

———————————

[*] 本文发表在《中国发展观察》2017 年第 8 期。

吕铁，中国社会科学院工业经济研究所研究员；黄阳华，中国社会科学院工业经济研究所副研究员；贺俊，中国社会科学院工业经济研究所研究员。

高铁大发展的高度统一。

中国高铁如何在市场需求条件和竞争环境都发生了根本性变化的海外市场实现激励相容和有效协调,成为中国高铁"走出去"必须面对的严峻挑战:一方面,如何继续在海外市场实现激励相容?拟建高铁的国家普遍缺乏类似我国的铁路中长期发展规划,而且海外高铁项目具有单一化、零星化的特征,投资的规模大、专用性强、回收期长、不确定性大,投资海外市场的"赚钱效应"还没有形成,不少企业实际上持有谨慎观望的态度。另一方面,如何继续在海外市场实现有效协调?即便在国内,过去浓重的行政协调也逐步转向了企业间的市场交易关系,新的产业链协调机制尚处于完善阶段,更遑论海外市场的协调。

二、高铁海外项目宜分类施策

造成企业走出去激励不够、协调不足的背后,是政府行为与企业行为缺少有效的协调,更深层次的原因则是海外项目没有根据项目属性的差异进行分类管理。如果将海外高铁项目简单划分为商业性质的项目和外援性质的项目两大类,这两类项目的决策主体和管理模式就应有所差别。虽然在实践中,海外项目通常兼具商业性质和外援性质,但是仍有必要明确两类属性的优先排序,遵循"宜政府牵头的就以政府牵头、宜企业主导的就以企业为主导"的原则,形成政府与企业良性协作关系。

第一,对于外援性质的项目,作为决策主体的政府应注意两方面的问题:一是控制好"走出去"的节奏,牢牢把握主导权。国家不仅要有"一带一路"、国际产能合作、优势装备"走出去"等发展倡议和战略,更要有步骤、有策略、有重点地推进高铁"走出去",避免在国际上形成中国高铁急于"走出去"的误判,使一些原本需要从我国输入高铁的国家静候中国"送货上门",导致高铁外交功能的自我弱化。二是更有效地加强部门联动,实现海外高铁项目的可持续发展。当前,外援类高铁项目的管理职能分散在多个部委,极有必要提高政策资源的跨部门协调。高铁产业链长、专业性强、配套设施要求高,项目后期运营维护管理并不是商务部等"路外"部门所长。因此,即便是政府牵头的外援性质高铁项目,也应注重调动企业在投资和运营维护中的积极性,保障项目的持续良性发展,形成良好的国际形象和口碑。

第二,商业类项目的主导模式应是"企业主导、市场驱动、国家服务"。这是由高铁建设对人口密度、专业技术与管理人才和配套基础设施均有较高要求的特点决定的。高铁项目耗资巨大,投资回收周期长,沉没成本高,企业承担的风险大,应以企业为项目决策主体,以项目的经济收益为评估的主要依据,形成商业上可持续的"走出去"模式。国家在此类项目中的作用更多体现在对企业的协调、扶持和服务方面,如防范国际政治风险,强化国家信誉保障;加强引导和协调,避免中国企业血拼式"走出去";综合利用金融、外交、法律、智库、文化传播等手段,构建和完善促进高铁"走出去"的公共服务体系。

三、高铁标准"走出去"应更加 注重策略性

高铁标准本身难以"走出去",必须依托高铁项目才能"走出去",两者之间的关系并不是简单地用标准带动项目,或者以项目带动标准。高铁标准"走出去"的关键点在于,以促进我国高铁企业形成能够适应、运用和主导各类型高铁标准的技术能力与市场竞争力为根本目标,根据具体的竞争情景灵活地选择和运用有效的标准策略。

受路径依赖和各国现实利益的影响,可以预见在未来相当长时期内很难形成全球统一的高铁标准。中国高铁作为全球高铁市场的新进入者,应针对区域市场的现行标准状况,策略性地利用标准助力高铁"走出去"。一是对高铁标准缺失的欠发达地区,宜在设计施工、装备通信、组织运营等方面推荐全面采用中国标准,为增强中国

在国际高铁标准制定中的话语权打好基础。二是在高铁标准已经完备的成熟市场，直接植入中国标准的难度较大，应明确该类市场中高铁项目的首要目标是经济收益最大化，在接受既有标准的基础上，逐渐提升中国标准与当地标准的兼容性，争取获得成熟标准体系的认证认可。三是在多种标准相互竞争的中间地区，应以中国标准为蓝本，根据项目的实际建设运营条件对中国标准加以适应性调整，提高中国高铁的市场吸引力。四是在公开舆论中应策略性地宣传中国标准，在宣传中国高铁标准的安全性、先进性和经济性的同时，加强对中国标准开放性和兼容性的宣传，避免东道国国内反对派和民众借题发挥，以反中国高铁标准"控制"之名行反对中国高铁项目之实。

此外，政府应在推进中国高铁标准体系化和国际化等基础性工作中扮演更加积极的角色。首先，理顺高铁标准管理体制。虽然中国高铁在某些技术指标上居于全球领先，但是也要客观认识到中国高铁标准与欧洲、日本等高铁主流标准相比，仍然存在不够完备、细致的问题，导致企业在海外项目谈判和可行性研究中缺乏令人信服的谈判手段。中国高铁标准管理体制不完善是导致这些问题的制度根源。仅就铁路行业的标准管理而言，铁道部撤销后，国家铁路局与中国铁路总公司之间就高铁标准的拟订、实施与监管，存在着职能分工与实际能力不匹配的问题：国家铁路局作为标准主管部门，难以及时跟进高铁标准的动态发展，而实际主导高铁标准升级的中国铁路总公司又不具备标准的管理权限。能力和权责的不匹配不利于中国高铁标准的体系化建设，不利于企业形成稳定的"走出去"投资预期。其次，促进企业之间的协调和一致行动。如上所述，企业对国际版的中国高铁标准存在强烈需求，但是编制国际版的中国高铁标准远超个别企业的能力。因此，应由政府牵头或者委托、协调中国铁路总公司和中国中车等重点企业，整合全行业的力量，组织编制和出台国际版的中国高铁标准，以标准的国际化"倒逼"标准的体系化，最终服务高铁海外项目的高效推进。国家与铁路行业标准主管部门还应更加积极地向国际铁路组织推选专业技术人员，参与和引导国际规则的制定，发挥中国在高铁建设运营中的优势，增加中国在国际高铁标准制定中的话语权。

四、高铁"走出去"的战略与政策调整

在加强项目分类施策、优化标准制定的组织协调的基础上，未来在更高水平支撑我国高铁"走出去"的战略和政策调整主要体现在以下四个方面：

一是在国家战略的层面，充分利用我国的综合国力优势，加强高铁"走出去"与优势产能"走出去"、资本"走出去"以及政策性资金支持的联动，以海外高铁项目为纽带，发挥我国制造业和资本的综合优势，提升中国高铁在海外市场的吸引力。探索在高铁沿线建设由中方参建的产业园区、加工贸易区、保税区和国际创业园区等，利用高铁开通后的交通优势带动当地经济的发展，创造就业机会，同时也为中国产业"走出去"搭建海外平台。在组织协调上，探索建立中国大型对外投资项目协调工作机制，统筹协调政府各部门的工作，建立畅通的政府与企业间沟通渠道。

二是在高铁自身战略的层面，以"国内市场率先应用领先技术、国际市场争创领先供应商"的"双领先"战略制定中国高铁"走出去"的中长期规划。在国内市场采取"领先市场战略"，将最前沿的高铁技术和服务优先应用于国内市场，将国内市场打造成为全球高铁新技术应用的高地。在安全可控、技术可靠、经济可行的条件下，尽快恢复时速350公里及更高速度等级的高铁运营，同时进一步利用外国铁路机构人员来华培训、政府首脑试乘中国高铁等方式，以切实的用户体验加强宣传中国高铁，让跑起来的高铁成为中国高铁"走出去"的"活广告"。在海外市场实施"领先供应商战略"，集中优势资源，尽早进入欧美等战略性市场，在与老牌高铁强国的国际市场竞争中推动实现从高铁大国向高铁强国的转变。

三是在加强战略组织协调保障的层面，针对高铁“走出去”过程中出现的横向恶性竞争、纵向各自为政的问题，明确海外高铁项目的“牵头人”。考虑到中国铁路总公司在国内高铁事业发展中逐渐积累起来的项目组织经验和协调能力，因而适宜在一定时期内继续担任海外高铁项目的“牵头人”。长期来看，则应加快“中国高铁‘走出去’产业联盟”等行业性组织的建设，通过市场化的谈判和磨合逐步形成既竞争又合作的利益协调机制，由行业性组织协调海外高铁项目的建设运营。

四是从政府政策资源着力点的层面，在战略性地继续深化推进铁路体制改革的基础上，将政策重点逐步转移到完善高铁“走出去”服务体系方面来。对内进一步简化国内审批手续和流程，对外争取相关国家政府在市场准入、劳工制度、环境保护、工程承包、知识产权保护等方面的支持。依照不同类别项目的融资需求特点，充分利用国内国外两个资本市场，探索搭建高铁“走出去”投融资平台，设立高铁项目海外投资风险基金等，有效降低高铁海外项目的融资成本。

New Challenges to Chinese HSR "Going Global" and Strategic Adjustment

LV Tie, HUANG Yanghua, HE Jun

Abstract：China's High-Speed Rail (HSR) has accomplished two historical achievements, forward design capability and independent innovations based on indigenous intellectual property rights. Now, Chinese people's expectation towards HSR is shifting towards seeking global market leadership. The significance of 'Going Global' of Chinese HSR has gone beyond the HSR industrial global competitiveness towards building up the modern industrial power. As China's HSR upgrades from disintegrated trials in sub-sectors, such as surveying and designing, engineering construction, equipment manufacturing, to overall industrial overseas operations, hidden issues has been coming up, including strategic positioning, building-up organization and coordination mechanisms for stakeholders, and introduction of international market and technological standards.

Key words：Forward Engineering; Strategic Positioning; Organization and Coordination Mechanisms

如何理解中国高铁技术赶超与
主流经济学基本命题的"反差"*

吕　铁　贺　俊

摘　要：高铁是改革开放以来中国技术赶超最为成功的部门之一。然而，高强度的政府行政干预、长期的行政垄断和普遍的国有企业产权安排，这些直觉判断似乎是中国高铁制度安排和产业组织的主要特征，却与主流经济学主张的市场、竞争、私有产权等基本命题格格不入。基于对中国高铁部门各类创新主体的广泛实地调研发现，微观主体激励结构的改善、不断强化的市场竞争和创新导向的选择机制，才是自主创新成为中国高铁当事人内生战略的主要原因。一方面，作为高铁装备用户方的铁路总公司出于安全可控和"组织合法性"的理性考虑，不断推进高铁全产业链的技术赶超和国产化；另一方面，在市场需求和技术机会的驱动下，作为供给方的高铁装备企业的企业家精神和管理层的实际控制权一定程度上弥补了国有产权本身的缺陷，更重要的是，这些企业在体制内的治理结构和激励机制的改革和调适不断挤压所有制本身的效率损失，促成了高强度的技术学习活动。

关键词：高铁；技术赶超；激励

迄今为止，多数的研究和讨论都认为，政府的强力行政干预和积极协调是中国高铁成功实现技术赶超的主要原因。高强度的政府行政干预、长期的行政垄断和普遍的国有企业产权安排，这些中国高铁的制度基础和产业组织结构特征，似乎都与主流经济学主张的市场、竞争、私有产权等基本命题格格不入，但中国高铁令人瞩目的技术创新与赶超绩效又是不争的事实。如何理解中国高铁技术赶超的典型事实与主流经济学基本理论主张间的明显反差？政府和国有企业自主创新活动背后的激励结构如何？本文试图在对中国高铁的当事机构和相关人士进行广泛、深入的实地调研和访谈①的基础上，对以上问题给出我们的解释，以廓清学术界有关中国高铁技术赶超的事实误读和理论曲解。

一、关于中国高铁技术成就的不同声音

中国高铁仅用了 12 年的时间就完成了技术引

* 本文发表在《学术月刊》2017 年第 11 期。

吕铁，中国社会科学院工业经济研究所研究员；贺俊，中国社会科学院工业经济研究所研究员。

① 2015 年 7 月至 2016 年 7 月，本文作者调研访问了中国铁路总公司（简称铁总）、中国铁道科学研究院（简称铁科院）、中车青岛四方机车车辆股份有限公司（简称四方）、中车长春轨道客车股份有限公司（简称长客）、中车唐山机车车辆有限公司（简称唐车）、中车株洲电力机车研究所有限公司（简称株洲所）、中车株洲电力机车有限公司（简称株机）、中车戚墅堰机车车辆工艺研究所有限公司、中车工业研究院有限公司、京福铁路客运专线安徽有限责任公司、中国铁建重工集团有限公司、中铁二局股份有限公司（简称铁二局）、中铁二院工程集团有限责任公司、成都铁路局、太原铁路局、西南交通大学（简称西南交大）、中南大学等单位，并深入大西高铁中国标准动车组运用考核现场，对以上单位的主要管理者和核心研发人员开展深度访谈。笔者对所有受访人员表示诚挚感谢！文责自负。

进消化吸收、形成正向设计能力、掌握完全自主知识产权的技术赶超过程[①]，跻身全球少数系统掌握先进高铁工程建造、装备设计开发制造和运营组织管理技术的高铁强国之列。无论是从技术赶超的效率还是从技术赶超的效果看，高铁都可以称为中国产业技术赶超的样板。作为世界高铁产业的后发追赶者，中国高铁技术对传统高铁强国赶超的速度之快、水平之高，几乎是迄今为止我国任何一个产业都无法比拟的。虽然我国在通信设备、核电装备、工程机械等行业的部分产品和技术领域也站在了全球技术的前沿，但从技术能力所依赖的载体的角度看，高铁几乎是目前我国唯一的整个行业的技术能力和水平可以与工业发达国家比肩的部门。鉴于此，从学术上理解中国高铁产业技术学习过程的经济学特征十分必要。

然而，一方面，中国高铁技术成功的独特性为中国学者进行理论创新和突破提供了宝贵的空间和机会，对学术研究人员形成了强大的吸引力；另一方面，有关中国高铁的基于严谨的主流经济学分析框架的学术研究成果又严重供给不足。导致这种现象的可能原因，首先是大多数受过主流经济学训练的研究人员缺少对中国高铁发展所涉及的各方利益主体进行直接调研和访谈的机会，对中国高铁发展的完整事实了解不足和一手资料缺乏使得案例逻辑碎片化，进而构成了理论发展的困难，最终制约了基于扎实的经验研究支撑的学术研究成果的产生。另一个可能更加重要的原因是，由于直观地判断，中国高铁发展的特殊制度条件和市场环境与作为主流经济学的新古典经济学的基本教义似乎格格不入，因而受过主流经济学训练的学者无法利用既有的理论工具对高铁现象进行解释和研究：首先，作为新古典经济学基本框架的阿罗—德布鲁一般均衡理论认为，符合特定条件的完全竞争能够达到社会福利最大化

的资源最优配置状态。基于这样的理论认识，主流经济学将市场机制是资源配置最有效的方式视为现代经济学最基本的命题。然而，中国高铁却是我国众多产业中市场化程度最低的产业之一。中国高铁的整个发展过程都体现了鲜明的政府意志，贯穿频繁、强烈的行政干预活动。而且，不同于其他多数产业多头管理的组织体制，由于铁路部门的管理体制长期相对封闭、独立，即便在2004年中国高铁进入快速发展时期以后，此时我国市场经济的发展已经进入相对成熟的阶段，铁路部门的行政管理色彩相对于其他产业也更加浓厚。铁道部不仅政企合一，而且集公安、检察、法院于一身。直观地看，主流经济学理论所推崇的市场竞争和价格机制似乎很难对此提供有说服力的解释。其次，作为主流经济学另一个基本模型的科斯定理强调私人产权对于资源配置的重要性，而后续发展起来的企业产权理论和制度变迁理论也认为，企业家私人掌握的剩余控制权和剩余索取权对称是最优的企业产权安排，对私有产权的有效保护是西方世界兴起的主要原因（诺斯、托马斯，2015）。中国高铁国有产权主导的事实似乎再次与主流经济学的基本教义分道扬镳。中国高铁从工程建设到装备制造再到运营组织管理的几乎全部主要的企业主体或科研院所都是国有（国有控股）企业或事业单位。进一步地，中国高铁的产业组织结构和微观制度基础，不仅与西方主流经济学的基本理论命题相悖，也很难得到我国既有经验研究成果和主流观点的支持，即市场竞争越激烈、民营企业比重越高的产业，其生产效率也就越高；而政府干预和国有企业民营化改革的滞后常常是产业生产效率和创新能力低下的主要原因。

面对中国高铁典型事实与主流经济学基本命题的反差，国内的研究和讨论表现出两种截然不

---

① 高铁技术可以分为高铁工程建造技术、高铁装备设计开发制造技术和高铁运营组织管理技术。从中国高铁的技术发展路径看，高铁工程建造技术和高铁运营组织管理技术主要以自主创新为主，而高铁装备设计开发制造技术特别是其中的高速动车组技术则以引进消化吸收再创新为主。如果将2004年6月17日铁道部委托中技国际招标公司进行时速200公里高速动车组招标作为中国高铁技术引进的开端，那么仅仅经过12年时间，到2016年8月中国标准动车组首次实现载客运行，标志着中国高铁技术已经在消化吸收再创新的基础上掌握了完全自主知识产权。

同的态度。多数的既有研究一致地将中国高铁的技术成功归因于政府干预，认为中国高铁技术成功是政府集中力量办大事的制度优势的体现。路风（2014）将中国高铁技术能够迅速发展的原因概括为以下五个方面：一是中国铁路装备工业在长达50多年自力更生基础上形成的产品开发能力、技术积累以及从来没有依赖心理和习惯的精神状态；二是对世界先进技术的大规模引进以及愿意为此掏钱包的实力和决心；三是中国政府对铁路市场的集中控制，保证了中国铁路装备工业的技术学习过程，使引进技术成为自主开发的补充而不是替代；四是大规模的高铁建设为中国工业提供了持续技术改进的应用机会，而且是世界上独一无二的机会；五是中央提出的自主创新方针和科技部、铁道部对中国铁路装备工业走自主创新道路的激励和实际支持。路风对中国高铁的分析延续了其一贯的强调政府意志的观点："从国家层次上对铁路市场的集中控制是中国高铁取得巨大成就的一个必要条件。"在路风（2006）一贯的研究中，自主创新的动因都被等同于抱负和决心："由于'抱负水平'决定了技术学习的强度，所以走向自主创新需要远见、勇气和坚定的政治意志……对于赶超国家的技术学习和能力发展，企业层次上的战略远见和国家层次上的政治决心具有决定性的作用。"

然而，由于把自主创新战略简单地归因于作为一个笼统决策主体的政府及其创新意志，因此，路风的分析常常忽略了政府有效干预的边界条件，也没有揭示自主创新背后政府和企业主体特定的微观激励结构。例如，路风提出，"由于铁路作为大型复杂技术系统的特殊性质，必须保持国家的集中控制"。但是否大型复杂技术系统就必须由国家集中控制？复杂性是不是政府控制的充分条件？由产品复杂性推演出政府控制的理论依据何在？既有的研究似乎并不支持路风的结论：在既有的复杂产品创新理论研究中，复杂产品技术的产业组织要求是要存在具备复杂产品技术集成能力的大企业（典型如大飞机）（Brusoni，2005），而不是存在一个高度干预的政府。又如，路风所

讨论的高铁政府管理部门是一个抽象的有抱负的、有协调能力的主体，并常常将高铁、政府等总体概念作为一个具有独立决策能力的主体进行分析。然而，行业和政府的表现显然是微观行为主体在特定的制度框架下互动和博弈的结果。路风强调国家意志的重要性，但他同时也批判"原铁道部搁置自主创新成果、开展大规模引进"。我们的质疑是，自主创新是国家意志，搁置自主创新就不是国家意志吗？我们认为，自主创新是一个复杂的经济过程（微观主体逐利）、政治过程（政府具有多样化的目标）甚至社会过程（文化等非正式制度发挥作用），在认识到技术能力和自主创新重要性的基础上，对中国高铁创新问题的研究需要进一步深入揭示微观主体创新活动背后多种因素的复杂互动和激励结构。

高柏等（2016）同样认为，中国高铁技术赶超成功的主要原因是政府的动员和协调：政府制定明确的产业政策，积极对引进技术进行消化吸收和再创新；政府严格控制市场准入，促进形成寡占型的市场结构，防止国内企业在技术引进中的过度竞争；政府动员和组织产学研合作，使高校在基础理论、实验验证、建立技术标准甚至早期的工艺能力形成方面提供了重要支撑，并为高铁发展提供了重要的人力资源。对于这样的分析，我们提出的疑问是：我国众多产业的发展过程不乏政府的强力干预，但为什么绝大多数的政府干预和协调并没有取得预期的效果？因此，像路风的研究一样，高柏等人的研究也没有通过高铁案例回答政府干预和协调的有效边界和条件，以及自主创新活动背后的激励结构是什么的问题。

面对以中国高铁成功实现技术赶超为依据主张政府干预的呼声，部分笃信主流经济学理论的学者做出的回应是，中国高铁的技术创新成功不过是"政府强制加国企海量投资"所驱动的'大跃进'式的政绩工程的副产品（吴敬琏，2013）。而多数主流经济学家面对传统体制"成就"的中国高铁事业则选择保持沉默。作为市场竞争和私有产权的拥趸，主流经济学家几乎集体失语的原

因，或者是对于既有研究和各种公开信息所描述的中国高铁发展过程中政府主导和国有体制的有效性保持高度怀疑，或者是虽然默认了政府主导和国有企业在中国高铁技术赶超中确实发挥了关键作用，但同时认为中国高铁的成功只是特定条件下的极端和例外，高铁的技术成功并不具有普遍的借鉴意义，市场竞争和民营化才是我国产业发展的主导逻辑。

二、组织合法性、激励、竞争选择机制与技术赶超

虽然我们同意路风等学者强调企业家抱负和政治决心重要性的观点，但我们同时也认为，高铁装备企业自主创新的动因远较企业家抱负和政治决心复杂。如果把企业家抱负和政治决心看作一个完全外生、独立的因素，而不考虑企业家抱负和政治决心形成的理性基础和制度背景，就会出现把企业家抱负和政治决心神秘化和口号化的倾向。在部门层面，由于铁路是事关国计民生和国家安全的命脉性部门，因此铁路系统一直以来都有自力更生的政治任务和传统，自主和可控已经成为铁路部门管理人员和技术人员的一种思维习惯。在个人层面，无论是铁道部还是现在的铁总，其主要领导几乎都是一线管理人员或技术专家出身，如原铁道部部长傅志寰系株洲所技术员出身的中国工程院院士、原铁道部副部长孙永福是铁二局技术员出身的中国工程院院士、铁总总工程师何华武系铁路设计院出身的中国工程院院士，盛光祖、卢春房等其他领导也都具有在铁路局或工程局一线工作的实践经验，具有求真务实的实干精神。而南车、北车及株洲所、四方、长客等下属企业的历任主要管理者也多为科技人员出身。以四方为例，历史上四方的厂长一直都是技术人员出身，且常常一把手、二把手都是技术人员。对创新的内在偏好、对技术难题的不畏惧是这些管理人员的共同品质，当技术机会出现的

时候，他们有强烈的欲望利用甚至拓展机会。

中国高铁的发展历程表明，企业家抱负和政治决心并不是完全外生的因素，企业家抱负和政治决心发挥作用需要特定的能力和制度条件。创新抱负是以能力为前提和基础的。因为有了较强的执行能力，高铁创新的抱负才能切实转化为战略和政策，并付诸行动。铁路系统长期实行半军事化的管理，严谨的工作作风和严格执行上级下达的任务命令，已经成为上下各级人员共同的行为习惯，使铁路系统形成了很强的执行能力。企业家抱负和政治决心不是完全外生的因素，其形成和发挥作用也有其特定的制度基础。像海关、工商、税务等经济管理和监管部门一样，铁路长期实行垂直管理的体制。但同时，铁路的体制又不完全等同于海关、工商、税务等部门，后者只具有第三方监管的职能，而铁路系统本身就是一个庞大的经济体系，在铁路局的实际工作经验有助于锤炼管理人员和技术人员的务实精神和解决问题的能力。另外，也不同于发改委、工信部等非垂直管理部门，铁道部或铁总的高层及中层多数不是行政部门的官员，而是从基层垂直选拔上来的具有实际工作经验的管理者和技术人员，具有主持大型复杂工程或科研项目的实际经验，具备较强的执行能力。进一步地，企业家抱负和政治决心作为嵌入在社会环境中的组织和个人决策结果在某种程度上也带有其理性成分，可以视为铁路管理部门"制度化"的过程，是铁路管理部门服从制度环境要求的合法性[①]的反应。组织的制度化过程是组织不断接受和采纳外界公认或赞许的形式、做法或社会事实的过程。制度环境要求组织服从合法性机制，采用那些在当下制度环境下广为接受的组织形式和做法，而不管这些形式和做法对组织内部运作是否有效率（周雪光，2012）。由于铁路关系国计民生和国家安全，自力更生已经成为铁路系统长期的共享思维和公认的社会形象，在这种背景下，自主可控自然地成

---

① 这里的"合法性"指的不是法律意义上的合法性，而是包含了文化、观念、社会期待以及法律制度在内的各种制度环境对组织行为的约束。

为高铁发展合法性的一种政治任务和普遍的社会期待。如果把技术创新的自主在一定程度上理解为是铁路系统对制度环境的一种理性反应，也就更容易理解为什么自主创新会成为整个高铁创新体系中多数主体的普遍选择，即由于高铁体系嵌入在共同的制度环境中，因而出现了趋同的自主创新活动。

路风等学者虽然继承了奥地利学派强调企业家精神的观点，但却忽略了奥地利学派有关企业家精神形成和发展的经典命题，即企业家精神根本上是市场竞争过程中内生的结果。市场和市场竞争使得创新者不断提升自身的能力才能够获得必要的物质回报。如果没有市场竞争，企业就没有创新的动力和压力。从企业家精神内生于市场过程和市场竞争为创新活动提供了基本的物质激励两个角度看，市场竞争才是创新的根本动力。而中国高铁的发展历程也充分体现了有效竞争对创新的重要性。从有利于技术能力提升的角度看，有控制的竞争是一种比较理想的市场结构（周叔莲等，2008），也是中国高铁创新发展重要的产业组织条件（李国武、王圳杰，2016）。中国高铁装备产业的产业组织结构是一个动态的不断调整的过程，并在 2004 年技术引进前后发生了一次剧烈的变动。从市场集中度和专业化程度两个维度可以清晰地看出机车车辆市场结构的变化。在计划经济时代，铁道部就已经形成了由 30 多家机车车辆、机械、电机工程和 4 个专业化的机车车辆研究所构成的工业体系，1986 年，这些工厂和研究所整合成立铁道部机车车辆工业总公司。2000 年，中国铁路机车车辆工业总公司与铁道部脱钩，并分拆改组为南车和北车两个机车车辆集团，每个集团拥有 20 多个子公司。虽然南车和北车基本上具有相同的业务结构，同时在下属公司的划分方面也充分考虑了形成比较均衡的竞争实力，但直到 2004 年以前，高速动车组整车厂的市场结构是相对比较分散的。1995 年铁道部颁布《关于扩大铁路局更新改造投资权的规定》，扩大了各铁路局的机车车辆采购权，而随着 1997 年 4 月开始的第一次大提速、1998 年 10 月开始的第

二次大提速、2000 年 10 月开始的第三次大提速以及 2001 年 10 月开始的第四次大提速，各铁路局和铁道部对更高速度机车车辆的市场需求越来越旺盛。在这样的背景下，具备一定技术能力的机车车辆厂纷纷开始研制生产高速或准高速机车。据不完全统计，当时有四方、唐车、株机、长客、浦镇、戚墅堰厂、大连厂、大同厂 8 家机车车辆厂研制生产了"中华之星""蓝箭""神州""中原之星""先锋"等 20 多个车型（乔英忍，2006）。而其中，由铁道部主导的项目都比较注重促进形成南、北车之间的竞争。原铁道部这样的安排，显然是出于避免形成装备厂家垄断的考虑。整体来看，这个时期的机车车辆产业组织更接近垄断竞争的市场结构，激烈的竞争促进了铁路装备企业技术能力的积累，为后期提升引进消化吸收的效率奠定了重要的能力基础。

2004 年以后，铁道部重新收回各铁路局采购机车车辆的权力，只有获得铁道部高速动车组制造许可的企业才可以参与投标。通过统一组织高速动车组招标采购，铁道部实际上掌握了决定高速动车组产业组织结构的能力。通过时速 200 千米高速动车组招标采购以后，高速动车组市场寡头竞争格局基本形成。而在时速 300 千米高速动车组招标采购过程中，通过自主开发 CRH380A 技术能力大幅提升的四方、原本技术基础较为雄厚的长客与承接了最为成熟的西门子 VELARO 车型的唐车的技术水平进一步收敛。2004 年，在时速 200 公里高速动车组技术引进的过程中，具有高速动车组生产资质的企业实际上由过去的 8 家减少为 4 家，即四方、长客、唐车和合资企业青岛四方庞巴迪铁路运输设备有限公司。2005 年，在时速 300 千米高速动车组采购中，日本企业联合体明确不会转让时速 300 千米高速动车组技术，而在时速 200 千米高速动车组采购中由于要价太高而出局的西门子有意在这一轮参与技术转让。虽然长客、唐车和株机都有意与西门子合作投标，受让当时技术相对最为成熟的西门子 VELARO 车型，但由于四方已经基本具备在 CRH2A 基础上自主开发时速 300 千米高速动车组的能力，出于

平衡南、北车竞争能力的考虑，铁道部最终选择撮合北车旗下的唐车作为西门子的国内技术受让方（李国武、王圳杰，2006），原本技术基础相对薄弱的唐车通过受让西门子成熟车型不仅掌握了先进的产品技术和工艺技术，而且借此机会建立起了较为完善的研发体系和管理体系，与四方和长客的技术差距进一步缩小，三家整车企业之间的竞争更加激烈。不仅在整车领域，在网络控制、制动等高铁的关键系统和零部件领域，铁总都尽可能培育和促成三家左右的有控制的竞争格局的形成，这样的产业组织结构既有利于铁总作为买方保持主动的定价权，又有利于高铁装备企业之间通过合理适度的竞争提升其竞争能力。事实上，中国高铁领域形成的有控制的竞争产业组织结构非常类似于成熟市场经济国家汽车、大飞机等其他复杂产品系统（CoPS）的供应链体系，即集成企业通过控制供应链各个环节的竞争，既通过竞争保持有利的谈判地位，又避免恶性竞争损害供应商的创新能力，从而在下游企业和上游企业之间形成了有利于创新发展的竞合关系。

但是，有控制的竞争的产业组织结构并不能解释中国高铁创新发展动因的全部，中国高铁产业组织结构的独特性和有效性不仅在于其合理的市场结构，更在于其合理的选择机制。不同于路风单纯强调企业家抱负和政治决心对中国高铁技术创新的驱动作用，李国武、王圳杰（2006）也看到了竞争对高铁装备企业创新发展的积极作用。但我们进一步提出的一个问题是，中国不缺乏竞争，但为什么光伏、家电等行业的竞争常常因导致严重的产能过剩而被冠以恶性竞争之名，而高铁装备企业的竞争则产生了创新发展的良好效果？所以比竞争本身更重要的，是竞争过程中优胜劣汰的标准是什么，即竞争的选择机制是重要的。正如波特（2012）所言，"德国许多产业不降价竞争，而是在产品性能、设计和服务上竞争，这对德国保持产业竞争优势具有极大的意义……但弱势企业之间的竞争手法拙劣，反而会抵消本国的竞争优势"。企业的能力培育和技术学习过程是一个在竞争过程中对环境（市场机会和技术机会）不断做出反馈的过程（Levinthal，2007）。市场机会的结构决定了企业的能力结构，技术机会的结构决定了企业的技术能力结构。Teece（1986）强调企业的能力不仅包括技术能力，还需要营销、融资、管理等互补性的能力。中国高铁的政府（或铁总）集中采购制度，在特定的环境下，一定程度上降低了市场对企业互补性能力的要求，反而有利于企业将资源更加集中于创新能力的提升。这样的选择机制，也正是高铁产业区别于我国其他产业的一个重要特征。虽然表面上看，高铁产业的政府干预要强于我国绝大多数其他产业，但由于在高铁的发展过程中，政府（或作为政府代理机构的铁总）将政策资源的分配与企业解决问题的能力关联起来，因此企业的活动更多被引导到创新活动。而在光伏产业或新能源汽车产业领域，虽然政府的干预相对于高铁更加有限，但由于政府的政策资源分配和产业演化选择机制没有引导企业的创新，而是更多地诱致了成本导向的投资，因此产能过剩和恶性竞争损害创新就成为竞争的必然结果。不论是原铁道部还是后来的铁总，都更接近于积极的功能导向用户（Function - oriented User），而不是价格导向的用户（Price - oriented User）。在我们对长客和四方等整车厂的调研过程中，企业高管都提到了高速动车组市场的激烈竞争，但同时也表示铁道部或铁总给他们确定的利润空间是与企业的创新投入相匹配的。某整车企业的一位高管直言，"铁总给我们的利润还是很合理的"。Fujimoto（2014）认为，日本大量的功能导向的消费者，促使日本企业在产品设计和生产时更加追求产品的精度、可靠性，而新兴市场（如中国）的价格导向型消费则促进企业更多选择成本更低但性能也更差的模块化设计。因此，政府干预以及由此形成的公共资源依赖本身是中性的，关键是公共资源的分配是否真正地诱致了微观主体的创新行为。铁道部或铁总在促进有控制的竞争市场结构形成的同时，利用公共资源引导企业开展创新，即奖励创新者，是促使中国高铁技术能力提升的关键要素。

有控制的竞争和鼓励创新的选择机制，促使高铁装备企业在竞争过程中不断提升自己的技术能力。但我们在调研开始之前就产生的一个疑问是，尽管铁道部或铁总始终在极力地引导竞争，但是2000年以后到2015年以前，仅有南车和北车两个铁道装备集团，2015年以后，南、北车合并为中车，更是只有一个企业集团。在这种情况下，为什么没有形成南、北车串谋或者合并后的中车和铁总双边垄断的格局？为什么三家本土的整车企业之间会展开激烈的竞争？对这个问题的回答需要考虑到铁总的策略性采购行为，但同时也要从中车集团的形成模式和治理机制特征来寻找答案。我国国有企业集团的形成大致有两种类型：一是集团不断做大，衍生出庞大的子公司和孙公司层级体系；二是先有子公司和孙公司，然后整合而成集团公司。南车和北车的形成大体上属于后一种类型，即在原中国铁路机车车辆工业总公司下属的30多家企业的基础上新设成立了南车和北车两个企业集团。同其他由下而上形成的国有企业集团的治理机制类似，由于是"先有儿子、后有老子"的集团组建模式，因此南车和北车的集团管控相对比较弱，作为子公司的四方、长客和唐车之间的竞争仍然是比较激烈的。一个间接的证据是，在2004年以后中国高铁快速发展的过程中，四方、长客和唐车都形成了各自独立的研发体系、技术体系和实验体系，无论是南车、北车还是后来的中车都没有在集团层面形成自己独立的研发支撑体系，可见集团并没有在运营甚至战略层面对子公司进行强有力的干预和控制。而控制权越向子公司下放，子公司之间的竞争就更加激烈。虽然理论上南、北车合并成中车后形成了独家垄断，但可以预测，如果中车不明显加强集团的战略管控、财务管控和运营管控，则下属企业之间激烈竞争的格局仍然不会明显改变。

由于中国高铁装备产业的主体几乎都是国有企业，因此在谈到中国高铁装备企业的创新动机时，就不能回避产权对创新的影响问题。然而，一方面，按照国内主流的有关产权对企业创新行为的影响的观点，国有企业在创新投入、创新效率和生产效率上均较民营企业和外资企业缺乏竞争力（吴延兵，2012）。另一方面，中国高铁创新体系的主要主体都是国有企业，且中国高铁技术创新取得了巨大的成功也是不争的事实。如何理解理论与事实的反差？按照主流经济学的方法论逻辑，一个可能的解释是，国有产权对创新形成负面影响的结论是在概率意义上成立的，而国有高铁装备企业的创新是个案和极端。但是，虽然对既有理论构成挑战的案例本身是极端和非典型的，但案例背后所反映的理论和因果机制是普适的（Elsenhardt，1989）。显然，我们需要深入案例本身去进一步挖掘具有普遍解释力的因果关系。按照主流企业理论中产权理论的观点，在不完全合同的情况下，对于资产专用性导致的"敲竹杠"问题，理想的治理安排是将剩余控制权和剩余索取权赋予其投资缺乏有效契约保护的金融资本投资者。而只有私有产权所有者能够将行使剩余控制权的收益内化，才能避免公共产权的廉价投票权问题。因此，按照主流企业理论的逻辑，私有产权有利于创新。但是，Lazonick等（2005）在熊彼特经济学传统下开创的创新型企业理论则强调控制权的重要性。有趣的是，与委托代理理论和股东至上主义将内部人控制视为委托代理的主要成本以及损害股东和公司利益的主要治理问题的观点对立，组织控制理论恰恰认为，内部人控制是战略化条件对公司治理的制度要求，其含义是将战略控制权赋予组织中有激励而且有能力将资源配置到创新型投资的决策者；[①] 进一步地，根据组织一体化和协调条件的要求，战略决策者应当嵌入在组织学习过程的关系网络中。也正是在嵌入的意义上，Lazonick和O'Sullivan（2000）推崇的创新型企业理论也被称为组织控制（Organization Control）理论。战略决策在组织学习过程的嵌入不仅加强了战略决策者制定和执行创新性投资决策的能力，同时也增强了他们进行创新性

_____

① 在特定的经济社会条件下，该战略决策者可能是股东，也可能是管理者。

投资的激励，因为在投资和组织学习的过程中战略决策者实现了他们的私人目标。Lazonick 认为，战略性控制因产业条件而异并嵌入在具体的社会制度中。其中，产业条件包括社会制度条件、技术条件、市场条件和竞争条件。他们比较历史研究发现，任何最优的企业治理结构总是历史有效的，股东至上主义、管理者资本主义等单边的公司治理形式既在某些历史阶段表现出有效性，又随着社会制度和经济技术范式的变化不断暴露其日益严重的弊端。

基于创新型企业的理论视野，我们就很容易理解国有高铁装备企业在特定历史背景下的创新活动：虽然主要的高铁装备企业都是国有企业，但快速增长的市场机会和不断涌现的技术机会诱使这些企业开展高强度的技术学习；更重要的是，在特定的历史条件下，这些国有企业掌握实际控制权的企业家都具有较高的创新抱负；不少国有企业较早开展了体制机制的改革，并通过管理措施激发了管理者和员工的活力，从而一定程度上抵消了国有产权本身的负面影响；而激烈的市场竞争形成的标杆竞争效应（Yardstick Competition）又促使其他企业改善管理效率、提升创新能力。株洲所是在体制内不断通过治理机制和管理突破寻求技术能力提升的典型。这家始创于 1959 年的铁道部株洲电力机车研究所，现在已经成为拥有 3 家上市公司、8 个国家级科技创新平台、2 个企业博士后科研工作站，并拥有 5 个海外技术研发中心、12 家境外分（子）公司、年销售收入近 400 亿元的创新型企业。除了拥有成熟先进的电气系统集成、变流及控制、车载控制与诊断、列车运行控制等高铁装备核心模块和零部件技术外，株洲所还形成了电力电子器件、高分子复合材料工程化应用、风力发电装备集成及关键部件、电动汽车整车集成及关键部件、工程机械及其电气控制、通信与信息化应用等"路外"关键核心技术，形成了电气传动与自动化、高分子复合材料应用、新能源装备、电力电子（基础）器件四大

产业板块、十大业务主体。株洲所之所以能够在战略、财务和技术方面取得如此突出的成绩，最主要的原因是其发展过程中始终坚持改革的方向。改革开放以后株洲所的主要领导人基本上都是江浙人，思维活跃，勇于探索新体制、新发展模式（沈志云，2014）。早在 1984 年的时候，株洲所就主动争取铁道部和地方政府的支持，开始探索一次性全部取消国家事业费拨款，实行科研有偿合同制，干部取消终身制，推行所长负责制和人事聘任制，打破分配的平均主义，科研人员的收入与技术转让和产品销售收入挂钩。体制改革极大地激发了科研人员的积极性，到 1984 年底，株洲所人均年终奖励就达到了 400 元，相当于当时人均月工资的 10 倍（赵小刚，2014）。1987 年，株洲所就开始利用股份制的形式调动科研人员积极性。20 世纪 90 年代初期开始，株洲所进行组织架构调整，一是探索集团发展模式，二是将电传动产品、半导体、橡胶等主要业务部门按照独立的利润中心进行发展，并开始扩张"路外"业务。而这也为后来株洲所形成 12 家境内外分（子）公司奠定了组织结构基础。南车集团总经理赵小刚将株洲所的经验总结为"持之以恒的技术积累和创新，拿得起、放得下的资本运作策略，广纳四方贤达的人才战略，代代相传且发扬光大的企业家精神"。

但是，企业家精神以及这些精神所驱动的体制内的艰难改革和勇敢探索，并不能掩盖国有企业体制本身的缺陷。[①] 由"国有高铁装备企业（主体）形成了自主创新能力"就推演出"国有企业（属性）是自主创新的原因"的结论，存在逻辑上的跳跃。相反，中国高铁部门中那些最具创新力的企业恰恰也是在产权和治理结构改革方面最勇于突破的企业。如果说株洲所的改革是有远见卓识的企业家由下而上推动的话，四方的改革则是南车集团出于战略考虑由上而下拉动的改革。南车集团的改革一直走在中央企业改革前面。2001 年，南车就开始推进主辅分离改制。当时，

南车看到了未来客车市场的广阔市场前景，而客车恰恰是南车的弱项。当时南车集团下属的四方虽然没有得到国家的太多投资，企业的生产设施落后，但在企业管理层和员工的共同努力下，企业虽然在规模上与北车下属的几家客车厂有差距，但在高档客车的研制生产方面具有一定的技术优势。于是南车开始将四方作为集团的战略重点进行培育，并通过一系列的改革措施激发四方的活力。具体的做法是，将四方的主业和辅业分立为两家独立的公司制企业，将四方的内燃机车业务连同技术和设备转让给南车资阳机车厂，四方专注于主业高速动车组和客车，改革使"进入主业的那部分员工总体上信心满满"（赵小刚，2014）。正是株洲所和四方等一批企业勇于在体制内不断寻求突破，在国有企业的体制内建立了相对较为灵活有效的激励机制和组织架构，当外部市场机会和技术机会出现的时候，这些企业能够在创新导向的市场竞争中不断提升技术能力，并对其他企业形成标杆效应。

从株洲所和四方的案例中可以看出，在特定的历史条件下，企业家精神与管理层的实际控制权确实可以弥补所有权本身的缺陷，而这些企业在体制内的探索和改革也能够不断挤压所有制本身的效率损失，逐渐逼近体制约束下的效率边界。正式的所有权制度与企业家精神等非正式制度以及介于正式制度与非正式制度之间的控制权安排相互作用，共同影响高铁装备企业的创新活动。非正式制度和正式制度常常互相为对方的有效性设置边界条件。个人抱负、企业治理机制和市场竞争在驱动创新方面的作用和贡献是动态变化的。中国高铁的发展历程表明，在初期市场规模狭小、资源匮乏的情况下，企业家抱负和政治决心发挥了更加重要的、不可替代的作用；但随着企业家精神驱动的治理改革和管理提升不断逼近体制约束下治理效率和管理效率的边界，放松约束（即推进体制改革）变得越来越重要。

三、结语和政策讨论

在利用主流经济学理论对中国高铁现象进行分析时，应当首先克服在意识形态和方法论方面的心理障碍，直面中国高铁发展的复杂性。在对中国高铁产业主要的管理机构和创新主体开展深度调研的基础上，我们对于"中国高铁的成功是否对主流经济学理论构成挑战"这一问题的总体判断是，中国高铁的发展并没有颠覆主流经济学理论的基本逻辑和命题，市场竞争、政府的组织合法性考虑和企业对创新收益的追求、治理机制的不断完善，是中国高铁创新能力不断提升的重要制度和产业组织基础。路风、高柏等学者强调的创新抱负和政治决心对于中国高铁的技术成功至关重要。但如果忽略创新抱负和政治决心背后的制度基础、管理组织、文化传统等因素和当事企业及个人的经济理性因素，就会把创新抱负和政治决心的作用扩大化、神秘化。另外，中国高铁在特殊制度、政策和竞争环境下所取得的成功确实也提醒我们，不能教条地接受或者孤立地运用主流经济学的理论命题或分析工具。主流经济学本身也是一个包含多种流派、多种观点、不断完善演进的知识体系。在解释和回答中国产业的技术赶超和发展问题时，我们需要在坚持实证原则的基础上兼容并蓄地吸收和借鉴各种理论成果。多种因素相互影响，多种可能的均衡结果并存，偶然因素和必然因素相互作用，制度性因素和非制度性因素相互补充，才是复杂的中国高铁发展历程呈现的真实图景。作为典型案例的中国高铁的意义，绝不是否定了理论本身，而是提醒研究者要审慎地运用主流经济学理论；同时在运用这一理论解释中国产业的转型发展现象时，也要关注那些新古典经济学的理论和方法尚未触及但在非主流经济学土壤中开始生根发芽的研究成果。在特定的情境下，本土学者甚至要勇于拓展既有的理论，从而寻求理论与中国事实的更有效匹配。

本文在政策层面的含义是，很难讲传统体制是"成就"中国高铁技术成功的关键，中国高铁技术赶超过程中政府主导模式的有效性是在非常特定的制度、历史和文化环境下产生的，因而高铁政府干预的有效性并不具有普适性。但是在行为层面，中国高铁技术赶超过程中政府干预的诸多具体做法，如通过统一协调技术引进实现以市场换技术能力、激励创新而不是低成本竞争、重视创新体系建设和具有强烈的商业化应用导向的自主创新等，完全符合经济学或管理学理性，因而对于我国其他产业发展过程中更好地发挥政府作用具有宝贵的借鉴意义。因此，应当在坚信主流经济学理论一般性的同时，在实践层面勇于探索技术赶超和产业发展的中国模式。

参考文献

［1］诺斯、托马斯：《西方世界的兴起》，厉以平等译，华夏出版社 2015 年译本。

［2］路风：《中国高铁技术发展的源泉》，《瞭望》2014 年第 1 期。

［3］路风：《走向自主创新》，广西师范大学出版社 2006 年版。

［4］Brusoni S. The Limits to Specialization: Problem Solving and Coordination in Modular Networks. Organization Studies, 2005, 26（12）, pp. 1885 – 1907.

［5］高柏等：《中国高铁创新体系研究》，社会科学文献出版社 2016 年版。

［6］吴敬琏：《高铁危言》，载王晓冰等：《大道无形》，南方日报出版社 2013 年版。

［7］周雪光：《组织社会学十讲》，社会科学文献出版社 2012 年版。

［8］周叔莲、吕铁、贺俊：《新时期高增长行业的产业政策分析》，《中国工业经济》2008 年第 9 期。

［9］李国武、王圳杰：《竞合关系、企业能力与中国高速列车创新》，载高柏等：《中国高铁创新体系研究》，社会科学文献出版社 2016 年版。

［10］乔英忍：《我国铁路动车和动车组的发展》，《内燃机车》2006 年第 1 期。

［11］波特：《国家竞争优势》，李明轩等译，中信出版社 2012 年译本。

［12］Levinthal, Daniel, Bringing Selection Back into Our Evolutionary Theories of Innovation. // F. Malerba & S. Brusoni（eds.）. Perspectives on Innovation, UK: Cambridge University Press, 2007.

［13］Teece, David. Profiting from Technological Innovation: Implications for Integration, Collaboration, Licensing and Public Policy, Research Policy, 1986（6）: 285 – 305.

［14］Fujimoto, Takahiro. Innovation Management in Japan, In Mark Dodgson, David M. Gann, Nelson Phillips（Eds.）. The Oxford Handbook of Innovation Management, UK: Oxford University Press, 2014.

［15］吴延兵：《中国哪种所有制类型企业最具创新性?》，《世界经济》2012 年第 6 期。

［16］Eisenhardt, Kathleen, Building Theories from Case Study Research, The Academy of Management Review, 1989, 14（4）: 532 – 550.

［17］O'Sullivan, Mary. The Innovative Enterprise and Corporate Governance, Cambridge Journal of Economics, 2000（24）: 393 – 416.

［18］Lazonick, William. The Innovative Firm, in Jan Fagerberg, David Mowery, & Richard Nelson, eds., The Oxford H&book of Innovation, Oxford Press, 2005.

［19］沈志云：《我的高铁情缘》，湖南教育出版社 2014 年版。

［20］赵小刚：《与速度同行——亲历中国铁路工业 40 年》，中信出版社 2014 年版。

How to Understand the Contrast between China's High Speed Railway Technological Catch – up and the Basic Mainstream Economic Assumptions

LV Tie, HE Jun

Abstract: The high speed train（HSR）industry is one of the most successful industrial sectors in China's post – 1978 technological catch – up. Featured by strong government control, long – term administrative monopoly, and dominance of state – owned enterprises, technological catch – up in this industry seems inconsistent with the basic mainstream economic assumptions regarding market, competition, and private ownership. Based on broad fieldwork and interviews with various innovative subjects in Chinese HSR industry, we find that the change in motivations of micro – level subjects and ever – intensifying market competition were the main reason underlying the endogenous strategy of independent innovation. The HSR equipment consumer, the China Railway Corporation has been pushing forward location of the entire HSR industry chain because of considerations on operational safety, system controllability, and organizational legitimacy. The HSR equipment suppliers, Chinese HSR equipment manufacturers, have been motivated by market demand and technological opportunities so that entrepreneurial spirit and de facto control by management compensated to some extent for the defects of state ownership. More importantly, these state – owned HSR equipment manufacturers continually reformed and adapted governance structure and motivation system to minimize the efficiency loss of state ownership and maintained intensive technological learning.

Key words：High Speed Railway; Technological Catch – up; Incentive

当前电力装备产业发展的主要问题与对策建议*

郭朝先 刘 芳 杨晓琰

摘 要： 当前，我国电力装备产业正处于从"跟跑并跑者"到"并跑领跑者"角色转变的关键时期，但电力装备产业发展也存在一些不容忽视的问题，主要有产能过剩问题、结构失衡问题、技术差距问题、资金偏紧问题，"走出去"面临诸多障碍。正视这些问题并解决这些问题，是我国电力装备产业从"制造大国"向"制造强国"转变的必由之路，为此，本文提出了相应的对策建议。

关键词： 电力装备产业；制造强国；产能过剩；开放协同创新

电力装备主要分为发电装备和输配电装备两大类，发电装备主要包括煤电、风电、水电、核电及太阳能发电等各类电源的发电设备及变压器等配套装备，输配电装备主要包括输电线路以及互感器、接触器等配套装备。到2016年，我国发电设备年产量连续10年超过1亿千瓦，占全球发电设备产量的50%以上，重点电力设备出口额占全球比重超过45%，我国已经是电力装备生产制造和出口第一大国。拥有自主知识产权的三代百万千瓦级压水堆核电技术"华龙一号"、以特高压为代表的输变电高端成套装备出口，成为继高铁之后，中国制造业的亮丽"名片"。

当前，我国电力装备产业正处于从"跟跑并跑者"到"并跑领跑者"角色转变的关键时期，但电力装备产业发展也存在一些不容忽视的问题，正视这些问题并解决这些问题，是我国电力装备产业从"制造大国"向"制造强国"转变的必由之路。

一、我国电力装备产业发展存在的主要问题

（一）产能过剩问题

2016年，全国主要电力企业电力工程建设完成投资8855亿元，同比仅增长3.3%，其中，电源工程建设完成投资3429亿元，同比下降12.9%。全国6000千瓦及以上电厂发电设备平均利用小时数为3785小时，同比降低203小时。其中，火电设备平均利用小时4165小时，同比降低199小时；核电7042小时，同比降低361小时；水电和风电设备平均利用小时略有增长。受电力建设项目和电力供应过剩的影响，造成电力装备产业产能过剩。国内新增装机容量已远远不能满足发电设备产量增长的需要，每年缺口都在2000万~5000万千瓦，占比在20%以上。如果国产发电设备不能及时出口，将形成库存，严重影响企业经济效益。需要指出的是，这种过剩不

---

* 本文发表在《中国发展观察》2017年第13期。

郭朝先，中国社会科学院工业经济研究所研究员；刘芳，中国社会科学院研究生院博士研究生；杨晓琰，中国社会科学院研究生院博士研究生。

是全方位的过剩，而是结构性过剩，具体表现就是低端过剩，高端不足，优质增量缺乏。从细分领域来看，变电站一次设备、输变电二次设备、发电设备等子行业持续保持较低的增速，个别产业甚至出现负增长，行业景气度低迷，发展速度难以达到预期，行业内众多企业营收与利润双双下降。

（二）结构失衡问题

1. 发电装备产业与输配电装备产业发展失衡

长期的"扩张保供"模式导致出现"重发轻供"的局面，即输配电建设严重滞后于电源建设，城乡配电网建设滞后于主网建设，负荷中心受端电网建设滞后于送端电网建设。由此造成"弃风""弃水""弃光"现象极其严重，新疆、内蒙古、甘肃等省区这些问题更加突出。全国弃风电量从 2015 年的 339 亿千瓦时，增加到 2016 年的 497 亿千瓦时，弃风率上升至约 17%。弃光电量由 2015 年的 49 亿千瓦时增加到 2016 年的 70 亿千瓦时，弃光率提高了 6 个百分点。2016 年仅四川省弃水电量就达 142 亿千瓦时，同比增长约 39%，创近 5 年新高。

2. 先进生产能力稀缺、而落后生产能力难以退出

一方面，我国电力装备产业缺乏像通用电气、西门子那样拥有全领域电力设备制造能力的企业。另一方面，因为行业准入门槛低，行业内企业过多，行业集中度越来越低，而且一些不具备生产能力、质量要求低的企业迟迟难以退出，行业内无序竞争问题突出，乃至出现西安地铁"问题电缆"事件。

3. 产业链布局发展不平衡

我国电力装备制造产业在产业链环节中还难以做到全面发展，现有产业主要集中在零部件及配件生产和下游组装，而在上游设计研发环节、中游整机制造以及下游专业服务维修等方面还有待加强。在零部件制造环节，由于核心技术的欠缺，多数企业处于配件制造环节。在整机制造环节，基本集中在国内几大龙头企业，而大部分关键零部件难以形成国产配套，还需从国外进口，

还没有能够形成自主研发、试验，到整机生产、组装、调试一整套的产业链，缺乏整机研发、制造的核心竞争力。

4. 国产化能力发展不平衡问题

比如，在火电领域，我国锅炉、汽轮机和发电机三大主机的国产化取得重要的进展，但在电站辅机方面，国产化一直是薄弱环节，特别是炉水循环泵、四大管道（主蒸汽管道、再热蒸汽热段、再热蒸汽冷段、主给水管道以及相应旁路管道）等还依赖进口，大大增加了电力建设成本，推进火电辅机设备国产化已成为火电发展的必然要求。

（三）技术差距问题

1. 我国电力装备制造整体技术水平有待提高

在电力装备智能制造方面，德国已经处于工业 4.0 阶段，而我国电力装备制造总体仍处于 2.0 到 3.0 的发展过渡阶段。国产设备在精密度、耐久性、环保等领域仍与进口装备存在较大差距。在单品制造、极端制造领域我国电力装备产业有优势，而在高端控制器、变压器、断路器等部分复杂度高的产品领域，尚没有实现大批量制造和商业化运营经验。

2. 在前沿技术领域的差距

关键设计软件、数字化设计与仿真分析软件以及工业控制软件等核心工业软件水平较弱，高档工业控制软件进口依赖度较高，部分关键设计、验证的程序尚需依赖国外。

3. 基础零部件及基础材料领域偏弱

在轴承、阀门等基础零部件以及优质钢、铜等基础材料为代表的"四基"领域，配套能力相对薄弱，与国际先进水平有一定差距。比如，60 万、100 万等级锅炉管材 Super304、HR3C、P92 和各类阀门大部分进口，汽轮机高中压转子、高中压内缸、主汽管、阀门等大量进口，电机转轴、护环等主要材料依赖进口。

（四）资金偏紧问题

由于电力装备产业本身投入巨大，入门门槛高，行业内基本由国有企业及龙头企业垄断，加之部分下游电力企业融资困难，资金偏紧，导致

上游电力设备制造企业的资金回笼周期加长，中小企业及民间资本难以进入产业链核心环节。现有电力装备企业还面临着人工成本上升、设备改造升级需求紧迫等问题，但是投入大量资金进行设备更新及智能化升级将对企业的资金链带来严峻考验，在行业整体下行的大背景下，资金回笼难度大严重制约了各方资本的流入。

（五）"走出去"面临诸多障碍

电力装备产业是我国"走出去"和推进"一带一路"建设的代表性产业。我国电力装备产业已经具备了在国际市场上竞争的实力，但仍存在诸多问题和障碍，尤其是品牌、标准、经验等软实力方面严重不足：一是品牌问题。世界电力装备制造强国经过上百年的发展，已经形成诸如ABB、西门子、GE、施耐德、阿尔斯通、三菱重工、东芝、日立等国际品牌。相比之下，我国装备制造企业和品牌在国际上的知名度还不高，"中国产品"到"中国品牌"还有很长的路要走。二是标准问题。我国国际标准制修订方面话语权不足，许多企业在进行设备或技术出口时往往被迫采用其他国家标准，在很大程度上减弱了我国电力装备制造业的国际竞争力。三是在风险控制、国际化管理、环境治理、企业文化与当地风俗文化的融合等方面，经验不足。

二、对策建议

（一）大力实施"走出去"战略

当前，我国电力装备制造有成本优势，技术水平也有一定的国际竞争力，大力实施"走出去"正当其时。一是依托"一带一路"倡议，推进电力装备出口和国际产能合作。未来10～20年"一带一路"沿线国家对于基础设施建设需求均极其旺盛，而基础设施建设需求将带动上下游产业走向世界，电力装备产业可与上下游产业整合，在EPC总承包、技术输出、设备制造等方面发挥协同效应，充分发挥我国在特高压、核电、煤电、智能电网等领域的优势，在工程设计、建设施工、装备供应、运用维护、技术标准等方面实现新的

突破。二是鼓励在"一带一路"重大工程建设中推广使用中国标准，推进"中国技术＋中国标准＋中国装备＋中国建设"的全链条"走出去"，建设基础设施精品工程、示范工程，扩大中国标准国际影响力。三是着力解决"走出去"过程中的融资问题。电力装备"走出去"需要巨额融资，我国应允许国内企业和政府部门协助境外业主获得中国或国际金融机构的融资保险支持，尤其是要充分发挥亚洲基础设施投资银行（AIIB）、金砖国家新开发银行、丝路基金等金融机构的支持，帮助其中一些国家解决融资困难，恢复国内产业活力，做到互惠互利，加快中国电力装备走出去的步伐。

（二）积极推进供给侧结构性改革

加速推进企业兼并及行业整合。积极推进行业内龙头企业对于中小企业的收购兼并，同时淘汰一批高耗能、高污染、低产出的"低、小、散"企业，改变目前行业中产品质量参差不齐、同质化严重、恶意低价竞争激烈的现状。利用标准化生产、智能化改造、绿色化制造等方式，全面提升产业技术水平和综合竞争力。

促进发电与输配电装备协调发展。美国、英国、日本等发达国家的电网输配电投资是电源投资的1.2倍左右，远高于我国目前水平。通过加快实施《配电网建设改造行动计划（2015～2020年）》，通过实施相关专项及应用示范工程，加大工业投资力度，加快输配电装备发展，使之尽快与发电装备产业相匹配，推进发电与输配电装备协调发展。加快弃风、弃光、弃水严重地区的输配电层面建设力度和审批进度，尽快提高对新能源发电的消纳能力。同时，适当限制弃风、弃光、弃水严重地区新能源开发建设项目。

进一步优化产业链布局。加速推进电力装备产业从生产型制造向服务型制造的转变，以现有产业为基础，积极向产业链上下游延伸，增加研发设计、物流、营销、售后服务、企业管理、供应链管理、品牌管理等服务环节投入，提升服务价值在企业产值中的比重。

（三）完善"政产学研用"开放协同创新体系建设

加快完善以企业为主体、市场为导向、政产学研用相结合的技术研发创新体系。建立电力装备产业"政产学研用"创新联盟，推进电力装备关键共性技术研发，包括清洁高效煤电技术、核电共性技术、燃气轮机技术、大型先进水电装备技术、可再生能源发电装备技术、智能电网关键共性技术和重大应用技术等。组建行业中央研究院，围绕产业发展提供规划、标准、试验认证、产品故障分析诊断、可靠性评价、行业管理、信息化咨询以及基础性、前瞻性、共性技术研发和服务。探索建立更加紧密的资本型协作机制，成立核心技术研发投资公司，发挥龙头企业优势，带动中小企业发展，既解决上游企业技术推广应用问题，也解决下游企业核心技术缺乏的问题。

落实《〈中国制造2025〉重点领域技术路线图》，围绕智能制造、绿色制造，着力突破阻碍我国电力装备制造业由大到强的瓶颈问题，开展电力装备用关键零部件、材料自主研发并实现工程应用，破解制约电力装备制造业发展的"四基"问题，加快电力装备试验验证平台建设，切实增强电力装备制造业持续创新能力。

（四）积极推进商业运行模式创新

积极探索新商业模式，使电力装备企业从传统生产制造，向科研、设计、制造、成套服务、金融和工程施工一体化解决方案等方向发展。鼓励制造业龙头企业"裂变"专业优势，通过业务流程再造，发展社会化专业化服务，面向行业提供服务。

鼓励电力装备制造企业积极参与实施基础设施建营一体化。通过对基础设施项目早期介入、前期规划、设计咨询、系统集成、运营维护、技术服务、检测维修、租赁经营等业务的开拓，实现业务链的前伸后延和价值链地位的升级。实现以EPC总承包为基础的产业链延伸，包括EPC+F（融资）、EPC+O（运营）、EPC+M（维护）、EPC+TS（技术服务）、EPC+O&M（运营和维护）等。

积极推进电力装备领域的政府与社会资本合作（PPP）模式，充分调动社会资源推进产业化和推广应用，鼓励产业基金、风险投资基金和其他社会资本投入，引导相应领域突破发展。

（五）进一步完善相关财税政策

国家财税政策要进一步向实体经济倾斜，促进装备制造业做大做强。切实落实基础产品研究开发费用税前加计扣除、增值税进项税额抵扣等税收政策。适时调整《重大技术装备和产品进口关键零部件、原材料商品清单》，取消国内已能生产的关键零部件及原材料进口税收优惠政策。探索"揭榜挂帅"资助制度，把需要的关键核心技术项目通过向全社会发布，"悬赏"最佳研究人选和团队来攻克解决。更多通过政府首购、订购和购买服务等方式支持电力装备创新产品研发和生产。大力资助"科技成果转化平台"建设，为打通科研到市场"最后一公里"、促进科研成果转化服务。

（六）实施标准国际化战略

落实《装备制造业标准化和质量提升规划》（国质检标联〔2016〕396号），切实发挥标准化和质量工作对电力装备制造业的引领和支撑作用，促进产品产业迈向中高端。

大力实施标准国际化战略，抢占标准制高点，提高国际话语权。积极与国际标准化组织（ISO）、国际电工委员会（IEC）、电气和电子工程师协会（IEEE）、国际电信联盟（ITU）等国际权威组织合作，将中国标准推广为国际标准。推动与"一带一路"沿线国家签署标准化合作协议，在电力装备制造业和产能合作领域加大标准互认力度。支持"一带一路"沿线国家标准化能力建设，依托我国具有优势的技术标准，加强与沿线重点国家的合作，共同推动国际标准的制定，有针对性地组织标准化援外培训。鼓励我国企业在"走出去"的过程中采取中国标准，对成功施行中国标准的企业给予政策支持和资金补助。打造完整的电力装备研发、制造、试验、检测和认证体系，实现与国际实验室互认。

（七）推进首台（套）重大技术装备风险补偿机制试点工作

落实《关于开展首台（套）重大技术装备保险补偿机制试点工作的通知》（财建〔2015〕19号）精神，坚持政府引导、市场化运作，装备制造企业投保、装备使用方受益，中央财政对符合条件的投保企业保费适当补贴，利用财政资金杠杆作用，发挥保险风险保障功能，降低用户风险，加快首台（套）重大技术装备推广应用。针对当前市场主体参与度较低，以及发生保险事故时投保企业索赔难等问题，建议采取如下措施：一是对补贴政策的推广运用进行科学考核，确保政策能够落地运用；二是改变目前所谓的综合险多数仅为质量险和责任险、内容过窄的现状，在控制总保费率的前提下，提高保险公司与企业对首台（套）保险内容约定的自由度，根据投保企业自身需求选择在首台（套）设备的产品质量、产品责任、工程安装、运输、关键技术知识产权抵押贷款保证、专利执行等方面自主协商，以满足企业个性化的需求；三是加强对保险企业的监管，解决在保险合同约定及赔付中保险公司均处于强势的地位、合同签订及出险赔付兑现过程中投保企业存在申请赔付难、赔付不到位的状况，切实保障投保企业利益。

The Latest Development of Electric Power Equipment Industry in China: Problems and Solutions

GUO Chaoxian, LIU Fang, YANG Xiaoyan

Abstract: At present, China's electric power equipment industry is in a critical period of transformation from "runner to runner" to "run leader", but there are still some problems that can't be ignored in the development of electric power equipment industry. These problems are mainly as follows: overcapacity; structural imbalance; technology gap; tight funds; and a lot of obstacles as the "going out" facing. Facing and solving these problems is the only way for China's electric power equipment industry to transform from "big manufacturing country" to "powerful manufacturing country". Therefore, this paper puts forward corresponding countermeasures and suggestions.

Key words: Electric Power Equipment Industry; Powerful Manufacturing Country; Overcapacity; Open and Cooperative Innovation

供给侧结构性改革与资源型产业转型发展[*]

杨丹辉　　张艳芳　　李鹏飞

摘　要： 由于资源性产品价格形成机制改革长期滞后，加之国有经济占比高，资源型产业普遍市场化程度相对较低，导致供给与需求错配严重，难以适应工业4.0下生产方式和商业模式变革的需要。目前，受经济周期和矿业周期叠加的共同影响，20世纪头十年全球矿业发展黄金期告一段落，国际市场大宗商品价格低位波动，总体需求持续低迷。随着中国经济进入新常态，国内资源性产品需求发生一系列新变化，迫切需要加快资源型产业转型升级，从而更好地满足加速工业化和城镇化的要求。本文在供给侧结构性改革背景下，分析资源型产业转型发展的动因及其面临的障碍，指出经济下行导致资源领域供给与需求的矛盾进一步凸显，主要能源和矿产品消费规模有可能提前达峰。在此基础上，设计资源型产业转型发展的路径，提出加快绿色化、智能化转型，推动资源型产业与非资源型产业融合发展的转型路径。同时，本着"有进有退、以退促进"的原则，充分发挥有为政府和有效市场的共同作用，建立完善进入衰退阶段的资源型产业有序退出的机制，切实降低供给侧结构性改革的社会成本。

关键词： 供给侧结构性改革；资源型产业；转型升级；绿色发展

无论历史地看还是辩证地看，一国（地区）经济运行中供给与需求之间的矛盾是长期存在的。在经济发展的不同阶段，供给和需求都有可能成为矛盾的主要方面。过去30余年间，针对各个时期经济发展的主要矛盾，中国经济改革也曾在供给侧或需求侧轮番发力，集中解决阻碍生产力进步的突出问题。数轮改革对中国经济的积极作用有目共睹，但就供给与需求之间矛盾的绝对性而言，渐进式的改革不可能一劳永逸，而是需要通过高强度、高质量的制度创新，不断激发市场活力和社会创造力。

改革开放以来，中国经济经历了以投资和出口拉动的高增长，将经济总量带入世界第二的高位，赢得了全球第一制造大国和货物贸易大国的地位。然而，伴随着压缩式的加速工业化和持续扩张的资源消耗，中国经济的结构性问题日益凸显。低水平的产能大面积过剩，库存不断累积，综合要素成本快速攀升。同时，高杠杆化导致银行业资产质量下降的风险加剧，实体经济的整体脆弱性进一步放大。这些经济运行中的"负能量"使得供给侧再度演化为供求矛盾的主要方面，继而成为中央做出加快供给侧结构性改革的重要依据。

受国际市场低迷和国内经济增速放缓等影响，

　＊　本文发表在《中国人口·资源与环境》2017年第7期。

　　杨丹辉，中国社会科学院工业经济研究所研究员，博士生导师；张艳芳，中国社会科学院工业经济研究所助理研究员；李鹏飞，中国社会科学院工业经济研究所研究员。

中国资源消费规模扩张趋势放缓，主要资源性产品生产规模逼近峰值，行业经济效益持续下滑。面对严峻的行业形势，资源型产业转型发展迫在眉睫。供给侧结构性改革为资源型产业转型升级确立了新的目标方向，世界范围内绿色化、智能化发展趋势能否引领陷入低谷全球矿业，需要进行更客观、深入的观察，而中国资源型产业实现转型发展则应在供给和需求两侧做出制度设计。

一、文献简评

有关资源型产业转型发展的课题一直受到国内外学者的高度关注。诺贝尔经济学奖获得者Solow（1974）、Stiglitz（1974）等早在20世纪70年代就开始研究资源产业的可持续发展问题。20世纪90年代，Auty（1990）、Sach和Warner（1995）等逐步将相关研究的焦点引向资源富集度与经济增长的负相关关系，提出了著名的资源诅咒命题，进一步凸显出资源产业转型所面临的路径难题。近年来，有学者指出，所谓的资源诅咒实际上是制度诅咒，资源产业集聚地区遭遇的可持续性问题，其根本原因并不在于其区位条件的改变，而在于经济社会制度失灵导致转型失败或成本过高（Mehlum et al.，2006；Wadho，2013）。

20世纪90年代以来，中国学者对加速工业化背景下资源型产业过度投资、周期性繁荣、转型模式、转型政策以及接续产业发展等问题进行了较为深入的探讨。冯宗宪等（2010）通过实证和案例分析，发现生产要素过多流入资源型产业导致中国多个地区出现了资源诅咒——"荷兰病"现象。由于中国绝大多数资源富集地区的产业结构畸形，在市场经济条件下，基于比较优势的市场运行规律会自动强化当地本已单一的产业结构，进而挤占先进制造业和高端服务业发展所需的要素。且不同于荷兰、挪威等发达国家，中国资源诅咒的主要症结在于挤出制造业固定资产投资，而非提高劳动力雇佣成本。张复明和景普秋（2008）分析了资源型经济的自强机制，并强

调突破资源优势陷阱机制关键在于打破原有的资源自循环机制和路径依赖，引入学习与创新活动，调整资源收益分配机制，实现产业协调与转型发展。中国社会科学院工业经济研究所的学者以山西省为研究对象，构建了资源型产业与非资源型产业实现转型升级的综合性制度框架和均衡发展机制（黄群慧、杨丹辉等，2016）。

随着中国经济进入新常态，经济下行对资源型产业发展带来巨大压力。供给侧结构性改革"三去一降一补"的重点任务之中，"去产能"对市场需求普遍萎缩、企业效益明显下滑的资源企业而言是尤为严峻的挑战。不少学者（吴敬琏，2016；林毅夫，2016）对中央供给侧结构性改革的理论依据和政策工具进行了全面、系统的解读，其中一些观点为设计资源型产业转型发展的路径和政策支撑体系具有重要参考价值。田原、孙慧（2016）的研究则进一步强调了绿色发展、"一带一路"等新发展理念和国家重大发展倡议平台对资源型产业转型的重要支撑作用。

本文通过分析资源型产业转型发展面临的国际环境和内部条件，提出资源型产业的转型路径、退出机制及保障措施。

二、中国资源型产业转型发展的动因与条件

（一）全球矿业走势：周期性因素与新工业革命的影响

20世纪头十年，全球矿业经历了黄金发展期，经济快速增长催生了新兴经济体对化石能源、矿产品不断扩大的需求，直接刺激了矿业投资和矿产品价格上涨。然而，随着国际金融危机后全球需求持续低迷，在经济周期与矿业周期的下行波段相互叠加的作用下，2014年以来，国际市场上大宗商品价格普遍下跌，资源型产业发展陷入低谷，澳大利亚、加拿大、俄罗斯、巴西、秘鲁等世界主要矿产国家GDP相继下滑。进入2016年下半年，尽管部分品种的价格出现了恢复性反弹，但总体来看，全球矿业发展仍未真正走出

"寒冬"。一般而言，价格信号通过需求传导到供给侧往往会有一定的时滞。实际上，矿产品供给方针对市场需求变化已经开始做出调整，直接表现为在行业上游的勘探勘查环节，投资正在大幅收缩。以有色金属行业为例，来自 SNL 金属和矿业公司的数据显示，世界范围内有色金属勘查投入由 2005 年的 50 亿美元急剧攀升至 2012 年的 202 亿美元，2016 年则快速下跌至 68.5 亿美元。行业上游投入放缓、项目储备减少将对未来资源型产业发展产生不可忽视的影响。

另一个困扰全球矿业发展，且引发诸多争议的问题是：现阶段需求变化导致的矿业发展困境仅仅是周期性的，还是一种不可逆转的趋势？回顾过去百年特别是第二次世界大战结束以来世界范围内资源型产业的发展历程，不难发现，矿业发展具有鲜明而独特的周期性特征，矿业周期与经济周期并不完全重叠，但大致保持 10～15 年为一轮周期。根据以往初级产品的供求规律，矿产资源界普遍认为国际市场能源和初级产品价格的波动虽然受周期性因素影响，而且不排除重大技术突破对资源性产品产生的替代效应以及资源利用效率的显著提高，但总体来看，资源性产品不可再生的特点决定了其稀缺性将长期存在，而消费规模持续扩张也将强化矿产品的需求刚性，资源性产品的价格在较长时期内呈螺旋式上升的趋势，并将在高位持续频繁波动。

为应对国际金融危机，近年来，美国、德国等发达国家力推再工业化战略，对经济结构过度虚拟化进行纠偏，旨在以创新激发制造业活力，重振实体经济。值得注意的是，发达国家战略举措的效果确乎逐步显现，科学技术和商业模式新一轮创新浪潮与新工业革命深度交互，全球工业发展开启了 4.0 时代。凭以往的经验判断，发达国家"再工业化"以及"去虚入实"的进程会刺激能源和矿产需求。然而，工业 4.0 以及第三次工业革命及其带来的生产组织方式、资源利用方式以及商业模式的变革包括增量制造、3D 打印以及制造业的智能化、服务化却有可能颠覆这一规律。新工业革命的主导技术和产业不仅有助于缓

解资源性产品的不可再生性，而且更大的理念和现实冲击还在于新兴技术改变了矿产资源的消费范式，在一定程度上弱化工业领域矿产品需求的刚性，从而使世界范围内部分矿产品消费规模提前达峰的可能性增大。一方面，从资源环境约束下获得"解放"的实体经济将彰显更大的活力和创造力；另一方面，工业 4.0 的智能化、绿色化、数字化特质将形成"倒逼机制"，推动作为工业基础和上游产业的资源型产业开启全面、深刻的转型，以适应新工业革命对工业原材料形态、制备过程、供给方式的要求。

（二）中国资源型产业：需求变化与行业绩效

21 世纪初的前十年同样是中国资源型产业发展的黄金期。加速工业化、城镇化引发能源和矿产品的巨大需求，带动中国资源型产业快速发展，利润总额持续增长。但 2011 年以来，受国际市场低迷和国内经济增速放缓等影响，中国资源行业开始步入萧条，行业利润总额大幅下降，2015 年资源行业利润总额为 2744 亿元，较 2011 年降幅达 75%，较 2014 年进一步下降 56.06%（见图 1）。可见，经济高速增长时期积累的大量低水平产能已经无法继续为矿企盈利。由于经济效益持续下滑，资源企业的资产负债情况不断恶化。据波士顿咨询公司统计，产能严重过剩的煤炭、钢铁、有色、水泥四大资源型产业，未来有可能向金融市场释放 1 万亿～2 万亿元的呆坏账，成为银行业和金融市场稳定发展的重大隐患。在这种情况下，如果不能及时、顺利实现转型或退出，本已成为僵尸企业"重灾区"的资源型产业将背负更加沉重的包袱，不仅占用巨量社会资源，而且累及整个实体经济转型升级。

再从需求侧观察，中国经济进入新常态后，经济增速换挡的压力与结构调整的阵痛叠加，经济下行压力加大，企业效益下降。短时期内，外需不足，固定资产投资减速，加之工业企业去库存等因素的影响，直接制约资源性产品消费规模的扩张。同时，中国已步入工业化的中后期阶段，基础设施高速建设时代接近尾声，经济结构转型

加速，主要表现为服务业增速及其占 GDP 的比重超过工业，经济增长对能源、矿产需求的拉动作用有所减弱，主要能源和资源性产品消费增速放缓。2011 年以来，我国一次能源消费量增速逐年下降。其中，2015 年一次能源消费量约 43 亿吨标准煤，较 2014 年增长仅 0.94%（见图 2）。另外，2014 年和 2015 年钢铁消费量连续下降，合计下降幅度接近韩国 2014 年粗钢消费总量（5783 万吨），降幅之大远超预期。2015 年，中国精炼铜、精炼铅、精炼锌消费量分别约为 1080 万吨、380 万吨、630 万吨，较 2014 年分别下降 4.3%、9.0%、1.2%。未来随着科技的发展，中国资源消耗强度仍处于下降空间，将进一步制约资源消费规模的扩张。

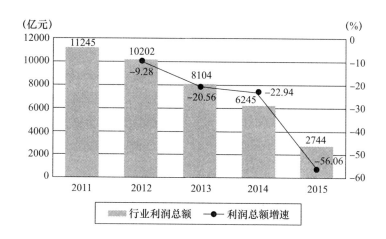

图 1　2011～2015 年中国资源行业利润总额

资料来源：中国矿业协会。

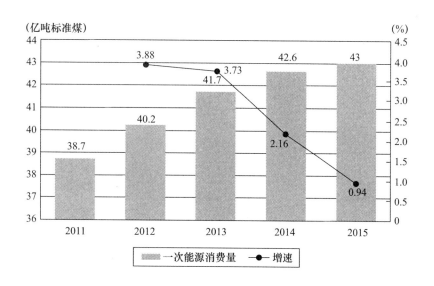

图 2　2011～2015 年中国一次能源产量与消费量变化情况

资料来源：《中国国土资源公报》（2015）。

需要强调的是，在经济保持中高速增长的条件下，中国主要能源、资源性产品消费开始加速逼近峰值。由于传统领域对能源和矿产品的需求已基本得到满足，2015 年，中国煤炭、铁矿石、粗钢、萤石等产量均较上年减少，生产规模或接近峰值。一是煤炭需求及产量峰值均提前来临。生态文明建设要求、水电核电光伏等清洁能源快速发展以及实施煤改气工程，促使煤炭消费与产量峰值有可能提前到来。二是铁矿石消费强度减弱，市场竞争进入相持阶段。2015 年，全国铁矿石原矿产量为 13.8 亿吨，同比减少 7.7%。粗钢产量为 8 亿吨，同比减少 2.2%。虽然 2016 年在供给侧结构性改革强化"去产能"的大背景下，国内钢铁市场需求和价格几经反弹，形成震荡"拉锯"的局面，但由基础设施建设和重化工业发展拉动的粗钢产量和消费量快速扩张的势头有所放缓。三是主要有色金属矿产基本需求增长速度出现可控态势。与此同时，日益凸显的生态环境问题导致部分污染严重的矿山关停，主要有色金属矿产产量将陆续回落。2015 年，中国十种有色金属产量 5 515.8 万吨，同比增长 6.8%，增速较 2014 年回落 0.6 个百分点（见表 1）。从这种态势来看，作为碳排放的主要部门，能源和主要矿产品碳排放有望提前达峰①，这无疑有利于实现中国政府向国际社会做出的到 2030 年碳排放总量达峰的承诺，同时进一步加大了资源型产业"去产能"、加快转型的压力。

表 1   2015 年中国主要能源和矿产品产量情况

矿种	单位	2015	比上年增长（%）
原煤	亿吨	37.5	−3.3
铁矿石	亿吨	13.8	−7.7
粗钢	亿吨	8	−2.2
十种有色金属	万吨	5155.8	6.8

资料来源：《中国国土资源公报》（2015）。

（三）转型升级的障碍

过去十余年中国资源型产业虽然得到快速发展，但同时也造成了煤炭、钢铁、有色等行业产能盲目扩张。为应对市场萎缩的冲击，在国家供给侧改革推进过程中，国内大型冶炼企业相继宣布了减产计划，这些减产计划与过剩产能相比差距较大。特别是 2016 年煤炭和钢铁等产品价格数次出现反弹行情，在一定程度上加剧了企业的观

望情绪。在人员安置和资金流的巨大压力下，未来化解过剩产能将是一个长期而艰巨的任务。应该看到，人员安置和债务处理是资源型产业化解过剩产能、实现转型发展面临的最主要的两大障碍。就目前的政策环境而言，如果将中央和地方政府各类用于安置下岗职工的专项基金用足用到位，职工安置问题有望有序解决，而在债务处理方面，资源企业如果过多依赖市场化手段，走资产证券化、债转股等途径，将加大金融系统风险。以煤炭行业为例，煤炭行业去产能工作是前几年煤炭行业脱困的延续和深化。据中国煤炭工业协会数据，2015 年煤炭行业负债攀升至 3.68 万亿元，煤炭企业普遍性资产负债率较高，银行信贷压力非常大。钢铁行业的情况同样不容客观，2015 年中钢协统计的重点大中型企业平均负债率超过 70%。部分企业已经严重资不抵债，处于停产半停产状态，但由于资产庞大、就业人员多、社会影响范围广，企业资产处置、债务处理困难，一次性关停难度大，退出渠道不畅，仅能依靠银行贷款维持生产，最终沦为僵尸企业。而据中国有色金属工业协会发布数据，2015 年末规模以上有色金属工业企业负债总额 24 845.4 亿元，同比增长 4.6%；资产负债率为 63.5%，比上年增加了 0.2 个百分点，债务负担明显加重。

因此，无论从外部环境还是内部条件来看，我国资源型产业的结构调整与升级迫在眉睫。然而，面对资源性产业以往带来的巨额利润，资源富集地区对资源型产业产生严重依赖，导致整个区域内产业结构单一，资源大量消耗和环境污染严重。同时，传统产业对资源性产品较为稳定的需求使矿企往往拥有更加稳定的供应链，致使其直面市场、配置要素的能力建设长期不足，产业转型升级面临一系列困难和障碍。首先，缺乏转型升级主动性。资源型产业高度依赖自然资源的开发和利用。从产业链构成的角度看，资源型产

---

①   不少定量研究结果显示，即使在强化节能减排情景下，中国大部分资源型产业碳排放达峰的时间会出现在 2030～2040 年（见张其仔、郭朝先、杨丹辉：《2050：中国的低碳经济转型》，社会科学文献出版社 2015 年）。但中国经济下行后能源矿产品消费规模增速放缓甚至消费下降的情况有可能偏离这些预测结果，使得中国碳排放总量 2030 年达峰的目标更具现实性和可行性。

业自身可分解为上、中、下游三个产业链环节，传统资源型产业过分倚仗采掘业及矿产品初级加工业。这种路径依赖和锁定效应的内在机理除了技术变迁产生自我强化效应之外，更来自因产业分工和经济增长共同形成的自我扩张效应。一旦资源枯竭，资源型产业发展将不可持续。而只要不到资源枯竭的临界点，企业基本不具备自主转型的动力。其次，产业技术创新能力不足。在资源租金的可观收益吸引下，企业和地方政府往往更注重眼前利益，将更多的资本和人力投到技术贡献率较低的初级资源开发和生产部门，进而带来的后果是研发投入和产出的相对减少。新技术需求和创新动力的减弱意味着对技术创新能力产生了挤出效应，势必使整个产业或地区陷入资源诅咒。再次，管理体制不合理。由于资源性产品价格形成机制改革不到位，资源型产业的市场化进程普遍迟缓，市场机制尚未在资源型产业发挥决定性的配置作用，导致资源部门与地方政府之间形成了高度集中与复杂的企地关系。长期以来，资源企业与当地政府之间的这种政企不分、体制不顺现象并未得到根本性解决。随着市场化改革推进，政府既难于参与企业生产要素的合理配置，企业又不再像过去一样承担社会责任，致使资源富集地区政府与资源企业之间在发展目标和利益分配上出现"双向错位"，进而造成政府综合服务功能缺损和企业的整体效益低下。最后，人才资源匮乏。产业转型需要大量的核心技术和专业技术人才。而资源型产业的岗位往往专业化程度较高，一方面，大多数基层员工受教育程度低，技能单一，吸收新知识、学习新知识的能力较弱，即使是在科技、管理人员群体中，也存在结构不合理和知识老化的现象。另一方面，资源富集地区通常位于偏远地区或欠发达地区，相对落后的交通信息基础设施、艰苦的生活环境、恶劣的工作条件难以对产业转型所需的包括人才在内的高端要素形成较强的可持续吸引力。当前，资源型产业发展陷入低谷进一步加剧了人才外流，成为制约资源型产业转型发展的主要因素。

三、中国资源型产业的转型路径与机制创新

（一）加快绿色化、智能化转型

2015 年，中国制定实施了《中国制造2025》，作为指导中国工业由大转强的纲领性文件，与发达国家推动工业4.0 的战略呼应。《中国制造2025》的主基调是创新驱动、智能化、绿色化，这些要求也将主导中国资源型产业转型升级。随着新工业革命不断深入推进，智能化由下游的制造业不断向上游矿业渗透延伸是必然趋势，"智慧矿山"建设成为全球矿业发展新潮流。未来智慧矿山建设不仅要通过更加智能化的设备和软件控制开采冶炼工艺流程和规模，实现精准开采，从而使矿产品的品质和供给方式能够更好地对接智能制造对原材料日益多样化的需求，而且在综合要素成本不断攀升的情况下，资源企业对劳动生产率提升的诉求为机器代人提供了广阔空间。可以预见，大量专业或通用机器人将投放到能源、矿产勘探开采冶炼一线，有助于改善作业面的工作条件、带动矿企"降成本、补短板"。国家应配合矿山建设智能化趋势，为矿业企业提高自动化、信息化水平设立更有针对性的专项资金和示范项目，带动民间资本投入相关领域，并为企业吸引培养企业高端人才以及在职员工分流、转岗培训提供信息服务。

同时，值得注意的是，尽管全球矿业发展遭遇了寒潮，世界范围内资源民族主义有所弱化，由此引发的矿产资源领域并购门槛出现了降低的趋向，但环境保护方面却并没有因需求萎缩、行业不景气出现任何松动的迹象。相反，主要矿产资源国纷纷制定更加严格的环境标准，引导资源企业加快绿色转型。这方面与中国绿色发展的新理念高度契合，也是供给侧结构性改革的新要求。在《中国制造2025》推出的"工业强基"工程下，只有实现资源性产品绿色化生产加工才能保障全产业链的绿色化。现阶段，绿色矿山和绿色矿产品的标准体系建设明显滞后，缺乏基于产品

全生命周期的科学评价方法。实际上，综观全球资源型产业绿色转型趋势，从清洁生产、循环经济到产品全生命周期绿色化，正在经历理念和路径的重大变革。今后，应逐步建立完善产品全生命周期绿色化评价体系，为全面评估资源型行业的绿色化转型进展提供客观依据。绿色化转型的另一个重要内容是切实改善资源型产业的生产条件和职工健康水平，从根本上扭转行业吸收高端要素的被动局面。为此，需要充分借鉴国外先进经验，形成长效的投入机制。

（二）推进资源型产业与非资源型产业融合发展

运用大数据、云计算对商业模式和业务流程进行再造已成为传统产业转型发展的重要抓手。与制造业相比，资源型产业的信息化水平普遍较低，提升空间大。尽管经济下行、效益下滑对资源企业产业链重构和延展带来了压力，但率先实施"互联网＋"战略的企业将会产生显著的示范带动作用，特别是对于品种日益增多、批量逐步缩小的钢铁、有色等行业，对接大数据、能源管理等新兴产业，是企业提质增效、摆脱"同质化"竞争的现实选择。为此，除了鼓励资源型产业延展产业链，拓展新业务，还应积极培育大数据、云计算、能源服务等市场化主体，为资源企业转型发展提供更加专业化的服务。

（三）建立完善退出机制

资源型产业转型发展中面临的另一个重要难题是落后产能和相关要素的退出问题，这在国有经济占比普遍较高、市场化程度偏低的资源领域尤为突出。从工业化历史的角度观察，几乎所有产业都有其自身的生命周期。资源型产业同样有生命周期，但其生命周期不仅受到技术创新的影响，更会受到资源储量的严格限制。对于不可再生资源的开发而言，在特定技术条件下，剩余可采储量必然日渐减少，并势必伴随开采成本不断上升。因此，资源型产业生命周期可按其资源的消耗程度大致会经历开发建设期→达产稳定期→

成熟期→衰退期→关闭 5 个阶段。由于资源型产业的生命周期主要是由自然资源禀赋存量的变化决定的，其衰亡的原因基本上都可以归于资源枯竭和开采成本上升，而资源枯竭具有不可逆转性，即使在技术持续进步条件下，也只能在一定时期内通过各种手段降低开采成本延长生命周期。

由此可见，资源型产业转型是一个"有进有退"的过程。衰退产业平稳有序退出是资源型经济成功转型的关键，也是推进资源型经济治理体系和治理能力现代化的重要方面。应该看到，资源型产业衰退是世界各国工业化进程中普遍存在的共性问题。发达国家针对其资源型衰退产业退出采取了许多措施。其中，既有成功的经验，也有失败的教训。尽管与德国鲁尔地区、法国洛林地区、日本北九州地区等国外典型资源型经济区①相比，我国大部分资源富集地区在资源丰度、赋存条件、开采成本、地理区位等方面存在较大差别，且资源型产业发展环境和发展水平也不尽相同，但是上述地区的转型经验仍可以提供具有借鉴意义的样本。

基于发达国家的经验，虽然政府要在资源型产业衰退援助中发挥重要作用，但政府开展此项工作时也要算"经济账"。由于很难界定生产要素从衰退产业中退出后能带来多大的经济效益，所以就要求政府以最低成本实现援助目标。整体来看，资源型衰退产业退出面临的转型成本可以分为两类：一是实施成本，是指促进衰退产业退出需要直接支付的成本，包括衰退产业中的国有企业关闭破产所需要的各种费用及其带来的各种损失，劳动力安置和转移成本，环境治理和生态恢复成本，健全社会保障体系需要支付的成本等；二是风险成本，是指促进衰退产业退出过程中可能因不可预见的因素而产生的成本费用，包括社会安全成本，纠正工作失误所发生的成本费用等。

在科学评估退出成本基础上，应本着"有进有退，以退为进"的原则，坚持有为政府与有效

---

① 显然，国外典型的资源型经济区还有很多。相对而言，德国鲁尔、法国洛林、日本北九州这三个地区在衰退产业退出援助方面做得比较好。而俄罗斯的巴库地区、委内瑞拉的拉波利瓦尔油田等资源型经济区则在衰退产业援助方面并未取得成功。

市场相结合，促"退"与转"进"并行，下好"生态修复"先手棋，将盘活土地资源作为资源型产业有序退出、培育接续产业、实现发展新旧动能转换的关键步骤和"胜负手"，充分发挥社会救助与保障机制"稳定器"的作用，加大资本运作力度，促使长期错配的要素尽早从衰退的资源型产业释放出来，形成新的高质量的有效供给。

参考文献

［1］Solow, R. Intergenerational Equity and Exhaustible Resources ［J］. Review of Economic Studies（Symposium Issue）, 1974（41）: 29 – 45.

［2］Stiglitz, J. Growth with Exhaustible Natural Resources: Efficient and Optimal Growth Paths ［J］. Review of Economic Studies（Symposium Issue）, 1974, 41（5）: 123 – 137.

［3］Auty, R. Resource – based Industrialization: Sowing the Oil in Eight Developing Countries ［M］. New York: Oxford University Press, 1990: 5 – 38.

［4］Sachs, J. D., Warner, A. M. Natural Resource Abundance and Economic Growth ［R］. NBER Working Paper, No. 5398, 1995: 3 – 21.

［5］Mehlum, H, Moene, K., O, Torvik, R. Cursed by Resources or Institutions? ［J］. World Economy, 2006, 29（8）: 1117 – 1031.

［6］Wadho, W. A. Education, Rent Seeking and the Curse of Natural Resources ［J］. Economics & Politics, 2013, 26（1）: 128 – 156.

［7］冯宗宪，姜昕，赵驰. 资源诅咒传导机制之荷兰病 ［J］. 当代经济科学，2010, 32（4）: 74 – 82.

［8］张复明，景普秋. 资源型经济的形成: 自强机制与个案研究 ［J］. 中国社会科学学，2008（5）: 117 – 130.

［9］黄群慧，杨丹辉等. 破除"资源诅咒"——山西省资源型产业与非资源型产业均衡发展机制研究［M］. 北京: 经济管理出版社，2016: 296 – 318.

［10］吴敬琏. 供给侧改革: 经济转型重塑中国布局 ［M］. 北京: 中国文史出版社，2016: 10 – 56.

［11］林毅夫. 供给侧结构性改革 ［M］. 北京: 中国文史出版社，2016: 37 – 109.

［12］田原，孙慧. 低碳发展约束下资源型产业转型升级研究 ［J］. 经济纵横，2016（1）: 45 – 48.

［13］张其仔，郭朝先，杨丹辉. 2050: 中国的低碳经济转型 ［M］. 北京: 社会科学文献出版社，2015: 10 – 128.

Supply – side Structural Reform and Transformation of Resource – based Industries in China

YANG Danhui, ZHANG Yanfang, LI Pengfei

Abstract: As the result of long – time lag of reform in resource product pricing mechanism, also because of the relatively higher proportion of state – owned economy, the degree of marketization is generally lower in resource – based industries than in manufacturing sector in China, which leads to severe mismatch between supply and demand side. At present, with the superimposed effect of the economic cycle and the mining cycle, the golden period of global mining development in the first decade of the 20th century has come to an end, with the prices of most commodities in the international markets are fluctuating under rather a low level and sluggish demand of mineral products. As the Chinese economy steps into the new normal, a series of new changes has been taking place in the domestic demand for resource products in China. It calls for urgent transformation and upgrading of resource – based industries so as to better satisfy the accelerating progress of industrialization and urbanization. In this paper, we analyze the motivation of transformation of resource – based industries as well as the obstacles facing in context of the supply – side structural reform. It is pointed out in this paper that economic downturn led to the intensified contradiction between supply and demand in the field of resources with the peak value of main energy and resource products reaching in advance. On this basis, we design the paths of resource – based industrial transformation and upgrading by promoting green and intelligent development together with the integration of resource – based and non – resource – based industries. In addition, we also put forward that the government should gradually establish and improve the exit mechanism of recession industries in resource sector with the efficient combination of government intervention and market – oriented tools, thereby to effectively reducing the comprehensive cost of supply – side structural reform in resource – based industries in China.

Key words: Structural Reform of Supply – side; Resource Industry; Transformation and Upgrading; Green Development

房地产市场调整对产业结构优化的作用及建议*

邓　洲

摘　要：房地产链条长、影响广，对多个部门的投资、布局、升级都产生深远的影响，房地产市场调整有利于这些产业部门要素成本结构和资本结构的合理化、消化和控制产能过剩、促进转型升级，从而推动产业结构优化。采用世界投入产出表数据库的分析表明，我国房地产对金融业、租赁业等服务业部门和电气设备、金属加工、化工等制造业部门关联性最大。为了更好地发挥房地产市场调整对产业结构优化的积极作用，要保障制造业用地，控制土地要素成本上涨；发挥技术进步在房地产业和房地产市场发展中重要作用；执行更高建筑标准，淘汰落后产品和工艺；促进房地产业与新兴产业的融合发展。

关键词：房地产业；产业结构优化；产业升级；产业关联效应；后向关联；前向关联；要素成本结构；投入产出分析

房地产市场发展与产业结构之间也存在相互作用的关系：产业结构的变化会对一个地区或城市房地产的发展产生促进或抑制作用（Kang，2011；Reed & Pettit，2004；Malpezzi，2002；刘嘉毅等，2014）。例如，美国底特律由于其主导产业——汽车产业的衰退，房地产市场也遭到毁灭性打击，据美国联邦住房金融局（FHFA）发布的数据，金融业、高新技术产业、国际贸易和文化产业等高端制造业和现代服务业发达的洛杉矶、芝加哥和旧金山等城市的房地产价格指数远高于底特律，且这三个城市房地产市场在金融危机后的复苏能力明确强于底特律。类似的，我国部分产业结构调整步伐缓慢、高新产业比重较低的三、四线城市在经济增长进入新常态之后也出现房地产发展和房价上涨放缓的迹象，2015年一些城市房价甚至出现绝对下降，相比较，结构调整稳步推进，高新产业比重较高的东部发达省市

的房价增长相对稳定。产业结构调整对房地产市场产生影响的同时，房地产市场的发展同样也对产业结构变化产生影响。本书从我国近10余年房地产及相关产业的发展情况入手，探讨国内房地产市场变化对产业结构变动的影响机制，并通过投入产出表计算不同时期房地产关联效应和波及效应的变化情况，分析房地产市场调整对产业结构优化的积极作用，最后给出房地产市场健康发展促进产业结构调整的政策建议。

一、房地产及相关产业的结构变化

自1998年实行住房分配货币化制度以来，我国房地产市场逐步繁荣。从"房地产开发企业房屋建筑施工面积"和"房地产开发企业房屋竣工面积"两个反映房地产市场景气程度的重要指标看（见图1），1997年以来，我国房地产市场日

* 本文发表在《西部论坛》2017年第3期。

邓洲，中国社会科学院工业经济研究所副研究员。

趋繁荣，截至 2016 年 11 月，房地产企业房屋建筑施工面积和竣工面积分别达到 74.51 亿平方米和 7.70 亿平方米，分别为 2010 年的 1.84 倍和 97.83%，2000 年的 11.31 倍和 3.07 倍。分年度

看，两个指标的增速均有较大波动，但大体上在 2003 年之后有所下滑。其中，施工面积增速在 2010 年和 2011 年出现大幅度的提高，竣工面积增速在 2005 年有较大幅度的提高。

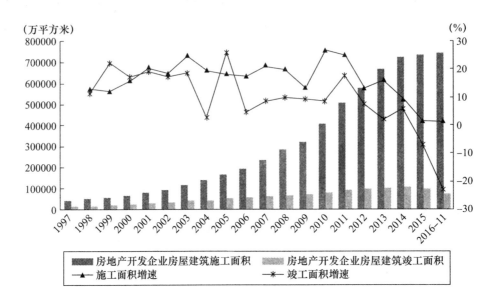

图 1　房地产企业房屋建筑施工和竣工情况

资料来源：根据国家统计局数据计算。

房地产在国民经济中的重要性也不断提高。我国房地产业增加值占 GDP 的比重自 20 世纪 90 年代以来总体呈增长趋势，到 2015 年，房地产业增加值占到了 GDP 的 6%，已经超过采矿业，交通运输、仓储和邮政业等产业的比重，较 1991 年提高了 2.5 个百分点，是这一时期比重提高幅度最大的部门。从占 GDP 的比重变化看，1991 年以来，房地产业的发展出现了两次较为明显的调整，第一次是 1992～1997 年，房地产业的比重下降了 0.4 个百分点；第二次是则发生在 2008 年，房地产业的比重下降了 0.5 个百分点。

房地产是一个产业关联度较高的行业，对建筑业、金融业、能源供应业以及制造业中的建材、家具、钢铁、化工、机械等行业有直接的带动作用，对电子、汽车等行业也有间接的带动作用。建筑业和金融业增加值占 GDP 的比重自 20 世纪 90 年代开始都有增长，2015 年，建筑业和房地产业（前者是房地产生产部门，后者是房地产服务部门）合计占 GDP 的比重达到 12.76%，较 2010

年提高 0.35 个百分点，较 2000 年提高 2.80 个百分点。从制造业内部看，与房地产相关性强的行业增长较快。由于近几年统计口径发生较大变化，为保持数据的连续性，本文仅以 2001～2011 年规模以上制造业产值比重为研究对象，规模以上家具制造业、非金属矿物制品业、黑色金属冶炼及压延加工业等与房地产密切相关的制造业产值在 2001～2011 年期间占全部制造业的比重都有提高。与房地产建设密切相关的水泥、平板玻璃、钢筋等产品在 2000 年以后的增速明显加快，以致出现严重的产能过剩，空调、冰箱等家电产品虽然没有出现严重的过剩问题，但房地产市场的发展同样促进了这些产品国内市场的增长。

二、房地产业的产业关联效应分析

国民经济各部门之间有复杂的供需关系，在经济活动中，如果某一产业在产业结构中的比重发生变动，就必然引发其他产业的连锁反应。因

此，在考察产业变动对国民经济的带动效应时，不能仅限于个别产业的变动，还应从产业的整体系统进行观察，进而分析和解决各产业之间的关联问题。对各产业之间的关联效应研究是制定产业协同发展战略的重要组成部分，是为各产业之间的协同调控战略准备的基础研究之一。投入产出法由美国经济学家里昂惕夫于20世纪30年代所创，这一方法揭示了产业间技术经济联系的量化比例关系，是研究国民经济中各产业部门之间投入与产出的相互依存关系的数量分析方法，也是产业关联分析的基本方法。虽然在以后的研究和实践中发现了投入产出法的一些弊端和不足，但总体看，此方法仍然是国内外研究产业结构内部相互作用机制与效果最普遍的方法。为了保持

数据口径的一致性，并尽量对最新的情况进行分析，本研究采用了欧盟数据库，对1995年、2000年、2005年、2010年和2011年5年的投入产出表进行分析。由于行业口径略有区别，计算结果可能与采用中国国家统计局颁布的投入产出表进行计算的结果略有不同。

（一）房地产业后向关联度分析

根据欧盟全球投入产出表公布的35个部门投入产出表，可以测算我国房地产业与其相关产业的直接消耗系数和完全消耗系数，进而能够分析我国房地产业与其他产业的后向直接关联和后向完全关联情况，表1和表2分别给出了中国房地产业与35个部门的直接消耗系数和完全消耗系数的变化情况。

表1 房地产业直接消耗系数（按2011年数据排序）

年份	1995	2000	2005	2010	2014
租赁和其他商业	0.01153	0.02964	0.03453	0.02491	0.02455
金融业	0.05740	0.07697	0.03111	0.02482	0.02419
建筑业	0.02208	0.03329	0.01666	0.01195	0.01283
其他公共、社会和私人服务	0.00211	0.00176	0.00964	0.01110	0.01088
房地产业	0.01055	0.00924	0.01056	0.01085	0.01071
住宿业	0.00742	0.01217	0.01383	0.01050	0.01053
电气和光学设备制造业	0.00667	0.00842	0.00860	0.00960	0.00997
化学原料及化学制品业	0.00247	0.00088	0.00632	0.00670	0.00669
金属加工和制品业	0.01246	0.00547	0.00705	0.00649	0.00650
石油、炼焦和核燃料加工业	0.00201	0.00240	0.00657	0.00496	0.00498
纺织业	0.00182	0.00089	0.00322	0.00417	0.00417
电力、燃气和水供应业	0.00572	0.00548	0.00571	0.00332	0.00336
批发业#	0.01054	0.00525	0.00255	0.00323	0.00327
交通设备制造业	0.00283	0.00599	0.00450	0.00312	0.00319
邮政电信业	0.00150	0.00365	0.00443	0.00312	0.00316
橡胶和塑料制品业	0.00099	0.00102	0.00246	0.00254	0.00251
造纸和印刷业	0.00328	0.00103	0.00238	0.00217	0.00217
食品饮料和烟草业	0.00084	0.00020	0.00181	0.00209	0.00205
机械设备制造业	0.00626	0.00582	0.00294	0.00203	0.00191
内陆运输业	0.00584	0.00509	0.00306	0.00167	0.00168
零售业#	0.00218	0.00109	0.00200	0.00067	0.00068
航空业	0.00158	0.00234	0.00077	0.00060	0.00062
旅游业	0.00086	0.00064	0.00081	0.00062	0.00062
教育	0.00055	0.00062	0.00082	0.00061	0.00058

年份	1995	2000	2005	2010	2014
公共管理、国防和社会保障	0.00000	0.00000	0.00045	0.00059	0.00053
其他制造业和回收业	0.00187	0.00091	0.00018	0.00042	0.00045
卫生与社会工作	0.00014	0.00005	0.00031	0.00035	0.00033
采矿业	0.00665	0.00423	0.00142	0.00029	0.00031
其他非金属矿物制品业	0.04073	0.02070	0.00372	0.00019	0.00018
水运业	0.00062	0.00173	0.00071	0.00013	0.00014
皮革和制鞋业	0.00046	0.00012	0.00007	0.00009	0.00009
木材加工业	0.00214	0.00062	0.00016	0.00007	0.00007
农林牧渔业	0.00179	0.00033	0.00009	0.00004	0.00004
摩托车销售维修和燃料销售业	0.00000	0.00000	0.00000	0.00000	0.00000
家庭服务业	0.00000	0.00000	0.00000	0.00000	0.00000

注：#表示除摩托车外，下同。

资料来源：欧盟 WIOD 数据库（http：//www. wiod. org）。

表2　房地产业完全消耗系数（按2011年数据排序）

年份	1995	2000	2005	2010	2011
租赁和其他商业	0.01833	0.03868	0.04439	0.03378	0.03320
金融业	0.07653	0.09404	0.03833	0.03351	0.03256
电气和光学设备制造业	0.01692	0.02921	0.02022	0.02622	0.02776
金属加工和制品业	0.04814	0.03588	0.02769	0.02718	0.02712
化学原料及化学制品业	0.01585	0.01330	0.02159	0.02263	0.02241
住宿业	0.01228	0.01891	0.01958	0.01529	0.01528
其他公共、社会和私人服务	0.00416	0.00449	0.01396	0.01540	0.01504
电力、燃气和水供应业	0.01601	0.01570	0.02176	0.01480	0.01471
房地产业	0.02046	0.01509	0.01388	0.01437	0.01413
建筑业	0.02435	0.03681	0.01778	0.01280	0.01374
纺织业	0.00828	0.00608	0.00918	0.01278	0.01274
食品饮料和烟草业	0.00784	0.00783	0.01256	0.01289	0.01266
采矿业	0.02587	0.02005	0.01641	0.01197	0.01169
农林牧渔业	0.01520	0.01276	0.01322	0.01114	0.01095
石油、炼焦和核燃料加工业	0.01104	0.01165	0.01506	0.01072	0.01065
批发业	0.02867	0.02008	0.00762	0.01033	0.01042
造纸和印刷业	0.01380	0.01014	0.01240	0.00996	0.00986
交通设备制造业	0.00926	0.01448	0.01149	0.00930	0.00944
橡胶和塑料制品业	0.00858	0.00893	0.00821	0.00870	0.00859
机械设备制造业	0.01821	0.01809	0.00928	0.00856	0.00786
内陆运输业	0.01613	0.01571	0.00934	0.00629	0.00628
邮政电信业	0.00391	0.00997	0.00852	0.00607	0.00612
其他非金属矿物制品业	0.06130	0.03815	0.01103	0.00460	0.00470
木材加工业	0.00630	0.00507	0.00273	0.00254	0.00255

年份	1995	2000	2005	2010	2011
零售业	0.00593	0.00415	0.00596	0.00214	0.00215
旅游业	0.00281	0.00235	0.00248	0.00196	0.00198
水运业	0.00152	0.00577	0.00307	0.00156	0.00158
教育	0.00109	0.00142	0.00169	0.00137	0.00128
航空业	0.00272	0.00432	0.00137	0.00122	0.00125
其他制造业和回收业	0.00360	0.00218	0.00051	0.00095	0.00100
皮革和制鞋业	0.00175	0.00087	0.00056	0.00086	0.00088
卫生与社会工作	0.00028	0.00050	0.00093	0.00093	0.00087
公共管理、国防和社会保障	0.00000	0.00000	0.00052	0.00069	0.00062
摩托车销售维修和燃料销售业	0.00000	0.00000	0.00000	0.00000	0.00000
家庭服务业	0.00000	0.00000	0.00000	0.00000	0.00000

资料来源：欧盟 WIOD 数据库（http：//www.wiod.org）。

通过测算，2011 年，与我国房地产业后向直接关联度较高的产业有租赁和其他商业、金融业、建筑业、其他公共社会和私人服务、房地产业、住宿业、电气和光学设备制造业、化学原料及化学制品业、金属加工和制品业、石油炼焦和核燃料加工业等，共有 20 个部门对房地产业的直接消耗系数超过 0.01。其中，租赁和其他商业、金融业直接消耗系数达到 0.02455 和 0.02419，明显高于其他部门，表明房地产业的发展对租赁、金融业有很强的依赖性甚至高于建筑业。在制造业部门中，房地产业对电气光学设备制造业、化学原料及化学品制造业、金属加工和制品业的依赖性最强，建筑产品大量消耗这些产业的产品。从变化情况看，房地产业对租赁和其他商业的依赖程度在 2005 年达到最高值，随后有所下降；对金融业和建筑业的依赖程度自 2000 年不断下降；对其他公共、社会和私人服务的依赖程度不断提高。

与房地产业后向完全关联度较强的部门有租赁和其他商业、金融业、电气和光学设备制造业、金属加工和制品业、化学原料及化学制品业、住宿业、其他公共社会和私人服务等，共有 16 个部门对房地产业的完全消耗系数超过 0.01。其中，租赁和其他商业、金融业的完全消耗系数分别达到 0.03320 和 0.03256。制造业部门中，电气和光学设备制造业、金属加工和制品业、化学原料

及化学制品业的完全消耗系数较高。从变化情况看，房地产业对租赁和其他商业依赖程度不断提高；对金融业依赖程度自 2000 年后不断下降；对电气和光学设备制造业依赖程度不断提高；对金属加工和制品业依赖程度有所下降。

（二）房地产业前向关联度分析

根据 35 个部门投入产出表可以测算房地产业与其相关产业的直接分配系数和完全分配系数，进而得出房地产业与其他产业的前向直接关联度和前向完全关联度，表 3 和表 4 分别给出了中国房地产业与 35 个部门的直接分配系数和完全分配系数的变化情况。

通过测算，2011 年，与我国房地产业前向直接关联度较高的产业有其他公共社会和私人服务、金融业、批发业、零售业、邮政电信业，一共有 8 个部门对房地产业的直接分配系数超过 0.01。其中，其他公共社会和私人服务、金融业、批发业、零售业的直接分配系数分别达到 0.03215、0.03116、0.02918 和 0.02918，这些行业对房地产业的依赖性较强。从变化情况看，其他公共、社会和私人服务对房地产业的依赖程度不断提高，金融业对房地产业的依赖程度呈下降趋势；批发业和零售业对房地产业的依赖程度在 2000 年为最低值，2000 年之后有所提高；邮政电信业对房地产业的依赖程度不断提高。

表3　房地产业直接分配系数（按2011年数据排序）

年份	1995	2000	2005	2010	2011
其他公共、社会和私人服务	0.01980	0.02081	0.02583	0.03256	0.03215
金融业	0.09725	0.04544	0.03165	0.03138	0.03116
批发业	0.03406	0.01880	0.02343	0.02950	0.02918
零售业	0.03406	0.01880	0.02343	0.02950	0.02918
邮政电信业	0.00612	0.00868	0.01758	0.02422	0.02375
住宿业	0.00838	0.00668	0.01154	0.01614	0.01612
租赁和其他商业	0.01719	0.00865	0.01073	0.01440	0.01414
房地产业	0.01055	0.00924	0.01056	0.01085	0.01071
旅游业	0.00881	0.00415	0.00636	0.00874	0.00863
皮革和制鞋业	0.00435	0.00149	0.00563	0.00782	0.00778
教育	0.00517	0.00535	0.00584	0.00765	0.00756
公共管理、国防和社会保障	0.02096	0.06930	0.02786	0.00753	0.00742
其他制造业和回收业	0.00430	0.00347	0.00493	0.00642	0.00632
造纸和印刷业	0.00177	0.00128	0.00352	0.00571	0.00562
纺织业	0.00182	0.00189	0.00428	0.00561	0.00556
航空业	0.00972	0.00315	0.00387	0.00556	0.00544
橡胶和塑料制品业	0.00309	0.00246	0.00343	0.00484	0.00480
内陆运输业	0.00227	0.00171	0.00311	0.00446	0.00438
机械设备制造业	0.00156	0.00126	0.00255	0.00362	0.00354
卫生与社会工作	0.00545	0.00342	0.00254	0.00329	0.00324
电气和光学设备制造业	0.00354	0.00247	0.00259	0.00330	0.00324
其他非金属矿物制品业	0.00128	0.00075	0.00191	0.00294	0.00287
食品饮料和烟草业	0.00124	0.00092	0.00142	0.00202	0.00202
木材加工业	0.00139	0.00182	0.00157	0.00190	0.00187
化学原料及化学制品业	0.00172	0.00108	0.00134	0.00191	0.00186
交通设备制造业	0.00141	0.00099	0.00130	0.00170	0.00166
金属加工和制品业	0.00142	0.00085	0.00107	0.00147	0.00142
采矿业	0.00150	0.00063	0.00086	0.00127	0.00123
建筑业	0.00042	0.00014	0.00048	0.00080	0.00079
电力、燃气和水供应业	0.00056	0.00025	0.00040	0.00060	0.00058
水运业	0.00074	0.00052	0.00032	0.00030	0.00030
农林牧渔业	0.00058	0.00030	0.00023	0.00026	0.00026
石油、炼焦和核燃料加工业	0.00076	0.00035	0.00021	0.00020	0.00017
摩托车销售维修和燃料销售业	0.00000	0.00000	0.00000	0.00000	0.00000
家庭服务业	0.00000	0.00000	0.00000	0.00000	0.00000

资料来源：欧盟WIOD数据库（http://www.wiod.org）。

表4　房地产业完全分配系数（按2011年数据排序）

年份	1995	2000	2005	2010	2011
批发业	0.13043	0.06020	0.04006	0.06566	0.06643
电气和光学设备制造业	0.04520	0.02908	0.03742	0.06063	0.06100
建筑业	0.05655	0.02564	0.03035	0.04920	0.04935
金融业	0.18077	0.06178	0.03164	0.04322	0.04247
金属加工和制品业	0.07443	0.02315	0.02583	0.03967	0.03794
纺织业	0.04376	0.01788	0.02566	0.03475	0.03480
其他公共、社会和私人服务	0.01651	0.02023	0.02806	0.03241	0.03222
租赁和其他商业	0.02557	0.01912	0.02514	0.03208	0.03173
机械设备制造业	0.03326	0.01364	0.01889	0.02806	0.02712
化学原料及化学制品业	0.03462	0.01460	0.01752	0.02634	0.02555
食品饮料和烟草业	0.03400	0.01541	0.01520	0.02131	0.02135
交通设备制造业	0.02096	0.00935	0.01442	0.02150	0.02101
住宿业	0.01585	0.01138	0.01705	0.01999	0.02040
邮政电信业	0.00372	0.00739	0.01751	0.02016	0.02029
公共管理、国防和社会保障	0.03200	0.09324	0.04373	0.01634	0.01619
橡胶和塑料制品业	0.01902	0.00952	0.01070	0.01579	0.01563
其他非金属矿物制品业	0.03361	0.01254	0.01157	0.01504	0.01465
房地产业	0.02046	0.01509	0.01388	0.01437	0.01413
零售业	0.02698	0.01245	0.02636	0.01358	0.01374
电力、燃气和水供应业	0.01168	0.00592	0.01065	0.01368	0.01321
教育	0.00821	0.00818	0.01035	0.01301	0.01291
农林牧渔业	0.03983	0.01675	0.01157	0.01225	0.01223
造纸和印刷业	0.01477	0.00625	0.00962	0.01181	0.01169
采矿业	0.01844	0.00685	0.00842	0.01150	0.01109
内陆运输业	0.01350	0.00840	0.00893	0.01058	0.01051
卫生与社会工作	0.00806	0.00490	0.00592	0.00893	0.00877
皮革和制鞋业	0.01264	0.00460	0.00621	0.00804	0.00813
旅游业	0.00997	0.00323	0.00502	0.00658	0.00659
木材加工业	0.00701	0.00417	0.00374	0.00550	0.00540
石油、炼焦和核燃料加工业	0.01044	0.00412	0.00426	0.00422	0.00365
其他制造业和回收业	0.00588	0.00275	0.00235	0.00366	0.00364
水运业	0.00223	0.00340	0.00257	0.00242	0.00236
航空业	0.00396	0.00196	0.00165	0.00211	0.00208
摩托车销售维修和燃料销售业	0.00000	0.00000	0.00000	0.00000	0.00000
家庭服务业	0.00000	0.00000	0.00000	0.00000	0.00000

资料来源：欧盟WIOD数据库（http://www.wiod.org）。

与房地产业前向完全关联度较强的部门有批发业、电气和光学设备制造业、建筑业、金融业、金属加工和制品业，一共有25个部门对房地产业的完全分配系数超过0.01。2011年，批发业、电气和光学设备制造业完全消耗系数达到0.06643和0.06100，显著高于其他行业。制造业部门中，电气和光学设备制造业、金属加工和制品业、纺织业等完全分配系数高，对房地产业的依赖性强。从变化情况看，批发业、建筑业、金融业、金属加工和制品业等对房地产业的依赖程度均不断下降，电气和光学设备制造业对房地产业的依赖程度有所提高。

数据分析的结果表明，我国房地产业具有较长的产业链，能够带动多个相关产业的发展。尽管我国房地产业与国民经济中的大部分产业都有着关联关系，但是并非各个关联产业与房地产的产业都有较大关联度。从后向关联上看，房地产业的后向关联产业中，后向直接关联密切的产业只有 12 种，后向完全关联密切产业有 19 种。从前向关联上看，房地产业的前向直接关联密切产业有 10 种，前向完全关联密切产业有 18 种。从我国房地产业的产业关联方式上看，房地产业与其他产业之间的关联方式十分复杂，有直接和间接等多种途径。一些产业与房地产业仅是后向直接关联密切，产业之间主要是直接消耗关系；另一些则仅是后向完全关联密切，产业之间主要是间接消耗关系。还有一些产业无论是后向直接关联还是后向完全关联都很密切，如化学工业、金融业、租赁和商务服务业，这说明这些产业与房地产业的直接和间接关联关系都很密切。

三、房地产市场调整对产业结构优化的积极作用

房地产市场调整对产业结构优化的积极作用是多方面的，从供给的角度看，土地和建筑是所有经济部门经营活动的重要投入要素，房地产市场调整将使地价、房价和租金价格趋于合理，从而优化制造业的成本结构和资本结构；从需求的角度看，房地产产品的建设是制造业的重要市场，房地产市场调整将促进房产业的升级，这对于加速淘汰落后产能和提高对新兴产品的需求具有积极作用，从而带动制造业和相关部门的结构优化。

（一）有利于要素成本合理化

制造业等实体经济部门的发展需要一个合理

的要素成本结构，某种要素价格过高不但加重企业成本负担，还容易导致资本转移或投机行为。房价过高导致制造业的转移和退出在发达国家和我国东部发达地区已经有发生。例如，日本在 20 世纪 80 年代之后的房地产泡沫造成对制造业的严重挤出，成为日本泡沫经济和所谓"失去十年"的诱因之一。在欧债危机中，西班牙、希腊等国家房价出现大幅上涨，这也是导致这些国家陷入严重债务危机的重要原因，相比较，德国受欧债危机影响较小，这与德国严格控制房地产市场价格，保障制造业发展有很大关系。自"十一五"开始，我国经济发达地区就已经出现因房价、地价过高挤出制造业发展的问题。2012 年，阿迪达斯关闭了在中国的最后一家自有工厂，近年来，国际服装品牌的自有工厂和代工订单大量从中国沿海地区向中西部和东南亚转移，中国地价和人工成本过高是跨国公司布局调整的重要原因。从对北京、上海等地区的企业调研发现，八成以上的企业都表示房价、租金过高是企业发展面临的主要障碍，而几乎 100% 的制造企业都认为在京、沪的发展制造环节难以承担高额地价租金，如果不是自有房或得到政府补贴，企业是不会在经济发达地区发展制造环节。发达地区实施的"腾笼换鸟"一方面是淘汰落后产能，另一方面也是面临土地要素成本过高的应对措施。

房地产市场的过度繁荣和房价过快增长已经严重扭曲我国制造业等实体经济部门的要素成本结构，严重挤压制造业等经济部门的发展空间，随着中西部地区，三、四线城市和县城房价的提高，这种问题已经由发达地区蔓延至全国范围。房地产市场调整的一个重要目标控制房价过快增长以及合理优化不同区域、不同功能地价、房价，这将有助于控制制造业发展土地要素成本的过快增长并逐步回归合理区间，减少土地成本在总成本的比重，并且恢复制造业企业家信心、提高制造业投资吸引力。

（二）有利于优化资本结构

房地产市场过度繁荣，房地产价格过快增长会改变地区和企业资本结构，产生托宾 Q 效应和

金融加速效应，但同时也挤出对制造业部门的投资。如图 2 所示，2003～2015 年，我国制造业、房地产业和建筑业固定资产投资完成额均稳步增长，制造业和房地产业的增速快于建筑业，2015 年，制造业、房地产业和建筑业固定资产投资完成额分别是 2003 年的 16.8 倍、11.4 倍和 9.3 倍。这说明，即便是在房价不断攀高的情况下，制造业投资增长并没有减缓，实际上制造业固定资产投资完成额的增速是快于房地产业。但是，相比之下，建筑业固定资产的投资比重偏低，增长缓慢，这在一定程度上反映了地价在整个广义房地产业（包括房地产业和建筑业）成本中的比重非常高，而土地的交易过程对其他经济部门的带动

性非常有限。带动性更强的建筑环节的投资相对不足和增长缓慢，对相关制造业部门的带动也相对不足。

房地产市场调整将有助于地价和房价趋于稳定和合理，从而有利于优化资本结构：一是房地产价格放缓有助于优化各个经济部门之间的资本结构，减少房价上涨过快引起的对制造业等实体经济部门投资挤出；二是减少土地和建筑价值、租金在企业资本存量和成本中的比重，优化制造企业资本结构和成本结构，促进更多的资金和资源投入到技术进步、品牌培育上；三是有助于广义房地产业中建筑业投资比重的提高，从而使得房地产业更有效地带动相关制造业部门的发展。

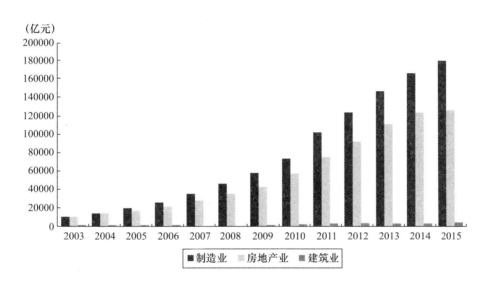

图 2 固定资产投资完成额变化情况

资料来源：国家统计局数据计算。

（三）有助于消化过剩产能

21 世纪以来，我国工业发展的重化工业化特征愈益清晰，以能源、化工、冶金、建筑材料、机械制造等行业为代表的重化工业呈现出高速增长的趋势，总量不断扩张，增速维持在 20% 左右，大大超过了同时期工业和 GDP 的平均增速，而房地产市场的过快增长无疑起到了推波助澜的效果。根据工信部的统计，炼铁、炼钢、电解铝、焦炭、水泥、化纤等 18 个行业中落后产能占总产能的比例达到 15%～25%，这些行业几乎都与房

地产相关。除了传统产业，近年来大量的重复建设使得新能源、新材料、电子信息等新兴产业的产能过剩问题也开始凸显，碳纤维、风电、多晶硅、锂电池等一些新兴产业领域已经先后出现产能过剩的情况，而这类新兴产业出现过剩的一个重要原因是主要面向国际市场，包括房地产在内的国内市场份额少，金融危机爆发后，国际市场需求减少导致了国内产能过剩问题的出现。

房地产市场调整能够从三个方面对产能过剩问题产生积极的作用。第一，虽然调整政策可能

在短期内减缓房地产的投资增长，进而减少对相关制造产品的需求，但是，从长期看，调整能够在一定程度上减缓房地产泡沫的产生，降低泡沫破灭的风险，这对于房地产市场的长期稳定发展是有利的，进而也是有利于保持对相关制造产品需求的稳定。第二，房地产市场调整将规范建筑和装修市场，技术含量和产品附加值水平低、不符合环保和绿色标准的产品将被市场淘汰，这将有助于遏制盲目投资、重复投资，加快落后产能和过剩产能的退出。第三，房地产市场的调整和升级将增大对新能源、新材料、电子信息、新能源汽车等相关产业的需求，是依靠内需消化新兴产业过剩产能的重要途径。

（四）有助于促进产业升级

我国房地产业在发展初期有跑马圈地的特点，政府和企业都一味追求规模和速度，房地产市场和房地产业高速发展的同时，产业发展的质量和水平较低，无论是第三产业中的房地产服务业还是建筑业在近十年的技术进步都慢于制造业，房地产业的高速发展不仅没有有效带动相关制造业的技术进步和转型升级，反而促成大量过剩和落后产能，挤占制造业资源，阻碍结构调整和转型升级。

房地产市场调整将促进房地产业和房地产企业的转型升级，这将形成巨大的新兴产业市场，有效带动制造业和其他经济部门的转型升级。首先，房地产品牌价值将日益显著，品牌蕴含的建筑质量、社区环境、物业服务将成为决定房地产产品价格的重要内容，这将带动设计、营销、物业管理等服务业的升级；其次，建筑将更加绿色低碳和智能，建设过程将有更高的质量和效率要求，这将带动工程机械、新材料、电子信息等产业升级发展；最后，产业地产作为新的业态将快速发展，房地产与旅游、养老、医疗、商业、工业的融合将更加深入，这将促进制造业和相关服务业传统经营方式和生产组织方式的升级，而这些产业的发展和升级也将间接对制造产品提出更高要求，促进制造业的转型升级。

四、房地产市场健康发展促进产业结构调整的建议

当前，我国房地产市场促进产业结构调整的基本思路应当是：保障制造业用地需求，降低土地要素成本，提高土地利用效率，同时通过体制机制改革、法律规范和市场选择，提高房地产建筑及相关产品对高端、新型、绿色制造产品的需求，减少对低附加值、高耗能、低技术含量制造产品的需求，进而带动房地产相关制造业部门的改造和升级，促进产业结构的调整和优化。

（一）保障制造业用地，控制制造业土地要素成本上涨，提高土地利用效率

中央和各地方政府都要采取有力措施，保障制造业特别是代表技术和市场发展方向的新兴制造业的土地供给。落后、过剩工业退出后的土地通过扭转等方式要尽可能继续为新兴制造业的发展所用，防止为了短期利益出现房地产项目挤压新兴制造业发展用地。同时，要提高土地利用效率，大力发展立体车间，用有限土地面积创造更多工业产值。

（二）房地产市场发展适应新科技革命和产业变革的趋势和要求，发挥技术进步在房地产业和房地产市场发展中的重要作用

目前，无论是建筑业还是房地产销售、租赁业，其技术进步的速度都比较缓慢，要提高建筑产品的技术水平，就需要在房地产产品的设计、建设、销售、改造、使用、维护整个环节进行技术升级。在设计环节，要全面提升房地产建筑产品的人性化、功能化、智能化、模块化水平，并借助新互联网工具提高房地产建筑设计的效率，借助虚拟现实等技术提高房地产设计的可视化程度。在施工环节，鼓励采用新装备机械、新工艺方法和新材料；在销售环节，进行业态创新，并深入实施与互联网的融合；在改造装修环节，强制使用环保材料，整顿和规范装修市场；在使用和维护环节，一方面要鼓励采用新的设备，另一方面要构建物联网系统和房屋使用状况大数据库，

使房屋成为未来智慧城市的重要组成部分，也带动相关电子信息和互联网产业的发展。

（三）提高并严格执行更高的建筑标准，以法律手段淘汰落后产品和工艺

我国建筑标准总体还比较陈旧，先进的节能、降耗、智能等技术、工艺和观念在强制执行的国标中并没有得到很好的体现，政策对建筑节能的规定以奖励优秀、试点为主，建筑物是否优质，是否满足现代工作生活对建筑的要求，是否能够绿色节能，在很大程度上还是由房地产企业自身行为决定的。在房地产市场高速发展的同时，不断出现因房屋质量问题造成的安全事故和消费者权益损失，这不仅不利于房地产业自身的健康发展和技术进步，也在一定程度上使一大批与房地产相关的技术工艺落后，环境污染严重，产品质量不稳定不合格的制造企业能够继续生产，甚至假冒伪劣建材产品长期存在，从而加剧冶金、建材等产业的低端产能过剩，也阻碍这些产业的淘汰落后和产业升级。制定并严格执行更高的建筑标准能够从根源上减少对低值不合格制造产品的需求，倒逼相关制造企业的改造和转型升级。除了在房屋建筑时执行更加严格的标准，还要大力整顿装修市场，一方面，大力推广住宅全装修，推行新建住宅一次装修到位或菜单式装修，促进个性化装修和产业化装修相统一，可以鼓励家电等产业组织结构较为合理的产业参与家装市场；另一方面，严厉控制不合格、不达标产品的流通和销售，在满足个性化的同时严格执行产品质量标准。

（四）促进房地产业与新兴产业的融合发展

融合发展是当前产业转型与升级的重要方向，对于房地产业，应加强其与信息产业、新能源产业、新能源汽车和环保产业的融合，在提升自身的同时也为这些产业开辟新的市场。促进房地产业与新信息产业的深度融合。当前，国家正在大力实施"互联网＋"战略，旨在依靠互联网技术和手段促进传统产业部门的转型和升级，建筑、汽车、个人电子设备将共同构成重要的信息平台，在个人电子设备已经实现互联之后，汽车和建筑的互联化将是下一步信息平台建设的重点领域，目前，已经有很多企业提出了车联网的概念，而建筑互联网则主要通过智能家居来实现。促进房地产业与新能源的深入融合。虽然一些地方政府已经规定在新建建筑上要安装相应的太阳能集热或发电装置，但新能源产品与建筑物在设计、施工上脱节，致使新能源产品并不能发挥应有的作用，甚至成为摆设。建筑与新能源的融合不应当流于形式，而加强两者的深度融合就必须加强设计单位、建筑企业、新能源企业、房地产开发商、物业公司的合作和联盟，相应的产业政策和制度安排也要以新能源产品的实际使用为目标，而非简单的安装。加强房地产业与新能源汽车的深度融合。建筑不仅要充分满足各种交通工具的停靠和出入要求，也要满足新能源交通工具的电力需求，无论是商用、居住住在小区，还是工业园区都要合理安排新能源汽车充电设备。加强房地产业与环保产业的深入融合。要下大力开展垃圾分类，从教育、宣传、小区垃圾设备改造、分类垃圾车购置等多个方面逐步破除障碍，这将是一个较为漫长的过程，但对于改善小区环境、提高资源利用率有极大的帮助，同时也能够带动相关环保产业的发展。

参考文献

［1］Kang W. S. Housing Price Dynamics and Convergence in High – tech Metropolitan Economies［J］. The Quarterly Review of Economics and Finance, 2011, 51（3）: 283 – 291.

［2］Reed R, Pettit C. Understanding Change in Residential Property Markets: Mapping Residency of Employment Data［J］. Pacific Rim Property Research Journal, 2004, 10（3）: 353 – 374.

［3］Malpezzi S. Urban Regulation, the "New Economy" and Housing Prices［J］. Housing Policy Debate, 2002, 13（2）: 323 – 49.

［4］谷卿德, 石薇, 王洪卫. 产业结构对房地产价格影响的实证研究［J］. 商业研究, 2015（2）: 44 – 52.

［5］谷卿德, 石薇, 王洪卫. 房地产价格上涨对产业结构升级的影响探析——基于中国257个城市的实证研

究［J］. 现代管理科学，2015（2）：27 - 29 + 47.

　　［6］何东伟，胡晓鹏. 中国房地产业关联效应及波及效应研究——基于投入产出表的实证分析［J］. 产业经济评论，2015（2）：17 - 27.

　　［7］李畅. 房地产投资对制造业影响的实证研究［D］. 西南大学论文，2014.

　　［8］刘嘉毅，陶婷芳，夏鑫. 产业结构变迁与住宅价格关系实证研究——来自中国内地的经验分析［J］. 财

经研究，2014（3）：73 - 84.

　　［9］高波，陈健，邹琳华. 区域房价差异、劳动力流动与产业升级［J］. 经济研究，2012（1）：66 - 79.

　　［10］马子红. 基于成本视角的区际产业转移动因分析［J］. 财贸经济，2006（8）：46 - 50 + 97.

　　［11］范剑勇，邵挺. 房价水平、差异化产品区位分布与城市体系［J］. 经济研究，2011（2）：87 - 99.

The Action of Real Estate Market Regulation on Industrial Structure Optimization and Suggestions

DENG Zhou

Abstract：With a long industry chain, real estate has deep impacts on the investment, layout and upgrading of many other industries. Adjustment of real estate would benefit these industries in terms of rationalizing factor costs and capital structure, consuming and controlling over capacity, and escalating industrial upgrading, so as to promote industrial structure optimization. Based on analysis of the input - output table from 1995 to 2011, Chinese real estate industry is most related to financial industry, leasing industry and manufacturing industry such as electrical equipment, metal processing and chemical. For purpose of enhancing the positive functions of real estate market regulation on industrial structure adjustment and optimization, it's necessary to guarantee manufacturing land using and increase land use efficiency, make technological play an important role in real estate industry and market, implement a higher construction standards and reduce outdated capacity and over capacity, promote industry convergence of real estate and emerging industry.

Key words：Real Estate Industry；Industrial Structure Optimization；Industrial Upgrading；Industrial Correlation Effect；Backward Correlation；Forward Correlation；Factor Cost Structure；Input - output Analysis

市场化解产能过剩的原理与措施分析[*]

刘戒骄　王　振

摘　要：各方面普遍主张采用市场化办法化解中国产能过剩问题，但对市场化解产能过剩的原理和保障措施，特别是对市场化办法化解产能过剩要求的政策体系刻画不清晰。本文发掘梳理了经济学中有关产能过剩的概念、原理和分析，揭示了诱发实际产能偏离市场均衡的因素，分析了市场通过自身机制化解产能过剩并对产能进行调节的原理，提出了市场化解产能过剩的长效机制和保障措施。从微观经济学视角看，产能过剩是对市场均衡状态的一种偏离，而偏离市场均衡的原因在于市场制度缺失和政府的不当干预。强调用市场机制化解产能过剩，恢复和加强市场在供求调节中的决定性作用，由市场决定赢者和输者，不是否定政府化解过剩产能的制度保障作用。市场和政府都存在局限性，无论市场还是政府，都无法单独解决产能过剩问题。市场和政府在化解产能过剩方面不是替代关系，不是一个机制取代另一个机制，而是需要同时发挥两者各自作用，市场是调节产能实现供求均衡的决定者，政府应当为市场有效运行提供制度保障。市场化解产能过剩要求政府提供制度保障，构建一个使市场主体在边界清晰的有效约束和激励条件下自主决定进入和退出并进而调节产能的制度体系。本文的政策含义是，当前化解产能过剩的措施存在对市场管制和干预过多的问题。化解产能过剩最根本的不是出台多少具体措施，而是要改善政府作用，加强相关政策的约束性和激励性，重点改善政府在降低市场进入退出壁垒、竞争性配置不可移动生产要素和实现外部成本内部化等方面的作用，扭转地方政府以补贴和放松环境监管来保护本地企业的做法，为市场自主调节产能和实现产能供求均衡提供制度保障。

关键词：产能过剩；市场机制；政府作用；经济政策

一、问题的提出

产能过剩问题是中国经济发展亟待解决的顽症并引发广泛关注。严重和长期持续的产能过剩损害资源配置效率，减缓产业转型升级步伐，加剧经济平稳增长和发展的风险。中国政府近年来密集出台一系列政策来遏制并化解产能过剩。中共十八届三中全会明确提出"要建立化解产能过剩的长效机制"。《中共中央关于全面深化改革若干重大问题的决定》提出，强化节能节地节水、环境、技术、安全等市场准入标准，建立健全防范和化解产能过剩的长效机制。2015 年中央经济工作会议要求按照企业主体、政府推动、市场引导、依法处置的办法研究制定全面配套的政策体系。2016 年和 2017 年政府工作报告强调坚持市场倒逼、企业主体的方针，更多运用市场化法治化手段，严控新增产能并实现落后产能的有序退

---

* 本文发表在《经济管理》2017 年第 6 期。

刘戒骄，中国社会科学院工业经济研究所研究员，博士生导师；王振，中国社会科学院研究生院工业经济系。

出。2017 年中央经济工作会议要求继续推动钢铁、煤炭行业化解过剩产能，用市场、法治的办法做好产能严重过剩行业去产能工作。

不仅政府方面提出用市场化办法化解产能过剩问题，而且经济学研究文献普遍认同采用市场机制化解产能过剩的思路。一些文献（苗勃然，2016；韩文龙等，2016）发现单纯采用行政手段治理过剩产能难以奏效，从发挥市场作用角度对中国产能过剩原因和治理措施进行分析。黄群慧（2014）强调，2011 年以来的产能过剩不同以往，单纯的去产能或者等待经济复苏化解产能的方式已经不再有效，身处工业化后期的中国必须对经济体制和发展模式进行调整才能化解此轮产能过剩。一些文献（如杨正位，2016）强调促进市场准入与退出的便利、促进政府监管补位与退位。一些文献（尹明，2016）从解决政府干预失灵入手，提出解决中央政府与地方政府利益不一致和信息不对称问题，确保中央政府和地方政府共同实施积极的政策规制与影响。但是，现有研究关于市场化解产能过剩的文献主要集中在要素市场化配置、结构调整、投资审批制度改革和减少政府的不当干预等方面，重视揭示产能过剩产生的直接原因，缺乏对市场化解产能过剩内在机制的分析。上述文献多从问题分析入手直接给出相关措施，缺乏对市场化解产能过剩的原理及路径的清晰描述和论证研究。一些文献侧重从宏观角度进行分析，把当前中国产能过剩归因于企业的盲目做法和政府错误干涉行为下导致的市场失灵现象。林毅夫（2007）解释了发达国家顶多是很长时间里偶然出现一次的潮涌现象为什么在发展中国家可能频繁出现。他认为在发展中国家，企业所要投资的是技术成熟、产品市场已经存在、处于世界产业链内部的产业，因而发展中国家的企业很容易对哪一个产业是新的、有前景的产业产生共识，投资上容易出现潮涌现象。林毅夫等（2010）进一步分析了潮涌现象发生的微观机制，认为各企业只能在信息不完全的情况下投资设厂，引发由个体理性投资的潮涌现象，导致投资完成后可能出现产能过剩。但是，潮涌现象的形成及

其引发的产能过剩还需要从理论上进行解释。因为，即便在行业快速发展阶段，大量投资者进入该行业并出现所谓的潮涌现象，但此时影响投资者进入该行业的其他约束条件仍然可以约束企业的投资冲动。也有少数文献不正确地把政府和市场对立起来，片面强调市场作用，认为政府在化解产能方面只能发挥补充和协调作用，相对于市场作用而言政府起次要作用。从经济学视角看，产能过剩是对市场供求均衡状态的一种偏离，而偏离市场供求均衡的原因则在于市场之外的人为因素或者是政府导向的不利。因此，本文拟回答以下问题，并运用市场均衡和政府作用原理论证市场化解产能过剩的原理、长效机制和保障条件：经济学中有哪些概念、理论与化解产能过剩有关？为什么中国的产能过剩集中在垄断竞争行业？政府和市场在化解产能过剩方面是替代关系还是互补关系？市场化解产能过剩需要什么保障条件？

二、产能过剩的概念与判断标准

产能有技术和经济两方面含义。在技术方面，即工程方面，产能被定义为在劳动和其他产出不受限制等正常条件下，一定期间现有工厂和装备可以达到的最大产出。工程产能独立于市场需求，且与投入和产出价格以及其他经济条件无关。当产能接近工程最大值时，由于固定成本不变，企业面临很高的边际成本。在经济层面，也是资源配置层面，产能被定义为在价格和生产函数给定条件下，平均总成本最低时的产出（Hickman，1957）。与工程产能不同，经济产能考虑相关价格和其他影响最优生产的条件。在正常条件下，经济产能小于工程产能。经济分析一般使用经济产能。产能过剩程度通常采用产能利用率，即实际产量与产能的比率来表示。

从供求角度看，产能过剩是指某一行业生产能力超过市场需求形成的剩余生产能力，表现为实际产出低于潜在最优产出。此时，生产者的实际产出小于最优生产点对应的产出，企业平均生产成本高于最低平均生产成本，因此会造成一定

的生产能力闲置。过剩产能源于潜在供给量与需求量之间的差额。在完全竞争市场，均衡价格水平上供给量与需求量相等，不存在过剩产能。在垄断竞争市场，厂商具有利用产品差异把价格提高到高于边际成本的能力，潜在产能超过需求量，超过的部分为过剩产能。可见，由于价格高于边际成本，垄断竞争市场存在剩余生产能力，其含义是，如果由较少的厂商来生产，能更有效地生产同样的产出。

张伯伦（2013）在《垄断竞争理论》一书中，发现垄断竞争市场平均成本线高于边际成本线，导致均衡价格与供求相等的价格不一致，进而出现产能过剩。他明确指出，经济力量的均衡一直被错误地等同于需求和供给之间的均衡，只有在完全竞争市场中均衡价格才与供求相等的价格相同。Dan（1988）认为，产能利用率和过剩能力在一些时候反映的是同一样东西，即对资源的利用率，但两者还是有区别的。产能利用率是指实际产出与真实生产能力之间的关系，而过剩能力指的是实际产出与最优产出之间的差距。Lukas（2016）认为，生产过剩能力是描述生产能力高于当前产量的情况。生产过剩能力可以发生在企业层面、国家层面或者国际层面，用来表示生产能力与实际产出的差距。Erumban（2005）认为，产能利用率一直被广泛当作一种产业绩效指标，通常被定义为实际产出与潜在产能的比率，从而刻画了实际产出与产能之间的差距。虽然潜在产能是指在给定投入与技术条件不变的情况下的最大产出，并且在经济学家看来，这个潜在产能就是指经济学意义上的"最优产出"，但是并没有一致的测算方法。美联储认为产能利用率是指实际产出与产能的比率，但是也没有对产能进行定义（Matthew et al.，1989）。Cassel（1937）和 Hickman（1964）均认为这个潜在产能是短期平均总成本曲线的最低点。Nelson（1989）认为，产能是给定短期资本存量和固定要素投入下的潜在产出。产能过剩可以大致分为两种，一种是由于短期需求变动引起的，可以称为周期性产能过剩，另一种是由于过度供给造成的，可以称为结构性产能过剩（Lukas，2016）。

经济学和实务部门至今对产能过剩的衡量标准没有一个公认确定的说法。国际上，尤其是美国、日本等国家通常采用产能利用率来判断是否出现产能过剩以及衡量产能过剩的程度（史贞，2014）。欧美地区与中国香港地区通常用产能利用率或者设备利用率指标衡量是否存在产能过剩。美联储认为产能利用率达到85%以上则为产能充分利用，超过90%为产能不足，79%~83%为产能过剩。中国则大致将生产能力超出市场需求25%的行业定义为产能过剩行业（王兴艳，2007）。国外一些学者（如詹姆斯·克罗蒂，2013）提出，自20世纪70年代以后，全球范围内都面临着长期的产能过剩。从美国实际数据看，1972~2015年美国的总产业产能利用率平均值为80.0%，制造业产能利用率为78.5%，略低于总产能利用率。1988年和1989年美国产能利用率达到85.5%的高水平，比1972~2015年的平均水平高出5.5个百分点，比2015年高出10.1个百分点（见表1）。从企业角度看，产能利用率有一定剩余是合理的，因为面对不充分信息，企业难以准确预测市场需求，实际产能通常比真实需求偏高或偏低，以及时应对不可预见的市场需求增长。此外，过剩产能对在位企业是一种阻止进入的手段，对于潜在进入者是一种进入壁垒，产能过剩造成的资产闲置和投资回报率下降具有阻止潜在进入者进入市场的威胁。一般而言，15%~20%的剩余产能属于正常范围，超出该区间则反映产能短缺或过剩。合理的产能利用率可以提升并巩固市场的竞争性，增强企业忧患意识，使企业加快企业创新步伐，提高产品性能与技术更新。过低的产能利用率则会导致产能闲置，失业率提高，企业经营困难，而过高的产能利用率则代表产能的严重不足，阻碍经济增长与产业发展。可见，适度的产能剩余属于正常现象，过剩产能问题不宜过度夸大。中国水泥、钢铁、煤炭、有色金属、平板玻璃、光伏等多个行业产能持续出现30%至40%的产能剩余，已经超出了产能剩余的合理区间。

表1　美国产能利用率　　　　　　　　　　　　单位:%

产业	产能利用百分比						产能增长
	1972~2015 年平均	1988~1989 年高	1990~1991 年低	1994~1995 年高	2009 年低	2015 年	2016 年初始数据	2015 年 12 月~2016 年 12 月
总产业	80.0	85.5	78.8	85.0	66.7	75.4	75.5	0.4
制造业	78.5	85.6	77.3	84.6	63.8	75.2	74.8	0.8
采矿业	87.3	86.2	83.8	88.6	79.0	77.5	78.1	-3.5
公共事业	85.8	93.2	84.7	93.2	78.2	75.1	79.1	0.8
粗钢	86.3	87.6	84.5	90.1	77.0	77.4	77.8	-2.5
初级或半成品	80.6	86.5	78.1	87.8	63.8	75.3	75.4	1.0
成品	77.0	83.4	77.3	80.6	66.6	74.8	74.9	0.6

注：统计数据包括了美联储定义的美国工业部门的产出、产能和产能利用率，具体包括制造业、采矿业、电力和天然气公共事业。采矿业是北美产业分类体系（NAICS）门类 21 中的全部产业；电力和天然气公共事业是门类 2211 到 2212 中的全部产业；制造业包括 NAICS 中门的制造业（门类 31~33）再加上伐木业、造纸业、期刊、图书和目录出版业。

资料来源：美国联邦储备委员会数据库。

三、诱发实际产能偏离市场均衡的因素

从经济学原理上讲，产能规模受要素价格、市场需求和政府管制等多方面因素影响。市场外部因素可以扭曲市场作用，被外力扭曲的生产成本会使市场自然均衡点产生偏离。企业生产成本降低、技术水平提高、相关产品价格的提高以及生产对市场的乐观预期等因素，会使企业在相同价格下选择更大规模的投资，生产更多的产品，进而导致市场供给曲线整体向右移动。图1从供给曲线移动上对产能偏离均衡点的过程进行了描述。由于价格因素以外的因素，如外部性、偏弱的社会性管制、地方保护等均可能引起市场供给的增加，导致供给曲线 S 向右移动到 S_1，供给能力从 Q_1 移动到 Q_2，进而促使产能偏离市场均衡。图2进一步说明了企业成本向外转嫁导致的均衡偏离。由于外部负效应的存在（MEC 曲线），使社会成本（MSC）偏高，厂商的边际成本曲线（MC）整体偏低。此时企业会选择在 MC 曲线与需求曲线相交处来确定产能，造成均衡点的移动（$Q^* \rightarrow Q_1$）。由于向社会转嫁了部分成本，使企业均衡产量过大，形成了过剩的产能。

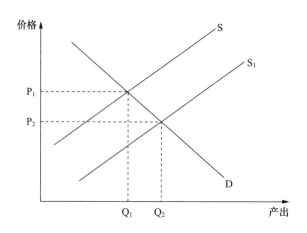

图1　产能偏离市场均衡

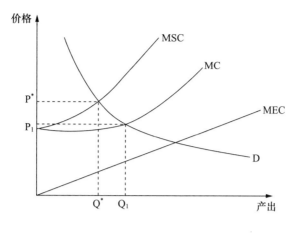

图2 外部性

（一）外部性

在现行财政和考核方式下，地方政府为谋求本辖区竞争优势，普遍采取措施吸引投资者在本地投资建厂，以增加本地税收和GDP，促进地方发展。地方政府的一些扶植保护措施刺激了地方经济增长，也等同于为企业承担了一定的成本。过度地给予企业政策性优惠会使企业向社会和当地政府转嫁过多成本，为产能过剩埋下隐患。在花样迭出的各类招商引资刺激政策中，最为常用的是低价供地、地方财政奖励和补贴、放松环境监管、加大融资支持等方面，有的甚至默许、纵容企业违法排污。从转嫁成本的角度来看，这些措施使当地企业以较低的成本获得土地与融资，使政府和社会替企业承担了部分成本，造成严重的外部负效应。在环境的隐形补贴方面，外部负效应最为明显。随着环境管制强度的弱化，企业可以减少治污费用，这会相应增加生产投资，从而导致企业产出水平的扩大。环境之所以成为地方政府可以竞相消耗的"公地"，企业能够在贡献地方税收和GDP的前提下获超标排污默许，基本原因是环保制度存在缺陷。虽然监管部门名义上执行独立的监督权，但一方面是由于地方监管部门、司法体系无法与地方行政彼此独立；另一方面是由于环境监管上下级机构的信息不对称，使地方环境监管部门往往会屈从于当地政府的放任要求。对污染环境的处罚力度也非常薄弱，大多数都是以罚款和停产整顿为核心的行政处罚，

不入刑法，这使违法成本很低，不构成对违法者的威慑。这些原因导致了越是经济欠发达地区越是容易用宽松的环境政策，对污染的纵容来吸引资本流入，这无疑加剧了环境污染并将企业的内部成本转移给了社会。中国地方政府的环境政策存在相互追逐式的竞争，环境政策的目的已经不是保护环境而是为了争夺流动性要素与土地资源（杨海生等，2008）。在信贷审批方面，资本市场与融资市场预算软约束使地方政府有能力帮助企业以低成本获取融资（余东华、吕逸楠，2015）。地方政府采取行政手段以及对地方金融的控制力来帮助企业以低成本获取信贷资本和金融租金，有时还会给予企业贷款担保和贴息政策来吸引投资。这种行为干扰了金融市场正常运行，破坏信贷市场有效性，使企业用较小的资本撬动大量社会资本为其服务并从中获取巨额利润。总的来看，无论是政府的保护措施、优惠政策或者是放任的监管状态，都会使企业向社会或政府转嫁部分风险与成本，这一方面会促进企业的过量生产，使供给曲线向右移动（见图1）；另一方面也会降低企业的生产经营成本，使均衡点向右移动到Q_1（见图2），企业忽视外部性成本而生产过量的产品。

（二）政府管制

改革开放以来，中国逐步走上了市场经济道路。政府为放开市场，维护市场有效性做出了不懈的努力。但是，由于市场经济体制有一个较长

期的完善过程以及中国社会主义初级阶段的性质，中国的市场经济体制还不成熟、不定型。在化解产能过剩方面，政策部门倾向于以市场失灵来解释产能过剩的成因，强调依靠政府干预调节产需关系。然而这种"预测、计划、制定措施"的调节模式往往是依靠政策部门自身对市场的理解展开的，可靠性差。政府部门往往偏向于对强势部门的需求做出积极回应，对弱势部门的需求考虑不够，并以项目审批、供地审批、强制性清除等行政手段治理产能过剩。这种以政府代替市场来调节产能的做法，很难制定一个符合经济规律和市场需求的过剩产能化解方案，容易导致对经济形势的误判，最终使政策部门做出不恰当的结论

并采取不得当的调节手段。例如，钢铁产业的发展中，政策部门一直在采用预测的方式来控制总量，以人为预测代替市场机制，而预测数据与实际情况有较大差距（李平等，2010）。实现的难点在于，总量控制指标需要分解落实到有关行政区和企业，实践上总量控制指标在地区和企业之间的分配普遍缺乏科学依据，经常是各相关方博弈的结果，力量较弱的地区和企业承担的减排量较大。这种缺乏科学依据的做法不仅不利于产能过剩的化解，反而会干扰市场机制对产能的自主调节，使市场调节产能的机制进一步失灵甚至使市场陷入越调越乱、越乱越调整的死循环，供求越来越偏离理性的均衡点。

表 2　部分去产能政策的措施与问题

文件号	文件名	去产能方面的部分措施	措施的主要问题
国发〔2006〕11 号	《国务院关于加快产能过剩行业结构调整的通知》	加快推进产能过剩行业结构调整，提高市场准入标准，淘汰落后产能。规定了落后产能的具体衡量标准，对不达标的产能进行兼并或淘汰	强调以规模大小来判断落后产能
发改工业〔2006〕1084 号	《关于钢铁工业控制总量、淘汰落后、加快结构调整的通知》	物价部门及水、电供应单位，对落后钢铁企业提高用水用电价格。严格控制钢铁工业新增产能，加快淘汰落后产能，支持创新鼓励联合重组，严把项目准入关	强调限制新增产能和提高集中度
发改运行〔2007〕933 号	《关于加快推进产业结构调整遏制高耗能行业再度盲目扩张的紧急通知》	提高行业准入门槛，对不符合国家产业政策、市场准入条件以及国家明令淘汰的各类高耗能行业建设项目，不提供授信支持	以产能高低和规模大小来测定落后产能
国发〔2009〕38 号	《关于抑制部分行业产能过剩和重复建设引导产业健康发展若干意见的通知》	对钢铁、水泥、平板玻璃、煤化工、多硅晶等多个行业进行了严控。如加快淘汰强度 335 兆帕以下热轧带肋钢筋，2011 年底前，坚决淘汰 400 立方米及以下高炉、30 吨及以下转炉和电炉。新项目水泥熟料烧成热耗要低于 105 公斤标煤/吨熟料，废气粉尘排放浓度小于 50 毫克/标准立方米等措施	政府难以准确制定合理的准入和淘汰落后产能的标准
工信部联原〔2009〕575 号	《关于抑制产能过剩和重复建设，引导水泥产业健康发展的意见的通知》	确保完成"十一五"期间淘汰落后水泥产能 2.5 亿吨的工作目标。水泥企业前 10 户集中度"十一五"末要达到 30%，前 50 户集中度要超过 50%	片面强调集中度，难以准确预测和淘汰落后产能
工信部原〔2009〕591 号	《关于抑制产能过剩和重复建设，引导平板玻璃行业健康发展的意见》	未来三年，通过支持企业技术改造、重组兼并来提升产业集中度，前十名企业市场集中度达到 70%	提高集中度但缺乏技术改造的衡量标准
国发〔2010〕7 号	《国务院关于进一步加强淘汰落后产能工作的通知》	淘汰落后产能，明确了多个重点行业去产能的具体目标	难以准确预测去产能总量，多以规模为淘汰产能的衡量标准

续表

文件号	文件名	去产能方面的部分措施	措施的主要问题
财企〔2010〕231 号	《中央财政关闭小企业专项补助资金管理办法》	关闭小企业补助资金的补助范围和重点每年由工业和信息化部会同财政部根据国家宏观经济调控目标及产业政策确定并适时予以调整	难以准确判断预测合理的关闭范围
工信部联产业〔2013〕16 号	《关于加快推进重点行业企业兼并重组的指导意见》	到 2015 年，前 10 家整车企业产业集中度达到 90%，形成 3 ~ 5 家具有核心竞争力的大型汽车企业集团；到 2015 年，前 10 家水泥企业产业集中度达到 35% 等	难以准确预测企业的合理规模和市场集中度
国发〔2013〕41 号	《国务院关于化解产能严重过剩矛盾的指导意见》	对钢铁、水泥等产能过剩产业提出了规模、集中度等要求，并以此来判断下一阶段去产能的标准。支持企业兼并重组，提高产业集中度	强调以规模和产能大小来判断落后产能
工信部规〔2016〕358 号	《钢铁工业调整升级规划（2016 ~ 2020 年）》	严禁新增钢铁产能，实现"十三五"期间粗钢产能净减少 1 亿 ~ 1.5 亿吨的目标；对不符合产业政策的 400 立方米及以下炼铁高炉、30 吨及以下炼钢转炉、30 吨及以下电炉等落后生产设备全面关停并拆除	强调以规模和产能大小来判断落后产能
国办发〔2016〕34 号	《国务院办公厅关于促进建材工业稳增长调结构增效益的指导意见》	对平板玻璃、水泥熟料进一步产能压缩产能。同时提高产业集中度，争取到 2020 年产量前十名企业的集中度达到 60% 左右	片面强调集中度

现行化解产能过剩主要实行中央政府及部门制定政策、中央和地方共同参与的做法，侧重采取强制性行政手段和法律手段来控制产能，缺乏激励性较强的经济措施。政府通过为相关产业和企业设定强制性标准和要求，提高新上项目准入和审批的门槛，通过淘汰落后产能和限制新产能准入缓解产能过剩。在准入规则设定中，政府倾向于以产出总量、集中度、生产装置规模、产量大小和技术水平为标准来判断企业的去留。政府出台的各种政策规则体现的往往也是扶大限小，保留高技术淘汰落后技术的原则。从表 2 的政策列表不难判断，现行的政府管制政策主要以企业投资规模和装置技术条件为标准决定目标企业应否被淘汰。按照新制度经济学理论，这种自上而下提出要求的做法属于强制性制度变迁，其弊端在于中央和地方的互动，不利于调动地方政府和市场主体的积极性与主动性，执行力主要来自中央政府的强制推动。在这种导向下，地方政府不愿意为控制产能而牺牲本辖区经济利益，具有变通甚至拖延、抵制执行中央政府政策的利益驱动，相关企业为了不被强制淘汰则会倾向于投资扩大

生产装置规模。在审批中设置较高的投资规模和产量标准会迫使企业在投资过程中倾向于采取更大的生产规模，这直接导致过剩产能的加剧。如图 1 所示，由于政府实行核准审批采用"放大限小"的规则，促使中小企业被迫扩大规模免被淘汰，而新申报的产能则必须提高规模和技术标准才能获得审批。这导致产能不降反增，供给曲线向右移动（S→S₁），产能从 Q₁ 增加到 Q₂，使偏离市场均衡点，造成产能过剩。再者，政府希望通过整合产能过剩行业，通过兼并收购的方式实现企业集中度的提高，从而提高产业技术实力，并避免行业的过度竞争带来产能过剩。然而在政策实行过程中，政府缺乏具体的实施规则和控制手段，也没有相应制定出配套的产能退出激励措施，只是片面强调市场集中度的提高，最终导致企业往往为了提高市场集中度而进行低效兼并重组。导致的最终结果是虽然提高了市场集中度，但产业生产效率没有得到提升，落后产能也没有得到淘汰。以规模和装备为标准的项目审批迫使企业扩大规模而忽视效率，政府的政策导向最终扭曲了企业投资行为，导致市场价格信号失灵，

也就导致了产能过剩迟迟不能化解，造成产能淘而不汰、边减边增、不减反增等现象。

（三）地方保护

地方政府与上文提到的中央政府和政策部门对产能过剩的主要影响是有区别的。中国中央政府和地方政府职权的划分，遵循在中央的统一领导下，充分发挥地方主动性、积极性的原则。国务院统一领导全国地方各级国家行政机关的工作，县级以上地方各级人民政府依照法律规定的权限管理本行政区域内事务。在经济发展方面，地方政府实际上担当相对独立的利益主体和博弈主体，并且拥有影响、支配甚至决定本地要素配置的权力。地方政府与本辖区企业的利益高度相关，中央与地方的经济利益在总体一致的框架下存在差异。这种既要服从全局也要维护自己局部利益的体制，使地方政府身兼调控主体与经济主体的双重身份，容易出现以地方保护为特征的道德风险问题，即"诸侯经济"现象，"法团化"趋势明显。具有"法团化"趋势的地方辖区，会尽可能多地争取外来投资、金融资源、上级补助等各类资源并将环境、经济稳定等问题均视为外部性问题（Qian etc.，1998）。再者，地方政府相对独立的自主发展权、产权制度的模糊以及预算软约束等客观因素不仅强化了地方政府干涉地方经济动机，还赋予了地方政府进行地方保护的操作空间。现行的生产导向的税收制度也使地方政府只关注企业是否生产而不是企业是否盈利，因为只要企业生产，无论企业是否盈利都会给地方政府带来可观的税收收入。例如，有研究发现无锡市2012年财政收入中营业税与增值税合计占40%，而所得税地方留存只占10%左右（国家发展研究中心课题组，2014）。中央政府一方面要求各地去产能、减投资，另一方面要求各地保持经济增长。在没有配套激励措施的情况下，现行GDP锦标赛式的考核制度容易使地方政府之间陷入去产能目标上的囚徒困境和争夺中央财政补贴、晋升机会的零和博弈。政治与经济双重的竞争又使得地方政府之间很难建立起有效的合作，而竞争空间巨大，这成为催生地方保护行为的土壤。为了追求GDP和税收，地方政府倾向于向规模大的企业提供保护性措施（如政府购买和补贴）。这种GDP导向型的发展模式以及相对自主发展的操作空间，严重削弱地方政府对盲目投资和重复建设的管控积极性，成为产能过剩的重要原因。地方政府为了吸引投资，采用保护性手段转嫁了原本应由本地企业承担的部分成本，并提高外来企业进入本地市场竞争的壁垒，为本地企业扩大生产提供投资便利条件。地方政府保护方便了企业成本向外转嫁，导致企业边际成本低于社会成本（见图2），均衡产出提高（$Q^* \rightarrow Q_1$）。地方保护性行为同样会吸引更多的外地厂商来本地投资建厂，诱发企业盲目投资和重复建设，导致供给曲线向右移动（见图1），供给从Q_1增长到Q_2，造成产能过剩。

以新能源汽车的补贴扶植政策为例，地方陆续出台的支持政策普遍含有大量的地方保护条款，使产业发展支持政策沦为地方政府之间彼此竞争、分割市场的工具。这些条款为本地企业提供了保护，提高了外地企业进入壁垒，本地企业开拓外地市场同样面临市场分割的阻碍，增加了企业通过技术创新和管理创新开拓市场的成本和障碍。表3列举了一些地方2015～2016年出台的新能源汽车补贴政策及地方保护措施。从补贴政策的地方保护倾向上看，当地政府往往要求企业在当地注册相关机构才可以申请或领取补贴。这些歧视性的地方保护条款使地方企业各自为政，割据发展模式阻碍全国统一市场的形成，妨碍市场的公平竞争，市场难以发挥及时淘汰落后产能的作用。当地企业对补贴的依赖也会降低企业创新能力，使企业在低技术水平上重复生产，难以培养出技术领导者，也难以扩大规模效应。同时，由于在本地享受优惠，这种保护性补贴也会削弱本地企业开拓外地市场的积极性，而外地汽车厂商则往往需要通过在当地建厂或者与当地厂商合作的才能进入当地市场，这又进一步加剧了整个行业的产能提高。

表3 2015～2016年新能源汽车补贴的地方保护问题

省份	文件号	文件名称	地方保护措施
北京市	京财经一〔2016〕521号	《北京市示范应用新能源小客车财政补助资金管理细则（修订）》	补贴资金只能兑付到本地注册的厂商或销售机构，非本地企业只能在本地注册建厂或者委托本地机构带领
北京市	京财经一〔2016〕522号	《关于推广应用纯电动客车财政补助政策（修订）的通知》	补贴资金只能兑付到本地注册的厂商或销售机构，非本地企业只能在本地注册建厂或者委托本地机构代领
江苏省	苏财工贸〔2016〕13号	《2016年江苏省新能源汽车推广应用省级财政补贴实施细则》	购车者注册地和使用范围仅限于江苏省
江苏省	苏财工贸〔2015〕19号	《2015江苏省新能源汽车推广应用省级财政补贴实施细则》	省级财政资金奖励的对象为省内新能源汽车生产企业
江苏省苏州市	苏府办〔2015〕210号	《市政府办公室关于转发苏州市新能源汽车推广应用市级财政补贴实施细则补充规定的通知》	补贴对象为在苏州市范围内工商注册的新能源汽车生产企业；外地新能源汽车生产企业进入苏州地区销售实施备案制
江西省九江市	九江市财政局、市科技局联合下发	《九江市新能源汽车推广应用市级财政补贴实施细则》	补贴对象只针对九江市注册的公共服务领域消费者和在九江市注册的销售机构购买新能源汽车的个人消费者
四川省成都市	成经信办〔2015〕80号	《成都市新能源汽车市级补贴实施细则（暂行）》	外地生产厂商需要在本地注册或委托本地经销商接收补贴
辽宁省沈阳市	沈证办发〔2015〕72号	《沈阳市新能源汽车推广应用财政补助资金管理办法》	补贴对象是本地注册的法人组织。外地企业需在本地注册，才能接收补贴资金

四、市场化解产能过剩的原理与过程

（一）市场化解产能过剩的原理

经济学没有专门研究产能过剩问题的理论，但市场均衡及经济体从不均衡状态向均衡状态的转化、长期成本和短期成本、市场运行需要政府保障等理论可以用于解释产能过剩问题。市场均衡理论认为，在均衡状态，交易的每一方都必须获得最大效用，每一种商品的总需求必须等于总供给。均衡意味着经济主体利益的最大化。市场均衡具有克服阻力趋向稳定的内在动力，像钟摆沿着它的最低点来回摇摆一样，一旦偏离均衡状态市场有自我恢复的倾向。如果产能扩大到市场均衡规模以上，经济系统会产生一种力量，促使产能恢复到均衡位置。

1. 古典自由主义学派关于市场自动调节供求和产能的理论

古典经济学对经济力量自然运作产生的结果

持赞成态度，他们提出生产成本价值理论，认为独立于人的意志的自然法则支配经济体的运行，主张市场能够找到稀缺资源的最优配置方法，借助市场主体的自主选择，经济体能够最有效率地运行。这个思想暗含着经济体的自然运转过程，能够解决产能过剩问题。古典自由主义经济理论的主要代表人亚当·斯密在《国民财富的性质和原因的研究》中明确反对重商主义中政府的干预行为和政策，他认为市场会围绕自然价格来调节供需，从而商品的上市量会与有效需求自然匹配。当供给大于有效需求时，则生产要素的供给价格必然会产生变化，这些变化会使生产者减少生产要素投入。当有效需求大于供给，某些生产要素的价格必然下降，生产者会投入更多生产要素。于是，市场上供给量就会不断地自动与有效需求匹配。亚当·斯密推崇自由放任的经济政策，他认为过多地介入经济活动对于政府来说是不必要的，政府的角色是充当维护经济运行的"守夜人"，经济管理行为最少的政府才是好政府。然而值得注意的是，亚当·斯密并没有完全否定政府对经济的作用，但政府的职能则仅限于保护社会独立，维护社会的公平公正，为经济运行提供环境保障等方面（斯密，1974）。李嘉图认为，自由经济可以使个人利益与社会利益相统一，能够使经济不断发展，而政府干预会干扰经济的正常运行。他反对国家干预市场，认为市场机制能够自动使供求达到均衡。在市场机制自发调解下，不会出现产能过剩。"一个人从事生产时，只能自己消费或者其他人去消费，因此他不可能总生产没有需求的产品"。国家要做的就是避免一切干预（李嘉图，2009）。萨伊（1963）同样推崇自由经济，强调政府在保证经济活动自由进行的基础上，要减少国家干预。他认为交易的本质就是商品与商品之间的交换，供给本身就会创造需求，一种产品过剩是因为其他产品生产过少。如果对生产不加干涉，一种生产很少会超过其他生产，产能过剩就不会出现。"由于过度利润一定会刺激有关货物的生产，因此，除非存在某些激烈的手段，除非发生某些特殊事件，如政治变动或自然灾害，或除非政府当局愚昧无知或贪得无厌，否则一种产品供给不足而另一种产品充斥过剩的现象绝不会永久继续存在。这种政治毛病一经消除，生产手段自然会感受上述刺激流向空虚的方面去"。应该说，古典自由主义学派关于市场自动条件产能的理论，只是一种在严格条件下的假说。这种自由竞争的市场从来没有实际存在过。

2. 新古典经济学派关于市场均衡和调节产能的理论

新古典经济学派重视需求分析，进而能够把古典经济学派的供给分析与需求分析加以综合，并采用边际的概念，以均衡价格为核心来分析经济状态，强调供求、价格、生产三者的联系。新古典经济学中的均衡一词来源于力学，按马歇尔的解释，就是兴衰力量之间的均衡（马歇尔，1964），犹如处在一个盘子里的若干圆球静止的均势。其基本观点是，供给只是给定的商品存量，需求才是能动的因素。如果经济系统出现了产能过剩，产品或服务价格就会下降，结果即便提供

少量的购买力也足以将市场出清，减少过剩产能。只要调整价格就可以创造出足够的需求，进而推动市场供给从当前水平趋向供求均衡。因此，新古典经济学认为产能短缺或者过剩都是暂时的，当需求价格大于供给价格时，则生产会增加，导致产能扩张。同样，当需求价格小于供给价格时，则生产会减少，导致产能减少。最终结果是市场均衡价格就是供求均衡的价格，也就是说，市场会自动调节供求达到均衡状态，竞争性市场不可能出现长期的产能过剩。新古典经济学区分了短期和长期均衡。短期中，企业成本由固定成本和可变成本构成，企业总收入必须能够补偿所有可变成本。此时，如果总收入高于总可变成本但低于总成本，企业处于亏损状态，由于不变成本的存在无法削减产能。长期中，要素供给均可以改变，长期均衡下的完全竞争市场，企业的总收入必须能够补偿生产中发生的全部成本，所有要素均获得边际产品价值。过剩产能可随企业调整投入和市场需求增长而自行化解。所以，完全竞争市场是资源被充分利用没有资源浪费的均衡市场（马歇尔，1964）。从马歇尔的局部均衡到瓦尔拉的一般均衡再到帕累托均衡，都强调自由公平的市场环境对有效配置资源有促进作用，认为资源的优化配置是通过市场均衡来实现的，任何竞争性均衡都是整个社会的资源配置最优状态，即帕累托最优状态。也就是说，在自由竞争的市场结构中，市场可以自动调节供求和产能，不需要政府来干预经济运行。产能过剩的存在一定意味着市场没有达到长期均衡状态，包括经济体向长期均衡的新位置移动的非均衡过渡。

3. 凯恩斯主义与新凯恩斯主义关于政府保障市场运行的理论

20世纪30年代的大萧条使自由主义经济学说陷入了困境，以凯恩斯为代表的政府干预学说开始崭露头角。凯恩斯否定萨伊定律，提出有效需求的概念，指出有效需求的不足是导致失业和经济危机的原因。在经济政策方面，凯恩斯否定自由主义的经济理念，推崇国家干预经济，主张采取扩张性财政政策刺激消费与投资。凯恩斯之

所以倡导国家干预，是因为其认为市场机制本身存在缺陷，而这种缺陷导致市场有效需求不足，只有政府的积极干预才能使经济体系达到或接近充分运转。所以，为了使市场机制能够发挥作用，凯恩斯提出政府必须肩负起调节需求的职能，只有这样才能使"看不见的手"发挥作用。20 世纪70 年代，以萨缪尔森为首的新凯恩斯主义提出市场协调失灵理论。这种观点认为经济体是不稳定的，市场这只"看不见的手"并非像新古典理论表明的那样充分起作用，单个经济主体所拥有的薄弱的市场力无法协调经济系统的行为。当市场处于失灵状态时，必须有政府来治理市场失灵才能保证市场正常运行，政府在保障市场运行中扮演着有限却关键的角色。

综上所述，无论是自由主义经济学派还是政府干预学派都没有否定市场机制的作用，而是强调市场机制对促进发展和实现均衡的重要性。他们共同的观点是，市场经济体制有自我纠正产能的机制，可以保持产能与需求的基本均衡，但产能随需求和就业的波动而波动，一定程度的产能过剩不可避免。两者的主要区别在于自由主义经济学派认为市场可以在不加干预的情况下自动调节经济，即市场会围绕自然价格来调节供需，从而商品的上市量会与有效需求自然匹配（斯密，1974）。政府干预学派则强调政府行为在纠正和保障市场作用中的作用，认为在市场机制存在缺陷时，通过政府干预矫正市场运行偏差，才能实现最优。所以在解决产能过剩问题上，无论是哪一种学派都强调市场的作用。归根结底，现代市场制度并不是自发产生的自然现象，而是被政府这只"看得见的手"创造和维持的复杂制度。只有发挥市场配置资源调节产能的决定性作用和政府保障并积极促进市场机制发挥作用，才能有效化解产能过剩问题。

（二）市场化解产能过剩的过程

经济学遵循理性人假设，认为市场上活动的主体都是理性的。理性的经济主体在追求自己利益的过程中每个厂商都会客观上增进社会利益，最终每个厂商都在利润最大化的点进行生产，并

使整个市场达到均衡。从理论上说，产能过剩行业多出现在垄断竞争市场。当市场中的企业以自己利润最大化为目标进行生产时，完全竞争市场中每一种商品的总需求一定等于总供给，不会出现产能过剩或短缺。垄断竞争市场均衡时只会出现轻微的产能过剩，这种产能过剩对鼓励竞争和经济发展是有促进作用的。

1. 完全竞争市场均衡及避免产能过剩

传统经济学家认为，市场过渡期会出现产能过剩现象。他们认为完全竞争的市场可以自行调节供求，最终形成产能的最优选择，不会出现产能过剩。同时，传统经济学家认为，当市场条件改变时并引起市场一方改变交易预期，而市场中其他方还没有来得及对这种市场条件变化做出反应时，会出现一个短暂的过渡期，在此期间会出现产能过剩。但市场很快会自我纠正，使产能恢复平衡。政府在此期间的干涉不仅无用而且有害（Madden，1999）。也就是说，完全竞争市场自身调节可以保证市场不会出现长期的产能过剩。这是对市场极端情况的一种假设，现实中少有完全竞争市场，我们可以通过图形来解释完全竞争市场自我调节产能的过程。如图 3 所示，市场中每个企业都会在利润最大化点（MC = MR）处进行生产。场内全部厂商的边际成本与边际收益决定了行业的边际成本与边际收益，最终形成市场价格（p^*），所以当 p^* 大于某个企业 ATC 时，企业利润为正，该企业就会在 q^* 点处生产。但是正的利润空间会吸引行业外的竞争者入场，使利润空间逐渐减小，直至需求曲线下移相切平均成本曲线为止（Kamien et al.，1972）。随着新的企业的不断入场，市场供给会增加，市场价格 p^* 会不断地减小。此时，当企业发现市场价格 p^* 下降到小于最小 ATC（ATC 曲线的最低点），但 p^* 大于最小AVC 时（AVC 曲线最低点），继续生产会比退出生产更有益可图，因为继续生产带来的收益能弥补一部分固定资产带来的成本。但是当 p^* 小于最小 AVC 时（AVC 曲线最低点），企业就会退出生产，因为继续生产只能带来更多的亏损。所以从长期来看，A 点就是长期均衡点。如果市场是有

效的，完全竞争市场中的每家厂商都会以这样的标准来指导生产，市场机制能自我调节供求关系，让低效企业退出，高效企业进入，从而使整个市场的供求达到平衡，效率达到最优。所以完全竞争市场能自我调节供求，最终均衡状态一定是供求平衡，不会产生产能过剩。

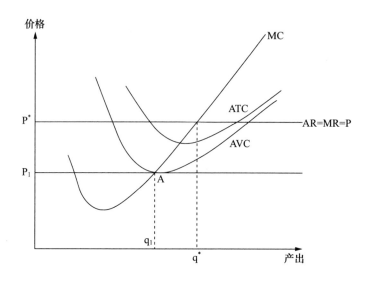

图3　完全竞争市场均衡

2. 垄断竞争市场均衡及将过剩产能控制在合理程度

在不完全竞争市场中，由于企业面对一条向下倾斜的需求曲线，所以在长期中企业的产出会小于最低成本点的产出，因此产生产能过剩（Dan，1988）。从图4可以看出，在长期中，由于垄断竞争厂商面对的需求曲线向下倾斜，所以当垄断竞争厂商达到均衡状态时，与LAC曲线的切点始终在LAC曲线最低点的左侧，此时对应的价格和产量为 Q_1 和 P_1。由于 Q_2 代表长期中垄断竞争厂商的最大产能，且 Q_2 大于 Q_1，所以在垄断竞争市场长期中，会存在产能过剩。有学者认为（Harrod，1952；Hick，1954）这种产能过剩，实际中可能表现为垄断竞争企业的生产保有能力，认为由于垄断竞争市场中产品的分化，根据产品、地域和顾客的相似程度的区别，特定企业面对的竞争者威胁程度是不同的。同理，新进入者对行业内不同企业的威胁程度也不同。新进入者对那些没有生产保留能力的场内企业影响较大，这使企业在选择工厂生产规模时，对潜在进入者的威胁纳入考虑范围并预留生产能力，同时，场内企业也无法合理选择竞争者进入后的最优产能，所以新企业进入后的市场产能可能过剩（Harrod，1952；Hicks，1954；Hahn，1955）。这种理性投资达到产能过剩的目的在于提高进入壁垒，为潜在进入者制造可信的进入威胁（Spence，1977；Dixit，1979；Schmalensee，1981）。从图4中还可以明显看出，虽然垄断竞争时的产量比完全竞争时的产量低，但是成本却比完全竞争市场的要高。当边际成本不变或随产量增加而下降时，厂商数量过多。每一家新增厂商都需要支付一个固定成本，对社会而言意味着固定成本浪费。换句话说，垄断竞争市场中，厂商在用较高的成本生产较低数量的商品，存在对生产资源的浪费，资源配置没有达到最优，没有达到帕累托效率。不完全竞争市场将会导致生产设备利用率低于在企业平均成本最低点的利用率（Kamien et al.，1972）。从短期看，厂商的成本也高于SAC的最低点，这表示厂商没有充分利用现有生产规模，造成浪费。因此，无论从短期还是长期来看，垄断竞争厂商和垄断竞争市场均会带来实际产量低于实际产能的情况，也就是我们所说的产能过剩。

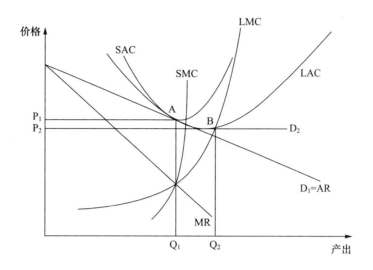

图4 完全竞争市场均衡与垄断竞争市场均衡对比

需要说明的是，正常情况下，垄断竞争市场虽然会带来产能过剩，但仅仅是因为垄断竞争的市场结构不会带来像中国目前那么严重的产能过剩。这是因为垄断竞争厂商对价格的控制力来源于产品差异，市场仍然可以自由进入与退出。市场中厂商数量充足且竞争激烈，单个厂商的垄断势力很弱，没有控制力，市场需求曲线通常弹性很大，所以均衡时的产量偏离完全竞争时的产量的程度较小，即垄断竞争市场的实际产量不会偏离实际产能太多，所以不会对经济造成过多负面影响。现有厂商也可能随时调整自己的生产能力，当进入壁垒较低时，需求增加带来的短期获利性增加会导致新企业进入并产生过剩产能。但实际上，需求的增加会导致现有企业的销售量发生不同程度的改变，现有企业会根据各自的销售量的改变来调整自己的生产能力，因此，增加的市场需求会刺激一些企业显著提高产能，而另一些企业可能提高少量产能或者不提高产能，从而使产业总体的产能增加近似于正常的需求的增加（Esposito，1974）。另外，垄断竞争能够实现产品多样化，促进市场繁荣。所以综合来讲，垄断竞争市场是有效率的市场。

3. 竞争性市场实现产能均衡的长效性

在市场经济体制下，政府与市场都具有调节产能的功能，但其性质和作用方式不同。政府是一个集中决策、层级管理的组织体系，而市场是一个分散决策、自由竞争的组织体系。企业之间的竞争使产品在某一成本下被生产出来，该成本能够补偿各种生产要素的机会成本。如果某个行业或某种产品实现的收益率低于正常利润率，只要能够补偿总可变成本，短期内企业会继续维持产能不变，但从长期看，厂商就会退出该行业，转向能够获得正常利润的其他行业，推动该行业或产品实现的收益率提高到正常收益率水平。可见，市场机制能够通过反映环境资源稀缺程度的价格信号和优胜劣汰的竞争机制，消除资源环境利用方式不合理和企业内部效率低下引起的生态代价和社会成本问题，淘汰过剩产能，间接实现产能均衡。政府通过法律、制度和补偿机制，根据自己的偏好指定需要淘汰的产能，直接调节产能。由于市场体制在解决资源和环境问题方面具有滞后性和局限性，竞争和淘汰落后的过程需要较长的时间，并造成不可逆和难以挽回的损失。政府的角色要从传统的直接管制和直接干预向主要通过制定市场规则、为产业发展提供完善的制度环境、提高市场运行效率转变。

在对竞争性市场机制自动调节供求原理分析的基础上，表4列出了市场机制调节产能与依靠政府干预调节产能的区别。在政府干预调节市场均衡的方式中，政府难免要对经济进行分析和预测，这就要付出更多的成本，即使在付出大量成本之后并且假定政府能准确预测出供求关系，那么政府干预的结果也要依靠其制定手段的合理性和可执行性。而且政府干预的方式使市场均衡的效果不具有稳定性，它直接取决于每次决策的外部环境。而且从预期效果上看，政府过度干预经济很可能扰乱经济运行，甚至有加剧产能过剩的可能。相比之下，市场调节供求的成本非常低，不需要人为预测市场并制定干预措施。但是，市场并不是完美地发挥作用，市场和政府在化解产能过剩方面不是相互替代关系，而是需要相互配合。市场化解产能过剩需要政府创造条件，消除外部性引起的生态代价和社会成本，实现资源和环境的合理分配与有效利用。只要保证市场机制有效发挥作用的条件，市场就可以长期自动地调节供求达到均衡。政府化解产能过剩也需要尽可能采取引导性手段。总体来看，无论从产能振动幅度、动力、淘汰次序还是成本、效果的角度看，市场化解产能过剩都是优于政府干预，市场机制调节市场供求的优势非常明显。

表4　市场机制与行政手段化解产能过剩的比较

	市场化解产能过剩	行政手段化解产能过剩
目标	供求平衡，避免严重和持续的产能过剩	供求平衡，解决特定行业严重的产能过剩
振动幅度	市场自动调整，连续微调，产能振幅小	政府措施强制淘汰，非连续调整，产能振幅大
适用领域	不严重的产能过剩，体制性、供给侧因素导致的产能过剩	周期性、需求侧因素导致的严重产能过剩，外部性等致使市场偏离均衡导致的产能过剩
动力	源于企业内在逐利动力和外部竞争压力，内在激励和主动性强	源于中央政府通过产业政策、行政规定以及对执行政策者的强制要求，由具有增长偏好的地方政府实施，缺乏内在激励和主动性
淘汰次序	外部约束健全条件下，市场自动选择淘汰次序，落后产能因为不符合监管要求和缺乏市场竞争力率先被淘汰，落后程度越高的越先被淘汰	政府根据相关政策和标准选择淘汰次序，确定淘汰对象，不符合标准产能的均被列入淘汰之列
手段	根据外部约束和市场竞争，企业自主决定减少或扩大产能，主要依靠企业自主投资、决策等选择性手段	政府根据相关政策和判断、偏好，采取压缩产能、总量控制以及限制准入、限制要素供给、从严把握项目审批、淘汰落后装置等强制性手段，从外部给企业施加压力或强制性要求，迫使企业减少产能
效果	可以形成产能的自我抑制机制，有利于避免严重和持续的产能过剩，可以持续和不断地调节产能因而不会频繁出现严重的过剩，长期效果好，但对于已经出现的严重产能过剩短期难以见效，具体效果取决于外部约束和政府监管是否到位	严重的产能过剩可能得到短期和较快的纠正，但不能自我抑制，产能边压边增，被淘汰的产能容易死灰复燃，甚至陷入越控制总量、投资越踊跃、产能越过剩的恶性循环，政府预测和选择经常与市场实际需求有偏差

五、市场化解产能过剩的保障措施

　　产能过剩的制度原因在于市场体制不能合理约束和激励市场主体，企业产能决策受到被扭曲的信息和预期的影响，进而导致其决策偏离市场均衡。化解产能过剩就是要遏制市场对均衡状态的偏离，根本上依靠市场决定性作用和市场主体的主导地位，在持续维护市场有效性的基础上实现产能经常性和自主性调节。但是，政府政策和管制也是市场制度的内在组成部分，离开政府政策和管制市场不能有效发挥作用。强调用市场机制化解产能过剩，并不是否定政府的积极作用，而是要减少行政措施与市场机制的冲突，解决好政府干预不当和监管缺位的问题。政府政策不当也会造成市场的缺陷。如果这些政策不能被去除，那么政府应采取措施去创造一个"次优"的产能水平（Madden，1999）。在化解产能过剩方面，政府的职责是为市场主体设定行为边界和约束条件，为各类市场主体创造公平竞争环境并解决好稀缺要素配置和负外部性问题，更注重采取激励性强的经济手段调控产能。具体职责包括降低进入退出壁垒、竞争性配置不可移动要素和使环境污染等外部性内部化。市场和政府在化解产能过剩方面不是替代关系，不是一个机制取代另一个机制，而是需要同时发挥两者各自作用，共同配合化解产能过剩。依靠市场机制化解产能过剩，既要改革和革除政府的不当管制，也要建立和加强促进公平竞争的制度。

（一）深化投资体制改革，降低市场进入退出壁垒

企业顺畅地进入和退出是市场机制得以发挥作用的一个重要基础。在许多产能严重过剩行业，投资项目审批制为企业进入市场设置了障碍，成功获得审批进入的企业舍不得退出市场，本应该退出市场的一些企业即使持续亏损也不愿意主动退出市场，这说明以控制准入为目的的审批制又具有损害市场退出机制的效果。化解产能过剩必须建立宽进严管的市场准入管理体制，继续缩减核准制、扩大备案制，着力解决市场准入审批妨碍市场主体自由进出行业、抑制市场活力的问题。在市场准入方面，革除总量控制措施以及以此为基础的投资审批制度，减少和放宽市场准入的前置审批，重点从能源资源、环境保护和安全生产等方面加强事中事后监管。摒弃地方政府的"父爱情结"，放手让市场去优胜劣汰，支持有效率的重组与破产。要改变以往采用行政手段淘汰落后产能的工作方式，将企业的能耗和环保评价标准与税费征收相结合，对环保评级耗能不达标的企业实行梯度征收水电费等方法倒逼低效产能退出市场。在此基础上，消除隐性进入壁垒，清除各类歧视性准入政策，使各类资本和企业享有平等的准入条件，形成优胜劣汰的竞争局面，将进入或退出市场的决策权交给市场主体。尤其在准入核准与审批方面，要改变政府直接干预和直接

决定被淘汰企业的做法，而是明确企业需要达到的能耗标准、资源利用效率、环境污染和安全生产等方面的最低标准。达到要求的企业可以参与市场竞争，通过市场竞争来决定哪些企业应该被淘汰。

（二）改革地方生产要素配置方式，竞争性配置不可移动要素

所谓不可移动生产要素通常是指土地和矿产等存在于特定区域内且不可做物理移动的生产要素，也包括一定程度上由地方政府掌控的贷款、担保和招商引资政策。在现代市场经济条件下，政府和市场都具有资源配置的功能。市场是"看不见的手"，在资源配置中发挥决定性作用，而政府则是"看得见的手"，在履行政策制定和市场监管的同时，还掌控一些稀缺要素主要是不可移动要素的直接配置权力。解决不可移动要素配置扭曲诱发的产能过剩，必须革除地方政府对本地产能的不当保护，减弱地方政府对地方资源如土地、矿产、信贷支持等不可移动生产要素的控制力，纠正现有体制下地方政府对资源的行政化配置，实现要素在公开市场的竞争性配置。为此，一方面要构建科学的地方政府考核体系，弱化政府行政化配置不可移动要素的动机，另一方面要从制度上弱化地方政府对本地生产要素的垄断和控制，明确土地、矿产等不可移动要素产权，通过各类市场主体公平竞争优化要素配置，使市场机制在不可移动要素配置中发挥决定性作用。

土地配置方面，要深化土地市场改革，强化市场配置土地资源的主导地位，规范并约束地方政府征地行为。完善土地使用权市场建设，使土地使用权的转移完全通过市场来完成，土地拍卖要公开透明，减少暗箱操作机会。金融体制改革方面，要对金融市场尤其是国家和地方商业银行信贷体系要进行市场化改革，在保证国家宏观经济健康发展的前提下减少政府对商业银行授信的影响。金融方面，要完善金融市场的市场化改革，充分确立银行的信贷主体地位，全面推行存款和贷款利率的市场化并硬化银行预算约束，鼓励银

行之间从竞争中追逐利益，从而达到提高资本利用效率、优化资本流向的目的。国家可以通过对银行准备金的条款以及建立完善的信贷风险预警体制和信用管理体系来对银行进行宏观监管，严格禁止银行对产能过剩行业进行授信。在矿产资源方面，要完善市场配置起决定性作用的矿业权出让制度。国土资源部门在制定矿产资源规划、设置探矿权方案时，要充分考虑地方的经济发展需要和环境保护要求。通过定向调控的手段，如暂停审批矿业权、最低开采规模或调整资源税等方法提高矿产资源配置的合理性。

（三）理顺补贴功能和转变补贴对象，遏制补贴对公平竞争的损害

从经济理论看，补贴只是对经济制度缺陷的一种微调整，不提倡大范围的保护性补贴政策。大范围的补贴不仅增加政府财政负担，而且容易导致企业寻补行为，也不利于培养企业通过市场竞争求发展的意识。改革补贴机制，首先要做的是政府退位，弱化补贴对经济的影响力度，避免地方政府把补贴作为地方保护的手段，还原市场竞争的主导作用。改革现行补贴政策重点是理顺补贴功能和转变补贴对象。在补贴的功能上进行分类对待。对于旨在促进产业发展，扩大生产规模的补贴要逐步减少，严格控制。对于旨在激励企业研发核心技术，产品技术更新的补贴则要不断增加。鼓励创新与技术更新改造，奖励开发新产品，研发新技术，并促进行业研发过程的程序化。增加对产能过剩企业节能减排、技术改造等方面的财政补贴，推动研发费用税前加计扣除的落实，采用以间接优惠为主导的税收优惠方式，充分调动企业开展研发活动的热情。转变补贴对象，应该大幅度减少对生产者的补贴，增加直接对消费者的补贴。补贴对象要从生产者转向消费者，可以降低潜在投资者的投资热情，减少企业寻补行为，避免企业把获得补贴作为不公平竞争的手段。增加对消费者的直接补贴可以拉动需求和刺激消费，并通过消费者选择促进企业之间的公平竞争。两者结合具有显著的去库存、降产能的效果。

（四）严格环境管制和管控好管制强度，有效解决环境成本外部化问题

解决产能过剩问题，必须处理好经济发展与环境保护之间相互联系和互为因果的关系，形成政府和市场相结合的环境保护机制，不断强化经济发展中的环境保护力度，严格控制资源的需求和消耗，把经济发展的负面影响控制在环境承载能力之内。政府对经济主体的管制不能停留在价格、市场准入等经济性管制上，而应加强安全、健康等社会性管制，使企业在进行产能决策时充分考虑外部性和风险因素。重点提高产能过剩行业的环保准入标准，通过高标准环保要求淘汰落后产能，严格禁止不达标企业进入行业和市场。区域产业规划中强化环评的地位，要以区域环境的承载能力为基础进行优化布局重大项目。严格实施项目建设验收与环评验收同时进行，对不达标不予验收，限期整改。强化日常环境监管，严厉查处违规运行企业，监管与问责落实到人。中央政府还要从国家层面营造环境保护的良好氛围，宣传树立环境和谐、绿色发展理念，提升国民环境保护意识。探索由中央政府垂直管理地方环保部门的人事权和经费，减少因地方政府对环保部门的干预而降低环境管制强度。中央和省级政府加大对环境监管部门的经费保障，使其摆脱对地方政府的依赖，使环保部门能独立公正地履行职责。对地方政府的考核要加强环境保护和污染治理的要求，以此增强地方政府对环境保护工作的积极性，更好地遏制地方政府将辖区企业环境成本外部化的倾向。此外，还要探索控制性管制和激励性管制相结合的环境管制方式。控制性管制是外部给企业行为施加的特定数值的约束，企业决策只有落在一个或几个点上才能符合约束要求，企业必须通过自身调整行为达到约束要求。激励性管制是外部给企业施加的约束落在一个尽可能大的空间范围，允许企业通过自身调整或通过市场交易达到约束要求。前者限制了企业决策的选择空间，不利于发挥企业的自主激励作用，往往达不到管制目的。后者赋予企业决策的自主选择权，有利于发挥企业的自主激励作用，容易达到

管制目的。采取激励性手段解决环境成本外部化问题，可以根据庇古税和科斯定理的思想，对边际私人成本小于边际社会成本的环境行为征税或罚款，对边际私人收益小于边际社会收益的环境行为进行补贴，同时通过污染排放权的明确分配和交易解决环境污染的外部性问题，进而实现化解产能的目的。

参考文献

[1] Cassel J M. Excess Capacity and Monopolistic Competition [J]. Quarterly Journal of Economics, 1937, 51 (3): 426 - 443.

[2] Dan D. Excess Capacity in U. S. Agriculture: An Economic Approach to Measurement [J]. Agricultural Economic Report, 1988 (2).

[3] Dixit, A Model of Duopoly Suggesting a Theory of Entry Barriers [J]. Bell Journal of Economics, 1979, 10 (1): 20 - 32.

[4] Erumban A A. Economic Reforms and Industrial Performance: An Analysis of Economic Capacity Utilization in Indian Manufacturing [Z]. Centre for Development Studies Trivendrum Working Papers, 2005, 4 (2): 197 - 207.

[5] Esposito F F, EsopsitoL. Excess Capacity and Market Structure [J]. The Review of Economics and Statistics, 1974, 56 (2): 188 - 194.

[6] Hahn F H. Excess Capacity and Imperfect Competition [J]. Oxford Economic Papers, 1955, 7 (3): 229 - 240.

[7] Harrod R F. Theory of Imperfect Competition Revised [M]. Economic Essays, 1952.

[8] Hickman B G. Capacity, Capacity Utilization, and the Acceleration Principle, in Problems of Capital Formation, Volume 19 of Studies in Income and Wealth [M]. Princeton: Princeton University Press, 1957.

[9] Hickman B G. On a New Method of Capacity Estimation [J]. Journal of American Statistical Association, 1964, 59 (306): 529 - 549.

[10] Hicks J R. The Process of Imperfect Competition [J]. Oxford Economic Papers, 1954, 6 (1): 41 - 54.

[11] Kamien M I, Schwartz N L. Uncertain Entry and Excess Capacity [J]. The American Economic Review, 1972, 62 (5): 918 - 927.

[12] Lukas B. Overcapacity in Steel: China's Role in a Global Problem [R]. Duke University, 2016.

[13] Matthew D, Shapiro, Robert J, Gordon and Lawrence H. Assessing the Federal Reserve's Measures of Capacity and Utilization [C]. Brookings Papers on Economic Activity, 1989 (1): 181 - 241.

[14] Madden C W. Excess Capacity: Markets, Regulation, and Values [J]. Health Services Research, 1999 (2).

[15] Nelson R A. On the Measurement of Capacity Utilization [J]. Journal of Industrial Economics, 1989, 37 (3): 273 - 286.

[16] Qian Y, Roland G. Federalism and the Soft Budget Constrain [J]. The American Economic Review, 1998, 88 (5): 1143 - 1162.

[17] Schmalensee R. Economies of Scale and Barriers to Entry [J]. Journal of Political Economy, 1981, 89 (6): 1228 - 1238.

[18] Spence A M. Entry, Capacity Investment and Oligopolistic Pricing [J]. Bell Journal of Economics, 1977, 8 (2): 534 - 544.

[19] [英] 大卫·李嘉图. 政治经济学及赋税原理 [M]. 丰俊功译. 北京: 光明日报出版社, 2009.

[20] 国家发展研究中心课题组. 张军扩, 赵昌文. 当前中国产能过剩问题分析——政策、理论、案例 [M]. 北京: 清华大学出版社, 2014.

[21] 韩文龙, 黄城, 谢璐. 诱导性投资、被迫式竞争与产能过剩 [J]. 社会科学研究, 2016 (4).

[22] 黄群慧. "新常态"、工业化后期与工业增长新动力 [J]. 中国工业经济, 2014 (10).

[23] 李平, 江飞涛, 王宏伟. 重点产业调整振兴规划评价与政策取向探讨 [J]. 宏观经济研究, 2010 (10).

[24] 林毅夫, 巫和懋, 邢亦青. "潮涌现象"与产能过剩的形成机制 [J]. 经济研究, 2010 (10).

[25] 林毅夫. 潮涌现象与发展中国家宏观经济理论的重新构建 [J]. 经济研究, 2007 (1).

[26] [英] 马歇尔. 经济学原理 [M]. 陈良璧译. 北京: 商务印书馆, 1964.

[27] 苗勃然. 基于政府与市场关系的产能过剩分析 [J]. 中国物价, 2016 (11).

［28］［法］萨伊. 政治经济学概论 ［M］. 北京：商务印书馆，1963.

［29］史贞. 产量过剩治理的国际经验及对中国的启示 ［J］. 经济体制改革，2014（4）.

［30］王兴艳. 产能过剩评价指标体系研究初探 ［J］. 技术经济与管理研究，2007（4）.

［31］［英］亚当·斯密. 国民财富的性质和原因的研究 ［M］. 郭大力，王亚南译. 北京：商务印书馆，1974.

［32］杨海生，陈少陵，周永章. 地方政府竞争与环境政策——来自中国省份数据的证据 ［J］. 南方经济，2008（6）.

［33］杨正位. 应对产能过剩应增强战略思维和市场眼光 ［N］. 中国经济报，2016－07－28.

［34］尹明. 政府干预失灵诱发产能过剩与治理研究——以我国汽车产业为例 ［J］. 当代经济研究，2016（3）.

［35］余东华，吕逸楠. 政府不当干预与战略性新兴产业产能过剩——以中国光伏产业为例 ［J］. 中国工业经济，2015（10）.

［36］［美］詹姆斯·克罗蒂. 为什么全球市场会遭受长期的产能过剩？——来自凯恩斯、熊彼特和马克思的视角 ［J］. 当代经济研究，2013（1）.

［37］［美］张伯伦. 垄断竞争理论 ［M］. 周文译. 北京：华夏出版社，2013.

Research on the Market Mechanism of Solving China's Overcapacity

LIU Jiejiao，WANG Zhen

Abstract：Various aspects widely advocated for market – oriented way to solving the overcapacity problem in China, but not clearly clarify the principle and safeguard measures by which the market deals with the overcapacity, especially the policy system needed which can be used to solve overcapacity problem by market. This paper collects the concept, principle and analysis about overcapacity in economics, reveals the factors which induce the actual capacity deviation from market equilibrium, analyzes the basic principle of solving overcapacity by the market mechanism itself, and puts forward a long – term mechanism and the safeguard measures of solving overcapacity by market mechanism. From a microeconomic perspective, overcapacity is a kind of market equilibrium deviation, and the reason for the deviation is the improper intervention from the government. Emphasis on using market mechanisms to deal with overcapacity, restoring and strengthening the decisive effect of market mechanisms in the market supply and demand, and that the winners and losers should be closed by market, dose not deny the government institutional guarantee function for dealing with overcapacity. Both the government and the market have limitations, no matter the market or the government can not solve the overcapacity problems alone. The effect of market and government in dealing with overcapacity are not substitute relationship in which a mechanism replaces the other one, but a relationship in which they should work together at the same time. The market should play the decisive role, and the government should provide institutional guarantee for the efficient operation of the market. Dealing with overcapacity requires the government to provide institutional guarantee, builds a institutional system in which the main market players can decide to enter or exit the market under a clear and effective boundary condition of stimulation and restriction system. The policy implication of the paper is that there are too many problems about market regulation and intervention in the current measures of dealing with overcapacity. Primarily, dealing with overcapacity does not lie in how many specific measures introduced, but in improving the government function, strengthening the stimulation and restriction of the policies, making the government function in reducing market entry and exit barriers as well as in allocating immovable elements and internalization of the external costs, and also lie in reducing the local government subsidies and relaxed environmental regulation to protect local enterprises and providing institutional guarantee for the market adjusting capacity itself and realizing the production equilibrium of supply and demand.

Key words: Overcapacity; Market Mechanism; Government Role; Economic Policy

中国经济"脱实向虚"的影响、成因及对策[*]

——基于国际比较视角的分析

李鹏飞　孙建波

摘　要： 近年来，在制造业等实体经济竞争力提升遇到瓶颈的背景下，金融业竞争不足与货币存量快速增长使金融服务业快速扩张，其在国内生产总值中的比重急剧提升。从国际比较的角度判断，中国经济增长已过早进入"脱实向虚"阶段。虚拟经济部门过度发展对实体经济形成了明显的"挤出效应"。在虚拟经济部门高速增长时期，实体经济部门从金融业获得的资金支持越来越少。促进中国步入实体经济转型升级有序展开、虚拟经济服务保障有力的"虚实结合"良性增长轨道，一方面要以打破上游产业垄断、促进创新发展为抓手，推动实体经济加快实现内涵式增长；另一方面，要牢牢把握金融服务实体经济的本质要求，牵住金融监管体制机制完善这个"牛鼻子"，切实加强金融体系对实体经济的支撑作用。

关键词： 实体经济；虚拟经济；脱实向虚；挤出效应；金融监管

一、中国经济"脱虚向实"的表现及影响

（一）中国经济增长已过早进入"脱实向虚"阶段

实体经济是由物质产品生产部门及服务提供部门构成的，是经济长期健康增长的基础。虚拟经济是与实体经济相对应的概念，一般是指相对独立于实体经济之外的广义金融服务业，主要包括银行业、证券业、保险业和房地产业（张晓林、朱太辉，2014）。随着专业化分工的逐步深化，生产迂回程度越来越高，于是，以降低交易成本、提高资源配置效率、分散和管理风险为主要功能的金融服务业，会在促进实体经济成长的同时获得自身的发展。因此，金融发展被视为现代经济发展的前提，金融服务业或虚拟经济在国民经济中地位的提升通常也被视为经济结构优化的一大表现。

尽管中国金融业的国际竞争力还比较弱，房地产业也存在诸多结构性问题，但从金融业和房地产业占国内生产总值（GDP）的比重看，当前中国经济增长已提前进入"脱实向虚"阶段。图1给出了1992～2016年，中国、美国、德国、英国和日本五大经济体的金融业及房地产业占GDP的比重。2005年以前，中国金融业和房地产业占GDP的比重一直低于10%。不过，从2006年开始，由金融业和房地产业构成的中国虚拟经济部门高速增长，其GDP占比也快速提升。尽管受国际金融危机的影响，2008年及2010年和

＊ 本文发表在《郑州大学学报》（哲学社会科学版）2017年第7期。

李鹏飞，中国社会科学院工业经济研究所研究员；孙建波，中国银河证券股份有限公司首席策略分析师，应用经济学博士后。

2011 年，虚拟经济的 GDP 占比回落至 10% 以下。当 2012 年以来，中国金融业和房地产业的 GDP 占比又进入增长通道，并在 2015 年达到 19.3%。从国际比较的角度看，1947 年以来，美国金融业和房地产及租赁业占 GDP 比重的最高值是 2016 年的 20.6%；1990 年以来，英国金融业和房地产占 GDP 比重的最高值是 2015 年的 20.19%；1991 年以来，德国金融业和房地产占 GDP 比重的最高值是 2009 年的 16.8%；1955 年以来，日本金融业和房地产占 GDP 比重的最高值是 2009 年的 19.54%。美国和英国是金融业竞争力最强的发达国家，其部分城市的房地产需求来自全球富豪，在此背景下，它们虚拟

经济部门的 GDP 占比也只是略高于 20%。德国和日本作为全球制造业强国，它们虚拟经济部门的 GDP 占比一直低于 20%；特别是日本，即使在房地产泡沫最疯狂的 20 世纪 80 年代中后期到 90 年代初，其虚拟经济占 GDP 的比重并没有超过 18%。另外，从美国和日本的长时间序列数据看，它们的虚拟经济在 GDP 中的比重，是逐步提高的。与这些发达经济体相比，中国的金融业和房地产业在短短几年内，其 GDP 占比就翻倍了，并且在 2015 年已超过德国，接近美国、英国和日本的历史最高水平。尽管中国虚拟经济的 GDP 占比在 2016 年有所下降，但仍然高达 14.9%。

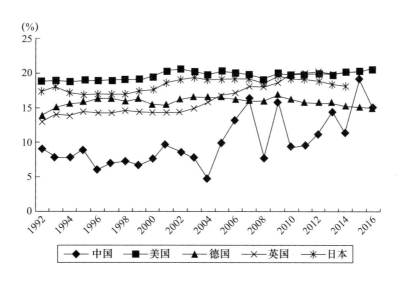

图 1　中国、美国、英国、德国、日本的金融业和房地产业占 GDP 比重

资料来源：中国国家统计局、美国经济分析局、日本内阁府、英国统计局、欧盟统计局。

考虑到虚拟经济特别是金融业的发展，本质上应该是由整体经济增长所驱动的。因此，可以对比美国、日本等发达国家在同等人均 GDP 水平下的虚拟经济占比，来判断中国经济增长是否过早进入了"脱实向虚"阶段。以世界银行发布的各国1960～2015年的 2010 年不变价美元 GDP 数据及人口数据为基础，2015 年，按 2010 年不变价美元计算的中国人均 GDP 为 6498 美元；而1960 年，按 2010 年不变价美元计算的美国和日本的人均 GDP 分别是 8608 美元、17037 美元。也就是说，按 2010 年不变价美元计算，中国 2015

年的人均 GDP 仅相当于 1960 年日本的 76%、美国的 38%。然而，1960 年，美国和日本的金融业和房地产业占 GDP 的比重分别只有 14.2%、11.7%。基于此，即使在金融业本身变得越来越复杂的背景下，仍然可以认为，中国经济的确过早进入了"脱实向虚"阶段。或者说，在当前经济增长水平下，由金融业和房地产业构成的中国虚拟经济部门发展过度了。

（二）虚拟经济部门过度发展对实体经济形成了明显的"挤出效应"

"过犹不及"，国际货币基金组织（IMF）和

国际清算银行（BIS）新近的一些研究表明，以金融自由化和金融开放为主要内容的金融发展，并不是总能促进经济增长，而是存在倒 U 形效应（Inverted U–shaped Effect）（Eaccheti & Kharroasi，2012）。当金融体系的发展过于领先实体经济时，金融服务业就可能会刺激或迫使实体经济主体过度负载，甚至会为偿付能力不足的实体经济主体提供融资，其结果一方面使金融体系变得更加脆弱，另一方面也错误地配置了实体经济的资源。毕竟，资金不能全部凭空从金融体系中冒出来，它更多是实体经济部门价值创造的结果。此外，金融服务业进入过度发展阶段后，就会与实体经济争夺资源，与实体经济之间的互补关系就会向替代关系转变，对实体经济部门产生明显的"挤出效应"（Cecchi & Kharroubi，2015）。从新增人民币贷款中非金融性公司及其他部门占比的变化情况看，在虚拟经济部门高速增长的这些年里，实体经济部门从金融业获得的资金支持越来越少。2004 年以来，非金融性公司及其他部门新增人民币贷款占比进入了震荡下行通道。尽管在 2005 年和 2008 年，实体经济部门的新增贷款占比曾逆势上扬至 85%，但整体趋势是持续下跌。2016 年，非金融性公司及其他部门新增人民币贷款占比跌至 48.22%，此为 13 年来最低值（见图2）。换言之，2016 年超过一半的新增贷款并没有进入实体经济，而是在虚拟经济部门"空转"。与中国形成鲜明对比的是，根据德意志联邦银行公布的数据，1991 年以来，在德国新增贷款中，扣除金融机构和保险公司、房地产企业的占比，流入实体经济部门的贷款比重最高达 85.21%（1991 年），最低也有 74.45%（2016 年）；而且，德国实体经济部门的贷款占比尽管呈缓慢下降态势，但没有大幅波动，最大降幅出现在 2009 年，较 2008 年降低了 3.81 个百分点。由此可见，德国这样高度重视制造业等实体经济部门发展的发达国家，其虚拟经济部门不会与实体经济抢资金。

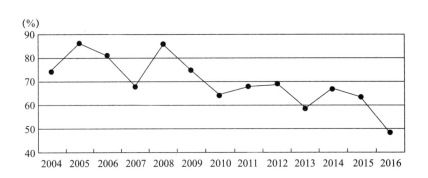

图 2　新增人民币贷款中非金融性公司及其他部门的占比（2004～2016 年）

资料来源：中国人民银行。

二、造成中国经济"脱实向虚"的主要原因

（一）实体经济竞争力提升出现瓶颈是经济"脱实向虚"的根本原因

近年来，受低水平重复建设等因素影响，在中国经济增长步入新常态后，传统产业发展面临巨大困难。许多企业陷入贫困化增长的低水平均衡陷阱而不能自拔（唐维维，2008）。主要表现是，资源和市场"两头在外""大进大出"，过度依赖外向型经济；由于产能大而又缺乏相应的核心竞争力，精于中间加工环节的中小企业缺乏应对上游原材料价格变动和下游自建营销网络的能力，从而受到上下游两端的挤压，利润微薄、增产不增效，生产规模的扩张不仅无法带来规模经济效应，甚至使企业因为市场竞争压力而"进退两难"，陷入更为被动的境地。另外，在创新体制尚待完善、技术积累相对薄弱的条件下，新兴

产业知识产权掌握和产业化能力明显不足。尽管经过多年积累，我国与新兴产业相关的技术创新活动逐渐活跃，专利产出数量步入快速增长阶段，但与发达国家相比，我国在新兴产业知识产权掌握和产业化能力方面仍然存在较大差距。以新能源汽车为例，对该产业专利的全球申请人进行统计分析可以发现，新能源汽车领域专利的主要申请人都来自日本、美国、德国和韩国的企业（见表1），而在排名前20位企业中没有一家中国企业，可见中国新能源汽车领域的研发实力还有待提高。

表1　新能源汽车产业全球专利申请量排名前20的申请人及其申请量　　　　　单位：项

排名	申请人	申请量	排名	申请人	申请量
1	丰田（TOYT）	19518	11	丰田自动织机（TOYX）	2185
2	日产（NSMO）	7074	12	LG（GLDS）	2033
3	本田（HOND）	5828	13	三洋（SAOL）	2009
4	电装（NPDE）	5694	14	三星（SMSU）	2008
5	现代（HYMR）	4431	15	福特（FORD）	1907
6	松下（MATU）	3791	16	日立（HITA）	1894
7	博世（BOSC）	3616	17	爱信艾达（AISW）	1570
8	通用（GENK）	2802	18	矢崎总业（YAZA）	1560
9	戴姆勒（DAIM）	2411	19	东芝（TOKE）	1463
10	住友电装（SUME）	2268	20	三菱（MITQ）	1375

注：专利数据截至2015年11月3日。

资料来源：国家知识产权局规划发展司《专利统计简报》2016年第15期。

自身新旧动能转换不畅，同时又受到来自发达国家创新步伐加快、新兴产业群体性推进与发展中国家低成本竞争的双重挤压，中国实体经济的生产率稳定向上增长的态势被逆转。以实体经济中最重要的部门——制造业为例，随着中国制造业技术水平逐步接近行业前沿，制造业生产率增长趋势开始变得模糊。进入21世纪后，中国制造业劳动生产率年增长率在2002年达到15.22%的高点后持续下滑，2004年甚至出现了负增长，此后虽然有所反弹，但一直都呈现上下振荡的状态，并没有构建起稳定向上增长的趋势。尤其需要引起注意的是，近年来，中国制造业生产率增速有落后其他发展中国家的趋势。以印度为例，在2004年之前相当长的一段时间内，其制造业劳动生产率增速几乎一直低于中国。但自2004年开始，印度制造业生产率在大部分年份都高于中国。除2007年和2008年之外，在其他年份印度制造业生产率增速最少比我国高3.32个百分点，而且

其向上增长的趋势十分明显（见图3）。尽管由于此前中国制造业劳动生产率长期以更高速度增长积累了一定的生产率优势，但在制造业工资更快增长、生产率更慢增长的情况下，相对于其他发展中国家，中国制造业相对生产率的优势会被不断蚕食。当实体经济部门的生产率增长趋势被逆转，实体经济部门的产品和服务在国际市场的竞争力就难以持续提升，这时，以追逐利益为天职的资本，必然就会抽身而去。因此，生产率持续增长的态势不稳，这是中国实体经济特别是制造业发展面临的重大挑战，更是近些年中国经济增长"脱实向虚"的根本原因。

（二）金融业竞争不足导致利润率高企是经济"脱实向虚"的重要诱因

长期以来，中国金融业发展是受到严格监管的，这在一定程度上导致在过去很长一段时期内，中国呈现出典型的金融压抑的特征。近年来，出于缓解金融压抑的初心，同时在发达国家普遍放

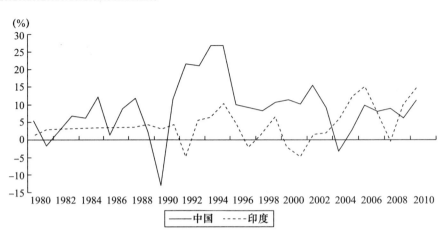

图3　中国与印度的制造业劳动生产率增速比较

注：中印两国制造业劳动生产率均以2005年不变美元价格计算的制造业增加值除以制造业就业人数得到。

资料来源：Groningen Growth and Development Centre 10 Sector Database.

松金融监管大潮的裹挟下，中国金融创新层出不穷，金融监管有时显得投鼠忌器。由于金融监管能力无法跟上金融创新的步伐，金融资源错误配置问题变得更加严重。中国银行业金融机构的信贷和非信贷融资规模快速增长，而银行业监管在如何既让市场在资源配置中发挥决定性作用，又更好地发挥政府作用等方面，存在不少亟待完善的问题。例如，对银行业金融机构的监管过多采用存贷比考核等行政性手段；常规性监管过度关注信贷资源投向，对信贷资金的投向及其服务成效少有检查评估；对各类改头换面的同业业务，缺乏严格的监管手段。在金融业或者说虚拟经济部门，监管与创新之间的"猫鼠游戏"是永恒的主题。当金融监管环境相对宽松时，金融业获得大发展实现大繁荣是常态。然而，中国金融业在监管环境相对宽松状态下获得的超额利润率实在引人注目。根据中国银监会公布的《2016年银行业运行情况快报》，2016年中国银行业实现净利润16490亿元，平均资本利润率13.38%。美国联邦存款保险公司（FDIC）公布的数据显示，2016年，美国银行业净利润为1713亿美元（按2016年美元兑人民币年平均汇率6.6423计算，约为11378亿元），当年第四季度平均资本利润率为9.34%。换言之，美国银行业的净利润不及中国同行的七成，平均资本利润率比中国同行低两成。

中国银行业盈利能力远超美国同行，这其中固然有国内银行业机构效率改进的因素，也有银行业在中国金融体系中起主导地位的有利条件，但更重要的原因是，国内金融业竞争还不够充分。以银行业金融机构为例，根据《中国银行业监督管理委员会2015年报》，截至2015年底，中国银行业金融机构共有4262家法人机构，从业人员380万人。而美国联邦存款保险公司（FDIC）的数据显示，在2015年第四季度，加入联邦存款保险体系的银行业金融结构就有6182家，另外还有3947家未加入联邦存款保险体系但接受联邦存款保险公司监管的银行业金融机构，总计10129家。也就是说，单纯从数量上看，美国银行业金融机构是中国的2.38倍。这还是2008年国际金融危机使得美国银行业金融机构数量大幅减少后的情况，在1990年，加入联邦存款保险体系的银行业金融机构数量高达15158家。理论和实践都表明，银行业金融机构数量更多时，会促使它们相互之间展开更激烈的市场竞争。当市场竞争是比较充分的时候，即使在放松金融监管的阶段，金融市场上不同主体之间的竞争，也会使金融创新的超额利润率难以持久。金融业等虚拟经济部门不能持久获得超额利润率的一个结果，就是实体经济部门能够以更低的成本获得资金。中国银行业金融机构数量偏少的直接影响，就是它们相互之间的竞争不够激烈。在此背景下，金融监管一旦没有及时跟上，表外业务扩张等规避监管的行为就会给银行带来持续的超额回报，进而导致金融机构之间的同业业务急剧膨胀，这会诱使大量资金滞留在金融业。资金长期在虚拟经济部门内不断循环，一方面使虚拟经济部门过度膨胀，增加金融风险隐患；另一方面也使实体经济部门的诸多主体不得不为争夺有限的资金而竞相抬价，从而推高实体经济的资金成本。

（三）货币存量快速增长是经济"脱实向虚"的前提条件

近年来，中国货币存量快速增长，中国已从一个货币化程度偏低的国家（易纲，2003）迅速转变为高货币化率的国家。2006 年，中国货币和准货币（M2）为 34.56 万亿元，是当年 GDP 的 1.58 倍；到 2015 年，中国的 M2 已增长至 139.23 万亿元，是 2006 年的 4.03 倍，年复合增长率高达 16.75%，并且当年 M2 与 GDP 之比已上升至 2.02 倍。与中国 M2 的高速增长情形相比，美国货币存量的变化显得波澜不惊，其 M2 与 GDP 的比例也一直停留在相对较低水平。2006 年，美国

M2 与 GDP 之比为 0.74，2014 年这一比例提高至 0.90，不及中国的一半。另外，在中国 M2/GDP 不断上升期间，货币（M1）与 GDP 之比基本保持稳定。2006 年，中国的 M1/GDP 为 0.574，2015 年小幅上升至 0.582（见图 4）。也就是说，最近这些年中国货币和准货币（M2）高速扩张的主要驱动机制，是大量货币流向可以实现更高收益的准货币领域，表面上看起来泛滥的流动性很大一部分并没有进入实体经济领域，而是在不断转化为准货币后在虚拟经济部门持续流转。金融市场上显得有些泛滥的流动性，使部分银行业金融机构通过做大规模来增加盈利的动机，有了得以实现的有利条件。其中，一些银行业金融机构为了克服自身经营网点不足、资金量较小的缺点，利用流动性充盈的条件，大肆发展同业业务。2016 年，全国 167 家银行的同业往来资产总计 5.14 万亿元，是 2006 年 0.59 万亿元的 8.7 倍。银行业同业往来等"虚拟"业务的急剧扩张在一定程度上会导致信用膨胀，进而会带来杠杆率居高不下和系统性金融风险不断积累等严重问题。

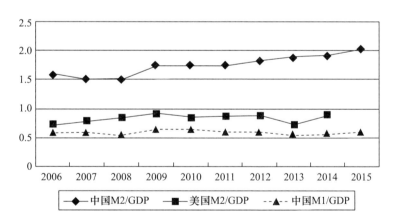

图 4　中国的 M1/GDP、M2/GDP 及美国 M2/GDP

资料来源：国家统计局、世界银行。

三、促进经济增长步入"虚实结合"良性轨道的对策建议

中国经济增长"脱实向虚"的现象，既集中体现了经济新常态下制造业等实体经济部门转型升级乏力等突出问题，更暴露出金融监管能力建

设滞后等深层次问题。因此，促进中国步入实体经济转型升级有序展开、虚拟经济服务保障有力的"虚实结合"良性增长轨道，要按照十八届三中全会关于全面深化改革的精神，一方面，要以打破上游产业垄断、促进创新发展为抓手（李鹏飞，2012），推动实体经济加快实现内涵式增长；另一方面，要牢牢把握金融服务实体经济的本质

要求，牵住金融监管体制机制完善这个"牛鼻子"，切实加强金融体系对实体经济的支撑作用（张杰、金岳，2016）。

（一）打破上游垄断，促进实体经济各行业实现均衡发展

一段时间以来，中国实体经济内部各行业"苦乐不均"，行业间发展的不平衡、不协调，既有上游资源型、基础性行业竞争性不够的原因，又有下游的许多制造业行业过度竞争、产能严重过剩的问题。基于此，促进实体经济内部各行业实现均衡发展，要进一步完善市场准入标准，使其真正变得公开透明；进一步推动"放管服"改革，彻底打破各种进入壁垒；完善和落实促进民间投资增速回稳向好的各项政策措施，积极鼓励民间资本进入资源型、基础性行业，提高实体经济上游行业的竞争水平。另外，对于过度竞争、产能过剩的下游行业，要坚定不移深入推进供给侧结构性改革，通过淘汰落后产能、兼并重组等手段，促进产业集中度适度提升，在实现规模经济效益的同时，增强其对上游资源型、基础性行业的谈判能力，为其降低能源资源等基础性要素成本打好产业组织基础。

（二）加快推进制造业全面创新，打破制约实体经济竞争力提升的瓶颈

针对当前中国制造业创新发展中面临的共性技术供给不足的突出问题，以完善产业技术创新平台和创新基础设施为重点，加强中国先进制造业科技与产业化基础设施建设，研究建设国家先进制造业研究中心，加快推动高效能运算、工程数据库等方面的科技基础设施建设。同时，要积极优化制造业产业组织和生态系统。一方面，要加强国内企业在战略性新兴产业领域的技术合作，对于处于摸索阶段、具有较大技术差距的技术，加快联合攻关，对于已经具备技术基础的领域，把握机遇，加快推进工程化和产业化；另一方面，要推进新一轮企业划型，推出更加适应高技术创业和高技术小微企业要求的全生命周期技术扶持项目，政策资源配置的重点逐渐由大企业向高技术小微企业转变（黄群慧等，2015）。

（三）高度重视实体经济和虚拟经济融合发展的顶层设计，切实加强金融体系对实体经济的支撑作用

在统筹考虑实体经济部门和虚拟经济部门的产业特征、发展条件和增长空间等因素的基础上，加强宏观引导和协调，促进两大部门协调有序、持续健康发展。牢牢把握金融服务实体经济的本质要求，着力完善金融监管体制机制，加快形成房地产市场稳定发展的长效机制，确保资金主要投向实体经济，有效满足其资金需求。在宏观审慎的原则下，进一步完善金融监管规则，特别是要加强对银行业非信贷融资业务的分类管理。从银行业在金融体系中占主导地位这个实际出发，突出重点，积极优化银行业金融机构监管手段，通过引导银行业金融机构加强信贷管理有效性评价、提高流动性风险管理水平等途径，促进银行业金融机构加快转变发展方式，切实提升服务实体经济的水平。

参考文献

［1］张晓朴，朱太辉. 金融体系与实体经济关系的反思［J］. 国际金融研究，2014（3）.

［2］Cecchetti, S., E. Kharroubi. Reassessingthe Impact of Finance on Growth［R］. BIS Working Paper No. 381, 2012.

［3］Cecchetti, S., E. Kharroubi. Why Does Financial Sector Growth Crowd Out Real Economic Growth?［R］. BIS Working Paper No. 490, 2015.

［4］唐维维. 中国传统产业的"贫困化增长"［J］. 重庆工学院院报（社会科学版），2008（10）.

［5］易纲. 中国的货币化进程［M］. 北京：商务印书馆，2003.

［6］李鹏飞. 实体经济发展面临的困境和应对措施［J］. 领导之友，2012（4）.

［7］张杰，金岳. 供给侧结构性改革下中国经济新动力形成机制、障碍与突破途径——基于生产率形成的逻辑视角［J］. 郑州大学学报（哲学社会科学版），2016（6）.

［8］黄群慧，贺俊等. "十三五"中国制造业发展战略及对策研究［R］. 中国社会科学院工业经济研究所内部报告，2015.

On the Influence, Causes and Countermeasures of "off Real to Virtual" in China's Economy

LI Pengfei, SUN Jianbo

Abstract: In recent years, there are bottlenecks for improving competitiveness of real economy, such as manufacturing, and lacking of competition in financial sectors and rapid growth of money stock have rapidly expanded financial service sectors. Then, their share in gross domestic product has increased dramatically. China's economic growth has entered prematurely "off Real to Virtual" stage from international comparison perspective. The over – development of the virtual economic sector has a clear "crowding out" effect on the real economy. During rapid growth of the virtual economy sector, the real economy sector has obtained less and less financial support from financial sectors. For promoting China to enter a benign growth track with "virtual – reality combination", which is the real economy advances its transformation and upgrading orderly and virtual economy can strongly support the former, on the one hand, it is needed to break upstream industries' monopoly and to promote innovation – orientated development, for promoting the real economy to speed up the realization of the intensive growth; on the other hand, it must be emphasized that financial sectors should provide efficient services to the real economy, and the support of financial system to the real economy can be realized by improving financial regulation system.

Key words: Real Economy; Virtual Economy; Off Real to Virtual; Crowding Out Effect; Financial Regulation

专题二

经济转型与产业布局优化

京津冀协同发展的空间演进历程：
基于环境规制视角[*]

史 丹 马丽梅

摘 要： 利用京津冀地区北京、天津及河北 11 个城市的数据，基于环境规制视角，对京津冀协同发展的空间演进特征进行研究。1949~2014 年，京津冀地区的发展历经 5 个阶段，自 2005 年起，京津冀进入合作探索阶段，而根据空间相关性分析发现，京津冀地区环境规制直至 2010 年才呈现显著的空间正相关，协同性才开始显现。京津冀的中心呈现出明显的示范效应，存在"逐顶竞争"的可能，空间效应作用明显。而京津冀的外围则呈现"逐底竞争"趋势。进一步地，基于空间杜宾模型的实证研究发现，由于污染溢出效应的存在，湮没了环境规制严格区的规制收益，本地环境规制的提高并不能起到环境质量改进的作用，而邻近地区整体环境规制的提升才能使本地的环境质量得到改善。因此，实现京津冀地区环境质量的改善需要增强空间关联，进一步打破行政分割深化区域协同是区域环境规制整体提升的重要环节。

关键词： 京津冀协同发展；环境规制；逐底竞争；空间杜宾模型

一、引言及文献回顾

京津冀地区（北京、天津和河北）同属京畿重地，战略地位十分重要。京津冀协同发展是当前中国三大国家战略之一，该战略的核心是京津冀三地作为一个整体协同发展，它的重要意义在于面向未来打造新的首都经济圈、优化开发区域发展、促进人口经济资源环境相协调，对实现京津冀优势互补、促进环渤海经济区发展、带动北方腹地发展具有重要战略意义。京津冀是一个重化工业占比较大的地区，人口规模较大，水资源短缺，特别是近年来大气环境污染成为制约京津冀区域发展的突出问题，已经影响首都核心功能的正常发挥和北京未来的发展。能否在推进区域协同发展进程中，逐步化解加快经济发展与资源环境承载压力的矛盾，是当前亟待破解的重要难题。

环境规制研究学者 Hettige 等（2000）指出，除非环境规制不断增强，否则污染将会持续增长。对京津冀地区而言，以北京为例，其环境规制水平近年来不断提升，且在全国各城市中处于较高水平，然而，北京的环境质量仍未呈现明显的改善趋势，一方面，说明其管制水平并未达到使环境质量得以改善的水平，仍有待提高；而另一方面与京津冀地区的空间交互影响存在密切联系。从自然条件讲，京津冀地区山水相连、大气一体，地下潜流互通，生态系统同源同体；从经济上讲，

---

* 本文发表在《当代财经》2017 年第 7 期。

史丹，中国社会科学院工业经济研究所党委书记、副所长、二级研究员；马丽梅，中国社会科学院工业经济研究所博士后。

京津冀地区产业密切相连，经济溢出效应明显。因此，研究京津冀地区环境规制的空间交互影响对于地区环境质量的改善至关重要。

环境规制竞争机制以往的研究表明，地区之间环境规制存在空间效应，Fredriksson 和 Milimet（2002）发现美国各州之间存在正向的互动行为，即高环境规制地区对其他各州的影响具有"示范效应"，而 Woods（2006）则找出了环境规制"逐底竞争"证据的存在；王文普（2013）从不同角度均证实中国地区之间环境规制存在空间溢出效应。张华（2016）探讨了中国 30 个省份环境规制的策略互动关系，研究发现，中国 30 个省份的环境规制存在显著的互补型策略互动，省域间的环境规制存在"传染性"。综上所述，环境规制确实存在空间上的交互影响关系，而现有研究大多针对中国 31 个省份，少数研究关注京津冀地区的空间效应，但主要针对经济溢出进行探究（姚愉芳等，2016；马国霞等，2010），且均以北京、河北、天津 3 个个体进行空间互动研究，而对于河北而言，其主要由 11 个城市（秦皇岛、承德、唐山、张家口、石家庄、保定、廊坊、衡水、邢台、邯郸、沧州）构成。京津冀地区各城市间与北京、天津的空间影响，由于地理区位及产业关联的不同，空间互动故而不同，笼统地将这些城市归为一体，研究与京津的互动，将湮没京津冀规制间的特性。鉴于此，本文以北京、天津以及河北 11 个主要城市为研究对象，运用空间计量方法探寻京津冀地区环境规制的空间演进特征。

此外，在环境规制测度上，现有研究主要运用治污投资、排污费收入或工业污染物排放去除量来度量环境规制水平，这些测度方法不能完整地反映环境规制的整体效力，存在一定的缺陷。环境规制的测度也是现有规制研究中一个重要的亟待改进的问题，本文运用环境污染成本方法来测度环境规制，尝试在规制测度方法上有进一步的创新及改进。

二、京津冀环境规制空间演进特征及其形成机理

（一）京津冀地区环境规制测度及现状分析

1. 环境规制测度及数据说明

环境污染物依据其物理存在形态可分为固体污染物、水体污染物、气体污染物。鉴于本文着重研究空间特性，固体污染的跨区域污染问题不明显，故利用水体污染（废水排放量）和气体污染（SO_2、烟尘）进行分析。在对环境污染的指标测度上，将各环境污染物数量简单相加，显然会影响其对环境污染程度的测度质量且不易于实现地区间的横向对比。为克服这一缺陷，这里采用将污染物进行货币化来测度环境污染成本。首先将废水排放量、SO_2、烟尘和粉尘根据各自的单位治理成本计算出相应的损失值，然后将各污染物的损失值相加，即得到该地区总污染成本。环境规制水平 = 地区污染成本/地区 GDP，该测度指标越高，说明单位产值的污染排放越高，环境规制强度则越低。

对于各类污染物的治理成本问题，较为权威的研究最早见于环境保护部环境规划院课题组公布的研究成果《中国环境经济核算报告：2007～2008 年》，该研究显示，2007 年，国内废水单位治理成本为 3 元/吨，SO_2 的单位治理成本为 1112 元/吨，烟尘为 185 元/吨，粉尘为 305 元/吨。鉴于治理成本会随着技术进步及其他因素的影响，各污染物的治理成本将不断下降，由于官方未公布历年的治污成本，本文按照一定的技术进步率①进行递进估算，得到历年各污染物治理成本的确定值。数据来源于《中国城市统计年鉴》。

---

① 2006 年，中国政府首次提出将能源强度降低及主要污染物排放总量减少作为一种约束性指标，受这一政策的影响，技术进步率很有可能将在 2006 年以后高于 2006 年以前。参考相关研究对中国各种技术进步率的估算，各项技术每年增进 0.5% ~4%，本文假定 2006 年以后为 3%，2006 年以前及 2006 年为 0.5%。

地区 GDP 以 2003 年不变价为基础计算。

2. 京津冀环境规制测度分析

由图 1 和表 2 可知，从空间整体分布看，2014 年，环境规制的严格程度从中心到外围依次递减。从地理方位看，处于中心地区的城市环境规制强度最高，由高到低依次为北京、保定、天津、廊坊；西南方向，处于最西南的邢台、邯郸环境规制强度较低，其他地区环境规制与中心地区规制的平均水平较为接近，由高到低依次为沧州、衡水、石家庄；东北方向，该区域是整个京津冀规制强度最低的地区，包括承德、唐山、秦皇岛；西北方向，仅张家口一个城市，其环境规制强度仅次于东北方向的城市，相对较低。从变动趋势看，2003～2014 年，各地区的环境规制强度均呈上升趋势，2003 年，张家口为环境规制强度最宽松的城市，北京为最高，到 2009 年，张家口仍为最宽松的城市，但与其他城市的差距有所缩小。2014 年，承德、唐山成为环境规制强度最弱的两个城市，而值得一提的是，在其他城市环境规制强度均呈现上升趋势时，唐山、秦皇岛、沧州呈现略微下降趋势。

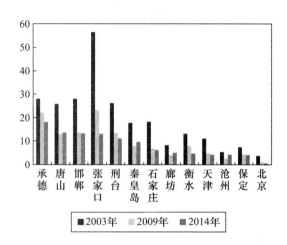

图1 2003 年、2009 年和 2014 年京津冀环境规制水平

注：本文的环境测度指标数值越高，说明环境规制水平越低。

（二）京津冀环境规制空间演进特征

1. 全局空间相关性

由于地理学第一定律①的存在，大量国内外文献开始关注相邻地域间的空间相关性问题。判断地区间环境规制的空间相关性，可通过测算全局 Moran's I 指数进行检验（Anselin，1988）。其计算公式为：

$$I = \frac{\sum_{i=1}^{n} \sum_{j=1}^{n} w_{ij}(A_i - \bar{A})(A_j - \bar{A})}{S^2 \sum_{i=1}^{n} \sum_{j=1}^{n} w_{ij}} \quad (1)$$

其中，I 是指数，测度区域间环境规制的总体相关程度；$S^2 = \frac{1}{n} \sum_{i=1}^{n} (A_i - \bar{A})^2$；$\bar{A} = \frac{1}{n} \sum_{i=1}^{n} A_i$，$A_i$ 为第 i 个地区环境规制强度；n 为地区数；W 为空间权重矩阵。I 的取值范围为 $-1 \leqslant I \leqslant 1$，当 I 接近 1 且大于 0 时，表示地区间环境规制呈现空间正相关，接近 -1 且小于 0 时，表示呈现空间负相关，接近 0 时表示地区间不存在空间相关性，京津冀各地区环境规制空间相关性见表 1。

权重矩阵 W 采用两种量化方法进行刻画：

（1）0-1 相邻矩阵。该矩阵假定来自相邻城市的影响是相同的，故也被称为平均加权矩阵。其设定原则为，如果两地区相邻则权重值为 1，

---

① 地理学第一定律是由地理学家 Tobler 在 1979 年正式提出，该定律强调任何事物均相关，相近事物的关联更为紧密。

不相邻则为 0。

表 1 2003~2014 年京津冀各地区环境
规制全局 Moran's I

年份	Moran's I	期望	方差	P 值
2003	0.0904	−0.0224	0.0269	0.12
2004	0.0805	−0.0224	0.0211	0.17
2005	0.1079	−0.0224	0.0123	0.14
2006	0.0873	−0.0224	0.0147	0.18
2007	0.1397	−0.0425	0.0398	0.11
2008	0.1566	−0.0425	0.0344	0.11
2009	0.1813	−0.0425	0.0215	0.10
2010	0.1811	−0.0475	0.0130	0.09
2011	0.3367	−0.0473	0.0213	0.03
2012	0.3573	−0.0473	0.0117	0.02
2013	0.3575	−0.0473	0.0115	0.01
2014	0.3207	−0.0473	0.0214	0.03

注：全局 Moran's I 为距离矩阵计算结果，0-1 矩阵的计算结果趋势基本相似，限于篇幅，未列示。P 值为其伴随概率，由蒙特卡洛模拟 999 次得到。

（2）地理距离矩阵。Rosenthal 和 Strange（2003）认为，地区间的空间交互影响关系会随着距离的增加呈现衰减的趋势，地理距离是影响地区经济、人口空间分布特征的重要因素。地理加权矩阵设定原则为：

$$W_{ij} = 1/d_{ij}, \quad i \neq j \tag{2}$$

其中，d_{ij} 是使用经纬度数据计算的城市间距离，当 $i=j$ 时，d_{ij} 取 0。根据全局 Morans'I 及其 P 值，可将京津冀地区环境规制的空间特征分为两个阶段：2003~2006 年和 2007~2014 年。2003~2006 年，京津冀各地区的环境规制空间相关性较弱，且不显著。自 2007 年起，该地区的空间相关性逐渐显著且呈逐年递增趋势，显著性也呈现逐年增强，特别地，全局 Moran's I 由 2010 年的 0.1811 变动为 2011 年的 0.3367，空间相关性呈现了大幅的增长。

2. 空间特性的内部结构

全局 Moran's I 的散点图可以用于分析单位个体的空间特征。图 2 为 2003 年、2013 年全局

Moran's I 的散点图，散点图的横轴代表标准化的环境规制值（各市自身值），纵轴代表标准化的环境规制值的空间滞后值（邻近地区的整体环境规制），散点图以平均值为轴的中心，将图分为四个象限，第一象限表示高—高类型的正相关，第三象限为低—低类型的正相关，第二象限为低—高类型的负相关，第四象限为高—低类型的负相关。散点图中的每一个点均代表一个城市。散点图的第一象限表示"高—高"类型区域，按照本文环境规制测度指标，值越高，表明环境规制较弱，则落在第一象限的城市为环境规制弱的城市，且其周围城市的环境规制也较弱。而第三象限表示"低—低"类型区域，对应环境规制的"高—高"类型区，即落在该区域的城市本身环境规制较强，且其周围城市的环境规制也较强。相应地，第二象限为"低—高"类型区，自身环境规制高，邻近城市环境规制低；第四象限为"高—低"类型区，自身环境规制低，邻近城市环境规制高。

由以上分析可以得到，若随时间的变化，代表城市的点向右上方移动，则意味着该城市逐步向"高—高"类型区移动，自身环境规制及其邻近城市环境规制均呈下降趋势，说明该城市的环境规制受"逐底竞争"影响，即"你多排，我更多排"。而若代表城市的点向左下方移动，则意味着受示范效应影响，本地及邻近城市的环境规制均呈现上升趋势，即"你严格把关，我更加严格把关"。

由图 2 可以看到，有 6 个城市处在"低—低"类型区（第三象限），自身环境规制高，邻近地区环境规制也较高，它们为天津、保定、廊坊、沧州、衡水、石家庄，并呈现出示范效应，各城市代表的点在第四象限不断向高规制区移动。有 4 个城市位于"高—高"类型区（第一象限），它们为承德、唐山、秦皇岛、邯郸，并呈现出"逐底竞争"趋势，这 4 个城市不断向右上方，即低环境规制区移动。呈"逐底竞争"的城市中有 3 个城市位于京津冀的东北方向，说明东北方向是京津冀环境规制的"低洼地带"。此外，北

京、张家口、邢台均位于横轴附近，但北京、张家口不断向左下方环境规制严格区移动，说明其变动

呈"示范效应"，而邢台的位置正向右移动，说明其受逐底竞争影响较大，具体可见表2最后一列。

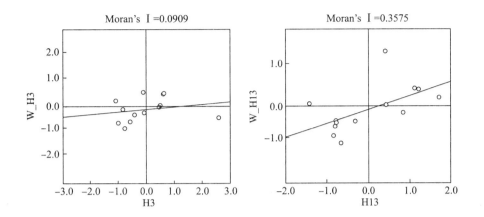

图2 2003年和2013年京津冀环境规制的空间Moran散点图

（三）京津冀环境规制空间互动机理

1. 环境规制空间互动机理

诸多研究表明，探究环境规制的空间互动行为应追溯到地方政府的相互作用，即地方政府竞争理论。就地方政府竞争的形式而言，Revelli（2005）认为，地方政府主要通过偏好、约束和期望三种渠道相互影响，这与Brueckner（2003）提出的溢出模型、资源流和标尺竞争模型相对应，溢出模型主要强调公共品的"免费搭车"现象，环境污染虽然由本地产生，但是由于水流、风向等自然现象的存在，污染的成果由本地及其相邻地区共同承担。资源流模型和标尺竞争模型则主要指地区间相互模仿竞争对手的税收、支出等财政政策，进而追求各自的本位利益，运用各种政策手段吸引流动性资源而孕育的一种过度竞争行为，环境规制竞争则是这类竞争的一种具体形式（张华，2016）。当竞争地区提高或降低环境规制强度时，本地区将秉承自身利益最大化原则根据竞争对手的环境规制强度选择一个最优的环境规制水平，从而导致区域间环境规制的空间互动。从整个国家来讲，环境规制既可以达到低水平均衡，也可以呈现高水平均衡，分别被称为"逐底竞争"和"逐顶竞争"。"逐底竞争"表现为地方政府以经济利益为最终竞争目标，环境质量不在其考虑范围内，或仅仅只占较少的权重；"逐顶

竞争"则表现为地方政府将环境与经济利益放于同等地位甚至高于经济利益。20世纪90年代以后，在唯GDP的晋升机制下，中国地方政府的环境规制竞争被证实存在"逐底竞争"的可能，环境规制的相互模仿行为弱化了环境规制强度，使中国整体环境规制水平进步缓慢。

与中国整体环境规制互动特征不同的是，京津冀地区的规制互动存在部分地区被动下降的趋势，而不是地方政府本身的主动行为，主要表现在北京、天津的部分高耗能行业向河北的转移不是产业自身发展规律而致，而是由行政手段而为。因此，呈现出京津冀地区独有的如上文空间分析部分描述的特征，即中心区域的主动"逐顶竞争"兼顾外围的被动"逐低竞争"。这与京津冀地区的发展历程及产业分布息息相关。

2. 京津冀环境规制互动特征及其空间相关解释

1949年以来，京津冀地区的空间发展大致经历五个阶段：第一阶段（1949年以前）：辽朝升幽州为陪都，揭开了北京为首都的序幕。元朝实现全国大统一，元大都正式成为全中国的政治中心，此后，明、清两朝相继建都北京，由于区位条件和历代王朝的有意扶持，首都圈各城市间形成了既相互联系又各自分工的格局（文魁和祝尔娟，2016）。第二阶段（1949~1978年）：从新中

国成立至改革开放的近30年中，在高度计划经济管理体制下，首都经济圈的经济发展与合作呈现出了行政分割的态势。在这一阶段，中央集权的计划经济在京津冀发展中起到关键作用。在北京、天津经济功能不断集聚的过程中，河北处于一种被动的状态，对北京、天津的发展给予了很大的支持。20世纪70年代，中央提出在各地建立自成体系的工业体系，燕山石化、石景山钢铁厂等大型项目在北京相继投产，1958～1967年，天津市作为河北省的省会，强调扩散和带动全省发展的作用，钢铁、制药、纺织等企业迁出100多家，在这些政策的带动下，北京、天津、河北的产业呈现雷同趋势。第三阶段（1978～2004年）：借力改革开放，京津冀三地增长迅速，三地经济关系发生了巨大的变化，1981年，按照各地原有的经济联系，开始出现松散的区域经济协作组织，到1993年，河北形成了新的共识，即"依托京津、利用京津、服务京津、优势互补、共同发展"，自1993年以来，河北的产业结构得到了不断的优化升级，促进了市场机制的建立，河北的工业发展逐步走出低谷。这一阶段发展的特点主要表现在：①北京、天津与河北在一些大项目上仍存在激烈竞争，河北与两者的经济发展差距进一步拉大；②北京、天津的一些低技术、污染高、能耗大的产业逐步向河北转移；③北京与天津在三者的物资交换过程中提供高技术产品，而河北向二者提供农副产品、矿产品等，工农业产品的价格"剪刀差"和初级产品与最终产品的利益转移造成的不公平交换，使河北处于不利地位。第四阶段（2005～2013年）：这一阶段，自2005年起，系列重要规划与政策不断发布，国家正式启动了京津冀地区的区域规划编制。在系列前期政策活动的推动下，2008年，京津冀发改委共同签署了《北京市、天津市、河北省发改委建立"促进京津冀都市圈发展协调沟通机制"的意见》。2011年，国家"十二五"规划纲要发布，提出"打造首都经济圈"，加快建设沿海经济发展带。这一阶段的特点表现在：京津冀的差距仍然较大，但呈现缩小趋势，侧重经济的一体化发展。第五阶段（2014年至今）：随着环境污染的日益严重，特别是京津冀地区大气污染的问题，京津冀地区的合作发展不仅仅局限于经济领域，更进一步拓展至环境、生态领域，致力于建立科学长效的区域发展新机制（见图3）。

自然分工（1949年以前）　→　行政分割（1949～1978年）　→　竞争博弈（1978～2004年）　→　合作探索（2005～2013年）　→　协同发展（2014年至今）

图3　京津冀协同发展的演进历程

（1）京津冀地区城市发展特征。由以上的发展历程可以看到，京津冀的发展具有许多自身独有的特点，其中最为值得关注的是区域内城市发展极不均衡，即北京、天津经济水平高、发展快，而河北省则落后较大，河北内部也呈现出不均衡的态势。这种不均衡致使其具有突出的总量规模优势，而量化到人均指标则不具优势。与中国的其他两个经济增长极长三角、珠三角相比，京津冀的人均GDP仍不及以上两个区域，且经济的外向度偏低；与世界级大都市圈相比，以2010年的数据为例，以纽约、伦敦以及东京为核心的都市圈，其人均GDP远高于京津冀地区，分别约为北京的10倍、14倍和8倍（祝尔娟等，2011）；在交通方面，以人均轨道交通里程数为例，2010年，京津冀为0.30公里/万人，而以上三个都市圈分别高达0.80、0.54、0.68。这种极不均衡的发展模式也决定了环境规制的不均衡分布。

（2）京津冀地区的产业空间分布。在上述经济政策的驱动下，当前，京津冀已逐渐形成了各具特色的区域产业分工格局，北京的优势产业主要集中在第三产业，天津的优势产业主要在第二产业，河北的优势产业主要分布在资源密集型的第二产业和第一产业。从具体行业看，重化工行业不断向沿海城市集聚，包括唐山、天津、秦皇岛和沧州，石油和天然气开采业、有色金属冶炼及压延加工业不断向天津集中，黑色金属冶炼及压延加工业不断向河北转移；高新技术产业不断向北京、天津集聚，通信设备、计算机及其他电子设备制造业由天津向北京转移，交通运输设备制造业由北京向天津转移；现代制造业正逐步向京津冀的中心方位区域北京、石家庄、保定集聚，金属制品业、电气机械及器材制造业由天津向石家庄及保定转移。就河北自身而言，化学工业及

建材工业在京津冀地区多年来持续维持在较高水平（见表2）。这一产业分布格局在一定程度上决定了环境规制的空间特征，重化工业向沿海城市的集聚，使得天津的环境规制要低于北京，唐山的规制处于京津冀地区各城市中的较低水平；高新技术产业、现代制造业正逐步向京津冀的中心区位（北京、天津、保定、石家庄）集聚，使得以上四个城市的环境规制均位于中上水平，而产业集聚的边缘区域，包括邯郸、邢台、张家口以及承德成为环境规制的"低洼"城市，位于区域较低水平。

表2 2014年京津冀地区产业空间分布 单位:%

方位		主导产业	六大高耗能行业占本地区工业比重	本地工业在本省占比	环境规制空间特征
东北	承德	黑色金属采矿、黑色金属冶炼及压延	43	4	逐底竞争
	唐山	钢铁、装备制造、能源、化工、建材	62（2012年）	22	逐底竞争
	秦皇岛	食品加工、玻璃制造、金属冶炼及压延、装备制造	25（仅黑色金属冶炼）	3	逐底竞争
中部	北京	计算机及电子设备制造、汽车	33	—	示范效应
	天津	黑色金属冶炼及压延、计算机及电子设备制造、汽车、化工	32	—	示范效应
	保定	汽车、新能源、纺织、食品、建材	19	10	示范效应
	廊坊	黑色金属冶炼及压延、计算机通信及电子设备、汽车制造、家具制造	45	7	示范效应
西北	张家口	矿产品及精深加工、食品加工、装备制造、新能源	—	3	示范效应
西南	沧州	石油化工、管道装备冶炼、机械制造、纺织服装、食品加工	37（仅石油化工）	12	示范效应
	衡水	—	—	4	示范效应
	石家庄	装备制造、医药、食品、纺织、石化、钢铁、建材	33	19	示范效应
	邯郸	装备制造业、纺织、食品	68.4	11	逐底竞争
	邢台	钢铁深加工、煤化工、装备制造、食品医药、纺织服装	40	6	逐底竞争

（3）京津冀环境规制的空间特征解释。京津冀地区不均衡的发展模式决定了其环境规制的不均衡分布。而其产业的空间分布特征在一定程度上决定了各城市自身的规制水平。更进一步地，在图3中，京津冀协同发展的演进历程进一步解释了表1中所描述的环境规制的空间相关特征。

2006年以前，环境规制的空间相关性较低，且不显著，这一时期，京津冀协同发展的理念尚未形成，各地区间尚处于行政分割、竞争博弈阶段，自2005年起，在系列京津冀一体化政策的推动下，到2010年，呈现出显著的正相关且显著程度及相关度均明显增加，这同样是伴随一体化理念

及政策不断深入的结果。

三、京津冀环境规制的空间效应

（一）空间计量模型及其回归结果

基于上文的机理研究及空间相关分析，本文发现京津冀中心地区的环境管制呈现出明显的示范效应，存在"逐顶竞争"的可能，空间效应作用明显。而京津冀的外围地区则呈现"逐底竞争"趋势。环境规制制定最终的目的是实现对环境质量的正向影响，提升环境质量，京津冀地区环境规制的这种独特的空间效应对于环境污染的影响效力如何，呈现出何种特征，这里建立空间杜宾模型探索经济变动、环境规制及其空间效应对环境污染的影响：

$$\ln AQ_{it} = a_1 \ln ER_{it} + a_2 \ln ES_{it} + a_3 \ln GDP_{it} +$$
$$a_4 \ln TP_{it} + a_5 \ln NT_{it} +$$
$$\beta_1 W \ln ER_{it} + \beta_2 W \ln ES_{it} +$$
$$\beta_3 W \ln GDP_{it} + \beta_4 W \ln TP_{it} +$$
$$\beta_5 W \ln NT_{it} + \rho W \ln PM_{it} + \delta_{it} +$$
$$u_{it} + \varepsilon_{it}$$
$$\varepsilon_{it} \sim N (0, \sigma_{it}^2) \qquad (3)$$

其中，AQ_{it} 表示 i 地区第 t 年的环境污染水平；GDP_{it} 为 i 地区第 t 年的人均实际 GDP（统一以 2003 年为不变价计算）；ER_{it} 表示 i 地区第 t 年的环境规制水平；ES_{it} 为产业结构，用城市第二产业结构占比表示；TP_{it} 为交通因素测度指标；NT_{it} 为地区的自然环境因素；ln 表示各变量的对数值；$W \ln AQ_{it}$ 为被解释变量的空间滞后变量，表示所有邻近地区环境污染的综合作用对 i 地区的影响；ρ 为空间变量系数，表征空间溢出效应程度；$W \ln ER_{it}$、$W \ln ES_{it}$、$W \ln GDP_{it}$、$W \ln TP_{it}$、$W \ln NT_{it}$、$W \ln ER_{it}$ 分别为各解释变量的空间滞后变量；W 为空间权重矩阵；ε_{it} 为随机误差项；δ_{it} 表示时间效应；u_{it} 表示个体效应。

环境污染水平 AQ_{it}。这里本文选用三种方法度量环境质量：①第二部分测度的环境污染成本，它反映了环境污染的整体损失，该指标越高，说明环境污染排放总量越大，进而环境污染就越大；

②在诸多环境经济学的研究文献中，特别是对环境库兹涅茨曲线（EKC）进行讨论的研究中，诸多学者强调，环境污染水平的下降不应是排放量的下降而是环境质量的提升，环境质量的测度用污染物浓度度量更具实际意义（Stern，2004；张晓，1999；Dina，2004），这里本文选用空气污染的浓度 PM2.5 进行测度，由对气溶胶光学厚度（AOD）进行测度得到，数据来源于 Battelle Memorial Institute 和 CIESIN（2014），时间跨度为 2003～2012 年；③中国环境保护部数据中心网站也公布了部分城市的空气质量数据，但比较遗憾的是，2013 年以前，该中心公布的城市空气质量数据为 API，且仅包含了部分本文所研究的城市，2013 年起，本文所研究的 13 个城市的数据均存在，且为 AQI。这里本文也用这一组数据进行实证检验，以提升研究结论的可靠性，时间跨度为 2013～2014 年。

交通因素 TP_{it}。用该城市的出租车拥有量与该城市的道路面积之比来表示。近年来，中国民用汽车总量呈迅猛增长态势，然而交通建设的发展速度却远滞后于汽车总量的增长速度，交通拥堵不断蔓延至全国各地。1995～2013 年，中国运输线路总长增长速度为 9%，而交通工具总量增长速度高达 32%，1995 年交通工具拥有的平均线路长度约为 0.22 公里，而到 2013 年这一数字缩小了 8 倍。郑思齐和霍燚（2010）以北京为例同样阐述了我国严重的交通压力问题。2010 年，北京机动车保有量约为 464 万辆，二、三、四环路在完全排满的情况下最多也只能容纳 22.4 万辆车，仅占汽车总量的 5%。因此，本文选取出租汽车拥有量与地区道路面积之比来测度交通压力，该指标在一定程度上也反映了交通拥堵程度。测度值越高，说明交通压力越大。实际上，选取城市民用汽车拥有量与地区道路面积之比来度量这一指标更为合适，鉴于数据的可得性，这里用出租车数量代替。此外，本文也选用人均道路面积来度量交通因素。NT_{it} 为地区的自然环境因素，自然因素对于环境污染的影响也至关重要，这里用城市绿地占有率进行测度。在运用空间计量模型之前，要进行空间诊断性检验（马丽梅等，2016），诊断指标 LM_{lag}、LM_{Error} 均在5%的水平下显著，说明需要引入空间计量模型进行分析①。

（二）京津冀环境规制的空间治理效力

表3给出了模型3的回归结果。由表3第2列可知，当 $lnAQ_{it}$ 为被解释变量时，本地的环境规制升高（表现为 $lnER_{it}$ 的下降）会导致本地的污染水平的好转（表现为 $lnAQ_{it}$ 的下降），但是，

邻近地区的环境规制降低（$WlnER_{it}$ 的升高），也会导致本地区的污染水平下降（$lnAQ_{it}$ 的上升），这是当前京津冀环境质量不能明显改善的重要原因，即京津冀地区的环境规制的提高表现为以牺牲邻近城市的环境规制为代价，这也意味着只要本地环境规制得到提升，本地的污染水平将出现改善，地方政府没有激励去影响改变邻近城市的环境规制。

表3　不同环境污染测度指标的空间回归结果

权重矩阵	平均（0-1）加权（模型1）	距离加权（模型2）	距离加权（模型3）	距离加权（模型3）
估计方法	空间固定效应（ML估计）	空间固定效应（ML估计）	空间固定效应	时空随机效应
被解释变量	$lnAQ_{it}$	$lnAQ_{it}$	$lnPM_{it}$	$lnAQI_t$
ρ	0.2101（0.0252）	0.3331（0.0421）	0.4421（0.0001）	0.3922（0.0017）
$lnER_{it}$	0.0290（0.0000）	0.1235（0.0000）	−0.0525（0.1755）	−0.0421（0.2222）
$WlnER_{it}$	0.4864（0.0146）	0.1237（0.0000）	0.3307（0.0551）	0.2901（0.0034）
$lnGDP_{it}$	0.1844（0.1202）	0.2253（0.0938）	0.4269（0.0002）	0.4005（0.0011）
$WlnGDP_{it}$	0.2507（0.0523）	0.1602（0.0401）	−0.7211（0.0001）	−0.5287（0.0000）
$lnER_{it}$	1.2510（0.0000）	1.4426（0.0000）	0.4512（0.0000）	0.4135（0.0005）
$WlnES_{it}$	−1.1951（0.0014）	−1.0069（0.0000）	−0.2252（0.1117）	−0.1843（0.1002）
$lnTP_{it}$	−0.0371（0.4081）	−0.0035（0.3198）	0.1826（0.5710）	0.0533（0.3829）
$WlnTP_{it}$	−0.1352（0.0447）	−0.1327（0.0173）	−0.1145（0.0301）	−0.0892（0.0217）
$lnNT_{it}$	−0.1043（0.4030）	−0.2611（0.4937）	0.2530（0.1005）	0.1846（0.0822）
$WlnNT_{it}$	0.1588（0.4881）	0.1282（0.1245）	−0.1107（0.8821）	−0.1025（0.8834）
调整后的 R^2	0.6214	0.7259	0.5798	0.4450
σ^2	0.0191	0.0110	0.0215	0.1002

注：括号内为 p 值。

另外，ρ 大于0意味着污染本身存在明显的溢出效应，即邻近地区污染水平升高，本地的污染水平也将上升，这种污染的溢出效应并未得到地方政府的重视，因为环境污染的测度不以具体的环境质量（如 AQI、PM2.5、水质检验等）来进行评定，而是以污染的排放量（本文污染水平的测度）进行度量，政府的环境绩效考量往往以污染物的排放量来衡量，排放量降低，意味着从政府层面讲，环境质量就会改善。溢出效应所带

来的环境污染（即来自相邻城市的环境污染影响）湮没了本地规制提升所带来的污染水平的下降，因此，在溢出效应的影响下，从环境质量本身而非污染排放量水平看，京津冀地区环境质量整体未出现明显的改善。为了进一步印证该观点，本文以各城市的PM2.5为被解释变量进行回归分析（表3第4列），环境规制升高，而环境质量（$lnPM_{it}$）则呈现恶化趋势（虽然结果不显著，但 $lnER_{it}$ 系数为负），而邻近地区的环境规制提升，

---

① 限于篇幅，这里省略了空间诊断性检验结果的列示，读者有需要可向笔者索取。

能够使本地的环境质量显著出现好转（$WlnER_{it}$系数为正，且在5%的水平下显著）。以AQI为被解释变量的回归（表3第5列）也同样反映了这样的趋势。

综上所述，就整体的回归结果看，对京津冀地区而言，由于污染溢出效应的存在，湮没了环境规制严格区的规制收益，本地环境规制的提高并不能起到环境质量改进的作用，而邻近地区整体环境规制的提升才能使本地的环境质量得到改善。

（三）影响环境的其他因素分析

以环境质量（$lnPM_{it}$、$lnAQI$）作为被解释变量进行分析，由表3第4列、第5列可以看到，人均GDP的提升伴随着环境质量的上升，而邻近地区人均GDP的提升伴随着本地环境质量的下降。产业结构，即第二产业占比增加将使环境质量提升，而邻近地区的该比重降低会使本地环境质量得到改善，这进一步说明了京津冀地区的产业结构变动伴随着损人利己效应，即经济发达区将高污染的行业向经济欠发达区转移，而这种转移不仅仅是由产业变动规律所致，而且伴随着一定的行政手段。产业转移更多地表现为由高能效的地区转向环境标准相对较低的地区（李雪慧，2016）。当前，交通压力在京津冀各城市中的作用还未显现，该指标不显著，但已呈现正向趋势，说明交通压力在未来很有可能成为影响京津冀地区城市环境质量的重要因素，而邻近地区的交通压力也对环境质量产生了影响，说明交通因素也存在着空间交互影响。而城市绿地覆盖率增加，环境污染将呈现恶化趋势，这说明经济发达城市通过增加绿化面积来减少污染的途径，就目前看，作用甚微。

四、讨论及政策建议

本文利用京津冀地区北京、天津及河北11个城市的数据，研究京津冀地区环境规制的空间演进特征，空间相关性分析发现，2003~2014年，京津冀的东南区，即承德、唐山、秦皇岛的环境

规制的空间演进呈现"逐低竞争"趋势，承德、唐山与北京接壤，很可能是成为北京地区环境质量未出现明显改善的重要原因。而西南区仅邯郸、邢台呈现"逐低竞争"趋势。京津冀地区的空间正相关性虽然是逐年增强的，但直至2010年才呈现大幅提升，地区的空间关联仍相对较弱。进一步地，考察京津冀环境规制的变动对于环境质量的影响，实证研究发现，由于污染溢出效应的存在，湮没了环境规制严格区的规制收益，本地环境规制的提高并不能起到环境质量改进的作用，而邻近地区整体环境规制的提升才能使本地的环境质量得到改善。综合空间相关性分析和空间计量模型的分析结果可以得到，如不采取行之有效的规制约束机制，放任部分地区，特别是"东南区"环境规制自行发展，则京津冀的整体环境质量无法得到明显改善。根据实证结果，本文提出如下政策建议：

第一，京津冀的空间关联不高，尚未完全摆脱旧有发展模式，应进一步深化一体化发展。根据空间相关性分析可以看到，2010年起，京津冀地区的空间关联才得到显著提高，京津冀区域内经济发展落差大，不平衡，城市间的产业关联度不强，功能分工和经济协作不紧密，这些都与现行的行政区划各自规划、自成体系相关。这使京津冀地区至今尚未完全摆脱单体城市或行政区经济各求发展的旧有模式，尚未真正形成区域经济一体化、合理分工、共赢发展的局面。从更深层次角度分析，这与京津冀地区市场化程度低、行政干预力量过强密切相关，进一步深化一体化发展，推进产业的融合成为一体化的关键，也是提升区域环境规制整体提升的重要环节。

第二，对于环境规制呈现"逐底竞争"趋势的城市，政府应划定"规制红线"并建立相应的补偿机制。基于空间计量模型的实证发现，只有城市整体的环境规制提升才能使区域环境质量出现明显改善，那么对于呈"逐低竞争"趋势的城市制定规制约束机制至关重要。由于这些地区的"规制利益"可以实现整个区域环境质量的提升，而在增强规制的同时，经济利益会受到一定的影

响，因此，可尝试探索区域补偿机制的建立，要求生态受益城市通过财政横向支付补偿受损城市。

第三，加强基础设施建设，特别是交通的空间关联度，能够在推进经济均衡发展的同时兼顾环境质量的提升。当前，京津冀区域内为城市间服务的城际铁路规模小、覆盖面不足；普通干线公路总量不足、等级低、通行能力不足，急需升级改造。区域内各城市交通联系通道与城市之间经济联系强度基本吻合，但这些交通设施叠加了过境交通、城市群对外交通和城市内部交通，造成了局部地区（如京津、京石通道）交通压力过大。基于空间计量模型的分析发现，交通因素在未来将成为影响京津冀地区环境质量的重要因素，增强城市间的交通关联，进一步打破行政区划分割，对未来的环境治理而言，十分关键。

参考文献

[1] Hettige H., Dasgupta S., Wheeler D. What Improves Environmental Compliance? Evidence from Mexican Industry [J]. Journal of Environmental Economics and Management, 2000, 39 (1): 39 – 66.

[2] Fredriksson P. G., Millimet D. L. Strategic Interaction and the Determinants of Environmental Policy across U. S. States [J]. Journal of Urban Economics, 2002, 51 (1): 101 – 122.

[3] Woods N. D. Interstate Competition and Environmental Regulation: A Test of the Race to the Bottom Thesis [J]. Social Science Quarterly, 2006, 87 (1): 792 – 811.

[4] 王文普. 环境规制、空间溢出与地区产业竞争力 [J]. 中国人口·资源与环境, 2013 (8): 123 – 130.

[5] 张华. 地区间环境规制的策略互动研究——对环境规制非完全执行普遍性的解释[J]. 中国工业经济, 2016 (7): 74 – 90.

[6] 姚愉芳, 陈杰, 张晓梅. 京津冀地区间经济影响及溢出和反馈效应分析 [J]. 城市与环境研究, 2016 (1): 3 – 14.

[7] 马国霞, 田玉军, 石勇. 京津冀都市圈经济增长的空间极化及其模拟研究 [J]. 经济地理, 2010 (2): 20 – 27.

[8] Anselin L. Spatial Econometrics: Methods and Models [M]. Boston: Kluwer Academic Publisher, 1988.

[9] Rosenthal S. S., Strange W. C. Geography, Industrial Organizationand Agglomeration [J]. Review of Economics and Statistics, 2003, 85 (2): 377 – 393.

[10] Revelli F. On Spatial Public Finance Empirics [J]. International Tax and Public Finance, 2005, 12 (4): 475 – 492.

[11] Brueckner J. K. Strategic Interaction among Governments: An Overview of Empirical Studies [J]. International Regional Science Review, 2003, 26 (2): 175 – 188.

[12] 文魁, 祝文娟. 京津冀蓝皮书: 京津冀发展报告 (2016) [M]. 北京: 社会科学文献出版社.

[13] 祝文娟, 吴常春, 李妍君. 世界城市建设与区域发展——对北京建设世界城市的战略思考 [J]. 现代城市研究, 2011 (11): 76 – 85.

[14] Stern D. I. The Rise and Fall of the Environmental Kuznets Curve [J]. World Development 2004, 32 (8): 1419 – 1439.

[15] 张晓. 中国环境政策的总体评价 [J]. 中国社会科学, 1999 (3): 88 – 99.

[16] Dinda S. Environmental Kuznets Curve Hypothesis: A Survey [J]. Ecological Economics, 2004 (49): 431 – 455.

[17] Battelle Memorial Institute, Center for International Earth Science Information Network – CIESIN – Columbia University. 2014. Global Annual Average PM2.5 Grids from MODIS and MISR Aerosol Optical Depth (AOD), 2001 – 2012. Available online: http://sedac.ciesin.columbia.edu/ (accessed on 11 May 2015).

[18] 郑思齐, 霍燚. 低碳城市空间结构: 从私家车出行角度的研究 [J]. 世界经济文汇, 2010 (6): 50 – 65.

[19] 马丽梅, 刘生龙, 张晓. 能源结构、交通模式与雾霾污染的关系研究: 基于空间计量模型 [J]. 财贸经济, 2016 (1): 145 – 158.

[20] 李雪慧. 区域产业转移对我国能源消费的影响 [J]. 当代财经, 2016 (11): 3 – 13.

The Spatial Evolution of Coordinated Development of Beijing – Tianjin – Hebei Region: Based on the Perspective of Environmental Regulation

SHI Dan, MA Limei

Abstract: In this paper, from the perspective of environmental regulation authors select the relevant data from Beijing – Tianjin – Hebei region (Beijing, Tianjin and 11 cities in Hebei) to study the spatial evolution characteristics of coordinated development of this region. The development of Beijing – Tianjin – Hebei region has gone through five stages during 1949 to 2014, and it stepped into the stage of "cooperative exploration" since 2005. However, according to the spatial correlation analysis, the environmental regulation of this region has not shown significant spatial correlation feature until 2010, and the region development in coordination begins to appear at the same time. The "center" of the region shows an obvious "demonstration effect", so there is a possibility of "Race to Top" with the strong spatial effect. However, the "periphery" of the region shows a trend of "Race to Bottom". Furthermore, the results of the empirical research by using Spatial Durbin Model show that the "regulatory benefits" of the strict environmental regulation area vanished due to the existence of pollution spillover effect. Therefore, improving the local environmental regulation could not help improve the environmental quality, but improving the environmental regulation of integral region including neighbors could benefit the quality of the local environment. In summary, it is of great importance for improving the environmental quality of Beijing – Tianjin – Hebei region and integral environmental regulation condition to enhance the spatial association, break the border of administrative division and deepen the regional cooperation.

Key words: Coordinated Development of the Beijing – Tianjin – Hebei Region; Environmental Regulation; Race to the Bottom; Spatial Durbin Model

京津冀产业转移协作的阶段进展与实现途径[*]

叶振宇　叶素云

摘　要： 产业转移协作作为京津冀协同发展三个率先突破的领域之一，已取得明显的阶段成效，同时也面临着产业落差大、转出地基层政府阻力多、对接协作机制不健全等问题。为了破解这些问题，京津冀三地要以非首都功能疏解为契机，注重政府引导和市场化手段相结合，积极探索产业载体共建共享、重大产业项目投资牵引、生产制造环节外包协作、龙头企业带动整合、地方政府共同组建产业转移协作联盟等产业转移协作途径，以实现产业转得出、留得住、协作得好。此外，从中央到地方政府都要着眼于一些关键的问题，尽快完善相关政策，继续深入推进体制机制改革，确保产业转移协作平稳有序。

关键词： 京津冀；产业转移协作；阶段进展；实现途径

产业转移协作是京津冀协同发展的一项重要内容，是产业链、价值链和创新链的对接、整合和提升的过程，主要涉及产业转移与承接、产业转移协作、产业合作载体建设、产业创新共同体建设、产业体系融合升级等方面。从政府与市场关系看，市场机制在京津冀产业转移协作中起着决定性的作用，企业是产业转移协作的主体，政府则发挥搭台唱戏的作用。事实表明，京津冀三地产业间虽存在断层、裂缝、痕沟等突出问题，为此有学者认为京津冀产业差异太大、协作困难（赵弘，2016）。但即使这样，产业合作的潜力仍然很大，这不仅表现为京津冀产业发展的要素支撑条件、产业链环节和创新链布局具有互补性，也表现为京津冀产业发展具有共同的目标市场和价值链错位发展的机会。在产业转移协作的思路方面，张贵等（2014）提出了京津冀产业对接与转移的总体思路是技术"进链"、企业"进群"、

产业"进带"和园区"进圈"。在产业转移协作中，绝大多数的学者将关注点放在各级政府推动产业转移协作的作用，只有个别学者另辟蹊径，分析了推动京津冀产业转移协作的市场化机制。中国社会科学院工业经济研究所开展的一项问卷调查的结果显示，尽管超过七成的受访者认为京津冀协同发展带来产业转移的机会增多，但仍有超过半数的受访者认为产业转移合作项目存在落地难的问题。不可否认，在京津冀协同发展深入推进的过程中，地方政府推动产业转移协作的力量仍然非常强大，但产业转移协作的途径却比较单一、市场化不足，这正是本文关注的重点。事实也表明，京津冀产业转移协作如何"落地"已成为当前地方政府需要应对的一大难题，因此，寻找可行的途径促进产业有序转移和高效协作对于京津冀实现高水平协同发展具有重要的现实意义。

---

* 本文发表在《河北学刊》2017年第3期。
　叶振宇，中国社会科学院工业经济研究所产业布局室副主任、副研究员；叶素云，北京市海淀区委党校讲师。

一、京津冀产业转移协作的阶段成效

3 年来，京津冀产业转移协作克服了地方利益纠结、产业地区间联系不紧密、体制机制障碍较多等各种困难，在重点行业转移协作、合作载体建设、重点项目带动、利益共享等方面已取得了一些突破，有效地促进了非首都功能疏解和区域联动发展。总体来看，京津冀产业转移协作的阶段成效主要表现为以下方面：

（一）非首都功能疏解带动了产业转移协作

2014～2016 年，北京市根据非首都功能疏解的要求累计退出（含关停、转移）的一般制造业企业 1341 家，调整疏解商品交易市场 340 家，疏解商户 6.1 万户，涉及从业人员 21.6 万人，疏解物流中心 51 个，涉及从业人员 1.8 万人。同期，北京市有关部门共同落实新增产业禁限目录，其中，制造业、农林牧渔业、批发和零售业新设市场主体数分别下降了 72.75%、26.42%、18.36%。①

（二）合作园区建设为产业转移协作构筑了实践平台

产业园区合作是京津冀产业转移协作的一大亮点，津冀各级政府都加大力度对接北京的园区，共同建设了一批合作园区，形成了以曹妃甸协同发展示范区、新机场临空经济区、张承生态功能区、天津滨海—中关村科技园为核心、以中关村海淀园秦皇岛分园、中关村丰台园满城分园、中关村保定科技创新中心等园区为节点的"4 + N"产业合作格局。这些园区成为京津冀产业协作的试验田和首都科技创新辐射的主阵地。"携手中关村、与中关村共同成长"已成为津冀两地地方政府对接北京产业的工作方向。同时，天津、河北分别从本地区范围内规划了一批非首都功能疏解的集中承接地和战略合作区，如京津（宝坻）中关村科技城、津冀芦台协同发展示范区、京冀中关村（正定）集成电路产业基地等。依托这类合作平台，津冀两地有望培育出一批条件好、带

动力强、发展空间大的新兴增长极，使之成为新一轮京津冀产业转移协作的主要平台。

（三）重点项目建设激发了产业转移协作的活力

首都新机场作为京津冀协同发展最具标志性的重大项目工程已进入紧张的施工建设阶段，该项目将带动北京市大兴区、房山区和河北省固安县、永清县、涿州市等地的发展，促进这些地区产业形成更有效分工和合理布局。而京张城际、京唐城际、京霸城际等线路开工建设，将进一步强化北京对河北的经济辐射，为产业跨地转移、跨地配套、跨地研发等方面创造更好的物流和便利的从业人员通勤条件。不仅如此，北汽现代四工厂、北京·沧州渤海生物医药园、河北新发地农副产品批发市场等重点产业项目也落户河北，已产生强大的经济带动效应。

（四）专业平台为产业转移协作带来更大的推动力量

近年来，京津冀三地企业界积极推动成立了新能源、有色金属材料、钢铁、电力设备等行业领域的产业发展联盟或行业技术创新联盟，加强了京津冀三地行业企业交流互动，避免误判，加强合作，减少项目重复布局，扩大合作空间。另外，为了获得产业转移协作带来的市场机会，京津冀地区投资银行、产业基金、商业银行等金融机构组建了各类投资平台，如 2016 年，京津冀产业结构调整引导基金在天津自贸区设立，该基金将为企业开展跨地转移和项目投资提供融资支持。此外，京津冀地区的高校、科技主管部门等机构也组建了各种形式的联盟，共同吹响了协同发展的"集结号"，从而加快了北京技术成果就近转化。据统计，2016 年，北京输出到津冀的技术合同成交额为 154.7 亿元，同比增长了 38.7%，出现井喷式增长势头。②

（五）企业跨地投资提高了产业转移协作水平

在政府和市场的共同作用下，一批央企、北

---

① ② 资料来源："习近平总书记视察北京三周年来北京市新举措新变化新成果"新闻发布会。

京市属国企和有实力民企都着手在京津冀地区进行项目布局，通过跨地投资、兼并重组、异地搬迁等形式抢占京津冀地区的投资先机。据统计，2016 年，北京市企业到津、冀投资认缴额分别为 899 亿元、1140 亿元，分别增长了 26%、100%；中关村科技园企业已在津冀两地设立分公司 2709 家，子公司 3140 家。① 另外，津、冀有实力的企业开始重新布局自身的产业链、价值链、创新链和物流链，利用北京优质的创新资源设立研发总部，实现产业链重新调整布局，完成对京津冀三地互补优势的一次整合，如河北立中集团、天津重方科技公司等企业都在京设立研发中心。

（六）相继出台的利好政策和规划为产业转移协作提供了有力的保障

随着《京津冀协同发展规划纲要》的实施，京津冀三地的发展地位、"一核、双城、三带、四区、多节点"的发展格局、三大率先突破的领域以及非首都功能疏解重点领域更加明确，已为企业提供了一种可预见的市场预期和投资方向，一大批企业着手业务板块的战略布局。另外，为了顺利地促进非首都功能疏解，带动产业和人口的双转移，从中央到地方都出台了一系列的引导性或规制性政策措施，包括新增产业的禁止和限制目录、产业转移的税收收入共享等。同时，为了加强承接地的配套条件，津冀两地各级政府都使出了各种招数，如"一企一策"、税收优惠、建设用地指标向重点项目倾斜等政策。这些政策的集中出台可以为京企入津或京企入冀创造有利的发展条件和政策环境。

二、京津冀产业转移协作存在的主要问题

当前，京津冀产业转移协作正处于"风口期"，北京产业向津、冀转移比较集中，规模相对较大，合作形式较多，初效比较明显，但应该看到京津冀不同类型的产业转移协作正处于探索

和深化阶段，仍然面临着一些突出的问题。

（一）产业落差太大

长期以来，京津冀产业发展水平存在断崖式落差，这不仅表现为同一类产业的生产设备、技术工艺、产品质量、产业创新能力、行业监管等方面的差距，更表现为产业体系综合实力和产业发展配套支撑条件的差距，其中，这些差距表现最为突出的是京、津与冀之间的差距。由于过去京津冀三地缺少实质性合作，津冀地区不太重视与北京的高端产业做配套，而是将产业发展重心转向钢铁、有色、建材、化工等重化工领域，这么大的产业跨度导致地区合作非常困难。跟长三角地区相比，京津冀产业落差如此之大是由多方面的原因造成的，如国有企业块头大、产值占比高，民间创业创新活力不足，河北省由于投资环境较差而难以吸引到优质的要素资源。此外，京津冀产业转移的体制障碍较多，致使产业处于"出不去"和"引不来"的双重困境。

（二）转出地基层政府阻力多

在我国现行的财政分权体制下，北京市产业对外转移的阻力不小，这些阻力主要来自北京的区（县）和乡镇（街道）两级政府。各区县作为产业转出地，更多地考虑到产业疏解带来的税收流失、当地从业人员转岗就业、吸引更高端产业落地等问题。目前，通州、顺义、大兴、房山等城市发展功能区短期内受到产业疏解带来的影响较大，不仅要面对税收流失的问题，还要应对可能陷入产业"空心化"的威胁。可见，在面对产业疏解任务层层分解时，地方政府和相关企业有可能采取各种隐蔽性强的抵触措施，故意拖延疏解进度。

（三）对接协作机制不健全

现阶段，京津冀产业转移协作更多地表现为各级地方政府层面对接和地方政府主导下产业园区合作共建，合作形式较多，合作机制灵活，可操作性较强。但是，由于这些对接协作缺少中央

---

① 资料来源："习近平总书记视察北京三周年来北京市新举措新变化新成果"新闻发布会。

或省级政府明文规定的合作机制，所以基层政府探索出来的合作机制仍然面临着较大的政治和法律风险，一旦地方基层政府主要领导换届、调动或国家财税部门收紧政策，这些合作机制就可能因此夭折。

（四）产业配套能力不足

京津冀三地产业不配套、不衔接、不协作问题由来已久，一直得不到根本解决。随着北京的一般制造业向津、冀地区转移，承接地产业配套能力不足问题显得尤为突出，如产业园区基础设施和城市服务功能建设滞后，关联配套产业较弱，专业技术人才和高级管理人才匮乏，共性技术创新平台少。此外，地方政府服务企业的意识和能力不强也影响了当地的营商环境。

（五）相关政策不协调、不配套

国家虽然支持津、冀承接北京产业转移，但相关支持政策却没有到位，特别是建设用地指标适度倾斜政策支持力度不够，难以满足转移项目的用地需求。同时，京津冀三地的产业发展政策对企业支持力度或方向都存在较大的差异，进而影响了企业跨地区的投资行为。不仅如此，国家赋予京、津许多体制先行先试的权限，当地企业由此可以享受税收减免、创新支持等优惠政策，这些政策某种程度降低了京津企业到冀投资的意愿。此外，京津冀三地行业技术标准不统一，创新项目资助强度差距大，医药、食品等行业生产监管标准不一致，这些政策差异致使许多北京的企业不愿意将主业搬到津、冀发展。

三、京津冀产业转移协作的实现途径

尽管京津冀三地产业协作水平不高，尚处于探索阶段，但合作潜力很大。在实践中，这三个地方可以发挥各自的优势，务实采取有效的转移协作途径，突破体制机制障碍，增加彼此共同利益。

（一）产业园区共建共享

当前，京津冀地区经济发展水平呈现"京津高企、河北低落"的特征，这种经济水平的势差客观上有利于产业遵循梯度转移规律，实现从中心地区向外围地区扩散。同时，河北省地处于工业化和城镇化加速推进阶段，资金、技术、人才等要素供给明显跟不上发展的需要；相反，这些要素恰是京津两市的比较优势，所以，京津冀三地推动产业载体共建共享不仅可以整合提升各自的比较优势，也可以共同做大做强地区优势产业。实践中，津、冀地方政府可以依托现有产业园区，瞄准北京市一般制造业或服务功能环节转移的方向，设立专业特色的合作园区。合作园区的投资主体既可以选择当地政府出资的开发公司，也可以选择与其他类型社会资本共同组建的开发主体。"谁来投资、谁来管理、谁来运营、谁来招商引资、怎么分享收益"等问题均可由园区合作的利益相关方共同协商，最后以合作协议的形式确定下来。围绕园区开发、招商、管理等方面，京津冀产业园区可以探索各种类型的合作模式。

1. 股份制合作模式

合作共建园可以交由合作各方成立的专业企业承接，并其负责园区规划、开发建设、招商引资、服务管理等具体事务。园区开发建设的前期资金由合作方共同筹措，园区收益按股权结构进行分配。为了园区长远发展，园区合作各方通常在开发前期不分配收益，而是将这些收益直接转为基础设施投资或设立产业发展基金，用于园区发展再投入，以谋求长远的更高收益回报。

2. 委托招商合作模式

事实证明，地方政府从事招商引资的效果未必最好，如果把招商引资环节委托专业机构负责也是可行的。这类合作通常按照市场规则签订合作协议，地方政府作为委托方可以选择以招商引资实际到位资金的一定比例作为奖金补偿给合作方，也可以选择在引进的项目投产后产生的地方税收留成部分按比例双方分成，受益期限由合作双方共同确定。为了确保招商引资的实际效果，双方共同编制规划园区产业发展规划和优化提升投资环境，按照规划方向对外招商引资。

3. 委托第三方管理合作模式

地方政府从产业园区划出一些"园中园"，

通过公开招标、定向委托等形式确定具有园区管理、投融资、促进产业发展等优势的受托方（政府、园区或企业），由受托方负责对"园中园"进行实际运作，包括园区发展定位、产业选择、招商引资、公共基础设施建设等。合作双方按照签订的托管协议履约，共同编制"园中园"的总体规划、进行园区基础设施投资和园区建设融资。受托方负责园区的招商引资和服务管理。园区前期开发一般由受托方单独享有收益，园区后期收益由双方按比例分成，合作期限由双方共同约定。

4. 科技成果转化合作模式

津冀地方政府要重点瞄准北京地区高校和科研院所的科技成果产业化需求，与合作单位共同设立科技成果转化孵化基地或规划建设专业性的科技园。这类合作载体由成果转化方和承接方签订合作协议，承接方以土地转让、厂房出租等形式向科研机构或科技企业提供空间。同时，针对科技型企业成长的特点，园区管理机构要为企业解决项目融资、成果孵化、产品市场推广等问题，特别是要帮助科技型中小企业走出"死亡之谷"。这种合作模式可以利用官、产、学、研、用的纽带关系，实现京津冀创新链与产业链有效融合，促进京津先进要素对外围地区的辐射带动效应。

5. 对口援建合作模式

为了推进京、津两市对口帮扶河北省张（家口）承（德）环京津相关地区工作，张承的环京津地区可以与京、津两市各级政府签订对口共建园区协议。受援地从本地工业园区划出一定范围的空间作为与对口支援地的共建产业合作园区。对口支援地提供必要的资金、人才、信息等方面支持，并参与编制园区发展规划、园区管理和招商引资，移植先进的园区管理模式，积极探索造血式的对口支援。

（二）重大产业项目投资牵引

京津冀产业转移协作需要有一些立竿见影的"引爆点"或"火力点"，具体讲，就是要通过一批重大项目的投资带动地区相关产业及其关联配套产业发展。现阶段，首都新机场建设、京张冬奥会筹办等重点项目都将带动京冀两地相关产业

和基础设施的大规模投资，对当地经济发展将起到短期的强刺激作用，不仅有望改变地区产业发展格局，也可以为京津冀产业协作带来新的机会点。

实践中，京津冀三地政府要围绕国家重点产业项目发展方向，统一协调，做好产业项目的对接工作，编制产业发展总体规划，共同支持配套产业发展，避免各地为了争抢项目而展开恶性竞争和重复建设。同时，京津冀地方政府要针对不同类型的关联配套产业发展的特点，坚持但求所在、不求所有的原则，积极鼓励国内外配套企业投资设厂，从而形成重大项目驱动的产业集聚。当然，重大产业项目的巨额投资单纯依靠地方基层政府的财力难以筹措，为此有必要建立一个跨区域的项目投融资平台。这个平台可以由京、津、冀相关方共同出资组建，吸引社会资本参与，形成一个风险共担、优势互补、利益共享的利益共同体，同时也易于协调地区间利益关系，让各地区都能从中受益。

当然，重大项目从论证、申报、规划、建设、投产和受益等各环节顺畅进行都要有一个运行高效、执行有力、共同行动的临时性协调机构。该机构负责协商解决产业项目发展的各项议题，目的是妥善管控分歧，协调区际利益和扩大发展共识。当然，这个机构不是常设的，而是临时性的，只享有地方政府授权，不具有法律赋予的行政效力。

（三）生产制造环节外包协作

京津冀三地产业合作的领域比较多，无论是传统产业还是新兴产业，都可以找到合作的切入点。对于北京而言，做大研发设计产业既符合首都功能定位，又顺应首都产业朝着服务化、高技术化和绿色化的发展方向。对于津冀而言，承接北京研发设计企业的生产制造环节外包业务是比较务实的选择。尽管生产制造环节一般处于价值链的相对低端，但这并不意味着这一环节就不值得发展；相反，它们的发展有利于优化当地产业结构，进而蓄积更多的后发赶超优势。

生产制造环节外包是工业领域比较常见的生

产协作方式，是行业内深度分工的表现。在制造业领域，电子信息、装备制造、汽车制造等产业适合不同地区之间分担产业链的不同环节，如北京小米科技股份有限公司专注于研发设计，而将制造环节外包给专业的代工企业生产。这种基于契约的产业外包协作是京津冀产业转移协作可以探索的一个方向。目前，北京已经集聚了大量的研发设计企业，但它们却把生产制造外包到长三角、珠三角地区的企业代工生产。客观上，这种远程式的生产制造外包对企业的创新可能带来负面的影响，如外包企业不易掌控产品质量，生产制造与研发相脱节容易导致企业创新能力下降等。为了缩短时空距离，津、冀的一些城市可以就近对接北京的研发设计企业，借鉴富士康发展模式，积极打造首都生产制造外包基地，扶持壮大重点行业的代工企业，让它们成为带动产业转型升级的"领头羊"。另外，根据行业技术特征，电子信息、装备制造、汽车制造等重点行业领域的生产制造外包龙头企业要发挥示范作用，吸引更多成长性好的科技企业共同参与，逐步建立区域性开放式的生产制造外包协作网络。

（四）龙头企业带动整合

一般而言，行业龙头企业具有资本、技术、市场等综合优势，容易吸引一批上下游关联配套企业实现跨地区或同一地区分工协作，从而确立了众星拱月式的产业转移协作模式。具体而言，龙头企业推动京津冀产业转移协作有四种典型方式：一是跨地区兼并重组。京津冀地区已出现了一批资本实力雄厚、技术优势明显、市场占有率高的行业龙头企业，这些企业是行业整合的中坚力量。它们凭借着自身的独特优势，既可以实施同行业企业并购，也可以顺着产业链的上下游，加大对科技研发或关联配套企业的收购，最终形成全产业链。二是构建区域性产业链网络。行业龙头企业具有较强的整合产业链优势，其布局导向比较明确，有能力汲取不同地区的比较优势，并将产业链和价值链实现有效的整合、匹配，同时也可以将不同节点的产业链环节串联起来，形成一个产业链完整配套的区域生产网络，最终达到企业利益最大化的目的。三是优化调整生产布局。京津冀地区的钢铁、水泥、有色、化工、石化等重化工行业主要由央企或地方大型国企主导，在中央和地方政府的共同引导下，通过交叉持股、业务重组、股权转让等方式优化产能布局。有些企业为此可以将更多的精力集中在核心业务或市场前景更好的新业务，避免"军阀混战"的乱局出现。四是共建行业共享平台。在钢铁、汽车、风电设备、航空航天等行业领域，京津冀三地的行业龙头企业可以共同推动技术、信息、中介服务等平台共建共享，加强行业技术、人才、业务、自律等方面交流交往，彻底打破企业间、区域间、政府与市场间的各种隔阂，共同开辟行业市场。

（五）地方政府共同组建产业转移协作联盟

在新一轮科技革命与产业变革中，京津冀各级政府要主动引入互联网新思维，探索节点、网络、功能三者相互结合的转移协作模式，将各县（市、区）政府、企业和相关机构动员起来，组建一个会员制的产业转移协作联盟。通过这个转移协作平台，不同会员单位可从中寻找合适的产业对接伙伴。具体运作时，需要做好以下三个方面工作。

1. 确定联盟运作的基本规则

产业转移协作联盟由国家有关部门和京津冀三地省（市）级政府共同成立的机构负责运作。联盟充分吸收各类会员单位的建议，统筹各方的利益诉求，建立一个各成员单位基本认可的行为规则和合作框架。各会员单位要本着地位平等、协商一致、责任共担、利益共享的原则，积极参与产业转移对接活动，分享先进发展理念。各成员单位建立线上、线下的交流沟通机制，明确不同成员单位的权利和义务，建立违约责任和惩罚机制，规避地方政府招商引资恶性竞争。

2. 建设产业转移协作示范园区

在上级政府支持下，联盟按照较高的标准遴选出一批区位好、基础好、发展空间大、配套完善的产业园区作为产业转移协作示范园区，创新体制机制，发挥园区产业转移集中承载优势。这些示范园区除了本地发展需要之外，还要让其他成员单位也能分享到用地空间和差别化的支持政策。当然，为了开拓发展空间和发挥示范效应，产业转移协作示范园区也可采取"一区多园"方式整合其他园区。

3. 建立产业转移项目布局协作机制

联盟的落脚点在于县级成员单位之间要发挥各自互补优势，开展招商引资、园区共建、项目托管等全方位合作，把招来项目"打包"起来，布局到合适的产业转移协作示范区。即使是那些不适合发展工业的生态县，也可以把招过来的产业项目落到适宜的产业转移协作示范区，委托园区所在地政府属地管理，根据框架协议获得相应的利益分配。各成员单位合作共建的"园中园"可选择直接管理、合作管理、属地托管、委托第三方管理等形式进行管理，相关利益方分担管理成本。

四、京津冀产业转移协作的保障措施

当前，京津冀产业转移协作进入了白热化的阶段，然而，产业转移项目"落地难"问题始终困扰着地方政府和企业。为了确保产业转移协作平稳有序进行，无论是中央政府还是京津冀三地政府都需要深化相关的体制机制改革，积极为市场主体营造良好的发展环境。

（一）共同组建合作开发主体

京津冀三地省（市）级政府要按照市场规则共同组建区域性的大型产业园区开发运营专业企业，同时也吸引各类社会资本共同参与。专业企业可以发挥产业转移协作的角色，并承担产业园区的规划编制、开发建设、服务运营、产业对接、平台搭建等工作，积极探索产业园区共同规划、共同开发、共同管理和共同受益。

（二）促进产业园区升级

首先，做好产业服务配套。针对上、下游协作紧密的产业，园区招商部门要有意识地采取以业招商，吸引产业链关联配套企业入园发展，积极为产业发展构建公共服务平台，为企业发展提供更加宽松、更有活力、更具创新的产业公地环境。其次，完善园区基础设施。在"七通一平"

基础上，瞄准产城融合的方向，配套建设优质中小学校、医疗机构、就业服务中心、职业培训中心等公共服务设施，妥善解决园区从业人员上学难、看病难、进城难等问题。最后，做好园区服务"最后一公里"。在园区一站式服务的基础上，实行园区精细化管理，将园区物业管理、从业人员子女教育、企业融资服务、商务服务等工作委托园区专业服务企业负责，由其向入驻企业提供管家式服务。

（三）适当增加新增建设用地指标

从服务产业转移协作出发，国家有关部门应更大幅度提高津、冀新增建设用地指标，坚持分类引导、精准供地、高效开发、调剂使用的原则，优先保证国家级或省级重点产业项目用地需求，坚决禁止向国家明令禁止的落后产能或过剩产能项目供应土地，不断提高建设用地的使用效率。同时，地方政府也要积极探索存量土地优化利用，通过老旧工业用地再开发、城乡建设用地增减挂钩、低丘缓坡用地综合开发等途径增加的建设用地规模。

（四）完善利益共享机制

在京津冀协同发展领导小组办公室的协调框架下，京津冀三地省（市）级政府要与国家有关部委共同建立税收共享的省部工作机制，对各级地方政府已签订产业转移的企业税收收入分成协议进行规范，适当予以地方政府自主权，但须明确税收分成比例和期限的上、下限。另外，在现行的体制下，为了避免因产业项目转移带来的GDP流失和激发各地共同招商引资的积极性，京津冀三地省（市）级政府要与国家有关部门共同制定产业转移的企业创造增加值分享统计办法，允许产业转移项目在转出地和承接地之间按一定比例分享指标数。此外，为了吸引产业项目落地，产业承接地的地方政府可根据实际落地项目的投资规模采取以奖代补的形式直接补贴给产业转出地的地方政府。

（五）完善政策对接机制

对于企业反映比较集中的政策领域，京津冀三地政府要在京津冀协同发展领导小组的统一协调下，与国家有关部委沟通，共同推动行业技术标准、行业生产监管管理、体制机制创新等重点领域率先实现一体化。对于京企进入津、冀投资可能遇到的政策支持标准不统一问题，京津冀三地政府有关职能部门要加强对接，妥善处理，引导企业不要片面追求高补贴政策。

参考文献

［1］赵弘.加快京津冀协同发展要着力抓好五个关键问题［J］.经济社会体制比较，2016（3）.

［2］张贵，王树强，刘沙，贾尚键.基于产业对接与转移的京津冀协同发展研究［J］.经济与管理，2014（4）.

［3］叶振宇.京津冀产业对接协作的市场化机制与实践模式［J］.河北师范大学学报（哲学社会科学版），2014（6）.

［4］中国社会科学院工业经济研究所课题组.京津冀协同发展的阶段性成效评价及政策建议［S］.中国社会科学院国家高端智库报告，2017.

Progress and Approaches of Industrial Movement and Cooperation of the Beijing – Tianjin – Hebei Region

YE Zhenyu, YE Suyun

Abstract：Industrial Movement and Cooperation, which is considered as one of three preferred fields in regional integrated development. Has gotten achievement and faced some problems, such as big industrial gap, handicaps from local government and so on. To solve these problems, the local governments among Beijing. Tianjin and Hebei should grasp the opportunity of non – capital function, promote the combina – tion of governmental role and market instruments, explore some effective approaches, such as constructing and sharing the industrial parks, major industrial project investment driving, outsourcing of manufactur – ing, leading enterprises driving and industrial movement cooperation set up by local governments. These approaches will be taken into practices to make sure industrial movement, development and cooperation. Certainly, the central government and local government should improve relative policies and promote the reforms of institutional mechanisms for the purpose of industrial movement smoothly and orderly.

Key words：Beijing – Tianjin – Hebei；Industrial Movement and Cooperation；Progress；Approaches

京津冀产业转移协作的前瞻*

叶振宇

摘　要："十三五"乃至未来一段时间将是京津冀产业转移协作深入推进的关键时期。客观分析京津冀产业转移协作的机遇与挑战，以及准确把握京津冀三地产业发展的趋势，可以为区域产业转移协作趋势判断提供坚实的基础。京津冀产业转移协作未来的趋势主要表现为北京非首都功能疏解的效应由强转弱、雄安新区成为区域产业转移协作的战略合作高地、市场化实践模式在更大范围推广应用、创新链协作更为明显、产业生态的移植与复制成为重点以及三地共同承接全球新兴产业和创新资源六个方面。

关键词：京津冀协同发展；产业转移协作；区域经济

2014 年 2 月 26 日，习近平总书记视察北京时正式提出"京津冀协同发展"，这个构想很快上升为国家战略。三年来，京津冀协同发展取得了阶段性成效，赢得社会各界的点赞。产业升级转移作为京津冀协同发展优先突破的领域之一，也取得明显的进展。据统计，2016 年，北京企业对津、冀投资为 2039 亿元，比 2014 年增长了 3.4 倍。2014 年以来，京、冀企业在天津投资项目达到 4871 个，累计到位资金 5229 亿元，占天津市引进内资的 42.9%；河北从京、津引进项目 4100 个，涉及资金 3825 亿元。①在非首都功能疏解中，北京市一般制造业和商贸物流等传统服务业对外转移趋势非常显著，全市累计退出一般制造业企业 1341 家，调整疏解商品交易市场 350 家②。然而，京津冀三地产业转移现在仍然面临着项目"落地难"、配套政策不统一、人才协同转移困难等问题，这些问题有望在协同发展深入推进的过程中逐步得到解决。

在"十三五"甚至"十四五"时期，京津冀产业转移协作将进入加速推进的阶段，这主要得益于协同发展战略深入实施、雄安新区建设、2022 年北京冬奥会筹办、新一轮科技革命与产业变革等机遇。但是，京津冀产业转移协作将可能遇到一些挑战，如国内外经济形势复杂变化、国内其他区域的竞争压力等。只有充分估计到外部环境的形势变化和分析京津冀三地产业发展动向，才能对今后京津冀产业转移协作的趋势做出比较准确的判断。

一、京津冀产业转移协作的机遇与挑战

从历史进程看，京津冀产业转移与对接协作进展波动比较大，极易受外部环境特别是国家战略或重大决策的影响。因而，只有相对客观地预判或深入分析这些国家战略或重大决策带来的潜在影响，

---

　* 本文发表在《天津师范大学学报》（社会科学版）2017 年第 5 期。
　叶振宇，中国社会科学院工业经济研究所产业布局室副主任、副研究员。
　① 资料来源：北京市统计局发布的《携手逐梦京津冀协同发展扬风帆》。
　② 资料来源：2017 年 2 月 17 日，北京市政府召开的"习近平总书记视察北京三周年来北京市新举措新变化新成果"新闻发布会。

才能清楚地认识到产业转移协作下一步的方向。

（一）重点机遇

在未来一段时间，京津冀协同发展战略仍然是三地产业转移协作的最大机遇，可以为三地产业转移协作创造更好的现实条件和更宽松的体制环境。雄安新区建设、2022 年冬奥会筹办将为三地产业转移协作注入活力，新一轮科技革命与产业变革则为三地探索新型的产业转移协作提供了契机。总体看，今后五年乃至十年，京津冀产业转移协作将主要面临如下机遇：

1. 京津冀协同发展战略深入实施将为三地产业转移协作提供更多的机会

根据《京津冀协同发展规划纲要》的目标，到 2020 年，京津冀协同发展将取得实质性进展，这意味着京津冀三地产业转移协作水平要从当前的项目对接转向健全体制机制，以确保这种态势能够实现机制化、市场化和规范化，使产业转移协作无论在内容还是在形式上都有希望取得更大的实质性进步，特别是长效机制建立和市场化模式探索将变得更加的稳健。同时，京津冀协同发展战略实施将为产业转移与跨地协作创造更好的外部环境，如交通一体化将为产业转移协作提供更优质的投资环境和更长的辐射半径，又如，生态环境协同治理有利于防止污染性产业异地转移和"死灰复燃"。

2. 雄安新区设立将为京津冀产业转移协作提供高水平的平台

2017 年 4 月 1 日，党中央、国务院正式决定设立雄安新区，这是以习近平总书记为核心的中共中央做出的一项重大决策部署。设立雄安新区最直接的目的是治理北京"大城市病"，建设北京非首都功能疏解集中承载地。作为国家的重大战略部署和政治任务，这个定位表明了京、冀两地今后很长一个时期内将围绕非首都功能疏解开展一系列深入、全面和大规模的产业转移与对接协作，同时带动北京优质服务资源扩散。这些合作将是以自上而下为主、自下而上为辅的统筹安排，也促成了雄安新区与北京的关系密不可分，并与北京行政副中心构成北京新的两翼。同时，

津、冀两地将根据雄安新区的定位，在高端高新产业承接协作、优质公共服务辐射对接、新城新区开发、出口通道建设、生态协同治理、体制机制创新等方面深入开展全面合作。可见，雄安新区为京津冀三地进行深入的产业转移协作提供了一次千载难逢的历史机遇，并为京津冀三地加强高端高新产业对接协作提供示范平台。

3. 筹办 2022 年冬奥会促进京津冀三地开展产业对口帮扶协作

北京和张家口将合作承办 2022 年冬奥会，不可否认这次世界级的体育赛事将带动张北地区经济和社会事业实现跨越式发展，不仅可以直接改善张家口对外交通状况，还可以通过承接京、津产业转移和对口共建合作园区形成地区内生发展动力。同样，京、津对口帮扶张承地区不是一项单纯的扶贫行动，而是通过产业转移培育张承地区造血功能。当然，筹办 2022 年冬奥会对改善张承地区投资环境和城市形象将起到极大的促进作用，特别是帮助张家口和承德两个城市走向世界提供了一次绝佳的对外宣传机会。

4. 新一轮科技革命与产业变革带来的新兴技术突破和应用，将开拓了京津冀产业转移协作的合作空间

以智能制造、3D 打印、移动互联网、云计算等为代表的新技术掀起了新一轮科技革命与产业变革，美国、欧盟、日本等主要经济体都正在着手布局一批重大的、引领未来的新兴技术创新攻关项目。在这样的时代背景下，京津冀产业转移协作的内容、形式和途径都可能发生质的变化，这不仅表现为从传统产业合作向高端高新产业合作方向拓展，从产业链协作向产业链、创新链、供应链联动发展方向转变，还表现为从通过招商引资的产业对接协作向基于互联网思维的平台型产业对接协作转变。

（二）主要挑战

"十三五"乃至更长一段时间，我国宏观经济趋势变化、世界经济和政治格局变动、我国其他城市群的崛起等关键"变量"将左右京津冀产业转移协作的进展速度和实际成效。具体而言，

主要挑战包括：

1. 我国经济新常态的趋势难以扭转，将影响京津冀产业转移协作的效果

可以预见，"十三五"我国经济增速将由以往的7%以上下降至6%左右，而宏观经济的下行将带来更高的市场风险。增速换挡的宏观经济环境意味着无论是在传统产业还是在新兴产业领域，将有一大批企业遇到"投资什么都不赚钱"的不利处境，事实也说明了这一点。企业投资意愿的降低无疑会冲击京津冀三地产业转移协作的实际效果。

2. 世界经济和政治格局的变化，将为京津冀产业转移协作带来更加不确定的外部风险

京津冀地区作为东北亚的重要组成部分，自然受到朝鲜、韩国、日本、俄罗斯以及美国、欧盟等国家和地区的影响。当前，朝核危机、中日关系低迷、中韩关系跌入冰点、美国奉行孤立主义等国际政治关系继续影响这个地区的和平安全稳定，也将给京津冀外向型产业发展带来更多的市场风险。如此不利的国际环境意味着京津冀地区承接美国、日本和韩国新兴产业转移的机会明显减少。

3. 长三角、珠三角等城市群日益强大，将对京津冀产业转移协作带来更大的竞争威胁

"十三五"将是长三角、珠三角进入世界级城市群"俱乐部"的冲刺期，较为成熟的区域协作环境、较高水平的市场一体化和较为完善的交通一体化网络是长三角和珠三角保持较强竞争力的关键。相比之下，京津冀产业转移协作仍处于起步和追赶阶段，短期内难以赶上长三角和珠三角。加之，京津冀地区生态环境明显不如长三角和珠三角，并对投资环境产生极其明显的负面影响。所以，在激烈的区域竞争格局下，京津冀产业转移协作可能面临产业、人才和机会流失的风险。

二、京津冀三地产业发展的趋势分析

（一）北京市产业发展的趋势

随着综合商务成本的快速上涨、国内外环境的变化以及"大城市病"治理措施的升级，北京市产业发展将呈现高端化、服务化、集聚化和绿色化的趋势，并通过产业转移扩散、价值链分工、城市功能外溢、技术转化应用等途径进一步增强对周边地区的辐射带动作用，进而形成首都经济圈新型产业协作关系（见表1）。具体而言，主要趋势表现为：

1. 低端、传统产业继续对外转移

"十三五"时期，北京市食品制造业，饮料制造业，纺织服装业，皮革、毛皮及羽绒制品业，印刷和记录媒介复制业，文教体育用品业，橡胶和塑料制品业，石油加工业，化学原料和化学制品制造业，医药制造业等行业将向要素成本低、环境容量大的外围地区转移，并集中表现为重点工业企业集体进行整体搬迁或制造环节外迁，并带动低技能工人向外流动。尽管有些传统产业不是北京未来发展的重点产业，但其价值链高端环节因高度依赖于北京当地的科研机构和人才力量而继续留在北京的局部地区发展，如服饰设计、钢铁等金属材料研发。

2. 优势产业向价值链高端攀升

电子信息、生物医药、汽车和轨道交通、新材料、软件和信息服务等优势产业凭借北京雄厚的科研力量和前期产业积累正在实现向价值链高端升级，而其他附加值较低的价值链环节则向外围地区转移，并通过产业链关联配套关系形成跨地区产业协作（见表1）。在非首都功能疏解"瘦身健体"的过程中，北京加快构建高精尖经济结构，进一步推动优势产业占据行业发展的制高点，充分发挥行业领军企业在国内外的创新引领作用。

3. 城市功能调整促进产业转移和服务资源外溢

根据《京津冀协同发展规划纲要》，北京的城市功能定位于"全国政治中心、文化中心、科技创新中心和国际交往中心"，这四个中心建设充分体现了首都功能，也从中确定了疏解非首都功能的重点领域。通过功能调整和聚焦，北京已开始并将持续较长一段时间推动非首都功能疏解特别是一般制造业、商贸物流业、金融后台等产

表1　北京市产业对外转移模式

模式	基本特点	典型产业	典型案例
搬迁异地	产业对要素成本或环境规制敏感或资源消耗大，产业易发生整体转移	纺织服装、食品、饮料等轻工业，钢铁、有色等冶金行业，塑料和橡胶制品业、石油化工等	首钢搬迁设立曹妃甸生产基地
异地复制	发展模式或管理模式易于异地复制，承接地有市场需求	医疗、教育、养老、旅游等服务业	北京儿童医院托管保定儿童医院
分散化生产	产业链不同环节要素密集度差异较大，技术上无须连续生产的产业，可按照工序或分段进行分工生产，最后装配成工业品	通信设备（手机）、电子计算机制造、装备制造、汽车制造、生物医药等	小米科技股份有限公司委托富士康代工生产手机
生产（或服务）外包	产业不同环节可通过订制、订单等方式委托区外厂商生产，然后由委托方自己销售	云计算、软件外包、互联网等	百度将影视业业务外包给联合网视公司
新技术新产品应用推广	高新技术企业为了寻找新技术新产品用户而异地设立技术成果产业化应用基地，通过用户使用进一步完善产品或技术	新一代互联网、节能减排、智慧城市等新兴产业	北京千方科技股份有限公司在秦皇岛设立技术应用推广的子公司

业对外转移，同时也将推动部分中央企事业单位、教育培训机构、医疗机构等向外搬迁，如支持一批医院将住院部搬迁至北京的城市发展新区，鼓励中心城区中小学校通过异地办学、合作办学、加盟办学等途径将优质教育资源扩散至郊区，提高郊区中小学教育质量。

4. 打造战略高地提升首都竞争优势

"十三五"，北京市着眼于城市发展空间战略调整和功能优化配置，产业发展空间不仅要做好"疏解"减法，还要做好"提升"的加法。中关村科技园区进一步壮大"一区十六园"的实力，利用部分腾退的空间建设创新创业载体，构建与高精尖经济结构相适应的高端产业发展空间。另外，中关村科技园区继续探索对外合作共建园区模式，不断提升高端产业功能区对外辐射力、带动力和联动力。此外，为了加快建设全球科技创新中心，北京将以"三城一区"（中关村科学城、怀柔科学城、未来科技城和北京经济技术开发区）为依托，以高校科研院所、创新型企业为主力军，以综合性国家科学中心为支撑，推动一批重大项目和科学工程落地，继续深化科技创新体制改革，加快建成引领未来产业发展的战略高地。

（二）天津市产业发展趋势

目前看来，今后5~10年，天津市产业发展将呈现"板块联动、重心漂移、局部扩散、区域协作"的特点。

1. 创新引领产业结构调整升级

"十三五"时期，天津市继续推进国家自主创新示范区和自由贸易试验区建设，积极对接北京科技创新资源，将形成一批有特色、可持续、有前景的区域创新共同体，加快建设全国产业创新中心和国际创新城市，带动产业结构向高端化、高质化、高新化方向迈进。

2. 产业布局重心向滨海"漂移"

随着滨海新区进入全面开发阶段，天津工业布局将彻底从老的工业基地走出来，出现以滨海新区为核心、多极化发展的新趋势。"十三五"期间，天津市工业布局将呈现以滨海新区为中心的"两带集聚、多极带动、周边辐射"发展格局。同时，天津市针对不同类型产业实行差别化的发展策略，形成工业总体空间结构。如装备制造业东进，临港发展；高新技术产业西联，共赢发展；重化工业南聚，循环发展；生态产业北拓，永续发展；都市工业提升，高端发展。

3. 主导产业的关联配套产业向外围地区局部转移

天津市汽车、装备制造、电子信息等产业发展已初具规模，但未来随着滨海新区土地空间日趋紧张，将有部分相关配套产业（如汽车零部件、装备零配件、电子元器件）转移到毗邻天津的河北沧州、廊坊、唐山等城市。这些地区是要素成本洼地，承接天津制造业转移具有区位和成本优势。

4. 现代物流业增进京津冀产业协作

天津凭借着综合交通枢纽的优势，将港口、空港、铁路和公路有机地整合到一个庞大的综合交通物流体系之中，明显降低了商品流通的物流成本，提高了物流效率，并成为京津冀产业物流中心，同时也是供应北京消费市场的物流仓储基地，如京东、苏宁、亚马逊等大型电子商务企业都将京津冀区域物流中心设在天津。同时，天津将利用京津冀协同发展机遇，加大整合津、冀的渤海湾港口群，进一步推动滨海机场与首都国际机场、石家庄正定机场的协作。

（三）河北省产业发展趋势

"十三五"是河北省产业转型升级的机遇期，京津冀协同发展战略深入推进，雄安新区开发建设、2022年冬奥会筹办等一系列重大项目建设将为河北省经济社会发展注入新的动力，同时为改变"一钢独大"的产业结构带来调整升级的机会。总的看来，未来5年乃至更长一段时间，河北省产业发展将呈现如下趋势：

1. 以京津冀协同发展战略为机遇，积极承接北京非首都功能疏解

"十三五"将是河北省各地市承接北京非首都功能疏解的机遇期，河北省各地市全方位承接北京市产业转移，承接范围将涉及从一般制造业到现代服务业。同时，京、冀两地将继续以合作共建园区为主要载体，以税收共享为利益契合点，形成一批产业带动、创新驱动、发展联动的旗舰合作项目。河北省将以雄安新区为核心、以曹妃甸、渤海新区为两翼、以一批重点合作园区为支撑点，打造承接京津产业转移协作的"一核、两翼、多点"的平台体系。

2. 以传统产业转型升级为主线，积极拓展产业发展新空间

事实已证明，"一钢独大"的产业结构难以

确保河北省经济持续健康发展，而促进支柱产业适度多元化、均衡发展将是河北省当前调整产业结构的主攻方向。"十三五"是河北省传统优势产业从规模扩张转向质量提升的冲刺阶段，钢铁、石油化工和水泥是调结构的三大重点产业，淘汰落实产能、压减产能规模和促进产业合理布局三大举措将深入实施。装备制造、农副产品加工和纺织服装三大传统优势产业不仅将实现产业链向精深加工方向发展，还将在竞争力、品牌等方面有所突破。

3. 以重大项目投资和优势企业为核心，壮大发展新兴产业

雄安新区开发建设是河北省发展战略性新兴产业最重要的战略机遇，将吸引一大批来自北京乃至全球范围的创新型企业和科研机构，将为战略性新兴产业播下创新的种子。另外，河北省在新能源、新能源汽车、先进装备制造等行业领域都有较好的产业基础，也有相应的一批在全国具有技术和市场优势的企业。这些优势企业将承担全省战略性新兴产业加快发展的重任，由其领衔、带动相关企业关联配套的产业集群茁壮成长，进而形成具有规模优势的"河北板块"。

三、京津冀产业转移协作的趋势判断

"十三五"是京津冀产业转移协作的机遇期、活跃期和冲刺期，在北京非首都功能疏解和雄安新区建设的共同带动下，这轮产业转移协作将形成5～10年的高潮期。即使是在经济新常态的背景下，京津冀产业合作的机会仍然比较多，产业转移与跨地协作将实现常态化。当前及未来一段时间看，京津冀产业转移协作的趋势将主要表现为以下几个方面：

（一）北京非首都功能疏解的效应将呈现由强向弱的走势

在"控人"措施的升级和高房价的共同影响下，北京发展一般制造业和占地多、用人多、高能耗的服务业显然没有竞争优势，而这些产业今后将陆续转移到京外周边地区。可以预见，"十

三五"期间北京产业对外转移将集中爆发，各种形式产业对接协作将纷纷出现，特别是共建产业园区的形式最为突出，这种产业转移协作形式将成为现行体制下的主流，中关村科技园区随着产业疏解而走出北京，在周边地区设立更多的分园，整合带动京外周边地区产业园区转型升级，也带动中关村企业"走出去"。

（二）雄安新区将成为这一轮产业转移协作的战略合作高地

雄安新区是党中央、国务院深入推进京津冀协同发展的重大战略部署，是治理北京"大城市病"的突破口。雄安新区作为北京非首都功能疏解集中承载地，将打破京津冀地区长期以来"京、津"双核的发展格局，形成"京、津、雄"三足鼎立、功能互补、协调联动的新格局。这意味着雄安新区将是京津冀高端高新产业转移协作的高层次平台。

（三）产业转移协作的市场化实践模式将在更大范围逐步推广

未来5～10年，京津冀产业转移协作仍然离不开地方政府间开展高效的对接合作，也离不开中央和地方政策的支持。但不可否认的是，协同发展将改善京津冀地区的投资环境，三地之间差距有望缩小，地区一体化水平明显提高，这些积极变化将为产业转移协作的市场化模式推广提供现实的条件。同时，在新一轮科技革命与产业变革的带动下，产业转移协作的市场化模式推广变得更加容易，各种形式的市场化运作模式将出现，企业将成为产业转移协作的主体。

（四）京津冀产业转移协作将从产业链协作转向创新链协作

随着北京非首都功能疏解效应的下降，依靠产业项目对接的传统产业转移协作形式将日渐式微，取而代之的是京津冀三地围绕创新链环节进行对接，促进创新链与产业链的两种协作形式的融合。换言之，今后京津冀三地产业转移协作是以创新链协作带动产业链协作，进而实现两者相互叠加和融合。

（五）京津冀产业转移协作将是产业生态的移植、复制

无论是产业园区共建还是产业项目的合作，京津冀三地产业对接协作都将经历了从项目合作、招商引资阶段向产业生态环境培育阶段升级的过程。在经济新常态的背景下，京外周边地区产业发展已不可能像过去那样一味追求规模扩张，而忽视了产业层次和升级方向，也不可能像过去那样大规模建设园区和招商引资，却忽视了营造产业发展的创新环境。

（六）京津冀产业转移协作将从区域内存量调整转向共同承接全球新兴产业和创新资源

京津冀三地各自发挥优势和抱团发展将是产业转移协作的推动力量。不可否认，"十三五"期间，京津冀三地产业转移协作仍是以北京非首都功能疏解带动区域存量调整为主的阶段，但这一阶段今后将逐渐地过渡到以区域整体优势承接全球新兴产业和创新资源为主的阶段。两者实现切换的条件是京津冀实现高度的一体化，可以为新兴产业发展提供高素质的要素、产业配套条件和市场空间。

参考文献

［1］中国社会科学院京津冀协同发展智库京津冀协同发展指数课题组.京津冀协同发展指数报告（2016）［M］.中国社会科学出版社，2017：81-100.

［2］叶振宇，叶素云.京津冀产业转移协作的阶段进展与实现途径［J］.河北学刊，2017（3）：139-144.

Prospect on the Industrial Movement and Cooperation
among Beijing, Tianjin and Hebei

YE Zhenyu

Abstract: The 13th Five – year and years to come will be an important period of industrial move – ment and cooperation among Beijing, Tianjin and Hebei, Objective analysis of the opportunities and challenges and mastering the industrial development trends of Beijing, Tianjin and Hebei will be important to provide a solid foundation for judgment. The trends of industrial movement and co – operation among Beijing, Tianjin and Hebei, have six aspects: non – capital function will ease from strongly to weakly, Xiong' an new area will develop into high place of industrial movement and cooperation among Beijing, Tianjin and Hebei, Market – oriented practiced model will be popular and put into application, cooperation of innovation linkage will be more obvious, industrial ecological environment will be transplanted and replicated, emerging industries and innovation resources movement will be carried on by Beijing, Tianjin and Hebei.

Key words: Beijing – Tianjin – Hebei Integration; Industrial Movement and Cooperation; Regional Economy

中西部和东部地区老工业基地振兴发展的五种模式与解构*

叶振宇

摘　要：老工业基地振兴发展面临着产业转型、创新创业、体制改革、环境治理、民生保障等多方面的任务，是一个世界性的难题。近年来，我国中西部和东部老工业基地振兴发展实践取得了积极进展，在产业多元化发展、科技成果转化、生态环境治理、民生工程建设等方面探索出一些有价值的经验做法，形成一些有代表性的创新发展模式。这些模式具有较强的示范意义，是破解老工业基地振兴的"中国方案"。

关键词：老工业基地；振兴发展；模式

21世纪以来，我国中西部和东部地区老工业城市陆续进入转型发展的攻坚阶段，无论是在国民经济快速增长的时期还是现阶段经济新常态时期都没有停止城市转型的脚步，并出现了一些代表性的振兴发展模式。这些模式是地方创新实践的结果，也是这些老工业城市在转型的阵痛中倒逼出来的，对于其他老工业城市振兴发展具有较强的借鉴意义。

一、徐州模式：以融合促升级、以开放促发展、以改造促提升

徐州地处江苏省北部，是京沪、陇海两大重要铁路干线的交汇处，具有承东启西、沟通南北的区位优势。徐州是煤炭资源枯竭型的老工业城市，曾经历过煤炭资源枯竭而导致的资源型产业衰退和国企经营效益下滑而导致的老工业区衰落的过程。由于区位优势明显，产业基础较强，内外开放条件较好，徐州市在新一轮的老工业基地振兴中探索出了一条以融合促升级、以开放促发展、以改造促提升的道路。

第一，坚持融合发展，实施智能制造、服务型制造、绿色制造三大产业升级工程。徐州市抢抓新一轮科技革命和产业变革的机遇，制定并实施了《中国制造2025徐州行动纲要》，确定了从制造大市迈向智造强市的目标方向，大力推进人际智能交互、数字控制、工业机器人、3D打印等先进制造技术的推广应用，使工程机械、太阳能光伏、食品加工等优势产业获得新的竞争优势，减少了用工，提高了产品质量和生产效率。在服务型制造领域，徐州市立足自身的产业基础，实施"互联网＋装备制造"，推动装备制造与服务业融合发展。例如，徐工集团成立了专业的信息技术公司，研发出了工业物联网大数据平台，已为全国38万台大型工程机械提供了后台数据支持，进而孕育出工程机械大数据应用产业。此外，

---

*　本文发表在《改革》2017年第8期。

叶振宇，中国社会科学院工业经济研究所产业布局室副主任、副研究员。

徐工集团成立了专业的融资租赁公司，从事工程机械金融服务，从2013年成立以来已累计向客户发放贷款370亿元。在绿色制造领域，徐州工程机械产业率先进入绿色制造领域，在绿色工艺、绿色技术、绿色处理和绿色营销等方面实现突破，如徐工集团开发出来的LW1200K装载机动臂上开孔，因动臂"瘦身"300公斤而直接减少燃油消耗3%。

第二，坚持开放发展，主动融入"一带一路"倡议。徐州市围绕新欧亚大陆桥经济走廊重要节点城市、淮海经济区中心城市和全国重要综合交通枢纽城市三大定位，实施双向开放战略，支持本地优势企业到"一带一路"沿线国家开拓市场或设立生产基地，同时利用便利的交通物流条件引进微软、甲骨文、IBM、华为、阿里巴巴、京东商城、苏宁易购等国内外知名企业落户，外包服务、现代物流等产业就顺势发展起来。

第三，坚持优化发展，实施城区老工业区全面改造。徐州市鼓楼区被国家发改委列入全国城区老工业搬迁改造试点，这是计划经济时期重点布局的化工基地，曾集聚了全市80%的化工企业。由于许多国有企业长期亏损、企业设备和技术工艺老化、当地环境污染比较严重等原因，徐州市政府采取分类搬迁改造措施，迁建了一批有前景、有潜力、包袱轻的企业至工业园区，关闭了一批亏损严重、设备工艺落后的企业。同时，徐州市对老工业区内的棚户区进行成片改造、环境综合整治和城市基础设施改造升级，修复了被污染的土地，美化了市容市貌，培育发展了现代服务业，使老工业区重新恢复生机。

第四，坚持绿色发展，加大矿区生态环境综合整治。一方面，按照国家有关要求，徐州市加大对采煤塌陷区环境治理力度，注重环境整治与生态修复相结合，恢复矿山植被，因地制宜地将塌陷地复垦为耕地、生态景观等。另一方面，盘活利用关闭破产矿山土地资源。徐州市根据省委、省政府有关文件要求收回了政府划拨的1万多亩

关闭或待关闭矿山存量土地权属，重新进行规划使用。同时，徐州市对于涉及徐矿集团作为用地主体的土地，在变更用地主体时按净收入40%收取土地出让金；对于变更土地用途的，经过公开上市转让，与徐矿集团按5∶5比例分享净收益。政府的土地收益主要用于采煤塌陷区生态环境整治、压煤村庄搬迁等。

徐州市是一个人口规模和经济体量都比较大的城市，在面临煤炭资源枯竭时能够利用自身的产业优势对冲经济下滑的风险。而作为东部地区的老工业城市，徐州市振兴发展模式的主要特征表现为：一是产业融合发展重塑了产业竞争新优势；二是区位条件转化为开放优势，促进了服务外包、电商物流等新产业发展；三是注重市场化运作与行政手段相结合，解决了老工业区改造和矿区生态环境治理。总之，徐州模式对于那些区位优势明显、产业多元化程度较高、城市规模较大的老工业城市振兴发展具有借鉴价值。

二、十堰模式：加大对传统优势产业改造升级和产业链延伸，培育具有优势的新兴产业

十堰市地处湖北省西北部，鄂豫川陕四省交界，地理位置偏僻，交通不便，是"三线"时期国家重点建设的以汽车产业为主导的工业城市，目前是全球最大的商用车制造基地之一。十堰市工业经济存在汽车产业"一业独大"的特征，2016年汽车产业占全市工业总产值的64%。[1] 汽车作为全市最大的支柱产业，现阶段仍有较强的市场竞争力。但跟多数"三线"时期建设的城市一样，十堰市遇到了东风汽车公司总部搬迁带来的产业和人才流失问题，同时也面临着南水北调移民搬迁、水源地保护等巨大压力。对于这样一座因汽车而兴建的城市，东风汽车公司将总部从十堰市迁至武汉市，给十堰市带来的影响不仅是税收流失，还涉及了汽车整车及其零部件产业、

---

① 《2016年十堰市国民经济和社会发展统计公报》。

就业和人才的转移。近年来，十堰市坚持巩固汽车主业和培育新兴产业并举，加大对汽车等传统优势产业改造升级和产业链延伸，培育了一些具有优势的新兴产业，以减少对汽车产业的过度依赖，并推动工业山城向山水园林城市转型。

第一，央企与地方协同促进商用车产业发展。随着乘用车产业的流失，十堰市按照东风汽车公司产业布局战略导向，与东风汽车公司联手重点建设商用车基地，设立了汽车总成、变速箱、卡车、军车四个专业基地，吸引了一大批商用车零部件企业入驻，从而形成了从商用车研发设计、零部件加工到整车制造的完整产业链。据统计，2016年汽车产量达到56万辆，同比增长了33%。①

第二，产业多元化发展。十堰市围绕"一主四大"的产业战略布局，在巩固、扩大商用车产业优势的同时，充分利用当地资源优势，壮大发展水电开发、农产品加工、生物医药和食品饮料四大新产业。同时，为了培育更多的新兴产业，十堰市坚持承接产业转移和鼓励大众创业两手抓。一方面，利用北京对口协作和东部沿海产业转移的机会，建立了十堰中关村科技成果产业化基地，对接中关村产业化项目100余个，引进产业转移项目超过千个，到位资金达1500亿元。另一方面，把大众创业作为孕育新产业、新业态、新模式的抓手，共设立了13个创业孵化示范基地，吸引入驻企业4000余家。②

第三，老工业区企业搬迁改造。为了改善企业发展环境、扩大企业发展空间和缩短整车配套的距离，十堰市根据当地地形地貌特点建成了三个新的汽车工业园区和7个专业园区，吸引了城区50家企业搬迁至新的工业园区发展。在厂区迁建中，这些企业通过空间置换从中获得旧厂区土地转让的较高收益，同时通过迁建机会不仅扩大了生产规模，还进行生产设备和技术工艺升级。

第四，区位和资源两大瓶颈实现突破。十堰市地处山区、远离中心城市，交通十分不便。为了改变这一长期存在的瓶颈，十堰市大力实施了"1234工程"，即十堰武当山机场建成通航，两个客运和散货码头建成投入使用，西武高铁、十宜铁路、合康铁路三条铁路线有序推进，十房、十白、谷竹、郧十4条高速公路建成通车。同时，为了改变山城发展空间不足问题，十堰市因地制宜采取开山辟地的方式平整了土地超过12万亩，有效解决了工业企业用地难、用地贵、分散布局问题。

第五，国有企业改革深入推进。十堰市把国有企业改革作为老工业城市振兴发展的一个突破口，按照企业承担的功能进行分类改革，对城区240家国有企业进行改革或改制，企业负债率从改革前的93.2%下降到改革后的82%。③企业通过这一轮的改革改制释放出较强的活力，也减轻了各类社会负担。

十堰市作为"三线"时期建设起来的工业城市，通过增强自主发展能力来应对大型国有企业总部调整搬迁带来的巨大冲击，实现了平稳过渡。总的来看，十堰市振兴发展模式具有如下特征：一是留住甚至扩大既有的支柱产业优势离不开政企强有力的合作；二是实施产业多元化并提早谋划布局若干个具有接续能力的新支柱产业，以提高区域自主发展能力；三是通过承接产业转移、鼓励大众创业、对口协作等方式培育新兴产业。我国"三线"时期建设了一大批的工业城市，如安顺、天水等，这些城市同样面临着骨干国有企业总部搬迁问题，十堰模式无疑可以为这类城市振兴发展提供可借鉴的经验。

三、石嘴山模式：产业、民生、生态环境三维度实施城市转型战略

石嘴山是"一五"和"三线"时期国家重点开发建设的煤炭基地，是典型的资源枯竭型老工

① 《2016年十堰市国民经济和社会发展统计公报》。
② 国家发展改革委东北振兴司发布的《湖北省十堰市推进老工业基地调整改造及转型升级典型经验介绍》。
③ 国家发展改革委东北振兴司发布的《湖北省十堰市推进老工业基地调整改造及转型升级典型经验介绍》。

业城市。煤炭资源趋于枯竭导致了资源型支柱产业衰落萎缩，进而产生了城市经济增速下滑、失业人数增加、生态环境治理投入不足等突出问题。2008年，石嘴山市被国家确定为首批资源枯竭型城市，在中央和地方政府的共同努力下，围绕产业、民生和生态环境治理三篇文章，着力实施了城市转型发展战略，从培育发展接续主导产业、改造提升传统产业链、发展循环经济等方面入手遏制住了经济下滑趋势，从改善民生事业入手稳住了民心和促进了社会和谐稳定，从整治生态环境入手改善了城市人居环境。经过近十年的努力，石嘴山市逐步从煤炭枯竭型的老工业城市转型为北方特色、山水秀美的新型工业城市。

第一，以产业转型为核心，构建多元化的产业体系。为了改变以资源型产业为主导的单一型产业结构，石嘴山市大力实施产业转型升级和结构调整，打破基于资源优势发展产业的传统观念，通过承接产业转移、产业融合发展、资源型产业升级等途径培育壮大了新材料、装备制造、电石化工、冶金4个基础较好、规模较大、竞争力较强的产业集群和新能源、生物医药、新型煤化工、现代纺织4个特色产业，同时大力发展现代物流、文化旅游、电子商务等成长性较快的服务业。此外，为了摆脱传统产业拖累经济增长和恶化生态环境，石嘴山市坚决淘汰了电石、铁合金、焦化、水泥等行业落后产能，进而迈出了供给侧结构性改革的坚实一步。

第二，以科技创新为引领，增强产业转型升级的动力。石嘴山市围绕特色优势产业发展方向，支持企业与高校、科研院所开展产学研用协作，与中国科学院、中国科协等单位共同实施了各类科研项目977项，取得国家、自治区科技进步奖、优秀专利奖39项，获批国家级创新企业平台14个和企业国家重点实验室1个。[①] 同时，石嘴山市以建设全国小微企业创业创新基地示范城市为契机，设立了一批地方特色的众创空间，吸引了2700多户小微企业入驻。

第三，以民生改善为根本，提高市民对发展成果的获得感。随着经济状况的好转，石嘴山市从原来的改善民生保基本逐步转变为提高城乡居民的生活质量，加大财政投入，将77%以上的财政支出用于改善民生。2008年以来，石嘴山市已累计投入财政资金130多亿元用于棚户区改造和保障房建设，完成老旧小区改造173万平方米，解决了18万困难群众的住房难问题。[②]

第四，以生态环境整治为突破，明显改善城市发展环境。石嘴山市由于以前长期过度开发煤炭资源而留下了很多的生态环境历史欠账。为了改变这种状况，石嘴山市果断采取了多种措施并举加以应对。一方面，取缔关停了一大批不符合国家产业政策要求、环境污染严重的企业，支持一批以节能降耗、减排增效为重点的清洁生产企业发展。同时，石嘴山市已累计完成44.95平方公里的历史遗留矿山生态环境恢复治理。另一方面，实施石嘴山经济技术开发区和平罗工业园区的循环化改造，针对企业实施了一批"三废"和余热余压等循环经济项目。通过上述生态环境综合整治，石嘴山重现出天蓝、水绿、城美的景象。

石嘴山市作为西部地区资源枯竭型老工业城市，经历了资源枯竭倒逼出来的城市转型与振兴发展的过程。虽然石嘴山地理区位并不突出，经济体量不大，但能积极争取国家的政策资源，从产业、民生、生态环境三个方面入手实施城市转型战略，取得了明显的效果。概括起来，石嘴山老工业城市振兴发展模式具有如下显著的特征：一是在煤炭资源枯竭时，产业多元化发展改变了资源型产业独大的状况，实现经济回升；二是企业与各类科研机构建立了产学研用协作，实现外部创新资源驱动发展逐步取代资源驱动发展，进而摆脱了对传统资源的路径依赖；三是民生和生态环境被视为城市振兴发展的基础保障，民生改善有利于稳民心、促和谐，生态环境改善有利于提升城市形象和竞争优势。目前，我国还有一大

---

① 国家发展改革委东北振兴司发布的《宁夏石嘴山市推进老工业基地调整改造及转型升级典型经验介绍》。
② 国家发展改革委东北振兴司发布的《宁夏石嘴山市推进老工业基地调整改造及转型升级典型经验介绍》。

批像石嘴山这样的资源枯竭型老工业城市，有些城市依然饱受资源枯竭和资源型产业衰退的折磨，而石嘴山模式可以为这些城市提供示范样板。

四、自贡模式：主动谋划实施城市转型，减少对资源型产业的依赖

自贡市是"千年盐都"，是一座因盐而立、因盐而兴的城市，是典型的资源型老工业城市。自贡市盐业开发始于东汉，历史十分悠久，形成了以盐为特色、多业融合、集聚发展的产业体系。虽然目前自贡市的盐矿资源尚未进入枯竭阶段，但由于盐化工产业低迷，自贡市经济受到较大的影响，于是加快实施城市转型与产业结构调整，大力发展非盐产业，改变"一盐独大"的状况。

第一，提升传统优势资源产业。自贡市立足于当地特色资源优势，打破盐业发展的传统思路，不仅将传统优势资源产业链条拉长、优化和提升，还促进产业融合发展，构建大盐业体系。在食用盐、工业盐等传统产品的基础上，当地企业进一步开发了保健盐等高附加值产品，以满足差异化消费市场需求。盐化工企业将产业链向烧碱、纯碱的下游产品延伸，同时进入有机氟、有机硅、含盐日用品等精细化工和高分子化工领域。自贡市不局限于盐的精深加工业发展，而是将盐文化纳入旅游和健康产业之中，培育发展盐历史文化保护、盐疗养生、盐帮美食等新兴业态。

第二，壮大发展非盐产业。为了摆脱对盐业及其下游产业的过度依赖，自贡市利用化工流体机械的传统优势，改善本地产业链关联配套条件，大力发展节能环保设备、航空与燃机、新材料等非盐产业，并通过承接产业转移、军民融合等途径引进了一批关联度高、带动力强、投资规模大的项目，带动环保设备产业集群形成和规模化发展，促进航空与燃机实现本地化配套。

第三，实施老工业区搬迁改造。按照"退城入园、业态升级"的思路，自贡市将华西能源等一批原来布局于城区的企业整体搬迁至工业园区。这些企业通过土地收益返还筹集到了转型升级的资金，并将这些资金主要用于设备改造升级、开拓新的产业领域、偿还债务等。自贡市地方政府将腾退的工业用地变更用途，主要用于建设商业综合体、众创空间、电商基地、生态景观以及扩建大学校区，从而做到了"搬活企业、搬强产业、搬美城市"。

第四，建立各类科技创新平台。自贡市充分利用国家级高新区和众创空间两大平台，吸引了一大批中小企业设立研发机构和创新中心，建立了以产业链带动创新链、以创新链升级产业链的互动关系，建成了近60个国家、省级创新平台、10余个院士专家工作站、80多个各级各类技术创新研发平台，实现全市主要产业领域基本覆盖。

第五，深入实施国有企业分类改革。自贡市遵循分类改革方向，推动一批经营困难、效益低下的国有企业进行改制，配合解决了企业办社会、职工养老、下岗职工安置和再就业等问题。华西能源、川润股份、海川公司等企业经历这一轮国企改革之后重新焕发生机，在各自行业领域实现异军突起。

自贡市是一座长期依赖于盐矿资源开发的资源型老工业城市，为了摆脱对盐化工产业的依赖，开始实施城市转型，探索出了一条资源型产业做精、非资源型产业做优和产业融合、产业协调、多业并举的发展道路。总体来看，自贡市振兴发展模式具有以下特征：第一，资源型产业与非资源型产业协调发展是资源型老工业城市摆脱资源过度依赖的一条出路；第二，创新驱动传统产业升级和新兴产业发展是资源型老工业城市产业多元化发展的方向；第三，城区老工业区搬迁改造可以为相关企业再次获得生机提供重要的机遇。我国还有一些资源型老工业城市尚未进入资源枯竭阶段，可以借鉴自贡模式，提早谋划实施城市转型，减少对资源型产业的依赖。

五、北京石景山模式：工业遗产保护性开发、服务业驱动型发展、投融资市场化运作并举

石景山是北京的市辖区，位于北京城的西部，

是首钢总公司原所在地,是因钢而设的城区,其产业结构长期具有"一钢独大、一企独大"的特征。随着首钢的搬迁,石景山区经济遭到较大的冲击,陷入了百业待兴的困境。石景山区经过这些年的艰难转型,探索出了一条以工业遗产保护性开发、服务业驱动发展、投融资市场化运作的振兴发展模式。

第一,以工业遗产保护性开发为主攻方向,培育发展体育产业。在市政府的协调下,石景山区与首钢总公司建立了对接机制,共同盘活首钢老工业区,加强工业遗产的保护和开发,建设首钢工业遗产公园。石景山区抓住北京冬奥会组委会入驻首钢老工业区的重大机遇,实施工业厂房改造升级,适当保留首钢老工业区特有的工业景观,建设富有特色的国家体育产业示范基地,如首钢北区精煤车间等老厂房被改造成为国家体育运动队冬季运动训练基地,原冷却塔改造成为攀岩等户外运动基地,炼钢管廊改造成为空中步道。

第二,以建设新首钢高端产业综合服务区为契机,加快发展高端服务业。首钢的搬迁对石景山区工业发展无疑是致命的一击,高新技术产业也没有顺利培育壮大起来,为此石景山区利用获批国家服务业综合改革试点区的机遇,将产业发展重点转向现代金融、科技服务、文化创意、商务服务、旅游休闲五大高端服务业,并取得了明显成效。目前,信息服务业和金融服务业已成为石景山区两大支柱产业,2016年这两个行业占地区增加值的比重分别为17.5%、8.2%。[①] 同时,石景山区深度挖掘本地的文化资源,培育佛教文化、京西古道文化、永定河文化、首钢工业遗产文化等文化旅游品牌,使文化创意产业成为大众创业的引爆点。

第三,以体制机制创新为切入点,建立工业用地再开发机制。2014年,北京市政府专门出台了《关于推进首钢老工业区改造调整和建设发展的意见》,对首钢老工业区原有的工业用地的权属关系、处理方式和土地收益使用都做出了明确

的规定,解决了这片老工业区土地再开发权属不明晰、收益不明确、分配不合理等棘手问题,妥善处理了首钢总公司和石景山区政府之间的利益矛盾。这份文件明确规定了首钢权属用地土地收益由北京市政府统一征收,专项管理,定向使用,主要用于征地拆迁补偿、城市基础设施建设、土壤污染治理修复等。

第四,以政府性基金为牵引,引入多主体参与、市场化运作的投融资方式。石景山区跟全国其他城区老工业区一样,难以依靠本级财政解决搬迁改造的资金问题,为此需要得到上级政府的资金支持和社会资本的参与。2011年,北京市发改委、石景山区政府、首钢总公司和京煤集团共同出资设立了一个总额为10亿元的股权投资基金,吸引社会资本45亿元参与老工业区改造、产业培育等方面投资,累计完成项目投资18个。2013年以来,北京市每年安排财政资金3亿元作为专项资金,用于石景山区投融资平台建设。2015年,北京市财政局和首钢总公司共同出资设立了总额200亿元的京冀协同发展产业投资基金,重点为首钢老工业区改造、曹妃甸示范区等产业功能区的基础设施和产业发展提供资金支持。

第五,以市级统筹和政企对接为组织保障,建立首钢老工业区改造工作的协调机制。首钢老工业区改造是一个历时多年、历史遗留问题较多、企业搬迁项目较大的工程。在首钢搬迁以后,2011年北京市政府就启动建设新首钢高端产业综合服务区,2013年成立了由市长担任组长的新首钢高端产业综合服务区建设领导小组,并在北京市发改委设立了建设领导小组办公室(以下简称新首钢办公室),石景山区政府也成立了相应的机构。同时,石景山区政府与首钢总公司建立了定期的政企对接沟通机制,共同解决首钢老工业区改造实施中的难题。

石景山区是我国城区老工业区搬迁改造与振兴发展的缩影,现已从锈蚀的钢城变为高端的服务业新区,这一转变过程折射出老工业区振兴发

---

① 《2016年石景山区国民经济和社会发展统计公报》。

展的艰难和出路。同时，石景山区作为城区老工业区振兴发展的代表模式主要特征表现为：第一，通过工业遗产保护性开发与发展新业态相结合的途径培育发展新产业，解决了首钢老工业区多年闲置问题；第二，通过土地变现和政府性基金的市场化运作解决了园区改造、产业发展、基础设施建设等方面的资金需求问题；第三，通过市政府层面统筹协调与政企对接协作相结合解决了老工业区振兴发展的组织保障问题。当然，石景山区作为北京主城区的组成部分，受益于中心城区的高端产业和优质要素的扩散，以及北京冬奥会等有利的机遇。即使这样，石景山区模式探索出来的一些有益经验仍然不失为其他城区老工业区调整改造与转型升级借鉴。

Five Models of Eastern and Midwestern Old Industrial Bases' Revitalization and Development and Its Analysis

YE Zhenyu

Abstract：There are many tasks for old industrial bases to fulfill, these tasks include industrial transformation, innovation and entrepreneurship, economic reform and so on. The old industrial bases' revitalization and development is regarded as a worldwide problem. Recently, Eastern and Midwestern old industrial bases' revitalization and development has made progress, some experiences on industrial diversification, transformation of scientific and technological achievements and so on and innovative models are considered to be valuable for other similar cities. The models which are regarded as "Chinese Solution" for old industrial bases' revitalization have strong significances.

Key words：Old industrial Base；Revitalization and Development；Model

长江经济带产业转移承接与空间布局优化策略研究[*]

刘佳骏

摘　要： 本文首先通过区域产业发展梯度系数测算方法，分析长江经济带上、中、下游11省市的产业发展比较优势，确定长江经济带上、中、下游各省区可以重点开放转移的优势产业。其次，通过产业承接能力指数测算，定量分析了长江经济带各省区承接产业转移的能力。产业梯度的实证分析揭示了长三角地区存在向长江中上游地区开放转移优势产业的动力，产业承接能力指数分析则表明不同省区对不同产业承接的比较优势条件。最后，基于实证分析，提出长江经济带未来产业转移承接合作与协同发展，实现整体经济带产业布局优化的策略。

关键词： 长江经济带；产业转移承接；布局优化

一、引　言

长江经济带承东启西，覆盖上海、江苏、浙江、安徽、江西、湖北、湖南、重庆、四川、云南、贵州11省市，面积约为205万平方公里，占全国的21%，人口和经济总量均超过全国的40%，是我国国土开发和经济布局"T"形空间结构战略中极其重要的发展轴，综合实力强、生态地位重要，具有独特优势和巨大发展潜力（陆大道，1986）。长江经济带横跨我国地理三大阶梯，资源、环境、交通、产业基础等发展条件差异较大，地区间发展差距明显。近年来，沿江各地区经济发展水平差异日益明显，产业结构也呈现出较大差异，长江经济带区域内产业逐渐呈现梯度转移的趋势。2016年3月，中共中央发布《长江经济带发展规划纲要》，描绘了长江经济带发展的宏伟蓝图。长江经济带战略实施为中国新

一轮改革转型，实施新区域开放开发，推动沿江现有产能改造提升、有序转移承接，促进经济增长空间从沿海向沿江内陆拓展，形成上中下游优势互补、协作互动格局，缩小东中西部发展差距，打破行政分割和市场壁垒，推动经济要素有序自由流动、资源高效配置、市场统一融合，促进区域经济协同发展，提升国土空间利用效率，提供了重要支撑（秦柳，2015）。

"一带一路"倡议和长江经济带战略共同构建了一个横跨东、中、西部三个不同发展区域，高、中、低三个不同经济发展水平的区域协调发展新体系。这一新体系有利于推进沿线的产业梯度转移承接与合作，有利于各区域充分发挥各自的比较优势，使资源配置得到进一步优化，释放互补效应，从而形成各省市区域的错位竞争与合理分工，产生协同作用，促进我国整体产业空间布局的优化（廖敬文，2016）。因此，长江经济带的建设将与"一带一路"形成互动新

---

　* 本文发表在《重庆理工大学学报》（社会科学版）2017年第10期。

　刘佳骏，中国社会科学院工业经济研究所助理研究员。

格局，区域内产业转移与承接发展对加强沿海沿江沿边和内陆开放的统筹力度，增强与"一带一路"倡议之间的衔接互动，提升长江经济带开放型经济水平，具有重大的战略意义（西部论坛）。

目前，针对长江经济带产业发展过程中转移与承接合作的研究主要集中在以下两个方面：一是在长江经济带内各区域比较优势研究方面。牛禄青认为，各地规划趋同是产业同构的源泉之一，长江经济带产业同质化较为严重，钢铁、化工、医药和造纸等"三高"产业争先恐后地沿长江布局，既带来了恶性竞争和产能过剩，又对长江生态环境的可持续发展埋下了污染隐患（牛禄青，2013）。沈惊宏等（2012）利用经济联系总量、城市流强度等指标测算长三角与皖江城市带各城市的区域联系大小来分析皖江城市带各城市承接长三角产业转移可能的规模梯次。于文静（2009）对长江经济带三大地区的经济协调度进行了时序评价，指出长江经济带东、中、西三大地区之间的差异逐年增大，提出由于三大地区的经济差异过大导致整个经济带的经济无法实现协调发展。二是在构建区域产业协同发展机制体制方面。曾刚等（2015）从新时期长江经济带建设计划的背景与意义、战略目标及长江经济带建设的科学基础、九省二市的发展基础条件、战略部署等方面入手，全面系统地论述了支撑长江经济带协同发展的复合生态系统理论、劳动地区分工理论、产业转移理论、区域创新系统理论、增长极理论以及交通联系、经济联系、社会联系、创新合作、水资源利用与保护、生态环境安全合作、上海自贸区与流域一体化制度创新等重要理论与战略问题。黄庆华等（2016）利用偏离份额分析法对长江经济带产业结构演变及政策取向进行了研究，认为长江经济带产业结构演变的影响因素包括政策导向、要素价格、区域分工、产业发展规律等，提出

长江经济带各地区既要利用黄金水道优势建立内部协作机制，又要加强与黄河经济带、珠江经济带的互动。

可以看出，以往的研究割裂了产业移出地和产业承接地的内在关系，专注于孤立地分析产业转移地的产业转移趋势和承接产业地区承接产业的竞争力，缺少将两者纳入同一分析框架中进行分析，虽然有学者将产业转移和产业承接结合起来分析，但由于缺乏对长江经济带内部区域产业发展梯度与产业承接地承载能力水平的实证定量分析，对沿江各省开发开放优势产业和重点承接产业区域的识别不够清晰，提出的对策针对性与科学性不强。因此，本文在基于长江经济带梯度开发与产业转移承接战略的基础上，通过对长江经济带各产业部门进行产业发展梯度与各省区承接产业能力指数的分析测算，确定长江经济带内各省份处于优势地位的产业和长江中、上游省份适合产业承接的重点区域，并提出未来长江经济带梯度产业转移承接与产业布局优化的策略。为促进长江经济带上、中、下游①区域产业合作和结构优化升级、加速各类要素资源的合理配置和有序流动，优化长江经济带产业空间格局，以及政府制定和完善产业转移承接与产业布局优化引导政策提供科学依据。

二、研究数据与研究方法

（一）区域产业发展梯度系数的测算方法

一个区域的某产业所处产业梯度层级可以由该地区的产业梯度系数表示，产业梯度系数由两个要素决定，即用比较劳动生产率衡量的创新因子和用区位商来衡量的市场因子。因此，一区域产业梯度系数可描述为由比较劳动生产率与区位商的函数，即一地区产业创新水平及产业市场占有程度的函数，其表达式如下：

---

① 需要说明的是，为了与行政区划相衔接，本文将长江经济带划分为上、中、下游地区。上游地区包括重庆、四川、云南、贵州4省市，中游地区包括湖北、湖南、江西和安徽4省，下游地区包括上海、浙江、江苏3省市，这与传统上按河流特征及流域地形划分的上、中、下游有一定的差异。下同，不再说明。

$$f(d_{ij}) = b_{ij} \times q_{ij} \qquad (1)$$

其中，d_{ij} 为 i 地区 j 产业的产业梯度系数，b_{ij} 为 i 地区 j 产业的比较劳动生产率，q_{ij} 为 i 地区 j 产业的区位商。

比较劳动生产率反映的是某一区域特定产业的创新水平，取决于该地区该产业从业者的综合素质、技术创新水平和技术转化为生产的能力等因素与所在区域该部分因素平均水平的比较。若该指标值大于 1，则说明其劳动生产率高于该区域的平均水平，若一区域比较劳动生产率指标值小于 1，则说明该产业的劳动生产率比整个区域的平均水平低。具体计算公式如下：

$$b_{ij} = \frac{v_{ij}}{e_{ij}} \qquad (2)$$

其中，b_{ij} 为 i 地区 j 产业的比较劳动生产率，e_{ij} 为 i 地区 j 产业从业人员在整个区域同行业从业人员中所占的比重，v_{ij} 为 i 地区 j 产业总产值在整个区域同行业总产值中所占的比重。

区位商反映的是某一区域特定产业的相对专业化程度，它取决于该地区该产业的资源利用效率、专用设备和专业技术人员的数量等因素与整个区域平均水平的比较。如果一区域某个产业区位商大于 1，说明该产业的生产专业化水平比其所在区域的平均水平高，具备比较优势。区位商越大，表示该产业在其所在区域的比较优势越明显，专业化水平越高。具体公式如下：

$$q_{ij} = \frac{g_{ij}}{c_j} \qquad (3)$$

其中，q_{ij} 为 i 地区 j 产业的区位商，g_{ij} 为 i 地区 j 产业产值占该地区 GDP 的比重，c_j 为全国 j 产业产值占全国 GDP 的比重。

（二）承接产业转移能力指数测算方法

1. 承接产业转移能力指数指标体系构建与说明

为了对长江经济带内部不同省区承接产业转移能力水平进行定量比较，从而对各省区产业承接选择进行科学判定，需要建立科学、统一、可操作的指标体系。这一指标体系的建立需要遵循以下三方面原则：一是要重点考虑承接地对转移

产业的吸引能力，经济发展水平、劳动力成本、市场规模与对外联系程度是吸引产业来本地发展的重要因素；二是要重点考虑承接地对转移产业的支撑能力，要让转入产业在承接地落地发展，融入本地经济，就要充分考虑本地的产业配套能力、基础设施水平、劳动力和资金供给能力，以及产业发展对当地环境的危害程度与本地的资源环境承载力情况；三是要重点考虑承接地对产业的发展能力，也就是有利于产业转型升级的各类因素，包括高素质劳动力供给能力、创新成果产出水平、科技资金投入力度、企业盈利水平等。基于以上考虑，将指标体系划分为产业吸引能力、产业支撑能力、产业发展能力 3 个二级指标；以及 23 个三级指标（见表 1）。

2. 计算方法

因为指标体系中出现了逆向行为指标，为避免较大误差，首先要将数据进行同向化处理，具体方法如下：

$$u_k(x_{kj}) = \begin{cases} \dfrac{X_{ij} - \min\{X_j\}}{\max\{X_j\} - \min\{X_j\}}, & \text{正向指标} \\[3mm] \dfrac{\max\{X_j\} - X_{ij}}{\max\{X_j\} - \min\{X_j\}}, & \text{负向指标} \end{cases}$$

接下来利用 SPSS 软件主成分分析法对构成表征产业吸引、产业支撑、产业发展的 23 项指标进行主成分提取。在做主成分分析之前，要对数据进行 KMO 和球形检验，三项指数的 KMO 值分别为 0.826、0.811、0.762，均大于 0.7，且球形检验显著，说明所选指标相关性大，样本指标数据适合做主成分分析。利用式（4）计算提取主成分，利用式（5）计算得到各项指数的综合主成分。

$$I_j = \sum_i^n \left(\frac{y_{ij} \cdot j}{\sqrt{M_j}} \times x_i \right) \qquad (4)$$

$$I = \sum_j^m \left(I_j \cdot M_j \Big/ \sum_j^m M_j \right) \qquad (5)$$

其中，I_j 表示在主成分分析中提取的每个次级能力的第 j 个主成分，j 表示主成分的个数；y_{ij} 表示在主成分分析中第 i 个三级指标在第 j 个主成分下的载荷值，i 表示每个次级能力选取的指标个数；M_j 表示在主成分分析中提取的第 j 个主成

表1 长江经济带内省区承接产业转移能力指数指标体系

一级指标	二级指标	三级指标	指标方向
产业转移承接指数	产业吸引	社会消费品零售总额/万元	正向
		区域 GDP 占全国的比重/%	正向
		在职人员年平均工资/万元	逆向
		货运量/万吨	正向
		当年实际使用外资金额/万美元	正向
		人均 GDP/元	正向
		城市化率/%	正向
	产业支撑	就业人口占总人口比率/%	正向
		二级以上公路网密度/千米/平方千米	正向
		互联网宽带接入用户数/万户	正向
		工业增加值占比/%	正向
		第三产业占比/%	正向
		万元产值废水排放量/吨/万元	逆向
		万元产值固体废弃物排放量/吨/万元	逆向
		万元产值 NO_x 排放量/吨/万元	逆向
		万元产值 SO_2 排放量/吨/万元	逆向
		能源效率/万元 GDP 能耗	正向
		年末金融机构存款余额/万元	正向
		固定资产投资占比/%	正向
	产业发展	研发经费支出占 GDP 比重/%	正向
		科学技术人员占就业人口比率/%	正向
		专利申请受理量/项	正向
		规模以上企业利润总额/万元	正向

分的方差贡献率，即第 j 个主成分对指标的解释程度；x_i 表示每个次级能力下第 i 个三级指标的值；I 表示每个次级能力提取的综合主成分值，即每个次级指数的值。

承接产业转移能力指数利用式（6），由产业吸引能力、产业支撑能力、产业发展能力综合而得。各项能力的赋值借鉴了前人的研究成果，同时也考虑了各项能力对区域承接产业转移的重要性。

$$I_u = \sqrt[3]{aI_a \times \beta I_b \times \gamma I_c} \qquad (6)$$

其中，I_u 表示承接产业转移指数，I_a 表示产业吸引指数，I_b 表示产业支撑指数，I_c 表示产业发展指数，α、β、γ 为通过熵值法确定的权重。

本研究采用熵值法确定指标权重过程如下：

第一步：将每项指标值 x_{tj} 做正向化处理，对评价指标做比重变换：

$$\rho_{tj} = \frac{x_{tj}}{\sum_{j=1}^{n} x_{tj}}$$

第二步：对评价指标的熵值计算：

$$\varphi_j = - \sum_{t=0}^{r} \rho_{tj} [\ln \rho_{tj}]$$

第三步：将熵值逆向化：

$$\omega_j = \frac{\max \varphi_j}{\varphi_j}, \ \omega \geq 1, \ j \in [1, n]$$

第四步：计算标值 x_{tj} 的权重：

$$\phi_j = \frac{\omega_j}{\sum_{j=1}^{n} \omega_j}$$

三、研究结果

（一）长江经济带各省区分行业产业梯度系数测算结果分析

本文依据上述产业梯度计算模型，主要利用《中国统计年鉴 2016》《中国工业统计年鉴 2016》、各省份 2016 年统计年鉴中的数据，计算得出 2015 年长江经济带 11 省份和长三角地区 36 个工业行业的产业梯度系数，详细结果如表 2 所示。

计算结果显示，在长江经济带上游地区，四川和重庆的产业发展梯度系数大于 1 的产业分别为 10 个和 9 个，四川的饮料制造业、黑色金属矿选业和水的生产供应业处于经济带最高水平，产业发展梯度系数分别为 3.6962、1.6049 和 2.6271，重庆的工艺品和其他制造业与交通运输设备制造业的产业梯度系数分别为 9.4144 和 2.3518，处于经济带最高水平，且重庆的工艺品和其他制造业在长江经济带内具有绝对优势。云南和贵州两省的产业发展梯度系数大于 1 的产业分别为 6 个和 4 个，云贵两省的烟草制造业水平处于长江经济带前两位，产业发展梯度系数分别为 9.7688 和 7.9157，两省烟草制造业在长江经济带内具有绝对优势。云南的煤炭开采和洗选业处于经济带内产业发展最高水平，产业发展梯度系数为 1.7691。

在长江经济带中游地区，安徽省有 18 个产业的梯度系数大于 1，其中木材加工及木、竹、藤、棕、草制品业，橡胶和塑料制品业，电气机械及器材制造业与废弃资源和废旧材料回收加工业的产业发展梯度系数分别为 1.9888、2.1184、3.7110 和 6.5837，该部分产业发展处于经济带内最高水平。湖南、湖北两省分别有 14 个和 18 个产业类型的发展梯度系数大于 1，其中湖南省的家具制造业与专用设备制造业处于经济带内产业发展最高水平，产业发展梯度系数分别为 1.4839 和 4.4766，湖北省的非金属矿采选业、农副食品加工业与食品制造业处于经济带内产业发展最高

水平，产业发展梯度系数分别为 3.6554、2.1234 和 1.2074。江西省有 18 个产业的梯度系数大于 1，其中有色金属矿采选业，纺织服装、鞋、帽制造业，医药制造业，非金属矿物制品和有色金属冶炼及压延加工业处于经济带内产业发展最高水平，产业发展梯度系数分别为 3.4283、2.7925、1.8694、1.8407 和 7.3886。

长江下游三省份即长三角地区有 66 个产业的梯度系数大于 1，其中，江苏 14 个、浙江 24 个、上海 28 个。其中上海市除采掘业和农副食品加工业，饮料、烟草和食品制造和非金属矿物制品个别产业的产业梯度系数略小于 1 之外，其余产业的产业梯度系数都大于 1，其中纺织业，纺织服装、鞋、帽制造业，化学纤维制造业，仪器仪表及文化办公用机械制造业，工艺品及其他制造业，电力、热力的生产和供应业等的梯度指数在 3.0 以上，其中纺织业，皮革、毛皮、羽毛（绒）及其制品业，造纸及纸制品业，文教体育用品制造业，石油加工、炼焦及核燃料加工业，化学原料及化学制品制造业，化学纤维制造业，黑色金属冶炼及压延加工业，金属制品业，通用设备制造业，通信设备、计算机及其他电子设备制造业，仪器仪表及文化、办公用机械制造业，电力、热力的生产和供应业，燃气生产和供应业共计 14 个行业处于经济带内产业发展最高水平。江苏、浙江两省虽然没有梯度系数排名第一的产业类型，但有大部分制造业处于前三位，这充分说明了长三角地区制造业各产业处于较高的发展梯度，具备向长江中上游其他低梯度地区转移的客观实力和动力。

产业发展梯度系数测算目的在于对某一地区特定产业发展的相对水平进行综合评价，产业发展梯度系数大于 1，说明该产业高于整个区域平均水平，在地区间的产业竞争中具有一定的比较优势。长江经济带各省的比较优势产业既是其开发开放的重点产业，也是有基础向外溢出转移的重点产业。根据长江经济带 11 个省区内部各行业发展梯度系数排序（见表 3），我们可以得出长三角和整个长江经济带沿线各产业类型的梯度优势。

计算结果表明，长江经济带上、中、下游各省份间已经具备了转移的基础条件，不同类型产业梯度势差明显。下游长三角地区除煤炭、有色与非金属采掘业外，其他类型的产业占有相当优势，将是产业外向转移疏解的活跃区位；中游省区原材料加工业、装备制造业、通信电子设备、食品和轻工纺织业等行业产业发展梯度系数处于中游，且具有一定的发展基础，将是产业转入承接的重点区域；上游省份除四川与重庆两省份在装备制造、饮料与农副食品加工、有色与非金属加工、木材加工与废弃资源回收等产业具有一定比较优势外，其他优势产业均是依托本地特色资源而发展的资源型产业，且均处于采掘与初级加工层级，云贵地区除烟草和煤炭采选业外，其他类型产业发展滞后，产业亟待升级，但又受到本区生态环境保护要求限制，未来承接生态友好型产业优势明显。

（二）长江经济带沿线各省份重点产业发展梯度比较分析

1. 沿线各省份采掘业产业发展梯度比较

由于本区内资源禀赋优势，在煤炭、黑色金属、有色金属和非金属采选业中，上游省份在该部分类型产业梯度上具有绝对的优势，中游有色金属采选业方面具有一定的优势。中、上游省区产业发展与该地区内自然资源禀赋上天然的优势高度相关。采掘行业由于对自然资源禀赋依赖性较高，因此，此类型产业一般不会主动发生向区外转移。但是，当本地资源发生枯竭时，原有产业迅速衰败，大批人力资源外流，并伴随着矿产开发导致的环境问题，地区产业发展转型难度较大，同时，长期以来受到传统产业发展限制，其他产业发展基础较差，承接转入产业能力较低，短时间内难以引入和培育较为合适的接续产业，这也是云、贵、川地区资源型省份转型面临的巨大难题。

2. 沿线各省份原材料加工产业发展梯度比较

除中游湖南、湖北、江西三省在有色与非金属冶炼及压延加工业方面占有优势外，其他行业下游长三角地区均占有绝对优势。原材料加工业

的区域产业梯度集中分布状况典型地反映出长江经济带产业发展与空间布局上的不合理。上游省份依托优势资源禀赋在采掘业上占有相当的梯度优势，但这种优势没有沿产业链向高附加值方向转化，而且中、上游省份产业发展空间被下游长三角省份长期以来发展积累的资金、技术和人才优势进一步挤占。最终，原材料加工业在长江主航道下游沿线城市按照"囚徒困境"的博弈均衡方式集聚，这样会导致下游省份逐渐丧失技术创新的动力，同时使长江上游资源产区陷入"资源诅咒"，长期下去必将阻碍长江经济带整个区域经济的平衡发展。中、上游地区应在原有基础上延伸产业链，将资源优势逐步转化为产业竞争力优势，实现传统产业的升级改造和附加值提升，下游省份应考虑通过对外投资、"飞地园区"、技术合作等方式在本区域内将初级原材料加工业退出，利用技术与资本优势加速产业升级，使本地区产业始终处于价值链的高端，引领整个经济带的产业发展。

3. 沿线各省份轻工纺织业产业发展梯度比较

总体上，由于历史原因轻工纺织产业在下游长三角地区占有一定优势，食品制造业、饮料制造业和烟草制品业在中、上游部分省份占有一定优势。近年来，长三角地区在产业升级进程中，部分纺织服装、鞋帽产业由于人力与土地成本上升的原因已经开始向外转移，但是转移指向往往是海外，如孟加拉国、印度尼西亚和越南等国家，长江中、上游省份区承接相关产业项目落地并不密集。这说明，一方面，在承接纺织业这种人力密集型产业上，中、上游省份相关土地成本与政策优势并不明显，同时我国人口红利逐步消失，人力资源成本逐步提升，人力密集型产业竞争力减弱，在全球化背景下，此类型产业存在逐步向国外转移的趋势；另一方面，中、上游地区交通基础设施和相关生产性服务业发展水平较差，产业工人技术水平较低，在轻纺工业的传统产业中，长江中、上游省份在加工技术与设计等方面创新能力较差，竞争优势不够明显，一定程度上也制约了该产业沿长江向上游转移的趋势。这就要求，

未来长江经济带各省份应根据各自优势，提升区域内基础设施和生产性服务业发展水平，加大产业工人培养的投入，提升人力资源质量，选准优势产业进行发展。同时，统筹规划做好长江经济带沿线产业布局，促进区域内分工与协作，逐步发展并整体提升高附加值产品和高层次产业。

4. 沿线各省石油化学工业产业发展梯度比较

2000年以来是我国石油化学工业发展最快的时期，大批石化项目在沿海与长三角地区落地，产业发展速度和质量都得到了显著的提升。经过近20年的发展，下游长三角地区在化学纤维制造业、石油加工、炼焦及核燃料加工业、医药制造业、化学原料及化学制品制造业上已经占有绝对优势。但是，随着长三角地区城市规模扩张与人口密度增大，土地资源价格上涨，资源环境承载力已经接近极限，生产成本与安全风险日益增大。在相关资源和环境约束日益严格的条件下，为了充分利用中上游的油气、土地资源与环境优势，下游长三角地区应重点考虑从自主创新的角度，在全球石化产业链分工上努力实现突破，着力提升产业国际竞争力，依托技术、资本优势与"一带一路"倡议，加速本地区此类型优势产业走出去步伐，通过油气田投资与共同开发，强化资源控制能力，提高石化产业国际市场占有率。上游省份可主动承接该部分产业的加工制造环节，将分布过于集中在长三角地区的化学纤维制造业和

化学原料及化学制品制造业，依托黄金水道陆续转移承接下来。

5. 沿线省份装备制造业产业发展梯度比较

下游长三角地区在专用设备制造业、通用设备制造业、电气机械及器材制造业、仪器仪表及办公用机械制造业、通信设备及其他电子设备制造业等行业均占有绝对的发展优势，尤以通信设备及其他电子设备制造业发展梯度优势最为显著。长三角地区在经历了改革开放近40年发展积累，已经承接了一轮国际制造业转移，相关技术、管理水平与资本已具备了相当国际竞争优势，应着力提升技术集成和自主开发能力，进一步增强长三角制造业产业的国际竞争力，使之向装备制造业全球价值链更高端发展。虽然成渝城市群在交通运输设备制造业方面占有一定的优势，长株潭、武汉与南昌—九江组成的长江中游城市群地区在装备制造业与通信设备及其他电子设备制造业上具有一定优势，但从长江经济带内部来看，长江中、上游省份在该部分产业总体上处于发展梯度的低端，技术水平与附加值依然较低。未来，长江中、上游省份应与长三角地区积极合作、交流，共享优势资源。同时，中、上游地区的制造业发展应加快提升自身条件，完善基础设施和相关技术孵化软硬环境建设，积极拓展国外先进装备制造业项目来本地区直接投资，为本地区制造业实现内生性发展夯实基础，赢得机会。

表2 长江中上游地区与长三角主要工业产业发展梯度系数（2015年）

行业	上游地区				中游地区				下游地区		
	云南	贵州	四川	重庆	安徽	湖南	湖北	江西	江苏	浙江	上海
煤炭开采和洗选业	1.7691	1.4333	0.6827	0.2555	0.6815	0.7098	0.0506	0.1383	0.0259	0.0333	0.0444
黑色金属矿采选业	0.9074	0.7358	1.6049	0.0123	1.0753	0.4543	1.4234	1.2037	0.0420	0.0531	0.0716
有色金属矿采选业	1.0481	0.8493	1.2148	0.0123	0.3876	1.7209	0.3654	3.4283	0.0222	0.0272	0.0370
非金属矿采选业	1.4604	1.1839	2.5480	1.1358	1.7654	2.2147	3.6554	2.7530	0.2889	0.3605	0.4889
农副食品加工业	0.2420	0.1963	0.7987	0.4123	1.7049	0.1346	2.1234	1.2407	0.3642	0.4555	0.6185
食品制造业	0.3494	0.2827	0.8691	0.3185	0.8000	0.4963	1.2074	1.1024	0.3704	0.4617	0.6271
饮料制造业	0.2864	0.2321	3.6962	0.3728	1.1123	0.9197	2.6653	0.5333	0.4234	0.5284	0.7173
烟草制品业	9.7688	7.9157	0.8963	0.8592	0.8432	2.4690	2.1135	0.4864	2.2382	2.7937	3.7924
纺织业	0.0198	0.0160	0.6765	0.3629	0.9456	0.5148	1.7518	1.3765	1.9172	2.3937	3.2493
纺织服装、鞋、帽制造业	0.0049	0.0037	0.3407	0.2630	0.9271	0.4790	1.2839	2.7925	1.4382	1.7950	2.4369

行业	上游地区				中游地区				下游地区		
	云南	贵州	四川	重庆	安徽	湖南	湖北	江西	江苏	浙江	上海
皮革、毛皮、羽毛（绒）及其制品业	0.0185	0.0148	0.7469	0.6370	1.2209	0.5753	0.1926	0.8666	0.7469	0.9308	1.2641
木材加工及木、竹、藤、棕、草制品业	0.1395	0.1136	0.6790	0.1074	1.9888	1.5135	0.8790	1.2851	0.8568	1.0691	1.4518
家具制造业	0.0037	0.0025	1.2938	0.7740	1.4419	1.4839	0.5741	1.4814	0.6654	0.8308	1.1284
造纸及纸制品业	0.2234	0.1815	0.7061	0.9432	0.7864	1.3790	1.3345	1.1358	0.9814	1.2246	1.6629
印刷业和记录媒介的复制	0.8827	0.7148	1.3407	1.0814	2.4962	2.0234	1.3049	2.3320	0.8531	1.0654	1.4456
文教体育用品制造业	0.3197	0.2592	0.1914	0.1025	0.4148	0.2975	0.2407	0.7148	0.6679	0.8333	1.1308
石油加工、炼焦及核燃料加工业	0.1370	0.1111	0.1839	0.0160	0.3926	0.5518	0.7568	0.3086	1.0975	1.3691	1.8592
化学原料及化学制品制造业	0.5605	0.4543	0.5494	0.3679	0.8284	0.5345	1.1876	0.9963	1.6987	2.1197	2.8789
医药制造业	0.7654	0.6197	1.0185	0.5876	0.8160	0.9308	0.9777	1.8604	0.9568	1.1938	1.6209
化学纤维制造业	0.2716	0.2197	0.3210	0.0111	0.1531	0.0679	0.2136	0.4271	3.3369	4.1640	5.6541
橡胶和塑料制品业	0.2580	0.2086	0.8555	0.9321	2.1184	0.8679	1.1530	0.9765	0.9790	1.2209	1.6580
非金属矿物制品业	0.3654	0.2963	1.0000	0.6580	1.4012	1.0098	1.4555	1.8407	0.5580	0.6963	0.9456
黑色金属冶炼及压延加工业	0.5876	0.4765	0.3370	0.3827	0.9284	0.3987	1.1037	0.6642	0.8790	1.0975	1.4901
有色金属冶炼及压延加工业	1.3765	1.1160	0.3728	0.6136	2.0579	1.5740	0.6247	7.3886	0.7605	0.9493	1.2888
金属制品业	0.0938	0.0765	0.6679	0.4555	0.9605	0.8185	1.1506	0.9419	0.9728	1.2135	1.6481
通用设备制造业	0.0728	0.0593	1.2950	0.5284	1.6086	1.1888	1.0024	0.7061	1.4839	1.8518	2.5135
专用设备制造业	0.0951	0.0765	0.8234	0.3086	1.3259	4.4764	0.6827	0.4605	0.8753	1.0926	1.4827
交通运输设备制造业	0.1444	0.1173	0.5407	2.3518	0.9666	0.4753	1.9394	0.5308	1.0024	1.2506	1.6987
电气机械及器材制造业	0.0667	0.0543	0.4123	1.1000	3.7110	0.6728	0.7494	1.1790	1.5752	1.9666	2.6703
通信设备、计算机及其他电子设备制造业	0.0111	0.0086	0.8876	1.7703	0.3568	0.3321	0.4617	0.3358	1.3580	1.6950	2.3011
仪器仪表及文化、办公用机械制造业	0.1259	0.1025	0.3012	1.0802	1.1185	1.4864	0.3370	1.0037	3.3949	4.2369	5.7529
工艺品及其他制造业	0.8580	0.6950	2.8678	9.4144	6.0442	5.4393	7.7046	2.2258	4.0319	5.0319	6.8318
废弃资源和废旧材料回收加工业	0.0136	0.0111	0.2667	0.8481	6.5837	0.7136	0.4531	0.6938	0.9654	1.2061	1.6370
电力、热力的生产和供应业	0.8605	0.6975	0.4012	0.4012	2.1382	0.3938	0.8061	0.6568	1.8061	2.2542	3.0616
燃气生产和供应业	0.5037	0.4086	0.8654	1.0790	0.7024	0.6074	0.3753	0.4370	0.9753	1.2172	1.6530
水的生产和供应业	1.1222	0.9098	2.6271	1.0148	0.9172	1.3481	0.5852	1.3197	1.4049	1.7543	2.3814
发展梯度系数大于1的产业类型数量	6	4	10	9	14	18	18	18	14	24	28

表3　长江中上游地区与长三角主要工业产业梯度系数等级（2015 年）

行业	上游地区				中游地区				下游地区		
	云南	贵州	四川	重庆	安徽	湖南	湖北	江西	江苏	浙江	上海
煤炭开采和洗选业	1	2	4	6	5	3	8	7	9	10	11
黑色金属矿采选业	5	6	1	11	4	7	2	3	10	9	8
有色金属矿采选业	4	5	3	11	6	2	7	1	10	9	8

行业	上游地区				中游地区				下游地区		
	云南	贵州	四川	重庆	安徽	湖南	湖北	江西	江苏	浙江	上海
非金属矿采选业	6	7	3	8	5	4	1	2	11	10	9
农副食品加工业	9	10	4	7	2	11	1	3	8	6	5
食品制造业	9	11	3	10	4	6	1	2	8	7	5
饮料制造业	10	11	1	9	3	4	2	6	8	7	5
烟草制品业	1	2	8	9	10	5	7	11	6	4	3
纺织业	10	11	7	9	6	8	4	5	3	2	1
纺织服装、鞋、帽制造业	10	11	8	9	6	7	5	1	4	3	2
皮革、毛皮、羽毛（绒）及其制品业	10	11	5	7	2	8	9	4	5	3	1
木材加工及木、竹、藤、棕、草制品业	9	10	8	11	1	2	6	4	7	5	3
家具制造业	10	11	4	7	3	1	9	2	8	6	5
造纸及纸制品业	10	11	9	7	8	2	3	5	6	4	1
印刷业和记录媒介的复制	9	11	5	7	1	3	6	2	10	8	4
文教体育用品制造业	6	8	10	11	5	7	9	3	4	2	1
石油加工、炼焦及核燃料加工业	9	10	8	11	6	5	4	7	3	2	1
化学原料及化学制品制造业	7	10	8	11	6	9	4	5	3	2	1
医药制造业	9	10	4	11	8	7	5	1	6	3	2
化学纤维制造业	6	7	5	11	9	10	8	4	3	2	1
橡胶和塑料制品业	10	11	9	7	1	8	4	6	5	3	2
非金属矿物制品业	10	11	5	8	3	4	2	1	9	7	6
黑色金属冶炼及压延加工业	7	8	11	10	4	9	2	6	5	3	1
有色金属冶炼及压延加工业	4	6	11	10	2	3	9	1	8	7	5
金属制品业	10	11	8	9	5	7	3	6	4	2	1
通用设备制造业	10	11	5	9	3	6	7	8	4	2	1
专用设备制造业	10	11	6	9	3	1	7	8	5	4	2
交通运输设备制造业	10	11	7	1	6	9	2	8	5	4	3
电气机械及器材制造业	10	11	9	6	1	8	7	5	4	3	2
通信设备、计算机及其他电子设备制造业	10	11	5	2	7	9	6	8	4	3	1
仪器仪表及文化、办公用机械制造业	10	11	9	6	5	4	8	7	3	2	1
工艺品及其他制造业	10	11	8	1	4	5	2	9	7	6	3
废弃资源和废旧材料回收加工业	10	11	9	5	1	6	8	7	4	3	2
电力、热力的生产和供应业	5	7	9	10	3	11	6	8	4	2	1
燃气生产和供应业	8	10	5	3	6	7	11	9	4	2	1
水的生产和供应业	7	10	1	8	9	5	11	6	4	3	2

（三）长江经济带各省区产业承接能力指数结果分析

采用主成分分析方法确定长江经济带的产业吸引指数、产业支撑指数、产业发展指数（见表4）。

表4　长江上、中、下游与长三角地区产业承接能力指数（2015 年）

指数	I_a	I_b	I_c	I_d
贵州	0.421	0.785	1.275	0.819
云南	0.512	0.768	1.358	0.871
四川	1.421	0.912	2.014	1.435
重庆	1.568	0.741	2.372	1.545
安徽	1.547	0.854	2.237	1.531
湖南	1.132	0.917	2.017	1.342
湖北	1.254	0.952	2.124	1.429
江西	0.984	0.923	1.769	1.213
江苏	3.617	1.547	3.739	2.938
浙江	4.062	1.738	4.199	3.300
上海	4.235	1.375	4.246	3.252
长三角	4.535	1.812	4.378	3.440

1. 产业吸引指数 I_a

产业吸引能力弱的区域（$I_a < 1.0$）主要分布在长江经济带的上游省份包括贵州、云南和中游的江西，这些省份境内分布着重要的生态保护区，生态保护区在国家主体功能区规划中属于禁止开发地区，生态保护对工业化的约束性较强。同时，由于受到地形与环境的影响，交通运输等基础设施条件相对落后，经济发展长期滞后于全国平均水平，影响上游地区对外来产业投资的吸引。产业吸引能力较弱的区域（$1.0 < I_a < 2.0$）主要分布在长江经济带的中游地区，包括湖北、湖南、四川、重庆、安徽，这些省份境内分布着中国重要的商品粮产区，农产品主产区在国家主体功能区规划中属于限制开发区，农业生产对区域工业发展的约束性较强。同时，这些地区的内需和对外开放水平对经济发展的拉动作用不明显，制约了当地产业的吸引能力。产业吸引能力强的地区目前依然处于下游的长三角地区（$3.0 < I_a < 5.0$），经过改革开放近40年的发展，长三角地区软、硬件环境建设日益成熟，人口集聚，消费水平与市场开放程度都处于较高水平，强化了长三角地区的产业吸引能力。

2. 产业支撑指数 I_b

产业支撑能力弱的区域（$0.7 < I_b < 0.9$）主要分布在长江经济带的上游省份包括贵州、云南、

重庆和中游的安徽，产业支撑能力较弱的区域（$0.9 < I_c < 1.0$）主要分布在长江经济带的中游地区，包括湖北、湖南、四川、江西。从指标数据主成分分析看，这些地区主要受由年末金融机构存款余额与互联网宽带接入用户数构成的信息与金融新因子和第二、三产业占比与固定资产投资占比构成的结构和投资传统因子的影响。在互联网应用日益频繁的今天，互联网宽带接入用户数是衡量一地区信息化水平的重要指标。但在长江经济带中上游地区信息化水平仍较低。此外，万元产值污染物排放量也是影响该部分地区产业支撑能力的重要因素。由于政府依法加强了环境综合治理，一直被视为经济增长外生变量的环境治理成本，通过加大环境违约行为的处罚力度而逐渐被企业内部化。2016年国家环境公报与水资源公报显示，长江经济带区域集聚了全国29.8%的工业固体废物、34.6%的 SO_2、32.2%的 NO_x 和44.3%的废水排放，全国水资源污染严重的城市大都集中于长江经济带，长江干支流域水资源都受到不同程度的污染。产业支撑能力强的地区主要分布在下游的长三角地区（$1.0 < I_b < 2.0$），由于该部分地区区位优势和特殊地位，多年的发展使得传统因子积累完善，同时，由于软环境优势明显，创新开放程度都处于高水平的长三角地区必然会吸引"新因子"首先在这些地区聚集，使

之成为各类要素汇集的"高地"和产业支撑能力最强的地区。

3. 产业发展指数 I_c

产业发展能力弱的区域（$1.0 < I_c < 2.0$）主要分布在长江经济带的上游省区包括贵州、云南和中游的江西。产业吸引能力较弱的区域（$2.0 < I_c < 3.0$）主要分布在长江经济带的中游地区，包括湖北、湖南、四川、重庆、安徽。产业发展能力弱和较弱的地区分布与产业吸引能力弱和较弱的地区分布一致，除上海、江苏、浙江外，其他地区基本都属于该种类型。这说明长江经济带的创新驱动能力仍未形成合力，中、上游地区处于全球产业价值链高端和产业科技制高点的领域还比较少，外资企业中加工贸易比重高，缺乏本土有竞争力的企业。同时，科技成果转化与产业化率低。长江经济带的科技教育资源丰富，区域内名牌综合性大学与科研机构分布较多，但是将科研成果有效转化为现实创新产品的能力欠缺，科技创新孵化能力弱，制约了本土高新技术产业发展和外来投资。产业发展能力与产业吸引能力等级区域分布一致，进一步说明，产业转移很大程度上遵循市场规律，产业的落地与承接地区的要素发展水平、成本和制度优势密切相关，产业吸引能力与产业发展能力互为因果，相互影响，相互促进，因此充分发挥比较优势，完善优化软环境，实现产业承接地内生发展才是改善落后地区产业发展的关键。

4. 产业承接指数 I_u

产业承接能力弱的区域（$I_u < 1.3$）主要分布在长江经济带的上游省区包括贵州、云南和中游的江西。产业吸引能力较弱的区域（$1.3 < I_u < 2.0$）主要分布在长江经济带的中游地区，包括湖北、湖南、四川、重庆、安徽。产业承接能力整体上呈现由下游向上游递减的趋势，这与我国东中西部发展梯度相一致。中游地区在国家中部崛起、城市群组团发展和重点产业示范区的带动下，产业承接能力近年来逐渐增强，虽然长三角的软硬件基础完善，产业集聚能力依然是最强的地区，但是随着该部分省区的资源环境限制和自身转型升级发展，一大批产业将在国家的指导下，

通过长江黄金水道，逐步沿江向中上游转移，这必将进一步强化中游承接能力较强的地区产业质量与发展水平得到快速优先提升，这也将进一步强化该部分地区的产业承接能力。而云贵地区和江西则应充分发挥好自身生态条件优势，重点发展生态友好型产业，与中、下游形成良好分工格局，促进长江经济带整体协同发展。

四、长江经济带产业转移承接合作的空间布局优化策略

基于以上实证分析，笔者提出长江经济带产业转移承接合作的空间布局优化策略。

在国家层面上，结合国家"一带一路"建设与主体功能区规划区定位，优化产业布局，发挥产业的集聚优势，推动区域产业合理分工，促进产业在长江经济带上、中、下游区域间转移，产业转移按照大的产业分类进行，沿着产业链条展开。重点包括以下三个方面：一是提升下游地区高科技产业和战略性新兴产业的产能规模、创新能力、市场竞争力及其在长江经济带中的领先地位，并通过对接上海全球科技创新中心建设，加强与上、中游省区在高端要素集聚、高端价值链塑造、高端产业结构提升等方面的紧密合作，引领沿江各省市共同参与《中国制造2025》的实施，共同应对全球"第三次工业革命"及"工业4.0"浪潮的机遇与挑战；二是通过大型企业向上中游地区的转移和建立分支机构，带动上、中游地区外向型经济的发展，帮助其尽快植入、嵌入全球生产网络和全球价值链体系；三是沿江各省市联合组建大型工业技术创新项目联合体，重点对电子信息、生命科学、新能源、新材料、机器人等高技术产业的重大共性技术和关键技术环节开展合作创新与联合攻关，以技术合作推进产业合作（刘佳骏，2016）。

在长江经济带内部，在充分发挥长江经济带上、中、下游各省区优势基础上，综合运用产业政策、土地政策、环境容量和资源配置等手段，遵循长江经济带各地资源优势、产业基础和资源

环境承载力，推动建立科学合理、分工协作的产业布局。在政府引导下，通过市场机制逐步实现长江经济带产业转移和升级，进而使得长江经济带产业布局得到优化。通过沿线各省区间优势互补与共赢合作，资源开发与生态保护相并重，产业集聚园区合作管理模式和运作机制等方面创新，搭建区域间产业转移与承接服务平台，推动省区间园区合作共建，出台长江经济带产业转移与承接指导目录和负面清单，科学引导长江经济带地区间产业项目合理布局。

长江下游地区应以建成世界级城市群和"一带一路"的总枢纽为目标，充分发挥上海国际经济、金融、贸易、航运中心和国际大都市的龙头作用，依托沪杭甬、沪宁高新技术产业带，打造具有全球影响力、处于全球价值链高端的制造业基地。长江中、上游地区应强化成都、重庆、武汉、长沙、合肥、南昌中心城市的辐射带动功能，推动成渝城市群、武汉城市群、长株潭城市群、环鄱阳湖城市群融合发展，促进沿江地区资源优势互补、产业分工协作，未来将该部分地区建成全国重要的综合交通枢纽和科技创新、先进装备制造基地。长江上游地区由于生态环境比较脆弱，其产业的承接要以环境友好为原则，产业承接要经济、社会、生态和环境效益并重。着力培育资源型转型城市的环境友好接续产业，完善软硬件环境建设，发挥资本技术密集型产业与国有大型企业在该部分地区的支撑作用，积极与下游长三角地区交流合作，吸引优势产业的顺利转入与承接落地。

参考文献

[1] 陆大道. 二〇〇〇年我国工业生产力布局总图的科学基础 [J]. 地理科学，1986，6（2）：110-118.

[2] 秦柳. 长江经济带建设背景下皖江地区开发区转型发展研究 [J]. 重庆理工大学学报（社会科学版），2015（8）：60-66.

[3] 廖敬文. 长江中游城市群产业结构升级的空间溢出效应 [J]. 重庆理工大学学报（社会科学版），2016（8）：32-39.

[4] 西部论坛. "新常态"下长江经济带发展略论——"长江经济带高峰论坛"主旨演讲摘要 [J]. 西部论坛，2015，25（1）：23-41.

[5] 牛禄青. 长江经济带转型升级 [J]. 新经济导刊，2013（12）：19-25.

[6] 沈惊宏，孟德友，陆玉麒. 皖江城市带承接长三角产业转移的空间差异分析 [J]. 经济地理，2012，32（3）：44-48.

[7] 于文静. 长江经济带区域经济发展差异及协调度的定量分析 [D]. 华东师范大学论文，2009.

[8] 曾刚等. 长江经济带协同发展的基础与策略 [M]. 北京：经济科学出版社，2015.

[9] 黄庆华，周志波，刘晗. 长江经济带产业结构演变及政策取向 [J]. 经济理论与经济管理，2014（6）：92-101.

[10] 刘佳骏. 长江经济带产业转移战略构想 [N]. 上海证券报，2016-08-05.

Study on the Industrial Gradient Transfer and Cooperation in the Yangtze River Economic Belt

LIU Jiajun

Abstract：In this paper, through the measurement of industrial gradient coefficient of the Yangtze River Economic Belt in different areas of comparative advantage in industry and in the upper reaches of the province focus to undertake industry; measure of industrial undertaking capacity index using principal component analysis method for quantitative analysis of the Yangtze River Economic Belt of the regional ability to undertake industrial transfer, which reveals the key areas along the regional industrial undertaking ability and the future the development of industrial cooperation. The empirical analysis shows that the Yangtze River Delta region has the power to transfer to the upper and middle reaches of the Yangtze River, and the analysis of the industrial carrying capacity index indicates that the different regions have different conditions for different industries. Based on the empirical analysis, this paper puts forward the strategy of future industrial development and industrial layout optimization of Yangtze River Economic Belt.

Key words: Yangtze River Economic Belt; Industrial transfer to undertake; Industry Layout Optimization

专题三

能源转型与绿色发展

中国对能源转型的引领、风险演化及应对思路[*]

史　丹

摘　要： 近十年来，受经济增长速度减缓等因素的影响，全球能源需求放缓，但能源结构却在加快调整，在需求放缓和结构调整中，中国和美国都起了重要作用。美国能源转向天然气，能源自给率上升，美国将通过石油美元加强对全球能源转型的影响，为了维持其能源霸权，美国也许成为影响世界能源最终向可再生能源转型的阻力。英国与德国等欧洲国家虽然是低碳经济和能源转型的发源国，但是其经济体量和能源规模小，对全球能源转型的推动力有限。中国结束以煤为主的高速发展，转向高质量的发展，中国能源转型的方向对全球的影响将是引领性。能源转型会造成能源安全风险的演化，主要表现为非传统安全问题上，但同时也会促进能源合作，气候变化问题和网络安全问题增加能源合作的基础。能源安全是国家安全的重要组成部分。制定中国新时代的能源安全战略要有新的思路。用国家总体安全观解决好能源安全问题，用战略思维处理国际能源关系，用系统思维处理新能源与传统能源的关系，用底线思维考虑能源安全战略措施。

关键词： 能源安全；能源转型；能源安全观

近十年来，世界正在发生深刻的变化，其不仅表现为发达国家和发展中国家经济力量的对比，而且也表现为以应对气候变化为指向的能源转型和新能源技术创新带动的新能源产业发展，正在成为影响世界经济与政治格局的重要因素。然而，在世界能源转型中哪些国家能发挥更重要的作用？其原因是什么？在能源转型过程中会出现哪些新的安全风险？如何应对？本文以总体国家安全观为指导，分析世界能源发展的趋势及能源转型的动力，能源转型对世界经济政治格局的影响，能源安全风险的演化，提出我国应对能源安全问题的思路与措施。

一、世界能源发展趋势及能源转型的动力

（一）世界能源结构在供给与需求减速的条件下加快调整

受全球经济增速下滑的影响，世界能源需求总量增长持续放缓，并有加速放缓的趋势。2005～2015年全球一次能源消费年均增速为1.8%，2016年增速只有1%。其中，美国能源消费量负增长，2005～2015年均增速为－0.3%，2016年为－0.4%。中国能源消费虽然保持增长，但增速却大幅下降，2005～2015年均增速为5.3%，2016年降到1.3%。中国和美国两国能源

---

*　本文发表在《中国能源》2017年第11期。

史丹，中国社会科学院工业经济研究所党委书记、副所长、二级研究员。

消费量占全球的40.1%，中美两国能源需求的减缓对全球能源增速放缓具有重要影响。受需求影响，全球能源供应出现不同程度的宽松和过剩，2016年，石油供应增速也低于近十年的平均水平，全球煤炭消费减少5300万吨油当量，同比下降1.7%。截至2017年7月底，我国共退出煤炭产能1.28亿吨。在需求放缓过程中，全球能源结构正在向清洁化方向发展。全球天然气生产与消费双增长，其次是可再生能源。2016年，天然气在全球能源消费量的占比达到23%，商业可再生能源的占比达到3%。其中，美国和中国分别发挥了重要作用，2005～2015年，美国天然气年均增长了4.1%，消费增长2.2%，中国天然气消费增长了15%。可再生能源规模虽然不大，但发展速度快，占比翻番。中国非水可再生能源和燃料方面的投资排名世界第一，达到783亿美元，可再生能源装机总量达564GW，居世界首位，其中，风能和太阳能光伏的装机也均居世界首位。

（二）美国能源独立提升了油气自给率，但也会改变石油美元的地位

美国是世界上最大的石油消费国，占世界石油消费总量的20.3%。近年来，在"能源独立"指引下，美国的油气资源勘探开发得到长足的进展。根据BP统计数据，2006～2015年，美国石油探明储量增长了63.3%，远远超过了其他国家和地区。美国在页岩油气等新技术的大规模应用支撑下，油气产量稳步上升，石油产量年均增长达到6.3%，比中东国家平均高出4.7个百分点。石油产量占全球的12.4%，仅比全球最大的产油国沙特阿拉伯低1个百分点，与俄罗斯相当。美国是全球最大的天然气生产国，产量占全球的21.1%，比位居第二位的俄罗斯高出4.8个百分点，从2006年到2016年，美国石油产量在全球的占比从7.7%提高到12.4%，天然气产量从18.2%提高到21.1%。若保持这个速度增长，将在2025年左右超过中东成为最大的油气供应区。这就意味着世界油气生产将出现由中东为主的格局向西半球美国为主的北美地区的转变，石油供需格局将发生中心重合的局面。目前，美国的天然气生产已基本完全满足本国需要，消费在全球的占比与生产占比已基本相当。美国油气产量的增长是美国经济增长的重要力量。美国能源的"独立"使得美国的战略重心有所调整，特朗普的"美国第一"的思维，看似与其上台的偶然性相关，实则与美国的能源供需格局的变化有关，油气产量的增长，增加了"美国第一"的底气，也是美国退出《巴黎协定》、维持化石能源产业发展的利益所在。但也正因如此，美国与其他油气供应国的贸易伙伴关系会受到影响，贸易的减少最终将会动摇石油美元的地位。从这点上看，未来美国的能源战略重点是控制美元走势，通过控制美元汇率在维持油气霸权的基础上促进本国经济的发展。近年来，在美国的影响下，世界气体能源发展会有所加快。气体能源虽然相对清洁，但也是化石能源，由液体能源转向气体能源是不彻底的能源转型，只会在短期内推动世界能源转型。从长远来看，美国有可能因要维持气体能源的地位而成为阻碍世界能源彻底转型的国家。特朗普政府退出《巴黎协定》的行为已显露其端倪。

（三）以英德为首的欧洲国家率先进行能源转型，但由于经济规模小而对世界能源转型的推力不足

20世纪末，英国就领先其他国家，提出发展低碳经济。德国紧随之后，并在本国能源转型上迈出了一大步。2015年，德国可再生能源在一次能源中的占比达到13.8%左右（见图1），英国达到11.3%左右（见图2）。丹麦、芬兰、挪威等北欧国家，清洁能源消费占比已达到50%，大大领先于世界其他国家。但是，这些国家经济规模和能源生产与消费总量均较小，对全球能源转型的带动力有限。根据BP数据，欧洲及欧亚大陆国家能源消费量合计占全球能源消费量的21.6%，其中英国和德国分别只占1.4%和2.4%。从经济规模来看，英国经济总量占全球的4.5%，德国占5.4%。欧洲国家在输出低碳发展和能源转型理念以及可再生能源利用技术方面发挥了一定的重要作用，尽管这些国家制定了宏伟目标，到 2050 年，可再生能源在终端能源消费中占比达到 60%，可再生能源在电力消费中占比达到 80% 甚至是 100%，但全球能源转型还要看美国与中国这两个经济大国和能源大国。

（百万吨油当量）

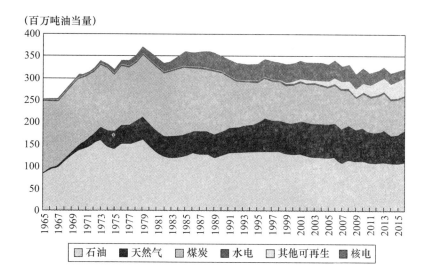

图1　1965～2015 年德国分品种能源消费量

（百万吨油当量）

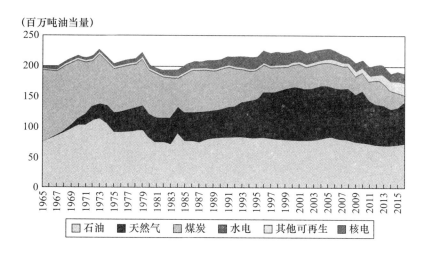

图2　1965～2015 年英国分品种能源消费量

（四）中国结束了以煤为基础的高速增长，巨大的能源需求和经济总量决定了中国对世界能源转型的引领作用

在改革开放的几十年中，中国经济的迅速发展主要依靠本国能源供给实现的，这是近代以来，一个大国能够和平崛起的重要原因。煤炭工业的发展对稳定中国能源供应发挥了重要作用。美国、中国、俄罗斯、澳大利亚是世界上最大的煤炭资源国，美国和中国煤炭探明储量分别占全球的 22.1% 和 21.4%，俄罗斯、澳大利亚分别占全球

的 14.1% 和 12.7%。但煤炭产量和消费量高度集中在中国，在全球的占比分别达到 46.1% 和 50.6%。中国是世界的煤炭生产中心和消费中心，也是全球最大的能源消费国。

近年来，世界新增能源需求主要源于中国等发展中经济体。中国经济规模总量居世界第二位，经济增速持续保持世界第一。中国对世界能源转型的影响无疑是巨大的。然而，中国能源转型如何转？是先转向油气，再转向新能源，还是直接转向油气？习总书记在十九大报告中指出，我国

经济已由高速增长阶段转向高质量发展阶段，在未来发展中，将扩大优质增量供给，实现供需动态平衡。在发展方式上，要坚持"创新、协调、绿色、开放、共享"发展理念，推进能源生产和能源消费革命，构建清洁低碳、安全高效的能源体系。推动绿色发展。习总书记的讲话为中国指明了能源转型的方向。近年来，中国油气进口量不断增长，2016 年中国进口石油量增速为10.6%，占世界总进口量的比重为14.1%，原油对外依存度高达65.4%。2016 年，中国进口天然气721 亿立方米，占总消费量的比重高达35%。中国没有油气资源优势，若转向油气，有可能受制于美国和其他油气供应国。因此，从国家能源安全的角度和可持续发展的角度来看，中国能源转型的最理想方案是集中力量发展清洁可再生能源，石油和天然气只能是在短期内作为替代煤炭的过渡选择。目前，中国可再生能源已占全球的40%，超经济合作与发展组织全部国家的总额，超过了美国。可再生能源已成为中国新增电力主力（见图3）。

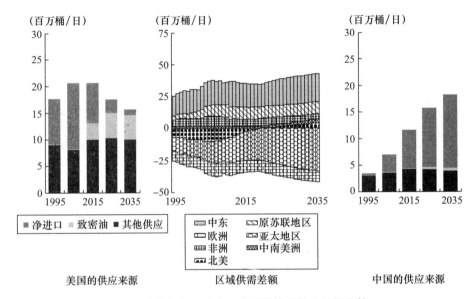

（百万桶/日）　　　（百万桶/日）　　　（百万桶/日）

净进口　致密油　其他供应

中东　原苏联地区
欧洲　亚太地区
非洲　中南美洲
北美

美国的供应来源　　　区域供需差额　　　中国的供应来源

图3　中美两国石油进口来源地情况的中长期比较

资料来源：《BP 世界能源统计年鉴 2016》。

二、能源转型促进能源安全风险的转化

从历史上来看，经济强国必然也是能源强国，英国煤炭资源的开发支撑了英国的崛起，油气资源的开发又支撑美国取代了英国成为世界强国，但是在世界强国交替过程中，也有另一个类型，就是能效强国。日本虽然没有资源优势，但是其能源利用效率技术发展使其也进入世界强国之列。这些国家的能源优势塑造了其工业生产体系及其优势产业。然而，以可再生能源为方向的能源转型，对全球能源体系的影响是革命性的。新能源技术发展及应用不仅改变传统化石能源生产体系，

也将改变传统的工业生产体系及其相应的社会体系，影响世界经济竞争力的对比。在新一轮的产业革命中，能源经济再次发挥其基础经济的作用。能源安全的风险及其特性将随着能源供给方式的改变而改变。基础经济的含义是指我们的社会形态将取决于那些基础设施的特征以及其所能提供的服务。有人认为，"能源机制塑造了世界文明的本质，决定了文明的组织结构，商业和贸易的分配，政治力量的作用形式，指导社会关系的形成和发展"。19 世纪，以煤炭为动力的能源革命，造就了英国、德国、法国等欧洲国家率先崛起，20 世纪以油气为主的能源革命，成就了美国、日本等取代欧洲国家成为世界经济大国。

当前，全球非化石能源消费将保持较高的增

长，在现有政策情景下，预计到2050年，非化石能源占一次能源消费的23%左右，在强约束情景下，非化石能源消费占比将达到45%甚至更高①。新能源发展也必将会改变世界能源安全的核心因素和力量分布，能源安全的地缘政治格局有可能因此发生重大改变。煤炭与油气资源丰富的国家可能由于温室气体减排而失去资源竞争优势，一些核心国家可能因新能源发展滞后而在新一轮的全球经济格局沦为边缘地区。拥有新能源技术的国家将获得新的资源竞争优势，并成为影响未来世界能源供应的核心国。新能源的发展也会终结石油美元，从而使得世界经济结束对石油的竞争，多元的能源供应为多极的世界奠定基础，由于可再生能源存在的普遍性远远超过了化石能源，使各国能源自给率会大大地提升。"决定未来大国之间互动水平的就是能源、环境和气候的管理和消费方式，如何立身期间发展创新的作用取决于中国对能源权力的正确把握。可以预见的是，一个把持住能源利用的国家，才可能有稳定的后方环境发展经济"②。

新技术革命引发的"制造业数字化，能源网络化，电力分散化"，不仅引发全球性市场与技术要素分配的变革，而且使得能源安全将逐步以非传统安全为主。能源风险更多的是与技术风险、商务风险等融合在一起。其原因：一是化石能源由于需求下降，供给不足的传统安全风险大大下降；二是新能源系统的建立，增长能源供给的自给率，新能源网络安全和系统安全问题上升。能源网络化、可再生性，使得"资源为王"传统的能源安全思维正在向系统化安全思维转变。所谓系统化安全思维就是将所有关于有形资产与无形资产、所有协同调和和非协同调和的部分都纳入考虑范围，例如，通信、移动通信、商业、能源、健康、金融、教育、环境影响、技术安全性甚至包括国际关系者都要考虑在内。根据能源发展形势与能源安全问题性质的演变，能源安全经历了三个阶段的演变：一是能源安全1.0阶段，即普

通战争时期的安全问题；二是能源安全2.0阶段，是指"冷战"时期的安全问题，虽然没有战争但并不安全；三是能源安全3.0阶段，指分散式安全问题和全球可持续安全问题。能源安全1.0和2.0的风险点主要在石油和天然气安全方面，能源安全3.0的风险点主要源于可再生能发电的增长，电力稳定供应安全问题逐步浮出，随着工业生产的智能化、能源系统的数字化和网络化，现代能源系统和国民经济生产与消费部门成为一个"物理—网络"系统，特别是工业自动控制系统的广泛应用，逐渐成为了能源系统的控制中枢和核心，黑客一旦入侵并控制这些设备，理论上就可以控制能源系统并"为所欲为"：随意开关各种开关、阀门，改变设备运行状态，调整预警系统设置等，从而导致能源供应中断或爆炸、起火等物理破坏。

气候变化问题引致非传统能源安全问题，有利于促进能源安全思维模式的转变和能源合作。气候变化由1903年诺贝尔化学奖获得者斯凡特·阿伦纽斯列入1896年的学术议程，1994年联合国气候变化公约框架公约正式生效。气候变化谈判的进展表明对气候变化的认识已从科学界转向政界和经济界。巴黎气候变化大会提出的目标是把全球平均气温较工业化前水平升高控制在2℃之内，并为把升温控制在1.5℃之内而努力。若要实现2040年1.5℃的温升控制目标，2040年就要实现"零排放"。但温室气体减排的收益来自合作与共同减排。从经济的角度来看，至少需要贸易伙伴的共同行动才能使减排顺利进行，因为单边气候政策成本是非常高的，这就促使能源安全问题的思维方式从以自我防御为主向以主动消除风险的思维方式转变。以自我防御为主的思维方式是以满足本国自身能源需要为目标，主要是考虑以合理的价格获得稳定的能源供应，建立能源战略储备以应不时之需，等等。由于经济发展水平的差异，各国对能源价格和能源储备成本的

---

① 中国石油技术经济研究院，《2050年世界与中国能源展望》。
② 陈柳钦：《能源霸权的终结》，载《钦点能源（二）》，知识产权出版社2017年版。

承受力存在很大的差异，从而缺乏合作的经济基础。以减排为目标的能源安全模式需要采取主动消除风险的安全思维方式。它从能源安全起因与性质的角度理解安全问题，一方面，从能源消费过多引起的安全外部性问题入手，加强需求管控和提高能效；另一方面，着眼于未来，从人类可持续发展的角度，从谋求自身安全转向全球安全，为能源安全的合作创造了需求，也为能源安全合作找到了共同点和道义的制高点。国际能源署认为，当前国家自主减排贡献的总和远远无法实现协定目标。采取行动迫在眉睫，必须以可量化的集体政策行动，加快能源转型的变革速度。习总书记指出，中国要引导应对气候变化国际合作，成为全球生态文明建设的重要参与者、贡献者、引领者。

三、以总体国家安全观谋划我国能源安全战略

能源安全是国家安全的重要组成部分。制定中国新时代的能源安全战略要有新的思路，概括起来，用国家总体安全观解决好能源安全问题，用战略思维处理国际能源关系，用系统思维处理新能源与传统能源的关系，用底线思维考虑能源安全战略措施。

2014年4月15日，在中央国家安全委员会第一次会议上，根据国家安全形势变化的特点与趋势，习总书记首次提出总体国家安全观。在十九大报告中，习总书记进一步强调要坚持总体国家安全观。总体国家安全观包括"五大要素和五大关系"，五大要素是：以人民安全为宗旨，政治安全为根本，经济安全为基础，军事、文化、社会安全为保障，国际安全为依托。五大关系是：既要重视外部安全，又重视内部安全；既要重视国土安全，又重视国民安全；既要重视传统安全，又重视非传统安全；既要重视发展问题，又重视安全问题；既重视自身安全，又重视共同安全。习总书记指出"当前我国国家安全内涵与外延比历史上任何时候都要丰富，时空领域比历史上任何时候都要宽广，内外因素比历史上任何时候都要复杂，必须坚持总体国家安全观"。总体国家安全观是在新形势下捍卫国家安全的基本指引与方略，对国家安全理论和实践的重大创新，是新形势下指导国家安全工作的强大思想武器。

（一）以总体国家安全观谋划能源安全战略

为我国两个一百年奋斗目标提供支撑保障是国家能源安全的根本要求。按照总体国家安全观的要求，能源安全战略要处理好近期安全与远期安全、数量安全与质量安全、全局安全与局部安全、总量安全与品种安全、绝对安全与相对安全、传统安全与非传统安全、国家安全与全球安全等多种关系。我国能源当前安全状况是：能源供应总量安全，但不同能源品种出现区域性、结构性的供需失衡。天然气需求快速增加，季节性供需矛盾突出；煤炭市场供需偏紧，局部地区出现供应短缺；原油对外依存度有所上升，但对中东地区的依赖逐渐减弱；电力消费增速企稳回升，但煤电产能过剩问题依然严峻，新能源发电依存在着利用不充分的问题。相对于其他主要能源消费国相比，我国的能源安全总体状况相对较差，能源安全指数仅高于印度。其主要原因是能源自给率逐年下降，仍然以煤炭为主，生态环境恶化严重。能源储备不足，能源价格缺乏国际话语权。短期应对风险的能力相对不足。环境、效率、政府管理和国际化水平的安全状态也处于较低的等级。

（二）以战略思维处理好能源安全国际关系

据分析和测算，我国近期能源安全风险仍集中以传统安全问题为主，风险主要来源于外部，地缘政治是传统安全的主要因素。非传统安全问题在2030年之后会比较突出，但近期风险主要来源于内部，自身能力不足是风险的主要原因。为此，我国在继续加强国内油气资源的勘探开发的同时，要进一步加强与油气输出国的经贸与外交关系，分散进口渠道。一是加强与俄罗斯、沙特阿拉伯等油气输出国的关系，在能源合作的基础上，形成多层次的产业合作；强化与北美地区的能源联系，扩大能源投资，在经济可行的条件下，

从北美进口油气。与东南亚等周边国家强化能源基础设施的互联互通,扩大电力贸易。继续扩大在非洲国家的能源投资,并以能源投资与基础设施的建设带动其他产业走出去,采用实施就地生产与就地消费的模式,不追求 GDP,但要 GNP。

（三） 以系统思维做好能源转型,促进新旧能源产业的接替和清洁低碳、安全高效的能源体系的建立

要通过由电动车替代燃油车等机电系统调整,控制国内能源煤炭和油气需求的增长,努力降低油气需求。通过财税金融、价格引导、宣传教育等综合手段,大力发展清洁能源产业,扩大可再生能源市场。加强新能源技术研发投入,加强与新能源利用相匹配的基础设施建设,构建强化能源系统抗击风险的能力,做好新能源利用与产品动力系统设计的协调,新能源利用与房屋构造、城市建设规划以及产业布局的协调。

（四） 以底线思维做好能源安全保障

自 2008 年以来,全球经济一直处于调整恢复阶段,全球一次能源消费增速逐步放缓,有预测分析,2035 年全球化石能源消费达到顶峰,到 2045 年后能源消费增速将处于停滞。在经济增速减缓、产业结构变化影响以及节能减排措施影响下,中国能源消费增速也开始减缓,预期 2020 年前后,年均增速将降至约 3%。中国一次能源消费总量在 2030~2035 年达到峰值,化石能源消费 2025 年后增长基本停滞。从长期趋势来看,我国与全球能源供需关系由偏紧转向偏松,但从近期来看,局部的短缺和供给不足依然存在。习近平总书记指出,"我们要坚持'两点论',一分为二看问题,既要看到国际国内形势中有利的一面,也看到不利的一面,从坏处着想,做最充分的准备,争取较好的结果"。底线思维注重的是对危机、风险的防范,侧重防范负面因素、堵塞管理漏洞,注重人为因素,避免因政策、措施、管理的疏忽等人为因素带来的破坏。在能源安全方面,我国要根据油气需求变化的特点,加紧建立油气的调峰储备,做好战略储备。在资源勘探、开采、加工、收储、贸易等具体环节采用相应的资源政策、产业政策、贸易政策、环保政策、财税政策体系,以确保在能源转型过程中的能源安全。此外,加快市场机制建设,完善能源、资源的价格形成机制是保证能源安全和稀有矿产资源安全的根本性措施,也是形成合理的战略储备的基础。

参考文献

［1］中国石油技术经济研究院:《2050 年世界与中国能源展望》。

［2］陈柳钦:《能源霸权的终结》,载《钦点能源（二）》,知识产权出版社 2017 年版。

［3］菲利普·赛比耶—洛佩兹:《石油地缘政治》,社会科学文献出版社 2008 年版。

［4］史丹:《全球能源格局变化及对中国能源安全的挑战》,《中外能源》2013 年第 2 期。

China's Energy Transformation: the Leading Role, Risk Evolution and Countermeasures

SHI Dan

Abstract: In the last decade, due to the slowdown in economic growth and other factors, the global energy demand is falling, meanwhile the energy structure adjustment is accelerating, both China and the United States have played an important role in the procedure. As US energy turns to natural gas, which leading a rising energy selfsupply rate, the United States will strengthen its impact on global oil through energy & economy methods, in order to maintain its leading position in energy field, the United States may become the ultimate factor preventing world energy transformation. Although Britain and Germany and other European countries are the origin countries of low carbon economy and energy transformation, the driving force for global energy transformation is limited because of their small economy and energy scale. As China turns coal – based high – speed development to high – quality development, it will take a leading role on the direction of global energy transformation. Energy transformation will lead to the risks of the evolution of energy security, mainly for non – traditional security issues, but also will promote energy cooperation as climate change and network security issues promoting the basis of energy cooperation. Energy security is an important part of national security. To formulate a new era of China's energy security strategy need new ideas. It is suggested to solve the energy security issues with the national overall security concept, to deal with international energy relations with strategic thinking, to deal with the relationship between new energy and traditional energy with the system thinking, to consider energy security strategy measures with the bottom line thinking.

Key words：Energy Security；Energy Transformation；Energy Security Concept

能源转型能增加天然气消费吗？

——德国的实证与启示*

朱 彤

摘　要： 在应对气候变化的大背景下，天然气被认为是实现能源系统低碳转型的可行选项。然而，德国的实践表明，能源转型对天然气消费的挤出效应非常明显。特别是在电力和热力部门，伴随着可再生能源份额提高，天然气消费量和份额都出现了比较明显的下降。这一现象是能源转型政策与天然气相对于其他化石能源缺乏竞争力这两个因素相互作用的必然产物。我国要想在推进可再生能源大力发展的过程中避免这种挤出效应，必须通过深化天然气体制改革，降低天然气的成本，从而使其获得相对于其他化石能源的竞争优势。

关键词： 能源转型；天然气消费；德国

"能源转型"一词最早出自 1980 年德国科学院出版的《能源转型：没有石油与铀的增长与繁荣》的报告中，报告呼吁彻底放弃核电和石油能源。在应对气候变化成为全球主流价值观的背景下，大力发展可再生能源，实现能源的"低碳化"和"无碳化"是当前能源转型的核心目标和方向。那么，天然气作为相对清洁和低碳的"化石能源"，其在能源转型中将会担当什么角色和起什么样的作用呢？近期在国内引起能源专家与产业界人士的关注和热议。

基于我国以煤炭占一次能源消费 60% 以上的现实，学术界和产业界主流看法是对天然气在我国能源结构中的地位和前景寄予厚望，希望其在能源消费结构向低碳转型的过程中担当大任。然而，在以大力发展可再生能源替代化石能源为主要内容的能源转型进程中，仅从天然气相对清洁环保的属性和燃烧效率较高的利用特点，来分析天然气的地位和作用及其发展前景是远远不够的，而应将其纳入能源转型的逻辑框架下来分析和研究。德国是全球能源转型的先行者，考察德国能源转型进程中天然气的地位变化，分析其变化的原因，对于包括中国在内的其他国家认识天然气在能源转型中地位变化具有重要的借鉴意义。

一、德国能源转型进程中的天然气消费变化

虽然德国以法律推动可再生能源发展可以追溯到 1991 年颁布的《强制输电法案》，但可再生能源加速增长大致是从 2000 年开始的，因而分析其 2000 年可再生能源高速增长背景下天然气消费的变化，能够更好地说明能源转型对天然气消费的影响。

---

* 本文发表在《中国能源》2017 年第 12 期。

朱彤，中国社会科学院工业经济研究所能源经济室主任、副研究员。

（一）天然气在一次能源消费量中下降明显，消费份额相对稳定

2000 年以来，德国能源转型快速推进。2000～2016 年，德国可再生能源消费量快速增长，从 11.6Mtoe 增加到 46.4Mtoe，增加了 301%，其在一次能源消费中的比重也从 3.4% 提高到 14.4%，增加了 11 个百分点。然而，同期德国的天然气消费量在 2006 年达到区间峰值后，呈现明显下降趋势。2000～2006 年，德国天然气消费从 71.3Mtoe 增加到 79.1Mtoe，增长 11%；此后趋于下降，2016 年天然气消费量下降到 72.3Mtoe，消费量相对 2006 年峰值消费减少了 8.7%（见图1）。

相对于消费量而言，天然气在德国一次能源消费比重相对稳定，2000～2016 年基本在 20.2%～22.5% 小幅波动，并且呈现两个变化阶段：以 2009 年为界，2009 年之前，天然气消费份额从 20.7% 缓慢爬升到 22.5%；2009 年之后，天然气消费份额步入缓慢下跌通道，并在 2014 年达到 17 年来的最低值 20.2% 后开始反弹，2016 年再次恢复到 22.5%（见图2）。

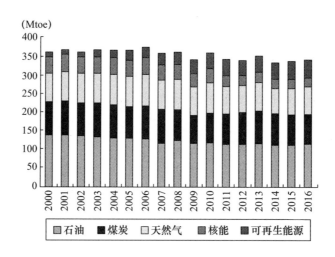

图1　2000～2016 年德国一次能源消费量变化

资料来源：根据德国 BMWi 数据计算。

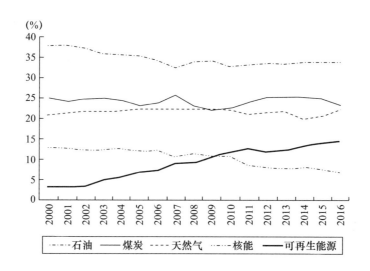

图2　2000～2016 年德国一次能源消费份额

资料来源：根据德国 BMWi 数据计算。

总之，自 2000 年大力推动能源转型以来，德国一次能源消费总量自 2006 年达到区间峰值 354.4Mtoe 后就转为下降态势，2016 年相对于 2006 年峰值一次能源消费量减少了 9.3%。其中除了可再生能源之外，化石能源与核能消费量都已经表现出明显的下降趋势。不过，2016 年消费量与区间峰值相比，天然气消费量是其中下降幅度最小（8.7%）的化石能源（石油和煤炭区间下降幅度分别为 18.1% 和 13%）。核电在德国弃核政策下而有计划的关闭，因而下降最快，从 2001 年的区间峰值一路减少，到 2016 年相对于峰值下降幅度高达 50.6%。而消费份额方面，只有石油和核电的消费份额表现出明显的下降趋势，煤炭和天然气在 2000～2016 年都处于一种小幅波动状态，没有明显的趋势性变化。

（二）天然气在四大终端部门消费量基本不变，且呈现窄幅波动特点

2000～2016 年德国的天然气终端消费量的特点是窄幅波动。如果从时间两端比较，天然气终端消费量基本没变，略有增加。但是，天然气终端消费量在这一区间的消费峰值出现在 2001 年，峰值为 55.5Mtoe，2016 年后呈现平缓下降态势。尽管 2014 年德国天然气终端消费触底（46.7Mtoe）后反弹，但 2016 年相对于峰值消费依然是下降的，下降幅度为 4.8%。

在德国天然气终端部门消费中，家庭是第一大消费部门，占天然气终端消费量的 43.2%；其次是工业，占 36.2%；第三大部门是商业、贸易与服务（GHD）部门，占 20.3%。交通部门的天然气消费几乎可以忽略不计，仅占终端天然气消费的 0.3%。

自 2000 年以来家庭、工业与 GHD 三大部门天然气消费都表现出窄幅波动的特点，并且 2000 年与 2016 年相比，三大终端部门的天然气消费量基本保持不变。不过，如果与区间消费峰值相比，2016 年的家庭、工业和 GHD 部门的天然气消费量分别下降了 8.3%、2.6% 和 2.5%，但变化没有表现出明显的趋势特征。

（三）在热力生产和发电部门，天然气消费比重出现明显下降趋势

热力与发电部门属于能源转换部门。2000 年以来，伴随着能源转型的推进，德国热力与发电部门的天然气消费表现出明显的下降趋势。如图 3 所示，德国热力部门来自可再生能源供热比重一路攀升，从 2000 年的 3.4% 增加到 14.2%，增加了 10.8 个百分点。同期，天然气供热比重自 2003 年达到区间高点 56.4% 之后，进入明显的下降通道（除了少数年份反弹外）。2016 年，热力生产中来自天然气的比重为 41.7%，相比 2003 年下降了 14.7%。

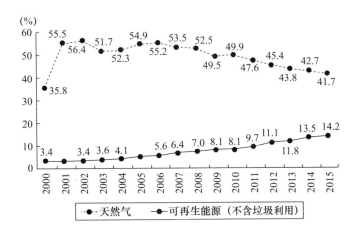

图3 2000～2015 年德国天然气供热与可再生能源供热份额变化

资料来源：EU Commission Energy Statistics.

从德国电力部门发电量燃料构成看，近年来天然气发电量的比重也出现了明显下降。如图4所示，2000~2016年，德国可再生能源发电比重从6.9%上升到2015年的29.9%。同期，天然气发电量的比重变化以2010年为界分为两个阶段：2010年之前，天然气发电量比重处于上升阶段，从10.4%增加到15.9%；2010年之后，天然气发电量比重从15.9%下降到11.5%。

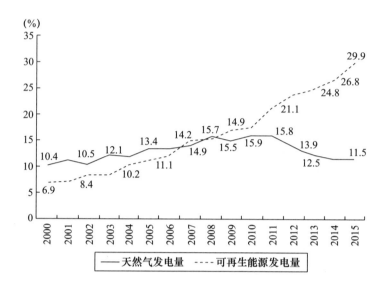

图4 2000~2015年德国天然气与可再生能源发电量份额变化

资料来源：EU Commission Energy Statistics.

二、德国能源转型对天然气的"挤出效应"

2000年自德国加快推进能源转型以来，天然气在一次能源消费中的比重持续下降。2016年与区间峰值相比，天然气在一次能源消费中的比重下降了8.7%，与2000年相比下降幅度为6.6%。然而，2016年与2000年相比天然气的终端能源消费量基本保持稳定。因此，德国天然气消费下降主要表现在能源转换部门，而不是终端部门。笔者把德国能源转换部门这种伴随着能源转型而发生的天然气消费明显下降称为能源转型对天然气消费的挤出效应。

（一）能源转型对天然气消费的"挤出效应"主要发生在电力与热力部门

电力部门能源转型进展最快。2009年可再生能源发电量比重超过了气电，2011年超过了核电，成为仅次于煤电的第二大发电量来源。从

图5可以看到，德国能源转型对天然气的影响分为两个阶段：2000~2010年，天然气发电量占比随着可再生能源发电量占比的增加而同步增加，其占比从10.4%上升到15.9%；2010年之后，可再生能源发电量的进一步增加对天然气发电量有着明显的挤出效应，其占比从15.9%一路下降到2015年的11.5%，2016年天然气发电量比重回升到12.4%，但下降趋势未变。

德国能源转型对煤电的挤出效应更加明显。2016年煤电发电量占比与2000年相比，由51.5%减少到40.3%，减少了11.2个百分点。值得注意的是，2011年由于德国执行弃核政策，主动关闭部分核电厂，核电发电量比重大幅度下降，由此导致煤炭发电量比重迅速上升。2012年煤电占比增加到22%，比2011年增加了1.2个百分点，2013年继续增加到45.1%。2013年开始，尽管核电比重继续下降，但煤炭发电量比重再次进入下降通道，直到2016年未见反弹。

德国热力部门可再生能源对天然气与其他化

石能源的挤出效应也非常明显。2000～2015 年，德国热力供应中来自可再生能源和垃圾供热的比重稳步上升，可再生能源供热量比重从 3.4% 增加到 14.2%；垃圾供热量比重从 2.8% 增加到 8.3%，两者共增加 16.3 个百分点。与此同时，化石能源的供热比重总体趋于下降趋势。其中，天然气从 2000 年的 35.8% 快速增加到 2003 年的

56.4% 后，转为下降趋势；2015 年，天然气供热量比重已经下降到了 41.7%，而煤炭与天然气相反，从 2000 年的 51.7% 猛跌到 2001 年的 34.1% 之后，一直处于小幅波动状态，到 2015 年煤炭供热量比重依然保持在 32.9%，石油及其产品的供热量比重则从 2000 年的 6.4% 稳步下降到 2015 年的 1.1%（见图 6）。

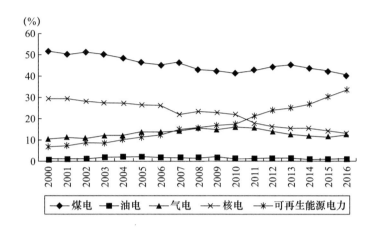

图 5　2000～2015 年德国发电量燃料结构变化

资料来源：EU Commission Energy Statistics，2016 年数据来自德国 BMWi。

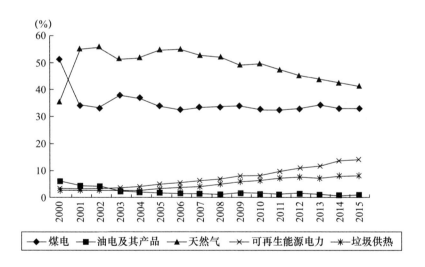

图 6　2000～2015 年德国热力生产燃料结构变化

资料来源：EU commission Enerrgy Statistics.

（二）德国能源转型对天然气挤出效应的作用机制

　　热力和电力是可再生能源替代化石能源的两个主要领域。2015 年德国可再生能源和垃圾供热

比重已经达到 22.5%；2016 年德国电力部门中可再生能源发电量已经占总发电量的 33.3%，2017 年，单日可再生能源供电比率最高达 85% 以上。作为优先发展和使用的可再生能源，热力和电力

的发展对化石能源供热和发电具有直接的替代效应。

德国电力市场竞价上网的基本规则是：按照不同发电类型的边际成本进行优先排序，竞价时按照边际成本由低到高排序，市场出清价格由最后一个单位的发电边际成本与市场需求价格相等

的点决定。在德国电力市场上，根据不同燃料发电的边际成本从低到高，首先竞价成功的是核电，其次是褐煤发电，其次是硬煤发电，最后是天然气发电。在图7中，电力市场需求与发电的边际成本曲线交点所确定的A的价格，就是电力市场的出清价格。

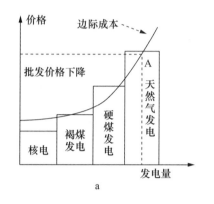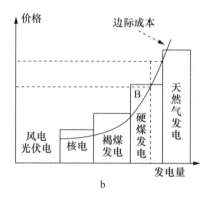

图7　德国可再生能源发电上网对电力市场出清价格影响

当边际成本接近于零的风电和太阳能光伏电量进入市场后，在既定的电量需求下，高边际成本的化石燃料发电机组被"挤出"市场，因而发电边际成本最高的一部分天然气发电机组退出市场，随着可再生能源发电量进一步提高，有可能全部天然气发电机组和部分燃煤发电机组都要退出市场。因此，这一挤出效应的作用机制是基于三个因素而发挥作用：一是风力发电和太阳能光伏发电边际成本接近于零；二是在现有可再生能源支持政策下，可再生能源电量并网保障；三是边际成本等于边际收益的电力市场出清机制。

三、结论与启示

（一）结论

在应对气候变化日趋成为国际主流价值观的背景下，各国能源与能源系统向低碳转型也日趋成为共识。中国在内的很多国家对天然气在能源低碳转型中的作用寄予厚望。美国天然气专家罗伯特·海夫纳三世在其2009年出版的《能源大转型》一书中提到，如果没有政治干扰的话，到

2050年世界能源体系将完成向天然气作为主导能源的转型。加拿大学者瓦茨拉夫·斯米尔（Vaclav Smil）认为在未来20~30年最有影响的全球能源转型是天然气将成为世界上最重要的单一燃料。笔者认为，天然气是化石能源向可再生能源转型进程中最重要的过渡能源，这不仅"因为它比煤炭和石油更加清洁，而且从能源系统看，它兼具集中式和分布式利用特点"。

然而，德国能源转型的实践表明，德国终端部门的天然气消费并没有随着能源转型的推进而增加。相反，在德国电力和热力部门还表现出能源转型对化石能源的"挤出效应"。挤出效应是在现有的能源转型政策框架下，电力与热力部门可再生能源比重增加的逻辑结果。导致能源转型在"挤出"煤炭、石油消费的同时，也"挤出"相对清洁和低碳的天然气，其主要因素是天然气价格较高造成了发电的竞争力较差。因此，当电力市场进入大量边际成本接近于零的风电和光伏电力时，竞争力差的天然气发电机组首先被替代了。2010年以来，德国发电量结构中天然气发电份额大幅下降的同时，煤炭份额下降幅度不大，

其至有两年还出现了回升的事实,印证了能源转型对天然气消费量不升反降的影响(见图6)。

总之,天然气具有相对清洁和低碳的特点,这仅仅是其成为向以可再生能源为主体的能源系统转型进程中发挥重要作用的必要条件。天然气要在各国能源转型中发挥更为重要的作用,甚至进入天然气时代,必须具有相对于化石能源相比的经济性,同时兼容于基于可再生能源的未来能源系统。

(二)启示

近两年来,我国天然气消费连续保持6%左右的增长率,但天然气在我国一次能源消费中的比重仍然偏低。根据BP的数据,2016年天然气占我国一次能源消费的比重仅为6.2%。在我国一次能源消费中煤炭的占比仍然高达62%的情况下,未来10～20年实现我国能源系统低碳转型,各方对天然气寄予厚望。而国际天然气市场总体上供大于求,美国解除对天然气出口的限制政策等外部因素为大力推动我国天然气消费市场提供了有利的外部条件。

然而,德国能源转型的实践表明,要避免可再生能源发展对天然气的"挤出"效应,实现天然气与可再生能源同步发展的一个关键条件,是天然气相对于其他化石能源具有足够的价格竞争力。我国的情况与德国类似,在热电部门,天然气相对于其他化石燃料成本高。而在国际天然气价格下行的背景下,我国对具有自然垄断性质的天然气管输环节和城市燃气管网由于缺乏有效监管导致输气成本过高是天然气价格高的主要原因。换句话说,我国天然气体制改革滞后导致天然气体制成本高企将进一步放大了我国能源转型对天然气消费的"挤出"效应,从而成为阻碍天然气成为我国能源低碳转型可以依靠的能源的关键。因此,不应以天然气的相对低碳清洁作为理由申请补贴来推动天然气发展,而是应该继续深化天然气体制机制改革,提高全产业链效率,降低天然气输送成本,这才是提升天然气对能源低碳转型贡献的关键所在。

参考文献

[1] 刘明德,江阳阳.德国能源转型战略及对我国的借鉴[J].中国能源,2017,39(7):29-35.

[2] 曹斌,李文涛,杜国敏等.2030年后世界能源将走向何方?[J].国际石油经济,2016,24(11).

[3] Vaclav Smil. Energy Transitions: History, Requirements, Prospects [M]. Praeger Publishers, 2010.

[4] 罗伯特·海夫纳三世.能源大转型[M].北京:中信出版社,2013.

[5] 徐庭娅.德国能源转型的进展、挑战及前景[J].宏观经济管理,2014(3).

[6] 朱彤.德国能源转型再思考:问题与挑战[J].财经智库,2016(6).

[7] 朱彤,王蕾.国家能源转型——德、美实践与中国选择[M].杭州:浙江大学出版社,2015.

[8] 国务院发展研究中心资源与环境研究所.《中国天然气发展报告(2017)》白皮书[Z]。

Can Energy Transition Increase Natural Gas Consumption?

—A German Practice Perspective

ZHU Tong

Abstract: In the context of climate change, natural gas is considered a viable option for achieving a low carbon transition in the energy system. However, the practice in Germany shows that the "crowding - out effect" of natural gas consumption by energy transition is very obvious. Especially in the electricity and heat sector, with the increase of the share of renewable energy, the consumption and share of natural gas have obviously dropped. This phenomenon is an inevitable result of the interaction between the energy transition policy and the lack of competitiveness of natural gas relative to other fossil fuels. If we want to avoid this "crowding – out effect" in promoting the development of renewable energy, we must reduce the cost of the natural gas by reforming system of the natural gas so that it can gain a competitive advantage over other fossil fuels.

Key words: Energy Transition; Natural Gas Consumption; Germany

十八大以来中国能源工业：成就、问题与展望

白 玫

摘 要： 十八大以来，我国能源工业发展取得了巨大的成就：能源消费总量得到控制，能源消费结构明显优化；能源领域供给侧结构性改革初见成效，绿色能源生产体系加速建设；利用国际能源市场的能力不断提升，油气进口地区多元化格局正在形成；通过制度创新释放改革红利，推动能源工业转型发展；能源创新体系正在形成，新业态成为能源转型发展引擎。但是，我国能源工业发展正经历经济增速换挡、能源转型升级和能源体制改革的"阵痛期"，能源工业效益指标下滑，产能过剩问题依然存在，能源转型发展面临重重困难，各种能源之间、各种所有制能源企业间的公平竞争环境尚未形成。展望未来，惟有创新才是推动能源工业健康发展的动力。

关键词： 绿色能源生产体系；油气进口地区多元化；产能过剩

党的十八大以来，随着中国经济进入新常态，能源工业的发展也进入新的发展阶段：发展清洁能源，降低碳排放水平，注重煤炭清洁化利用，放松电力和天然气市场管制，实现能源生产革命与能源消费革命，通过创新推动能源工业健康发展。

一、十八大以来能源工业发展的成就

（一）能源消费总量得到控制，能源消费结构明显优化

如表1所示，2016年全年能源消费总量43.6亿吨标准煤，比2012年增长8.42%。煤炭消费量37.84亿吨，较2012年增长7.29%；原油消费量5.71亿吨，较2012年增长22.25%；天然气消费量2086.29亿立方米，较2012年增长42.60%；电力消费量突破6万亿千瓦时，较2012年增长22.42%。经过巨大的努力我国能源消费结构明显改善，煤炭消费量占能源消费总量的61.31%，较2012年下降了7.19个百分点；水电、风电、核电等非化石能源消费量占能源消费总量的13.37%，

较2012年上升了3.67个百分点。

（二）能源领域供给侧结构性改革初见成效，绿色能源生产体系加速建设

能源领域供给侧结构性改革为能源工业的发展注入了新的活力。原油生产占能源生产的比重不断下降，可再生能源占能源生产的比重不断提高；煤炭安全矿井的比重上升，安全高效矿井的比重上升；煤电发电量的比重下降，非化石能源发电的比重上升。与2012年相比，2016年原煤生产下降了6.6个百分点；水电、核电、风电产等增加了5.7个百分点；天然气增加了1.2个百分点（见表2）。

1. 煤炭产能不断优化，原煤产量持续下降

煤炭供给侧结构性改革持续推进，落后产能不断退出，产能结构不断优化。原煤产量持续下降。2016年，原煤产量34.1亿吨，较2012年下降5.35亿吨，下降了13.56%。原煤产量自2013年达到39.74亿吨后，连续三年下降，2014年、2015和2016年年分别下降2.5%、3.3%和9%；焦炭产量4.49亿吨，较2012年略增0.11亿吨，增长了2.46%（见表3）。

表1　2012~2016年能源消费量及消费结构

指标名称	2016 年	2015 年	2014 年	2013 年	2012 年	较 2012 年变化
能源消费总量（亿吨标准煤）	43.6	42.99	42.58	41.69	40.21	8.42%
煤炭消费量（亿吨）	37.84	39.70	41.16	42.44	35.26	7.29%
原油消费量（亿吨）	5.71	5.41	5.15	4.87	4.67	22.25%
天然气消费量（亿立方米）	2086.29	1931.75	1868.94	1705.37	1463.00	42.60%
电力消费量（万亿千瓦时）	6.09	5.80	5.64	5.42	4.98	22.42%
其中：核电、水电、风电等消费量（万亿千瓦时）	1.70	1.53	1.39	1.18	1.09	55.96%
煤炭（%）	61.31	63.70	65.60	67.40	68.50	−7.19 个百分点
石油（%）	19.04	18.30	17.40	17.10	17.00	2.04 个百分点
天然气（%）	6.28	5.90	5.70	5.30	4.80	1.48 个百分点
非化石能源（%）	13.37	12.10	11.30	10.20	9.70	3.67 个百分点

资料来源：http://data.stats.gov.cn/。

表2　2012~2016 中国能源生产结构

能源结构	2016 年	2015 年	2014 年	2013 年	2012 年	较 2012 年变化
原煤（%）	69.6	72.2	73.6	75.4	76.2	−6.6 个百分点
原油（%）	8.2	8.5	8.4	8.4	8.5	−0.3 个百分点
天然气（%）	5.3	4.8	4.7	4.4	4.1	1.2 个百分点
水电、核电、风电（%）	16.9	14.5	13.3	11.8	11.2	5.7 个百分点

资料来源：http://data.stats.gov.cn/.

2. 原油产量下降，天然气产量稳定增长，原油加工量大大提高

2016 年原油产量 1.99 亿吨，比上年下降 6.9%，是 2010 年以来年产量首次少于 2 亿吨。原油加工能力大大提高，原油加工量在 2014 年首次突破 5 亿吨，2016 年达 5.41 亿吨，比上年增长 3.6%，较 2012 年增长了 15.62%。汽油产量 2016 年为 1.29 亿吨，较 2012 年增长了 44.07%，柴油产量 1.79 亿吨，较 2012 年增长了 5.00%。

3. 发电量突破 6 万亿千瓦时，发电结构明显改善

2016 年发电量 6.14 万亿千瓦时，比 2012 年增长 23.11%。其中，火电发电量 4.44 万亿千瓦时，较 2012 年增长 14.06%；水电、核能、风力和光伏发电保持高速增长，发电总量 1.70 万亿千瓦时，较 2012 年增长了 55.29%（见表3）。

4. 发电装机容量突破 16 亿千瓦，非化石能源装机比重持续提高

十八大以来，电力装机增速维持在 8.15% ~ 10.89% 较高的增长水平；非化石能源装机比重持续提升，2016 年达到 35.72%，较 2012 年增长了 4.32 个百分点；煤电从 2012 年的 65.67%，下降到 2016 年的 57.33%，下降了 8.34 个百分点。2016 年较 2012 年净增装机，非化石能源装机 2.64 亿千瓦，超过了火电 2.45 亿千瓦（见表4）。

5. 新能源成为重要能源

截至 2016 年底，风电和光伏发电装机累计达到 2.26 亿千瓦，超过全球 1/4，新能源在 16 个省份已成为第二大电源。我国风电累计装机达 1.49 亿千瓦，占总装机的 9.0%；光伏发电能累计装机达 7742 万千瓦，占总装机的 4.7%。

表3 2012～2016年我国能源生产

指标名称	2016年	2015年	2014年	2013年	2012年	较2012年变化量	较2012年变化（%）
原煤产量（亿吨）	34.10	37.47	38.74	39.74	39.45	-5.35	-13.56
原油产量（亿吨）	1.99	2.15	2.11	2.10	2.07	-0.08	-4.09
天然气产量（亿立方米）	1369	1346	1302	1209	1106	262.92	23.77
发电量（万亿千瓦时）	6.14	5.81	5.79	5.43	4.99	1.15	23.11
火电发电量（万亿千瓦时）	4.44	4.28	4.40	4.25	3.89	0.55	14.06
水电、核电、风电、光伏发电总量（万亿千瓦时）	1.70	1.53	1.39	1.18	1.09	0.61	55.29
原油加工量（亿吨）	5.41	5.22	5.03	4.79	4.68	0.73	15.62
汽油产量（亿吨）	1.29	1.21	1.10	0.98	0.90	0.40	44.07
柴油产量（亿吨）	1.79	1.80	1.76	1.73	1.71	0.09	5.00
焦炭产量（亿吨）	4.49	4.48	4.80	4.82	4.38	0.11	2.46

资料来源：http：//data.stats.gov.cn/.

表4 2012～2016年发电装机容量及结构

指标名称	2016年	2015年	2014年	2013年	2012年	较2012年变化	较2012年净增装机容量（亿千瓦）	
电力（亿千瓦）	16.51	15.08	13.60	12.47	11.42	44.55%	电力	5.09
水电（%）	20.12	21.17	22.19	22.45	21.85	-1.73百分点	水电	0.83
火电（%）	64.28	65.65	67.32	69.14	71.43	-7.15百分点	火电	2.45
其中：煤电（%）	57.33	58.62	60.67	63.03	65.67	-8.34百分点	其中：煤电	1.96
气电（%）	4.25	4.40	4.09	3.45	3.26	0.99百分点	气电	0.33
核电（%）	2.04	1.73	1.46	1.17	1.10	0.2百分点	核电	0.21
风电（%）	8.93	8.58	7.04	6.05	5.31	0.94百分点	风电	0.87
光伏发电（%）	4.62	2.86	1.95	1.19	0.30	3.62百分点	光伏发电	0.73
非化石能源（%）	35.72	34.35	32.68	30.86	28.57	4.32百分点	非化石能源发电	2.64

资料来源：http：//data.stats.gov.cn/.

6. 煤炭清洁化利用水平大大提高

从发电净效率看，2016年全国燃煤电厂供电标准煤耗为312克/千瓦时，较2012年降低58克/千瓦时。从发电污染排放强度来看，2016年煤电单位发电量二氧化硫、氮氧化物、烟尘等三项污染物排放量分别为0.47克、0.43克和0.09克，达到世界先进水平。2016年全国单位火电发电量二氧化碳排放约835克/千瓦时，比2012年下降了20.3%。

（三）利用国际能源市场的能力不断提升，油气进口地区多元化格局正在形成

1. 能源国际投资与能源国际合作不断深化

充分利用国际、国内"两种资源、两个市场"，参与国际分工和国际合作，以形式多样、资源导向、项目多元、专业开发为特点的能源国际投资、能源国际合作的格局逐步形成。特别是2015年国家发改委和国家能源局共同发布了《推动丝绸之路经济带和21世纪海上丝绸之路能源合作愿景与行动》，进一步明确"一带一路"能源合作的重点领域。

（1）电力领域。国家电网公司先后获得菲律宾电网、巴西中部及东南部的7个输电网的特许经营权，南方电网公司与大湄公河次区域国家电网合作开发。发电公司积极"走出去"，在越南、老挝、缅甸、泰国、柬埔寨、巴基斯坦、印度等国投资建设水电项目和火电项目。

（2）油气领域。已经有 20 多家油气企业"走出去"，包括中石油、中石化、中海油、中化、振华等国有企业以及广汇、杰瑞等民营企业，在"一带一路"沿线国家和地区基本建成多个油气合作区。

（3）新能源领域。到 2016 年，光伏制造企业在海外已投产的电池产能达到 300 万千瓦，电池组件的产能达 500 万千瓦，还有大量的在建产能；中广核在海外新能源的控股装机已经超过 870 万千瓦，这 870 万千瓦装机分布在韩国、马来西亚、埃及、孟加拉等十几个国家。

2. 能源进口规模有所扩大

（1）原油进口量增长较快，原油对外依存度不断攀升。中国正逐步取代美国成为全球最大石油进口国。2016 年，原油进口量为 3.81 亿吨，较 2012 年增加 1.10 亿吨，增加了 40.58%；石油对外依存度达 65.4%，较 2012 年的 58% 又上升了 7 个百分点。原油进口额为 1165 亿美元，较 2012 年减少 1041.97 亿美元，减少了 47.22%。进口额下降是由原油价格大幅下降所致。

（2）受国内煤炭去产能和煤炭进口政策影响，煤炭进口变动较大。2016 年，煤炭进口量为 2.56 亿吨，较 2012 年减少 0.33 亿吨，减少了 11.44%；煤炭进口额为 142 亿美元，较 2012 年减少 145.55 亿美元，减少了 50.70%。

（3）受清洁能源发展政策影响，LNG 进口规模不断扩大。2016 年，LNG 进口量为 0.26 亿吨，较 2012 年增加 0.11 亿吨，增加了 77.52%；LNG 进口额为 89 亿美元，较 2012 年增加 7.13 亿美元，增加了 8.67%（见表 5）。

表 5   2012~2016 年能源进口及变化

指标名称		2016 年	2015 年	2014 年	2013 年	2012 年	较 2012 年	
							变化量	变化率（%）
原油	进口数量（亿吨）	3.81	3.36	3.08	2.82	2.71	1.10	40.58
	进口金额（亿美元）	1165	1345	2283	2197	2207	-1041.97	-47.22
煤炭	进口数量（亿吨）	2.56	2.04	2.91	3.27	2.89	-0.33	-11.44
	进口金额（亿美元）	142	121	222	290	287	-145.55	-50.70
LNG	进口数量（亿吨）	0.26	0.20	0.20	0.18	0.15	0.11	77.52
	进口金额（亿美元）	89	88	122	106	82	7.13	8.67

资料来源：海关总署。

3. 能源进口结构有所优化

油气进口来源呈多源化发展趋势，天然气进口来源依然高度集中于少数国家。原油进口来源国集中度 CR3，2016 年为 39.28%，较 2012 年的 45.55% 下降了 6.27 个百分点，进口来源分散化趋势明显，有利于国家石油安全。所谓 CR3 是指原油进口来源国前三位的集中度，是原油进口来源国前三位的进口量占比，也是衡量原油进口地集中水平的指标。同时，从政局较为稳定的国家进口的原油比重有所上升。2016 年，LNG 进口来源国高度集中于澳大利亚、卡塔尔和印度尼西亚，高达 78.44%，较 2012 年的 CR3 提高了 3.13 个百分点；管道天然气进口来源国，随着中缅油气管道的建成和投入使用，将有利于我国建成多元化的天然气进口格局，保障我国的天然气供应安全。

（四）能源创新体系正在形成，新业态成能源转型发展引擎

我国能源工业发展正处于调整结构、转型升级的关键阶段。如何实现高碳资源低碳利用，化石能源绿色发展，惟有不断持续创新。2015 年中共中央国务院提出了加快实施创新驱动发展战略的指导意见，十八大明确了"创新、协调、绿色、开放、共享"的五大发展理念，强调必须把创新摆在国家发展全局的核心位置。

1. 能源技术创新体系建设目标明确

发改委、能源局联合下发了《能源技术革命创新行动计划（2016~2030年）》和《能源技术创新"十三五"规划》，明确了我国能源技术创新的总体目标：到2020年，能源自主创新能力大幅提升，一批关键技术取得重大突破，能源技术装备、关键部件及材料对外依存度显著降低，我国能源产业国际竞争力明显提升，能源技术创新体系初步形成；到2030年，建成与国情相适应的完善的能源技术创新体系，能源自主创新能力全面提升，能源技术水平整体达到国际先进水平，支撑我国能源产业与生态环境协调可持续发展，进入世界能源技术强国行列。

2. 能源转型和创新已成为能源新技术革命的核心和关键

中国的经济转型是一个能源替代的过程，需要技术变革和制度创新。党的十八大报告明确提出，推动能源生产和消费革命，支持节能低碳产业和新能源、可再生能源发展。确保国家能源安全、立足于能源资源禀赋的现实途径也已明确。中国在能源科技方面取得了重大突破，在世界核聚变能领域取得了突破性的进展；中国制造成功钍核电池，成为世界上第一个掌握钍核电池制造技术并实际应用的国家。可再生能源发展取得了举世瞩目的成就。可再生能源总发电装机已超过12亿千瓦，年发电量超过5万亿千瓦时。在高产高效矿井、重大灾害防治、超超临界燃煤发电、煤制油、煤制烯烃等领域的技术达到了世界先进水平。

3. 制度创新、科技创新催生能源新业态

以科技创新、制度创新、管理创新、商业模式创新、业态创新相结合，引领能源工业转型发展。售电公司、新型配电公司、储能行业与能源服务公司、能源互联网与能源大数据公司、储能与分布式能源等新业态，将成能源工业发展新引擎。

二、能源工业发展存在的问题

（一）能源工业效益指标下滑，行业发展分化明显

十八大以来，能源工业发展正经历经济增速换挡、能源转型升级和能源体制改革的"阵痛期"，能源工业效益指标下滑，企业亏损比例小幅扩大。

1. 总资产利润率分化明显，电力、燃气增加，煤炭、油气开采下降

2016年，能源工业总资产利润率为2.86%，较2012年的5.91%减少3.05个百分点；电力工业总资产利润率为2.97%，较2012年的2.75%增加0.21个百分点；油气加工业总资产利润率为7.13%，较2012年的0.11%增加7.02个百分点；煤炭工业总资产利润率为2.02%，较2012年的8.04%减少6.02个百分点；油气开采业总资产利润率为-2.38%，较2012年的23.17%减少25.55个百分点。

表6　2012~2016年总资产利润率　　　　　　　　　　　　　　单位：%

指标名称	2016年	2015年	2014年	2013年	2012年	较2012年变化量
能源	2.86	3.11	4.37	5.32	5.91	-3.05个百分点
煤炭	2.02	0.81	2.46	4.88	8.04	-6.02个百分点
电力	2.97	3.92	3.91	3.53	2.75	0.21个百分点
油气开采	-2.38	3.89	15.52	19.40	23.17	-25.55个百分点
油气加工	7.13	2.68	0.41	2.07	0.11	7.02个百分点

资料来源：根据相关统计数据计算。

2. 人均利润率分化明显，能源工业人均利润率总体下降，煤炭和油气开采行业下降，电力和油气加工行业人均利润率上升

2016 年，能源工业人均利润率为 8.37 万元/人，较 2012 年下降 2.15 万元/人。分行业看，煤炭开采业人均利润率下降幅度较大，从 2012 年的 6.76 万元/人，下降到 2016 年的 2.75 万元/人；油气开采业人均利润率由 2012 年的 52.53 万元/人，下降到 2016 年的 -6.76 万元/人。电力行业人均利润率由 2012 年的 9.13 万元/人，大幅提升到 2016 年的 14.85 万元/人，增长了 5.72 万元/人；油气加工业人均利润率由 2012 年的 0.25 万元/人，大幅提升到 2016 年的 21.10 万元/人，增长了 20.86 万元/人。

表7　2012~2016 年人均利润

单位：万元/人

指标名称	2016 年	2015 年	2012 年	较 2012 年变化量
能源	8.37	7.78	10.52	-2.15
煤炭	2.75	1.00	6.76	-4.02
油气开采	-6.76	10.96	52.53	-59.29
电力	14.85	17.28	9.13	5.72
石油加工	21.10	7.14	0.25	20.86

资料来源：根据相关统计数据计算。

（二）供需不平衡矛盾突出，产能过剩问题依然存在

1. 煤炭产能过剩的矛盾依然突出，去产能任务艰巨

煤炭产能过剩严重，"十三五"期间需退出煤炭过剩产能 8 亿吨左右，2015 年已退出 2.9 亿吨，产能过剩的总体格局尚未根本改变。煤炭去产能的任务十分艰巨：要从 2016 年起，用 3~5 年的时间，退出产能 5 亿吨左右、减量重组 5 亿吨左右；分流人员 130 万人，关闭小煤矿 4000 处、国有煤矿 300 处。5 年的时间安置 130 万煤炭职工是一项非常浩大而艰巨的工程。

2. 发电设备利用率下降，发电设计利用小时数持续下降

我国经济进入新常态，用电需求增长放缓，但包括新能源在内的各类电源仍保持较快的增长速度，新增的用电市场无法支撑电源的快速增长，

导致发电设备利用小时数持续下降。近几年，全国火电设备年利用小时数持续下降，已降到 4165 小时，为 1964 年以来最低。弃水、弃风、弃光矛盾更加突出。2016 年全国弃风电量 497 亿千瓦时，平均弃风率 17.1%；弃光电量 70.4 亿千瓦时，弃光率约 11%。

（三）能源体制改革不充分，能源工业转型发展困难重重

能源工业转型升级的困局是多重因素所致，除产能过剩影响外，也有客观的因素，还与没有理顺的能源价格机制、不规范的能源市场竞争关系，以及投资体制机制、国有企业格局、地方经济追求等众多因素相关。

1. 各种能源之间、各种所有制能源企业间的公平竞争环境尚没有形成

煤电与气电、煤电与可再生能源发电、电力与煤炭的矛盾关系没有理顺，各种能源之间的公平竞争环境尚未形成。自备燃煤电厂与常规电源厂之间的公平竞争矛盾突出。截至 2016 年底，全国共有燃煤自备电厂 1.15 亿千瓦，近两年装机平均增速达 15.7%，比统调煤电装机增速高 10 个百分点、平均发电利用小时数高 18%，加之节能环保水平普遍较低、承担的辅助服务任务少，挤占了公用电厂的合理市场。

2. 人为干预市场，时有发生

当前的电力市场极不完善，人为干预市场行为时有发生。对于煤炭领域来说，其市场机制并不完善，本轮大规模去产能普遍被认为是行政干预的结果。电力市场从文件规定到实际操作，降价都成为倾向性选择，直供电价格垄断协议现象时有发生。

3. 能源转型困难重重，二氧化碳排放控制压力大

尽管燃煤电厂拥有先进、高效且常规污染物排放低的优势，但没有改革中国能源消费高碳排放的特点。由于新大机组的合理运行年限（不是折旧年限）一般应在 30 年以上，其碳排放的"锁定"效应明显，机组越新、越大，对未来二氧化碳排放控制的压力越大。

三、展望与对策

（一）展望

能源工业未来的最大挑战是全球经济发展减速、中国经济进入新常态，能源国际合作与能源创新是能源工业转型升级的根本动力。

1. 我国能源工业发展将主要呈现四个特点

一是能源工业绿色发展的趋势日益明显，能源消费集约高效化、能源生产去煤低碳化、能源利用绿色可持续性。降低碳排放水平，"去煤去油脱碳"、可再生能源替代化石能源、放松电力市场管制是能源工业转型升级和改革的方向。二是能源消费总体保持增长趋势。煤炭需求放缓、石油需求增长平稳，天然气需求增长较快，电力继续保持增长。虽然近年来中国经济进入新常态，能源工业发展的速度放缓，但是处于工业化和城市化发展时期的中国，产业结构短期不会改变。这是能源工业发展的基本面。三是能源供求给总体平衡、宽松。考虑现有能源产能、国际能源价格、汇率变动和能源进口环境等因素，到2020年我国能源供应较宽松。四是清洁低碳能源比重继续上升，煤炭、石油在未来发展中处于不利地位。

2. 能源去产能依然任重道远，尤其煤电去产能

在政策作用下，煤炭去产能进展较好，但要实现8亿吨去产能目标，挑战巨大。煤电过剩局面将持续贯穿"十三五"，年利用小时数在4000小时徘徊。光伏、风电产能呈区域性过剩态势，弃风、弃光现象改观需制度创新。炼油能力过剩问题日益突出，转型升级之路漫长。

3. 能源国际合作与投资、能源科技创新将成为能源工业发展的新动能

中国与欧洲、中国与美国、中国与"一带一路"沿线国家等国际能源合作和能源投资关系正在形成，《中欧能源安全联合声明》、《中国—欧盟能源路线图（2016—2020）》、《中美能源和环境十年合作框架》等一系列文件的签署表明了中国在加强能源安全合作方面、在环境治理方法、在能源效率提升方面、在能源科技创新方面的决心。分布式能源、智能电力系统、大规模储能、可控核聚变、页岩气、可燃冰等一大批能源技术将成能源工业发展的新动能。

（二）对策

1. 深化能源市场改革，进一步完善市场机制

法律框架下独立的专业市场监管组织和有效的市场监管机制，是发现能源市场设计缺陷和保障能源市场平稳、公平、高效运行的关键。对煤电矛盾要进一步完善煤炭市场机制，积极探索煤电一体化组织方式，破解煤炭与电力的长期矛盾。对于不同能源的公平竞争问题，要在能源供应安全、竞争公平合理和清洁发展的大原则下，积极探索、建设跨区域的市场机制，解决弃水、弃风、弃电等区域性可再生能源过剩问题；积极探索、建立电力批发市场和辅助服务市场，市场化的发电、用电机制以及市场化的机组调峰、调频、备用等辅助服务补偿机制。对于去产能，要用市场的手段、政策的引导，政府应将去产能的关注点放在落后产能的淘汰和职工安置问题上，而不能简单地用行政命令"去产量"。对于城市天然气市场改革，重点应放在打破城市燃气的区域性垄断体制、释放市场活力、推动天然气发展上。对于油气市场改革，重点应放在上游领域的放松管制上。对于输配电价改革和油气管输价格改革，重点应放在信息公开和建立独立、专业的成本监审机构上。

2. 不断提高我国能源工业的科技创新能力

强化科研平台建设，完善企业发展投入增长机制，完善支持企业自主创新优惠政策。建设以国家实验室为引领的创新基础平台，建设一批具有带动作用的区域能源创新中心。在科研经费配置上，鼓励研究者自由探索研究，重点支持清洁、高效的化石能源技术、新能源电力系统技术、安全先进的核电技术、战略性能源技术、能源基础材料技术的探索研究，不断提高我国能源工业创新能和国际引领能力。

3. 要特别关注石油安全问题，打造石油安全进口体系，发展石油替代能源

由于近年石油价格低迷，掩盖了我国石油对外依存度高企的突出矛盾。但是随着未来石油价格的回升，我国石油安全的问题将十分突出。因

此，要加大投入对石油替代技术的研究，加大我国页岩油气的开发，加大电动汽车的推动力度，做好石油替代。同时，注重石油进口来源多元化。

4. 健全符合行业发展规律的能源税费体系，提高能源工业效益指标

扩大增值税抵扣范围，调整资源税，统筹考虑环境保护税设立和现行环境收费清理，避免增加企业负担。降成本从提高资产收益、降低财务费用、控制物流费用和交易成本入手。通过处置无效和低效资产，盘活存量资产，减少资源占用，减少整体负债水平，压缩非生产经营性费用开支。改变融资模式，降低融资成本。加快发展和完善多层次的资本市场，鼓励建立市场化的企业资本金补充机制。减少不合理收费，降低物流成本。

参考文献

［1］杜祥琬. 能源科技发展前沿及未来方向［J］.科学通报，2017，62（8）：780－784.

［2］高虎.2010－2014年我国可再生能源发展政策与行动［J］.中国能源，2016，38（2）：6－9.

［3］何建坤. 中国能源革命与低碳发展的战略选择［J］.武汉大学学报（哲学社会科学版），2015，68（1）：5－12.

［4］李丽英. 能源革命和经济新常态下我国煤炭科技发展趋势探析［J/OL］.煤炭工程，2017，49（3）：143－145＋148.

［5］李雪慧，史丹. 全球能源格局变动，中国的能源安全状况改善了吗？［J］.中国能源，2017，39（9）：25－31.

［6］尹明."十三五"时期我国能源发展若干问题的思考［J］.中国能源，2014，36（9）：9－12＋30.

［7］张有生，苏铭，杨光，田磊. 世界能源转型发展及对我国的启示［J］.宏观经济管理，2015，（12）：37－39.

China's Energy Industry since the 18th CPC National Congress: Achievements, Problems and Prospects

Bai Mei

Abstract: Since the 18th CPC National Congress, great achievements have been gained in the development of China's Energy Industry: First, total energy consumption is under control and structure of energy consumption is significantly optimized. Second, one point needs to be emphasized is that supply－side reform in the energy sector achieves initial success, which accelerated green energy production system. Third, the ability to utilize the international energy market continues to improve, a diversified pattern of oil and gas imports is emerging. Fourth, reform bonus is released via institutional innovation to promote the transitional development of the energy industry. Last but not the least, the energy innovation system is shaping, the new commercial format has become the engine of energy transition and development. However, China is experiencing a painful period generated from gear－shifting of economic growth, transition upgrading and system reform in terms of the development of energy industry. During this period, energy industry efficiency decline while problems of overcapacity still exist, and a fair competition environment for enterprises has not been formed yet. Looking to the future, only innovation is the power to drive sound development of the energy industry.

Key words: Green Energy Production System; Diversified Areas of Oil and Gas Import; Overcapacity

中国能源转型新形势与关键问题[*]

王 蕾

摘 要：中国经济逐步步入新常态，能源消费与经济增长出现了弱脱钩趋势。这意味着中国经济增长对能源的依赖程度在下降。这一新的形势为中国能源转型提供了难得的历史机遇。与此同时，煤炭占能源消费比重仍然高达60%左右，碳排放规模仍然较大，在2030年之前达峰的压力不小。能源系统的低碳化转型进程既紧迫又困难。从煤炭高比例的化石能源系统向清洁、低碳方向转型将会出现不同的问题需要解决。这些问题，有的只存在于早期或中期阶段，并随着应对措施的出台而消失。例如，发电成本问题在可再生能源发展初期可能是影响其发展的最大问题之一，但目前成本已经不算是制约可再生能源发展的问题。短期来看，"十三五"时期，能源转型亟待解决可再生能源弃风、弃光问题，化石能源清洁化利用，推进天然气等过渡能源发展以及提高重点领域的能源利用效率。

关键词：能源转型；新形势；关键问题

一、能源转型面临的新形势

随着中国经济逐步步入新常态，经济增长动力的结构性转变，能源消费与经济增长开始出现了弱脱钩趋势。这意味着中国经济增长对能源的依赖程度在下降。这一新的形势为中国能源转型提供了难得的历史机遇。与此同时，碳排放规模仍然较大，在2030年之前达峰的压力不小。能源系统的低碳化转型进程既紧迫又困难。

（一）经济增长与能源消费出现弱脱钩趋势

"十一五"以来，在多种节能减排措施的作用下，中国能源消费增速明显放缓。"十一五"期间，能源消费平均增幅3.6%，远低于"十五"期间6.7%的平均增速。随着我国产业结构的调整和经济增长动力的转换，2012年之后，增速明显放缓。从图1的统计数据趋势来看，中国经济增长与能源消费开始呈现弱脱钩迹象。中国经济增长对能源的依赖程度，特别是煤炭的依赖程度逐步下降。例如，2015年、2016年全社会用电量增速为0.5%、6.9%，而同期经济增速实现了6.9%、6.7%的增长。煤炭消费则更明显，2014年以来，中国煤炭消费量持续负增长。中国煤炭消费增长达峰已经达成共识。

（二）能源系统碳排放压力依然存在

2008年化石能源消费产生的碳排放总量首次超过美国，成为碳排放量最多的国家。近年来，二氧化碳排放增速趋向平缓，"十一五"以来，增速下降至4%左右。但是，要完成2020年、2030年单位GDP二氧化碳排放分别比2005

---

* 本文发表在《中国发展观察》2017年第17期。

王蕾，中国社会科学院工业经济研究能源经济研究室副研究员。

年下降 40% ～ 45%、60% ～ 65% 的目标，形势严峻。

通过化石能源碳排放系数大致推算出 1990 年以来中国二氧化碳排放总量（见图 2）。从 2002 年开始中国能源系统二氧化碳排放总量加速增长，尤其以"十一五"期间最明显。中国还是发展中国家，长期以来一直没有提出具体的二氧化碳排放总量控制目标。如果我们以 2030 年碳排放达到峰值作为这一阶段碳排放总量目标，大致可以推算出 2030 年碳排放总量约 28.77 亿吨，二氧化碳排放总量约控制在 105 亿吨[①]。这意味着如果要达到 2030 年二氧化碳排放峰值，未来 14 年必须将过去 10 年间二氧化碳排放量 7.8% 的增速降至 0.8%。

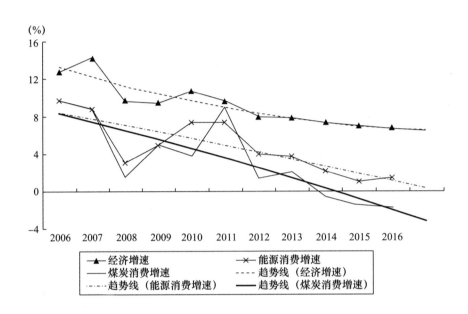

图 1　经济增速、能源消费与煤炭消费趋势

资料来源：根据《中国统计年鉴 2016》整理。

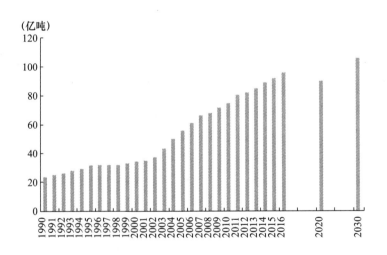

图 2　能源系统二氧化碳排放总量

资料来源：根据《中国统计年鉴》《中国能源统计年鉴》整理计算。

---

①　碳的原子量 12，氧的原子量 16，二氧化碳的分子量为 44。

（三）能源体制改革不断深化提供有利的政策环境

2015年3月，《关于进一步深化电力体制改革的若干意见》（中发〔2015〕9号）开启了新一轮电改。2015年底发布了《关于推进输配电价改革的实施意见》等6个配套文件，后续又陆续发布了《有序放开配电网业务管理办法》《省级电网输配电价定价办法（试行）》《电力中长期交易基本规则》《关于有序放开发用电计划的通知》《关于深化能源行业投融资体制改革的实施意见》等政策文件。2015年4月，国家发改委发文推动跨省跨区电力交易，降低受电地区用电成本。跨省跨区电力直接交易，将西部地区"弃风""弃光""弃水"的电力以较低的价格送到东部负荷中心，既降低东部地区用电成本，又促进西部地区可再生能源发展。在相关政策的指导下，各项体制改革方案都得到了推进。如输配电价改革取得重要进展，电力市场建设取得了重要进展。2017年5月，中共中央、国务院印发了《关于深化石油天然气体制改革的若干意见》，明确了深化石油天然气体制改革的指导思想、基本原则、总体思路和主要任务。其核心思想是，在维护国家能源安全、保障安全生产、促进节能环保的基础上，坚持问题导向和市场化方向，体现能源商品属性。能源体制改革的不断深化将为推进能源转型进程提供有利的政策环境。

二、客观理解能源转型前景的多样性

从当前能源转型实践看，经济可持续发展与化石能源燃烧产生的温室效应、环境污染之间的矛盾推动了新一轮的能源转型。2002年之后，能源转型在绝大部分场合下，被社会各界狭义地解释为发展可再生能源。这种狭义的含义很容易导致可再生能源的"超前"发展①。往往会忽视现有能源体系"内部挖潜"的优势（如大力发展清洁的天然气等化石能源，提高能源利用效率），

忽略另外一种能够达到同样效果的能源转型的技术路径，在客观上不仅增加能源转型的成本，而且会使能源转型进程出现波动和反复。

（一）中国能源转型内涵更加丰富

近年来，欧美等国家将未来能源转型的方向定义为向可再生能源转型，并且围绕可再生能源建立一套适合其快速发展的能源体系。在多项核心技术取得快速突破的鼓舞下，不少国际组织和政府对可再生能源发展前景充满自信。欧盟明确提出，2050年实现可再生能源100%替代的目标。部分国家可再生能源发展的"乐观前景"被不断放大，成为其他国家发展的范本。如IPCC等国际机构要求世界各国进一步加快可再生能源，使很多国家能源转型压力不断增加。在环境和气候问题的客观压力下，各国政府不得不通过政策强力推进可再生能源的发展。当前中国还处在能源的煤炭时代向石油时代转型的阶段（朱彤等，2015），煤炭占能源消费比重仍然高达60%左右。这决定了中国能源转型将具有非常明显的阶段性特征。因此从阶段性转型的角度看，除了发展化石替代能源，在中国所有化石能源的高效清洁利用（或称为节能、低碳化利用）和环境效益提高都可以理解为"转型"。

（二）中国能源转型具有明显的过渡性特征

虽然能源转型在很大程度上是指向可再生能源转型，但是不同国家发展阶段以及资源禀赋的差异决定了未来能源转型前景的多样性。能源转型前景的多样性决定了能源转型没有统一的路径，各个国家在推进能源转型过程中必须结合自身国情。

由于可再生能源品种属性，至少从目前来看，无论是生物质能、风能还是太阳能，都无法单一承担主导能源地位。风能和太阳能具有分布，但能量密度低，输出波动性大；生物质能和地热能的现代利用受资源供应位置限制加大。另外，化石能源仍然有其存在的空间。

不少研究机构对中国未来的能源情景做了设

---

① 例如，中国可再生能源发电装机比重提高很快，但是可再生能源终端消费比重仍然较低。

计，但是从相对科学的角度来预测，即使是比较乐观的结论，2050 年煤炭在能源消费中的比重仍然会达到35% ~40%，其战略地位将由主导能源调整为重要的基础能源。因此，能源转型可预见的前景将会是化石能源和新能源之间各司其职、取长补短，共同承担各自在能源系统中的角色，形成多种能源并存的能源系统。在新的能源系统中，可再生能源作为整体将会成为重要的基础能源之一，而不是成为主导能源（至少到2050 年可再生能源作为绝对主导能源的可能性不大）。而在此之前，在碳减排约束下，天然气等较为清洁的化石能源和产业体系成熟的核电等新能源，将作为过渡性能源，在能源转型的进程中起到非常重要的作用。当然，所谓过渡能源是基于现有知识和信息基础上的提法，是相对概念。未来某些过渡能源（如非常规油气）随着资源可开采能力增强，也许将会成为重要的且比较稳定的能源供应品种之一。这是非常现实和理性的选择。

三、推进能源转型短期需要解决的关键问题

能源转型进程中会出现不同的问题需要解决。这些问题，有的只存在于早期或中期阶段，并随着应对措施的出台而消失。例如，发电成本问题在可再生能源发展初期可能是影响其发展的最大问题之一，但目前成本已经不算是制约可再生能源发展的问题。从当前来看，"十三五"时期，能源转型亟待解决可再生能源"弃风""弃光"问题、化石能源清洁化利用、推进天然气等过渡能源发展，以及提高重点领域的能源利用效率。

（一）着力解决可再生能源发电并网

2017 年初，国家能源局发布了《2016 年风电并网运行情况》，全年"弃风"电量497 亿千瓦时，超过三峡全年发电量的一半，全国平均"弃风"率达到17%，甘肃、新疆、吉林等地"弃风"率高达43%、38%和30%。2017 年上半年全国"弃风"电量235 亿千瓦时，同比下降7%。全国"弃光"电量37 亿千瓦时，"弃光"

率同比下降4.5 个百分点。如此高的"弃风""弃光"率，不仅意味着资源的浪费，而且影响了能源转型的进展。

协调可再生能源发展与电网建设规划。按照电源—电网—储能—用电全产业链条综合发展原则，对风光等可再生能源发电和各级电网统一规划、设计、建设。一是加快可再生能源基地外输通道建设。可再生能源发展需要围绕其特点从规划、建设、运行等各个环节上进行统筹谋划。例如，风电规划与电网规划的衔接。中国在这方面做得很不够，风电规划相当成熟，而电力外送线路建设迟缓，电源建设与输电规划不协调，电网建设与运营的垄断导致电力输送线路的短缺，电力外送受限。近年来，国家能源局做了很多规划上的探索，以加强跨区域的输电网络建设，扩大可再生能源资源的配置范围。新疆东部到河南，甘肃到湖南、内蒙古西部到山东和江苏的特高压输电线路正在建设。二是电网围绕可再生能源发展特点进行规划调整。电网规划与可再生能源规划的匹配并不仅是绝对量上的匹配。作为公共基础设施，需要做出改变以适应风电、光电等波动式能源的发展。目前，电网企业的接入条件虽然改进了许多，但便捷性等仍然需要提高，这在某种程度上制约了分布式可再生能源发展。

解决可再生能源发电并网的关键技术。可再生能源的波动性特点决定了现有的电网系统容纳可再生能源的空间有限。一是发展电池储能技术。在推进储能设备发展的同时，应当鼓励"电池储能＋可再生能源发电"模式，探索适应中国现状的储能策略。依靠大容量、低成本新型储能技术和产品的开发成功，并依托新型储能技术和产品，构建以光伏发电为主，其他清洁电源为辅的分布式智能光伏微电网。二是研究提高电网间联络线灵活性的技术。电网互联互通是解决消纳问题的重要途径。增加电网间联络线的灵活性是实现电力系统清洁供应转型的必要条件，需要在未来电网规划和现有电网改造中予以足够重视。三是发展一些适应新能源波动特点的设备，灵活性负荷。例如，风电供热，主要是希望建设一些可以调节

负荷的锅炉，也就是需求侧改革。研究不同电源的协调性问题，特别是火电机组，如何更好地参与系统调控，提高灵活性。

构建有利于可再生能源发展的市场制度和管理体制。通过建立全国统一的可再生能源绿色证书交易机制，进一步完善新能源电力的补贴机制。同时与碳交易市场对接，降低可再生能源电力的财政资金补贴强度。实施可再生能源发电配额制度，逐步建立全面的可再生能源指标管理和考核体系。

鼓励多能互补等分布式应用模式。业内人士认为，多能互补集成优化是能源革命的重要方向之一，多能互补集成优化是解决"弃风""弃光"问题的有效举措，示范工程只是起步，未来市场不可限量。目前，分布式能源的单项技术已经具备了利用条件，但是进行多能互补或者是冷热电联供的结合，有待进一步研究探索。一是加强终端系统整合优化，在新增区域，如新城镇、工业园区、大型工业设施、商务区、海岛实施的终端化的多能互补，因地制宜推广风电等技术，加强热、电、冷、气能源生产的耦合集成和互补利用。二是利用大型的综合能源基地的资源，包括风能、太阳能、天然气等，发挥组合的优势，推动风、光、气组合应用。除了多能互补之外，农光互补模式、与建筑相结合的应用模式也是未来可再生能源发展的重要模式。

（二）大力推广化石能源的清洁利用

在中国所有化石能源的高效清洁利用（或称为节能、低碳化利用）和环境效益提高都应该理解为"转型"。清洁能源利用技术的开发在德国和美国均被作为能源转型的重要实现路径。因此，大力开发相关的清洁能源利用技术，特别是煤炭和石油清洁利用技术，是通过"内部挖潜"推动能源系统低碳化转型的重要途径。这些清洁能源利用技术的进展和商业化时间将不仅影响过渡能源"过渡期"的长短，而且决定各过渡能源品种的相对低位。如果碳捕捉和储存技术能源实现商业化，则煤炭、石油和天然气均可成为"无碳"能源，这将对未来能源结构发生重大影响。此外，

以海水中的氘为原料的核聚变技术的研发和工业化进展，将不仅影响目前的核能利用方式寿命，而且对未来能源转型方向和路径将产生不可忽视的影响。

（三）选择适合国情的过渡能源

选择恰当的、符合本国国情的过渡能源不仅有利于能源转型进程的推进，而且能够确保转型进程最大限度地符合转型方向的要求，并为形成一个可持续且安全的能源体系创造良好的条件。在碳减排约束下，天然气等较为清洁的化石能源和产业体系成熟的核电等新能源，将作为过渡性能源，在能源转型的进程中起到非常重要的作用。当然，所谓过渡能源是基于现有知识和信息基础上的提法，是相对概念。未来某些过渡能源（如非常规油气）随着资源可开采能力增强，也许将会成为重要的且比较稳定的能源供应品种之一。这是非常现实和理性的选择。

中国天然气（包括煤层气、页岩气和天然气水合物等非常规天然气）潜在资源非常丰富，其发展前景日益得到认可。按照供给能力估计，2030 年可达到国内生产 3000 亿立方米的规模，加上进口可达到 4000～5000 亿立方米，可以占到一次能源比重的 10% 以上。天然气的发展过去主要受制于长距离运输和产量限制。近年来，页岩气革命的推动和 LNG 产业链的成熟，天然气作为排放比石油和煤炭更为清洁的能源，其发展前景日益得到认可。

此外，核电、水电也将会在特定的历史时期，承担能源转型的重担，为可再生能源开发技术研发和利用模式规模化推广赢得时间。中国运行的核电站有 6 座。到 2040 年，中国将投入 3450 亿美元用于新的核电站，届时 139 座核反应堆投入运行，超过美国和欧洲，并占届时全球核电的50%。根据中国工程院发布的《中国能源中长期（2030、2050）发展战略研究》，2050 年，我国核电总装机容量达到 4 亿千瓦，占总装机容量的16%，核电占发电量的24%。基于我国能源资源禀赋和能源供需状况，为实现能源体系向可持续、安全、清洁、低碳的能源体系顺利转型，需要选

择一个包括核能、煤炭、石油和天然气在内的能源组合作为"过渡能源"。

（四）推动企业、个人、公共机构等不同主体节能

为完成"十三五"时期节能减排的主要目标，2016年国务院印发了《"十三五"节能减排综合工作方案》。其中指出，"十三五"时期要加强工业、农业、交通运输、商贸流通等重点领域节能。目前中国能源消费统计口径也是落在宏观或中观层面。但是，节能减排的归根结底是一种行为，最终是由不同的、具体的主体来实施的。而且从微观主体出发，能够更为精准地对实施节能行为进行激励。例如，随着城镇化推进，生活部门能源消费比重逐步提高，未来将成为能耗较高的部门之一。而在居民日常生活中，往往只需改变行为方式便能产生节能效果。如通过随手关掉家用电器待机状态，就能够节约3%左右的能源消耗量。公共机构也是如此，公共机构能耗环节更多的是建筑节能。而公共机构的能源消费者没有支出约束，很容易浪费大量宝贵的能源资源。企业由于能源价格成本相对较低，事实上其节能动力并不是很足。因此，未来实施节能战略可以转换思路，更加注重对用能主体的研究，节能产业政策适时转向微观主体激励政策。

The New Situation and Core Issues of China's Energy Transformation

WANG Lei

Abstract：China's economy has gradually entered a new normal situation, it appear a weak decoupling trend between energy consumption and economic growth. This means that the dependence of China's economic growth on energy is declining. This new situation provides a rare historical opportunity for China's energy transformation. At the same time, the proportion of coal to energy consumption is still as high as 60% and the scale of carbon emissions is still large. So the pressure of the carbon emission peak was great, before 2030. The process of low carbonization of the energy system is not only urgent but also difficult. Promoting the transformation of high coal proportion fossil energy system to clean and low carbon, there will be different problems to be solved. Some of these problems exist only in the early or middle stages, and disappear with the introduction of measures. For example, the cost may be one of the biggest problems that affect its rapid development at the beginning of the development of renewable energy. But at present, the cost is not a problem that restricts the development of renewable energy. During "13th Five – Year" period, problems to be solved are as following：solving the problem of wind power and PV grid connected, and promoting the clean utilization of fossil energy, energetically developing natural gas, and improving energy efficiency of important areas.

Key word：Energy Transformation；New Situation；Core Issue

能源消费研究进展评述与展望

——一个短期波动的视角*

吴利学

摘　要：能源消费既是长期问题，又是短期问题。与产出等其他宏观经济变量类似，能源消费变化也同时包含长期趋势和短期波动两个方面，且二者的基本特征和影响机制存在着本质性差别。只有区别长期趋势和短期波动，才能更为准确地认识能源效率的影响因素及其决定机制。尽管中国能源问题得到国内外学者越来越多的关注，但对其短期变化重视不足，尤其对于能源消费短期波动的特征、机制、影响因素和应对措施的分析不够充分和完善。本文在梳理国内外能源经济特别是能源效率研究发展脉络的基础上，阐述能源消费短期波动研究的理论和现实意义，评述能源消费波动相关研究的进展，并展望可能的发展方向。

关键词：能源效率；短期波动；动态一般均衡

一、引　言

能源是现代经济增长不可或缺的要素，对各国经济发展都有决定性影响。与此同时，能源过度消费所带来的资源耗竭和环境问题，也给人类可持续发展带来了重大挑战。新中国成立以来，特别是改革以来，能源为中国经济的持续快速增长提供了重要的"动力支持"。然而，随着经济总量的迅速扩大和发展水平的不断提高，能源和环境问题对中国经济的影响也越来越突出。进入21世纪，快速增长的能源消费和较低的能源利用效率更是严重地制约了中国经济的持续、健康发展，提高能源利用效率、减少能源消费、降低环境污染和温室气体排放成为政策制定者和社会各界广泛关注的焦点。

从目前的研究视角和政策取向来看，能源效率问题研究的焦点主要集中于技术进步和产业结构升级两方面。这无疑是提高能源效率的有效途径，对于中国节能减排具有重要的长期战略意义。但这仅仅是涉及中国能源问题的一个侧面，因为能源消费既是长期问题，又是短期问题。与产出等其他宏观经济变量类似，能源消费的变化也同时包含长期趋势和短期波动两个方面，并且二者的基本特征和决定机制存在着本质性差别。从长期来看，经济发展阶段、资源禀赋和技术水平是决定各国能源消费路径的主要因素；而在短期内，技术水平和产业结构大体稳定，能源消费更多受宏观经济景气、能源价格波动、国家政策和突发性自然灾害等因素影响。

尽管中国能源问题得到国内外学者越来越多的关注，但目前经济学和管理学界的研究主要集

---

　* 本文发表在《城市与环境研究》2017年第3期。

　吴利学，中国社会科学院工业经济研究所能源经济研究室副研究员、硕士生导师。

中在产业结构升级和节能技术利用方面，对其短期变化重视不足，对能源消费与宏观经济关系，特别是能源消费短期波动的特征、机制、影响因素和应对措施的分析不够充分和完善，仍存在较多的不足与改进空间，尤其对能源消费波动的内在机制研究基本处于空白领域。因此，本文在梳理国内外能源经济，特别是能源效率研究发展脉络的基础上，阐述了能源消费短期波动研究的理论和现实意义，评述了能源消费波动相关研究的进展，并对可能的发展方向进行了展望。[①]

二、能源消费短期波动研究的意义

能源消费也存在波动，而这种波动在某种假设不变的情景下，会导致能源效率出现波动。如果忽视能源效率的短期波动，那么导致诸多提高能效的政策达不到预期效果。

十多年来，我国宏观经济和能源供需形势都出现了新的趋势和特征，其内在运行机制也都发生了深刻变化。除经济总量扩张、产业结构重化、资源环境压力增大等影响能源消费的长期因素外，全球经济波动、国内经济运行、国际能源价格、重大自然灾害与政治事件等短期因素对中国宏观经济运行、能源行业发展和能源利用效率等领域的冲击越来越突出。反思我们应对东南亚金融危机、高耗能行业爆发式增长、南方大范围冰雪灾害、国际金融危机等一系列重大挑战的经验与教训，可以发现对能源消费短期波动问题的忽视是导致对能源行业运行趋势判断出现某些偏差、能源发展规划未能适时调整、重大能源突发事件应对能力不足等问题的重要原因。因此，除关于能源供需长期趋势的探讨外，加强对能源消费短期波动问题的深入研究也具有重要的理论和现实意义。

第一，能源消费的短期波动研究有助于制定和实施长期能源规划。区别能源消费的长期趋势和短期波动，特别是在长期分析中剔除能源消费变化的波动成分，有利于更为准确地把握能源消费的长期趋势，从而制定更有效和稳健的长期能源发展战略。在能源战略实施的过程中，准确判断能源供需的短期波动因素，也可以摒除局部或临时随机冲击的干扰，减少不必要的争议与调整。鉴于中国能源供需矛盾的周期性反复，保持能源战略基本稳定有利于供需双方形成合理预期，长远来看是提高能源利用效率、减少过剩产能和降低温室气体排放的重要途径。

第二，能源消费波动的研究有利于对能源供需形势进行及时预判。随着我国改革进程的持续推进和对外开放程度的逐步提高，经济景气周期的运行机制越发复杂，尤其是短期波动在经济社会发展和政府决策中的重要性不断提高。近年来，国际能源市场波动和突发性自然灾害等有日渐频发的趋势，对国民经济和能源领域的影响也不断增大，更凸显出判断短期波动和应对短期冲击的重要。通过区别能源消费的长期趋势和短期波动，构建判断和分析中国能源供需形势的理论模型和实证方法，能够为相关领域的形势分析和预测提供理论支持，并为相关部门完善能源消费的短期预警机制、积极应对不利冲击提供政策参考。

第三，能源消费的短期波动研究可以丰富能源调控的政策工具。区别长期趋势和短期波动，能够更为准确地认识能源消费的影响因素及其决定机制，从而为能源政策提供更为丰富的理论依据和政策工具。如果各级政府和相关部门的能源政策能够更为明确地考虑到长期趋势和短期波动两个方面，并根据不同的宏观经济形势选择恰当的调控手段，那么就可以减少政策干预的福利损失，更有效地提高能源利用效率，更好地实现宏观经济稳定、经济持续增长和资源环境改善。

第四，能源消费的短期波动研究有利于进一步明确中国经济增长和能源消费的内在联系。近

---

① 能源消费是一个复杂问题，除经济周期外，国际能源市场波动、国际政治经济关系、国内能源政策因素以及能源技术进步等都会影响能源消费，特别是短期波动。本文仅从经济学，特别是经济周期角度评述能源消费的短期波动研究，以期为其他方面研究提供基础或借鉴。

年来，国外一些学者对中国经济增长提出了质疑，特别是当宏观经济发生剧烈波动时，经济增长和能源效率变化的短期不一致现象往往被作为重要的论据，对中国宏观经济与能源环境政策进行"非难"。因此，对中国能源消费的短期分析，尤其是从定量角度说明资本利用效率、行业存货调整差异、能源消费结构变化等因素对宏观经济与能源增长短期背离的影响，能够有力地增进国内外各界对中国经济增长和能源消费关联的认识，消除一些不必要的质疑与争论，有利于中国在全球经济协调和气候变化谈判等国际交往中争取有利地位。

第五，也是最为重要的，能源消费的短期波动研究有利于深化我们对宏观经济运行和能源消费波动互动机制的认识。作为国民经济的第一基础产业和重要组成部分，能源与其他行业以及整个国民经济的互动机制都非常复杂。更为全面、准确地理解其内在机制，对于宏观经济管理和能源行业管理的理论和实践都大有裨益。而从短期波动这一全新视角的分析，是对以往长期趋势研究的补充和发展，十分有助于从不同侧面把握其内在规律，深化理论认识，促进本学科和相关领域的发展。因此，从短期波动视角进行能源消费、能源效率及其相关影响的前沿理论与经验分析，还有助于深化和扩展宏观经济管理、能源经济管理、能源技术管理和能源战略等研究内容。

三、国外研究发展的简要评述

早期能源研究多集中于工程技术领域，直到20世纪七八十年代两次"石油危机"严重地冲击了发达国家宏观经济运行，才引起主流经济学和政策决策层对能源问题的高度重视，从而使能源经济研究更为深入和丰富（Mork，1994）。

第一，能源价格对能源需求的影响得到了极大关注。例如，部分学者从微观角度分析了能源价格对固定资产投资、能源需求以及能源技术的影响（Berndt & Wood，1975；Griffin & Gregory，1976；Pindyck & Rotemberg，1983）。Atkeson 和

Kehoe（1999）还考察了能源价格的长期替代效应和截面替代效应的差别，进一步明确了能源价格对能源需求的影响机制。由于这些讨论基本上局限于能源问题本身，并没有更广泛地考虑能源消费与宏观经济的关联，因而难以全面地确定影响能源消费波动的因素及其机制。

第二，人们开始关注能源消费与经济发展阶段、经济增长的关系。根据库兹涅茨产业结构论，经济发展的过程是一个从能源消耗密度较低的产业转向能源消费密度较高的产业再向低能耗产业转变的过程。在经济发展水平较低的农业经济社会中，能源消费强度较低。当社会开始进入工业化初、中期时，由于主导产业变成能源密集型产业，能源消费强度将大幅度上升。随着经济社会逐步完成工业化进程进入后工业化阶段，能源密集型工业逐步被生产性服务业所代替，能源消费主要部门由工业转向第三产业和生活用能，能源消费强度开始逐步下降，但下降趋势将趋于平缓。英、美等发达国家的历史数据也印证了这一点，即在工业化初中期阶段，能源弹性系数大于1，即能源消费增速大于经济增速，在工业化后期阶段，能源弹性系数则小于1，即能源消费增速小于经济增速。很多学者运用其他国家和地区的数据对能源消费与经济发展阶段之间进行验证。Jänickem 等（1989）考察国别样本数据发现，能源强度（能源消费/国民生产总值）在经过一个峰值平台后会随着收入水平的增加而趋于下降；Galli（1998）运用1973～1990年亚洲新兴国家和地区的样本数据分析表明，能源强度随收入水平上升呈现一种倒U形关系。Judson 等（1999）、Medlock 和 Soligo（2001）也得到类似结论。Phillip（1998）在对全球38个国别（其中包括发达国家和发展中国家）样本数据的分析则显示能源强度与人均收入水平之间存在倒U形曲线关系。这些结论说明了经济发展阶段更大程度上决定了能源消费的长期趋势。

关于能源消费与经济增长互动关系的研究。Kraft 和 Kraft（1978）等最早利用 Granger 因果模型检验了美国经济增长与能源消费的关系，随后

该类研究也在英国、德国、意大利、加拿大、法国、日本等工业国家展开，而且采用的方法逐步扩展到综合误差矫正模型（ECM）、向量自回归（VAR）的多变量 Granger 因果检验模型等（Humphrey & Stanislaw，1979），近年来东亚和中国能源消费与经济发展的关系也广受关注（Hwang & Gum，1992；Glasure & Lee，1997；Jumbe，2004；Cheng & Lai，1997；Shiu & Lam，2004）。不过遗憾的是，不同时期、不同国家和不同方法的研究结果都存在很大差异，至今也没有得到二者关系确定和一致的结论。

Belke 等（2011）将主成分分析方法引入协整和格兰杰因果检验分析中，通过区分 25 个 OECD 国家的共同成分和个体成分，发现能源消费与经济增长的长期关系主要由各国的共同成分决定，从而意味着能源消费实际上是价格无弹性的。Apergis 和 Payne（2011）研究了 88 个国家的电力消费与 GDP 增长之间的关系，他们根据世界银行的标准将这些国家划分为不同的收入组别，结果发现，各发达国家之间能源消费特征存在很大区别，高收入和中高收入国家长期和短期内都存在电力消费与 GDP 增长的双向格兰杰因果关系，中低收入国家短期内只存在电力消费向 GDP 的单向关系，而低收入国家则在长期和短期内都只存在电力消费向 GDP 的单向关系。这说明能源消费与经济发展的关系并不是一成不变的。Hossain（2011）通过引入碳排放、对外开放、城市化等因素，利用1971～2007 年新型工业化国家数据，更全面地检验了能源消费与经济增长的关系，结果发现，这些国家仅存在短期的经济增长向能源消费的格兰杰因果关系，长期内经济增长、城市化和开放都与能源消费和碳排放不存在格兰杰因果关系。

Yıldırım 等（2014）分析了 11 个国家经济增长和能源消费之间的因果关系。估计了包括人均GDP、人均能源消费和资本总额的三元模型，发现除土耳其外，其他 10 个国家经济增长和能源消费是中性的，不存在因果关系。Mohammadi 和 Parvaresh 利用 14 个石油出口国 1980～2007 年面板数据检验了能源消费与产出之间的长期关系和短期动态波动。结果显示，两者之间在长期和短期都存在稳定的双向因果关系。因此，节约能源的环境政策对经济增长有显著的长期影响，旨在促进经济增长的政策可能产生不良环境后果。

近年来，能源经济学的一个突出特点是将能源放在更为广泛的经济范畴中进行研究，除了对传统的能源消费与增长的关注外，能源与发展、贫困等问题的关系也得到越来越多的重视。例如，Khandker 等（2012）利用印度的居民普查数据发现，如果对能源贫困的临界点界定随收入的增加而增加，那么能源贫困人群及比例与经济贫困有很大不同，而且减少能源贫困有助于居民收入的提高、减少经济贫困。

第三，受宏观经济周期理论的影响，能源在宏观经济运行中的作用得到了更为深入的讨论。例如，Kim 和 Loungani（1992）、Rotemberg 和 Woodford（1996）、Finn（1995，2000）等充分肯定了 Rosenberg（1980）关于能源消费短期变化与长期趋势差别的判断，将能源价格作为外生冲击引入真实经济周期（Real Business Cycle，RBC）模型考察它在宏观经济波动中的作用。Wei（2003）等还注意到能源消费波动与宏观名义变量波动的关系，从而丰富了其作用机制研究。然而，由于发达国家已经进入后工业化时代，能源供需基本稳定、能源市场比较完善，其能源问题研究主要集中于企业与家庭对能源价格的反应，并且更为关注能源价格（特别是石油价格）冲击对宏观经济的影响，能源消费波动本身却没有得到充分重视。

四、国内研究进展

与国外研究类似，国内关于能源的早期研究也多集中于能源产业，主要的研究目的是解决能源规划中需求预测、投资结构安排等决策问题。直到近十多年来，能源和环境约束对中国经济的影响越来越突出，能源消费问题才得到了较为广泛的关注。

第一，众多学者探讨了中国能源消费与经济增长的关系。如赵丽霞和魏巍贤（1998），韩智勇等（2004），王绍平和杨继生（2006），林伯强（2003）、林伯强等（2007）、周江（2010）、李国璋和霍宗杰（2010）、王崇梅（2010）、林卫斌等（2010）、俞毅（2010）等分别应用生产函数模型和协整分析、Granger 因果分析等方法，检验能源消费与经济增长的互动关系并对中长期能源需求进行预测。不过，由于协整分析和 Granger 因果检验等方法的局限性，此类研究只能捕捉能源消费与经济增长的依存关系，但实际上并不能解释能源消费的内在机制，因此不同阶段和方法的结果差异很大。事实上，忽略短期影响因素所导致的分析偏差和不足，也是现有能源与经济增长关系研究存在较大争议的重要原因。例如，在能源消费与经济增长关系的协整分析中，即使采用误差修正模型也主要是为了更好地拟合能源消费与经济增长的长期趋势，而没有区分二者的长期与短期关系的差异，因而方程估计对变量方差十分敏感，波动因素对回归结果的影响很大。

第二，由于"十五"时期中国能源效率不降反升，能源效率的因素分解得到了广泛应用。例如，史丹和张金隆（2003）、蒋金荷（2004）与周鸿和林凌（2005）等采用指数分解方法考察中国能源效率的趋势，从产业结构升级和生产技术进步等方面探求提高能源效率的潜力与途径。不过，人们很快发现能源效率的因素分解也只能从核算角度确定产业结构变化和生产技术进步对能源消费变化的影响，而不能说明为什么会发生这样的变化。该方法将结构因素以外的效率改进归结为技术，因而受产业划分标准和样本选择的影响很大，并且测算结果往往存在一定偏差，导致现有研究对能源效率影响因素分解存在较大争议（吴滨和李为人，2007）。更为重要的是，如果不将结构或技术的波动成分剔除，能源效率分解分析结果很可能夸大短期因素的作用，导致对能源效率长期决定因素的错误判断。这充分表明，不区别长期趋势和短期波动，就难以全面解释能源效率变动的形成机制，也不能根据能源效率变动

的不同状况制定有针对性的政策措施。

第三，为进一步认识中国能源消费及其决定机制，有学者开始尝试进行更深层次分析。例如，Fisher - Vanden 等（2004）根据 1997~1999 年中国微观企业数据，利用回归分析方法考察企业技术、产业结构、区域特征和国有经济比重等因素对企业能源消费的影响；李廉水和周勇（2006）、魏楚和沈满洪（2007）与师博和沈坤荣（2008）等采用数据包络分析方法测算各地区相对能源效率，并采用回归方法考察 20 世纪 90 年代以来能源消费与各地区产业结构、市场化程度、对外开放等因素的关系；史丹等（2008）采用随机前沿分析方法估计了包含能源投入的生产函数，并利用水平核算（Level Accounting）方法确定了全要素生产率、资本与能源效率等因素对改革以来地区能源利用差异的影响。

傅晓霞和吴利学（2010）研究发现，在经济发展的不同阶段，能源效率不同影响因素的作用程度差异很大。尹显萍和石晓敏（2010）则指出，低能耗行业组出口比重上升对降低我国能源强度的作用远大于中、高能耗行业组出口比重下降所产生的节能影响。黄山松和谭清美（2010）认为，企业规模对制造业整体的能源效率有显著影响。陈夕红等（2011）研究了地区收入差距和城乡收入差距对我国能源效率的影响，发现城乡收入差距的扩大会使全社会能源效率降低。王珊珊和屈小娥（2011）认为，我国制造业行业全要素能源效率差异显著，技术进步是制造业全要素能源效率提高的主要原因，纯技术效率和规模效率的作用相对较小。綦建红和陈小亮（2011）发现，增加出口会降低能源利用效率，增加进口会提高能源利用效率。孙广生等（2011）指出，尽管行业的能源效率在提高，但行业的能源损失的绝对量仍然很大，这表明节能的潜力非常大。陈德敏和张瑞（2012）发现，环境规制相关变量对全要素能源效率影响存在较大差异，同时经济结构和 FDI 对全要素能源效率影响显著，但影响效果存在区域差异。查冬兰和周德群（2010）发现，能源效率回弹效应在我国显著存在。冯烽和

叶阿忠（2012）利用 1995～2010 年省际面板数据估计了我国技术溢出视角下技术进步对能源消费的回弹效应。

这些成果在很大程度上深化了我们对能源效率影响因素的认识，但由于方法和数据的限制，以上研究仍无法全面揭示中国能源消费的内在决定机制，特别是不同因素在不同发展阶段和经济条件下对能源消费影响的差别。

第四，少数文献涉及中国能源消费波动问题，但对波动的机制和影响因素等问题关注很少。例如，为更好地预测长期电力需求，赵文霞（2001）应用时间序列方法对中国短期电力波动进行的预测；胡兆光和方燕平（2000）、何永秀等（2006）、袁家海等（2006）、吴疆（2009）确认了波动因素在能源消费与宏观经济关系中的影响；赵进文和范继涛（2007）注意到了不同发展阶段和宏观景气状况下、能源效率的差别，采用平滑转换回归模型确认了不同区间内经济增长与能源消费的非线性关系。此外，李善同等（2007）认识到国际能源环境对我国经济发展的影响逐步扩大，利用投入产出模型探讨了国际能源价格波动对我国宏观经济的冲击。不过，这些研究实际上并没有将能源消费短期波动作为研究重点，缺乏对能源波动原因和机制的深入探讨，更没有解释不同时期能源消费差别的形成机理。吴利学（2009）借鉴微观能源技术理论和宏观景气循环理论，尝试在真实经济周期框架下对中国能源效率波动的决定机制进行初步探讨，并通过数值方法模拟了生产率、能源价格和政府支出等冲击的影响状况，从而分析了不同政策工具的效果和福利影响。文章强调了资本和能源的短期固定技术关系（Pindyck & Rotemberg, 1983; Atkeson & Kehoe, 1999）和资本利用率在繁荣与萧条时期的巨大差异（Greenwood et al., 1988），将不同资本利用强度下的能源消耗差别作为解释短期内能源效率变化的关键机制，并认为生产率水平和产出对资本的依赖程度等因素决定了经济对不同性质冲击反应的差别，与资本—能源效率共同导致了产出—能源效率的波动。虽然文中尝试将

能源消费成本引入企业资本利用强度决策，对能源利用效率的短期波动机制进行了初步探讨，但为了简化处理，分析中没有引入多个产业部门而是将能源供给作为外生因素，仍不能研究宏观经济与能源行业的相互影响。因此，总体来看，中国能源消费的短期波动研究尚未充分展开，尤其对能源消费波动和宏观经济周期之间关系缺乏深入探讨，难以为短期能源预警和对应措施提供有力支持。

五、可能的扩展方向

尽管能源消费短期波动研究还没有形成统一的分析框架和完善的分析方法，但是与此相关的宏观经济波动研究和能源产业问题分析都相对比较成熟，如果能够借鉴和融合这两个领域的分析思路和方法，完全可能较好地解决能源消费短期波动研究面临的关键困难。

从宏观角度来看，动态随机一般均衡（Dynamic Stochastic General Equilibrium, DSGE）方法已经成为经济周期波动问题研究的基本框架。该方法由 Kydland 和 Prescott（1982）、Long 和 Plosser（1983）等开创，早期重点关注技术等真实经济因素的影响，在新古典经济增长理论基础上引入了随机技术冲击因素，被称为真实经济周期理论。随着研究的深入，新凯恩斯主义逐渐把名义价格黏性、政府支出需求和货币供给等更深层次的冲击也纳入模型中来，将它发展成为一种综合性的周期波动研究工具（Christiano et al., 2005; Gali, 2008）。DSGE 分析框架的突出优势是强调宏观经济决策的微观基础，能够分析随机因素造成的周期波动，通过居民、企业等微观主体对外部冲击的最优反应刻画宏观经济波动的内在机制。该方法正逐步取代传统凯恩斯宏观经济模型，成为欧洲中央银行、美联储、世界银行等机构进行经济周期预测和政策分析的基础性工具（Smets & Wouters, 2007）。近年来，中国人民银行、国家发展研究中心等机构部门也正在通过建立 DSGE 模型强化宏观调控、财政、信贷政策方面的研究

（刘斌，2010）。

从产业发展和政策冲击，特别是能源与环境领域相关分析来看，较为成熟的分析方法是可计算一般均衡（Computable General Equilibrium，CGE）模型。它也是建立在一般均衡理论基础上的经济分析框架，其突出优势在于较早并且较好地与投入产出分析相结合，能够系统分析行业之间的相互影响以及各行业对宏观经济政策的反应，目前在世界范围内广泛深入产业结构、财政贸易、收入分配与贫困等领域，近年来在能源与环境政策制定方面的应用尤其突出（张欣，2010）。不过，CGE 模型存在两方面突出的不足：一是绝大部分 CGE 模型的理论基础是静态一般均衡，动态化过程往往是引入递推（Recursive）而非跨期（Intertemporal）机制，没有考虑经济主体当前决策对未来预期的反应，因此对于比较静态问题的模拟效果较好，而对于政策冲击的动态分析偏差较大；二是由于对经济主体的跨期决策刻画不够充分，CGE 模型通常是确定性模型一般不考虑随机冲击的影响，尤其在预测方面的应用效果还有待提高（樊明太，2006）。

非常具有理论价值，也非常有趣的是，主流 DSGE 模型和 CGE 模型恰恰是优势互补的。例如，DSGE 模型是以动态最优经济增长模型为基础，而且引入了生产技术、政府政策、市场环境等一系列不确定性，正好能够很好地解决 CGE 模型中通常对经济主体的跨期决策刻画不够充分和不能够分析随机冲击的缺陷。与此同时，CGE 模型与投入产出模型相结合，从而能够引入行业特性与产业关联，正好弥补了宏观 DSGE 模型将所有产业抽象为单一部门，对行业分析重视不足的缺陷。实际上，从 DSGE 模型发展之初就一直有学者强调产业结构对宏观经济的影响，而后又逐步尝试将投入产出与动态一般均衡分析结合起来，并且已经取得了一定成果。比如在 DSGE 模型的开创时期，Long 和 Plosser（1983，1987）就引入了多个部门并强调了部门冲击的作用；随后，Horvath（1998）和 Dupor（1999）进一步完善了多部门的周期波动分析，对部门关联的研究更为深入；最近，Bouakez 等（2009）和 Foerster 等（2011）更将多部门投入产出模型和新凯恩斯主义理论结合起来，初步形成了行业波动与宏观经济波动互动的基本分析思路。与此同时，CGE 模型的动态机制也在不断完善，越来越接近多部门动态一般均衡模型（张欣，2010）。

不过，仅仅简单地将 DSGE 模型与通常 CGE 模型中的投入产出分析相结合形成多部门 DSGE 模型，还不足以完全实现对能源消费短期波动的分析。这是因为能源是一个特殊行业，具有独特的技术、经济和体制属性。第一，能源是一种特殊投入，往往与其他要素（如资本）共同进入生产过程，并且利用效率与生产强度高度相关，因此不能像其他要素那样以通常方式引入生产函数，必须考虑一些特殊的技术性处理。第二，由于能源行业的特殊属性，其管理体制也与一般的竞争性行业不同，尤其中国转轨过程中的能源行业管理体制和手段更是具有很强的独特性，因而必须考虑能源消费波动的特殊体制动因，以及数量管制、单边价格、异质性企业政策等特殊的政策冲击。第三，由于对能源的技术和体制特性的特殊处理，需要重新对产业均衡进行定义，特别是求解方法也需要进行全新处理。第四，通常的投入产出模型中并没有现成的能源部门，因此首先需要对投入产出表或社会核算矩阵（Social Accounting Matrix，SAM）进行调整，采用折算、替代和归并等方法构建能源与其他部门的关联关系。

六、结语

能源问题是当前中国面临的关键约束之一，提高能源利用效率是实现经济社会持续健康发展的必然选择。与产出等其他宏观经济变量类似，能源消费的变化也同时包含长期趋势和短期波动两个方面，并且二者的基本特征和决定机制存在本质性差别。从中国近些年的现实情况来看，对能源消费短期波动问题的忽视已经成为对能源运行趋势判断出现某些偏差、能源发展规划未能适时调整、重大能源突发事件应对能力不足等问题的重要原因。

由于发达国家已经进入后工业化时代，能源供需基本稳定、能源市场比较完善，其能源问题研究主要集中于企业与家庭对能源价格的反应，并且更为关注能源价格（特别是石油价格）冲击对宏观经济的影响，能源消费波动本身却没有得到充分重视。虽然中国能源效率问题得到国内外学者越来越多的关注，但总体来看其短期波动研究尚未充分展开，尤其对能源消费波动和宏观经济周期之间关系缺乏深入探讨，能源消费短期波动的特征、机制、影响因素和应对措施的分析仍存在较多的不足与改进空间。

分别作为经济周期波动问题研究的基本框架和产业发展和政策冲击的成熟分析方法，动态随机一般均衡方法和可计算一般均衡模型具有很强的互补性，而且都强调宏观经济的微观基础，非常适合从微观角度出发揭示其宏观能源效率的变化机制。如果我们能够融合两种方法的长处并充分考虑能源行业的特性，完全可能构建出能源消费短期波动研究的一般性框架，较好地实现探讨能源与其他行业的关联以及能源领域对未来宏观经济波动预期的反应等各项研究目的。这不仅有利于提高能源利用效率，而且还能为实现宏观经济稳定、经济持续增长和资源环境改善提供更为有效的政策工具。

参考文献

［1］陈德敏、张瑞（2012）：《环境规制对中国全要素能源效率的影响——基于省际面板数据的实证检验》，《经济科学》第4期，第49～65页。

［2］陈夕红、李长青、张国荣等（2011）：《城市化进程中的收入差距对能源效率的影响分析》，《经济问题探索》第7期，第144～149页。

［3］傅晓霞、吴利学（2010）：《中国能源效率及其决定机制的变化——基于变系数模型的影响因素分析》，《管理世界》第9期，第45～54页。

［4］樊明太（2006）：《CGE模型的前沿研究》，《中国社会科学院院报》，10月12日。

［5］冯烽、叶阿忠（2012）：《技术溢出视角下技术进步对能源消费的回弹效应研究——基于空间面板数据

模型》，《财经研究》第9期，第123～133页。

［6］韩智勇、魏一鸣、焦建玲等（2004）：《中国能源消费与经济增长的协整性与因果关系分析》，《系统工程》第12期，第17～21页。

［7］何永秀、赵四化、李莹等（2006）：《中国电力工业与国民经济增长的关系研究》，《产业经济研究》第1期，第47～53页。

［8］胡兆光、方燕平（2000）：《我国经济发展与电力需求趋势分析》，《中国电力》第8期，第6～9页。

［9］黄山松、谭清美（2010）：《制造业能源效率测算与影响因素分析》，《技术经济与管理研究》第2期，第14～18页。

［10］蒋金荷（2004）：《提高能源效率与经济结构调整的策略分析》，《数量经济技术经济研究》第10期，第16～23页。

［11］李国璋、霍宗杰（2010）：《中国能源消费、能源消费结构与经济增长——基于ARDL模型的实证研究》，《当代经济科学》第3期，第55～60页。

［12］李廉水、周勇（2006）：《技术进步能提高能源效率吗？——基于中国工业部门的实证检验》，《管理世界》第10期，第82～89页。

［13］李善同、何建武、许召元（2007）：《油价波动与经济增长》，《中国石油和化工经济分析》第11期，第47～54页。

［14］林伯强（2003）：《电力消费与中国经济增长：基于生产函数的研究》，《管理世界》第4期，第18～27页。

［15］林伯强、魏巍贤、李丕东（2007）：《中国长期煤炭需求：影响与政策选择》，《经济研究》第2期，第48～58页。

［16］林卫斌、苏剑、施发启（2010）：《经济增长、能耗强度与电力消费——用电量与GDP增长率背离的原因探析》，《经济科学》第5期，第15～22页。

［17］刘斌（2010）：《动态随机一般均衡模型及其应用》，北京：中国金融出版社。

［18］綦建红、陈小亮（2011）：《进出口与能源利用效率：基于中国工业部门面板数据的实证研究》，《南方经济》第1期，第14～25页。

［19］师博、沈坤荣（2008）：《市场分割下的中国全要素能源效率：基于超效率DEA方法的经验分析》，《世界经济》第9期，第49～59页。

［20］史丹、张金隆（2003）：《产业结构变动对能源

消费的影响》,《经济理论与经济管理》第 8 期,第 30 ~ 32 页。

[21] 史丹、吴利学、傅晓霞等(2008):《中国能源效率地区差异及其成因研究》,《管理世界》第 2 期,第 35 ~ 43 页。

[22] 孙广生、杨先明、黄祎(2011):《中国工业行业的能源效率(1987 ~ 2005 年)——变化趋势、节能潜力与影响因素研究》,《中国软科学》第 11 期,第 29 ~ 39 页。

[23] 王珊珊、屈小娥(2011):《技术进步、技术效率与制造业全要素能源效率》,《山西财经大学学报》第 2 期,第 54 ~ 60 页。

[24] 王绍平、杨继生(2006):《中国工业能源调整的长期战略与短期措施》,《中国社会科学》第 4 期,第 88 ~ 96 页。

[25] 王崇梅(2010):《中国经济增长与能源消耗脱钩分析》,《中国人口·资源与环境》第 3 期,第 35 ~ 37 页。

[26] 魏楚、沈满洪(2007):《能源效率及其影响因素:基于 DEA 的实证分析》,《管理世界》第 8 期,第 66 ~ 76 页。

[27] 吴滨、李为人(2007):《中国能源强度变化因素争论与剖析》,《中国社会科学院研究生院学报》第 2 期,第 121 ~ 128 页。

[28] 吴疆(2009):《电力消费与宏观经济的相关性研究》,《中国能源》第 6 期,第 17 ~ 21 页。

[29] 吴利学(2009):《中国能源效率波动:理论解释、数值模拟及政策含义》,《经济研究》第 5 期,第 130 ~ 142 页。

[30] 尹显萍、石晓敏(2010):《工业出口贸易结构变动对我国能源强度的影响》,《中国人口·资源与环境》第 11 期,第 77 ~ 83 页。

[31] 俞毅(2010):《GDP 增长与能源消耗的非线性门限——对中国传统产业省际转移的实证分析》,《中国工业经济》第 12 期,第 57 ~ 65 页。

[32] 袁家海、丁伟、胡兆光(2006):《电力消费与中国经济增长的协整与波动分析》,《电网技术》第 9 期,第 10 ~ 15 页。

[33] 查冬兰、周德群(2010):《基于 CGE 模型的中国能源效率回弹效应研究》,《数量经济技术经济研究》第 12 期,第 39 ~ 53 页。

[34] 张欣(2010):《可计算一般均衡模型的基本原理和编程》,格致出版社、上海人民出版社。

[35] 赵进文、范继涛(2007):《经济增长与能源消费内在依从关系的实证研究》,《经济研究》第 8 期,第 31 ~ 42 页。

[36] 赵丽霞、魏巍贤(1998):《能源与经济增长模型研究》,《预测》第 6 期,第 32 ~ 34 页。

[37] 赵文霞(2001):《电力需求的经济预测与周期波动分析》,《电力情报》第 4 期,第 14 ~ 16 页。

[38] 周鸿、林凌(2005):《中国工业能耗变动因素分析:1993 ~ 2002 年》,《产业经济研究》第 5 期,第 13 ~ 18 页。

[39] 周江(2010):《我国能源消费总量与经济总量的关系》,《财经科学》第 10 期,第 48 ~ 55 页。

[40] Apergis, N. and J. E. Payne (2011). A Dynamic Panel Study of Economic Development and the Electricity Consumption – Growth Nexus. *Energy Economics*, 33. (5), pp. 770 – 781.

[41] Atkeson, A. and P. J. Kehoe (1999). Models of Energy Use: Putty – Putty versus Putty – Clay. *American Economic Review*, 89 (4), pp. 1028 – 1043.

[42] Belke, A., F. Dobnikand C. Dreger (2011). Energy Consumption and Economic Growth: New Insights into the Cointegration Relationship. *Energy Economics*, 33 (5), pp. 782 – 789.

[43] Berndt, E. R. and D. O. Wood (1975). Technology, Prices, and the Derived Demand for Energy. *Review of Economics and Statistics*, 57 (3), pp. 259 – 268.

[44] Bouakez, H., E. Cardia and F. J. Ruge – Murcia (2009). The Transmission of Monetary Policy In A Multisector Economy. *International Economic Review*, 50 (4), pp. 1243 – 1266.

[45] Cheng, B. S. and T. W. Lai (1997). An Investigation of Co – integration and Causality between Clectricity Consumption and Economic Activity in Taiwan. *Energy Economics*, 19 (4), pp. 435 – 444.

[46] Christiano, L. J., M. S. Eichenbaum and C. LEvans (2005). Nominal Rigidities and the Dynamic Effects of a Shock to Monetary Policy. *Journal of Political Economy*, 113 (1), pp. 1 – 45.

[47] Dupor, B. (1999), "Aggregation and Trrelevance in multi – sector models", Journal of Monetarry Economics, 43 (2), pp. 391 – 409.

[48] Fisher – Vanden, K. , G. H. Jefferson and Liu Hongmei, et al. (2004). What Is Driving China's Decline in Energy Intensity? . *Resource and Energy Economics*, 26 (1), pp. 77 – 97.

[49] Finn, M. G. (1995). Variance Properties of Solow's Productivity Residual and Their Cyclical Implications. *Journal of Economic Dynamics and Control*, 19 (5 – 7), pp. 1249 – 1281.

[50] Finn, M. G. (2000). Perfect Competition and the Effects of Energy Price Increases on Economic Activity. *Journal of Money, Credit, and Banking*, 32 (3), pp. 400 – 416.

[51] Foerster, A. , P. D. Sarteand M. W. Watson (2011). Sectoral vs. Aggregate shocks: A Structural Factor Analysis of Industrial Production. *Journal of Political Economy*, 119 (1), pp. 1 – 38.

[52] Gali, J. (2008). *Monetary Policy, Inflation, and the Business Cycle: An Introduction to the New Keynesian Framework*. Princeton: Princeton University Press.

[53] Galli, R. (1998). The Relationship between Energy Intensity and Income levels: Forecasting log – term Energy Demand in Asian Emerging countries. *Energy Journal* 19 (4), pp. 85 – 105.

[54] Glasure, Y. U. and A. R. Lee (1997). Cointegration, Error – correction, and the Relationship between GDP and Electricity: the Case of South Korea and Singapore. S *Resource and Electricity Economics*, 20 (1), pp. 17 – 25.

[55] Greenwood, J. , Z. Hercowitz and Huffman G. W. (1988). Investment, Capacity Utilization, and the Real Business Cycle. *American Economic Review*, 78 (3), pp. 402 – 417.

[56] Griffin, J. M. and P. R. Gregory (1976). An Inter – country Translog Model of Energy Substitution Responses. *American Economic Review*, 66 (5), pp. 845 – 857.

[57] Mohammadi, H. and S. Parvaresh (2014). Energy consumption and output: Evidence from a panel of 14 oil – exporting countries. *Energy Economics*, 41 (6), pp. 41 – 46.

[58] Horvath, M. (1998). Cyclicality and Sectoral Linkages: Aggregate Fluctuations from Independent Sectoral Shocks. *Review of Economic Dynamics*, 1 (4), pp. 781 – 808.

[59] Hossain, M. S. (2011). Panel Estimation for CO$_2$ Emissions, Energy Consumption, Economic Growth, Trade Openness and Urbanization of Newly Industrialized Countries. *Energy Policy*, 39 (11), pp. 6991 – 6999.

[60] Humphrey, S. W. and J. Stanislaw (1979). Economic Growth and Energy Consumption in the UK, 1700 – 1975. *Energy Policy*, 7 (1), pp. 29 – 42.

[61] Hwang, D. and B. Gum (1991). The Causal Relationship between Energy and GNP: the case of Taiwan. *The Journal of Energy and Development*, 16 (2), pp. 219 – 226.

[62] Jänickem, M. , T. Ranneberg and U. E. Simonisue. (1989). Structural Change and Environmental Impact Empirical Evidence on thirty – one Countries in East and West. *Environmental Monitoring and Assessment*, 12 (2), pp. 99 – 114.

[63] Judson, R. A. , R. Schmalensee and T. M. Stoker (1999). Economic Development and the Structure of the Demand for Commercial Energy. *The Energy Journal*, 20 (2), pp. 29 – 57.

[64] Jumbe, C. B. L. (2004). Cointegration and Causality between Electricity Consumption and GDP: Empirical Evidence from Malawi. *Energy Economics*, 26 (1), pp. 61 – 68.

[65] Khandker, S. R. , D. F. Barnes and H. A. Samad (2012). Are the energy poor also income poor? Evidence from India. *Energy Policy*, 47, pp. 1 – 12.

[66] Kim, I. M. and P. Loungani (1992). The Role of Energy in Real Business Cycle Models. *Journal of Monetary Economics*, 29 (2), pp. 173 – 190.

[67] Kraft, J. and A. Kraft (1978). On the Relationship between Energy and GNP. *Journal of Energy Development*, 3 (2), pp. 401 – 403.

[68] Kydland, F. E. and E. C. Prescott (1982). Time to Build and Aggregate Fluctuations. *Econometrica*, 50 (6), pp. 1345 – 1370.

[69] Long JR, J. and C. I. Plosser (1983). Real Business Cycles. *Journal of Political Economy*, 91, pp. 39 – 69.

[70] Long JR, J. and C. I. Plosser (1987). Sectoral vs. Aggregate Shocks in the Business cycle. *American Economic Review*, 77 (2), pp. 333 – 336.

[71] Medlock K. B. and R. Soligo (2001). Economic

Development and End – Use Energy Demand. *The Energy Journal*, 22 (2), pp. 77 – 105.

[72] Mork, K. A. (1994). Business Cycles and the Oil Market. *Energy Journal*, 15, pp. 15 – 38.

[73] Phillip, L. (1998). Economic Considerations in the Framework of Sustainable Development Initiatives in Africa. Cente for Economic Research on Africa Working Paper.

[74] Pindyck, R. S. and J. J. Rotemberg (1983). Dynamic Factor Demands and the Effects of Energy Price Shocks. *American Economic Review*, 73 (5), pp. 1066 – 1079.

[75] Rosenberg, N. (1980). Historical Relations between Energy and Economic Growth. // Joy Dunkerley (ed.), International Energy Strategies, Proceedings of the 1979 IAEE/RFF conference, Chapter 7, Cambridge, MA: Oelgeschlager, Gunn & Hain, Publishers, Inc., pp. 55 – 70.

[76] Rotemberg, J. J. and M. Woodford (1996). Imperfect Competition and the Effects of Energy Price Increases on Economic Activity. *Journal of Money, Credit, and Banking*, 28 (4), pp. 549 – 577.

[77] Shiu, A. and P. L. Lam (2004). Electricity Consumption and Economic Growth in China. *Energy Policy*, 32 (1), pp. 47 – 54.

[78] Smets, F. and R. Wouters (2007). Shocks and Frictions in US Business Cycles: A Bayesian DSGE Approach. *American Economic Review*, 97 (3), pp. 586 – 606.

[79] Wei, C. (2003). Energy, the Stock Market, and the Putty – Clay Investment Model. *American Economic Review*, 93 (1), pp. 311 – 323.

[80] Yidirim, E., D. Sukruoglu and A. Aslan (2014). Energy Consumption and Economic Growth in the Next 11 countries: The Bootstrapped Autoregressive Metric Causality Approach. *Energy Economics*, 44 (6), pp. 14 – 21.

Review and Prospect of Energy Consumption Research

—A Short Fluctuation Perspective

WU Lixue

Abstract: Energy consumption is not only a long – term problem, but also a short – term issue. Like other macroeconomic variables such as output, the change of energy consumption also includes two aspects: long – term trend and short – term fluctuation, between of which there are essential differences in the basic characteristics and the decision mechanism. Only by distinguishing the long – term trend and short – term fluctuation, we can understand the influencing factors of energy efficiency and its decision mechanism more accurately. Although China's energy problem has attracted more and more attention of scholars, however, little attention is paid to its short – term changes, especially, the analysis of the characteristics, mechanism, influencing factors and countermeasures of short – term fluctuations in energy consumption is inadequate. On the basis of overviewing energy economy research, especially the development of energy efficiency research, the author expounds the theoretical and practical significance of the short – term fluctuations of energy consumption and reviews the research progress of energy consumption fluctuation, and looks forward to the potential development direction.

Key words: Energy Efficiency; Short Term Fluctuation; Dynamic General Equilibrium

能源消费困境：促进工业增长与阻碍结构调整并存

——生产要素贡献与能源强度分解双重视角的实证分析*

张艳芳　付一夫　夏宜君　曲　直

摘　要：能源消费的增长会促进工业产出的增长，但也会阻碍工业结构的优化和升级。本文将能源作为"第三类"生产要素并引入 C - D 生产函数，利用中国 2000～2014 年工业及其内部各行业的相关数据，测算能源消费和其他要素对工业增长的贡献，运用 LMDI 能源强度分解模型分析技术进步和结构转换对工业能源强度变化的影响，结果表明：中国工业增长具有"资本和能源双驱动"的特征，能源产出弹性接近同期资本产出弹性，远高于劳动产出弹性，要素贡献则表现为"资本和能源为主，全要素生产率和劳动为辅"；工业能源强度不断降低，但下降幅度趋缓；工业能源强度的降低得益于各行业普遍的技术进步，但通过技术进步进一步降低能耗已越来越难；工业结构升级进展缓慢，高耗能产业增加值比重不降反升，结构因子对能源强度降低具有负作用。因此，未来要进一步降低工业能源强度，必须重点推进工业内部结构调整和升级，减少工业发展对能源的依赖程度。

关键词：能源消费；能源强度；结构调整；技术进步；能源使用效率；要素贡献；全要素生产率；资本投入；劳动投入

一、引　言

能源是人类生存和社会发展的重要物质基础，对经济增长起着重要的支撑作用。近年来，中国能源消费与经济社会发展之间的紧张态势日益严峻：一方面，在保障经济社会发展的同时，能源消费量持续快速攀升，中国已成为世界第一能源消费大国，能源供给压力与日俱增；另一方面，在能源开发和利用过程中，也出现了诸如水污染加剧、多地持续大范围雾霾天气等一系列环境问题。在经济增长速度换挡、结构调整步伐加快、发展动力开始转换的新常态下，推进能源供给侧结构性改革，是破解中国能源行业结构性失衡难题、突破经济发展的能源瓶颈制约的紧迫任务和关键举措。

工业一直是国民经济中能源消费的最主要部门。从能源消费结构来看，中国工业部门的能源消费量占比已接近 70%，其中钢铁、有色金属、建材、石化、化工和电力六大高耗能行业的能源消耗量约占全社会能源消费总量的一半以上。因此，对能源消费、结构转换与工业经济增长之间的关系进行深入研究有着重要的现实意义，它将直接关系中国能否进一步优化能源消费结构、提高能源利用效率、加快经济结构向能源节约型和集约化转变。

---

*　本文发表在《西部论坛》2017 年第 4 期。

张艳芳，中国社会科学院工业经济研究所助理研究员；付一夫，中国社会科学院研究生院博士研究生；夏宜君，中国社会科学院研究生院博士研究生；曲直，中国国际工程咨询公司工程师。

20 世纪 60 年代，经济学家就已经开始关注能源消费与经济增长之间的关系问题。已有相关研究主要集中在分析能源消费与产出增长二者之间的因果关系方面（Granger，1969），在分析过程中也采用了不同的方法，如相关分析、简单回归、双变量因果检验、单位根检验、多变量协整分析、面板数据协整分析、VEC、方差分解等（Ghali et al.，2004）。由于不同学者采用的方法各异，选择的案例和数据也有所差别，故研究结论也不尽相同。国内关于能源消费与产出增长关系的研究主要也是采用各种计量方法来分析能源消费与工业经济增长之间的关系。例如，刘爱芹（2008）运用灰色相对关联度方法从能源消费总量与能源利用效率两方面分析了山东省能源消费与工业经济增长之间的关联度；解垩（2008）运用 DEA 方法测度了 1998～2003 年中国 36 个工业行业的 Malmqusit 生产率指数、技术效率和技术进步并检验了能源消费与生产率之间的联系；谭元发（2011）基于协整检验与构建误差修正模型得出能源消费的增长与工业经济增长之间存在单向因果关系的结论；查建平等（2011）利用相对"脱钩""复钩"的理论与测度模型对 2000～2009 年中国工业经济增长与能源消费和碳排放之间的脱钩关系进行研究；姜磊和闫云凤（2012）则对中国工业能源消费总量、煤炭消费和电力消费分别与工业增长之间是否存在长期稳定的均衡关系进行了面板协整检验；此外，还有学者计算了中国能源消费量与工业和重工业增长之间的相关系数（范振林等，2016）。

国内外相关研究普遍认为，能源强度变化的影响因素可以归于技术因素和结构因素两个方面，即技术进步和结构调整能够提高能源利用效率，从而促进经济的增长。从技术进步角度进行研究的能源消费理论认为经济增长仍然是一个技术、资本和制度的问题，在经济增长理论中，可以把能源问题看作是可以被技术进步解决成本问题，通过技术进步可以有效提高资源使用效率。技术进步改善自然环境的实例很多，如新技术能够在能源使用量增加的情况下让含碳能源的使用减少。Solow 等（1976）提出资本的积累对资源投入下降

的补偿条件，Stiglitz（1974）则构造了劳动、资本和资源互相替代的生产函数。Jaffe 等（2003）认为经济增长和环境之间的关系是由技术进步决定的，应该通过技术进步来解决能源消费带来的环境问题。Bretschger（2005）认为，知识增加和技术进步是解决自然资源不足问题的关键，Tsur 等（2005）将"干中学"引入模型，认为知识资本决定长期经济增长，技术进步能够弥补资源的短缺，资源不足的经济需要更多的研发投入。大部分研究认为，虽然能源匮乏和环境污染减缓了经济增长的速度，但是可以通过技术进步提高能源消费的效率，这是经济继续增长的关键。蒲志仲等（2015）按照工业化不同发展时期计算能源的产出弹性和替代弹性分析能源消费效率对经济增长的贡献，解释了能源消费、技术进步和经济增长之间的关系。

从结构调整角度来看，不少研究是通过计算各产业的能源消费效率，来解释目前普遍存在的结构调整是否能够带来能源消费效率的提高，从而达到促进经济增长的目的。刘满平等（2006）提出从产业结构调整和能源供给、消费协调发展的角度出发，采取多种配套措施，缓减能源供给的流量约束；张宗成等（2004）通过分析 1995～2000 年的数据认为，产业结构是中国能源消费弹性低的主要原因。刘凤朝等（2008）认为，能源消耗较少产业的产值比重增加能够有效减少能源消费。史丹（2002，2009）则利用结构指数方法计算得出结构变动降低了能源强度，但她同时指出，应该区别能源强度下降的原因是产业结构调整还是各产业能源效率同时提高。

综上所述，国内外学者对能源消费与经济增长关系的定量研究大多局限在两者之间因果关系的验证层面，而对于能源消费对工业经济增长的具体贡献程度以及工业经济增长是否影响且如何影响能源强度变化等方面并没有进行过多探讨。考虑到能源在工业生产活动中扮演的重要角色，本文拟将能源消费作为除资本与劳动外的"第三类"生产要素引入 Cobb - Douglas 生产函数（以下简称 C - D 生产函数），并以工业部门及其内部各行业为考察对象，尝试采用拓展后的要素贡献

测度模型与改良后的对数平均迪氏分解法（以下简称 LMDI 分解法），从能源与要素投入对增长的贡献程度、部门技术进步与工业结构转换对能源强度的影响等角度进行系统的讨论。后续章节安排如下：第二部分为"分析方法与模型"，给出本文采用的计量模型与能源强度变化的分解公式；第三部分为"能源消费对工业经济增长影响的实证分析"，对工业及其内部 10 个行业经济增长来源进行分解，从而判断能源消费与其他要素对本部门增长的贡献程度；第四部分为"工业能源强度的 LMDI 分解结果与分析"，按照工业部门内10 个行业对工业能源强度的变化进行技术因子与结构因子的分解，并探讨工业及其内部各行业的技术进步和结构转换是如何影响能源强度变化的；第五部分为"结论与建议"。

二、分析方法与模型

（一）要素贡献测度模型

已有研究在测度资本、劳动等生产要素对经济增长的贡献时，通常采用基于 C－D 生产函数的增长核算模型来完成。传统的 C－D 生产函数只包括资本和劳动两类生产要素。在采用增长核算方法来测度各生产要素对经济增长的贡献程度时，通常将除资本贡献和劳动贡献之外的部分视为全要素生产率（以下简称 TFP）的贡献。本文将能源作为"第三类"要素纳入其中，拓展后的C－D 生产函数可以写为：

$$Y_t = F(A_t, K_t, L_t, E_t) \quad (1)$$

其中，Y 为国内生产总值，A 为全要素生产率，K 为资本投入，L 为劳动投入，E 为能源消费总量。在这里，我们假设生产函数为规模报酬不变，即资本、劳动与能源三要素的产出弹性之和为1，那么对式（1）做进一步处理，可以构造出如下对数线性的 C－D 生产函数：

$$\ln\left(\frac{Y_t}{L_t}\right) = \Delta t + \alpha \ln\left(\frac{K_t}{L_t}\right) + \gamma \ln\left(\frac{E_t}{L_t}\right) + \varepsilon_t \quad (2)$$

其中，α、γ 分别为资本投入与能源消费的产出弹性，Δ 和 ε 则分别为常数项与随机扰动项。定义 β 为劳动投入的产出弹性，那么有 $\beta = 1 - \alpha - \gamma$。于是，对式（2）进行回归检验便可以估计出各种投入要素的产出弹性。

在此基础上，对式（1）两边求时间 t 的全微分，有：

$$\dot{Y} = \frac{\partial Y}{\partial t} = \frac{\partial F}{\partial A}\dot{A} + \frac{\partial F}{\partial K}\dot{K} + \frac{\partial F}{\partial L}\dot{L} + \frac{\partial F}{\partial E}\dot{E} \quad (3)$$

两边同时除以 Y，并进一步整理可得：

$$\frac{\dot{Y}}{Y} = \frac{\partial F}{\partial A}\frac{A}{Y}\frac{\dot{A}}{A} + \frac{\partial F}{\partial K}\frac{K}{Y}\frac{\dot{K}}{K} + \frac{\partial F}{\partial L}\frac{L}{Y}\frac{\dot{L}}{L} + \frac{\partial F}{\partial E}\frac{E}{Y}$$

$$\frac{\dot{E}}{E} = \frac{\dot{A}}{A} + \alpha\frac{\dot{K}}{K} + \beta\frac{\dot{L}}{L} + \gamma\frac{\dot{E}}{E} \quad (4)$$

其中，$\alpha = \frac{\partial F}{\partial K}\frac{K}{Y}$，$\beta = \frac{\partial F}{\partial L}\frac{L}{Y}$，$\gamma = \frac{\partial F}{\partial E}\frac{E}{Y}$，分别为前文提到的资本、劳动和能源的产出弹性；$\frac{\dot{Y}}{Y}$、$\frac{\dot{A}}{A}$、$\frac{\dot{K}}{K}$、$\frac{\dot{L}}{L}$、$\frac{\dot{E}}{E}$ 则分别为产出、TFP、资本投入、劳动投入、能源消费的增长率。于是，TFP 的增长率便可以由下式表示：

$$\frac{\dot{A}}{A} = \frac{\dot{Y}}{Y} - \alpha\frac{\dot{K}}{K} - \beta\frac{\dot{L}}{L} - \gamma\frac{\dot{E}}{E} \quad (5)$$

另外，根据式（4），也可以得到各要素对经济增长的贡献程度。

为了能够准确测度各类生产要素及 TFP 变化对经济增长的贡献，需要对三类生产要素的投入进行估算。考虑到工业部门及其内部各行业的能源消费数据可以从历年的统计年鉴中直接获得①，那么对资本投入与劳动投入的估算便成为接下来需要解决的问题。

资本要素投入方面，当前较为严谨完善的核算体系当属 OECD（2001）的《资本测算手册》，该手册充分吸收了以 Jorgenson（1963）为代表的诸多经济学家的理论学说，将投资理论的有关内容引入资本测算的过程中，成为规范 OECD 成员

---

① 由于工业生产中，参与生产的是能源消费而非能源投入，故在后文的实证过程中，一律采用能源消费的有关数据，而事实上，能源的投入量要比能源的消费量多。

国进行资本投入及全要素生产率测算的重要参考依据。该手册明确指出，真正作为要素投入参与生产的应该是资本服务而非一般意义上的存量资本，因此在估算过程中，除了历年的固定资本形成额之外，更要将不同类型存量资本的生产能力变化情况（即年限—效率模式）与使用报废情况（及退役模式）纳入考虑范围。本文将从度量资本服务数量的指标——生产性资本存量出发，将不同种类资本品的年限—效率模式与退役模式的数理模型纳入考虑范畴，进而通过永续盘存法（PIM）来完成生产性资本存量的估算。

依托 OECD （2001） 的《资本测算手册》，我们采用双曲线的年限—效率模型来描述存量资本的生产能力变化（用 h 表示），而退役模式则采用对数正态分布来进行刻画（用 F 表示）。用公式可分别表示为：

$$h_n(hyperbolic) = \frac{T-n}{T-b \cdot n} \qquad (6)$$

$$F_T = \frac{1}{T\sigma\sqrt{2\pi}}e^{-(\ln T - \mu)^2/2\sigma^2} \qquad (7)$$

式（6）中，T 为资本的服务年限，n 为当前年份，而参数 $b \leqslant 1$ 则决定了函数的形状。按照 OECD （2001） 的介绍，一般来说，在双曲线的年限—效率模式下，存量资本的生产能力衰减情况随时间推移会呈现出从相对较慢到不断加快的变化趋势。在式（7）中，T 是资本的役龄（Vintage），σ 和 μ 分别是对数正态分布函数的标准差和均值，$\sigma = \sqrt{\ln(1+(m/s)^{-2})}$，$\mu = \ln m - 0.5\sigma^2$。其中，$m$ 代表资本的平均服务年限，而 s 的取值范围一般为 $[m/4, m/2]$。

设定完存量资本的年限—效率模式与退役模式后，即可采用永续盘存法（PIM）来估算出 i 类存量资本在 t 时点的生产性资本存量；确定该类资本价格（或用户成本）后，用二者相乘便可估算出资本要素投入（即资本服务的价值）：

$$K_{i,t}^P = \sum_{\tau=0}^{T} h_{i,\tau} \cdot F_{i,\tau} \frac{IN_{i,t-\tau}}{q_{i,t-\tau,0}} \qquad (8)$$

$$\mu_{i,t,s} = q_{i,t,s}(r_t + d_{i,t,s} - \rho_{i,t} + d_{i,t,s}\rho_{i,t}) = \mu_{i,t,0} \cdot h_{i,s} \cdot F_{i,s} \qquad (9)$$

在式（8）和式（9）中，$IN_{i,t}$ 代表 t 时期对第 i 类资本的投资支出，即固定资本形成；$q_{i,t,0}$ 是价格指数；$h_{i,\tau}$、$F_{i,\tau}$ 分别为资本的年限—效率模式和退役模式；下标 s 代表资本役龄，μ 为用户成本，q 为资产价格，r 为资本回报率，d 为资产折旧率，ρ 为资产价格的变化。

劳动要素投入，与资本投入类似，作为要素投入的是就业人员贡献的劳动工时数而非就业人数本身，这主要是因为劳动工时的变化情况与法定工作日及工作时间的变化、劳动者的加班加点、从业人员自身素质差异以及是全职或是兼职等因素均有关系，而这些因素是无法反映在就业人数上的（岳希明等，2008）。故有必要根据不同特征对劳动者进行分类，不同类型的劳动要素投入可以用其在总劳动报酬中所占份额作为权重进行加总。于是，劳动要素投入增长可以表示为：

$$\frac{d\ln L}{dt} = \sum_i v_i \frac{d\ln L_i}{dt}, \quad v_i = \frac{p_i L_i}{\sum_i p_i L_i} \qquad (10)$$

其中，L 为总劳动投入；L_i 为不同类型的劳动投入，表现为劳动小时数；p_i 为第 i 种劳动投入的价格，如小时工资；v_i 为第 i 种劳动报酬所占的份额。

（二）LMDI 能源强度分解模型

对于工业能源强度来说，其影响因素主要有二：一方面，工业内各个行业能源强度的普遍降低会降低工业整体的能源强度，即能源的使用效率得到提高；另一方面，由于不同行业的能源利用效率不尽相同，在工业化进程中，工业内部结构会不断转换调整，各行业所占份额也会随之变化，这必然会对工业整体能源消费强度产生影响。上述影响工业能源强度变化的两种因素可被称为技术进步因子（以下简称技术因子）和工业结构调整因子（以下简称结构因子）。如果能准确地测算出这两种因子对工业能源强度变化的影响，那将可以对工业内部各行业的能源使用效率变化与工业结构的转换所带来的影响有个清晰的认识，从而为政府部门有针对性地调整工业结构提供参考依据。

LMDI 因素分解模型多用来探究经济结构、能源结构、能源强度、技术进步等因素对碳排放强度变化的影响及贡献（郭朝先，2004；刘建翠，2013）。因此，本文拟采用改良后的 LMDI 因素分解模型，对工业能源强度的变化加以分解。

若将工业经济划分为 n 个部门，那么有如下等式存在：

$$E(t) = \sum_{i}^{n} E_{i(t)}, \quad Y_{(t)} = \sum_{i}^{n} Y_{i(t)} \tag{11}$$

其中，t 为第 t 期，i 为第 i 个经济部门，E 表示能源消费总量，Y 表示工业增加值，Y_i 表示部门 i 的增加值。于是，工业部门的总体能源消费强度可表示为：

$$e(t) = \frac{E(t)}{Y(t)} = \frac{\sum_{i}^{n} E_{i(t)}}{\sum_{i}^{n} Y_{i(t)}} = \frac{\sum_{i}^{n} e_{i(t)} Y_{i(t)}}{\sum_{i}^{n} Y_{i(t)}}$$

$$= \sum_{i}^{n} e_{i(t)} y_{i(t)} \tag{12}$$

其中，e 表示总体能源强度，即单位工业增加值的能源消费量；e_i 表示部门 i 的能源强度；y_i 表示部门 i 的增加值占总产出的份额。可以看到，总体能源强度由各部门的能源强度以及各部门增加值占比两个因素共同决定。前者反映了各部门的能源利用效率，直接表现为各部门普遍的技术进步；后者则反映了工业经济的结构变动。假设以第 $m-1$ 年为基期，那么总体能源强度的变化可以按下式进行分解：

$$e_{(m)} - e_{(m-1)} = \sum_{i}^{n} e_{i(m)} y_{i(m)} - \sum_{i}^{n} e_{i(m-1)} y_i(m-1)$$

$$= \sum_{i}^{n} (e_{i(m)} - e_{i(m-1)}) y_{i(m)} +$$

$$\sum_{i}^{n} e_{i(m-1)} (y_{i(m)} - y_{i(m-1)}) \tag{13}$$

式（13）中，等号右边第一项表示技术因子，用来衡量各部门普遍的技术进步引起的能源强度变化；第二项表示结构因子，用来衡量产业结构的不断调整对总体能源强度的影响情况。在此基础上，可以得到技术因子与结构因子各自对总体能源强度变动率的贡献程度，即：

$$W_T = \frac{\sum_{i}^{n} (e_{i(m)} - e_{i(m-1)}) y_i(m)}{\sum_{i}^{n} e_{i(m)} y_{i(m)} - \sum_{i}^{n} e_{i(m-1)} y_{i(m-1)}} \tag{14}$$

$$W_S = \frac{\sum_{i}^{n} e_{i(m-1)} (y_{i(m)} - y_{i(m-1)})}{\sum_{i}^{n} e_{i(m)} y_{i(m)} - \sum_{i}^{n} e_{i(m-1)} y_{i(m-1)}} \tag{15}$$

其中，$\sum_{i}^{n} e_{i(m)} y_{i(m)} - \sum_{i}^{n} e_{i(m-1)} y_{i(m-1)}$ 代表了工业总体能源强度的年度变化。假设分母值为负，则意味着能源消费强度降低；那么对于式（14）来说，如果分子的值也为负，那么 w_t 值为正，意味着各行业因技术进步带动能源消费强度降低，反之亦然；对于式（15）来说，w_s 值为正为负的变化含义与式（14）道理等同。

三、能源消费对工业经济增长影响的实证分析

（一）数据来源与说明

对工业部门进行划分的过程中，在尽可能贴近现行国民统计核算体系的同时，根据数据的可获得性，我们将行业性质相近的部门进行合并。将工业部门细分为 10 个行业，分别为采掘业，食品加工业，纺织业，炼焦、燃气、石油加工业，化学工业，非金属矿物制品业，金属制品业，机械设备制造业，其他制造业，电力热力业。

为了确保宏观经济整体与各行业要素投入在核算过程中的平衡性，对于各细分行业资本要素投入与劳动要素投入的缺失数据，我们参考蔡跃洲等（2017）先宏观后行业的处理思路，先对国民经济总体的资本投入与劳动投入进行总量上的估算，然后再按照 OECD（2001）中的方法计算得到工业内部各行业的资本与劳动要素占国民经济总体资本投入与劳动投入的份额，进而得到工业各部门的要素投入数量。

1. 资本投入估算

在生产过程中，不同类型的资本在生产能力变化、使用寿命与退役模式等方面是有所不同的。例

如，建筑厂房与一般的机器相比，若干年后，前者能够在生产中提供的服务能力不会有明显变化，但后者由于折旧速率较快可能已经濒临报废。因此，为了区分不同类型的资本在生产过程中所具备的不同的生产能力变化、役龄与退役模式，我们根据《中国统计年鉴》中对固定资产投资构成的划分，对应地将资本也划分为建筑物、机器设备、其他三大类，并参考 OECD（2001）、蔡跃洲等（2015）、曹跃群等（2012）的思路，对其分别进行参数设定（见表1）。

表1　各类资本的参数设定（含年限—效率模式与退役模式）

	建筑物	机器设备	其他
服务年限 T（年限—效率模式）	38	16	20
参数 b（退役模式）	0.75	0.5	0.6

于是，结合第三部分中的思路，按照如下步骤对资本投入（即资本服务）进行估算：首先，综合《中国国内生产总值核算历史资料：1952～2004 年》、历年《投入产出表》等统计资料，并补齐缺失年份数据后可形成 1952～2014 年"固定资本形成总额"数据序列；假定每年三大类固定资产形成额占固定资产形成总额的比重与相应年份三大类固定资产投资额占固定资产投资总额比重基本一致，据此，将历年固定资本形成总额按上述比重分解，从而得到建筑物、机器设备、其他三类固定资本形成数据序列。其次，从历年《中国统计年鉴》中可获得 1990 年以来"建筑安装工程投资""设备购置投资"和"其他费用"三类细分的固定资产投资价格指数，并利用《中国国内生产总值核算历史资料：1952～2004 年》中的"现价固定资本形成总额"与"不变价固定资本形成增长率"计算出 1990 年以前的固定资产投资价格指数，进而推算出 1952～1989 年的缺失数据。然后，将各类资本历年的固定资本形成额分别折算成 2012 年不变价，并结合已设定好的年限—效率模式与退役模式，按照式（8）进行永续盘存的估算工作，从而得到各类资本的生产性资本存量，即资本服务的数量。最后，根据"劳

动报酬与资本报酬之和等于国民经济总产出"这一等量关系，利用资金流量表中的"劳动者报酬"数据，可以计算出历年（平均）资本回报率 v_t，将其代入式（9）可求出各类生产性存量资本的用户成本，结合生产性资本存量可进一步估算出各类资本服务的价值，即国民经济的各类资本要素投入。

在分行业的资本要素估算方面，我们依旧将各行业的资本要素划分为建筑物、机器设备和其他，并以各行业各类资本的历年固定资产投资额为基础，分别进行永续盘存处理，进而可以算出 10 个行业中每一类资本所占比重，如此一来，便可得到所有行业历年的资本要素投入。

2. 劳动投入估算

在劳动投入总量估算中，我们直接参考蔡跃洲等（2015）的思路及具体估算方法，以劳动小时作为衡量劳动要素投入的数量单位，并充分考虑劳动者教育程度分布情况，将各类劳动（时间）的价值（即劳动要素投入总量）的估算数据延长至 2014 年。具体而言，是基于"中国综合社会调查"（CGSS）项目、"中国家庭收入调查"（CHIP）、历年《中国劳动统计年鉴》与 Barro 等（2013）的"世界各国教育分布数据库"中关于不同教育程度劳动者的工资与劳动时间与全国劳动者教育程度分布状况的有关数据，将劳动投入按照不同的教育程度进行划分；而受家庭调查的样本数限制，不同教育程度劳动者工资和劳动时间的数据波动较大。假设不同教育程度劳动者的工作时间及其相对工资基本保持不变。在此基础上，我们计算了调查所覆盖年份（1995 年、2002 年、2005 年、2006 年、2007 年、2008 年、2010 年、2011 年、2012 年、2013 年）的不同教育程度劳动者的平均工作时间及相对工资平均值，并以上述平均值作为恒定值。此外，《中国劳动统计年鉴》中的劳动者教育程度分布最早只到 1996 年，之前年份的数据我们用 Barro 等（2013）数据中 15 岁以上人口的教育程度分布作为替代，并将中间空缺年份用内插法补全。另外，由于统计口径的变化，我们根据 Holz（2006）对 1990 年前的劳动人数进行了调整。于是可以得到在工业

内部各行业的劳动投入序列。

（二）实证结果与分析

根据式（2），我们采用 Stata 软件对工业整体及其内部 10 个行业 2000～2014 年的数据分别进行 OLS 计量回归，得到结果如表 2 所示。

表 2　2000～2014 年工业各部门要素产出弹性的回归结果

	Ln（K/L）		Ln（E/L）		Δ 系数		劳动产出弹性
	系数	收尾概率	系数	收尾概率	系数	收尾概率	
工业	0.483****	0.000	0.421****	0.000	-0.357****	0.000	0.096
（1）采掘业	0.757****	0.000	0.123*	0.060	-0.226****	0.000	0.120
（2）食品加工业	0.485****	0.000	0.468**	0.047	0.432****	0.000	0.047
（3）纺织业	0.577****	0.000	0.307***	0.004	-0.159****	0.000	0.116
（4）炼焦、燃气、石油加工业	0.676****	0.000	0.319***	0.010	-0.391**	0.021	0.005
（5）化学工业	0.489****	0.000	0.428**	0.013	-0.569****	0.001	0.083
（6）非金属矿物业	0.297****	0.000	0.557****	0.000	-0.565****	0.001	0.146
（7）金属制品业	0.696****	0.000	0.142***	0.004	-0.301****	0.000	0.162
（8）机械设备制造业	0.224****	0.000	0.642****	0.000	0.703****	0.000	0.134
（9）其他制造业	0.827****	0.000	-0.304**	0.025	1.002****	0.000	0.477
（10）电力热力业	0.747****	0.000	0.376**	0.014	-1.836****	0.000	-0.123

注：*、**、***、**** 分别表示估计值在 10%、5%、1% 和 1‰ 的水平上显著。

基于式（2）所确定的回归模型，工业整体及 10 个行业的拟合优度均达到 0.99 以上，拟合情况良好，且根据表 2 可知，所有变量在 10%、5%、1% 和 1‰ 的显著性水平均通过检验。进而，根据前文 α + β + γ = 1，可以得到工业整体及 10 个行业的劳动投入的产出弹性。我们发现，2000～2014 年中国工业的能源产出弹性高达 0.421，接近同期资本产出弹性的数值；而劳动产出弹性很低，仅为 0.096。由此可以初步判断，2000 年以来资本和能源在推动中国工业化进程方面的作用更大，也意味着工业经济增长主要是依靠资本投入的不断积累与能源消费的持续增加来实现的。这也基本符合中国工业发展的实际。

分行业来看，除个别行业外，各行业均呈现出资本和能源双驱动特征，且能源产出弹性均小于资本产出弹性。机械设备制造业、非金属矿物制品业的能源产出弹性远大于资本产出弹性，反映出能源消费在这两个行业增长中扮演了更为重要的角色；其他制造业的能源产出弹性则为负值，说明随着其他制造业包括废弃资源综合利用、机械和设备修理等领域的增长，能源消费呈负增长态势，这可能是因为其他制造业本身对能源的需求不大造成的。

进一步地，在得到各类生产要素的产出弹性后，根据式（3）～（5）可以对 2000～2014 年间工业整体经济增长的来源进行分解，进而测算出各行业资本、劳动、能源与 TFP 分别对各行业的贡献程度。具体结果如表 3 所示。

表 3　2000～2014 年工业经济增长来源分解与各要素的平均贡献　单位：%

	平均增速	贡献程度
工业增加值	10.03	100
资本投入	6.26	62.45
劳动投入	0.06	0.61
能源消费	3.49	34.78
TFP	0.22	2.16

注：平均增速各数值分别代表由工业及其内部细分行业资本要素投入、劳动要素投入增加、能源消费增加与 TFP 提升带动的工业增加值的增长（百分点）。

沿用这一方法，进一步可以将考察深入细分 10 个细分行业之中，同样可以获得各要素对本部门经济增长的贡献程度。具体结果如表 4 所示。

表4 2000～2014年工业各行业要素对本部门增长的平均贡献 单位:%

工业内部各行业	资本投入	劳动投入	能源消费	TFP
（1）采掘业	87.85	-0.92	8.38	4.69
（2）食品加工业	69.77	0.64	24.09	5.50
（3）纺织业	77.25	0.49	24.22	-1.96
（4）炼焦、燃气、石油加工业	74.67	-0.07	24.19	1.22
（5）化学工业	65.03	0.32	33.57	1.07
（6）非金属矿物业	45.53	-0.25	46.53	8.18
（7）金属制品业	84.83	-0.60	14.49	1.28
（8）机械设备制造业	33.93	2.43	59.05	4.59
（9）其他制造业	117.58	-7.03	-11.77	1.23
（10）电力热力业	74.43	-0.74	25.17	1.14

由于不同阶段发展状况不同，经济结构也发生了变化，故有必要分时间段进行考察，从而对不同阶段的要素贡献差异及背后的原因进行更为深入的剖析。基于对2000～2014年经济周期性波动的判断，我们以2008年为时间节点①，分别对2000～2008年与2009～2014年中国工业经济的增长特点进行考察，从而可以得到各要素投入与TFP增长对各行业增长的贡献变化。结果如表5所示。

表5 各阶段工业各部门能源消费与TFP对本部门增长的平均贡献 单位:%

行业	2000～2008年				2009～2014年			
	资本投入	劳动投入	能源消费	TFP	资本投入	劳动投入	能源消费	TFP
工业	55.46	1.19	35.35	8.00	75.64	-0.47	33.70	-8.87
（1）采掘业	83.67	3.42	7.59	5.32	95.76	-9.13	9.86	3.51
（2）食品加工业	57.28	0.24	21.79	20.69	93.36	1.39	28.44	-23.19
（3）纺织业	66.95	0.64	27.87	4.54	96.70	0.21	17.32	-14.23
（4）炼焦、燃气、石油加工业	78.27	-0.01	21.49	0.25	67.85	-0.18	29.28	3.05
（5）化学工业	56.65	0.05	33.00	10.30	80.85	0.84	34.64	-16.33
（6）非金属矿物业	36.12	-1.29	47.70	17.47	63.31	1.73	44.32	-9.36
（7）金属制品业	79.80	0.09	16.20	3.91	94.32	-1.90	11.26	-3.68
（8）机械设备制造业	27.55	2.13	59.93	10.39	45.99	2.99	57.39	-6.37
（9）其他制造业	95.27	0.32	-5.90	10.31	159.70	-20.92	-23.04	-15.74
（10）电力热力业	79.71	-3.34	21.05	2.58	64.44	4.18	32.94	-1.56

从表3、表4和表5中可以看出，2000～2008年与2009～2014年，不同要素对中国工业经济增长的贡献有着以下主要特点：

第一，从整体情况来看，2000～2014年资本投入对工业整体的平均贡献高达62.45%，资本是这期间支撑中国工业经济增长的主导因素；而

---

① 对全球金融危机爆发前后的中国工业经济发展进行分段考察。

能源要素的平均贡献超过了 1/3，也起到了重要的支撑作用。相比之下，TFP 与劳动投入的贡献均较低，分别只有 2.16% 和 0.61%。分行业来看，各部门也基本呈现出较明显的"资本与能源主导，TFP 与劳动为辅"的要素贡献特征。这一方面印证了 21 世纪以来中国工业经济呈现出的要素驱动特别是投资驱动的增长特征，另一方面也映射出中国工业经济较为明显的粗放式发展模式。

第二，从变化趋势来看，2008 年以后，工业整体及内部多数行业的资本投入对增长的贡献均有较大幅度的提升，其中，采掘业、食品加工业、纺织与用品类工业、金属制品业、其他制造业的资本贡献甚至超过了 90%；而各行业能源消费的贡献变动不大，2008 年后较前一阶段略有下降；除采掘业和炼焦、燃气、石油加工业外，各行业 TFP 对增长的贡献均由前一阶段的正向贡献变为后一阶段的负向贡献。这反映了自 2008 年金融危机以来，中国工业经济几乎完全是以投资驱动为主导的低质量增长，以"四万亿计划"为代表的"一揽子"经济刺激政策带动了工业经济增长的同时，拉高了资本对增长的贡献，但是对 TFP 的贡献形成了挤压。2008 年后，劳动要素在多数行业中也呈现出负向贡献，主要是因为劳动工时呈下降趋势，原因可能在于，随着科技不断发展，越来越多的机器投入工业生产活动中，在一定程度上对工人的劳动工时造成了排挤；同时，近年来互联网、云计算等信息通信技术的发展，大大提高了工业各行业的生产效率，这也相应地减少了工人们的劳动时间；此外，服务业的不断发展吸引了不少劳动人员从工业部门转移至服务业部门。这些都会造成工业各行业的劳动投入不断下降，由此导致其贡献多为负值。

第三，从能源要素的贡献度来看，对比 2008 年前后，能源消费对工业整体增长的贡献变化不大，为仅次于资本投入的重要角色。分行业看，2009～2014 年非金属矿物制品业、机械设备制造业、化学工业、电力热力业及炼焦、燃气、石油加工业等的能源消费贡献程度相对较高；机械设备制造业、非金属矿物制品业的能源贡献度超过

了资本并占据首位，与前文中这两个行业能源产出弹性大于资本产出弹性的测算结果是吻合的，这也反映了机械设备制造业和非金属矿物制品业对能源的依赖程度较高。

上述分析结果表明，21 世纪以来中国能源消费量快速增加，这一方面是由于国内工业化进程不断加快，经济发展对能源的需求不断增加；另一方面则是加入 WTO 后，中国积极融入全球产业分工体系，加之国内要素价格长期扭曲，土地、能源、劳动力和原材料价格相对低廉，越来越多的非核心部件加工制造和劳动密集型装配环节被转移到中国，"投资＋出口"导向型经济增长模式得到了进一步强化，形成了以高耗能行业为主导的工业结构。高耗能行业的快速扩张带动了能源消费的急剧增长，能源的大量投入为高耗能行业的增长提供了坚实的物质基础。因此，能源成为仅次于投资的促进工业经济增长的重要因素。

在观察到能源对工业增长起到重要作用的同时，我们也应注意到，2000～2014 年 TFP 对工业增长的贡献份额较小且不太稳定，2008 年后 TFP 贡献较前一阶段下降，甚至降为负值。TFP 贡献为负的原因，如前文所述，可能的一个解释是，2008 年后"四万亿计划"中以工程建设为主要投向的资金增速甚至超过了 GDP 增速，拉高了资本贡献的同时，对 TFP 贡献形成了挤压，导致 TFP 贡献出现负值。但是，即便如此，事实上 TFP 贡献较资本、能源贡献仍然要小得多。在能源供给日趋紧张的今天，节能已是势在必行，而有效提高工业部门的全要素生产率，才是推动工业各部门乃至整个国民经济可持续健康发展的关键。因此，应充分发挥科技对工业发展的引领支撑作用，切实有效地提高全要素生产率，在提高能源利用效率的基础上，减少能源消费总量。

四、工业能源强度的 LMDI 分解结果与分析

我们进一步测算各部门的技术进步与工业结构转换对于工业总体能源强度的影响情况。将历

年增加值均平减为 2012 年不变价后，结合式（11）~（15），以 2000 年为基期，可以得到2000~2014 年工业各部门能源强度的变化以及各部门技术因子和结构因子的影响；进而，同样以 2008 年为时间节点，将考察阶段划分为 2000~2008 年与 2009~2014 年，于是可以分别计算出不同阶段各部门的技术因子和结构因子对工业部门能源强度变化的贡献程度。具体结果如表 6 所示。

表6 2000~2014 年按各行业对总体能源强度变化影响的分解

	能源强度变化（吨标准煤/万元增加值）			平均贡献程度（%）		
	2000~2008年	2009~2014年	2000~2014年	2000~2008年	2009~2014年	2000~2014年
工业总体能源强度变化	-0.6582	-0.2469	-0.9051	100.00	100.00	100.00
技术因子贡献加总	-0.8702	-0.3417	-1.2119	132.22	138.37	133.89
（1）采掘业	-0.1922	0.0090	-0.1833	29.20	-3.62	20.25
（2）食品加工业	-0.0173	-0.0193	-0.0365	2.63	7.80	4.04
（3）纺织业	-0.0100	-0.0090	-0.0189	1.51	3.63	2.09
（4）炼焦、燃气、石油加工业	-0.0252	-0.0358	-0.0610	3.83	14.49	6.74
（5）化学工业	-0.0771	-0.0627	-0.1398	11.72	25.38	15.45
（6）非金属矿物业	-0.0996	-0.0546	-0.1542	15.14	22.11	17.04
（7）金属制品业	-0.3236	-0.1123	-0.4359	49.17	45.47	48.16
（8）机械设备制造业	-0.0235	-0.0064	-0.0300	3.57	2.61	3.31
（9）其他制造业	-0.0214	-0.0005	-0.0219	3.25	0.22	2.42
（10）电力热力业	-0.0802	-0.0501	-0.1303	12.19	20.28	14.40
结构因子贡献加总	0.2120	0.0947	0.3068	-32.22	-38.37	-33.89
（1）采掘业	0.0538	-0.0290	0.0248	-8.18	11.74	-2.74
（2）食品加工业	-0.0162	0.0091	-0.0071	2.46	-3.70	0.78
（3）纺织业	-0.0231	-0.0164	-0.0394	3.50	6.63	4.36
（4）炼焦、燃气、石油加工业	-0.0515	0.0251	-0.0265	7.83	-10.14	2.93
（5）化学工业	-0.0570	0.0225	-0.0345	8.66	-9.11	3.81
（6）非金属矿物业	0.0455	0.0242	0.0697	-6.92	-9.79	-7.70
（7）金属制品业	0.2993	0.0326	0.3319	-45.48	-13.20	-36.68
（8）机械设备制造业	0.0014	-0.0034	-0.0020	-0.22	1.38	0.22
（9）其他制造业	0.0033	-0.0014	0.0019	-0.50	0.56	-0.21
（10）电力热力业	-0.0436	0.0314	-0.0121	6.62	-12.73	1.34

从表 6 中可以看出，2000 年以来中国工业部门能源强度变化以及技术因子和结构因子对其贡献有着以下主要特点：

第一，从整体来看，2000~2014 年工业部门能源强度下降了 0.91 吨标准煤/万元增加值，降幅为 40.58%；其中，技术因子使能源强度下降了 1.21 吨标准煤/万元增加值，而结构因子却使能源强度提高了 0.31 吨标准煤/万元增加值，二者的贡献分别为 133.89% 和 -33.89%。这说明工业部门的技术进步提高了能源使用效率，能源强度的下降起到了决定性作用；而工业结构转换对工业整体能源使用效率的提升作用有限，甚至可以说是起到了负作用。分阶段来看，2009~2014 年工业能源强度年均降幅与 2000~2008 年相比明显趋缓，可能的原因一方面在于通过技术进步推动能源使用效率提升的难度日益增加；另一方面，能源强度与产业结构也息息相关，2008年后高耗能行业的增加值比重较前一阶段不但没有下降，反而上升5.42个百分点①。高耗能行业的扩张使产业结构呈现重化趋势，能源消费量剧增，可能抵消部分技术进步带来的效率提升，使能源强度整体下降幅度呈现放缓趋势。

第二，从技术因子贡献来看，2000～2014年，食品加工业、纺织业、炼焦、燃气、石油加工业、机械设备制造业和其他制造业五个行业的技术因子平均贡献率相对较低，均未超过7%；金属制品业和采掘业的技术因子平均贡献率则相对较高，分别达到了48.16%和20.25%，非金属矿物制品业、化学工业、电力热力业的技术因子贡献也均在15%左右。分阶段看，2008年后采掘业、金属制品业、机械设备制造业和其他制造业的技术因子贡献较前一阶段有所下降，这些行业通过技术进步提高能源使用效率的难度在加大，其中采掘业技术进步对能源强度下降的贡献由正转负；其余行业如食品加工业、纺织与用品类工业、化学工业、非金属矿物制品业、电力热力业和炼焦、燃气、石油加工业2008年后技术因子贡献较前一阶段有所上升，说明这些行业的技术进步加速了能源强度的下降。

第三，从结构因子贡献来看，2000～2014年结构因子对工业整体能源强度变化的反向贡献几乎全部来自金属制品业，这与其技术因子较高的贡献度形成鲜明的反差；结构因子的反向贡献还来自非金属矿物制品业、采掘业和其他制造业。分阶段看，2008年后金属制品业的结构因子反向贡献程度有所降低；同样作为高耗能行业的化学工业、非金属矿物产品制造业、炼焦、燃气、石油加工业和电力热力业，2008年后其结构因子均对工业总体能源强度带来了负向贡献，且有加剧的趋势。这说明，由于高耗能产业增加值比重不降反升，使产业结构呈现重化趋势，2000年以来工业结构转换并没有取得实质性进展，工业内部结构调整缓慢对能源强度下降起到了负面作用。

因此，推动工业内部结构的调整也是提高能源使用效率、促进工业节能的重要途径。

但是，究其原因，2000年以来工业结构调整缓慢正是工业内部以高耗能产业为主导的产业结构特征造成的。高耗能产业对能源的需求量大，而大量的能源消耗支撑了高耗能产业的快速扩张。因此可以说，高度依赖能源的高耗能产业的快速发展阻碍了工业结构调整。一方面，2000年以后中国工业化进程加速，城镇化建设加快，发展阶段决定了21世纪以来中国对基础设施建设的需求较大，固定资产投资规模保持较高增速，高耗能产业的发展有其合理性和必然性；另一方面，由于要素价格长期扭曲，价格形成机制不完善，能源价格一直未包含环境成本、长期处于较低水平，使得高耗能项目不断增多。此外，由于部分地区一时未能找到新的经济增长点，形成对传统发展路径的依赖，也是高耗能项目欲罢不能的重要原因。未来一段时期，中国工业化进入中后期阶段、城镇化建设继续推进，还需要大量能源的支撑，工业结构重化趋势难以得到迅速逆转，结构调整道阻且长。

五、结论与建议

（一）结论

2000年以来中国工业经济保持较快增长的同时，也出现了一系列能源环境问题，工业经济增长受到能源与环境的双重约束，工业结构转型也面临一些问题。本文依托以 C－D 生产函数为基础的要素贡献测度模型，对2000～2014年中国工业能源消费如何影响工业增长进行了定量研究。在此基础上，进一步运用改良后的 LMDI 能源强度分解模型对工业各部门的技术进步与结构转换如何影响工业能源强度变化进行了较为深入的探讨。结果显示：

第一，从产出弹性来看，2000～2014年中国工业的能源产出弹性高达0.421，接近同期资本

---

① 2008年高耗能行业增加值占工业比重为37.28%，2014年该比重增至42.71%。

产出弹性，远高于劳动产出弹性。除个别行业外，各行业基本呈现出资本和能源"双驱动"。资本和能源在推动中国工业化进程中起主要作用，工业经济增长主要是依靠资本投入的不断积累与能源消费的持续增加来实现的。

第二，从要素贡献来看，能源消费对中国工业经济增长的贡献仅次于资本贡献，高于 TFP 贡献和劳动贡献。分行业来看，各部门也基本呈现出较明显的"资本与能源主导，TFP 与劳动为辅"的要素贡献特征。2008 年后"四万亿计划"中以工程建设为主要投向的资金增速超过了 GDP 增速，拉高资本贡献的同时，对 TFP 贡献形成了挤压，导致 TFP 贡献出现负值。

第三，从能源强度分解情况来看，2000 ~ 2014 年中国能源强度呈下降趋势，能源使用效率提高，技术因子贡献起决定性作用，但是能源强度下降幅度放缓，依靠技术进步推动能效提升已越来越难。

第四，2000 年以来高耗能产业增加值比重不降反升，工业结构转换进展缓慢，结构因子对能源强度降低所起的作用有限甚至起负作用。高耗能产业的持续扩张带动了能源消费量的剧增，反过来也阻碍了工业结构调整。

（二）建议

面对经济增长速度换挡、能源资源环境约束以及国际环境变化，如何在工业化中后期，不断促进产业结构优化升级，努力提高工业部门全要素生产率，以实现国民经济可持续发展，是摆在我们面前的重大理论和现实问题。在能源供应日趋紧张、环境污染日益严重的背景下，大力推进工业、能源供给侧结构改革是应对中国经济新常态、解决经济增长与能源约束、环境污染之间矛盾的必然选择。结合实证研究结论，本文给出以下几点政策建议：

第一，贯彻落实创新驱动发展战略，坚持创新发展理念，充分发挥科技对工业发展的引领支撑作用，促进全要素生产率的提升，提高工业经济增长的科技含量，并能够切实通过技术进步来提高各部门的能源使用效率。当今世界正处在新

一轮科技革命和产业变革孕育期，颠覆性技术不断涌现，积极推进能源领域技术创新，尤其是节能和新能源领域的技术创新，是加速能源生产和消费变革的重要路径，对提高我国能源效率、保障能源安全和减轻环境压力有重要意义。

第二，推动工业供给侧结构性改革，着力运用税收、环境规制等政策工具，引导将生产要素更多地向低能耗、低污染、高技术含量的行业中配置，从而实现工业整体能耗水平的进一步降低。现阶段，能源效率的提高与产业结构优化具有一定的内在一致性，而产业结构的调整和优化是一项系统工程，受到各种因素的影响，一方面，政府可以通过制定各种产业政策和能源消费政策来引导产业结构的调整；另一方面，也可以通过能源价格改革来调节不同产业的需求，从而达到引导产业结构调整和优化的作用。

第三，推动能源供给结构调整与发展模式变革协同共进，积极培育可再生能源、核电、天然气等新兴能源需求，加强能源整体规划引导，引导资源进行优化配置，加快工业能源使用的绿色化进程，调整能源供给结构，同时提高能源利用效率，以实现能源与经济可持续性发展的目的。

参考文献

[1] 蔡跃洲，付一夫．2017．全要素生产率增长中的技术效应与结构效应——基于中国宏观和产业数据的测算及分解 [J]．经济研究，(1)：72 - 88．

[2] 蔡跃洲，张钧南．2015．信息通信技术对中国经济增长的替代效应与渗透效应——基于乔根森增长核算框架的测算与分析 [J]．经济研究，(12)：100 - 114．

[3] 曹跃群，秦增强，齐倩．2012．中国资本服务估算 [J]．统计研究，(12)：45 - 52．

[4] 查建平，唐方方，傅浩．2011．中国能源消费、碳排放与工业经济增长——一个脱钩理论视角的实证分析 [J]．当代经济科学，(6)：81 - 89．

[5] 范振林，马苗卉，黄建华．2016．我国能源消费与工业增长变化关系研究 [J]．中国国土资源经济，29 (10)：60 - 64．

[6] 郭朝先．2010．中国碳排放因素分解：基于 LMDI 分解技术 [J]．中国人口·资源与环境，(12)：4 - 9．

［7］姜磊，闫云凤．2012．中国 29 个行业能源消费与工业增长关系的研究［J］．产经评论，（3）：32－40．

［8］解垩．2008．能源消费与中国工业生产率增长［J］．中国人口·资源与环境，（3）：88－92．

［9］刘爱芹．2008．山东省能源消费与工业经济增长的灰色关联分析［J］．中国人口·资源与环境，（3）：103－107．

［10］刘凤朝，孙玉涛．2008．技术创新、产业结构调整对能源消费影响的实证分析［J］．中国人口·资源与环境，（3）：108－113．

［11］刘建翠．2013．产业结构变动、技术进步与碳排放［J］．首都经济贸易大学学报，（5）：14－20．

［12］刘满平，朱霖．2006．中国产业结构调整与能源供给、消费的协调发展研究［J］．中国能源，（1）：11－14．

［13］蒲志仲，刘新卫，毛程丝．2015．能源对中国工业化时期经济增长的贡献分析［J］．数量经济技术经济研究，（10）：3－19．

［14］史丹．2002．我国经济增长过程中能源效率的改进［J］．经济研究，（9）：32－39．

［15］史丹．2009．结构变动是影响我国能源消费的主要因素［J］．中国工业经济，（11）：38－43．

［16］谭元发．2011．能源消费与工业经济增长的协整与 ECM 分析［J］．统计与决策，（4）：89－91．

［17］岳希明，任若恩．2008．测量中国经济的劳动投入：1982～2000 年［J］．经济研究，（3）：16－28．

［18］张宗成，周猛．2004．中国经济增长与能源消费的异常关系分析［J］．上海经济研究，（4）：41－46．

［19］Granger, C. W. J. 1969. Investigating Causal Relations by Econometric Models and Cross － Spectral Methods.

Econometrica, 37, pp. 424 － 438.

［20］Ghali, K. H. and El － Sakka. 2004. Energy Use and Output Growth in Canada: A Multivariate Cointegration Analysis. Energy Economics, 26, pp. 225 － 238.

［21］IPPC WGI. 2001. Summary for Policymaker Climate Change 2001: Impacts, Adaption and Vulnerability. http: //www. ippc. ch/pub/spm22 － 01.

［22］Solow, R. M. and Wan F. Y. 1976. Extraction Costs in the Theory of Exhaustible Resources. Bell Journal of Economics, 7, pp. 359 － 370.

［23］Stiglitz, E. 1974. Growth with Exhaustible Resources: Efficient and Optimal Growth Paths. Review of Economic Studies, 89, pp. 109 － 115.

［24］Jaffe A. , Newell R. , and Stavins R. 2003. Technological Change and the Environment. // Mtler, K － G. , Vincent, J. （Eds. ）. Handbook of Environmental Economies. North － Holland, Amsterdam.

［25］Bretschger. 2005. Economies of Technological Change and the Natural Environment: How Effective Are Innovations as a Remedy for Resource Scarcity？. Ecological Economics, 54, pp. 148 － 163.

［26］Tsur Y. and Zemel A. 2005. Scarcity, Growth and R&D”, Journal of Environmental Economics and Management. 49, pp. 484 － 499.

［27］OECD, 2001. Measuring Capital—Measurement of Capital Stocks, Consumption of Fixed Capital and Capital Services. OECD Manual.

［28］Jorgenson, D. W. 1963. Capital Theory and Investment Behavior. American Economic Review, 53, pp. 247 － 259.

The "Dilemma" of Energy Consumption: Coexistence of Promoting Industrial Growth and Restraining Structural Adjustment

—An Empirical Analysis Based on the Contribution of Production Factors and Energy Intensity Decomposition

ZHANG Yanfang, FU Yifu, XIA Yijun, QU Zhi

Abstract: Energy is used as the "third" factor of production into the C － D production function. Using the data of industry and various industries in China from 2000 to 2014, a systematic study is made on how energy consumption affects China's industrial growth. Then, the energy consumption intensity decomposition model of LMDI is used to discuss how the technological progress and structural transformation of various industrial sectors affect the change of industrial energy consumption intensity. The empirical results show that: (1) China's energy output elasticity is as high as 0. 421 in 2000 – 2014, which is close to the elasticity of capital output over the same period, which is much higher than that of labor output. (2) The contribution of energy to industrial economic growth is lower than capital, higher than the contribution of TFP and labor. (3) The general technological progress in various industries plays a decisive role in reducing the intensity of industrial energy consumption, but the rate of decrease in energy intensity slows down and further reduction of energy consumption through technological progress has become increasingly difficult. (4) The slow progress of industrial structure adjustment makes the proportion of high energy consumption industry rise but not fall, and the structural factor hinders the decrease of the energy intensity. Therefore, in order to reduce the intensity of industrial energy consumption, it is significant to focus on promoting the internal structural adjustment of the industry and reduce the dependence on energy.

Key words: Energy Consumption; Energy Intensity; Structure Adjustment; Technical Progress; Energy Vsing Efficiency; Factor Contribution; Total Factor Productivity; Capital Input; Labor Input

碳排放权交易的机制比较、实践效果及其影响因素：一个文献综述*

史 丹 张 成 周 波

摘 要：作为一种以产权理论和市场交易手段为核心的减排机制，碳排放权交易对实现低碳经济发展的重要作用已经得到世界各国的认可。在先期 7 个省市的碳排放权交易试点工作之后，我国于 2017年启动了全国性碳排放权交易市场。本文从碳排放权交易理论的发展历程、与碳税的机制比较、碳排放权交易的实施效果以及实施效果的影响因素四个维度，系统归纳、梳理和评价了有关碳排放权交易的相关文献，并在此基础上提出碳排放权交易领域未来可能拓展和细化的研究方向，以便为研究我国碳交易市场构建对节能减排与经济持续健康发展的影响提供理论基础。

关键词：碳排放权交易；机制比较；实施效果；影响因素

环境污染一直被看作是经济增长过程中产生的"副产品"，人类经济活动带来的以二氧化碳（Carbon Dioxide，CO_2）等温室气体为特征的碳排放是对人类生存环境和持续发展的巨大挑战，这在本质上是经济发展带来的环境外部性问题，只有通过外部成本内部化，才能从根本上解决这一问题。从 1997 年签署的《京都议定书》到 2015年末达成的《巴黎协定》，碳排放权交易（简称碳交易）逐渐由理论走向实践，成为国际社会应对气候变化的主流方法之一。中国政府从 2011 年开始实施区域碳交易市场的试点工作，全国性的碳市场也定于 2017 年全面启动。据国家发改委预计，未来我国碳市场的交易量将在30 亿~40 亿吨/年，现货交易额最高有望达到 80 亿元/年，并取代欧盟成为全球最大的碳市场。虽然我国碳市场的启动时间较晚，但如果能在国外经验的基础

上有效结合我国自身实际情况，就可以获得后发优势。因此，认真梳理总结碳排放权交易的理论体系和发展现状，对我国碳市场的构建具有一定指导意义。

一、碳交易理论的发展历程

碳交易的理论基础最早可以追溯到 Coase 的研究，根据科斯定理，外部性的经济活动可以通过市场的契约安排来解决，只要明晰产权，就能够实现资源的最优配置（Coase，1960）。以科斯理论为基础，Dales 将产权概念引入污染控制领域，首次提出了污染排放权交易（Emission – Trading Program）的理论设计，界定了排放权，即权利人在符合法律规定的条件下向环境排放污染物的权利。如果允许这项权利在特定条件下进

* 本文发表在《城市与环境研究》2017 年第 3 期。

史丹，中国社会科学院工业经济研究所党委书记、副所长、二级研究员。张成，中国社会科学院工业经济研究所博士后，南京财经大学教授。周波，安徽无为人，南京财经大学经济学院硕士研究生，研究方向为资源与环境经济学。

行交易，便成为可交易的排放权（Tradable Permits）。从其本质来看，排放权是对环境资源的限量使用权，其基本思想就是将环境视为一种商品，政府作为商品的所有者，将既定量的污染排放权通过科学的分配方法，分配到排放者手中，这些污染排放权还可以在排放者之间进行买卖，生产效率和减排成本较高的排放者可以从生产效率和减排成本较低的排放者手中购买更多的排放权，依托这些排放权在交易市场中的交易，创造出更多的经济产出（Montgomery，1972）。正是通过发挥市场机制在环境资源配置中的积极作用，鼓励环境主体通过市场信号做出行为决策，让污染减排的边际成本在排放者之间趋于相等，就能够以总体减排成本最低的方式控制污染排放总量，从而实现帕累托最优（Dales，1968）。

随着经济增长带来的环境污染问题越发严重，排放权交易理论在处理环境污染排放的问题中得到了许多国家政府的运用，并被美国国家环保局（EPA）首先应用到大气和河流污染源的管理上，随后相继被德国、澳大利亚和英国等国家应用于解决各自的污染排放问题，相继涌现了如芝加哥气候交易所（CCX）、澳大利亚新南威尔士体系（GGAS）和欧盟排放交易体系（EU ETS）等以排放权交易理论为基础的碳交易市场。特别是哥本哈根会议之后，以二氧化碳为代表的多种温室气体排放权交易问题成为各国政府和学术界关注的焦点。我国自 2013 年起在北京、天津、上海等7 省市开展碳交易试点工作，历经 4 年发展，初步成效已经有所显现，为全国性碳交易市场的构建打下了坚实的区域基础。

二、碳交易是否比其他减排机制更为有效？

由于大量研究已经证明市场化减排机制在节约交易成本、促进节能减排技术创新、弱化政治阻力和调动经济主体积极性等方面比传统的收费罚款式行政监管手段具有绝对优势（Sterner，2002；安崇义和唐跃军，2012；Bai & Chen，

2016），所以当前学术界争论的重点并不是市场化减排机制和行政监管手段究竟孰优孰劣，而是将讨论重点集中在市场化减排机制中的碳税和碳交易机制之间（Aldy et al.，2010）。

在信息完全且交易成本为零时，这两种减排机制的政策效果是相同的（Coase，1960），只需要将价格或者排放上限定位在边际减排成本和边际减排收益相等处即可（Weitzman，1974）。但在现实中，苛刻的前提假设难以满足，导致两种减排机制的成本和激励效果差异明显。在成本上，碳交易机制比碳税机制的信息成本更低，但是前者的实施成本要远高于后者，在减排激励效果上，碳交易机制的有效性高于碳税（Stern，2008）。虽然两种机制均可以通过降低产量、改进净化设备、更新生产设备提高生产效率来降低排放量（安崇义和唐跃军，2012），但碳税的征收会使企业的利润空间受到挤压（Bai & Chen，2016），导致排放企业通过提高产品价格，将碳税成本转嫁至消费者或下游生产者，具体的转嫁幅度与需求价格弹性负相关（曾刚和万志宏，2010），最终导致的结果是整个经济状况发生恶化（高鹏飞和陈文颖，2002）。而在碳交易机制下，一旦确定总排放配额，政府虽不能明确排放企业究竟会采取何种减排方式，但环境目标可以得到有力保障（Keohane，2009）。并且，碳交易对排放者企业的竞争力和创造力不仅没有显著的负向影响（Oberndorfer et al.，2007），反而一定程度上会激发以钢铁企业为代表的污染密集型产业的技术创新能力（Demailly & Quirion，2008）。

可以看出，碳交易和碳税机制各有利弊，可以根据具体的减排目标和国情特征设计不同的减排政策，而且两种减排机制是相互补充而并非互相替代的关系，设计合理的融合机制比选择碳税或碳交易机制更为重要（Aldy et al.，2010）。相对而言，在减排实践推行的初级阶段，碳税机制因其实施成本较低而更容易被推广，随着减排实践的逐步推广，碳交易机制则因其总体减排效果明确及其在跨国减排治理上的巨大潜力而更易于被采用（Keohane，2009；曾刚，2009）。也有学

者认为可以让小公司和居民为含碳的化石能源消费支付碳税，让大公司或大的排放源参与碳交易（Marshall，1998）。在国际实践中，虽然许多国家和地区最初仅采用了碳税和碳交易机制中的一种，但近年将二者结合起来实施复合型环境政策的国家和地区趋于增加，如丹麦、芬兰、荷兰、挪威等国在开征碳税之后又加入了欧盟排放交易计划（石敏俊等，2013）。其中，英国对参与碳交易市场的企业给予碳税减免的优惠政策，挪威参与碳税政策企业的碳排放占到总额的68%，参与EU ETS的企业的碳排放占到了40%。来自Mandell（2008）的研究则在数理模型上证明，政府部门同时采用碳交易和碳税这两种机制的减排效率和经济效率要高于仅仅采用单一机制，Mckibbin和Wilcoxen（2002）、石敏俊等（2013）和吴力波等（2014）也是这一观点的拥趸。

三、碳交易的实践效果究竟怎样？

（一）碳交易对二氧化碳的减排效果

早在20世纪60年代，产权手段对于温室气体排放污染控制应用的可能性就得到了学者们的关注，他们普遍认为，基于科斯第一定理构建的污染排放权交易手段会对温室气体的减排目标产生积极的作用（Croker，1966）。随着数理模型和计量工具的不断发展，人们已不满足对减排效果的理论分析，开始有目的地对碳交易进行系统模拟，希望用科学合理的手段来衡量其对减排的促进作用。如果碳交易在全球能够得到推广，将会有效降低世界各国的碳排放总量（Burniaux et al.，1992；Zhang & Wei，2010）。分区域来看，Gottinger（1998）利用可计算一般均衡模型（Computable General Equilibrium，CGE）模拟了碳交易制度对欧盟节能减排进程的影响，发现这种可拍卖的排放许可证实现了温室气体净排放量的大幅减少，同时也间接验证了构建一个排放权交易市场对于发达国家的必要性。Ho等（1999）利用动态CGE模型模拟分析了以中国为例的发展中国家，若实施碳交易会呈现怎样的情景，同样

发现二氧化碳排放量会因此大幅下降。Zhang等（2016）基于中国全国性碳交易的模拟结果显示，在经济增速和环境保护的双重限制下，通过二氧化碳排放权的省际交易，可以将二氧化碳排放总量降低至718456.19万吨，较原始情况降低了27.27%。

但对于不同的产业部门来说，碳交易带来的减排效果会有很大不同。孙睿等（2014）在碳交易背景下，基于CGE模型分析了碳价格对宏观经济、能源消费和碳减排效果产生的直接和间接影响，发现碳交易能有效促进煤炭、重工业、电力和轻工业部门的二氧化碳减排，但对高排放部门如交通和建筑业的减排效果则不明显。

（二）碳交易对经济产出的影响效果

在控制温室气体排放的同时，是否会对政策实施地区的经济发展带来伤害，这是人们对碳交易机制最大的担忧，学术界对该问题的争论也一直持续至今。从国家宏观层面来看，欧洲碳排放交易体系（European Union Emissions Trading Scheme，EU ETS）在第一阶段和第二阶段取得了不少成就，能够以更经济的方式实现二氧化碳减排，极大地降低了欧盟国家履约的成本（王璐犀，2012）。如果将碳交易与碳税两种政策结合使用，碳交易对经济发展的良性促进作用减弱了单一碳税制度对GDP的伤害（张健等，2009），尤其对发达国家来说更是如此（Gottinger，1998）。但在微观层面上，有些以欧盟EU ETS为考察对象的实证研究结果却未能有效支持上述结论。Anger和Oberndorfer（2008）分析了碳交易对德国企业经营业绩和就业的影响，并没有发现碳交易影响企业收入和就业的证据。Abrell等（2011）以2000家欧盟企业为例的研究，也发现EU ETS不会对企业增加值、利润率和就业带来统计意义上显著的影响。Benz和Trtück（2009）的研究结果表明，碳交易市场会对企业现金流产生影响，高的排放权价格对企业未来现金流施加了更紧的约束。Hoffmann（2007）对德国电力行业的研究指出，EU ETS确实驱动了一些小规模的投资，但没有明显证据表明会对大规模的投资产生

影响。有学者注重研究碳交易机制对不同部门的影响，如 Kara 等（2008）以 EU ETS 为例，发现碳交易机制能使发电行业获得巨额利润，而钢铁行业和消费者则由于电价上升而成为最大利益受损者。而 Lund（2007）的研究则发现，EU ETS 会对能源密集型制造业的细分行业带来差异化影响，对钢铁和水泥行业的成本影响甚至是造纸行业和炼油行业的 3～4 倍。但 Demailly 和 Quirion（2008）与 Meleo（2014）分别以钢铁企业和造纸企业为例的研究，认为 EU ETS 虽然会对企业竞争力带来不利影响，但影响程度很小。

虽然中国的碳交易实践尚处在区域试点阶段，但已有大量文献从理论上分析了中国全面开展碳交易对经济产出可能带来的影响（Dai et al.，2011；隗斌贤和揭筱纹，2012；石敏俊等，2013；俞业夔等，2014；Zhang et al.，2015；Tang et al.，2017）。也有部分文献从实证角度模拟了开展碳交易的相关效果。崔连标等（2013）构建了一个省际排放权交易模型，重点探讨了在实现各省减排目标的过程中，碳交易机制发挥的成本节约效应，有碳交易能够比无碳交易节约减排成本约 23.44%，且碳交易市场对参与交易省份的成本节约效应各不相同。Cui 等（2014）基于减排成本函数分别模拟了仅实施碳交易试点和全国性碳交易的成本节约效应，发现两者分别能够节约总减排成本 4.50% 和 23.67%。Hübler 等（2014）基于 CGE 模型模拟分析若要完成哥本哈根会议承诺会引致多大的福利损失，发现在碳交易作用下，GDP 损失可以控制在 1% 左右。这一结果高于 Wang 等（2009）的研究发现，该学者认为 GDP 损失仅为 0.28%。

（三）碳交易对碳强度的减降效果

多数文献都是将碳强度降低目标作为一个既定目标，进而分析该目标的实现，需要付出怎样的政策成本（Hübler et al.，2014；Cui et al.，2014；周县华和范庆泉，2016）。例如，周县华和范庆泉（2016）以中国行业层面数据为样本，依照各行业边际减排成本相等的原则构建了多行业一般均衡模型，研究随着碳强度降低目标的不

断提升，相应的碳交易政策会对社会福利、宏观经济和碳排放量带来何种影响。并基于全行业碳强度约束的减排方案，给出了在实现福利损失最小化时，各行业的最优减排路径。类似文献的科学性在于，能够基于多情景模拟，清晰地展示出碳交易下的不同碳强度降低目标，会引致怎样的经济社会效果。

但是，类似文献疏于解决一个问题：虽然既定的碳强度减降目标均可以通过碳交易得以实现，但究竟什么样的碳强度减降目标在当前是合理可行的？有些文献关注到这一薄弱之处，从碳交易就是为了实现二氧化碳影子价格均等这一内在本质出发，估算当前国情背景下，碳强度的减降潜力。张成等（2017）以最大化降低全国碳强度为目标，在维持全国 GDP 总量不变的国情无约束情景下，碳交易能够降低碳强度 20.06%。如果放松对全国 GDP 总量的硬性约束，并对各地区施加经济增长和环境保护的现实约束，实施碳交易能够降低碳强度 22.20%，但这需要将全国 GDP 降低 2.71%。类似地，Zhang 等（2016）将碳交易引致的"波特假说"效应也引入分析中，也得到了类似的结论，该研究认为，中国实施全国性碳交易可以将碳强度降低 20%～25%，而且该潜力还会随着"波特假说"效应的逐步释放而获得逐年上升。

（四）碳交易对技术进步的激励效果

碳交易主要希望达到三个目的：一是促进节能减排，至少是降低碳排放的增速，而不是反向扩大和刺激排放；二是降低全社会的减排成本；三是推动企业技术进步。其中，技术进步是降低碳强度的重要动力来源（Wu et al.，2005；Lutz et al.，2005）。碳交易利用价格机制调节市场中排放者的行为，排放者通过比较节能减排技术投资和碳排放配额投资来权衡利弊，因此，如何依靠构建价格机制来促进节能减排技术进步是碳交易机制的关键（Orr，1976）。大部分学者认同碳交易可以推动企业使用、开发和创新绿色生产技术，从而减少污染物排放的观点（Barreto & Kypreos，2004；Rogge et al.，2011），但也始终存在争议，争议的焦点主要是排放权应该如何有

效分配。碳配额分配过多，碳交易价格过低，不足以弥补新能源领域的投资，企业就缺乏碳减排的动力。碳配额分配过少则会增加企业负担，在一定程度上阻碍该行业技术的更新换代。部分学者认为免费分配制度可以激励企业环境友好型技术创新（Requate，2005），但更多学者通过计算和比较厂商采用节能减排新技术前后的利润，认为排放权拍卖制度对技术进步的推动作用最大，其次依次是排污税、排放权交易和污染排放标准（Milliman & Prince，1992；Jung et al.，1996），排放权免费分配制度反而会抑制企业的环境友好型技术创新力度（Borghesi et al.，2015）。事实上，碳交易能否促进技术进步，还要取决于很多其他因素，如厂商是排放权的购买者还是出售者（Malueg，1989）。当厂商是排放权的购买者时，环境政策对厂商节能减排技术进步激励的大小顺序依次为：排放权拍卖、排放权免费分配、排污税、污染排放标准；当厂商是排放权的出售者，并且节能减排技术进步使排放权价格下降足够小时，环境政策对厂商节能减排技术进步激励的大小顺序依次为：排放权拍卖、排污税、污染排放标准、排放权免费分配（李寿德等，2010）。

尽管大量研究证明了排放权交易对技术进步的激励作用，但部分学者以中国为分析对象的研究结果则持有不同看法。涂正革和谌仁俊（2015）以在中国试点实行了数十年的二氧化硫排放权交易为考察对象，试图研究中国的排放权交易政策能否通过刺激技术进步来实现波特效应，结果并不乐观，该政策在短期内并未通过环境技术效率的提升达到环境保护和经济发展的双赢局面，在长期也未出现波特效应，原因主要来自国内低效率的交易市场和整体较弱的环境规制。Yang 等（2016）通过 2015 年 5～11 月在 7 个碳交易试点进行在线问卷调查，发现国内公司似乎并未对参与中国 2017 年实行的碳交易表现出令人期待的热情，碳交易不能刺激公司升级减排技术。大多数公司将参与碳交易作为改善与政府的关系以及获得良好社会声誉的手段，而不是作为减少温室气体排放成本的有效机制。

四、哪些因素影响了碳交易的实施效果？

（一）碳交易定价的有效性

碳交易机制的核心是碳交易定价（Convery & Redmond，2007）。碳交易定价主要指在市场中碳交易价格是如何形成的，定价是否合理会对减排效果产生重要影响（Convery et al.，2008），过低的定价不利于刺激节能减排行为和相关的技术创新，过高的定价则又引致高昂的遵循成本，从而最终不利于经济健康发展。最早研究碳交易定价问题的学者是 Hahn（1984），他指出，在完全竞争市场中，边际成本等于均衡价格，而一旦出现垄断，边际成本与均衡价格将不再一致。之后，Stavins（1995）引入交易成本的概念，认为碳交易市场中的排放权交易行为存在交易成本，交易成本会使边际成本偏离市场价格，出现新的市场均衡价格。

有些学者关注碳交易价格的决定因素。Montgomery（1972）开创性地使用 CGE 模型进行分析，认为碳交易价格由边际减排成本决定，为该领域研究奠定了理论和方法基础。很多学者通过类似的方法和前提假设条件，对不同的研究对象进行了实证研究，得到了相似的结论。Criqui 等（1999）在一般均衡的前提条件下，发现全球边际减排成本曲线水平将会影响能源价格和各个国家边际减排成本曲线水平，并使用 CGE 模型对其进行了定量分析。Seifert 等（2008）建立动态 CGE 模型考察了 EU ETS 的碳交易价格的影响因素，发现碳交易价格与季节因素无关，贴现价格有边际效应，碳交易价格的形成应该是一个时间依赖价格的波动结构。

此外，影子价格也是研究碳交易价格的一个很好的工具（涂正革，2009）。影子价格体现了边际情况下有限资源的隐含价值，影子价格与供求平衡约束代表消费者的支付意愿和生产者的边际成本，因此它们决定市场均衡价格。只有当成本结构和排放水平相关的某些条件成立时，排放权交易的平均影子价格才可以解释为市场均衡价格（Liao et al.，2009）。研究证明，国与国之间的环境战略是可以被度量的，可以利用污染投入的影子价格和市场价格之间的差别分析碳价格的制定（Soest et al.，2006）。

也有学者从供求关系的角度探究碳交易价格的决定机制（Alberola et al.，2008；Convery et al.，2008）。由于碳交易价格是一种市场均衡价格，因此可以认为它是由排放权买卖双方供求关系决定的，而 GDP、技术进步、政治风险、财税政策、能源价格、气候等多种因素都会影响供求关系，从而间接影响碳交易定价（Alberola et al.，2008；Frunza & Lassoudière，2010；罗智霞，2014）。对于中国碳交易市场来说，有学者认为其均衡价格主要受国际市场影响较大，在其他因素不变的情况下，国际和国内碳交易需求的大幅度增加将推动中国碳交易价格的上涨（马艳艳等，2013）。

（二）碳交易交易成本的可控性

根据科斯定理，在产权界定明确且可以自由交易的条件下，如果交易成本为零，那么无论初始产权如何分配都不会影响资源配置效率，此时的资源配置达到最优。由于现实当中交易市场上普遍存在着交易成本，过高的交易成本一定程度上阻碍了交易市场的健康发展。根据 Stavins（1995）的研究，交易成本是市场中卖价与买价之间的差价，正是因为交易成本的存在，使边际减排成本与市场交易价格不再相等，形成一个新的成本效率均衡点。并且，交易成本对排放权交易市场的成交量有显著的抑制作用，因为较高的交易成本对排放权的需求和供给都会产生不利的影响，从而抬高了节能减排总成本。Malik（1992）将市场交易手段与政府直接控制政策进行对比，发现以排放权交易为代表的市场经济激励手段的执行成本较高，因此他认为排放权交易并不是一种普适的节能减排机制，选用何种政策手段需要对减排和执行成本进行完整的评估。而 Bakam 等（2012）表现得乐观一些，他们通过引入交易成本来评估农业部门基于市场的温室气体减排政策工具的相对成本效益，发现排放权交易

机制在现实条件下要优于"庇古税"和政府直接控制。对于出现这两种截然不同研究结果的原因，可以从其他学者的研究中找出答案。来自1994年洛杉矶排放权交易市场的数据表明，交易成本的作用会随着交易市场的逐渐成熟而减弱，碳交易市场的活跃程度往往呈现一个递进态势（Gangadharan，2000）。Cason 和 Gangadharan（2003）对这其中的作用机理给出了解释，交易成本的存在的确抬高了交易价格，当交易价格下降到交易成本接近于零的均衡价格时，交易量会随之上升，当边际交易成本不变时，排放权的初始分配不再影响交易价格和交易量，此时排放权交易市场的高效率特点才会得到体现。

国内学者对排放权交易市场的交易成本问题研究尚不成熟，大多数学者均认为交易成本是中国建立碳交易市场时面临的一个棘手问题，构建有效的碳交易机制必须以降低交易成本为基础（赵海霞，2006；胡民，2006）。在存在交易成本的情况下，如果初始分配偏离了没有交易成本情况下的均衡分布，污染控制的全部成本（除去交易成本本身）将会超过最低成本的总成本（徐瑾和万威武，2002）。鉴于此，林海平（2011）从法律保障、制度设计、市场构建以及奖惩制度等方面给出了降低市场交易成本的具体措施。

（三）碳交易配额分配的合理性

作为一种市场型节能减排工具，碳交易初始配额是否合理是构建碳交易市场关键的问题之一，也会直接影响市场初期的有效性（Wrake et al.，2010）。国际上常见的配额分配机制主要包括祖父法、拍卖法、固定价格购买法以及混合式分配法。其中，祖父法也被称为免费发放的祖父法，是欧盟国家 EU ETS 在第一、第二阶段一直使用的配额分配方法，也是世界上最早诞生的分配方法。祖父法的主要优点在于可以降低排放权交易市场的进入门槛，刺激市场主体的参与积极性（Gagelmann，2008）。并且由于排放主体获得的免费配额量是以其历史排放水平为基准的，在满足生产单位需求的同时也会激励节能减排，以出售剩余的配额换取利润，使企业真正能够享受到

市场的灵活性，避免碳交易对经济发展的负面作用（Lee et al.，2008；Cong & Wei，2010）。鉴于上述优点，我国的碳交易试点地区采用的也是祖父法。但祖父法也具备一些缺点：出于对本国企业发展的保护，EU ETS 的各国家主体在分配配额时大多采取了宽松的标准，进而造成交易市场不够活跃、碳交易价格长期低位徘徊、节能减排作用不明显以及资源配置严重扭曲的现状（Ellerman et al.，2007；熊灵和齐绍洲，2012；Xiong et al.，2017）。同时，基于企业历史排放量来分配配额的方法可能会使致力于节能减排的企业利益受损，进而会打击企业先前的减排积极性。特别是金融危机和欧债危机导致的经济衰退，使其对能源消耗大幅下降，更加衬托出配额总量的明显过剩（De Perthuis & Trotignon，2014；Grosjean et al.，2016），从而促使该体系在第三阶段得到了较大程度的改进。与之相比，拍卖法在一定程度上弥补了祖父法对市场公平的伤害，目前主要在美国区域温室气体减排行动（Regional Greenhouse Gas Initiative，RGGI）中得到推行（Egenhofer，2007）。拍卖法通过拍卖发放配额的方式，可以鼓励和引导社会资本流向更具优势的减排行业，并有利于企业通过合理预期来实现更低成本的减排（Fowlie & Perloff，2013）。但不容忽视的是，不同行业和企业的排放总量和减排潜力都存在较大差异，全行业的配额拍卖可能会导致不公平（宣晓伟和张浩，2013）。为了避免上述两种方法对达成节能减排目标的影响，一些国家又相继采用了固定价格购买法和混合式配额分配法。澳大利亚政府自 2012 年实行碳固定价格，配额价格保持年均增长 2.5% 以平衡通货膨胀率，并于 2015 年过渡至市场交易价格制度。固定碳价格避免了市场建立初期碳价格的剧烈波动，有利于形成稳定的价格信号和合理预期。新西兰政府则采用了混合发放配额方式，考虑了各行业间的差异，对于不同的行业均制定了相应的分配方式和额度，试图引导各类资源流向减排贡献率较高的行业。

与此同时，大量学者也试图设计出一种最适合研究对象的配额分配方法。Klaassen 等（2005）研究了单一竞标拍卖、Walrasian 拍卖和双边有序交易这三种分配方式，发现这三种分配方式都在一定程度上可以节省减排成本，但双边有序交易会损害欧盟成员国的利益。Chang 等（2016）基于 Shapley 价值法设计了综合排放配额解决方案，并通过中国区域间的排放交易估算经济福利效应，结果证明基于 Shapley 价值的分配标准是平等且有效的，东部和南部沿海以及东北和中亚黄河地区是主要的排放许可证购买者，而西南、西北、北部沿海和长江中下游地区是主要的排放权卖家，其由于能源密集型产业的减排潜力而能够获得意外的经济利益。彭水军等（2016）认为，在配额的跨国分配时，中国等发展中国家不仅要积极主张作为发展中国家的权益（强调历史排放责任和人均排放水平的差异），也应该强调发达国家消费者对中国等发展中国家出口生产的碳排放责任。

（四）碳交易减排目标制定的科学性

减排目标的有效设定是排放控制与交易的前提（张晓梅和庄贵阳，2015）。在减排目标设定上，如果企业的产出能力固定，短期内总量控制原则和强度控制原则的污染控制效果是一致的（Dewees，2001；Fischer，2001），但若企业产出能力可以变动，从长期角度来看，总量控制原则优于强度控制原则（Fischer et al.，2003）。世界上实施的相对比较成功的排放权交易体系，如欧盟温室气体排放交易体系和美国二氧化硫排放权体系均采用了总量交易机制（曾刚等，2010）。中国政府在哥本哈根会议上承诺 2020 年碳强度将比 2005 年下降 40%～45%，这可以看作是一种减排强度目标的设定（张成等，2015）。

在总量目标设计上，以 EU ETS 为例的研究表明，为了获得欧盟成员国的大力支持，欧盟将设定自身温室气体减排责任总量的权力让渡于成员国（Egenhofer et al.，2011），结果导致总配额设置超量，不仅对碳交易体制外的部门产生负面影响，而且使碳交易市场的需求不足，导致碳交易价格下跌（Parker，2010），对体系的发展产生了严重负面影响，最终成为妨碍欧盟实现整体气候政策目标的重要因素之一（熊灵和齐绍洲，

2012）。2013 年后，总量设定的权限从成员国返还给了欧盟，即 EU ETS 的目标设定方式变更为集中策略模式，欧盟委员会直接设置覆盖欧盟范围的总量目标。

我国政府主要将哥本哈根会议承诺目标作为约束性指标纳入今后中长期的国民经济和社会发展规划，成为我国未来应对气候变化、开展节能减排的总体目标，即碳强度减排目标（陈占锋等，2013）。由于碳强度在不同地区之间差异较大（Ang & Zhang，1999），因此合理分配各省份的约束目标至关重要。对于不同的省份，减排潜力的差异是我们首先需要考虑的问题（史丹等，2008），通过测算各省份的减排潜力，得到各区域的碳减排分解系数，设定 BAU（按原轨道发展）情景，对碳强度目标的下降幅度进行省级分解，制定省级碳强度减排目标（张亚雄等，2011）。Yi 等（2011）基于公平和发展原则，设计了碳强度减排目标分配模型，并采用聚类分析方法对各省区市的碳强度目标进行了区域分配。郑立群（2012）以"2015 年使全国碳排放强度比2010 年下降 17%"为整体碳减排目标，基于分配效率视角，探讨了在分配总量固定的条件下，利用投入导向的零和收益 DEA（ZSG－DEA）模型进行碳减排责任分摊的可行性。宋杰鲲等（2017）则"先按公平原则初始分配、后按效率原则优化"的思路对我国省域碳排放配额进行分配，为各个省份制定了兼顾公平和效率的二氧化碳减排目标。

五、文献评述与展望

随着国际碳交易市场的逐渐成熟和我国市场启动时间点的临近，有关排放权交易的研究会逐渐增多，研究方法也会逐步成熟。未来该领域的研究，可能会在以下几个方向展开：

（一）重视碳排放权交易可能产生的波特假说效应

已有文献大都只分析了碳交易的直接效果，然而碳交易的引入，可能会对技术水平和技术效率等指标产生波特假说效应，但少有文献深入分析过碳交易的波特假说效应，即使涉及了波特假说效应，在设定这种影响的参数时往往缺乏令人信服的证据。学者们在模拟和评估一项绿色经济政策的效果时，即使引入了内生技术进步，通常是在构建知识资本市场中将技术进步水平设定为与技术学习及 R&D 研发有关（Crassous et al.，2006；Wang，2009），低估了技术水平进步的复杂性，且并未考虑绿色经济政策对技术无效率的改良效应。

（二）研究本土化特征对碳交易实施效果的影响

现有文献往往将碳交易的实施效果归因为碳定价、交易成本、配额设置和目标设定等技术指标上，未能将碳交易与实施国的本土化特征充分结合，进而没能系统回答碳交易实施效果产生较大差异性的深层次原因。实际上，碳交易的实施效果，不仅取决于碳定价等技术指标本身，而且取决于实施国的本土化特征。差异化的实施国本土化特征，往往导致同样的碳交易机制，产生了不同的实施效果。

（三）研究跨期交易情形下的存储与借贷问题

在一个跨期的排放交易体系中，当期的配额转移到未来去使用就是配额的存储，而反过来，未来的配额提前到当下来使用就是借贷。企业可以将减排义务以成本最有效的方式在各期之间转移，同时能够很好地应对不确定性因素所带来的配额价格风险。

（四）探讨跨国排放权交易的可行性与潜在成效

尽管欧盟国家主导的 EU ETS 本质上已经是一个跨国交易体系，但如果能够构建一个覆盖全球范围的排放权交易市场，将不仅可以提高节能减排的有效性，还能增加执行严格减排目标的政治的可行性（Böhringer et al.，2014）。但是，全球总量的确定、各国配额的分配、总体目标和各国之间的协调性等都是学者们亟待解决的问题。

（五）将排放权交易市场延伸至个人领域

各国的碳交易体系主要都是以企业为交易主体，而个人排放权交易聚焦在消费领域。对家庭能源消费和个人交通进行配额分配、允许交易并逐年配额递减，对于全社会的碳减排都是十分有必要的。

参考文献

［1］Abrell J. , Faye A. N. , Zachmann G. Assessing the Impact of the EU ETS Using Firm Level Data ［R］. Working Papers, 2011.

［2］Alberola E. , Chevallier J. , Chèze B. The EU Emissions Trading Scheme: Disentangling the Effects of Industrial Production and CO_2 Emissions on Carbon Prices ［J］. Social Science Electronic Publishing, 2008, 116 (4): 93 – 126.

［3］Aldy J. E. , Krupnick A. J. , Newell R. G. , Parry I. W. H. , Pizer W. A. Designing Climate Mitigation Policy ［J］. Economic Literature, 2009, 48 (4): 903 – 934.

［4］Ang B. W. , Zhang F. Q. Inter – regional Comparisons of Energy – related CO_2 Emissions Using the Decomposition Technique ［J］. Energy, 1999, 24 (4): 297 – 305.

［5］Anger N. , Oberndorfer U. Firm Performance and Employment in the EU Emissions Trading Scheme: an Empirical Assessment for Germany ［J］. Energy Policy, 2008, 36 (1): 12 – 22.

［6］Bai Q. , Chen M. The Distributionally Robust Newsvendor Problem with Dual Sourcing under Carbon Tax and Cap – and – trade Regulations ［J］. Computers & Industrial Engineering, 2016 (98): 260 – 274.

［7］Bakam I. , Balana B. B. , Matthews R. Cost – effectiveness Analysis of Policy Instruments for Greenhouse Gas Emission Mitigation in the Agricultural Sector ［J］. Environmental Management, 2012, 112 (24): 33.

［8］Barreto L. , Kypreos S. Emissions Trading and Technology Deployment in an Energy – systems "Bottom – up" Model with Technology Learning ［J］. European Journal of Operational Research, 2004, 158 (1): 243 – 261.

［9］Beinhocker E. , Oppenheim J. , Irons B. , Lahti M. , Farrell D. , Nyquist S. The Carbon Productivity Challenge: Curbing Climate Change and Sustaining Economic Growth ［J］. Mckinsey Global Institute, 2008.

［10］Benz E. , Trück S. Modeling the Price Dynamics of CO_2 Emission Allowances ［J］. Energy Economics, 2009, 31 (1): 4 – 15.

［11］Borghesi S. , Cainelli G. , Mazzanti M. Linking Emission Trading to Environmental Innovation: Evidence from the Italian Manufacturing Industry ［J］. Research Policy, 2015, 44 (3): 669 – 683.

［12］Burniaux J. , Nicoletti G. , Oliveiramartins J. Green: A Global Model for Quantifying the Costs of Policies to Curb CO_2 Emissions ［J］. OECD Economic Studies, 1992, 19: 50 – 91.

［13］Cason T. N. , Gangadharan L. Transactions Costs in Tradable Permit Markets: an Experimental Study of Pollution Market Designs ［J］. Regulatory Economics, 2003, 23 (2): 145 – 165.

［14］Chang K. , Zhang C. , Chang H. Emissions Reduction Allocation and Economic Welfare Estimation through Interregional Emissions Trading in China: Evidence from Efficiency and Equity ［J］. Energy, 2016, 113: 1125 – 1135.

［15］Coase R. H. The Problem of Social Cost ［J］. Law and Economics, 1960, 56 (3): 1 – 13.

［16］Cong R. G. , Wei Y. M. Potential Impact of (CET) Carbon Emissions Trading on China's Power Sector: a Perspective from Different Allowance Allocation Options ［J］. Energy, 2010, 35 (9): 3921 – 3931.

［17］Convery F. , Ellerman D. , Perthuis C. D. The European Carbon Market in Action: Lessons from the First Trading Period ［J］. Journal for European Environmental & Planning Law, 2008, 5 (2): 215 – 233.

［18］Convery F. J. , Redmond L. Market and Price Developments in the European Union Emissions Trading Scheme ［J］. Review of Environmental Economics & Policy, 2007, 1 (1): 88 – 111.

［19］Copeland B. R. , Taylor M. S. Trade and the Environment: Theory and Evidence ［M］. Princeton University Press, 2013.

［20］Criqui P. , Mima S. , Viguier L. Marginal Abatement Costs of CO_2, Emission Reductions, Geographical Flexibility and Concrete Ceilings: an Assessment Using the Poles Model ［J］. Energy Policy, 1999, 27 (10): 585 – 601.

［21］Crocker T. D. The Structuring of Atmospheric Pollution Control Systems ［J］. Economics of Air Pollution, 1966,

29（2）：288.

［22］Cui L. B., Fan Y., Zhu L., Bi Q. H. How Will the Emissions Trading Scheme Save Cost for Achieving China's 2020 Carbon Intensity Reduction Target? ［J］. Applied Energy, 2014, 136：1043 – 1052.

［23］Dai H., Masui T., Matsuoka Y., Fujimori S. Assessment of China's Climate Commitment and Non – fossil Energy Plan Towards 2020 Using Hybrid Aim/CGE Model ［J］. Energy Policy, 2011, 39（5）：2875 – 2887.

［24］Dales J. H. Pollution, Property & Prices ［M］. University of Toronto Press, 1968.

［25］De Perthuis C., Trotignon R. Governance of CO_2 Markets：Lessons from the EU ETS ［J］. Energy Policy, 2014, 75：100 – 106.

［26］Demailly D., Quirion P. European Emission Trading Scheme and Competitiveness：a Case Study on the Iron and Steel Industry ［J］. Energy Economics, 2008, 30（4）：2009 – 2027.

［27］Dewees D. N. Emissions Trading：ERCs or Allowances? ［J］. Land Economics, 2001, 77（4）：513 – 526.

［28］Egenhofer C. The Making of the EU Emissions Trading Scheme：Status, Prospects and Implications for Business ［J］. European Management Journal, 2007, 25（6）：453 – 463.

［29］Egenhofer C., Alessi M., Georgiev A., Fujiwara N. The EU Emissions Trading System and Climate Policy Towards 2050：Real Incentives to Reduce Emissions and Drive Innovation? ［R］. CEPS Special Reports, 2011.

［30］Ellerman A. D., Buchner B. K., Carraro C. Allocation in the European Emissions Trading Scheme：Rights, Rents and Fairness ［M］. Cambridge University Press, 2007.

［31］Fischer C. Rebating Environmental Policy Revenues：Output – based Allocations and Tradable Performance Standards ［M］. Washington, DC：Resources for the Future, 2001.

［32］Fischer C., Parry I. W. H., Pizer W. A. Instrument Choice for Environmental Protection when Technological Innovation is Endogenous ［J］. Environmental Economics and Management, 2003, 45（3）：523 – 545.

［33］Fowlie M., Perloff J. M. Distributing Pollution Rights in Cap – and – trade Programs：Are Outcomes Independent of Allocation? ［J］. Review of Economics and Statistics, 2013, 95（5）：1640 – 1652.

［34］Frunza M. C., Lassoudière A. Dynamic Factor Analysis of Carbon Allowances Prices：from Classic Arbitrage Pricing Theory to Switching Regimes ［C］. HAL, 2010.

［35］Gagelmann F. The Influence of the Allocation Method on Market Liquidity, Volatility and Firms' Investment Decisions ［M］. Emissions Trading. Springer New York, 2008：69 – 88.

［36］Gangadharan L. Transaction Costs in Pollution Markets：an Empirical Study ［J］. Land Economics, 2000, 76（4）：601 – 614.

［37］Gottinger H. W. Greenhouse Gas Economics and Computable General Equilibrium ［J］. Policy Modeling, 1998, 20（5）：537 – 580.

［38］Grosjean G., Acworth W., Flachsland C., Marschinski R. After Monetary Policy, Climate Policy：Is Delegation the Key to EU ETS Reform? ［J］. Climate Policy, 2016, 16（1）：1 – 25.

［39］Hahn R. W. Market Power and Transferable Property Rights ［J］. The Quarterly Journal of Economics, 1984, 99（4）：753 – 765.

［40］Ho M. S., Garbaccio R. F., Jorgenson D. W. Controlling Carbon Emission in China ［J］. Environment & Development Economics, 1999, 4（4）：493 – 518.

［41］Hoffmann V. H. EU ETS and Investment Decisions：the Case of the German Electricity Industry ［J］. European Management Journal, 2007, 25（6）：464 – 474.

［42］Hübler M., Voigt S., Löschel A. Designing an Emissions Trading Scheme for China：an Up – to – date Climate Policy Assessment ［J］. Energy Policy, 2014, 75：57 – 72.

［43］Jung C., Krutilla K., Boyd R. Incentives for Advanced Pollution Abatement Technology at the Industry Level：an Evaluation of Policy Alternatives ［J］. Environmental Economics and Management, 1996, 30（1）：95 – 111.

［44］Kara M., Syri S., Lehtilä A., Helynen S., Kekkonen V., Ruska M., Forsström J. The Impacts of EU CO_2 Emissions Trading on Electricity Markets and Electricity Consumers in Finland ［J］. Energy Economics, 2008, 30（2）：193 – 211.

［45］Kaya Y., Yokobori K. Environment, Energy,

and Economy: Strategies for Sustainability [J]. United Nations University Press, 1997.

[46] Keohane N. O. Cap and Trade, Rehabilitated: Using Tradable Permits to Control U. S. Greenhouse Gases [J]. Review of Environmental Economics & Policy, 2009, 3 (1): 42 –62.

[47] Klaassen G., Nentjes A., Smith M. Testing the Theory of Emissions Trading: Experimental Evidence on Alternative Mechanisms for Global Carbon Trading [J]. Ecological Economics, 2005, 53 (1): 47 –58.

[48] Lee C. F., Lin S. J., Lewis C. Analysis of the Impacts of Combining Carbon Taxation and Emission Trading on Different Industry Sectors [J]. Energy Policy, 2008, 36 (2): 722 –729.

[49] Liao C. N., Önal H., Chen M. H. Average Shadow Price and Equilibrium Price: a Case Study of Tradable Pollution Permit Markets [J]. European Journal of Operational Research, 2009, 196 (3): 1207 –1213.

[50] Lund P. Impacts of EU Carbon Emission Trade Directive on Energy – intensive Industries: Indicative Micro – economic Analyses [J]. Ecological Economics, 2007, 63 (4): 799 –806.

[51] Lutz C., Meyer B., Nathani C., Schleich J. Endogenous Technological Change and Emissions: the Case of the German Steel Industry [J]. Energy Policy, 2005, 33 (9): 1143 –1154.

[52] Malik A. S. Enforcement Costs and the Choice of Policy Instruments for Controlling Pollution [J]. Economic inquiry, 1992, 30 (4): 714 –721.

[53] Malueg D. A. Emission Credit Trading and the Incentive to Adopt New Pollution Abatement Technology [J]. Environmental Economics and Management, 1989, 16 (1): 52 –57.

[54] Mandell S. Optimal Mix of Emissions Taxes and Cap – and – trade [J]. Environmental Economics & Management, 2008, 56 (2): 131 –140.

[55] Marshall, C. Economic Instruments and the Business Use of Energy [r]. Report to Chancellor of the Exchequer, HM. Treasury, London, 1998.

[56] Mckibbin W. J., Wilcoxen P. J. The Role of Economics in Climate Change Policy [J]. Economic Perspectives, 2002, 16 (2): 107 –129.

[57] Meleo L. On the Determinants of Industrial Competitiveness: the European Union Emission Trading Scheme and the Italian Paper Industry [J]. Energy Policy, 2014, 74: 535 –546.

[58] Milliman S. R., Prince R. Firm Incentives to Promote Technological Change in Pollution Control: Reply [J]. Environmental Economics and Management, 1992, 22 (3): 292 –296.

[59] Montgomery W. D. Markets in Licenses and Efficient Pollution Control Programs [J]. Economic Theory, 1972, 5 (3): 395 –418.

[60] Oberndorfer U., Rennings K. Costs and competitiveness effects of the European Union emissions trading scheme [J]. Environmental Policy and Governance, 2007, 17 (1): 1 –17.

[61] Orr L. Incentive for Innovation as the Basis for Effluent Charge Strategy [J]. The American Economic Review, 1976: 441 –447.

[62] Parker L. Climate Change and the EU Emissions Trading Scheme (ETS): Looking to 2020 [C]. Congressional Research Service, Library of Congress, 2010.

[63] Porter M. E. America's Green Strategy [J]. Scientific American, 1991, 264: 168.

[64] Porter M. E., Van Der Linde C. Toward a New Conception of the Environment Competitiveness Relationship [J]. Economic Perspectives, 1995, 9 (4): 97 –118.

[65] Requate T. Dynamic Incentives by Environmental Policy Instruments—A Survey [J]. Ecological Economics, 2005, 54 (2 –3): 175 –195.

[66] Rogge K. S., Schneider M., Hoffmann V. H. The Innovation Impact of the EU Emission Trading System—Findings of Company Case Studies in the German Power Sector [J]. Ecological Economics, 2011, 70 (3): 513 –523.

[67] Seifert J., Uhrig – Homburg M., Wagner M. Dynamic Behavior of CO_2 Spot Prices [J]. Environmental Economics & Management, 2008, 56 (2): 180 –194.

[68] Soest D. P. V., List J. A., Jeppesen T. Shadow Prices, Environmental Stringency, and International Competitiveness [J]. European Economic Review, 2006, 50 (5): 1151 –1167.

[69] Stavins R. N. Transaction Costs and Tradable Permits [J]. Environmental Economics & Management, 1995,

29（2）：133 - 148.

［70］Stern, N. The Economics of Climate Change［J］. American Economic Review, 2008, 98（2）：1 - 37.

［71］Sterner T. The Selection and Design of Policy Instruments in Environmental and Natural Resource Management［M］. Washington D. C. ：RFF Press, 2002.

［72］Tang L. , Wu J. , Yu L. , Bao Q. Carbon Allowance Auction Design of China's Emissions Trading Scheme：a Multi - agent - based Approach［J］. Energy Policy, 2017, 102：30 - 40.

［73］Wang K. , Wang C. , Chen J. Analysis of the Economic Impact of Different Chinese Climate Policy Options Based based on a CGE Model Incorporating Endogenous Technological Change［J］. Energy Policy, 2009, 37（8）：2930 - 2940.

［74］Wang K. , Zhang X. , Wei Y. M. , Yu S. Regional Allocation of CO_2, Emissions Allowance over Provinces in China by 2020［J］. Energy Policy, 2011, 54（3）：214 - 229.

［75］Weitzman, M. L. Prices vs. Quantities［J］. Review of Economic Studies, 1974, 41（4）：477 - 491.

［76］Wrake M. , Myers E. , Burtraw D. , Mandell S. , Holt C. Opportunity Cost for Free Allocations of Emissions Permits：an Experimental Analysis［J］. Environmental and Resource Economics, 2010, 46（3）：331 - 336.

［77］Wu L. , Kaneko S. , Matsuoka S. Driving Forces behind the Stagnancy of China's Energy - related CO_2 Emissions from 1996 to 1999：the Relative Importance of Structural Change, Intensity Change and Scale Change［J］. Energy Policy, 2005, 33（3）：319 - 335.

［78］Xiong L. , Shen B. , Qi S. , Price L. , Ye B. The Allowance Mechanism of China's Carbon Trading Pilots：a Comparative Analysis with Schemes in EU and California［J］. Applied Energy, 2017, 185：1849 - 1859.

［79］Yang L. , Li F. , Zhang X. Chinese Companies' Awareness and Perceptions of the Emissions Trading Scheme（ETS）：Evidence from a National Survey in China［J］. Energy Policy, 2016, 98：254 - 265.

［80］Yi W. J. , Zou L. L. , Jie G. , Kai W. , Wei Y. M. How Can China Reach Its CO_2 Intensity Reduction Targets by 2020？A Regional Allocation based on Equity and Development［J］. Energy Policy, 2011, 39（5）：2407 - 2415.

［81］Zhang C. , Wang Q. W. , Shi D. , Cai W. H. Scenario - based Potential Effects of Carbon Trading in China：an Integrated Approach［J］. Applied Energy, 2016, 182：177 - 190.

［82］Zhang Y. J. , Wang A. D. , Tan W. The Impact of China's Carbon Allowance Allocation Rules on the Product Prices and Emission Reduction Behaviors of ETS - covered Enterprises［J］. Energy Policy, 2015, 86：176 - 185.

［83］Zhang Y. J. , Wei Y. M. An Overview of Current Research on EU ETS：Evidence from Its Operating Mechanism and Economic Effect［J］. Applied Energy, 2010, 87（6）：1804 - 1814.

［84］安崇义, 唐跃军. 排放权交易机制下企业碳减排的决策模型研究［J］. 经济研究, 2012（8）：45 - 58.

［85］曾刚, 万志宏. 碳排放权交易：理论及应用研究综述［J］. 金融评论, 2010（4）：54 - 67.

［86］陈占锋, 刘通凡, 殷方超, 郭彩云. 中国区域碳强度目标设定的情景分析——以北京市为例［J］. 北京理工大学学报（社会科学版）, 2013（5）：16 - 22.

［87］崔连标, 范英, 朱磊, 毕清华, 张毅. 碳排放交易对实现我国"十二五"减排目标的成本节约效应研究［J］. 中国管理科学, 2013（1）：37 - 46.

［88］胡民. 基于交易成本理论的排污权交易市场运行机制分析［J］. 理论探讨, 2006（5）：83 - 85.

［89］李寿德, 胡越峰, 顾孟迪, 尹海涛. 基于排污权交易的环境政策对厂商污染治理技术进步的激励分析［J］. 系统管理学报, 2010（5）：491 - 496.

［90］林海平. 区域排污权交易市场的交易成本研究［J］. 现代管理科学, 2011（7）：109 - 111.

［91］罗智霞. 碳排放权交易定价研究综述［J］. 技术经济与管理研究, 2014（10）：77 - 81.

［92］马艳艳, 王诗苑, 孙玉涛. 基于供求关系的中国碳交易价格决定机制研究［J］. 大连理工大学学报（社会科学版）, 2013（3）：42 - 46.

［93］潘家华, 张丽峰. 我国碳生产率区域差异性研究［J］. 中国工业经济, 2011（5）：47 - 57.

［94］彭水军, 张文城, 卫瑞. 碳排放的国家责任核算方案［J］. 经济研究, 2016（3）：137 - 150.

［95］石敏俊, 袁永娜, 周晟吕, 李娜. 碳减排政策：碳税, 碳交易还是两者兼之？［J］. 管理科学学报, 2013（9）：9 - 19.

［96］史丹, 吴利学, 傅晓霞, 吴滨. 中国能源效率地区差异及其成因研究——基于随机前沿生产函数的方

差分解［J］. 管理世界, 2008（2）: 35 - 43.

［97］宋杰鲲, 张凯新, 曹子建. 省域碳排放配额分配——融合公平和效率的研究［J］. 干旱区域资源与环境, 2017（5）: 7 - 13.

［98］孙睿, 况丹, 常冬勤. 碳交易的"能源—经济—环境"影响及碳价合理区间测算［J］. 中国人口·资源与环境, 2014（7）: 82 - 90.

［99］涂正革, 谌仁俊. 排污权交易机制在中国能否实现波特效应?［J］. 经济研究, 2015（7）: 160 - 173.

［100］涂正革. 工业二氧化硫排放的影子价格: 一个新的分析框架［J］. 经济学（季刊）, 2009（4）: 259 - 282.

［101］王璐犀. 欧盟碳交易体系的实践及经济学分析［J］. 世界华商经济年鉴: 理论版, 2012（8）: 5 - 6.

［102］王萱, 宋德勇. 碳排放阶段划分与国际经验启示［J］. 中国人口·资源与环境, 2013（5）: 46 - 51.

［103］隗斌贤, 揭筱纹. 基于国际碳交易经验的长三角区域碳交易市场构建思路与对策［J］. 管理世界, 2012（2）: 175 - 176.

［104］吴力波, 钱浩祺, 汤维祺. 基于动态边际减排成本模拟的碳排放权交易与碳税选择机制［J］. 经济研究, 2014（9）: 48 - 61.

［105］熊灵, 齐绍洲. 欧盟碳排放交易体系的结构缺陷, 制度变革及其影响［J］. 欧洲研究, 2012（1）: 51 - 64.

［106］徐瑾, 万威武. 交易成本与排污权交易体系的设计［J］. 中国软科学, 2002（7）: 115 - 118.

［107］宣晓伟, 张浩. 碳排放权配额分配的国际经验及启示［J］. 中国人口·资源与环境, 2013（12）: 10 - 15.

［108］俞业夔, 李林军, 李文江, 冯文娟, 王璐, 邱国玉. 中国碳减排政策的适用性比较研究——碳税与碳交易［J］. 生态经济, 2014（5）: 77 - 81.

［109］张成, 史丹, 李鹏飞. 中国实施碳排放权交易的潜在成效［J］. 财贸经济, 2017（2）: 93 - 108.

［110］张健, 廖胡, 梁钦锋, 周志杰, 于广锁. 碳税与碳排放权交易对中国各行业的影响［J］. 现代化工, 2009（6）: 77 - 82.

［111］张伟, 朱启贵, 李汉文. 能源使用, 碳排放与我国全要素碳减排效率［J］. 经济研究, 2013（10）: 138 - 150.

［112］张晓梅, 庄贵阳. 中国省际区域碳减排差异问题的研究进展［J］. 中国人口·资源与环境, 2015（2）: 135 - 143.

［113］张亚雄, 李继峰, 冯婷婷. 我国 2020 年碳强度目标省级分解方法研究［J］. 财经界, 2011（3）: 36 - 40.

［114］赵海霞. 试析交易成本下的排污权交易的最优化设计［J］. 环境科学与技术, 2006（5）: 45 - 47.

［115］郑立群. 中国各省区碳减排责任分摊——基于零和收益 DEA 模型的研究［J］. 资源科学, 2012（11）: 2087 - 2096.

［116］周县华, 范庆泉. 碳强度减排目标的实现机制与行业减排路径的优化设计［J］. 世界经济, 2016（7）: 168 - 192.

［117］周颖. OFDI 逆向技术溢出对区域碳生产率的影响研究［J］. 生态经济, 2017（1）: 58 - 62.

The Implementation Effect and Influencing Factors of Carbon Emission Trading

—A Review

SHI Dan, ZHANG Cheng, ZHOU Bo, YANG Lu

Abstract: As an abatement mechanism based on property rights and market trading, carbon emission trading is of importance to realize low - carbon economic development, which has been recognized extensively around the world. After the early carbon emission trading pilots in seven provinces and cities, China started a national carbon emission trading market in 2017. The authors systematically summarize and review the latest literature on carbon emission trading from four aspects including the development process of carbon emission trading theory, the comparison to carbon tax mechanism, the implementation effect of carbon emission trading, and the influencing factors of implementation effect. On this basis, this paper puts forward the research direction on the future development and refinement of the carbon emission trading studies, in order to provide a theoretical basis for the study of the impact of China's carbon trading market construction on energy – saving emission reduction and sound economic development.

Key words：Carbon Emission Trading；Mechanism Comparison；Implementation Effect；Influencing Factors

资源型地区节能减排与供给侧结构性改革[*]

陈晓东

摘 要：我国供给侧结构性改革一要稳增长，二要实现经济转型升级。在通过推进节能减排来促进产业转型升级的实际工作中，有关部门并没有充分考虑区域发展的现实与不平衡性，还存在着节能减排指标分配"一刀切"、缺乏长效机制等问题，这就意味着西部欠发达地区的经济社会发展将受到严格的政策制约，也就很难改变"守着聚宝盆挨饿"的现状。因此，在推进供给侧结构性改革过程中，需要充分考虑资源型地区在清洁能源输出方面发挥的重要作用，妥善处理资源型地区节能减排与经济社会协调发展的关系，使节能减排指标分配与各地区发展阶段相匹配、与国家产业政策相协调，同时加大国家政策的扶持力度，加快能源管理体制改革，建设国家能源统一市场，推动资源型地区在解决转型升级中的共性问题，加快推进我国经济转型升级，实现经济社会协调发展。

关键词：节能减排约束；资源型地区；转型升级；供给侧结构性改革

我国正处于调整经济结构、产业转型升级的阵痛期，各地区各行业经济增长分化较为突出，这也促使我们冷静思考下一轮经济健康发展、采取技术创新从而实现产业转型升级。事实上，我国节能减排压力并没有因为经济发展速度放缓而得到彻底解决，我们应该着实推进供给侧结构性改革与节能减排工作协调发展。自"十二五"以来，我国各地区各行业尤其是资源型地区都面临着非常严峻的节能减排压力。一方面，我国还处于工业化、城镇化进程中，能源资源需求量还在不断地增加；另一方面，我国也面临着严重的资源环境约束、贸易保护主义以及新能源新技术创新还远没有市场化等问题。一些欠发达的资源型地区如内蒙古作为我国的能源的生产、输出、消费和资源大省，节能减排压力也使整个地区进一步发展面临更大的挑战。随着供给侧结构性改革及其配套措施的深入推进，实体经济不断分化重整，企业活力也正在慢慢恢复，各级政府又将再次面临节能减排的压力。在这种既相互促进又相互约束的限制条件下，逐步提高就业水平、实现经济转型升级与社会协调发展，将再次考验各级政府的定力与智慧。

一、节能减排与供给侧结构性改革的内在要求相吻合

在人类的经济社会发展中，所谓的节能减排就是尽可能地减少对化石能源的使用，尽可能地减少碳排放量。如果使用的是可再生能源，则不存在节能或者减排的问题。由于目前新能源技术的发展还远没有达到市场化的水平，人类不仅需要担心化石能源的稀缺性，还要考虑消耗这些化

* 本文发表在《中州学刊》2017 年第 5 期。

陈晓东，中国社会科学院工业经济研究所执行研究员，北京大学国家竞争力研究院特聘研究员。

石能源所带来的温室气体排放而引起的全球气候变暖。温室气体排放影响的是人类社会未来走向，而对于各国政府来说，如何更好地解决"三废"问题、如何更好地保护当地的生态环境，则是更为现实的经济社会发展问题（陈晓东、金碚，2016a）。

节能减排意味着在减少投入以及较少的负面产出下实现有效率、绿色环保甚至是创新的市场供给。这与我国目前正在进行的供给侧结构性改革内在要求高度一致。从需求侧来看，市场即使顺畅运行，仍然可能存在需求不足和非自愿失业等不合意现象。因此，以需求管理为基本内容的调控时间是短期的，以减少或熨平经济波动周期为主。从供给侧观察，市场失灵主要是由于存在结构性障碍，从而导致调节机制系统性失效。因此，从供给侧的对策措施主要是对实体经济层面进行调整，着眼于长期效果；调控和干预主要围绕化解过剩产能，消化库存，从而实现产业结构升级。我国供给侧结构性改革有两个急迫的目标，即在稳增长的同时加快实现经济转型升级。稳增长的实质是要激活实体经济内生的新动力，提高潜在增长率水平，而不是再次采取刺激性措施来扩张规模。经济实现转型升级就是要逐步摆脱资源和投资这种双轮驱动模式，实现创新驱动，使产业结构现代化、绿色化、高效化，产业转型升级体现创新、协调、绿色、开放、共享的新理念（金碚，2016）。

资源型地区在上一个经济高速增长的周期中，其发展体现为大量的要素投入和废弃物的排放。如内蒙古虽然自改革开放以来经济社会发展取得了有目共睹的成就，但能源资源的消耗和污染排放等现象与经济社会协调发展的矛盾日益凸显，以能源、资源为支柱的产业发展也遇到了诸多的瓶颈。产业结构较为单一、产品附加值较低、产业链短、能耗高、污染大等问题非常明显。市场机制虽然可以在相当程度上进行合理配置这些资源，但如果是以追求经济行为主体利益最大化为出发点的话，其结果必然是在通过能源与资源的开发利用获得了短暂繁荣的同时，却付出了生态

环境被破坏到难以恢复的代价。

面对实体经济逐步向好和未来严峻的节能减排压力与任务，资源型地区在理顺节能减排与供给侧结构性改革关系的同时，要面对节能减排给产业转型升级带来的机遇和挑战，需要找到在节能减排约束下适合本地区创新发展的新路径、新模式，最终达到生态环境保护、绿水青山与金山银山共赢，努力促进经济、社会和环境全面、协调、可持续发展。

二、因地制宜与发挥市场的决定性作用相结合

经过多年的快速工业化，我国已经形成了规模庞大、门类齐全的工业体系，拥有强大的产业配套、技术成果转化和抗风险的能力。目前，我国仍处于工业化加速发展阶段，重化工业加速发展是这一阶段的突出特点。这一时期，工业化和经济发展的速度仍然会加快，能源资源的消耗量还将有所提高，温室气体和废弃物也还会增加。在这样一个关键的发展时期，既要实现供给侧结构性改革的目标，又要完成节能减排任务和发展低碳经济，自然会面临一些矛盾与挑战：重化工业的无限扩张与生态环境容量有限的矛盾、发展方式转变的渐进性与污染能耗问题解决的长期性、经济发展与资源环境的不协调性仍会比较突出。

改革开放以来，我国经济社会虽然得到长足发展，但受自然条件、基础设施、经济发展水平等多方面因素的限制，各区域在经济社会发展上仍然呈现出极大的不平衡，主要表现在区域人均GDP、工业化率、产业结构、就业水平等方面。而在发达地区和欠发达地区实行统一的节能减排标准，这显然有失公平。如果采取因地制宜的方针，分类指导和区别对待，给予欠发达地区以相关政策、资金、技术等方面的支持，这些地区在实现经济社会总体目标时会更容易一些；而且客观上也会减少一些行业或部分地区采用低效率、高成本的措施来应付节能减排工作，有利于在全国范围内形成一个基于内生技术进步的产业转型

升级长效激励机制。

节能减排既是我国承担国际责任的需要，也是目前推进供给侧结构性改革、促进经济转型升级的需要。一些资源型地区作为国家重要的能源重化工基地，近年来肩负着能源供给和大幅节能减排的双重任务。随着全国能源需求量的不断提高，这些地区作为能源资源供给基地与脆弱的生态环境叠加区域，生态压力环境保护责任日益凸显。这些地区的经济社会发展相对于发达地区来说还比较落后，正处于加速发展阶段。而目前的节能减排指标分配还没有充分考虑各地区的能源生产与消费结构，也没有很好区分能源消费过程一次能源和二次能源的消费比例，特别是能源消费地区和供给地区之间的节能减排指标分配上还存在一些不尽合理之处；而且现在国家煤化工行业能耗统计标准也出现了重复计算的情况，除煤制油项目将原料煤扣除外，煤制烯烃、煤制甲醇等煤化工企业的原料煤消耗均纳入能源消耗统计范围（孟凡君，2015）。而这部分消耗实质上是物理形态转化，并没有增加能源消耗，应当从能源消耗总量扣减。以上这些情况的存在，很大程度上削减了资源型地区节能减排工作的效果，也影响了当地经济社会的协调发展。

因此，需要发挥市场的决定性作用，以市场为纽带来进行节能减排制度的设计和落实，尽量减少政策制度对经济带来的扭曲；而且出台的政策要真正解决我国自身技术发展所面临的障碍，要让政策资源的效率发挥到最佳状态。在这个背景下，结合我国各地区的实际情况，实事求是地判断各项节能减排技术在我国所处的发展阶段，并根据技术发展特点出台相关政策，激活创新驱动力，加快推进我国经济转型升级（陈晓东、金碚，2016b）。

三、依靠技术创新与促进充分就业相协调

我们应该清醒地认识到，我国所取得传统工业化的成就主要采取的是低成本替代策略，以模仿创新的方式快速向各产业领域推进的结果。而目前产能过剩和市场饱和促使我国必须从模仿创新向自主创新转变，努力拓展产业发展的新空间，努力攀登新技术的制高点。这是产业技术变迁的巨大跨越，不仅需要实现累积性技术进步，更要实现开拓性的技术进步。技术创新与技术进步是完成供给侧结构性改革、实现产品供给转型升级的关键，也是有效实现节能减排最重要的方式。理论上讲，如果技术足够先进，现在所谓的那些废物也是资源。换句话说，世界上就没有废弃物。在煤化工领域，随着化工科技的进步，现在许多废料都已经可以完全利用，变废为宝，进一步延伸到印染业、医药制造业等相关行业。当今世界各国发展低碳经济，减少温室气体和污染物的排放，同样必须也得依靠科技进步。只有通过技术创新，才能有效减少污染物的排放，保护生态环境，最终达到经济社会协调的可持续发展。

实现我国经济转型升级的关键在于提高技术效率与技术创新，也是我国实现节能减排与发展低碳经济的内在要求。实践证明，技术效率改进与技术创新均对工业碳生产率的增长有显著的正向促进作用，而且技术效率的改进对工业碳生产率增长的促进作用强于技术创新对碳生产率增长的促进作用，如煤基乙醇工业化技术在2017年春天终于投产成功，这使乙醇和粮食彻底脱钩。因此，不仅要发挥技术创新与技术进步对降低碳排放强度的促进作用，还要进一步提高技术效率改进对工业碳生产率增长的促进作用。从全国范围来看，我国节能减排在提高技术效率和技术创新、技术进步上还有很大空间。作为一个发展中国家，我国目前的能源生产供给与利用、工业生产等领域技术水平相对还比较落后，技术开发能力和关键设备的制造能力还有待进一步提高。市场景气阶段，企业都忙着赚钱，对此置之不理；而在市场疲软的时候，"有心没钱"的情况又比较突出，客观上阻碍了节能减排技术和创新的推广与应用。

资源型地区的主要行业多集中在资源型产业，通过减少资源使用量的方式来实现节能减排的空间已经非常有限。因此，这些地区近年来的很多

企业在发展与升级换代时都用了比较先进的技术和设备，甚至是世界上最先进的设备。但这又带来另外一个问题，即在市场不景气、订单来源减少的时候，这些最先进的节能减排技术的使用与设备运行的成本成了企业最大的心病。运行，其收入不足以弥补成本；不运行，违法排放，处罚则更为严厉。如今只有少数一些采用国际最先进技术与设备的重化工企业，抗风险的能力相对较强，在市场景气的时候有非常可观的利润，目前也还能微利或者保本运行，其他的企业干脆关门歇业，员工长期处于放假状态，虽然没有解除劳动合同，但企业已经不发放工资，需要自谋出路；再加上一些因为采用最先进技术设备而被替代下来的员工，这种显性失业和隐性失业叠加在一起，很容易影响这些欠发达资源型地区经济社会的稳定发展。因此，必须高度重视产业转型升级过程中失去工作机会和岗位的产业工人，妥善解决他们分流培训再就业的问题；同时，针对新兴产业和技术进步对劳动力数量和质量提出的新要求，需要加强职业技能培训，加快人力资本积累。

可见，在适当的市场环境和政策条件下，企业完全有能力也有动力通过提高技术效率和技术创新来实现大幅度的节能减排甚至由此盈利也屡见不鲜。因此，应该特别重视通过技术创新、技术进步来实现节能减排，尤其是鼓励那些已经采用较为先进技术和设备的企业；对于那些遇到技术天花板的行业如电解铝，一方面需要对此采取不同的政策措施，另一方面还需要积极着力于增强提高现有的技术效率来实现碳排放强度有所下降；同时，还可以出台相关的鼓励政策与措施，积极发挥市场的决定性作用，实现产业转型升级、生态环境保护和经济社会的协调发展。

四、长期投资与节能减排目标相一致

在推进供给侧结构性改革的过程中，需要科学认识供给侧与需求侧及其对应政策。现实经济生活中，同一类经济行为往往都具有供需的双重含义。任何经济学概念都不可能精确地对应客观现实，因为现实世界本身并无绝对的界限。作为"三驾马车"之一的投资，一般被认为是需求。对短期来说投资是需求，表现为拿钱去买生产要素；而对长期来说，投资则是供给，它决定了生产能力和技术状况。其实，无论是需求侧还是供给侧的对应政策，都得运用投资手段，只不过是前者主要应对短期的经济波动，后者主要实现经济转型升级的长期目标。

从长期来看，现有的和前瞻性技术的开发、部署与应用，对于我国实现节能减排、发展低碳经济将起到关键的作用。但需要注意的是，关于长期节能减排及其相应的科技发展目标，其研究几乎都是基于技术能够顺利研发并最终实现商业化应用的假设。由于科技发展具有不确定性，先进技术的研发和应用仍然存在着延迟甚至失败的风险。

各项研究表明，在全球范围内实现控制温室气体排放的目标需要巨额的成本与投资。如果是将升温幅度控制在2℃以内，到2030年全球每年的节能减排的成本至少为2000亿~3500亿欧元，而且每年还需要1万亿美元的投资来保证关键技术的研发及其商业化，这相当于全球40%的基础设施投入或者全球国民生产总值的1.4%。根据麦肯锡估算，如果油价保持60美元/桶不变，到2020年，每年需要的增量投资约为530.0亿欧元，到2030年则达到每年8100亿欧元（陈晓东、金碚，2016a）。

节能减排所需要的投资水平与所选技术的成本直接关联，并随着节能减排的深入，所需投资水平将不断增加，巨额的投资将为中国实现能源强度降低的目标带来更严峻的挑战。随着节能减排工作的持续深入，国家需要考虑依据节能减排成本来制定阶段性能源强度和减排目标，采取相关的政策措施来促进技术成本的降低。

要综合考虑各种节能减排技术所需的前期投资与应用成本。各领域技术的节能减排成本与前期投资之间并无必然关联，二者对技术应用也都会产生影响。巨额的前期投资和成本对我国来说是一个巨大挑战，但我国仍然面临着很多的机遇来实现节能减排的目标：中国市场的规模及其将来的发展，使节能减排技术在规模化应用时成本较为便宜；在中国建立新企业的时间与成本，将远远比发达国家同类企业更新换代相关机器设备的成本要低很多；在合理政策的引导下，投向低碳技术的资金尤其是民营资本会很快集聚。

五、节能减排要与国家产业政策相匹配

产业政策指政府通过改变资源在不同行业间的配置，从而实现对经济活动施加的宏观上的干预。产业政策一般被分为横向政策和纵向政策两类。横向政策一般是跨行业，用来帮助众多行业应对共同的市场失灵。横向政策不具有选择性，并不针对特定的行业或企业。而纵向政策是针对特定行业或企业的，以应对所谓的市场失灵。一般认为，由于产业升级和创新发展中存在着市场失灵，因此产业政策是不可或缺的。但是，产业政策是否有用，则是一个争论不休的话题。撇开2017年热烈的"林张之争"不说，早在1997年，就有产业政策在东亚奇迹中究竟是否有用的争论话题。当时的世行首席经济学家斯蒂格利茨和发展经济学研究部主管尤素福主编了《东亚奇迹的反思》一书中强烈怀疑产业政策的有用性（Yusuf, 2001），但斯蒂格利茨（Stiglitz, 2001）在总结性一章中，却对这些技术性研究成果大加质疑。

为了优化全国产业布局和促进西部资源型地区产业发展，我国曾出台《关于重点产业布局调整和产业转移的指导意见》，提出了资源加工型产业优先向西部资源富集地区转移。我国是一个煤多油少气少的国家，这种资源禀赋注定了我国以煤为主要能源的能源结构，而且这种能源结构在未来相当长的发展时期内很难发生根本性的改变，除非出现颠覆性的新能源技术及其广泛应用。节能减排的本质是要提高资源能源在经济社会的

发展中的使用效率并逐步实现投入数量的减少，而不是像很多地方被动采取一些应急措施来对付完成。前些年市场景气的时候，许多地方政府节能减排的硬任务难以完成，各地发展的冲动实在难以抑制，一些地区只好无奈地采取"拉闸限电"等强制性措施。这种采取突击性手段来完成节能减排的任务，虽然一时数字达标，但却不能解决根本问题。而当经济不景气了，许多企业开始关门歇业，员工也处于放假休息状态了，地方政府节能减排的任务不用采取强制措施也能轻松完成（陈晓东、金碚，2016a）。其实，这是没有摆脱规模扩张的路径依赖，如此循环往复，经济转型升级恐怕难以顺利实现。正因为如此，节能减排才成了地方政府业绩考核的关键一票。

但是目前的节能减排任务却与先前国家公布的鼓励西部资源型地区发展资源加工型产业相矛盾。一方面，没有参考相关资源型地区发展水平和发展潜力等不同因素，节能减排指标分配给西部地区的总量不足，与东部发达地区相比，西部欠发达资源型地区的节能减排基数相对较小。如果按相同比例下调指标数，留给西部地区发展经济的节能减排空间将更加狭窄，这就意味着西部欠发达地区的经济社会发展将受到严格的政策制约，冷落了西部资源型地区政府和百姓盼望早日致富和经济社会实现跨越发展的迫切心情，也很容易造成西部资源型地区已有人才和劳动力资源的流失，也就很难改变"守着聚宝盆挨饿"的现状。另一方面，也没有充分考虑不同行业能源消耗和碳排放的差异性，指标分配与各地产业结构以及产业定位相脱节。我国能源资源生产主要集中在西部地区，而能源资源消费却集中在东部，能源资源赋存与能源资源消费逆向分布与流动，客观上加剧了能源供需矛盾、运力紧张、企业成本负担加重等问题的出现。因此，节能减排指标分配方法，不仅要考虑西部资源型地区欠发达的社会现实，而且还要充分考虑到这些地区重化工的产业结构特征，要给予适当的政策倾斜，这样才能促进西部地区资源加工型产业良性发展，才能保证东部发达地区清洁能源的供给，才能推进

我国经济的转型升级。

六、节能减排的长效深入需要有政策激励

相对于东部发达地区来说，西部资源型地区如内蒙古在经济上长期处于弱势地位，社会发展水平相对滞后，许多影响该地区节能减排的经济发展活动都将受到限制。正如当地人所言，只要上马一个规划中的项目，就会突破现有节能减排的指标约束。因此，西部资源型地区为了维护全国的生态环境安全，一方面在经济社会上做出了很大的牺牲，另一方面还服从服务于发展大局，不断地向东部发达地区提供清洁能源。因此，国家需要对这些地区给予相关的政策优惠与扶持作为补偿（课题组，2016）。

完善对西部资源型地区财政支付政策，增加对这些地区的一般性财政转移支付，同时建立用于推广低碳经济发展方式的专项转移支付政策。将这些地区的基础设施建设、低碳产业开发、生态环境保护与修复结合起来，实施退耕还林还草政策；调整农业结构、加快发展现代农业；优化能源结构，促进这些地区大力发展低碳经济。积极推进低碳产品标记，通过对西部地区的以低碳方式生产的产品加以标志，肯定其对经济社会可持续发展的贡献，不仅可以提高人们对低碳经济的认识，而且通过扩大这种商品的销量，鼓励西部发展低碳产业，不断提高其市场竞争力，促进这些地区特色绿色产业的发展。

加大对西部资源型地区的环保投入。中央政府在统筹全国环保建设的同时，尽力引导资金倾向西部资源型地区，运用多种手段，通过财政转移支付、减免税收等方式，加大对这些地区的环境保护与生态修复的补偿力度。继续加大对高技术产业的财政资金投入力度，逐步提高节能环保产业引导资金占财政支出的比重。以财政补助、贴息、资本金注入等多种形式扶持基地公共服务体系和重大产业化项目建设，保证国家专项资金的配套落实。

建立西部资源型地区综合性生态补偿机制。尽管西部资源型地区当前的低碳环境承载力水平较强，但由于这些区域生态环境的脆弱性，这种优势随时都会丧失。因此，根据综合考虑生态系统服务价值、生态保护成本、发展机会成本等因素，综合运用"看不见的手"与"看得见的手"，调整相关利益方关系，不断加强生态环境保护与建设以及生态修复的力度；进一步完善有利于西部资源型地区低碳资源保护的税费政策，对开发利用生态资源的经济活动与行为，征收相应的税费或补偿费用，逐步扩大资源税的征收范围，将矿产、沙漠、森林、草原、滩涂、湿地等纳入其中调整税额，把因资源开采所造成的环境成本纳入进来。

七、推进能源统一市场建设以解决共性问题

西部资源型地区经济社会转型升级面临一系列特殊问题。这些问题的形成既有历史原因、体制原因，又有本地区自身的原因。因此，要解决这些地区的特殊问题，一方面主要靠本地区加快自身发展，依托资源优势，由资源大省转变为经济强省，将资源红利最大限度地转化为民生投资、人力资本积累、技术创新投资等；另一方面又必须获得中央政府的政策和战略支持，实现中央与地方机制体制的协调创新。

以西部相关资源型地区为主，设立国家能源保障经济区。从根本上讲，资源型地区转型发展面临的特殊问题，就是在保障国家能源供应和东部发达地区清洁能源供给的情况下，更加注重这些欠发达地区自身的经济社会协调发展的问题。如果没有这些资源型地区经济社会的健康快速发展，能源保障就会失去应有的意义。因此，以西部主要资源型地区为主，设立国家能源保障经济区。这种战略构想与国家大能源战略、西部大开发战略、中部崛起战略、京津冀一体化战略、长江经济带发展战略并行不悖。这一思路可以有效协调相关地区经济社会发展与能源有序开发供给

的关系，解决当前能源资源开发利用过程中的一系列利益冲突、生态矛盾和环境保护等关键问题。

2010年12月，国家批准在山西省设立国家级资源型经济综合改革试验区，其主要任务就是：要通过深化改革，加快产业结构的优化升级和经济结构的战略性调整，加快科技进步和创新的步伐，建设资源节约型和环境友好型社会，统筹城乡发展，保障和改善民生。这种政策是对西部资源型地区总体发展迈出的第一步支持。山西是能源开发的老牌基地，内蒙古和陕西是两个新兴的能源大省，特别是内蒙古近几年煤炭产量已经超过了山西。内蒙古和陕西两省区的资源型产业发展也必将经历山西省发展中存在的诸多困惑和问题，但国家很难在这两个省区也设置类似资源型经济综合改革试验区的举措来解决陕西与内蒙古两省区的相关问题。因此，从长远来看，以这些能源重化工产业为主要产业的资源型地区为基础，设立国家能源保障经济区，统筹兼顾西部这几个能源大省的经济社会转型发展的问题。

资源型地区经济社会的转型升级，需要与国家整体战略规划及国家能源战略规划相协调。实施统一的能源管理体制已经成为当今国际发展趋势，而我国历次能源管理体制的改革主要是为适应能源行业发展形势，解决能源行业之间的矛盾，这已经难以适应国家层面的大能源战略管理。因此，需要从国家战略层面统筹规划，进行顶层设计，对我国能源资源实行统一的宏观管理，制定国家层面的能源发展战略，制定统一的能源政策法规，加大宏观调控力度，建立一个从中央到地方统一的、以能源战略管理为核心的能源监管体系，推进国家能源统一市场的建设（课题组，2016）。

在国家能源一盘棋的规划下，重新构建新型的能源资源管理体制。科学划分中央政府与省级政府关于能源资源的管理权限；在坚持政府引导下，提高能源资源产业的集中度；兼顾相关地区的经济社会利益，理顺中央政府和省级政府间的资源利益分配机制，也就是理顺国家经济与区域经济的关系，构建新型的能源资源管理体制，实现资源型地区经济社会协调发展，早日实现我国经济的转型升级。

参考文献

［1］陈晓东，金碚．供给侧结构性改革下的节能减排与我国经济转型升级［J］．经济纵横，2016（7）．

［2］金碚．科学把握供给侧结构性改革的深刻内涵［N］．人民日报，2016－03－07．

［3］陈晓东，郝丹，金碚．供给侧结构性改革下的节能减排与我国经济发展协调性研究［J］．南京社会科学，2016（9）．

［4］陈晓东，常少观，金碚．区域节能减排成熟度与经济发展研究——以内蒙古为例［J］．区域经济评论，2016（6）．

［5］陈晓东，金碚．促进西部资源型省区节能减排与经济协调发展的若干政策建议［J］．中国社会科学院《要报》，2016（59）．中国社会科学院《研究报告》，2016（16）．

［6］陈晓东，金碚．供给侧结构性改革下的节能减排与经济发展研究［M］．中国社会科学出版社，2016．

［7］课题组．节能减排与经济发展关系研究［R］．中国社会科学院工业经济研究所，2016．

［8］孟凡君．节能减排指标分配体系需要改革完善［N］．中国工业报，2015－03－12．

［9］内蒙古自治区发改委．二氧化碳排放考核材料汇编［R］．2015．

［10］Shahid Yusu, f. The East Asian Miracle at the Millennium［M］.//Joseph E. Stiglitz and Shahid Yusuf（eds. ）. Rethinking the East Asian Miracle. New York：Oxford University Press，2001，pp. 1－53.

［11］Joseph E. Stiglitz. From Miracle to Crisis to Recovery：Lessons from Four Decades of East Asian Experience［M］.//Joseph E. Stiglitz and ShahidYusuf（eds. ），Rethinking the East Asian Miracle. New York：Oxford University Press，2001，pp. 509－526.

Energy Saving and Emission Reduction and the Supply – side Structural Reform in the Resource – based Regions

CHEN Xiaodong

Abstract: China's supply side structural reform has two objectives, one is steady growth, and the other is to achieve economic transformation and upgrading. Promoting energy conservation and emission reductions, China is not fully consider the reality of regional development and imbalance, there is a "one size fits all", the lack of long – term mechanism of energy saving and emission reduction targets. This means that the western underdeveloped areas of economic and social development will be subject to strict policy constraints, it is difficult to change the situation of "guarding cornucopia hungry". At present, in promoting supply side structural reform process, we should give full consideration to the Western resource – based provinces and autonomous regions in the output of clean energy in China play an important role, properly handle the relationship between western resource type provincial energy – saving emission reduction and economic development to make energy – saving emission reduction target distribution and the regional development stage matched and coordinated with the national industrial policy, while increasing fiscal and tax preferential policies, accelerate the reform of energy management system, the construction of a unified national energy market as soon as possible, promote resource – based provinces solving the transformation and upgrading of the common problems, as soon as possible to achieve the transformation and upgrading of China's economy.

Key words: Constraint of Energy Saving and Emission Reduction; Based – resource Region; Transformation and Upgrading; Supply – side Structural Reform

多元化环保投融资体系的完善[*]

郭朝先

摘　要： 当前我国环保投融资存在的主要问题是总量不足、结构不合理、融资渠道单一，为缓解日益紧张的环保投融资需求，近年来我国在拓展投融资渠道和机制创新方面进行了尝试努力，取得了一定进展，尤其是在推进环保领域的 PPP 项目建设、绿色金融、设立环保产业投资基金方面取得了明显进展。但我国环保投融资不足和渠道单一问题并没有根本改变，有必要继续推进环保投融资体系和机制创新，进一步拓宽渠道，充分吸引社会资本参与到环境治理工作中来。我国环保投融资体系和机制创新目标是：形成一个多元、绿色、市场化投融资体系和机制，从而为环境治理和环保产业发展提供足够的资金支持。创新环保投融资体系和机制的核心是处理好政府和市场的关系。为进一步优化我国环保投融资体系和机制，本文提出了相应的政策建议。

关键词： 环境保护；投融资体系；机制创新；多元化

近年来，我国环境污染治理投资总额多数年份都在增长，但环境污染治理投资总额占国内生产总值比重始终在 1.5% 左右。从 2012 年起，我国开始区分环境污染治理直接投资。环境污染治理设施直接投资是指直接用于污染治理设施、具有直接环保效益的投资，具体包括老工业污染源、建设项目"三同时"以及城市环境基础设施投资中用于污水处理及再生利用、污泥处置和垃圾处理设施的投资。因此污染治理设施直接投资的统计口径小于环境污染治理投资总额。近年来的数据显示，环境污染治理直接投资大约只有环境污染治理投资总额的一半，主要的原因是城镇环境基础设施建设投资中绝大部分并不能认定为属于直接环保投资行为，环境污染治理直接投资额占 GDP 比重常年在 0.8% 以下。此外，我国环境治理投融资结构和使用结构也很不合理，突出地表现在三个方面：一是政府投资是主体，社会化、市场化投资比例还偏低；二是用于末端治理的投资比重较大，而对源头和过程中的治理投资不足；三是"重建轻管""重建设轻运行"。这对环境治理效果和环保投资效果产生了较为严重的影响。

一、我国环保投融资渠道和机制创新的探讨与成效

为弥补政府环保投入的不足，我国在吸引社会资本进入环保领域进行了投融资模式和机制创新，拓宽了环保投融资渠道，取得了一定进展。政府与社会资本合作的 PPP 模式［包括建设—运营—移交（BOT）、建设—移交（BT）、建设—拥有—运营—移交（BOOT）、建设—拥有—运营（BOO）等多种形式］、绿色金融（绿色信贷、绿

　＊　本文发表在《改革》2017 年第 10 期。
　郭朝先，中国社会科学院工业经济研究所研究员。

色证券、环保公司上市、绿色保险等）、环保产业基金、环境产权交易等市场化融资不断涌现，并形成了一批政府与市场、财政与市场资本相结合的投融资体系。其中，突出地表现在以下三个方面：

一是大力推进环保领域的 PPP 模式（政府与社会资本合作）。据了解，截至 2016 年 10 月，财政部全国 PPP 综合信息平台项目库已收录三批 10685 个已实施或待开发的 PPP 项目，总投资 12.7 万亿元。截至 2017 年 6 月末，落地示范项目数前三位是市政工程、交通运输、生态建设和环境保护。其中，市政工程 225 个，占 45.5%；生态建设和环境保护 43 个，占 8.7%。考虑到市政工程中有部分涉及环保治理项目，所以当前 PPP 项目是动员社会资本来解决环保治理资金短缺非常重要的渠道和方式。统计分析表明，PPP 落地投资占固定资产投资比重上升。2016 年，全国当年累计固定资产投资总额 59.7 万亿元，落地 PPP 项目投资额 2.2 万亿元，后者占前者的 3.7%。2017 年 1~4 月，全国当年累计固定资产投资总额 14.4 万亿元，当年累计新增落地 PPP 项目投资额 0.8 万亿元，后者占前者的 5.4%。

二是发展绿色金融。据报道，2017 年 1~9 月，我国共发行贴标绿色债券 1340 亿元，占全球发行量的 24%，在国际上处于领先地位。截至 2017 年 2 月，21 家主要金融机构绿色信贷余额 7.51 万亿元，虽然与我国庞大的贷款规模相比还较少，但其比重和增长速度正快速提高，目前占全部信贷比重为 8.8% 左右，而且还涌现出绿色指数等创新型产品，为投资者提供了更多的市场选择。在 2016 年中国上市企业 500 强榜单中有碧水源、三聚环保、北控水务、东方园林、重庆水务、启迪桑德、神雾环保共 7 家环保公司入围，表现出环保上市公司发展呈现良好态势。

三是成立环保产业投资基金。成立环保基金对于缓解环保治理资金具有重要意义。由于环保基金采用"母子基金"的方式运作，即以环保基金为母基金，下设立子基金再投向标的公司。通过母基金和子基金两级杠杆，有望以 1 亿元的财

政资金，撬动 20 亿~30 亿元社会资本投向生态环保领域，具有几何级数的放大效应。据不完全统计，从 2014 年至今，已有包括北控、首创、永清环保、万邦达、高能环境等 20 多家环保企业设立了环保产业基金，总额近 500 亿元。一些地方政府如重庆、宁夏、内蒙古等设立了环保产业基金。例如，2014 年，重庆成立了全国首只环保产业股权投资基金，规模为 10 亿元，主要投资方向为生态环保类企业。又如，2016 年 1 月设立的内蒙古环保基金，2016 年"环保母基金"的初始规模为 40 亿元，其中政府引导性资金 10 亿元，吸收其他 4 家社会资本采取认筹的方式出资 30 亿元；在项目投资上，"环保母基金"作为引领资金可再次放大，2016 年形成约 200 亿元的环保基金投资规模；"十三五"期间，每年将根据政府引导性资金规模按比吸筹，预计母基金规模可达 200 亿元，用于治理项目的基金投资可达千亿元以上。2017 年 3 月，宁夏首次以政企合作的方式建立宁夏环保产业基金，总规模为 10 亿元；确定政府引导性资金为 1 亿元，向社会投资人和金融机构募集 9 亿元，杠杆比为 1∶9。基金拟发行 2 期，每期经营期限为 5 年，前 3 年为投资期，后 2 年为投后管理及项目退出期；该基金主要用于环境治理和环保产业发展，与环保直接相关的项目投资不低于总投资的 80%。

二、多元化环保投融资体系和机制的完善思路

在市场机制自发条件下，环保投融资不足具有一定的必然性。这是因为环境污染治理和环保产业发展具有正外部性，正外部性的物品和服务趋向于供给不足。解决这个正外部性，需要政府力量的介入，但完全靠政府显然也是不行的。长期以来，我国主要以办事业的方式来解决环境污染治理事情，各级政府用于环境治理的财政资金捉襟见肘，这正是我国环境污染问题越来越严重的一个重要根源。解决这个问题不能脱离市场机制，准确地说，就是要发挥市场在资源配置中的

基础性、决定性作用，同时更好发挥政府的作用，通俗地说，就是用"政府＋市场"来解决。

我国环保投融资体系和机制创新目标是：形成一个多元、绿色、市场化投融资体系和机制，从而为环境治理和环保产业发展提供足够的资金支持。其中，多元包括多样化的投融资主体、多样化的投融资模式和多样化的绿色金融产品。多样化的投融资主体包括政府（各级政府和政府相关部门）、金融机构（银行、证券公司和保险公司等）、投资机构（资产管理公司、融资租赁公司、投资基金公司等）、中介机构（技术交易所、评估机构、检测机构等）、企业（排污企业和治污企业）等。

环保投融资体系和机制创新是在"推力"和"引力"两种力量作用下形成的。其中，"推力"包括社会推力和政府推力，"引力"包括政府引力和市场引力。广大人民群众对环境质量要求日益提高是驱动环保投融资机制创新的社会力量，这种社会力量一方面会直接推动环保投融资机制创新，另一方面通过驱动政府通过制定更为完善的环保法律法规和更加严格的环保执法，来推动环保投融资机制创新。与此同时，政府还是引导环保投融资机制创新的引导力量，这体现在政府对环保事业的资金投入（包括财政贴息、补助、奖励和税收减免等）和政府采购方面，不但如此，政府还通过引导和培育环保市场来引导环保投融资机制创新。不过，市场力量仍是引致环保投融资机制创新的基础性和决定性的力量。市场引力来自环保市场的空间拓展，以及有效率的环保市场所能给予相关参与者为治理污染和保护环境产生正的经济效益，具体包括改革环保产品和服务价格、形成环境污染第三方治理市场和环境产权交易市场。可见，创新环保投融资体系和机制的核心是处理好政府和市场的关系。

当前，我国环保投融资体系和机制创新的主要任务包括：①投融资模式创新，如 PPP 模式，特许经营，合同能源管理等；②绿色金融创新与应用，如绿色信贷、绿色证券、绿色保险、环保企业上市、设立环保银行等；③设立新的环境投融资平台，如设立环保产业基金、发行环保彩票等。

三、多元化环保投融资体系和机制的完善对策

环保投融资机制创新是一个系统工程，需要全社会力量共同参与，尤其是政府和市场合理定位和相互协调，需要在很多领域推进改革，才能最终形成一个理想的多元、绿色、市场化投融资体系和机制。为此，提出如下对策建议。

（一）加强环境监管和强化环保督查，形成环保投融资发展的倒逼机制

与普通竞争性行业不同，环保属于具有正外部性事业、环保产业属于典型的政策法规驱动型产业。强化政府在环境监管和强化环保督查，有利于彻底扭转地方保护主义，以及企业违法成本低，宁可被罚款也不愿加大环保投资购置设备治理污染等问题，形成环保投融资改革发展的倒逼机制。一是切实加强环境监管，尤其是坚决克服环境保护领域的地方保护主义，从而催生对环保设备、产品和服务的更多市场需求，确保环保投融资具有必要的市场容量。二是建立完善环保督察制度，实行问责制，如"党政同责""一岗双责"，形成促进环境治理的倒逼机制。在总结过去两年中央环保督察经验基础上，建立完善"国家督省、省督市县"的环保督察体系，国家和省两级环保督察联动，倒逼加快建立健全相关法规制度。

（二）加大政府环保投入力度，提高政府投入资金引导能力

当前，虽然我国对各地区、各行业污染物排放强度下降有明确要求，但对政府环保投入并没有明确要求。政府应该像重视教育、科技投入那样，明确加大环保投入，如明确提出"两个不低于"的环保投入目标要求：各级政府环保投入增速不低于当年 GDP 增速，增量不低于上年。鉴于中央政府环保投入比重过于偏低的现实，根据事权与财权匹配原则，适当加大中央环境保护投入

力度，优化政府内环保资金投入结构。在明确环保投入力度的同时，政府应研究确定环境保护投资的统计口径，建立环境保护投融资效益评估体系，防止环保投资的"虚化"和"盲投"。

改进政府环保投入方式，提高政府投入对社会资金投入的引导能力。今后，政府环保投入应更多采用下述形式：成立环保产业投资基金，政府财政资金作为劣后级资金①；购买环境服务，给予治污企业尤其是第三方治理的企业贷款贴息、融资担保、补贴奖励等；对金融机构、风险投资公司等环保投入予以风险与收益补偿，以拓展环保市场，吸引更多社会资本参与环保投入。

（三）进一步优化制度设计和选择标准，大力推行 PPP 投融资模式

针对当前环保 PPP 项目存在的应收账款延期、不足额支付、政府违约以及一些不合格的企业参与市场竞标等问题，需要在强化契约精神、完善政府财政资金投入机制、挑选更高质量的企业参与等方面下功夫。

在 PPP 模式中要转变政府职能，政府从公共产品的直接"提供者"转变为社会资本的"合作者"以及 PPP 项目的"监管者"。PPP 模式运行的关键是合理设计合同，按照风险收益对等原则，在政府和社会资本间合理分配项目风险。原则上，项目的建设、运营风险由社会资本承担，法律、政策调整风险由政府承担，自然灾害等不可抗力风险由双方共同承担。

依据财政部 PPP 中心入库数据统计，按三种回报机制计算，截至 2017 年 6 月末，使用者付费项目数量和投资额分别占入库项目总数和总投资额的 36.4% 和 30.5%；政府付费项目占比分别为 34.4% 和 26.5%；可行性缺口补助（即政府市场混合付费）占比分别为 29.2% 和 43.0%。政府付费和可行性缺口补助类项目合计在数量和投资额上占比分别超过 60% 和近 70%，显示政府财政资金支持不可或缺（付费、担保、贴息等）。因此，需要加强地方财政承受能力评价，对社会资本的

权益保障作出制度设计。督促地方政府编制中期财政规划，进行项目预算滚动管理，确保 PPP 项目支出列入年度预算。

在 PPP 项目招标中，应该对拟中标的企业进行更为科学的甄别、筛选，需要重点考察其专业治理能力，而不仅仅是企业的注册资金。同时，在招投标中也要避免简单地采用"最低价中标"办法，需要综合考量其治理能力和水平、诚信记录、资信资质等。

（四）不断推进绿色金融创新，加快发展环保产业投资基金

结合我国环境金融发展现状与环境保护需求，现阶段，我国发展环境金融的领域应是全方位的，包括绿色信贷、绿色证券、环境污染责任保险、资产证券化、融资担保、融资租赁，设立专门投资环保领域的绿色银行以及发行环保彩票等。相关政府监管部门对这些绿色金融创新应持鼓励支持态度，对金融产品创新可能出现的失败和风险采取宽容态度，在制度设计上结合中国国情，借鉴国际上一些成功做法，制定相关优惠政策。

进一步扶持环保产业投资基金发展。在总结前期环保产业投资基金运作的基础上，鼓励更多地区设立环保产业投资基金，扩大基金规模，完善"股权、债权、担保、破产清算"等方式，确保基金的正常退出。参考美国清洁水州周转基金和超级基金、我国台湾省土污基金，尽快成立国家层面绿色发展引导基金，重点治理跨区域的环境污染问题、促进环保产业发展、引导地区层面的基金共同开展工作。

（五）推进环境要素交易市场建设，完善环保投融资政策

落实《中共中央关于全面深化改革若干重大问题的决定》，大力发展环保市场，推行节能量、碳排放权、排污权、水权 4 种环境产权交易，建立吸引社会资本投入生态环境的市场化机制。继续推动资源环境领域价格和税费改革，要形成合理的项目回报机制，如城乡污水、污泥处理费、

---

① 在资金遭到风险时，劣后级资金将优先偿付风险；在获得收益时，其收益将会在优先级的收益之后支付。

垃圾处理费等。探索研究金融机构向环保企业和环保项目贷款损失准备金企业所得税税前扣除、营业税减免、存贷比剔除、提高不良贷款容忍度等措施，引导金融机构环保投入，鼓励金融机构创新适合环保项目的金融产品。研究实施第三方环境治理企业优惠税收政策；完善第三方治理主体的社会评价体系，发挥行业协会、社会组织等平台的作用，逐步在行业内建立基于项目业绩的信用评价体系，包括行业"黑名单"及"推荐名单"的诚信体系等，形成全国第三方服务企业数据库。

Establishing and Improving the Diversified Investment and Financing System and Mechanism of Environmental Protection

GUO Chaoxian

Abstract：At present，the problems of environmental protection investment and financing in China are fund shortage，unreasonable structure and narrow financing channels. To ease the growing tension of the environmental protection investment and financing demand，China has made a great efforts in recent years to expand channels and to try innovation mechanism of investment and financing，and has achieved some progress，especially in advancing the field of environmental protection PPP project construction，green finance，the establishment of environmental protection industry investment fund. However，there is no fundamental change about the lack and the narrow channel of environmental protection investment and financing in China. It is necessary to continue to promote the innovation the mechanism of environmental investment and financing system，and further widen the channels to attract social capital to participate in the work of environmental protection. The goal of China's environmental investment and financing system and mechanism is to form a diversified，green and market-oriented investment and financing system and mechanism，so as to provide enough financial support for the development of environmental governance and environmental protection industry. The core of the innovative environmental investment and financing system and mechanism is to deal with the relationship between the government and the market. In order to further optimize the investment and financing system and mechanism of environmental protection in China，the relevant policy suggestions are put forward in this paper.

Key words：Environmental Protection；Investment and Financing System；Mechanism Innovation；Diversification

环境、健康与经济增长：最优能源税收入分配研究[*]

陈素梅　　何凌云

摘　要： 在经济增长与环境保护的双重压力下，如何实现在不损害经济或尽量降低经济产出损失的前提下减少环境污染、提高居民福利水平已成为当前我国转变经济增长方式、实现经济转型过程中亟待解决的重大问题之一。本文在世代交叠模型基础上引入环境污染对健康的影响，系统地探讨了在既定税率情形下能源税收入在居民收入与减排活动之间的最优分配比例，以降低环境—健康—贫困陷阱风险。研究表明，理论上存在能够实现人均产出最大化或居民福利最大化的最优分配比例。然而，结合中国实际参数，研究发现我国能源税收入分配政策难以同时满足两者最优目标；具体分配比例取决于政府决策偏好，并需要根据实际情况的差异进行相应调整。

关键词： 能源税收入分配；公众健康；经济增长；环境—健康—贫困陷阱

一、引　言

自改革开放以来，在保持经济快速增长的同时，我国能源环境问题却日趋严重，由环境污染引发的健康风险和损失成为社会各界高度关注的焦点。[①]《全球疾病负担 2010 年报告》显示，中国因室外 PM2.5 污染导致 123.4 万人过早死亡以及 2500 万伤残调整寿命年损失，几乎占去全世界同类死亡案例总数的 40%。[②]与此同时，严峻的能源环境形势还严重损害了经济，加剧了贫困。据测算，1998～2010 年我国环境污染成本占人均实际 GDP 的 8%～10%（杨继生等，2013）。以 2007 年为例，我国由于大气污染导致了劳动力供给减少和医药支出增加，因此造成的 GDP 损失达到 3614.68 亿元，居民福利降低 2276.49 亿元（Chen & He，2014）。因此，当环境污染、健康、收入与经济彼此交互、相互影响时，我国面临着陷入甚至被锁定在环境—健康—贫困陷阱的巨大风险：污染损害健康→诱发疾病→损害劳动能力→加重经济负担并减少就业与劳动收入→陷入贫困→更加依赖能源资源→环境更为恶化→加重健康损害→更加贫困→……从而陷入这一恶性循环不能自拔，加剧陷入中等收入陷阱[③]的风险

---

[*] 本文发表在《经济研究》2017 年第 4 期。

陈素梅，中国社会科学院工业经济研究所助理研究员；何凌云，暨南大学经济学院教授、北京理工大学能源与环境政策研究中心兼职研究员、中国农业大学经管学院客座教授、南京信息工程大学经管学院客座教授。

① 近年来，中国政府致力于打造"健康中国"，提出"环境友好型社会"建设目标；社会公众也不断诉求环境健康权利，环境群体性事件年均增长高达 29%。资料来源：http://www.china.com.cn/news/2012-10/27/content_26920089_3.htm.

② 资料来源：http://news.ifeng.com/shendu/nfzm/detail_2013_04/07/23929797_0.shtml.

③ 学者已从人口结构、收入分配、需求结构、产业结构、城市化进程、制度和技术进步、环境污染等方面入手证实中国可能面临着中等收入陷阱（楼继伟，2010；蔡昉，2011；郑秉文，2011；张德荣，2013；祁毓和卢洪友，2015），而本文选取了环境污染的角度进行相关探讨。

（祁毓和卢洪友，2015）。因此，为了跨越环境—健康—贫困陷阱，"既要金山银山，也要绿水青山"，处理好环境、经济与健康之间的关系是当前中国经济转型过程中无法回避、亟待解决的关键问题之一。

鉴于污染的社会负外部性，征收能源税已逐渐成为世界各国治理环境污染的重要手段。然而，征收能源税同时也可能会增加经济成本、削弱企业和产业的国际竞争力、减少经济产出，从而损害经济增长。[①] 当下，我国能源税征收已成既定事实，但收入用途却一直模糊不清。[②] 因此，在既定的能源税税率情况下，基于环境、健康与经济协调发展的视角，研究能源税收入分配问题，从而在不损害经济或尽量降低经济产出损失的前提下，改善环境质量，跨越环境—健康—贫困陷阱，这是当前我国转变经济增长方式、实现经济转型过程中亟待解决的重大研究课题之一。

有关征收环境税是否损害经济增长的观点一直是学界讨论的热点话题，但至今仍然存在争议。其中，最早提出这一问题的是 Pearce（1991），他认为税收机制不仅可以改善环境，还会通过税收收入的合理再分配来降低征税所带来的扭曲，减少原有经济损失，增加居民收入。Chiroleu 和 Fodha（2006）基于世代交叠模型研究发现，当污染税收入用于降低劳动税税率时，短期内当前两代人福利水平将会显著提升；长期来看，经济增长会逐渐接近修正黄金律；Schwartz 和 Repetto（2000）基于环境质量与闲暇时间影响居民福利的新视角，认为市场就业量不仅受宏观经济的影响，也与环境及健康质量的变化息息相关，因此征收环境税将会获取环境保护与经济增长的"双

重红利"。Schneider（1997）基于效率工资模型，发现当劳动税税率起初较高时，将环境税收入用于降低该税率使自愿失业减少，同时也会增加居民福利。然而，Parry（1995）却发现，基于一般均衡视角，税收扭曲效应将会变得更为严重；以征收家庭污染税为例，在刺激清洁品需求、抑制污染品需求的同时，征税会降低居民劳动收入，放大污染税扭曲效应，最终损害经济产出。

相对于国外研究，国内学术界的讨论更多地聚焦于能源税，且往往从实证角度出发研究征税效果。一些学者认为能源税是能够实现经济持续增长的。例如，高颖和李善同（2009）研究发现，合理设计能源税收入循环利用方式会在促进节能的同时，改善宏观经济运行与居民生活质量。张为付和潘颖（2007）发现，在考虑环境污染影响全球经济福利情况下，存在一个最优的能源税税率，既能提高全球经济福利，也能改善因国际贸易所造成的全球环境恶化状况。然而，也有一些学者认为能源税会阻碍经济增长。例如，王德发（2006）、杨岚等（2009）均发现征收能源税对国民经济总量增长存在一定的负面影响；肖俊极和孙洁（2012）研究结果表明燃油税对汽车消费产生了抑制作用，显著降低了燃油消耗，与此同时也造成了社会福利损失。

不难发现，大多数现有研究在给定的能源税税率条件下，将能源税收入以降低企业或个人所得税的形式返还给生产者或消费者，试图减少甚至抵消能源税所造成的扭曲、降低经济负担。然而，作为连接环境、经济与贫困之间关系的重要渠道——健康，却并没有得到应有的关注。事实上，由于环境污染的负外部性，环境质量与公众

[①] 美国清洁空气法案在出台的 10 年内，调查发现至少 100 万工人失业；且每年安抚失业工人的救济金将达 500 万美元（Goodstein，1996）。李钢等（2012）研究发现，倘若中国提升环境管制强度，工业废弃物排放完全达到现行法律标准，将会使经济增长率下降约 1 个百分点，制造业部门就业量下降约 1.8%，出口量减少约 1.7%。

[②] 以燃油税为例，我国于 2009 年开征燃油税，我国燃油税收入按照顺序依次分配给公路养路费、航道养护费、公路运输管理费、公路客货运附加费、水路运输管理费、水运客货运附加费 6 项开支、补助各地取消政府还贷二级公路收费、补贴农民种粮以及公益活动等。然而，根据我国财政部公布的 2014 年中央对地方税收返还和转移支付决算表显示，中央对地方转移支付中的成品油税费改革转移支付 740 亿元，中央对地方税收返还中的成品油税费改革税收返还 1531 亿元。也就是说，与燃油税费改革相关的中央对地方的转移支付与税收返还共计 2271 亿元。然而，有关这些转移支付与税收返还的具体用途却不得而知。而且，燃油税最初目的是替代原有养路费，但征收燃油税的同时，高速公路养路费仍在继续征收。现行燃油税收入用途已经成为一笔"糊涂账"。资料来源：http://www.gov.cn/xxgk/pub/govpublic/mrlm/200812/t20081219_33048.html；http://yss.mof.gov.cn/2014czys/201507/t20150709_1269837.html。

健康息息相关，而健康又是一种个人经济生产能力，直接影响个体经济产出和福利水平。[①] 也就是说，环境污染对健康的影响还会进一步传递到劳动力产出、社会经济福利、减贫政策效果等。鉴于我国环境—健康—贫困陷阱风险的存在，非常有必要考虑环境、健康与贫困之间的恶性循环关系。为了充分发挥能源税的逆向约束与正向激励作用，将能源税收入用于补贴减排活动以提高居民健康水平[②]并减少贫困，无论在理论上，还是在政策实践中，都是非常重要的关键问题之一，然而在以往研究却没有得到应有的重视。那么，在既定能源税税率条件下，政府作为能源税征收的主体，应如何在居民收入和减排补贴之间配置税收收入，以实现经济损失最小化？政府抉择问题反映政府财政支出问题，这无论在理论还是实证上均是目前亟须探讨的问题。

为此，本文在世代交叠（Overlapping Generations，OLG）模型的理论基础上，考虑了环境污染对劳动生产率的负面影响，将环境质量和健康存量作为内生要素引入生产函数，构建两期世代交叠理论模型，系统分析能源税、能源消耗、环境污染及健康质量影响长期经济增长的内在机制；在给定能源税税率的情形下，当经济达到稳态均衡时，社会总产出水平是关于能源税收入对居民收入补贴比例的函数。此时政府可以设定居民收入与企业减排活动之间的最优分配比例，以实现经济产出损失或社会福利损失最小化。与已有文献相比，本文的贡献在于：首先，基于环境—健康—贫困陷阱的视角，将能源税收入在居民收入与污染减排活动之间的分配结合起来，借此讨论政府最优能源税收入分配问题，以及最大化稳态均衡下的终身福利与人均产出；其次，建立了一个理论模型，对是否存在能源税收入的最优

分配这一关键理论问题进行了学理讨论；最后，提出了如何有效突破或规避环境—健康—贫困陷阱风险的政策启示，以期对经济、环境和公共健康协调发展的相关政策制定提供一个新的视角。

本文结构安排如下：第二部分建立了内含健康影响劳动生产率的OLG模型；第三部分求解该模型的一般均衡，并从理论上讨论能源税收入在居民收入与减排补贴之间的最优分配比例，以分别实现人均产出最大化与居民福利最大化；第四部分结合中国实际数据，定量化探索中国最优能源税收入分配政策，并对经济参数进行敏感性分析。最后，总结全文。

二、理论模型

基于OLG模型，假设每一代人分为青年和老年两个群体，随着时间的推移，当原来的青年群体进入老年阶段时，原来处于老年人群将会逝去，而新的一代青年人也会出生；因此，任何时间点上都会同时存在这两个不同年龄层次的人群。在成年时期，社会成员拥有一单位的劳动要素禀赋，并会无弹性地提供给要素市场。为简化问题，人口无性别之分，每个人都会生育一个孩子。因此，经济中不存在净人口增长，在 t（$t=1$，2，$\cdots$，T，$T \to \infty$）时期出生的人口总量是常数 L。

（一）消费模块

在两时期OLG模型中，对于出生在第 t 时期的成年人，可以从事生产工作；在第 $t+1$ 时期将会变成老年人，养老退休。于是，每一代人的终身效用函数描述为：

$$U_t = \ln c_{1t} + \rho \ln c_{2t+1}, \quad u' > 0, \quad u'' < 0 \qquad (1)$$

---

① 这种做法与实际情况较为吻合。根据WHO（2004）研究，在高收入国家中有56%遭受污染健康危害的居民是年龄在19～59岁的工作人群；Davis等（2005）研究表明，2003年美国1480万工人中有550万人（年龄19～64岁）因自身或家属生病而不能集中精力工作。据Devol等（2007）估算：每年美国七大慢性疾病造成了超过11000亿美元的劳动生产率损失。因此，环境污染对劳动生产率的影响是不可忽略的。Zivin和Neidell（2012）研究发现，美国臭氧浓度每降低10ppm，工人生产率提高5.5%，这意味着环境保护并不简单意味着生产者的负担，同时更是人力资本的投资及促进经济增长的工具。Liu等（2008）发现，中国居民家庭收入受其成员健康质量的高度影响，揭示了健康质量在生产过程中扮演着人力资本的角色。

② 李凯杰（2014）理论研究发现环境支出是改善环境的有效途径，同时也会通过健康途径影响经济增长；经验检验也再次证实政府环境支出的增加会显著地推动经济增长。

其中，c_{1t} 和 c_{2t+1} 为分别为第 t 期成年人和第 $t+1$ 期老年人的消费量，也就是代表性个体在工作时期和退休时期的消费量；ρ 为主观折现率，$\rho \in (0, 1]$，参数值越大，意味着代表性个人的终身消费越平滑，消费更加趋于理性。个体在成年时期的总收入有两种来源：一是通过无弹性地提供一单位的劳动要素获取工资收入 w_t；二是政府将一部分能源税收入以居民转移支付的形式返还给居民 I_t。进而，个体在成年期将所获收入用于满足当期消费 c_{1t} 和储蓄 s_t，在老年时期将前一期的储蓄全部用于满足当期的消费需求 c_{2t+1}。为简便起见，假设个体是非利他的，各代际之间互不关心，不存在遗产赠与情况。因此，每一代人在成年期和老年期的消费预算约束分别为：

$$c_{1t} + s_t = w_t + I_t \tag{2}$$

$$c_{2t+1} = (1 + r_{t+1})s_t \tag{3}$$

其中，r_{t+1} 为第 $t+1$ 期的利率。

因此，代表性个体终身效用最大化的消费决策问题表示为：

$$\max_{c_{1t}, c_{2t+1}} (\ln c_{1t} + \rho \ln c_{2t+1})$$
$$s.t. \begin{cases} c_{1t} + s_t = w_t + I_t \\ c_{2t+1} = (1 + r_{t+1})s_t \end{cases} \tag{4}$$

通过一阶条件，可求出个体最优的储蓄决策为：

$$s_t = \delta(w_t + I_t) \tag{5}$$

其中，$\delta = \rho/(1+\rho)$，私人储蓄率 δ 是主观折现率 ρ 的增函数。也就是说，主观折现率越高，代表性个人在成年时期的储蓄率就越高，跨期消费就会越平滑。

（二）生产模块

为了系统分析环境污染、健康与经济之间的内在关系，本模块在传统经济增长理论中引入了健康资本，使其成为企业生产投入的要素，暂不考虑人力资本等其他方面（如教育）对产出的影响。根据效率工资理论，健康状况好的劳动力具有高的工作效率，而工作效率高意味着单位时间内产出多。由此，健康状况的好坏将直接影响劳动效率或产出。通过建立健康与劳动生产率之间的联系，把健康与产出联系起来。[①] 也即环境污染损害居民健康，降低劳动生产率，进而成为加重贫困的重要渠道。因此，假设最终产出以标准 Cobb – Douglas 形式生产技术由资本要素和有效率的劳动要素 $h_t^\varepsilon L_t$ 投入进行生产，即

$$Y_t = AK_t^\alpha (h_t^\varepsilon L_t)^{1-\alpha}, \ 0 < \alpha < 1, \ \varepsilon \geqslant 0, \ A > 0 \tag{6}$$

其中，A 是常数形式的全要素生产率；α 表示资本投入在生产过程中总投入的份额，即资本的产出弹性；ε 表示健康质量对劳动力质量的影响系数。为简化问题，假定人口增长为常数，且标准化为 1（即 $L=1$），人均产出就是总产出。那么，人均产出可以表示为人均资本与人均健康质量的函数，即

$$y_t = Ak_t^\alpha (h_t^\varepsilon)^{1-\alpha} \tag{7}$$

在完全竞争市场环境中，代表性企业根据产出的多少缴纳能源税，[②] 税率 $\tau \in (0, 1]$。其利润最大化的目标为 $\pi_t = (1-\tau)y_t - (1+r_t)k_t - w_t$，从而单位有效劳动工资 w_t 和资本收益率 r_t 分别为

$$w_t = A(1-\tau)(1-\alpha)k_t^\alpha (h_t^\varepsilon)^{1-\alpha} = (1-\tau)(1-\alpha)y_t \tag{8}$$

$$1 + r_t = A(1-\tau)\alpha k_t^{\alpha-1}(h_t^\varepsilon)^{1-\alpha} = (1-\tau)\alpha y_t/k_t \tag{9}$$

由此可知，征收能源税将会加重企业经济负担，间接性扭曲居民收入，使居民劳动收入缩减至原来的 $1-\tau$ 倍。税率 τ 越高，居民收入扭曲越大。

（三）政府模块

环境污染负外部性使污染治理投资成为重中

---

① Pautrel（2009）基于环境污染影响劳动生产率的视角，构建理论模型，研究发现环境税税率与终身福利、产出分别呈倒 U 形关系，但尚未讨论税收收入再利用以实现"双重红利"的问题。

② 实际中，能源税的征收是按照能源消耗量来征收。为简便起见，本文借鉴 Pautrel（2012）有关环境税征收的做法，假设能源税的征收直接与产出多少相关，节能减排技术的进步在此处不予以考虑。

之重。加之上文所提到的税收扭曲，为了保持税收中性原则，假定将一部分能源税收入用于治理环境污染 D_t，补贴企业减排活动；剩余的税收用于居民转移支付 I_t，减少原有税制的扭曲。在政府财政收支平衡的假设下，不考虑其他税收收入的情况下，政府收入来自能源税的征收，即

$$\tau y_t = D_t + I_t \qquad (10)$$

令能源税收入中用于居民转移支付的比例为 $\beta \in [0,1]$，那么，提高居民转移支付的比例就意味着减排活动的投入比例相对减少，两者存在此消彼长的关系。因此可得

$$D_t = (1-\beta)\tau y_t \qquad (11)$$

$$I_t = \beta \tau y_t \qquad (12)$$

（四）环境健康模块

为简化研究，假定产品生产过程中只生产一种产品，消耗一种能源，排放一种污染物；本文暂不考虑消费过程排出的污染物。假设第 t 期人均污染排放量 E_t 是人均产出水平 y_t 的函数，[①] 即

$$E_t = z y_t \qquad (13)$$

其中，z 代表污染强度，即单位产出的污染物排放量。

在本模型中，第 $t+1$ 期人均污染存量 P_{t+1} 主要受三方面的影响：一是当期人均污染物排放量 E_{t+1} 的影响，污染物排放越多，污染存量就越多；二是环境再生速度，即环境的自净率 μ 越大，污染存量越小；三是人类的环境保护，人类社会系统可以通过对环境保护的投入来改善环境，人均环境治理投入 D_{t+1} 越高，污染存量越小。因此，借鉴 Pautrel（2012）的做法，假设人均污染存量函数是零次齐次的，如下：

$$P_{t+1} = \left[\frac{E_{t+1}}{D_{t+1}}\right]^{\gamma} + (1-\mu)P_t \qquad (14)$$

这里，$\gamma > 0$，代表着污染排放与减排比率

（E/D）对污染存量的外生弹性，在给定的排污流量条件下，弹性值越小，减排活动对环境质量的影响效果就越明显；$\mu \in (0,1]$ 为环境自净率。将式（11）、式（13）代入式（14）中，可进一步约化污染存量不受产出活动影响的模型如下：[②]

$$P_{t+1} = \left[\frac{z}{(1-\beta)\tau}\right]^{\gamma} + (1-\mu)P_t \qquad (15)$$

如前所述，环境污染对公众健康危害巨大。因此，本文第 t 时期的人均健康状态 h_t 与人均污染存量 P_t 负相关。在人力资本理论中，健康水平是投资的结果，健康投入是人们为了获得良好的健康而消费的食物、衣物、健身时间和医疗服务等资源（加里·贝克尔，1987）。因此，借鉴 Pautrel（2009）做法，公众健康状态还受健康投资 $\theta > 0$ 的正面影响：[③]

$$h_t = \frac{\eta\theta}{\xi P_t^{\varphi}} \qquad (16)$$

其中，$\eta > 0$ 为健康服务的效率，$\xi > 0$ 为系数，φ 为污染对公众健康的影响系数，φ 值越大，意味着环境污染对居民健康的危害越严重。为了保证污染对健康的负效应，假设污染存量 $P > 0$。

三、稳态均衡

为了简化分析，假定资本在当期全部折旧，[④]每期资本存量由前一期储蓄所决定。于是，在资本市场出清的条件下，可以得到社会人均资本的动态过程：

$$k_{t+1} = s_t = \delta(w_t + \beta \tau y_t) = \delta[(1-\alpha)(1-\tau) + \beta\tau]y_t \qquad (17)$$

由此可见，能源税的征收会扭曲居民收入，降低储蓄，进而影响资本积累及经济稳态增长。经过充分长时间的市场波动与调整，经济最终将

---

① 本研究中污染排放表现为流量，环境质量是存量，污染函数为环境质量的变化率。为简便起见，这里不考虑能源使用和排污等方面的技术进步，假设污染强度系数和能源强度系数均为常数。

② 基于模型设置，环境质量变化不受产出活动的影响，更有利于接下来经济稳态条件的研究。环境质量函数若采用线性形式，如 John 和 Pecchenino（1994），为确保 $P_t = E_t - D_t = [z - \tau(1-\beta)]y_t > 0$，则必须存在假设 $z > \tau(1-\beta)$，这在模型计算方面很难操作；且环境质量 $E_t - D_t$ 在经济平衡增长路径中是发散的。

③ 健康投资不属于本文研究的重点，故为简化模型，θ 设为常数。

④ 假设资本折旧率为10%时，有96%的资本存量在30年内完全折旧，而模型中个体由成年过渡到老年，大约需要30年，即30年为一期。因此，假设资本存量在当期完全折旧。

收敛到其稳态均衡点上。那么，在稳态均衡时，人均资本、公众健康水平、污染存量、人均产出以及工资率分别达到均衡点 k^*、h^*、P^*、y^* 和 w^*。[①] 此时，人均污染存量是常数，令 $P_t = P_{t+1} = P^*$，代入式（15）中，得出稳态条件下的污染存量为：

$$P^* = P(\beta) \equiv \frac{1}{\mu}\left[\frac{z}{(1-\beta)\tau}\right]^{\gamma} \qquad (18)$$

显然，污染存量与能源税税率呈负相关关系。也就是说，能源税政策通过价格机制调节市场行为，征税越严格，污染存量越小，环境质量越高。因此，征收能源税能够实现保护环境的"第一红利"效应，能源税最优分配问题更多地集中在经济产出效应的讨论上，详见下文的命题 1。

由式（16）与式（18）可得出，稳态均衡条件下的健康水平为：

$$h^* = H(\beta) \equiv \frac{\eta\theta\mu^{\varphi}}{\xi}\left[\frac{(1-\beta)\tau}{z}\right]^{\varphi\gamma} \qquad (19)$$

可以看出，公众健康质量与减排投入正相关，减排投入越多，污染存量就越小，健康水平就会越高；公众健康与排污强度负相关，生产过程中单位产出排放污染物越多，污染存量就越大，健康质量会越恶化。

将式（7）代入式（17）中，令 $k_t = k_{t+1} = k^*$，可求出稳态下人均资本存量为：

$$k^* = k(\beta) \equiv \{A\delta[(1-\alpha)(1-\tau)+\beta\tau]\}^{\frac{1}{1-\alpha}}(h^*)^{\varepsilon} \qquad (20)$$

进而，工资回报率、人均产出在稳态条件下的均衡点分别为：

$$w^* = w(\beta) \equiv \Phi(1-\alpha)(1-\tau)[(1-\alpha)(1-\tau)+\beta\tau]^{\frac{\alpha}{1-\alpha}}(1-\beta)^{\varphi\gamma\varepsilon} \qquad (21)$$

$$y^* = y(\beta) \equiv \Phi[(1-\alpha)(1-\tau)+\beta\tau]^{\frac{\alpha}{1-\alpha}}(1-\beta)^{\varphi\gamma\varepsilon} \qquad (22)$$

其中，$\Phi = A^{\frac{1}{1-\alpha}}\delta^{\frac{\alpha}{1-\alpha}}\left(\frac{\eta\theta\mu^{\varphi}}{\xi}\right)^{\varepsilon}\left(\frac{\tau}{z}\right)^{\varphi\gamma\varepsilon}$。

联立式（1）～（3）、式（5）、式（19）～

（22），居民终身福利存在如下稳态均衡点：

$$U^* = \ln(1-\delta)\Phi^{\frac{1}{1-\delta}}[\alpha(1-\tau)]^{\frac{1}{1-\delta}} + \ln\mathbb{Z}(\beta) \qquad (23)$$

其中，$\mathbb{Z}(\beta) = [(1-\alpha)(1-\tau)+\beta\tau]^{\frac{\alpha}{(1-\alpha)(1-\delta)}+1}(1-\beta)^{\frac{\varphi\gamma\varepsilon}{1-\delta}}$。

因此，根据式（22）和式（23），可得出在稳态均衡条件下为实现人均产出最大化和居民福利最大化的能源税收入最优分配机制，如下：

命题 1：若能源税收入用于补贴居民的比例低于 $\hat{\beta}$ 时，补贴居民的比例越高，人均产出水平就越高；反之亦然。当人均产出最大化时，征收能源税的经济损失将减少至最低值，从而实现了经济增长与环境保护的"双重红利"效应。

$$\hat{\beta} = \begin{cases} \dfrac{\dfrac{\alpha}{1-\alpha}-\varphi\gamma\varepsilon(1-\alpha)\left(\dfrac{1}{\tau}-1\right)}{\dfrac{\alpha}{1-\alpha}+\varphi\gamma\varepsilon} & \text{当 } T_y < \tau \leq 1 \\ 0 & \text{当 } 0 < \tau \leq T_y \end{cases} \qquad (24)$$

其中，临界值 $T_y = \varphi\gamma\varepsilon(1-\alpha)^2/[\alpha+\varphi\gamma\varepsilon(1-\alpha)^2]$。

证明：通过对式（22）求偏导，有：$\partial y^*/\partial\beta = y^*\left\{\dfrac{\alpha\tau}{(1-\alpha)[(1-\alpha)(1-\tau)+\beta\tau]}-\dfrac{\varphi\gamma\varepsilon}{1-\beta}\right\}$。

那么，如果存在 $\Omega(\beta) = \dfrac{\alpha\tau}{(1-\alpha)[(1-\alpha)(1-\tau)+\beta\tau]}-\dfrac{\varphi\gamma\varepsilon}{1-\beta} > 0$ 时，$\partial y^*/\partial\beta$ 的符号是正号。也就是说，其充分条件是：$\Omega(\beta)$ 是 $\beta\in[0,1)$ 的单调减函数，且 $\lim\limits_{\beta\to 1}\Omega(\beta) = -\infty$，$\lim\limits_{\beta\to 0}\Omega(\beta) = \alpha\tau/[(1-\alpha)^2(1-\tau)] - \varphi\gamma\varepsilon > 0$，即 $\varphi\gamma\varepsilon(1-\alpha)^2/[\alpha+\varphi\gamma\varepsilon(1-\alpha)^2] < \tau \leq 1$。在此条件下，存在最优解 $\hat{\beta}$ 使稳态人均产出 y^* 最大化，即 $\Omega(\beta) = 0$，整理得出 $\hat{\beta} = \{[\alpha/$

---

① 篇幅所限，求解过程省略，感兴趣读者可向作者索取。

$(1-\alpha)] - \varphi\gamma\varepsilon(1-\alpha)(\tau^{-1}-1)\} / \{[\alpha/(1-\alpha)] + \varphi\gamma\varepsilon\}$。当 $\beta < \hat{\beta}$，$\partial y^*/\partial\beta > 0$；当 $\beta > \hat{\beta}$ 时，$\partial y^*/\partial\beta < 0$。反之，当 $\lim_{\beta\to 0}\Omega(\beta) \leq 0$ 时，即，$0 < \tau \leq \varphi\gamma\varepsilon(1-\alpha)^2 / [\alpha + \varphi\gamma\varepsilon(1-\alpha)^2]$，那么，最优解 $\hat{\beta} = 0$。当 $\varphi = 0$ 时，$\Omega(\beta) = \dfrac{\alpha\tau}{(1-\alpha)[(1-\alpha)(1-\tau)+\beta\tau]} > 0$，$\partial y^*/\partial\beta > 0$，则最优解 $\hat{\beta} = 1$。

命题 1 的含义：能源税收入分配既有可能推动经济增长，也有可能阻碍经济增长，这取决于能源税税率、污染对健康的危害、健康对劳动生产率的影响等参数的综合效应。实际上，能源税收入的再利用通过两种途径作用于人均产出：一方面，由能源税收入补贴的减排活动有助于改善公众健康，提高劳动力质量，从而提升产出水平，即式（22）中 $(1-\beta)^{\varphi\gamma\varepsilon}$；另一方面，通过增加居民转移支付，原有征税所带来的居民收入扭曲将会被部分抵消，从而居民储蓄以及资本存量将会进一步增加，即式（22）中 $[(1-\alpha)(1-\tau)+\beta\tau]^{\frac{\alpha}{1-\alpha}}$。也就是说，若增加一单位居民收入补贴带来税收扭曲减少对经济增长的正面效应大于所增加一单位减排补贴带来健康质量改善对经济增长的正面影响，此时，提高能源税收入对居民收入的补贴比例会促进经济增长；反之，它会阻碍经济增长。据此，将 $\hat{\beta}$ 的能源税收入用于补贴给居民，剩余的 $1-\hat{\beta}$ 用于补贴减排活动，能够实现稳态均衡条件下的人均产出最大化，此时，经济产出的损失也是最小的。

当 $\varphi = 0$ 时，即忽略环境污染对公众健康的危害时，劳动生产率也不会受到减排活动投资的影响，即 y^* 独立于 $(1-\beta)\tau$。此时，所有征收的能源税收入应全部补贴给居民。然而，中国环境污染严重威胁公众健康已是不争的事实，为提升居民健康质量，推动人均产出的增长，跨越环境—健康—贫困陷阱，将能源税收入分配给减排活动就显得日益重要且急迫。

命题 2：若能源税收入作为居民转移支付的比例低于 $\hat{\beta}_U$ 时，居民转移支付的比例越高，居民终身福利水平就越高；反之亦然。其中：

$$\hat{\beta}_U = \begin{cases} \dfrac{\dfrac{\alpha}{1-\alpha} + 1 - \delta - \varphi\gamma\varepsilon(1-\alpha)\left(\dfrac{1}{\tau}-1\right)}{\dfrac{\alpha}{1-\alpha} + \varphi\gamma\varepsilon + 1 - \delta} \\ \qquad\qquad\qquad\qquad \text{当 } T_U < \tau \leq 1 \\ 0 \\ \qquad\qquad\qquad\qquad \text{当 } 0 < \tau \leq T_U \end{cases} \quad (25)$$

其中，临界值 $T_U = \dfrac{\varphi\gamma\varepsilon(1-\alpha)^2}{\delta\alpha + 1 - \delta + \varphi\gamma\varepsilon(1-\alpha)^2}$

证明：对式（23）求偏导，得到 $\dfrac{\partial U^*}{\partial\beta} = \dfrac{\tau(1+\alpha\delta-\delta)}{[(1-\alpha)(1-\tau)+\beta\tau](1-\alpha)(1-\delta)} - \dfrac{\varphi\gamma\varepsilon}{(1-\delta)(1-\beta)}$。

令 $\mho(\beta) = \dfrac{\tau(1+\alpha\delta-\delta)}{[(1-\alpha)(1-\tau)+\beta\tau](1-\alpha)(1-\delta)} - \dfrac{\varphi\gamma\varepsilon}{(1-\delta)(1-\beta)}$，那么，$\mho(\beta)$ 是关于 $\beta\in[0,1)$ 的单调减函数，且 $\lim_{\beta\to 1}\mho(\beta) = -\infty$，$\lim_{\beta\to 0}\mho(\beta) = \tau(1+\alpha\delta-\delta)/[(1-\alpha)^2(1-\delta)(1-\tau)] - \varphi\gamma\varepsilon/(1-\delta)$。因此，当且仅当 $\lim_{\beta\to 0}\mho(\beta) > 0$ 时，存在一个 $\hat{\beta}_U$ 值使得 $\mho(\beta) = \partial U^*/\partial\beta = 0$，即 $U^*(\beta)$ 是关于 $\beta\in[0,1)$ 的倒 U 形函数，稳态条件下存在居民终身福利水平最大化。也就是说，当 $\varphi\gamma\varepsilon(1-\alpha)^2/[\delta\alpha + 1 - \delta + \varphi\gamma\varepsilon(1-\alpha)^2] < \tau \leq 1$ 时，$\hat{\beta}_U = \left[\dfrac{\alpha}{1-\alpha} + 1 - \delta - \varphi\gamma\varepsilon(1-\alpha)\left(\dfrac{1}{\tau}-1\right)\right] / \left(\dfrac{\alpha}{1-\alpha} + \varphi\gamma\varepsilon + 1 - \delta\right)$。当 $\beta < \hat{\beta}_U$，$\partial U^*/\partial\beta > 0$；当 $\beta > \hat{\beta}_U$ 时，$\partial U^*/\partial B < 0$。当 $\lim_{\beta\to 0}\mho(\beta) \leq 0$ 时，即 $0 < \tau \leq \dfrac{\varphi\gamma\varepsilon(1-\alpha)^2}{\delta\alpha + 1 - \delta + \varphi\gamma\varepsilon(1-\alpha)^2}$，$\mho(\beta)$ 在 $\beta\in[0,1)$ 区间内是恒小于等于 0，于是 $U^*(\beta)$ 是关于 $\beta\in[0,1)$ 的单调递减函数，当 $\hat{\beta}_U = 0$ 时，$U^*(\beta)$ 取其最大值。

命题 2 的含义：能源税收入的分配既可能提高居民福利水平，也可能会损害居民福利，这取决于居民未来期消费的主观贴现率、能源税税率、污染对健康的危害、健康对劳动生产率的影响以及资本产出弹性等参数的综合影响。从理论上讲，能源税收入分配政策对居民福利水平的作用可分解为产出效应和收入效应两部分：一方面，减排活动的补贴有助于改善公众健康，提高劳动生产率，促进产出，从而增加居民劳动收入，即式（23）中的 $(1-\beta)^{\frac{\varphi\gamma\varepsilon}{1-\delta}}$；另一方面，居民转移支付的增加使原有征税所带来的居民收入扭曲被部分抵消，也会增加居民收入，即式（23）中的 $\left[(1-\alpha)(1-\tau)+\beta\tau\right]^{\frac{\alpha}{(1-\alpha)(1-\delta)}+1}$。换言之，若增加一单位居民收入补贴所抵消的税收扭曲对居民收入的正面效应大于同等减排补贴所增加的产出对居民收入的正面影响，此时，提高能源税收入补贴居民收入的比例会有利于福利水平的提高；反之，居民收入补贴的增加降低福利水平。

在不考虑环境污染危害健康的情况下，即 $\varphi=0$ 时，U^* 独立于 $(1-\beta)\tau$。此时，不存在减排活动对居民福利水平的正向影响，所有征收的能源税收入应全部返还给居民，以实现居民福利最大化。这与命题1所得出的结论类似。

推论1：由命题1和命题2可推出：

（1）当 $0<\tau\leq T_U$ 时，那么，$\hat{\beta}=\hat{\beta}_U=0$。此时，当 $0<\beta<1$ 时，$\partial y^*/\partial\beta<0$，$\partial U^*/\partial\beta<0$。

（2）当 $T_U<\tau\leq T_y$ 时，那么，$\hat{\beta}_U>\hat{\beta}=0$。此时，当 $0<\beta<\hat{\beta}_U$ 时，$\partial y^*/\partial\beta<0$，$\partial U^*/\partial\beta>0$；当 $\hat{\beta}_U<\beta<1$ 时，$\partial y^*/\partial\beta<0$，$\partial U^*/\partial\beta<0$。

（3）当 $T_y<\tau\leq1$ 时，$\hat{\beta}_U>\hat{\beta}>0$。此时，当 $0<\beta<\hat{\beta}$ 时，$\partial y^*/\partial\beta>0$，$\partial U^*/\partial\beta>0$；当 $\hat{\beta}<\beta<\hat{\beta}_U$ 时，$\partial y^*/\partial\beta<0$，$\partial U^*/\partial\beta>0$；当 $\hat{\beta}_U<\beta<1$ 时，$\partial y^*/\partial\beta<0$，$\partial U^*/\partial\beta<0$。

证明：由式（25）减去式（24），可得，

$$\hat{\beta}_U-\hat{\beta}=\frac{\varphi\gamma\varepsilon(1-\delta)\left[\tau+(1-\alpha)(1-\tau)\right]}{\tau\left(\frac{\alpha}{1-\alpha}+\varphi\gamma\varepsilon+1-\delta\right)\left(\frac{\alpha}{1-\alpha}+\varphi\gamma\varepsilon\right)}>0，$$

其中，$\frac{\varphi\gamma\varepsilon(1-\alpha)^2}{\alpha+\varphi\gamma\varepsilon(1-\alpha)^2}<\tau\leq1$。

推论1的含义：当能源税税率在 $(0,T_U]$ 范围内，将能源税收入全部用于补贴减排活动，能够同时实现人均产出最大化与居民福利水平最大化；当能源税税率在 $(T_U,1]$ 范围以内，提高能源税收入对居民收入的补贴比例将有利于居民福利水平的提高，但可能会阻碍人均产出的增长。这主要归因于上文所提到的产出效应与收入

效应的综合影响。当 $T_U<\tau\leq1$ 时，$0<\beta<\hat{\beta}$ 意味着增加能源税收入对居民的补贴会产生正的产出效应和正的收入效应，从而提高稳态水平下的终身福利和人均产出；$\hat{\beta}<\beta<\hat{\beta}_U$ 意味着税收收入对居民补贴的增加将会产生负的产出效应和正的收入效应，而前者效应小于后者，从而提高了居民福利水平，降低了人均产出；同样地，$\hat{\beta}_U<\beta<0$ 意味着提高能源税收入对居民收入的补贴比例将会产生负的产出效应和正的收入效应，而前者效应大于后者时，总福利效应为负，从而居民福利和人均产出均受到负面影响。那么，在能源税税率给定的条件下，中国如何分配能源税收入，是否能够同时促进人均产出和居民福利水平，将在接下来一节中结合实际数据进一步讨论。

四、最优能源税收入分配

本文接下来拟基于中国实际情况来考察最优能源税收入分配政策，定量化回答中国是否存在同时满足人均产出最大化和福利最大化的能源税收入再利用机制，并分析各参数对最优分配比例的影响。

根据模型的设定及已有文献研究结论来确定模型中的参数，这样可以避免参数设置的随意性并使参数的取值接近现实。根据《中国统计年鉴2014》数据核算，通过计算城乡居民人均可支配收入扣除人均消费支出后的余额与人均可支配收入之比，得出2013年我国城乡居民储蓄率为 $\delta=27\%$，此时换算成居民消费主观贴现率为37%。根据王小鲁和樊纲（2002）对劳动和资本的产出弹性估值分别为0.4和0.6，张军（2002）的资本与劳动产出弹性分别为0.5、0.5，随着资本丰裕度的上升，其产出弹性在长期趋于下降，故本文借鉴汪伟（2012）的做法，基本情形下中国资本的产出份额为 $\alpha=0.4$；根据《中国统计年鉴2014》数据显示，2013年中国卫生总费用占GDP的5.57%，故健康投资设为 $\theta=0.0557$；根据Pautrel（2009）中的数据设定，污染对健康的影响弹性 $\varphi=2$，$\xi=0.025$，污染排放与减排之比对

污染存量的弹性数值设为 $\gamma = 0.3$，假设当期排放污染当期全部净化，环境自净率为 100%，$\mu = 1$；[①] 关于健康服务的效率 η，本文借鉴祁毓等（2015）的做法，假设 $\eta = 0.12$，即在其他条件不变的情况下，健康投资每提高一个单位，居民健康将会提高 0.12 个单位。在环境污染物中，选取烟（粉）尘作为目标污染物，根据《中国统计年鉴2014》可知，2013 年烟（粉）尘排放量达 1278.14 万吨，GDP 为 568845 亿元，平均每亿元产出约排放 22 吨污染物，故设污染排放强度 $z = 22$。在健康对劳动生产率的影响程度上，Chang 等（2016）研究发现当大气 PM2.5 浓度值超出 15 微克/立方米阈值时，污染浓度每上升 10 微克/立方米，工人生产率每小时将会降低 0.14 美元，相当于平均小时工资的 6%。通过换算，PM2.5 浓度每上升 1%，工人劳动生产率将下降 0.09%，而在本模型中，假设污染物是均匀地分布在大气中，[②] 人均污染存量每上升一个百分点将会导致污染浓度上升一个百分点，劳动生产率下降 $\varepsilon\varphi$ 个百分点，[③] 即 $\varepsilon\varphi = 0.09$，也就是说，$\varepsilon = 0.045$。为方便起见，不考虑技术变动，假设 $A = 1$。总结上述结果，本文数值模拟的参数取值如表 1 所示。

表 1 参数取值表

参数	A	δ	α	η	θ	μ	ξ	ε	φ	z	γ
取值	1	0.27	0.4	0.12	0.0557	1	0.025	0.045	2	22	0.3

（一）数值模拟

在表 1 给定的参数取值下，可求出能源税税

率临界值 $T_y = 2.37\%$，$T_U = 1.14\%$。因此，由推论 1 可知，当能源税税率低于 1.14% 时，将能源税收入全部用于补贴减排活动，能够同时实现人均产出最大化和福利最大化的理想状态。然而，我国能源税征收尚处于探索阶段，相关能源税收入数据较少。根据欧洲统计数据（European Statistics）可知，如图 1 所示，2013 年欧盟 28 国总能源税收入占 GDP 的 1.84%，其中比重最高的是罗马尼亚，占 3%；比重最低的是挪威，占 0.95%。可见，欧洲大部分国家现有能源税税率均在临界值 $T_U = 1.14\%$ 之上。据此，考虑到我国能源环境挑战的严峻性，假设我国能源税税率会高于 1.14%，此时能源税收入分配政策将难以同时实现人均产出与居民福利水平的最大化。为了针对性分析人均产出最大化和福利水平最大化之间的目标冲突，选取最严厉的能源税征收情景，即我国参照罗马尼亚确定能源税税率，设 $\tau = 3\%$，使 $\tau > T_y > T_U$。[④]

图 2 反映了在给定能源税税率 3% 的条件下税收收入补贴居民的比例 β 对人均产出、居民福利的边际效应。A 点意味着 $\partial y^*/\partial\beta = 0$，$\hat\beta = 0.20$。也就是说，当能源税收入返还给居民的比例 β 在（0，0.20）范围时，能源税收入的再利用将对人均产出产生正的影响；将 20% 的能源税收入用于增加居民收入，剩余的 80% 补贴给减排活动，此时能够实现稳态均衡下的人均产出最大化。但对于居民福利而言，这种分配比例并非是最优的，正如 B 点所描述的那样，$\partial U^*/\partial\beta = 0$，

---

① 由式（22）~（25）可知，在稳态均衡条件下，环境自净率 μ 的取值只会影响人均产出水平的高低，对居民福利水平及最优能源税收入分配比例并没有影响。而本文探讨的重点是能源税收入最优分配问题，因此，环境自净率的设定不影响本文结论。

② 倘若大气污染物均匀地分布在空气中，那么，按照箱式模型的原理，$E_2/E_1 = (C_2 - b)/(C_1 - b)$，其中，$E_1$ 与 E_2 分别代表污染气体基准排放量与未来排放量，C_1 与 C_2 分别代表污染气体基准污染浓度与未来浓度，b 是污染背景浓度值。那么，在不考虑污染背景浓度的情况下，大气污染物存量上升 1% 就会引起污染浓度上升 1%（Chen & He，2014），这也是与事实基本相符。以北京市为例，据《中国统计年鉴》可知，2014 年烟尘排放量为 5.74 万吨，相比 2013 年下降了 3.2%；PM2.5 年浓度值为 86 毫克/立方米，相比 2013 年下降了约 3.3%。

③ 将本文式（7）中变量 h_t^ε 可以理解为第 t 期劳动生产率 χ_t，即，$\chi_t = h_t^\varepsilon$。结合式（16）可得，劳动生产率为 $\chi_t = [\eta\theta/(\xi P_t^\varphi)]^\varepsilon$，对污染存量 P_t 求导，由此可得 $\partial\chi_t/\partial P_t = -\varepsilon\varphi$。也就是说，污染存量每上升一个百分点，劳动生产率会下降 $\varepsilon\varphi$ 个百分点。

④ 若我国制定极度宽松的能源税政策，能源税收入在 GDP 的比重低于 1.14% 时，将税收收入全部补贴减排活动，会同时实现人均产出与居民福利的最大化。鉴于目前我国能源环境问题的严重性，本文暂不考虑我国极度宽松的能源税政策情形。此外，若我国按照欧盟 28 国平均征税标准征收，能源税税率 $\tau = 1.84\%$，即 $T_U < \tau < T_y$，模拟结果显示，同样存在人均产出最大化与福利水平最大化的目标冲突。限于篇幅，这些结果没有具体列示，感兴趣读者可向作者索取。

$\hat{\beta}_U = 0.61$，即将 61% 的税收收入返还给居民，剩余的 39% 用于补贴减排活动，此时稳态均衡下居民福利是最大的，但这种分配比例会使稳态人均产出水平下降很多（即 $\partial y^*/\partial\beta < 0$）。由此看出，能源税收入在居民收入与减排活动的分配比例无法同时满足人均产出最大化与居民福利水平最大化。① 那么，在实践操作中能源税收入对居民的补贴比例选取 20% 还是 61%，这取决于我国政府自身的决策偏好。但可以肯定的是，能源税收入分配政策是能够实现经济或福利损失降低到最低水平的，有利于规避环境—健康—贫困陷阱。

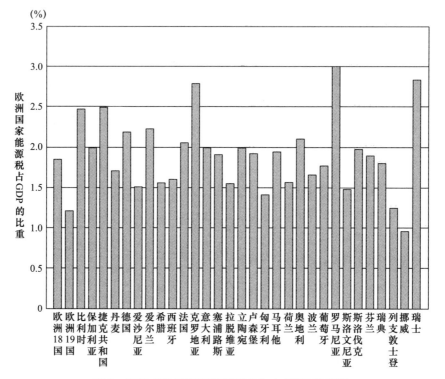

图 1　2013 年欧洲各国能源税收入占 GDP 的份额

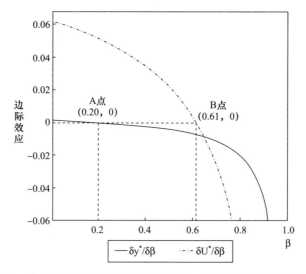

图 2　能源税收入分配比例对人均产出、居民福利的边际影响

---

① 如图 2 所示，随着 β 的变动，其对居民福利的边际效应影响相对较大，而对人均产出的边际效应影响相对较小，这意味着可能存在兼容产出最大化与福利最大化的次优解。那么，如何寻找能源税收入次优分配比例以同时实现产出最大化与居民福利最大化是非常有价值、有意义的课题，也是未来值得深入研究的方向。

在过去 30 多年里，中国政府是一个中性政府，以经济发展为准则来制定政策（贺大兴和姚洋，2011），将 GDP 作为评价经济福利的综合指标，较少关注居民福利水平的变化，以至于过度依赖能源消耗发展经济，环境污染日益严重。因此，从长期来看，以牺牲公众健康、破坏生态环境为代价来换取经济总量上的增长是不可取的，甚至整个经济系统有可能陷入环境—健康—贫困陷阱中。因此，尽管这种做法有可能会放慢经济增长速度，降低稳态均衡下的人均产出，政府应该将居民福利水平作为决策目标之一，才能打破恶性循环的怪圈，真正实现经济—环境—公共健康的可持续协调发展。

（二）敏感性检验

本节将表 1 中的参数取值作为基准情景，结合以往学者对关键参数的赋值及中国工业化进程

中经济社会未来可能发展趋势设置了关键参数变动情景，通过对比分析考察模型参数变动对能源税收入最优分配比例的影响。

如图 3、图 4、图 5 和图 6 所示，实线代表基准情景，虚线代表关键参数增加或减少的情景。不难看出，随着关键参数的变动，均存在 $\partial y^*/\partial\beta = 0$、$\partial U^*/\partial\beta = 0$ 的情形；而且，在某个最优分配比例临界值之前，人均产出水平（或福利水平）随着能源税收入对居民收入补贴比例的提高而提高，当超过这个临界值时，它随着补贴比例的提高而下降。也就是说，不管关键参数如何变动，均会存在基于人均产出最大化或居民福利最大化的能源税收入最优分配比例，但又难以同时满足两者最优目标，这与命题 1、命题 2、推论 1 的结论相符合，数值模拟与理论研究发现一致，结果具有稳健性。[①]

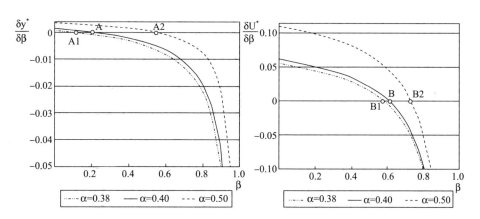

图 3   资本产出份额与人均产出边际效应、居民福利边际效应的关系

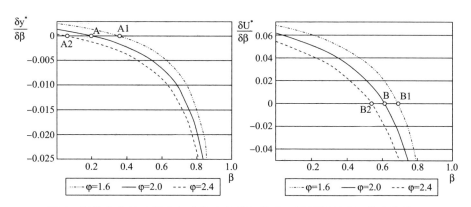

图 4   污染危害健康程度与人均产出边际效应、居民福利边际效应的关系

---

① 另外，本文也对给定能源税税率 τ 介于临界值 T_U 与 T_y 之间的情形进行了敏感性检验，发现结果仍具有稳健性。限于篇幅，图 3 至图 6 仅列示了部分模拟结果图，如需其他结果图，可向作者索取。

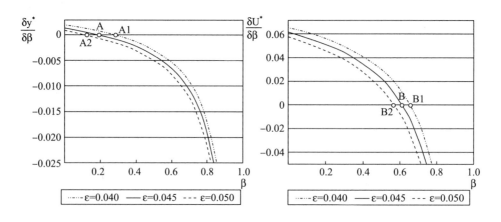

图5　健康影响劳动生产率程度与人均产出边际效应、居民福利边际效应的关系

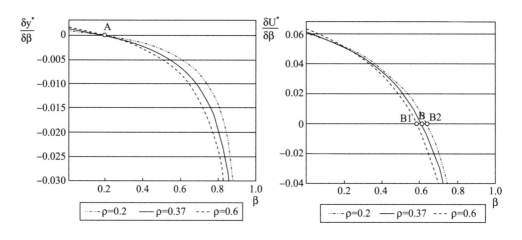

图6　主观贴现率与人均产出边际效应、居民福利边际效应的关系

对于资本产出份额 α 而言，张芬等（2012）估计的资本产出弹性为 0.5，白重恩和张琼（2014）发现，随着投资率大幅攀升和政府规模持续扩大，2008 年金融危机后中国资本回报率大幅下降。基于上述研究，并结合中国工业化发展状况，本文引入 α = 0.38、α = 0.5 两种情形。如图 3 所示，当资本产出弹性下降时，基于人均产出最大化（或居民福利最大化）的能源税收入补贴居民的最优比例从 A 点（或 B 点）左移到 A1点（B1 点）；反之，最优比例从 A 点（或 B 点）右移到 A2 点（B2 点）。对此可解释为：资本产出弹性 α 的下降意味着劳动产出弹性 1 − α 的上升，原有征税所带来的收入扭曲加重；但同时，污染健康效应通过影响劳动生产率从而对人均产出产生更严重的负面影响。一旦增加减排活动的补贴比例，改善了环境质量及公众健康状况，有

利于刺激经济产出，增加居民收入，从而原有放大的税收扭曲将会被抵消。因此 α 越大，能源税收入补贴减排活动越重要；此时，政府会上调能源税收入对减排活动的补贴比例，降低居民补贴比例，才能保持人均产出最大化或福利最大化的状态。

在污染对健康危害程度 φ 方面，其危害程度或许远远超过目前所知程度，为此 φ 取 2.4；考虑到未来医疗卫生技术的发达及居民对健康更为重视等因素影响，φ 取 1.6。如图 4 所示，当污染对健康的危害程度 φ 下降时，基于人均产出最大化（或居民福利最大化）的能源税收入补贴居民的最优比例从 A 点（或 B 点）右移到 A1 点（B1点）；反之，最优比例从 A 点（或 B 点）左移到 A2 点（B2 点）。对此可解释为：当 φ 越小时，单位污染减排补贴对公众健康的改善越无效，此

时补贴居民收入变得更加重要。因此，基于人均产出最大化或福利最大化的能源税收入对居民的补贴比例均会上升；反之亦然。

关于健康质量对劳动生产率影响 ε 的取值，由于缺乏相关的实证数据，假设基准情景中的 $\varepsilon = 0.045$ 分别增加至 $\varepsilon = 0.05$ 或下降至 $\varepsilon = 0.04$。如图 5 所示，当 ε 上升时，为实现人均产出最大化（或居民福利水平最大化）的能源税收入补贴居民的最优比例从原有的 A 点（或 B 点）左移到 A2 点（B2 点）；反之，最优补贴比例右移到 A1 点（或 B1 点）。对此可解释为：当健康对劳动生产率的影响 ε 增加时，同等的健康质量改善对单位劳动产出的刺激作用增强，政府对减排活动补贴的重视程度上升，因此能源税收入补贴污染减排的比例上升，补贴居民的比例下降。

对于主观贴现率 ρ 而言，根据 Fanti 和 Gori（2011）的回顾，主观贴现率取值一般在 0.2 ~ 0.6 之间。为此，引入了主观贴现率 ρ 取值 0.2 和 0.6 两种情形，相应地，居民储蓄率 δ 分别为 0.17 和 0.37。当主观贴现率 ρ 增加时，为了平滑终身消费需求，居民更加重视储蓄，这意味着更高的资本积累和社会总产出水平 y^*，但居民工资水平 w^* 随之上升，可支配收入 $w^* + \beta \tau y^*$ 显著增加。此时，如图 6 所示，基于产出最大化的能源税收入最优分配比例不受其影响，仍固定在 A 点；但基于居民福利最大化的视角，相比于补贴居民收入，补贴减排活动显得更为重要，能源税收入补贴居民的最优比例将从 B 点左移到 B1 点；反之，最优比例将从 B 点右移到 B2 点。

五、结论与政策含义

面对环境—健康—贫困陷阱风险，如何制定能源税政策实现经济与环境的协调发展成为我国政府亟须解决的问题。其中，征收能源税已成为既定事实，如何分配税收收入来减轻甚至避免经济损失成为目前学界和社会关注的热点，也关系到我国环境治理和改善民生等重大政策目标的顺利实现。考虑到环境污染对健康质量及经济产出

的影响，认为应将能源税收入分配给居民收入与支持企业减排上。因此，基于健康影响经济产出的视角，本文构建 OLG 理论模型，首次讨论了在既定能源税税率水平下能源税收入在居民收入与污染减排之间的最优分配比例问题。

本文的主要结论是：第一，理论上存在能源税收入对居民收入与减排活动的最优分配比例，能够实现人均产出最大化或福利水平最大化。第二，当给定能源税税率满足阈值条件时，能源税收分配政策虽然有利于提高居民福利水平，但会阻碍经济增长。第三，结合中国实际数据，实证研究发现我国目前能源税分配政策难以同时实现人均产出与居民福利的最大化；敏感性分析表明当资本产出份额下降或者健康对劳动生产率影响程度上升时，能源税收入补贴减排的最优比例会上升；当污染危害健康程度下降时，能源税收入对减排活动的最优补贴比例会下降；当主观贴现率上升时，基于福利最大化的能源税收入补贴减排的最优比例会上升；然而，无论参数如何变动，定性结论仍具有稳健性。

基于以上结论，并考虑到当下环境污染形势的严峻性，在未来一段时间我国可能面临着较为突出的环境—健康—贫困陷阱风险，为了有效突破或规避陷阱，本文的研究启示总结如下：

其一，征收能源税并将其收入用于补贴居民收入及企业污染减排的能源税收政策能够发挥逆向约束与正向激励的双重作用，在最大限度上降低能源税征收所带来的经济损失与居民福利损失。比如，将能源税用于增加居民转移支付，以降低因征税所带来的收入损失；它还可以用于奖励积极采用新减排技术并达到环保标准的企业，甚至对于那些受能源税影响较大的能源排放密集型企业在其做出减排规划的前提下给予税收返还的短期支持。当然，能源税收入的一大用途是继续用于绿色环保支出，如专门用于研发新能源汽车等新技术、提高传统汽车燃油经济性、鼓励公交车出行等节能减排行为。如此一来，能源税政策将能源税征收与收入分配相结合，这也符合《大气污染防治行动计划》中的"谁污染、谁负责，多

排放、多负担，节能减排得收益、获补偿"的原则，有利于降低征税损失，促进减排，为降低中等收入陷阱风险提供保障。

其二，能源税收入在居民收入与减排活动之间的补贴比例取决于政策制定者的决策偏好。过去我国片面地追求国民生产总值增长，将经济产出作为评估政府官员业绩的标准，从而导致各级领导干部过度追求经济增长指标，忽视更为重要的健康、环境以及居民福祉。实际上，政策制定者的决策偏好在实现经济与环境融合方面处于非常重要的位置。目前来看，我国能源税收入分配政策无法同时实现人均产出与居民福利的最大化。因此，关于经济增长与福利增进的目标选取上需要依赖于我国政府的决策偏好。若政策导向由原有的唯GDP论向增进居民福祉转变，尽管可能会放慢经济增长速度，无法实现稳态均衡条件下的人均产出最大化，但会提升居民福利水平，这才是以人为本构建和谐社会的根本体现。

其三，能源税收入分配政策需要根据各地区的实际情况进行相应调整。中国地域辽阔，各地区环境污染与经济发展状况差异较大，"一刀切"的能源税收入分配机制在经济上往往是无效的。因此，建议在中央政府制定统一的能源税收入分配政策基础上，地方政府应根据当地实际情况，因地制宜，适当调整具体分配比例，从而兼顾各地区经济增长、环境保护与居民福祉。同时，随着现代化进程的加快推进，环境、污染和公共健康问题日益凸显，能源税收入分配政策也需要适时调整，因时制宜，才能不断提升居民福利水平、保障经济健康发展。

需要指出的是，本文的主要贡献在于从理论上分析环境、健康和经济增长之间的关系，讨论能源税收入在居民收入与企业污染减排之间的最优分配比例问题。考虑到理论研究的抽象性，本文定量结论仍需进一步经验检验和应用。

参考文献

[1] 白重恩、张琼，2014：《中国的资本回报率及其影响因素分析》，《世界经济》第10期。

[2] 蔡昉，2011：《"中等收入陷阱"的理论、经验与针对性》，《经济学动态》第12期。

[3] 高颖、李善同，2009：《征收能源消费税对社会经济与能源环境的影响分析》，《中国人口·资源与环境》第2期。

[4] 贺大兴、姚洋，2011：《社会平等、中性政府与中国经济增长》，《经济研究》第11期。

[5] 加里·贝克尔，1987：《家庭经济分析》，华夏出版社.

[6] 李钢、董敏杰、沈可挺，2012：《强化环境管制政策对中国经济的影响——基于CGE模型的评估》，《中国工业经济》第11期。

[7] 李凯杰，2014：《环境支出促进了经济增长吗？——基于省级面板数据的研究》，《世界经济研究》第12期。

[8] 楼继伟，2010：《中国经济未来15年：风险、动力和政策挑战》，《比较》第6期。

[9] 祁毓、卢洪友，2015：《污染、健康与不平等——跨越"环境健康贫困"陷阱》，《管理世界》第9期。

[10] 祁毓、卢洪友、张宁传，2015：《环境质量、健康人力资本与经济增长》，《财贸经济》第6期。

[11] 王德发，2006：《能源税征收的劳动替代效应实证研究——基于上海市2002年大气污染的CGE模型的试算》，《财经研究》第2期。

[12] 汪伟，2012：《人口老龄化、养老保险制度变革与中国经济增长——理论分析与数值模拟》，《金融研究》第10期。

[13] 王小鲁、樊纲，2000：《中国经济增长的可持续性——跨世界的回顾与展望》，经济科学出版社。

[14] 肖俊极、孙洁，2012：《消费税和燃油税的有效性比较分析》，《经济学》（季刊）第4期。

[15] 杨继生、徐娟、吴相俊，2013：《经济增长与环境和社会健康成本》，《经济研究》第12期。

[16] 杨岚、毛显强、刘琴、刘昭阳，2009：《基于CGE模型的能源税政策影响分析》，《中国人口·资源与环境》第2期。

[17] 张德荣，2013：《"中等收入陷阱"发生机理与中国经济增长的阶段性动力》，《经济研究》第9期。

[18] 张芬、周浩、邹薇，2012：《公共健康支出、私人健康投资与经济增长：一个完全预见情况下的OLG模型》，《经济评论》第6期。

［19］张军，2002：《资本形成、工业化与经济增长：中国的转轨特征》，《经济研究》第 6 期。

［20］郑秉文，2011：《"中等收入陷阱"与中国发展道路——基于国际经验教训的视角》，《中国人口科学》第 1 期。

［21］张为付、潘颖，2007：《能源税对国际贸易与环境污染影响的实证研究》，《南开经济研究》第 3 期。

［22］中华人民共和国国家统计局，2014：《中国统计年鉴 2014》，中国统计出版社。

［23］Chang, T., J. G. Zivin, T. Gross, M. Neidell. 2016. Particulate Pollution and the Productivity of Pear Packers. American Economic Journal：Economic Policy, 8：141 – 69.

［24］Chen S., L. He. 2014. Welfare Loss of China's Air Pollution：How to Make Personal Vehicle Transportation Policy. China Economic Review, 31：106 – 118.

［25］Chiroleu – Assouline, M., M. Fodha. 2006. Double Dividend Hypothesis, Golden Rule and Welfare Distribution. Journal of Environmental Economics and management, 51：323 – 335.

［26］Davis, K., S. R. Collins, M. M. Doty, A. Holmgren. 2005. Health and Productivity among U. S. Workers, Issue Brief. The Commonwealth Fund.

［27］Devol, R., A. Bedroussian, A. Charuworn, et al. 2007. An Unhealthy America：The Economic Burden of Chronic Disease. Milken Institute.

［28］Diamond, P. A. 1965. National Debt in a Neoclassical Growth Model. American Economic Review, 55：1126 – 1150.

［29］Fanti, L., and L. Gori. 2011. Public Health Spending, Old – age Productivity and Economic Growth：Chaotic Cycles under Perfect Foresight. Journal of Economic Behavior & Organization, 78：137 – 151.

［30］Goodstein, E. 1996. Jobs and the Environment：An Overview. Environmental Management, 20：313 – 321.

［31］John, A., R. Pecchenino. 1994. An Overlapping Generations Model of Growth and the Environment. The economic journal, 104：1393 – 1410.

［32］Liu, G. G., W. H. Dow, A. Z. Fu, et al. 2008. Income Productivity in China：On the Role of Health. Journal of Health Economics, 27：27 – 44.

［33］Parry, I. W. 1995. Pollution Taxes and Revenue Recycling. Journal of Environmental Economics and management, 29：64 – 77.

［34］Pautrel, X. 2009. Pollution and Life Expectancy：How Environmental Policy can Promote Growth. Ecological Economics, 68：1040 – 1051.

［35］Pautrel, X. 2012. Pollution, Private Investment in Healthcare, and Environmental Policy. The Scandinavian Journal of Economics, 114：334 – 357.

［36］Pearce, D. 1991. The Role of Carbon Taxes in Adjusting to Global Warming. The economic journal, 101：938 – 948.

［37］Schneider, K. 1997. Involuntary Unemployment and Environmental Policy：The Double Dividend Hypothesis. The Scandinavian Journal of Economics, 99：45 – 59.

［38］Schwartz, J., R. Repetto. 2000. Nonseparable Utility and the Double Dividend Debate：Reconsidering the Tax – interaction Effect. Environmental and Resource Economics, 15：149 – 157.

［39］World Health Organization. 2004. The Global Burden of Disease：2004 Update. Geneva. World Health Organization.

［40］World Health Organization. 2006. WHO Air Quality Guidelines for Particulate Matter, Ozone, Nitrogen Dioxide and Sulfur Dioxide：Global Update 2005. Geneva. World Health Organization.

［41］Zivin, J. G., M. Neidell. 2012. The Impact of Pullution on Worker Productivity. The American Economic Review, 7：3652 – 3673.

Environment, Health, and Economic Growth: a Research on the Optimal Energy Tax Swap

CHEN Sumei, HE Lingyun

Abstract: Under the pressures of economic growth and environmental protection, the issue of environmental protection without harms to the economy or production loss becomes a challenge to an effective energy tax. By means of an overlapping generation (OLG) model, we introduce the impacts of the environmental deterioration on the public health, and discuss the relationships among energy tax swap, environment, public health and economy. Particularly, we investigate the optimal redistribution of the tax revenue to the resident's income and environmental protection in terms of avoiding the "environmental – health – poverty" trap. The results show that there exists an optimal redistribution to maximize the production per capita, or the residential welfare. However, it is impossible for any tax swap policy to satisfy both goals in China. Our research implies that the policy makers can thereby adjust the policy according to its own decision preference, and real – world necessity.

Key words: Energy Tax Swap; Public Health; Economic Growth; "Environment – Health – Poverty" Trap

专题四

技术创新与产业政策研究

社会合作的行为经济学解释述评[*]

史 丹 汪崇金

摘 要： 人类与生俱来就具有与他人合作并维护伦理规范的倾向。尊重并激发人类的这一特质，已是当前中国推进社会治理的一个有效突破口。本文紧扣经济学实验、演化仿真和脑成像行为经济学三大研究方法，从静态视角系统梳理了人类这一特质的证据，并从动态视角勾画其可能的演进路径。本文有助于人们正确理解个体在社会互动中的行为动机与方式，强化人们对他人合作态度的乐观判断，以及对他人维护伦理规范倾向的积极预期，从而在借助他律的同时，践行慎独，自觉地维护社会合作和良好规范，更好地促进社会合作。

关键词： 强互惠行为；实验经济学；脑科学；演化仿真

一、引 言

现实生活中随处可见人与人之间的合作，但与此不相称的是，主流经济学长期以来以经济人假设为起点，以竞争为主线，专于研究稀缺资源的有效配置，忽视了对人类合作行为的研究（黄少安、韦倩，2011）。实际上，人类之所以能够取得今天的成就，并不是由于他与其他动物一样具有竞争的本性，而是与之相反，在于人类与其他动物不同的特点——高度的合作能力（孟昭勤、王一多，2004）。认识到这一点，对于方方面面的制度设计与安排意义重大。大的方面关乎如何推进"一带一路"倡议、环境治理等国际合作，小的方面关系如何加强社区治理、组织管理等人际互动。近年来，学术界甚至出现了一种呼声，即经济学有从传统的资源配置理论走向合作

理论的必要（黄少安，2000；张维迎，2015）。

研究人类合作行为，"如何认识'人'"是绕不过的槛。因为要理解经济如何运行，懂得如何管理经济并促进经济繁荣，就必须关注人们的某些思维模式（阿克洛夫、席勒，2009）。不过，正如卢梭在《论人类不平等的起源和基础》序言中所说的，"人类的各种知识中最不完备的，就是关于'人'的知识"。其中，关于人性的讨论由来已久。古今中外，概不例外。在中国传统文化中，管仲有"夫凡人之情，见利莫能勿就，见害莫能勿避"的感叹，而孟子则有"人无有不善"的乐观精神。在西方文化中，对人性探索可追溯到马基雅维利和孟德维尔，但影响最为深远的当属经济学之父亚当·斯密。他在《国富论》中的一段论述被尊为经济人假设的始源。不过，斯密在强调人的自爱的同时，还强调了克己和谨慎，自爱的经济人本身包含了以同情为内容的伦

---

* 本文发表在《经济学动态》2017 年第 3 期。《新华文摘》2017 年第 12 期转摘。

史丹，中国社会科学院工业经济研究所党委书记、副所长、二级研究员；汪崇金，中国社会科学院财政经济研究院博士后，山东财经大学副教授。

理范畴（朱富强，2009）。毫无疑问，如果只有自利或自爱，人类怎能破解囚徒困境、走出"霍布斯丛林"？令人欣喜的是，近几十年来，行为经济学借助实验、仿真和脑成像等技术，迅速积累了大量的证据，系统地证实了人们并不是具有同质的自利偏好，而是深刻地受到生活环境、社会规范和文化传统的复杂影响，具有异质的社会偏好（World Bank，2015）。

通俗地讲，社会偏好是指一些感觉。它包括，人们愿意与志趣相投的人合作，可以从中获得快乐，或者感到对这种行为抱有义务；人们也喜欢惩罚那些盗用他人合作成果的人，或者感到有义务这么做（鲍尔斯、金迪斯，2015）。人们这种喜欢合作、讨厌不合作的社会偏好，在行为上则体现为条件性合作（Conditional Cooperation）①和利他性惩罚（Altruistic Punishment）。在桑塔费学派（Santa Fe Institute）的语境中，这些行为又被定义为积极的强互惠（Positive Strong Reciprocity）和消极的强互惠（Negative Strong Reciprocity）。②基于异质性社会偏好的强互惠理论为我们描述了这样一幅图景：在一个群体中，强互惠者会积极尝试着与他人合作，但仅此并不足以维系合作，因为难免存在一些"搭便车"者，如果不对他们加以约束，"搭便车"行为会进一步蔓延。好消息是，倘若允许个体间相互监督与惩罚，即使没有预期利益作为补偿，强互惠者也会不惜花费个人成本惩罚那些"搭便车"者，合作则得以维系。在社会学、人类学等领域的学者看来，强互惠者的合作倾向与对违规、卸责、"搭便车"等机会主义行为的利他惩罚，是维系伦理、道德、习俗、禁忌、礼仪、规矩等非正式制度的根本力量，也是强化法律、法规、合同等正式制度的重要支撑，现已成为理论界破解"社会合作何以可能"这一难题的重要突破口。

强互惠理论强调了人类行为动机的多样性和社会性，对人的抽象更符合实际。不过，强互惠理论毕竟是在新近才发展起来的，尚有诸多质疑，对社会实践的指导潜力也尚待挖掘。鉴于此，本文着力从静态视角，系统梳理强互惠特质的经济学实验证据与脑科学研究发现，并尝试从动态视角勾画这一特质可能的演进路径。借此述评，以期进一步宣传强互惠理论、彰显强互惠力量，强化人们对他人的合作与利他惩罚的预期，引导人们在借助他律的同时，践行慎独，自觉地参与到规范维系、社区治理，以及环境保护、食品安全等方面的公共利益维护和公共事务管理中来，从而更好地促进不同领域的社会合作。

二、强互惠行为的实验证据

经济学实验凭借其较好的可控制性和可复制性，能有效地测度变量之间的因果关系，为强互惠理论提供了一系列极具说服力的行为方面的证据。其中，公共品实验被认为最为适合模拟人们在现实状态下的互动（Chaudhuri，2011），为此，本文着重讨论公共品实验的证据。具体而言，这些实验证据可分为下面两大类。③

（一）条件性合作的实验室证据

实验经济学家对强互惠行为的兴趣首先源于对"最后通牒博弈"的分析。在最后通牒博弈中有两个参与者，分别称为提议者和回应者，他们进行一定数量的现金分配。提议者首先提出一个分配方案，回应者决定接受或拒绝该方案，如果回应者接受，则双方按照分配方案分得现金；如果回应者拒绝，双方收益均为零。按照自利偏好假设，在一次性匿名博弈中，提议人给对方任意一个非常小的正的单位收益，响应者将接受提议并达成均衡。但是，大量的"最后通牒博弈"实验显示，大多数提议者会分给回应者40%～50%

---

① 有些文献也称之为利他性合作（Altruistic Cooperation）。

② 这里的利他性并非强调行为主体的利他动机，而是强调行为本身会降低行为主体自己的适存度、增加群体的适存度。生物学家用后代与母代之比来测度适存度（Fitness），如果一个人的生存策略有利于增加自己的适存度，那么他的后代的数目必须超过母代的数目（汪丁丁，2011）。

③ 尽管积极的强互惠与消极的强互惠都是受社会偏好驱使，但为了便于聚焦问题，文献梳理时分两类并头推进。

的现金（Güth et al.，1982；Bolton & Zwick，1995；List & Cherry，2000）。这是自利偏好假设无法解释的现象，Güth 等（1982）称之为"最后通牒博弈"悖论。

类似地，按照主流经济学的博弈分析，在一次性公共品博弈中，参与者不会向公共账户中贡献自己的禀赋。但是，在实验经济学不算长的历史中，已开展的 200 多个公共品实验均显示：被试的公共品投资显著不为零（Isaac & Walker，1988；Andreoni，1988）。[1] 除此之外，在独裁者博弈实验、信任博弈实验、礼物交换博弈实验中，被试也都呈现出传统的自利偏好假设无法解释的合作倾向。

这些现实观察与理论预测的"不一致"吸引了人们对超越自利偏好假设的研究，顺势而生的社会偏好（Social Preference）理论引起学界的重视（陈叶烽，2010）。尽管社会偏好概念的雏形可以追溯到 Veblen（1934）、Duesenberry（1949）等，但要严格地给社会偏好下一个定义并非易事。文献中一般有四种具体形式的社会性偏好：纯粹利他（Pure Altruism）、光热效应（Warm Glow）、互惠（Reciprocity）和不平等厌恶（Inequality A-verse）。Ashley 等（2010）、周业安和宋紫峰（2008）、陈叶烽（2009）等还曾运用计量分析方法尝试给予进一步界定。从本文掌握的资料来看，社会偏好的进一步具体化并未引起学界的更多关注，而是广泛用于表示人类的亲社会情感。相似的表达还有亲社会偏好、涉他偏好等。

条件性合作是指人们在预计他人合作时也会还以合作的行为特征，是社会偏好这一心理动机的行为表现。Fischbacher 等（2001）在其论文开篇即提出，"一些人可能是出于某种形式的社会性偏好而表现为条件性合作（Conditional Coopera-tion）"，从而免予对社会偏好具体形式的纠缠。[2] 在此之后，条件性合作成为一个更为中性的概念，

用于描述人们愿与志同道合者合作的特质。而且，Fischbacher 等（2001）的两阶段公共品实验设计现已发展成为定量分析异质性社会偏好的基本范式。他们基于 Selten（1967）的策略性方法，通过激励相容约束，要求被试回答其在他人的公共品贡献量分别为 0，1，2，…，20 等情况下的公共品贡献量。然后，依据这两个序列之间的相关性，将被试划分为条件性合作者、"搭便车"者、倒 U 形合作者等类型。在此之后，Herrmann 和 Thöni（2009）、Rustagi 等（2010）、Fischbacher 和 Gächter（2010）、Volk 等（2011）、汪崇金等（2012）、周业安等（2013）、周晔馨等（2014），先后基于这一范式，以不同经济发展水平和文化背景的个体为实验对象，得到了较为一致的实验结论，为条件性合作提供了更有力的实验证据。[3]

以条件性合作为主要内容的异质性社会偏好假设能够有效地解释重复多期的标准公共品实验中的"非零贡献"与"合作退化"（周业安、宋紫峰，2008）。实验中，一部分人是强互惠者，表现出条件性合作倾向，他们在实验伊始就尝试着与他人合作，因此我们观测到实验中的公共品贡献量不为零。不过，还有一部分人是"搭便车"者，他们不顾强互惠者的努力，而一直选择"搭便车"。强互惠者的回应便是减少或拒绝合作，再次表现出条件性合作特征，因此我们观测到实验中的公共品贡献量随着实验的重复进行而下降。这进一步佐证了条件性合作假说的合理性。

（二）利他惩罚的实验室证据

强互惠行为的另一方面为利他惩罚，利他惩罚的实验证据也应从"最后通牒博弈"谈起。前述分析已经提到，在大量的实验中，多数提议者表现得相当慷慨，这是自利偏好假设无法解释的。这里需要补充的是，这些实验还显示，对于提议者的吝啬（如低于禀赋的 30%），响应者常常会

---

① 资料来源：Holt, Charles. The Y2K Bibliography of Experimental Economics and Social Science. http：//www. people. virginia. edu/~cah2k/y2k. htm。

② 还有一种观点认为，条件性合作是个更为广泛的概念，不仅包括积极的强互惠，即 Fischbacher 等（2001）语境下的条件性合作，还包括出于直接互惠、间接互惠动机所表现出的合作行为（Suzuki et al.，2011）。

③ 更为详细的总结详见连洪泉和周业安（2015）的论文表 1。

拒绝接受，导致双方都一无所获。响应者的拒绝实质上是对提议者的惩罚，当然响应者自身也为这样的惩罚支付成本，因为他本可以获得一个正的收益，只不过在他看来有点少而已。这里有点"宁为玉碎，不为瓦全"的情绪宣泄，体现了利他惩罚的特征。

利他惩罚首份公共品实验证据来自 Fehr 和 Gächter（2000）。他们是以现实中的一个悲剧事件开始的。在 1979 年"油荒"期间，卡特政府出台了一系列汽油配给与价格控制的措施，导致购油司机加油时需要排长队等候。排队的人群中常常因插队而产生殴斗、叫骂，一位乘汽车旅行的人甚至因为插队而被一位素不相识的卡车司机枪杀。这显然是一个极端案例，但现实中类似的"路见不平、拔刀相助"的行为时有发生，例如"瓜子哥""项链姐"等事件。这些都反映了这样一种现象：人们厌恶破坏合作规范、"搭便车"等不合作行为，有时甚至不惜花费个人成本施以惩罚。为了验证这种利他惩罚，Fehr 和 Gächter（2000，2002）在标准公共品实验中新增了一个环节，允许被试之间相互监督，对"搭便车"的队友实施有成本的惩罚（下文称这一实验设计为 F&G 设计）。[①] 他们的实验结论显示，对于"搭便车"行为的利他惩罚普遍存在；"搭便车"程度越严重，遭受队友的利他惩罚就越大。这也进一步解释了标准公共实验中"合作退化"现象。强互惠者遭遇"搭便车"后之所以减少或拒绝合作，是因为这是他们惩罚"搭便车"者的唯一手段（Fehr 和 Gächter，2000）。更为重要的是，Fehr 和 Gächter（2000）还发现，利他惩罚能够维系较高水平的合作。

在随后的十多年里，Bochet 等（2006）、Carpenter（2007）、Sefton 等（2007）、宋紫峰和周业安（2011）等基于 F&G 设计，以不同文化背景的个体为实验对象，证实了广泛存在的利他惩罚，

一遍遍复述着与 Fehr 和 Gächter（2000）相同的乐观故事。

三、对强互惠理论的质疑

大量的公共品实验显示，一些人具有强互惠特质，已成为破解"人类合作何以可能"这一难题的突破口。当然，对于这一乐观判断，也有很多学者并不信服，提出了诸多质疑。[②] 在后续的拓展性研究中，有些质疑得以化解，而有些却不断强化并更具颠覆性。

（一）"非零贡献"是合作还是"迷糊"？

尽管异质性社会偏好假说能够解释公共品实验中的"非零贡献"与"合作退化"两大经典现象，并得到了广泛的认可，但持怀疑态度的人也不在少数。例如，Andreoni（1995）、Houser 和 Kurzban（2002）等早期研究均指出，一些被试没有选择"搭便车"，是混乱（confusion）或失误（Error）所致。这些迷糊的（Confused）被试贡献了总量的 50% 左右，这一比例远高于强互惠理论支持者测算的 6% ~ 10%（Fischbacher et al.，2001；Fischbacher & Gächter，2010）。不过，随着实验经济学的发展，实验程序更为规范、实验技术更为成熟，"迷糊"一说曾一度消失，但近年来再次风起。持怀疑态度的代表性人物有 Maxwell Burton - Chellew，Stuart West 等。他们的实验研究再次提出，"非零贡献"不是因为合作，而是出于利益最大化的动机、不断试错的结果。

例如，Burton - Chellew（2016）得到了一些有别于以往的实验结论：第一，当被试在人机博弈时，同样表现出异质性的社会偏好，社会偏好类型分布与 Fischbacher 等（2001）、Fischbacher 和 Gächter（2010）中以人作为博弈玩家的实验结论基本相同。第二，无论是与计算机博弈还是与人博弈，被试在策略性实验中表现出的社会偏好

---

① 与 Ostrom 等（1992）不同，他们在陌生人组（Stranger - treatment）的实验中选择了随机匹配方法。也就是说，各期实验的小组成员构成不同，从而排除了被试在互动中因为直接互惠或声誉考虑而选择合作或惩罚的可能。

② 连洪泉等（2013）提到其中的三点质疑。

都可以解释他们在一次性博弈中的公共品供给，这与 Fischbacher 和 Gächter（2010）以人为被试对象的实验结论也是一致的。① 第三，个体利益最大化策略应该是贡献"零单位"公共品，而与他人贡献量的多少无关，但在实验中，只有"搭便车"者是这样认为的，而条件性合作者一般会相信自己利益最大化策略与他人的贡献量有关。作者强调，尽管设置了标准的控制性问题，但还不能确保被试能够正确理解博弈，实验方法的可靠性仍值得怀疑，行为经济学实验中的基本假设——选择显示动机，并不必然成立。

又如，Burton - Chellew 等（2015）假设了三种学习规则：基于利益的学习（Payoff - based Learning）、亲社会的学习（Pro - social Learning）、条件性合作（Conditional Cooperation）。基于利益的学习规则是指被试仅关心自己的收益；亲社会的学习规则是指被试不仅关心自己的收益还关心他人的收益；而条件性合作规则假设被试不仅关心自己的收益还关心他人的贡献量。他们开展了三种设计的实验：黑盒子（Black Box）设计、标准设计、强化设计。三者的区别仅在于信息的多寡不一。黑盒子设计实验中的信息量最少，仅告诉被试将按照某一个数学公式计算个人所得，再无其他提示信息；在标准设计实验中，告诉被试其收益以及其他三位队友的公共品贡献量，这与 F&G 设计一致；而强化设计实验中提供的信息比在标准设计中多了两条，即其他队友的公共品收益和总收益。② 理论上讲，强化设计实验提供了更多的信息，不确定性会有所下降，人们因未知而学习模仿他人的可能性也会有所下降。但实际上，在标准设计实验中，被试更明显地表现为条件性合作，而在强化设计实验中，更多的信息没有改善合作，反而具有反社会效果（Anti - social Consequence）③，公共品供给水平下降趋势更为明显。这说明被试表现出的条件性合作不是出

于社会性偏好，而是社会学习的结果；更为重要的是，仅有基于利益的学习规则能够解释全部的三种设计实验的数据。他们据此判断，条件性合作主要是因为困惑或失误所致，而不是亲社会偏好的体现，公共品实验不能证实人类所拥有的利他性。

尽管 Maxwell Burton - Chellew 等开展了卓有成效的研究，但他们引述的文献中，除了自己团队的研究成果，如 Kummerli 等（2010）、Burton - Chellew 和 West（2013）之外，剩下的只有上文提及的 Andreoni（1995）、Houser 和 Kurzban（2002）。可以说，Burton - Chellew 等的质疑尚未在更大范围内引起共鸣。当然，学习是人类活动的基本特征，实验中被试可能存在学习活动，这也难怪学习假说（Learning Hypothesis）由来已久却难以排除。演化心理学、演化博弈论、生物学和有限理性论一致认为，人类能够快速地习得和有效地运用互惠规范和社会规则，正是这个强大的学习能力，使个体能够在大量的社会困境中通过其积极行动获得收益（埃利诺·奥斯特罗姆，2010）。也许正如 Muller 等（2008）所言，被试在实验中的自愿供给行为的变化反映了他们尝试探索对他们最为有效的策略，但这种变化并非一直朝着个体利益最大化的方向变动。换言之，被试并非简单地学习如何最大化个人利益。这说明 Burton - Chellew 等的质疑尚不能否定社会偏好假说，反而为深入研究社会偏好提出了新的视角。

（二）利他惩罚实验果真客观描述了现实生活？

强互惠理论的支持者们声称，利他惩罚实验解释了狩猎聚居部落、游牧民族等小型社会的自发合作（Bowles & Gintis，2002；Richerson & Boyed，2005）。但在 Guala（2012）看来，这样的声称过于随意，并提出利他惩罚实验缺乏现实证据的质疑。Guala（2012）的质疑引发了学术界

---

① 从不同偏好类型来看，被试在与计算机玩家或人类玩家的实验中，公共品贡献量均值也基本相同，参见 Burton - Chellew（2016）的论文图 1。换言之，被试之间的差异可以解释为他们如何理解最大化收益方面的差异。

② 但仔细推敲，如果被试真正理解实验，强化的设计实验额外提供的两条信息实际上是多余的，因为被试可通过简单计算获得。

③ 详见原文的表 2 中"other's success"系数均为负值，又见原文图 1。

就利他惩罚的大讨论，诸多著名学者，如 Elinor Ostrom、Nikos Nikiforakis 等都参与进来，桑塔菲学派"四君子"（Samuel Bowles、Robert Boyd、Herbert Gintis、Ernst Fehr）也加入了论战。2012年2月发表的《行为与脑科学》（*Behavior and Brain Science*）还以专题的形式集中收录了这些讨论。总体来看，争议主要集中在以下几个方面。

首先，利他惩罚实验设计究竟在多大程度上刻画了真实世界？例如，Güney 和 Newell（2012）指出，实验中无须真正地付出努力，实验所得类似于意外之财，这在现实中相当少见，因此实验不能用于模拟现实生活、解释现实问题。更具颠覆性的是，上述乐观结论都是基于 F&G 设计，而这种设计事先排除了包括报复在内的反社会惩罚（Anti-social Punishment）。无论是在经济学实验中（Denant-Boemont et al.，2007；Nikiforakis，2008），还是在演化博弈模型中（Hauert et al.，2007；Janssen & Bushman，2008；Rand et al.，2010），一旦加入反社会惩罚，上述乐观故事都将被改写。由此可见，无视反社会惩罚显然有损利他惩罚实验的效度。

其次，现实生活中存在利他惩罚吗？这也是回应实验效度质疑的关键问题。Guala（2012）重新审视了强互惠理论支持者所声称的人种学证据，并指出现实中一些惩罚是无须惩罚者支付成本的，而另一些所谓的高成本惩罚（Costly Punishment）往往是由集体完成的，惩罚成本为所有成员公摊。他强调，这些惩罚都与实验中的利他惩罚不一致，不可认定为利他惩罚的现实证据。Guala（2012）对利他惩罚缺乏现实证据的质疑也得到 Binmore（2005）、Ross（2006）、Johnson（2012）等的广泛支持和认同。

毫无疑问，Guala 等的质疑极具挑战，但还没有严重到让我们否认社会偏好是重要行为动机的判断。虽然允许反社会惩罚的公共品实验和演化博弈分析再次得出悲观结论，似乎又应证了霍布斯、洛克等先哲的预言，但在新近开展的允许交流（Ostrom，2012）、增加信息供给（Kamei & Putterman，2013）的公共品实验中，还是得到了支持利他惩罚能够维系社会合作的结论。就利他惩罚缺乏现实证据这一质疑而言，一些学者指出，由于现实生活多处于均衡状态（Johnson，2012；Gächter，2012），再加上存在不确定性（Bereby-Meyer，2012；Gehrig et al.，2007），因此很难观测到利他惩罚，但这不能否定利他惩罚在一次性交往中的作用。Fudenberg 和 Pathak（2010）的发现就是一个佐证，他们以美国大学生为被试对象的实验显示，仅仅是利他惩罚威胁就足以维系较高水平的社会合作。换言之，日常生活中往往无须真正地发生利他惩罚。另外，Balafoutas 和 Nikiforakis（2012）新近在希腊雅典的一个地铁站组织了有关利他惩罚的自然现场实验（Natural Field Experiment），试验者故意违反车站的公共秩序，他们发现许多人会出面指责制止，这为利他惩罚实验提供了新的有利证据。

四、强互惠理论的脑科学证据

从上述研究来看，无论是实验经济学研究还是演化经济学研究均尚存分歧，未能为强互惠理论提供令人信服的证据。近年来，脑科学有了长足发展，从另一个角度为强互惠理论提供了新的证据。现有研究表明，人类的大脑由一系列专门的模块组成，这些模块是按照早期人类所处环境的特殊需求而逐渐被塑造出来的（福山，2015）。脑科学家基于这样的认识，运用脑功能成像（Functional Neuroimaging）、功能性磁共振成像（fMRI）等工具，迅速积累了大量的脑科学数据，就人类的信任、互惠交换等社会行为背后的神经系统展开了深入的研究，其中不乏对强互惠行为的探索。

（一）条件性合作的脑科学解释

由著名的行为神经科学教授 James Rilling 领衔的研究团队对合作行为背后的神经系统做了大量研究（Rilling et al.，2002，2007，2008）。其中，Rilling 等（2002）发现，被试与他人合作而非背叛时，包括伏隔核（Nucleus Accumbens）、尾核（Caudate Nucleus）等在内的纹状体（striata）被激活。① 纹状体大约形成于 7000 万年前，是与决策行为有关的重要脑区，尤其是与奖赏系统有关，包括金钱回报和愉悦情绪（Schultz & Romo，1988；Kawagoe et al.，1998；Doherty et al.，2004）。纹状体被激活说明被试从合作行为中获得了额外收益。当然，Rilling 等的系列研究基本上都是基于固定匹配的重复囚徒困境实验（Fixed Matching Repeated PD）。这种实验设计可能存在这样一个问题，由于博弈对象是固定不变的，被试在看到自己当期实验收益时可能也在谋划下期是合作还是背叛。因此，将难以区分所观测到的脑区变化，究竟是对实验收益的反应还是对行为决策过程的映射（Suzuki et al.，2011）。

为此，Suzuki 等（2011）开展了随机匹配的重复囚徒困境实验（Random Matching Repeated PD）。实验中，被试是随机匹配的，实验者会告知被试与其随机相遇的队友究竟是合作的、非合作的，还是未能确定类型的。实验者的这一判断是根据被试往期的贡献情况总结而成的。然后，实验者分别扫描被试在决策时和观测到实验收益时的功能性磁共振成像。他们发现，相对于非合作的队友而言，被试更愿意与合作的队友或未能确定类型的队友合作，表现出条件性合作特征。而且，当遇到不合作的队友时，被试右部的前额叶侧背部（Dorso Lateral PreFrontal Cortex，DLPFC）②、双侧的后颞上沟（Posterior Superior Temporal Sulcus，pSTS）和颞顶交界区（Temporo - parietal Junction，TPJ）更为活跃。他们进一步指出，合作是被试的优势反应（Pre - potent Response），但遇到非合作队友时，会抑制优势反应而选择背叛，DLPFC、pSTS/TPJ 等脑区被激活反映的正是这一认知抑制过程。已有研究显示，其中的 DLPFC 关乎到对犯罪行为是否实施惩罚的研判（Knoch et al.，2006；Buckholtz et al.，2008）。不难看出，Suzuki 等（2011）的脑科学

证据与 Fehr 和 Gächter（2002）的调查结论是一致的，即拒绝或减少合作是强互惠者对不合作者的一种惩罚。

（二）对利他惩罚的脑科学解释

在得不到物质补偿的情况下，人们为什么不惜花费个人成本去惩罚那些违反合作规范的人呢？这是强互惠理论的核心问题。Erst Fehr、Tania Singer 等的两份有关囚徒困境博弈与信任博弈的脑功能神经成像研究对此作了解释。De Quervain 等（2004）的研究显示，如果被试在遭遇不公平对待时还以利他惩罚，那么他们大脑中纹状体背侧（Dorsal Striatum）的尾核会被激活；而且，尾核的活跃程度与其用于惩罚他人的成本呈正相关性。前文已指出，纹状体是哺乳动物权衡损益的主要脑结构。换言之，人们可以从利他惩罚这种行为本身获得满足（叶航等，2005）。De Quervain 等（2004）这一文献在国内学界流传已久，叶航等（2005）、韦倩（2010）、韦倩和姜树广（2013）、汪崇金（2013）等均有所译介，在此不再赘述。

Tania Singer 曾是 Erst Fehr 的学生，因发现"同情心"的脑神经网络而声名鹊起（汪丁丁，2011）。③ 她和同事于 2006 在《自然》上发表的文章再次佐证了 Erst Fehr 等的上述结论。他们的研究显示，当看到行事公正的队友遭遇痛苦时，被试大脑中与痛苦相关的脑区额岛皮层（Fronto - insular Cortex）和扣带前沟（Anterior Cingulate Cortices）会被激活，这种反应就是亚当·斯密所说的"同情"。当看到行事不公正的队友遭遇痛苦时，至少是在男性被试中，这种同情反应（Empathy - related Response）会明显下降，与此相对应，他们与奖赏系统有关的脑区，如纹状体腹侧（Ventral Striatum）、眶额叶皮层（Orbito - frontal Cortex）更为活跃，活跃程度与被试自我报告的对该队友的憎恨程度密切相关。他们推测，

---

① 作者还提及 ventromedial frontal/orbitofrontal cortex，rostral anterior cingulate cortex。

② 参照汪丁丁（2011）的做法，将 Dorso Lateral Pre Frontal Cortex（DLPFC）译为前额叶侧背部。

③ 英文文献中为"empathy"。有些中文文献翻译成"共情"，而此处参照《道德情操论》（亚当·斯密著，谢宗林译，中央编译出版社 2011 年版）与汪丁丁（2011）的做法，将其翻译为"同情"。

人们对他人的同情是以其对他人社会行为的评价为基础的；特别是对于男性被试，当看到行事不公的人遭遇痛苦时，他们不会给予相应的同情，这种免于同情是对他人不公正行为的惩罚。严重的情况就是人们通常所说的幸灾乐祸。男性被试不同脑区活跃程度的"一降一升"，说明他们对他人的不幸本来会产生同情，但又因为他人行事不公对其实施惩罚而未同情，由惩罚产生的满足感正好弥补了未给予同情所造成的损失。他们的发现与 Erst Fehr 等的结论遥相呼应。

除此之外，针对第三方的利他惩罚也得到了脑科学研究的支持。一般而言，相对于第二方利他惩罚而言，第三方利他惩罚刺激的脑区可能更为平静（Dispassionate），但 Buckholtz 等（2008）功能性磁共振成像研究显示事实并非如此。实验中，被试阅读一份描述某一场景的书面材料后，决定是否对其中的主人公实施惩罚及其程度。与以往研究一致，被试脑内与决定是否实施惩罚以及惩罚力度的脑区，前额叶侧背部和杏仁核（Amygdala）均有相应的反应。这些发现说明，第三方惩罚同样是受针对失范者的负面情感使然（Rilling et al.，2011）。

上述研究显示，人类大脑对相互合作和惩罚背叛者的加工过程与其他享乐行为的过程几乎相同，人们在合作和惩罚"搭便车"者的过程中获得了满足感（鲍尔斯、金迪斯，2015）。脑科学研究的发现有助于人们消弭分歧，从而更为深入地理解强互惠行为。当然，人脑的各个部分既有分工又有合作，人们对于脑内的合作秩序仍然知之甚少。① 我们注意到，尽管上述研究多以控制回报系统的纹状体为考察对象，但它们关注的具体部位又有所不同。人脑内部结构相当精细复杂，这种微小不同或许暗示着神经系统的巨大差异。因此，现有的研究结论不仅难以在同一个层面上比对，其可信度也大打折扣，甚至给人一种盲人摸象的怀疑。这注定着脑科学方面的研究仍然是任重道远。

五、讨论与启示

经济学实验与脑科学研究尽管仍存分歧，但给我们呈现了这么一个事实：人具有与他人合作并维护伦理规范的倾向。诚然，仅仅是这些还不够，更为重要的命题是要解释清楚，人类的这些行为倾向是如何形成的？

从上述综述来看，强互惠行为的脑科学证据并不充分，这一微观层面上的研究尚缺，不过，在社会偏好这个宏观层面上的研究颇丰。相关的研究具体分为两大类：一是脑科学的研究。其中，有这样一个共识：人脑有三层，分别来自不同演化阶段，具有不同的功能。当中的第二层是外缘系统（Limbic System），也称"情感脑"，是情感活动的策源地，被称为欲望、愿望、冲动等的心理活动都生发此（汪丁丁，2011；福山，2015）。与此相对应的是，上文提及的脑区都集中于此。由此可见，控制人类社会偏好情感的脑区是在长期演化中逐渐形成的。二是演化仿真研究，其中的基因—文化共演化（Gene–culture Coevolution）模型已广为接受。该模型假设，一个新的生物体为了更好地适应所处环境，可借两种通道获得信息，一种是基因的信息通道，即通过父辈的基因编码获得在所处环境中持久不变或者在时间和空间中变动很慢的信息；另一种是非基因的信息通道，具体而言包括个体学习和社会学习，即凭借自身的学习能力从所处环境中习得。对于大多数动物来说，基因传递和个体学习就是事情的全部，而对于人类而言，社会学习或称文化传播，是获取信息的重要渠道。基因—文化共演化模型认为，人类的社会偏好是基因影响文化演化、文化影响基因演化的动力过程的结果（鲍尔斯、金迪斯，2015）。这一假设得到了模拟仿真的佐证。

总而言之，强互惠理论以大量的实验经济学、

---

① 人类合作的扩展秩序包括三层，人脑内部合作属于其中之一（汪丁丁，2011）。

脑科学等方面的证据，并通过演化经济学的仿真分析，逻辑自洽地提醒我们：人们在长期生活中逐渐形成了社会偏好，自愿遵守并希望他人遵循合作规范，自己做不到时会内疚，别人做不到时则会气愤，甚至会不惜花费个人成本给予惩罚（福山，2015）。通过对相关文献的梳理，我们可以从中获得下列一些启示。

第一，重视人的异质性是强互惠理论的重大突破。对于行为经济学来说，理解人脑三结构的功能及冲突尤为重要，因为这是解释人类行为的关键环节。人脑的三层中，除了最早演化而成的，也是在最内层的脑干和前述的"情感脑"之外，还有"理性脑"。"理性脑"是最新演化而成的、也是在最外层的大脑皮质，负责高级认识，掌管着意识、语言等功能，理性选择（对可选方案进行排序和比较，并从中选优）也发生于此（汪丁丁，2011；福山，2015）。与电脑负责精确计算不同，人的"理性脑"的理性选择过程充斥着来自"情感脑"的情感因素（福山，2015）。换言之，个体的理性决策往往会包含部分情绪（非理性）和部分非自利的成分（周业安，2015），因此既不是完全理性的，也不是完全自利的。① 这是人类行为的复杂性之所在，是共性方面的。除此之外，还有个性方面的，因为人们的行为方式受到其长期以来得到的教育、感受到的文化氛围、信守的道德准则等因素的影响，必然也会表现出异质性和复杂性。我们注意到，尽管社会偏好是否稳定可靠尚存争议（汪崇金、聂左玲，2015），但强互惠理论正视人类行为的复杂性，并积极沿着这个方向来理解、刻画人的复杂行为，对人的抽象因此更真实，是对传统自利偏好假设的重大突破。

第二，强调"人"的强互惠特质对于促进社会合作尤为重要。首先，过分强调"个人贪婪"的假设是不符合事实的，而且使悲观的预期在个体间蔓延，这不利于实现包括公共品自主供给在内的社会合作。一个有力的例证是，相比较其他

专业的学生而言，经济学专业的学生在公共品实验中表现得更为自私，一种可能的解释是他们接受的教育改变了他们的行为（Frank et al.，1998）。其次，在当前的中国社会，需要通过公共教育，强化社会个体的利他惩罚预期。Wu 等（2009）、汪崇金和史丹（2016）以中国在校大学生为被试对象，分别开展了设有利他惩罚的囚徒困境实验和公共品实验。这些实验一致地证实，利他惩罚乏力、利他惩罚威胁不足，难以有效抑制违规、卸责、"搭便车"等机会主义行为。一个重要原因是，大多数被试特别是"搭便车"者，不相信或低估他人的利他惩罚。因此，需要引导人们正确认识人的强互惠特质，尊重他人的善意，敬畏他人的惩罚，从而增强人们在社会互动中与他人的合作。

第三，激发人的强互惠特质已是当前社会治理的一个主题。由于私人契约和政府命令无论单独起作用还是联合起来，都无法为现代社会的治理提供夯实的基础，社会合作仍然是经济和社会生活的必然要求（鲍尔斯、金迪斯，2015）。我们乐见，在当前社会治理创新的背景下，个体的强互惠特质已得到重视和重用。一方面，中国积极培育和弘扬社会主义核心价值观，推进道德重建和再生，通过内化、认同和融合等心理过程，寻求道德支持的自我行为约束途径（王道勇，2014）；另一方面，"不带剑的契约不过是一纸空文，它毫无力量去保障一个人的安全"（霍布斯，1985）。中国在强化以公共权力为后盾的公共惩罚的同时，在各个领域畅通投诉举报渠道、发挥媒体舆论监督、鼓励同行监督，在私人惩罚与公共惩罚的良性互动中，充分发挥人们对违规、卸责、"搭便车"等机会主义行为实施利他惩罚的亲社会特质（汪崇金、聂左玲，2015）。可以说，在当前社会治理实践中，在强调"放权让利"、从正向激励入手"把激励搞对"的同时，还在不断强化包括本文探讨的利他惩罚在内的各种形式

① 我们也注意到，一些学者尝试着结合"大五"人格模型，进一步探析了个体社会偏好稳定性的心理基础（Volk et al.，2011）。学术界对于人类情感的研究由来已久，但由于人格模型的脆弱性和人类情感的微妙性，这方面的研究都注定仍任重道远。

的惩罚，着力构建多层次的惩戒体系，从负向激励入手"把激励搞对"。这一逻辑是有别于以往家庭联产承包责任制改革、国有企业改革等的，也是当前社会治理的一个重要突破口和显著特征。

参考文献

[1] 弗朗西斯·福山，［1999］2015：《大断裂：人类本性与社会秩序的重建》，广西师范大学出版社。

[2] 乔治·阿克洛夫，罗伯特·席勒，［2009］2009：《动物精神》，中信出版社。

[3] 塞缪尔·鲍尔斯，赫伯特·金迪斯，［2011］2015：《合作的物种——人类的互惠性及其演化》，浙江大学出版社。

[4] 埃利诺·奥斯特罗姆，石美静，熊万胜，2010：《集体行动如何可能？》，《华东理工大学学报》第2期。

[5] 陈叶烽，2009：《亲社会性行为及其社会偏好的分解》，《经济研究》第12期。

[6] 陈叶烽，2010：《社会偏好的检验：一个超越经济人的实验研究》，博士论文。

[7] 程又中，2006：《国际合作研究丛书》，世界知识出版社。

[8] 胡颖廉，2014：《社会治理创新：更关注"社会"》，《学习时报》10月13日。

[9] 黄少安，2000：《经济学研究重心的转移与"合作"经济学构想》，《经济研究》第5期。

[10] 黄少安，韦倩，2011：《合作行为与合作经济学：一个理论分析框架》，《经济理论与经济管理》第2期。

[11] 连洪泉，周业安，左聪颖，陈叶烽，宋紫峰，2013：《惩罚机制真能解决搭便车难题吗？——基于动态公共品实验的证据》，《管理世界》第4期。

[12] 连洪泉，2014：《惩罚与社会合作——基于实验经济学的讨论》，《南方经济》第9期。

[13] 连洪泉，周业安，2015：《异质性和公共合作：调查和实验证据》，《经济学动态》第9期。

[14] 孟昭勤，王一多，2004：《论人类社会的竞争与合作》，《西南民族大学学报》（人文社会科学版）第7期。

[15] 宋紫峰，周业安，2011：《收入不平等、惩罚和公共品自愿供给的实验经济学研究》，《世界经济》第10期。

[16] 汪崇金，2013：《公共品自愿供给的实验研究——基于强互惠理论视角》，博士论文。

[17] 汪崇金，聂左玲，2015：《破解社会合作难题：强互惠真的够强吗？》，《外国经济与管理》第5期。

[18] 汪崇金，聂左玲，岳军，2012：《个体异质性、预期与公共品自愿供给——来自中国的经济学实验证据》，《财贸经济》第8期。

[19] 汪崇金，史丹，2016：《利他惩罚威胁足以维系社会合作吗？——一项公共品实验研究》，《财贸经济》第3期。

[20] 史丹，聂新伟，2014：《电力贸易的制度成本与GMS电力合作中的中国选择》，《财贸经济》第9期。

[21] 汪丁丁，2011：《行为经济学讲义：演化论的视角》，上海人民出版社。

[22] 王道勇，2014：《社会合作：现代社会治理的最大难题》，《领导科学》第6期。

[23] 韦倩，2010：《强互惠理论研究评述》，《经济学动态》第5期。

[24] 韦倩，姜树广，2013：《社会合作秩序何以可能：社会科学的基本问题》，《经济研究》第11期。

[25] 叶航，汪丁丁，罗卫东，2005：《作为内生偏好的利他行为及其经济学意义》，《经济研究》第8期。

[26] 张康之，2012：《合作治理是社会治理变革的归宿》，《社会科学研究》第3期。

[27] 张康之，2013：《论共同行动中的合作行为模式》，《社会学评论》第12期。

[28] 张维迎，2015：《经济学原理》，西北大学出版社。

[29] 周业安，2015：《论偏好的微观结构》，《南方经济》第4期。

[30] 周业安，连洪泉，陈叶烽，左聪颖，叶航，2013：《社会角色、个体异质性和公共品自愿供给》，《经济研究》第1期。

[31] 周业安，宋紫峰，2008：《公共品的自愿供给机制：一项实验研究》，《经济研究》第7期。

[32] 周晔馨，涂勤，胡必亮，2014：《惩罚、社会资本与条件合作——基于传统实验和人为田野实验的对比研究》，《经济研究》第10期。

[33] 朱富强，2009：《主流经济学中的经济人：内涵演变及其缺陷审视》，《财经研究》第4期。

[34] Andreoni J. (1995). Cooperation in public goods experiments: kindness or confusion. *American Economic Review* 84 (4): 891 – 904.

［35］Andreoni J.（1988）. Why free ride? strategies and learning in public goods experiments. *Journal of Public Economics* 37（3）：291 – 304.

［36］Ashley R. & S. Ball & C. Eckel（2010）. Motives for giving：A reanalysis of two classic public goods experiments. *Southern Economic Journal* 77（1）：15 – 26.

［37］Balafoutas L. & N. Nikiforakis（2012）. Norm enforcement in the city：a natural field experiment. *European Economic Review* 56（8）：1773 – 1785.

［38］Bereby – Meyer Y.（2005）. Reciprocity and uncertainty. *Behavioral and Brain Sciences* 35（1）：18 – 19.

［39］Binmore K.（2005）. *Natural justice*. Oxford University Press.

［40］Bochet O. , T. Pagea & L. Puttermana（2006）. Communication and punishment in voluntary contribution experiments. *Journal of Economic Behavior & Organization* 60（1）：11 – 26.

［41］Bolton G. E. & R. Zwick（1995）. Anonymity versus punishment in ultimatum bargaining. *Games and Economic Behavior* 10（1）：95 – 121.

［42］Bowles S. & Gintis H.（2002）. Behavioural science：homo reciprocans. *Nature* 415：125 – 28.

［43］Buckholtz J. W. & C. L. Asplund, et al.（2008）. The neural correlates of third – party punishment. *Neuron* 60（5）：930 – 940.

［44］Burton – Chellew M. N. & S. A. West（2013）. Prosocial preferences do not explain human cooperation in public – goods games. *Proceedings of the National Academy of Sciences of the USA* 110（1）：216 – 221.

［45］Burton – Chellew M. N. , C. Moudena & S. A. West（2016）. Conditional cooperation and confusion in public – goods experiments. *Proceedings of the National Academy of Sciences of the USA*, 113（5）：1291 – 1296.

［46］Burton – Chellew. M. N. , H. Heinrich & A. West（2015）. Payoff – based learning explains the decline in cooperation in public goods games. *Proceedings of the Royal Society of London B：Biological Sciences* 282（1801）：20142678.

［47］Carpenter J. P.（2007）. The demand for punishment. *Journal of Economic Behavior & Organization* 62（4），522 – 542.

［48］Chaudhuri A.（2011）. Sustaining cooperation in laboratory public goods experiments：A selective survey of the literature. *Experimental Economics* 14（1）：47 – 83.

［49］De Quervain D. et al.（2004）. The neural basis of altruistic punishment. *Science* 305（5688）：1254 – 1258.

［50］Denant – Boemont L. , M. David & C. N. Noussairet（2007）. Punishment, counterpunishment and sanction enforcement in a social dilemma experiment. *Economic Theory* 33（1）：145 – 167.

［51］Doherty J. et al（2004）. Dissociable roles of ventral and dorsal striatum in instrumental conditioning. *Science* 304（5669）：452 – 454.

［52］Duesenberry J.（1949）. *Income, Saving and the Theory of Consumer Behavior*. Harvard University Press, Cambridge, MA.

［53］Fehr E. & S. Gächter（2000）. Fairness and retaliation：the economics of reciprocity. *Journal of Economic Perspectives* 14（3）：159 – 181.

［54］Fehr E. & S. Gächter（2002）. Altruistic punishment in humans. *Nature* 415（6868）：137 – 140.

［55］Fischbacher U. & S. Gächter & E. Fehr（2001）. Are people conditionally cooperative? evidence from a public goods experiment. *Economics Letters* 71（3）：397 – 404.

［56］Fischbacher U. & S. Gächter（2010）. Social preferences, beliefs, and the dynamics of free riding in public goods experiments. *American Economic Review* 100（1）：541 – 556.

［57］Fudenberg D. & P. A. Pathak（2010）. Unobserved punishment supports cooperation. *Journal of Public Economics* 94（1 – 2）：78 – 86.

［58］Frank R.（1988）. *Passions within Reason：The Strategic Role of the Emotions*. Norton.

［59］Gächter S.（2012）. In the lab and the field：Punishment is rare in equilibrium. *Behavioral and Brain Sciences* 35（1）：26 – 28.

［60］Gehrig T. et al（2007）. Buying a pig in a poke：An experimental study of unconditional veto power. *Journal of Economic Psychology* 28（6）：692 – 703.

［61］Guala F.（2012）. Reciprocity：weak or strong? what punishment experiments do（and do not）demonstrate. *Behavioral and Brain Sciences* 35（1）：1 – 59.

［62］Güney Ş. & B. R. Newell（2012）. Is strong reciprocity really strong in the lab, let alone in the real world. *Behavioral and Brain Sciences* 35（1）：29 – 29.

［63］Güth W. , R. Schmittberger & B. Schwarze (1982). An Experimental Analysis of Ultimatium Bargaining. *Journal of Economic Behavior and Organization* 3: 367 – 88.

［64］Hauert C. et al (2007). Via freedom to coercion: the emergence of costly punishment. *Science* 316: 1905 – 907.

［65］Herrmann B. & C. Thöni (2009). Measuring conditional cooperation: a replication study in Russia. *Experimental Economics* 12 (1): 87 – 92.

［66］Houser D. & R. Kurzban (2002). Revisiting kindness and confusion in public goods experiments. *American Economic Review* 92 (4): 1062 – 1069.

［67］Isaac R. M. & J. M. Walker (1988). Group size effects in public goods provision: the voluntary contributions mechanism. *Quarterly Journal of Economics* 103 (1): 179 – 199.

［68］Janssen M. A. & C. Bushman (2008). Evolution of cooperation and altruistic punishment when retaliation is possible. *Journal of Theoretical Biology* 254 (3): 541 – 545.

［69］Johnson T. (2012). The strategic logic of costly punishment necessitates natural field experiments, and at least one such experiment exists. *Behavioral and Brain Sciences* 35 (1): 31 – 32.

［70］Kamei K. & L. Putterman (2013). In Broad Daylight: Fuller Information and Higher – Order Punishment Opportunities Can Promote Cooperation. *Journal of Economic Behavior & Organization* 120: 145 – 159.

［71］Kawagoe R. , Y. Takikawa & O. Hikosaka (1998). Expectation of reward modulates cognitive signals in the basal ganglia. *Nature neuroscience* 1 (5): 411 – 416.

［72］Knoch D. et al. (2006). Diminishing reciprocal fairness by disrupting the right prefrontal cortex. *Science* 314: 829 – 32.

［73］Kummerli R. , M. Burton – Chellew, A. Ross – Gillespiea & S. A. West (2010). Resistance to extreme strategies, rather than prosocial preferences, can explain human cooperation in public goods games. *Proceedings of the National Academy of Science of the USA* 107 (22): 10125 – 10130.

［74］List J. A. & T. L. Cherry (2000). Learning to accept in ultimatum games: Evidence from an experimental design that generates low offers. *Experimental Economics* 3 (1): 11 – 29.

［75］Muller L. , M. Sefton, R. Steinberg & L. Vesterlund (2008). Strategic behavior and learning in repeated voluntary contribution experiments. *Journal of Economic Behavior and Organization* 67 (3): 782 – 793.

［76］Nikiforakis N. (2008). Punishment and counter – punishment in public good games: can we really govern ourselves?. *Journal of Public Economics* 92 (1 – 2): 91 – 112.

［77］Ostrom E. (2012). Experiments combining communication with punishment options demonstrate how individuals can overcome social dilemmas. *Behavioral and Brain Sciences* 35 (1): 33 – 34.

［78］Rand D. et al. (2010). Anti – social punishment can prevent the co – evolution of punishment and cooperation. *Journal of Theoretical Biology* 265 (4): 624 – 32.

［79］Richerson P. J. & R. Boyd (2005). *Not by Genes Alone: How Culture Transformed Human Evolution.* University of Chicago Press.

［80］Rilling J. K. & A. G. Sanfey (2011). The neuroscience of social decision – making. *Annual review of psychology* 62: 23 – 48.

［81］Rilling J. K. et al. (2007). Neural correlates of social cooperation and non – cooperation as a function of psychopathy. *Biological Psychiatry* 61 (11): 1260 – 1271.

［82］Rilling J. K. et al. (2008). The neural correlates of the affective response to unreciprocated cooperation. *Neuropsychologia* 46: 1256 – 1266.

［83］Rilling J. K. et al. (2002). A neural basis for social cooperation. *Neuron* 35: 395 – 405.

［84］Ross D. (2006). Evolutionary game theory and the normative theory of institutional design: Binmore and behavioral economics. *Politics, Philosophy, and Economics* 5: 51 – 79.

［85］Rustagi D. et al. (2010). Conditional cooperation and costly monitoring explain success in forest commons management. *Science* 330 (6006): 961 – 965.

［86］Schultz W. & R. Romo (1988). Neuronal activity in the monkey striatum during the initiation of movements. *Experimental Brain Research* 71 (2): 431 – 436.

［87］Sefton M. et al. (2007). The effect of rewards and sanctions in provision of public goods. *Economic Inquiry* 45 (4): 671 – 690.

［88］Suzuki S. et al. (2011). Neural basis of conditional cooperation. *Social Cognitive and Affective Neuroscience* 6 (3): 338 – 347.

［89］World Bank （2015）. *World development report 2015: Mind, society, and behavior*, http://www. worldbank. org/en/publication/wdr2015.

［90］Veblen T. （1934）. *Essays in Our Changing Order*. Viking Press.

［91］Volk S. et al. （2011）. Temporal stability and psychological foundations of cooperation preferences. *Journal of Economic Behavior and Organization* 81 （2）: 664 – 676.

［92］Wu J. J. et al. （2009）. Costly punishment does not always increase cooperation. *Proceedings of the National Academy of Sciences* 106 （41）: 17448.

A Review on Explanation of Social Cooperation
from Behavior Economics

SHI Dan, WANG Chongjin

Abstract: Human being has the characteristics to cooperate with others and support ethic codes. To respect and inspire the characteristics of human being is a way to promote social governance. Based on economicalexperiments, evolution simulation and neuroscience research, this paper systematically reviews the evidences about the characteristicsof human being from the static perspective, and tries to portray the possible evolution map of the characteristics from the dynamic perspective. This review helps people to understand behaviors of human beings and promote optimistic cooperation belief of others during social interaction.

Key words: Strong Reciprocity; Economical Experiment; Neuroscience; Evolution Simulation

信息技术推动下的分散式创新及其治理[*]

李晓华

摘　要： 随着经济的发展和技术的进步，越来越多的分散个体参与到原本在企业内部进行的产品和服务的创新和生产中来，即分散式创新和社会化生产方式开始兴起。分散的个体能够参与到创新与生产活动之中需要两个前提条件：一是个体有参与的意愿和能力；二是个体掌握参与创新的工具。生产力特别是信息技术的发展和经济水平的提高使这两个条件成为可能，数字产品的反竞争性有效地解决了对分散个体的激励问题。分散式创新是一种不同于企业和市场的新型创新与生产组织模式，由于充分调动了大量异质性个体的资源和能力，能够有效应对需求多元化造成的技术路线和市场不确定性的提高。分散式创新的参与者以布朗运动模式参与创新过程，创新项目成功的基础是吸引足够数量的参与者。分散式创新对促进我国经济的创新驱动发展具有重要意义。

关键词： 分散式创新；社会化生产；信息技术；治理机制

一、研究背景与问题提出

随着信息技术特别是互联网技术的快速发展，计算机和互联网成本大幅度降低并在生产和生活中得到广泛应用，企业与企业、企业与个人以及个人与个人之间彼此被低成本地连接起来。数量庞大的互联网人群不仅在网络上购物、娱乐、交流、分享、获得各种信息，而且越来越多地参与到原本由高度中心化的企业所从事的产品（服务）的研究开发与生产活动之中，我们的社会继"为使用而生产"和"为交换而生产"之后转变为"产销合一"的社会（托夫勒，1996）。这些分散的、无组织的个体不仅发布产品使用体验、分享个人日常生活抑或参与社区讨论，也不仅局限于进行各种小发明、微创新，如 Linux 操作系统、维基百科等诸多可称为伟大的复杂产品也被创造出来。这种不同于传统的科层企业，由分散化的个体参与产品（服务）创新的活动就是分散式创新（Distributed Innovation）。分散式创新不仅适用于免费产品或数字化产品，耐克、星巴克、戴尔、苹果、雀巢、通用电气等著名的实体企业都开始通过众包等方式利用企业外部分散化的创新资源（托马斯瓦米、高哈特，2011），甚至有些公司主动将他们自己的创新成果（如软件代码）回馈给开源社区。可以说，在互联网技术的推动下，越来越多的产品和服务被大量匿名的开发者创造出来。尽管他们在地理空间上是分散的，也没有一个权威机构发布命令和进行组织，但是他们能够通过高效、精细的分工，创新并生产出复杂和具有竞争力的产品和服务（Wittke & Honetqz，2011）。随着经济的发展和技术的进步，

---

　*　本文发表在《财经问题研究》2017 年第 11 期。

　李晓华，中国社会科学院工业经济研究所研究员。

传统的有边界企业正在向无边界企业转变（李海航、原磊，2002），共享经济、创客运动蓬勃兴起，分散的个体在创新中发挥着日益重要的作用。

许多研究者对这种超越单一组织、由分散个体进行的创新活动从各自不同的视角进行了分析。切萨布鲁夫（2005）提出开放式创新（Open Innovation）的概念。在封闭式创新（Closed Innovation）的旧模式下，采用外部创意无法保证质量、有效性和性能，成功的创新需要强有力的控制，即需要加强对内部研发活动的投资以开发出突破性的新技术。但是20世纪晚期以来，在大学教育普及、高技能员工流动性加大、风险投资发展以及商品和服务的市场需求变化加快、技术生命周期变短等因素的影响下，封闭式创新开始被同时利用内外部所有有价值创意的开放式创新模式所取代。冯·希普尔（2007）对新产品和新服务由企业开发的传统观点提出了挑战，他认为公司用户和个体用户对产品的开发和改良频繁、普遍和重要，尤以领先用户的创新为重要，以用户为中心的创新系统在一定条件下可以完全替代基于制造商的创新系统，创新呈现民主化的趋势。Raymond（2014）基于对以Linux为代表的开源运动的研究，将项目的运作（产品的创新或生产）区分为大教堂模式和集市模式，大教堂模式有着严密的管理和封闭的集中式结构，为传统的大型软件公司所采用，集市模式是由互联网上的志愿者构成的一种并行的、对等的扁平化开发结构。Demil和Lecocq（2006）更是直接提出集市治理（Bazaar Governance）的概念，认为它既不同于市场和科层，也不同于网络型组织。泰普斯科特和威廉姆斯（2007）将成千上万的个人参与到自发组织合作中来生产新产品和服务的大规模协作或对等生产（Peer Production或Peering）称为维基经济学（Wikinomics），其操作的基本规则与公司的指挥控制层级制之间有着本质的区别，它以开放、对等、共享以及全球运作四个新法则为基础。Howe（2006）用众包（Crowdsourcing）来描述爱好者参与的现象，众包是企业将曾经由员工完成的任务通过公开征集的方式外包给一个未加限定的大众网络，他认为社区能够比公司更有效地组织起劳动力（豪，2009）。Coombs等（2003）、Consoli和Patrucci（2007）认为，分散式创新是包括异质性组织的共同努力和交互的新发展过程；Lakhani和Panetta（2007）将取得成功的分散式创新系统归纳为不同产业中的三种不同的组织模式：自组织社区、混合的社区与商业、"走出去"创新。

由于研究者出发点不同，既有的文献对分散化的个体参与创新与生产的活动从不同视角进行了描述和概括，但是有一些重要的问题仍没有得到解决。一是这些不同概念之间的共同点和差异没有得到清晰的区分。二是这些研究多侧重现象的描述和特征的总结，很少涉及这种新的创新和生产组织方式背后的运作规律及其与企业、市场和混合型组织在治理模式上的区别。三是有关分散式创新治理的研究主要集中于开源现象，对开源之外的分散式创新活动鲜有涉及。本文将在既有研究的基础上，对分散式创新形成的技术经济条件、产生与发展的原因及其治理机制进行深入剖析。

二、分散式创新的概念界定

（一）分散式创新的地理维度

早期的现代企业是高度集权化和集中化的，即企业的行政管理、研发、采购、生产、财务、营销等功能高度集中于总部所在地。在现代运输技术和信息技术的推动下，企业的市场范围获得极大的拓展。为了更好地适应本地化的市场需求、充分利用不同地区的资源禀赋条件，企业的各种职能开始呈现出越来越分散化的趋势。在地理维度上，企业的不同职能通常选择与所需资源禀赋最匹配的地区布局，如加工制造多选择劳动力成本低的地区，研发多选择创新人才密集的地区，等等。研发活动同样经历了从集中于公司总部向分散化布局的发展。联合国2005年《世界投资报告》指出，跨国公司的传统做法是将研发活动保留在母公司，但新的趋势正在出现：一是为了按照东道国当地的情况调整技术以顺利地销售产品，必须将研发活动国际化；二是研发活动同样具有"分解性"，国际化有利于研发活动的某些部分能够在最高效率实施的地方开展。因此，许多研究强调创新分布的地理特征。地理视角的分散式创新排除了发生于同一区位的小组、网络和集群的创新，但并未区分创新是发生于一个组织之内还是跨越了几个组织的边界（Hildrum，2007）。

（二）分散式创新的所有权维度

不同于地理空间上的分散，创新活动的另一种发展趋势是在治理意义上分散化。所有权是保护企业的核心技术不被外泄扩散的关键手段，作为企业核心能力的技术是决定企业竞争优势的关键，创新活动往往都是企业最为核心的资产，受到企业的悉心呵护和严密保护，一般都是由企业的研发中心或者拥有控股权的子公司进行。然而在新技术的推动下，研发活动出现越来越强的去中心趋势。一方面，在企业内部，传统的研发组织结构是在科层体系下层层控制的，研发活动主要集中于企业的研发部门。但是，近年来以项目为核心、人员跟着项目走的扁平化研发组织越来越受到企业的青睐。以谷歌为代表的许多企业不再完全由上层决策者决定设立哪些研发项目，而是允许员工在部分工作时间，根据自己的爱好开展创新活动，企业内部创业也成为许多高科技公司的潮流。另一方面，随着经济发展和技术进步，产品复杂程度不断提高、产业边界日益模糊，技术创新所需的知识越发多元化，越来越多的创新活动是由在企业所有权控制之外的众多创新资源（企业或个体）共同协作实现。这可以大致分为三种情况：其一，完全去中心化的对等生产（以下简称对等生产），由大量的个体自发合作，参与并实现新产品或服务的创新，并具有如下特征：完全去中心化、合作、非独占性；基于在既不依赖市场信号也不依赖管理命令的广泛分布、松散连接的个体间的资源和产出分享（Benkler，2006）。其二，"平台企业＋第三方和用户"，平台企业搭建产品（服务）的架构，由第三方企业和用户提供互补产品和内容（以下简称平台）。其三，企业任务导向的众包，企业将研发项目在自己所有的或第三方众包平台上发布，吸引其他企业或个人进行项目的研发设计。与科层组织方式不同，众包模式下企业只是设定自己的创新目标和完成目标的激励，并不对创新的参与者以及创新活动的组织进行干预，承接众包任务完全由企业外部的个人或其他企业自发决定。当然，这些在所有权意义上分散的企业或个人，往往在地理空间上也是分散化的，特别是在互联网条件下，这些分散化的企业或个人可能分布在世界的各个角落。

（三）分散式创新的价值链维度

熊彼特将创新划分为五种类型：新产品、新的生产方法（工艺）、新的供应源、开辟新市场、新的企业组织方式，经济学大多只关注前两类（法格博格等，2009）。从价值链的角度，一项产品或服务价值的实现包括研发设计、生产、销售、使用、售后等多个环节构成的完整的过程。由于制造业和服务业融合的趋势、服务产品生产与消费的同时性，越来越难以将产品与工艺的创新、产品的创新与生产和营销过程严格地区分开来。在数字化产品中，创新过程和生产过程经常是难以分割的，如开源软件的开发过程同时也是它的生产过程。在许多情况下，产品（服务）的概念包括至少包括核心产品和完整产品两个层次。开源软件的核心代码、互联网平台的基本架构属于核心产品，但是核心产品带给用户的价值非常有限，第三方通过增加代码、内容、评论等使核心产品不断完善并形成完整产品，给用户带来更大的价值。因此，分散式创新不仅包括纯粹的产品、工艺的创新，也包括生产活动。协同消费或共享经济同样被包括在分散式创新的概念中，因为它具有与对等生产相同的特征：陌生人之间的信任、对公共财产权的信念、闲置的能力和参与者的数量（莱茵戈德，2013），而且一方面这些协同消费活动的集合也构成了一项新的产品，如个体分享公寓、汽车的活动造就了 Airbnb、Uber 等公司；另一方面协同消费活动也会增加创新和产品的价值，如平台型产品或服务价值的实现，除了搭建技术和商业模式先进的平台外，还需要大量的第三方为平台提供内容和产品，而后者的数量与质量通常成为决定平台价值大小从而在竞争中成败的关键。美国皮尤网络与美国生活项目的调查显示，超过一半（大约57%）的上网年轻人是内容创造者，包括创建博客或个人网页、共享新颖的内容如艺术作品、照片、故事或者电视录像，或者将网上所找到的内容重新组合形成新的创作（泰普斯科特、威廉姆斯，2007）。

综合以上对分散式创新不同维度的界定，本文从所有权维度和价值链维度而非地理空间维度对分散式创新加以研究，并在相对宽泛的含义上使用分散式创新的概念，即不仅包括产品和服务的研发、设计，还包括产品和服务的生产活动。本文所研究的分散式创新，是在互联网环境下产生的、以大量分散化个体为主体的一种新型的创新与生产组织模式，并具有如下特征：第一，去中心化，不存在一个对创新活动的全过程进行决策和组织的中心机构；第二，大量参与，调动数量众多且相互间松散连接的企业或个体的资源和能力；第三，独特的治理机制，既不同于企业与市场，也不同于混合型组织。本文所研究的分散式创新与其他相关概念存在显著的区别：开放式创新理论仍然是基于传统的企业视角，即企业需要利用外部的创新资源，而分散式创新的概念更强调去中心化的分散个体自发参与创新活动，甚至完成复杂产品的创新；分散式创新概念的适用范围要比开源或众包宽泛得多，既包括开源、众包，还包括维基百科（开源与维基百科均属于对等生产的一种）、"平台企业＋第三方"和用户等其他类型。本文之所以使用分散式创新而不是分布式创新的概念，因为后者是"企业内和具有合作关系的企业之间，在资源共享的基础上，在不同地域，依据共同的网络平台进行的创新活动"（刘国新等，2010），其重点仍然是企业的参与，且强调地理空间上的分散。

三、分散式创新形成的条件与动因

工业革命之后，人类进入工业化大生产时代，现代企业成为生产组织的基本单位。工业化大生产有两个特征：一是办公室、工厂等生产要素资本额巨大，超出普通工人的承受能力；二是资本的提供者由此掌握了管理权和利润（莱茵戈德，2013）。资本家由于掌握了生产资料而处于剥削的地位，工人处于被剥削的地位并且依附于资本，因此难以独立地进行生产活动。在工业化早期及前工业化时代，由于产品的复杂程度较低，研发投入不大，个人还能较多地参与创新活动，但是随着产品趋于复杂、研发投入加大以及对团体协作要求的提高，个人越来越被排斥到创新和生产活动之外，必须要依附某个企业，依托企业提供的研发设施、资金保障，与其他人共同协作完成创新和生产活动。要使分散式创新能够产生，即无数分散的个体能够参与到创新与生产活动之中，不仅个人要有参与创新的能力、掌握创新所需的生产工具，而且创新活动的规模要与个人的能力匹配起来，并且有效解决对个人的激励问题。

（一）经济发展与教育水平提高

群体的智慧以微不足道的星星之火发展成为分散式创新的燎原之势主要得益于经济和社会发展水平的提高，经济的发展增强了个体参与创新的能力与意愿。一方面，随着经济的发展，个体的能力有了显著提高。无论是政府还是个人都在不断加强对教育的投入。从世界范围来看，政府教育支出占政府总支出的比重自2000年以来保持在14%左右，占GDP的比重自2001年以来均在4%以上，2009年达到5.0%。随着教育投入的持续稳定增长，受教育水平不断提高。世界中学总入学率（占总人数的比重）从1970年的40.9%提高到2012年的73.0%，高等院校总入学率（占总人数的比重）从10.0%提高到32.1%。分散式创新的参与者虽然不乏专业人士，但更多的则是数量更为庞大的业余人士。整体受教育年限的增加意味着个体的知识和技能的显著提高，从而为分散式创新奠定了坚实的人才基础。另一方面，经济的持续增长和生产力水平的提高使人们可以用更少的工作时间即可生产足以支撑社会持续发展的财富，工作时间不断缩短、闲暇时间不断增多。兼之教育水平和人均寿命的提高，全社会拥有的"认知盈余"持续增加。全球受教育人口的自由时间每年累计超过1万亿小时，这些自由时间不仅可以用于个人的闲暇，而且能够作为一种普遍的社会资产用于大型共同创造的项目，实际上，仅维基百科上所花费的用于文章编辑、讨论的时间就超过一亿小时（舍基，2012）。

（二）信息技术性能与成本的指数变化

信息技术产品，如处理器速度、存储容量、能效、下载速度等长期以来均呈现指数增长，甚至像麦克风、摄像头、加速表之类的数字传感器也呈现出摩尔定律所预测的指数级增长轨迹（布莱恩约弗森、麦卡菲，2014）。互联网上的信息呈现爆炸性增长，一天产生的数据量约有800EB，相当于1.68亿张DVD光盘的容量，维基百科英文版的词条数就相当于《大英百科全书》的30倍（Gillmor，2012）。根据Internet World Stats的数据，截至2014年6月，世界互联网用户数为30.35亿，占世界人口的42.3%。互联网上的大部分信息都是免费的，它提供了平等接触各种信息的渠道，人们可以低成本从互联网上的百科网站、慕课网站、论坛、数字图书馆等各种渠道免费地获得各种知识，甚至可以就一些疑难问题获得他人免费的指导。在信息技术指数级变化的推动下，计算机的处理能力越来越强大，信息设备和信息基础设施的价格越来越低廉，从而极大地拉低了个体参与创新的成本。一项针对66家移动应用程序开发商的调查显示，开发一个移动应用程序的平均成本是6453美元，就算著名的即时通信软件Whatsapp一开始的启动资本也只有25万美元（弗雷，2015）。

Benkler（2002）总结了导致对等生产方式出现的三种原因：第一，电脑已经非常便宜，同时又是强大的生产工具，可以生产很多特别的商品，

如新闻、娱乐、教育、软件等知识密集型产品；第二，全球化网络能够以高效而成本低廉的方式配置劳动力，并实现知识密集型产品的生产和分配；第三，生产和分配的方式不再掌握在资本家手里，工人本身就拥有这些生产方式。计算机技术和互联网的发展特别是成本的下降使其大规模普及，不仅是生产部门必备的生产资料，而且越来越成为生活中的必需品。事实上，计算机、互联网和3D打印机等数字化产品兼具消费资料和生产资料的特征，一方面，人们主要将其用于日常生活，但是也可以方便地将其转换到生产性用途。特别是作为一种打破时空距离的技术，互联网的普及与使用费用的下降，使人们可以便捷和近乎"零成本"地搜寻、传输信息，进行实时的交流沟通，并使无数分散的企业、个体联系起来组成交互网络成为可能。转变为产消者的个体可以近乎"零成本"地创造和生产产品并分享自己的信息、娱乐、慕课、绿色能源和3D打印商品，并通过互联网平台以较低成本或近乎"零成本"的模式共享汽车、房租甚至衣物（里夫金，2014）。在传统生产范式下，即使大众具有解决问题的资源和能力，但由于缺乏必要的技术工具将之有效地组织起来，因此只能沦为散布在全球不能被发掘的闲置资源。企业也只可能利用最容易获得且获得成本较低的外部创新资源，对于长尾端则无能为力，所谓开放式创新也只能是有限的开放。互联网技术的发展，使企业可以将全球独立和零散的个体智慧和创新资源整合起来形成群体的智慧。分散式创新具有自我强化的正反馈特征。人们可以在互联网上找到适合各种用途的免费或开源软件用于自己的创新活动，而当更多的人将他们的创新成果分享到互联网上后，又进一步降低了后来者的创新成本。这些变化正引领我们走向这样一个世界：知识、权力和生产能力将比历史上任何时刻更加分散，价值创造将更快、流动性更高、变动更快，个人只需要一台电脑、一个网络连接（以后可能还有一台3D打印机）以及主动和积极投身到其中的热情就能够参与到产品的创新与生产过程中。个人正成为基本的经

济单位,数千万人已从企业的雇员转变为独立的承包商(霍尔,2013),所有的人都有机会贡献自己的创新力量,企业也有机会利用社会中广泛存在的认知盈余。

(三)分工深化与模块化程度的提高

与少则数人、多则数十万人的企业相比,单独的个体所具有的参与创新的资源与解决复杂问题的能力仍较为有限。因此,个体参与创新、生产等价值创造活动需要以任务的充分分解为前提条件。经济社会的发展过程就是分工不断细化、生产的迂回程度不断提高的过程。分工能够通过熟练、专注和学习提高生产效率,更重要的是不断地把先进的生产方式引入生产过程。随着创新在企业参与竞争中的重要性日益突出,研发活动已从制造活动中独立出来,成为企业中专业化的研发部门,甚至从制造企业独立出来成为独立的企业。在分工不断深化的过程中,人们发现,将系统分解成模块可以进一步提高生产效率。研发活动也是高度模块化的,其典型的代表就是软件代码可以划分为一个个独立的单元,相互之间可以进行程序或函数的调用。模块化的作用表现在:第一,通过将系统分解成足够小的模块,相应的复杂任务被分解为简单任务,小团队甚至独立的个体也能够承担该模块的任务,能够以小的增量对复杂系统做出贡献,这也进一步深化了社会分工。第二,由于在每个模块内部进行的工作是相互独立的,不必与其他模块进行协调,且模块化有利于对付子系统的不确定性,因此,模块化使产品设计和生产的平行操作成为可能(青木昌彦、安藤晴彦,2003),个体可以独立地开展工作。第三,各模块之间能够按照一定的规则通过接口连接,因此不具备完整功能的或功能简单的模块能够以较低的成本组合成一个复杂的、具有完备功能的完整系统。在模块化产品的创新中,每个参与者都可以独立进行某个与其资源和能力相适应的小模块的创新,然后这些小模块可以根据一定的规则、按照一定的架构组装成更为复杂的产品。平台型产品可以看作模块化的一种特殊形式,当企业、其他组织甚至领先用户搭建好平台后,分散的个体就可以在平台之上开展"微创新",如苹果 iOS 手机操作系统上的 APP 开发、维基百科平台上词条的编撰、社交网络上信息的分享和评论等。正是在模块化的推动下,分散个体将自己的资源和能力或认知盈余用于创新成为可能。

(四)产品与服务的数字化趋势

经济发展在提高个体参与创新能力的同时,也使他们的需求随着收入的增长而越发多元化和个性化。自工业革命以来,生产的演进方向是机器推动的大规模生产,尤以福特制最为典型。在福特制下,生产厂商通过生产标准化的产品满足市场的共性需求。但制造商在解决方案、创新质量、法律要求等方面常常会与用户存在差异(冯·希普尔,2007)。如果用户需求的差异性很高,那么每种产品/服务只有少数用户需要,为单个客户进行定制生产达不到规模经济要求,企业无法摊薄开发和制造过程中的固定成本,因此就无法精确地满足个性化的需求,而只能提供迎合大多数人意愿的产品。尽管模块化、可重构生产系统等技术的发展使产品在实现更多差异化的同时能够保持低成本即大规模生产向大规模定制演变,但是过于小众的个性化需求仍然是大规模的工业生产方式所无法满足的。用户通常没有选择权,只有购买标准化的产品来将就自己个性化的需求。这种情况会激励有兴趣、有资源和能力的人去开发自己想要的东西(冯·希普尔,2007)。

分散式创新的参与者在很多情况下自己就是他们所共同开发产品的用户,这就使他们的贡献是自愿的、没有合同和薪水,自由决定从事哪项任务。即使是在企业引导型的众包模式下,通常也只有获胜者能够获得经济激励。许多对于分散式创新动力的解释认为,个体参与分散式创新主要是希望获得更符合自身需要的产品(Kleemaru et al.,2008),为了个人荣誉、与志同道合的人互动或者提高个人技能,追求自我实现,期望通过解决企业遇到的难题或创造个性化的产品获得成就感和乐趣。韦伯(2007)在对开源软件研究的基础上对此种观点提出了质疑,他认为利他主义假设、自我组织理论都是没有说服力的。

个体参与分散式创新活动在大多数情况下不是为了追求表现为货币收入多寡的直接经济利益，因此他们自发自愿地参与创新并免费地把创新成果进行分享。分散式创新主要发生在互联网等数字产品领域，分散式创新和社会化生产的成果（除企业引导的众包）具有公共产品的特性：非排他性——任何人消费、使用该产品时不会受到阻碍；非竞争性——一些用户对该产品的使用并不会减少其他人的使用。例如，任何用户都可以下载开源软件、参与社区讨论、在社交网络发布信息等，并且不会影响到其他用户参与同样的活动。公共物品的特征使人们在享用的时候可以不为此付费，一般情况下会导致供给不足，严重的还会产生"公地悲剧"：公共物品遭到完全的破坏或者任何人都不会对公共物品的生产做出贡献。奥尔森（1994）在研究集体行动的逻辑时指出："除非一个集团中人数很少，或者除非存在强制或其他某些特殊手段以使个人按照他们的共同利益行事，有理性的、寻求自我利益的个人不会采取行动以实现他们共同的或集团的利益。换句话说，即使一个大集团中的所有个人都是有理性的和寻求自我利益的，而且作为一个集团，他们采取行动实现他们共同的利益或目标后都能获益，他们仍然不会自愿地采取行动以实现共同的或集团的利益。"

然而分散式创新却在缺少科层化的控制，常常也没有直接的经济激励的情况，主要依靠参与成员从各自利益出发的自发活动，解决了集体行动的困境。Ghosh（2005）用部落中的一口巨大蒸锅的形象比喻解释这种个体的无意识所达成的集体行动：不同的人向大锅中放入不同数量和种类的食材，然后每人可以分得一杯羹。蒸锅中的食物仍然是竞争性的产品，一个人所得会是另一人所失，蹭饭的可能吃到肉，而贡献最多的人只能喝到汤。电脑和网络让人们魔法般地获得非竞争性而无须争夺资源——如果有数量足够多的人放入免费的食材，那么大锅就会复制这些产品，让所有人获得远超投入的回报。但是 Ghosh 并没

能解释为什么分散的个体愿意为集体做出贡献即联合供应的挑战。对于任何个体来说，即使完全没有贡献，他仍然能够从蒸锅中获得食物，免费坐享他人贡献的成果，因此就会没有人愿意做出贡献，蒸锅也会一直保持空空如也的状态。我们认为，在计算机和互联网条件下，个体愿意为集体做出"免费"的贡献主要出于以下两个方面的原因：

第一，与物质产品相比，数字化产品最大的特征是不可消灭性。物质产品会在使用中逐步损耗并最终被消灭、损坏或报废。但数字化产品并不会因为人们的使用而对它造成损耗或者减少它的使用价值。同时，数字化产品可以近乎于零的成本传递和复制。这不仅使数字化产品完全具备非竞争性和非排他性的特点，而且使数字产品的供应者不会增加额外的成本就能够增加对该产品的供应。

第二，即使是"搭便车"，也能够使数字产品的供应者获益。由于分散式创新多属于互联网领域或者需要借助于互联网的力量，因此不能忽略作为互联网根本特征的网络效应的存在。网络效应有直接网络效应和间接网络效应两种。前者是指网络成员所能获得的价值随着网络成员数量的增加而增加；间接网络效应是指网络成员所能获得的价值的多少，不仅取决于网络中成员的数量，还取决于网络产品的互补品种类多寡。用户数量的增加能够增加该产品对所有用户的价值，即使这些用户是对产品的创新、生产不做出任何贡献的纯粹使用者。因此，许多企业都采取免费措施扩大自己的用户基础，从而使自己的技术路线成为主导设计或标准，或者使自己的产品成为赢家通吃中的胜者。即使分散的个体没有如此明显的商业利益，他们仍然能够从其他用户的使用中获得效用的增加。我们把数字产品用户的消费行为概括为以下五种分别加以分析：①浏览——单纯使用数字产品；②报告——对在使用数字产品中发现的问题，向生产者做出报告；③评论——对在使用数字产品中的个人体会做出评论；④转发——将数字产品传递给其他用户；⑤分

享——借助数字产品平台，增加自己生产的内容。无论是哪种消费行为，都会对产品的价值增加做出积极的贡献。浏览模式仅有网络效应在发挥作用；报告模式可以帮助数字产品的生产者发现产品中的错误、进一步改进的地方或者新的用户需求。对于开源软件而言，只要错误被发现，它就有可能被修复。使用该软件的用户越多，软件中的错误越容易被发现，从而该软件获得更快的改进。用户化、调试和维护至少占到企业软件所有权总成本的一半甚至更多，因此用户的使用发挥了降低开发成本的作用（韦伯，2007）。评论模式能够帮助尚未使用该产品的用户判断产品的优劣及与自己的喜好是否匹配，从而有助于吸引用户，扩大网络效应。转发是现有用户主动帮助推广产品的行为，也有助于扩大用户基础。分享模式实际上是增加了该信息产品的互补品数量，发挥了间接网络效应。从这个意义上来说，这些用户并非真正的"搭便车"者，他们也对产品的创新和生产做出了某种贡献。因此，在数字化产品的创新和生产过程中，即使是坐享其成者也能够使开发者受益，这就使创新者不惧怕其他用户"搭便车"的行为，并参与到更广泛的产品的创新中来。

四、分散式创新的治理

交易成本经济学是研究经济组织模式的主要理论。在早期的交易成本经济学那里，只考虑到"购买还是自制"问题，对应着市场与科层企业两种经典的治理机制，并认为决定治理机制的关键是交易成本的大小（科斯，1994）。Williamson（1991）通过引入资产专用性、不确定性和交易频率三个维度，对介于市场与企业之间的混合型组织（也被称为网络型组织或中间性组织）进行了分析。全球价值链（Global Value Chain，GVC）理论根据交易的复杂程度、识别交易的能力、供应能力的高低，将混合型组织进一步划分为模块型、关系型、控制型三种治理模式，分别以日本汽车产业的下包体制、美国电子产

业的合同制造以及产业集群为代表（Grereffi et al.，2005）。总体上看，既有的理论主要是从交易的视角对生产活动的组织模式进行研究。分散式创新中通常不存在以获利为目的的交易，而主要是靠分散个体的自愿参与以及个体相互之间的协调完成某项任务（产品的创新或生产），因此上述理论不能对信息技术特别是互联网推动下的分散式创新（及相关概念）给予充分的解释。

（一）与企业和市场的比较

借用 Makadok 和 Coff（2009）权威（Authority）、所有权（Ownership）和激励（Incentives）三个维度的划分，我们对分散式创新与市场、科层进行比较。在典型的市场中，参与方（如供应商、承包商）自己可以决定如何从事相关工作及其他活动，拥有工作所需的关键资产，根据产出获得报酬，并承担因绩效好坏带来的收益或损失；典型的科层企业是一种等级严格分明的治理模式，由上级权威发布指令，自上而下地决定如何开展工作，生产活动的参与者（企业内部的雇员）不拥有关键的生产性资产，根据提供的投入（工作的时间、技能、经验）获得报酬，不承担企业绩效好坏带来的收益或损失。分散式创新与市场或科层在权威、所有权和激励三个维度均存在差异。在权威方面，分散式创新类似于蚂蚁、蜜蜂等社会性昆虫构成的超级有机体——不是一只具体的蜜蜂，而是一只"看不见的手"控制着蜂群的行为（凯利，2013）。这种"去中心化"的体系汇集了许多自治成员，这些成员彼此间存在或紧密或疏远的连接，但并不是连接到一个中心枢纽。通常也没有一个中心对分散式创新的全过程发布命令、实施控制。参与分散式创新的每个自治成员不是服从来自中心的命令或根据整体环境做出步调一致的反应，而是根据群体中形成的内部规则以及个体所处局部环境而各自做出反应。在所有权方面，分散式创新的参与个体拥有各自参与创新活动所需的人力资本和生产资料，尽管根据参与程度和任务的差异，所拥有的生产资料也不尽相同。在激励方面，无论是市场中的价格机制

还是科层内部的薪酬机制都基本不能发挥作用，参与分散式创新的个体一般不以获得报酬为目标，更多的是依靠个人兴趣、爱好、社会交往等内在的激励。分散式创新的三种典型类型——对等生产、平台和众包，在权威、所有权和激励三个维度均处于市场和企业之间，并且三者受权威的控制程度、所有权多寡、激励强度依次递增。

总之，传统的集中式创新是在一个科层组织中，由一个领导机构决定创新的方向、组织创新资源、实施创新活动和进行结果评价，而分散式创新的控制和激励强度都较低，由于不依赖于雇佣合同，所以不能通过正式的权威来统治，更主要的是因缺少雇佣合同所导致的控制机制弱化——工作不能由领导强加或命令，个体不能被强制去做特定的任务。分散的个体在没有中央权威的命令下自发地开发或改进某种产品（服务），或者为某种产品（服务）的开发或改进做出贡献，目标的确定、资源的组织、创新的实施和结果的评价四个方面不是完全在科层组织内部进行的，特别是创新资源不完全来源于科层组织内部，也并不是通过市场交易获得的。分散式创新的极致则是目标的确定、资源的组织、创新的实施和结果的评价四个方面全都不是在科层内部进行，而是由非组织化的分散个体（个人或企业）间的协作来实现。

（二）与混合型组织的比较

分散式创新既不是科层关系也不是市场关系，同样也不是传统交易分析框架下的混合型组织，我们从七个方面将分散式创新与混合型组织加以比较（见表1）。

1. 从参与主体看

混合型组织的参与者仍然是企业，分散式创新的参与者则以分散的个体为主。尽管在平台和众包模式下，也会有企业的参与，但它是作为创新载体的提供者或任务的发包方存在的，仍然需要大量、分散的非组织化个体参与或完成创新。参与主体的差异决定了二者间在权威、所有权与激励方面的不同。

表1　分散式创新与混合型组织比较

	混合型组织	分散式创新
参与主体	两家或多家企业	以分散个体为主。某些情形下有企业参与
参与者的选择	交易前被选择，长期合作	自由进入
参与者之间的联系	相互熟悉，联系紧密	匿名，多为互不相识，联系松散
参与频率	相互之间交易频繁	不同参与者的参与频率差异很大
参与者的稳定性	保持相对稳定	参与者不确定
参与者数量	有限	越多越好
协调机制	参与者之间：契约，重复博弈；参与者内部：科层	以自组织为主

2. 从参与者的选择看

由于混合型组织参与者的相互依赖关系非常重要，因此参与者在交易发生之前就被选择，并在交易发生的过程中持续地被筛选；而在分散式创新模式下，从创新项目的角度看，是被动地等待创新者的加入，同时没有人能够阻止其他人的加入，许多情况下，也没有人能够占有创新的成果。

3. 从参与者之间的联系看

混合型组织参与者之间保持较为紧密的联系，存在较强的信任关系；而分散式创新的参与者之间多为互不相识，保持匿名状态。

4. 从参与频率来看

混合型组织的企业相互之间存在较为频繁的交易，而分散式创新模式中，不同参与者的参与频率根据其对项目的偏好程度和其能力的差异存在很大的不同，而且同一参与者的参与度在不同项目、不同时间也存在很大差异。在开源社区中，一些成员会发挥相对重要甚至核心的作用，但由于他们也仅拥有在较为有限领域中的技能和经验，因此其他成员的参与仍然不可或缺。

5. 从参与者的稳定性来看

混合型组织的参与者在一定时期内基本保持

稳定，从而能够降低交易的不确定性，这也是其成为既不同于市场又不同于企业的混合型组织的重要原因；而分散式创新的参与者是不确定的，且由于通常保持"匿名"状态，相互之间通常不存在稳定的联系。

6. 从参与者的数量看

混合型组织的参与者数量是有限的，而分散式创新的参与者数量是不确定的，通常要求参与者的数量越多、差异性越大越好。

7. 从协调机制来看

混合型组织的企业一般需要签署协议，然而契约通常是不完全的。但由于他们之间发生频繁的交易，因此可以通过重复博弈机制降低不确定性，弥补契约的不足。例如，在日本汽车产业的控制型网络中，总装厂商和下级供应商之间经常会共同进行开发设计，总装厂商对下级供应商给予各种指导和支持，下级供应商会为总装厂商进行资产专用型的投资。混合型组织的企业内部仍然属于科层制，由经理人招募雇员、提供激励、分解任务、集成活动等。相反，在分散式创新模式下，独立的参与个体以自组织的形式参与创新和生产活动，他们不是从管理者那里接受任务，而是自主选择自己要参与的项目、投入时间和精力的多少以及与其他参与者的互动程度。

（三）分散式创新的治理机制

市场的运转是依靠市场机制这只"看不见的手"调动追逐利润最大化的企业参与生产活动；企业的运转是依靠内部权威和管理协调这只"看得见的手"组织生产；混合型组织则是把市场与企业的特征结合起来。那么，为什么像 Linux、维基百科这样由仅靠互联网连接起来、分散在世界各地且组织方式貌似杂乱无章、四分五裂的分散式创新活动取得了巨大的成功，且越来越广泛地被接受，而中心化的科层组织却像侏罗纪的恐龙一样越来越无法适应环境的变化？

如果把一个任务拆分成若干模块并交给不同的个体/单位来完成，之后再把这些分别完成的任务整合到一起，将会面临着很高的交易成本。从企业角度来说是发现、协调创新单元的成本；从

创新者角度来说，是发现、参与创新项目的成本。这些交易成本往往会高于在一个公司内部完成这项任务的成本（凯利，2012）。随着信息技术特别是互联网技术的发展，搜寻交易对象、商品价格等信息的成本以及谈判、履约成本都会不断降低，企业自身也可以聚焦于更为擅长的活动。因此，信息技术的发展使得将创新任务交给企业外部的参与者来完成成为一个具备可行性、可营利性且具有竞争力的选择。但是仅仅从交易成本的角度不能很好地回答为什么企业会将创新活动交付给"去中心化"的个体，或"去中心化"的个体如何完成复杂的创新任务。

随着经济发展和生活水平的提高，消费者已经具备追求个性化需求的经济条件，然而大多数企业仍然采用大规模生产的方式生产标准化的产品，这就形成企业大规模生产与用户个性化需求之间的矛盾。大规模生产方式既有企业的惯性思维作祟，也受到技术发展水平、生产成本等方面的限制，但更重要的是，传统的科层组织虽然能够降低市场交易的成本，但是却面临这样一种局面——科层治理方式排除了组织之外的创新资源，而企业自身的资源和能力终究是有限的。即使在混合型组织中，企业能够利用外部网络化组织成员进行创新和生产活动，但网络组织成员的数量仍然是有限的，更大规模、多样化的创新资源（以及由此带来的异质性、多样性）仍旧被排除在组织之外。传统的中心科层结构永远面对一个不可解决的矛盾：科层的能力是有限的，创新方向、项目是有限的，而市场的需求是多元的甚至是无限的，以有限的资源根本无法满足消费者的个性化需求。

在有限资源的约束下，创新者总要对他的投入方向即创新项目做出选择。在新古典经济模型中，假设创新者知道所有创新的机会及其市场潜在收益，因此他们通过成本—收益分析就可以在不同项目间作出选择。给定这一假设，不同创新者做出的选择不会有多大差异，或者说让不同创新者做出选择不会产生多大的价值，水到渠成的结论就是许多不同参与者同时进行创新就构成了

努力的浪费，因此对创新的中心化控制就是有效的，可以通过协调避免重复的投入（Van Schewich，2010）。但是在现实世界中，创新具有技术的不确定性、市场的不确定性和组织的不确定性（李晓华、吕铁，2010），没有人能够确定新技术的最好用途是什么，什么是消费者真正需要的，某一具体问题的最优技术路线是什么，以及项目未来的产出是多少。在这种高度不确定性的情形下，中心化的科层组织由于资源有限、内部个体的同质性高，在做出少数几项研发投入的决策时，就可能会面临选择的错误——尽管这些错误在事前是无法预测的。如果考虑到一个有很多异质性创新者参与的集合，这些参与者具有不同的资源和能力、不同的组织惯例，因而他们看待技术、市场存在不同的视角。某一个具体项目不被一家企业看作创新或市场的机会，但是可能被另一家企业所推崇。因此，当有大量异质性创新者选择创新项目时，他们选择到未来被证明正确的技术路线以及将之成功实现的概率要比一家中心化的企业大得多。随着技术或市场需求不确定性的增加，"去中心化"的创新将比中心化的创新更具有价值。

Lakhani 和 Panetta（2007）提出的关于分散式创新的以布朗运动为基础的管理（Brownian motion - based Management）的观点有助于我们理解分散式创新的运作机制。布朗运动是一个物理学概念，它是指悬浮于流体（气体或液体）中的微粒所做的不规则随机运动，这里是指从具体创新项目的角度看，任务的参与者是随机加入进来的。做布朗运动的微粒发生碰撞的概率取决于其运动的速度和给定空间中颗粒的密度。与此类似，在个体以布朗运动模式参与的前提下，要保证分散式创新项目的顺利实施或分散式创新体系的持续发展，必须要有足够数量的参与个体，从而使关注和参与某个具体项目活跃人数达到足够的密度。分散式创新项目成功的基础是足够多数量的参与者，参与者的数量保证了能够为复杂项目的开发提供充足的人力资本，也能够增加参与者资源和能力的异质性。对诸如蚂蚁、蜜蜂等社会性

昆虫的观察可以发现，尽管单一的昆虫个体的智商很低，但是在群体协作下却可以完成单一个体无法完成的复杂工作。群体能够应对并解决个体成员无法单独处理的问题的特性被称为"群体智慧"（费雪，2013）。已经有越来越多的证据表明，群体智慧通常会胜过群体中最聪明的专家，即使一个群体中的大多数人都不是特别见多识广或富有理性（索罗维基，2010）。分散式创新是应对市场需求、技术方向的不确定性而出现的。无论是在哪一种具体的分散式创新模式下，哪些个体会参与创新活动、哪个创新项目最终被证明成功是不确定的，只有参与创新的个体数量足够多，才有可能找到发现能够解决特定问题的办法、找到有望成功的技术路线或完成一项工程量浩大的合作项目。正如在开源软件的开发过程中，项目的开发者越多则越容易使软件成型。软件发布后，随着开发者和使用者数量的增加，就越容易通过同步进行中的设计和运行更快地发现软件中存在的错误，并使这些错误在短时间得到修正。所谓"只要眼睛多，bug 容易捉"，在众多分散参与者的共同推动下，开源软件通过快速迭代而不断完善。

由于个体几乎是以布朗运动的随机方式加入到特定项目的分散式创新活动，因此，无论是将创新项目众包的企业、搭建参与平台的平台型公司，还是对等生产的互动社区，都需要尽可能地追求成员数量的扩大，使创新者特征以及知识、能力多元化并与技术、市场的不确定性匹配起来，提高创新成功的概率。创新项目的不确定性越高，就需要越多数量的参与者。通过数量众多的个体的参与——特别是当这些个体在资源和能力方面具有明显差异的时候，分散式创新能够更快地找到与某项创新活动相匹配的人员，具有更大的概率实现一项创新；或者通过数量众多的个人的参与来完善某项技术或产品。因此，尽管参与分散式创新的个体参与与否、参与的程度不需要来自一个中心命令的控制，但是从整个创新活动的运转来看又不是完全的无为而治，要保证分散式创新的持续开展，就需要扩大影响，获得广泛的关

注，进而吸引足够数量和差异性的参与者加入到创新项目中来，这需要一套适当且简单的局部规则（费雪，2013），并且分散式创新也需要依托一个开展的场所（平台）。平台的提供者和规则的设立者可以是主动利用分散式创新的利益相关企业、第三方企业，也可以是参与分散式创新的个体。利益相关企业以众包的发包企业为代表，它们直接设立创新目标，并提供奖金吸引创新者参与，创新参与者需要按照发包企业的要求在规定的时间、完成规定的目标。第三方企业多为分散创新平台的提供者，同时提供一套规则要求参与者遵守，在一些情况下并不直接参与创新或生产过程，如众包平台；但在一些情况下，如 Airbnb、Uber 等共享经济平台企业也会直接参与创新或生产过程。更为典型的情况是，没有企业直接参与的分散式创新，分散的个体自发形成一套创新平台或创新社区运转的规则，但个体的角色不尽相同，参与频率高的核心活跃分子往往在初期参与了规则的制定，低参与频率更多的是所谓沉默大多数。

五、结论和政策建议

中心化的创新模式在面对通用化的需求、确定的技术和市场信息的时候具有优势。相比之下，分散式创新在准确地掌握市场需求信息、应对技术和市场的不确定性方面均具有优势。不确定性越高、技术创新越活跃、市场需求越多元多变，企业就越需要利用社会化的创新资源来增加灵活性、降低创新的风险。当然，分散式创新毕竟只是创新和生产活动的组织模式之一。相对于以企业与混合型组织等传统生产组织方式，它既有动员社会认知盈余、解决技术和市场不确定性的优势，但也存在明显的劣势。第一，由于主要依赖于大量分散个体间的非强制性规则和个体的喜好，缺少一个发布命令的决策、控制中心，分散式创新在创新项目的执行效率上要弱于科层化的企业。第二，尽管分散式创新能够解决技术和市场的不确定性，但这是以数量众多且异质化的个体存在

为前提的。分散式创新项目在发起之初通常会面临吸引足够多参与者的问题，许多创新项目可能会由于参与者数量的缺乏流产和失败。第三，由于每一个分散的创新者都能依托自己的能力、根据自己的判断（甚至喜好）对创新项目进行修改，很可能造成多个不同版本的创新成果同时并存的现象，不仅分散了创新资源，而且造成了不同产品间的兼容等一系列问题。在开源软件系统中，碎片化是非常普遍存在的问题。例如，Google 开发的手机操作系统——安卓（Android）是一个开源系统，各家手机企业都可以对安卓系统进行修改。开源虽然激发了手机厂家采用安卓系统的积极性，并使其成为市场占有率最高的手机操作系统，但与此同时也使该系统支离破碎，极大地增加了第三方软件开发商开发 APP 应用的成本。

对于很多后发国家来说，由于有发达国家成熟的技术路线、市场和商业模式可供模仿，创新的不确定性低，因此中心化的科层组织能够发挥出后发优势，政府的产业政策也能较好地发挥效果。经过新中国成立 60 多年特别是改革开放 30 多年来的发展，我国的 R&D 强度已经超过 OECD 国家平均水平，在一些领域已经从技术的赶超者转变为同行者，在战略性新兴产业领域也基本与发达国家处于同一条起跑线，因此，我国产业发展面临的不确定要比以前大得多。而且随着以大数据、云计算、物联网、机器人、人工智能、虚拟现实、3D 打印等技术为特征的新一轮科技革命和产业变革正在全球范围内兴起，将会推动实体经济向数字化、网络化、智能化方向更为深入地发展，个体参与分散式创新的条件越来越成熟。充分利用社会分散的创新资源或认知盈余的分散式创新是真正的"万众创新"，对推动我国经济增长方式向创新驱动转变能够发挥重要作用。

第一，鼓励分散式创新的发展。我国正处于从制造大国向制造强国转变、经济增长方式从资源要素依赖型向创新驱动型转变的关键阶段，需要调动全社会的创新资源。"万众创新"并不一定要以大众创业的形式参与，完全可以采取分散

式创新的模式，以自组织的形式参与产品的创新，或者以众包承接者的形式参与到企业的创新活动中去。因此，应当高度重视分散式创新对建设创新型国家和经济转型的作用，将分散式创新提高到国家战略高度，鼓励个人、企业参与到分散式创新活动中来。

第二，完善分散式创新的生态环境。与企业的创新、生产活动一样，分散式创新也需要良好环境的支撑。首先，分散式创新的生态环境包括信息基础设施，应当推动新一代互联网（包括固定宽带网络、新一代移动互联网等）的覆盖范围和网络的稳定性、安全性，降低互联网资费；其次，是人才基础，应加强对互联网、3D 打印等技术的培训，推动 3D 打印教育进学校，建立 3D 打印公共平台；最后，需要聚集人流的信息化平台，因此应推动众包网络平台、互联网对等生产社区的发展。

第三，推进分散式创新的制度建设。分散式创新具有与传统创新模式迥然不同的特征，许多规范企业行为的法律、法规与分散式创新不相适应，因此要加快推进分散式创新的制度建设，规范、保护分散式创新的发展。特别是要加快知识产权的立法工作，在确保分散式创新的成果不被非法占有、使用的同时，又能够促进快速的传播与合理的应用。

参考文献

［1］阿尔文·托夫勒. 第三次浪潮［M］. 北京：新华出版社，1996.

［2］［美］文卡特·托马斯瓦米，弗朗西斯·高哈特. 众包 2：群体创造的力量［M］. 北京：中信出版社，2011.

［3］Wittke, Volker and Hanekop, Heidemarie (Eds.). New Forms of Collaborative Innovation and Production on the Internet：An Interdisciplinary Perspective［M］. Universitätsverlag Göttingen, 2011.

［4］李海舰，原磊. 论无边界企业［J］. 中国工业经济，2005（4）：94 – 102.

［5］［美］亨利·切萨布鲁夫. 开放式创新：进行技术创新并从中盈利的新规则［M］. 金马译. 北京：清华大学出版社，2005. 4 – 9.

［6］［美］埃里克·冯·希普尔. 民主化创新——用户创新如何提升公司的创新效率［M］. 陈劲，朱朝晖译，北京：知识产权出版社，2007.

［7］［美］Raymond, Eric S. 大教堂与集市［M］. 卫剑钒译. 北京：机械工业出版社，2014.

［8］Demil, Benoît and Lecocq, Xavier. Neither Market nor Hierarchy nor Network：The Emergence of Bazaar Governance［J］. Organization Studies, 2006（27）：1447 – 1466.

［9］唐·泰普斯科特，安东尼·威廉姆斯. 维基经济学：大规模协作如何改变一切［M］. 何帆，林季红译. 北京：中国青年出版社，2007.

［10］Howe J. The Rise of Crowdsourcing［J］. Wired Magazine, 2006, 14（6）：1 – 4.

［11］［美］杰夫·豪. 众包：大众力量缘何推动商业未来［M］. 牛文静译. 北京：中信出版社，2009.

［12］Coombs, R. Harvey, M. and B. S. Tether. Analysing Distributed Processes of Provision and Innovation［M］. Industrial and Corporate Change, 2004, 12（6）：1125 – 1155.

［13］Consoli, D. and P. P. Patrucco. Distributed Innovation and the Governance of Knowledge：An empirical study on Technological Platforms［R］. SENTE Working Paper 11, Research Unit for Urban and Regional Development Studies, University of Tampere, 2007.

［14］Lakhani, Karim, Panetta, R. Jill A. The Principles of Distributed Innovation［M］. Innovations, Summer 2007：97 – 112.

［15］UNCTAD. World Investment Report 2005：Transnational Corporations and the Internationalization of R&D［M］. New York and Geneva, 2005.

［16］Hildrum, Jarle. Does the emergence of distributed innovation call for new innovation process theories？［EB/OL］. http：//www. cas. uio. no/research/0708innovation/CASworkshop_Hildrum. pdf, 2007.

［17］Benkler, Yochai. The Wealth of Networks：How Social Production Transforms Markets and Freedom［M］. New Haven and London：Yale University Press, 2006.

［18］［挪］詹·法格博格，［美］戴维·莫利，［美］理查德·纳尔逊. 牛津创新手册［M］. 柳卸林等译. 北京：知识产权出版社，2009.

［19］［美］霍华德·莱茵戈德. 网络素养：数字公

民、集体智慧和联网的力量［M］．张子凌，老卡译．北京：电子工业出版社，2013．

［20］刘国新，高小芹，王圆圆．分布式创新：涵义、背景与特征［J］．管理学家（学术版），2010（11）：58－65．

［21］［美］克莱·舍基．认知盈余：自由时间的力量［M］．胡泳译．北京：中国人民大学出版社，2012．

［22］［美］埃里克·布莱恩约弗森，安德鲁·麦卡菲．第二次机器革命：数字化技术将如何改变我们的经济与社会［M］．蒋永军译．北京：中信出版社，2014．

［23］Gillmor, Dan. Encyclopedia Britannica in the age of Wikipedia［EB/OL］．https：//www. theguardian. com/commentisfree/cifamerica/2012/mar/14/encyclopedia－britannica－wikipedia，2012－03－14．

［24］卡尔·贝内迪克特·弗雷．数字行业扼杀经济增长［J］．环球科学，2015（2）：10．

［25］Benkler, Yochai. Coase's Penguin, or, Linux and The Nature of the Firm［J］．The Yale Law Journal，2002（112）：369－446．

［26］［美］杰里米·里夫金．零成本社会：一个物联网、合作共赢的新经济时代［M］．赛迪研究院专家组译．北京：中信出版社，2014．

［27］［美］克里斯·安德森．长尾理论［M］．北京：中信出版社，2006．

［28］［美］戴维·霍尔．大转折时代：生活与思维方式的大转折［M］．熊祥译．北京：中信出版社，2013．

［29］［日］青木昌彦，安藤晴彦．模块时代：新产业结构的本质［M］．周国荣译．上海：上海远东出版社，2003．

［30］Kleemann, F., G. Günter Voβ, Kerstin Rieder. Un. (der) paid Innovators：The Commercial Utiliza－tion of Consumer Work through Crowdsourcing［J］．Science, Technology & Innovation Studies，2008，4（1）：5－26．

［31］［美］史蒂文·韦伯．开源的成功之路［M］．李维章，何岚湘，赵莉译．北京：外语教学与研究出版社，2007．

［32］［美］曼瑟尔·奥尔森．集体行动的逻辑［M］．陈郁等译．上海：上海三联书店，上海人民出版社，1995．

［33］Ghosh, Rishab Aiyer. Cooking Pot Markets：An Economic Model for the Trade in Free Goods and Services on the Internet［EB/OL］．http：//firstmonday. org/ojs/index. php/fm/article/view/1473/1388，2005－10－3．

［34］［美］科斯（1937）．企业的性质［M］．//［美］科斯．论生产的制度结构．盛洪，陈郁译．上海：上海三联书店，1994．

［35］Williamson, Oliver E. Comparative Economics Organization：The Analysis of Discrete Structure Alternative［J］．Administrative Science Quarterly，1991（36）：269－296．

［36］Gereffi, Gary, Humphrey, John, and Sturgeon, Timothy. The Governance of Global Value Chains［J］．Review of International Political Economy，2005，1（2）：78－104．

［37］Makadok, Richard and Coff, Russell. Both Market and Hierarchy：An Incentive－System Theory of Hybrid Governance Forms［J］．The Academy of Management Review，2009，34（2）：297－319．

［38］［美］凯文·凯利．失控：全人类的最终命运和结局［M］．东西文库译．北京：新星出版社，2012．

［39］Van Schewich, Barbara. Internet Architecture and Innovation［M］．Cambridge, Massachusetts：The MIT Press，2010．

［40］李晓华，吕铁．战略性新兴产业的特征与政策导向研究［J］．宏观经济研究，2010（9）：20－26．

［41］［美］兰·费雪．完美的群体：如何掌控群体智慧的力量［M］．邓逗逗译．杭州：浙江人民出版社，2013．

［42］［美］詹姆斯·索罗维基．群体的智慧：如何做出最聪明的决策［M］．王宝泉译．北京：中信出版社，2010．

Distributed Innovation Driven by Information Technology and its Governance

LI Xiaohua

Abstract: With the development of economy and technology, more and more scattered individuals participate in the innovation and production of the products and services that were originally conducted by the enterprises in the past, namely the rise of decentralized innovation and social production. Two preconditions are necessary to ensure that the scattered individuals could participate in the innovation and production: One is the willingness and capabilities of the individuals; the other is the accessibility of the innovation tools. The development of productive force especially the information technology and the enhancement of the economy make the two preconditions come into true, and the anti – competitive characteristics of the digital products is the economic motivation of the individuals' participation. Decentralized innovation is a new kind mode of innovation and production which is quite different from hierarchy and market. Due to fully mobilize substantial resources and capabilities of heterogeneous individuals, decentralized innovation could effectively solve the difficulties of uncertainty of the technology roadmap and the market caused by the more and more diverse consumer needs. The action of the participants of distributed innovation follows the Brownian – motion law. To ensure the success of distributed innovation, it is necessary to broaden the basis of the number of participants as possible. The new revolution of science and technology and the change of industry are booming. Distributed innovation would be vital to the innovation – driven transformation of China's economy.

Key words: Distributed Innovation; Social Production; Information Technology; Governance Mode

ICT 与中国经济增长：资本深化、技术外溢及其贡献[*]

渠慎宁

摘　要： 信息通信技术（ICT）已被视为一大战略性新兴产业，是发展第三次工业革命和"互联网＋"的支柱性产业，有望成为未来经济增长的"新引擎"。ICT 对经济增长的带动作用主要体现在资本深化效应和提高社会 TFP 两方面。本文将系统构建涉及 ICT 资本的经济增长相关核算数据。同时，利用新经济增长理论建立起 ICT 对经济增长贡献的理论模型，并将其扩展为合乎中国国情的分析框架，以此测算 ICT 资本深化对经济增长的贡献和 ICT 对 TFP 增长的贡献。结论表明，1987～2010 年 ICT 资本投入对我国经济增长的贡献并不大，而 ICT 的技术外溢效应是其对经济增长最重要的贡献。对我国这样技术后发的国家而言，推广 ICT 比发展 ICT 产业本身更有效。

关键词： 资本深化；技术外溢；经济增长；ICT

一、引　言

近年来，个人电脑、互联网、移动电话与传媒网络等信息技术的普及不仅改变了人们的生活，也改变了当前的经济发展趋势。信息通信技术（ICT）逐步成为国民经济中的重要产业，全球诸多国家在过去 20 年内的 ICT 投资额不断增大。1992～2010 年，全球 ICT 投资占 GDP 比重已从 3% 上升到 8%。ICT 产业汇集了电子、通信、软件、网络、计算机工作站与信息媒体等行业，这些行业的技术创新能力强，并具备强大的辐射效应，可直接被应用到农业、工业和服务业的生产过程中，改变经济系统原有的运行模式。在其推动下，一些发达国家和发展中国家的全要素生产率（TFP）得到显著提高，美国 20 世纪 90 年代的经济复兴也被主要归功于 ICT 的技术革命。目前，学术界已普遍认可 ICT 对经济增长的积极影响，尤其是对经济陷入停滞的发达国家和新型工业化国家。ICT 已被视为一大战略性新兴产业，是第三次工业革命的支柱之一，有望成为未来经济增长的"新引擎"。

ICT 对经济增长的带动作用主要体现在资本深化效应和提高社会 TFP 两方面。凭借快速技术进步，ICT 产品价格不断下降，会促使更多的企业进行 ICT 资本投资，在生产过程中用 ICT 资本取代传统资本，即进行了所谓的资本深化（Capital Deepening）进程。这不仅增加了企业资本投入量，还提高了资本质量，更有助于降低生产成本，并增加产出。自 1995 年后，G7 国家（加拿大、法国、德国、意大利、日本、英国和美国）的 ICT 投资增长率达到了两位数。Jorgenson

---

* 本文发表在《财经问题研究》2017 年第 10 期。
渠慎宁，中国社会科学院工业经济研究所副研究员。

（2003）将其归功于 ICT 设备和软件价格的快速下降，1995 年后半导体生产周期由 3 年缩短到 2 年，这在很大程度上加快了 ICT 的普及和投资速度。

此外，Lipsey 等（2005）认为，作为一种通用技术，ICT 具备强大的技术外溢效应，其在生产过程中的广泛使用可显著提高企业的生产率。ICT 可显著带动一系列的技术创新，并嵌入到各种类型的产品架构和技术应用中，提高企业组织管理效率。同时，ICT 还具备规模经济优势。为了卖出更多的产品和服务，给消费者提供更加多样化和可定制的产品、提高产品质量，各行业的公司都会逐步使用计算机和互联网服务。在此情况下，当更多的公司使用 ICT 时，就会给已使用 ICT 的公司带来收益，而这无须进行额外的投资，可直接降低企业投资 ICT 的成本。因此，Moshiri 和 Nikpour（2010）指出 ICT 的技术外溢效应融合了知识、规模经济和创新等多种要素，这能较好地改善各行业公司的组织架构、管理水平和人力资本，从而提高整个社会的 TFP。

从实证角度，国外一些学者检验了 ICT 对经济增长的贡献。早期的研究，Solow（1987）质疑了 ICT 对生产率的拉动效果，认为 ICT 对投资和消费都做出巨大贡献，但唯独在提高生产率方面发现 ICT 的作用，这被称为 ICT 的生产率悖论。随着后期数据处理和统计方法的改进，ICT 对生产率的积极影响逐步得到证实，生产率悖论之谜由此得以解决。Brynjolfsson 和 Hitt（2003）通过实证研究发现，ICT 资本对全要素生产率拉动效应要显著高于非 ICT 资本，并指出 ICT 资本投资对生产率和经济增长的带动存在滞后，有时甚至达到 7 年之久才能见效，这也是 Solow 发现生产率悖论的原因。Bartel 等（2007）用不同国家公司层面的数据也证实了这一点，并指出 ICT 对公司生产率具备显著的拉动效果。Vu（2011）分析并比较了欧盟各国 ICT 部门的乘数效应，发现由于 ICT 投资的滞后效应影响，在 2000～2005 年，ICT 部门的乘数效应和产出并不明显，但 2005 年后，乘数效应呈现出上升势头。

然而，分析 ICT 对经济增长贡献的相关研究主要还集中在美国等发达国家，针对中国等发展中国家的文献较少。Seo 和 Lee（2006）认为，发展中国家比发达国家更能享受 ICT 技术外溢带来的外部性。对一些发展中国家而言，由于其主导产业选择成本较低，一旦抓住 ICT 产业的发展机遇，完全可以带动经济增长"蛙跳"，并借此赶超发达国家。分析 ICT 产业对中国这样的发展中国家的经济贡献，不仅可以弥补现有研究以发达国家为主的不足，丰富 ICT 的经验性证据，更可为我国经济增长提供新的发展思路和路径选择，评估是否可借助 ICT 产业这样的新兴产业实现对领先国家的"弯道超车"。对此问题，国内已有学者给予关注。汪斌和余冬筠（2004）利用计量模型对中国信息化的经济结构效应进行了分析，发现中国的信息技术产业对经济增长呈现出正相关关系，并对三大产业的影响不一，信息技术对工业增长的带动作用最大。施莉（2008）利用对偶法估算了 1980～2003 年 ICT 产业对中国全要素生产率的贡献，发现 ICT 产业的快速发展对中国全要素生产率起到了明显的拉动效果。孙琳琳等（2012）在行业面板数据的基础上，分别从 ICT 资本深化、ICT 生产行业的全要素生产率改进以及 ICT 使用行业的全要素生产率改进三个方面研究了信息化对中国经济增长的贡献，发现该贡献主要体现于 ICT 资本深化的贡献以及 ICT 制造业的全要素生产率改进，ICT 使用还未带来行业的全要素生产率改进。综观当前有关中国的 ICT 研究，普遍以政策性分析和实证研究为主，缺乏正统的经济学理论支撑。同时，在实证研究过程中，又缺少相应的 ICT 产业投资量、ICT 资本存量、ICT 投入强度等数据，仅用居民安装电话数量、居民安装宽带数量、网站数量、通信基站数量等数据近似代替信息化程度，从而难以在总量层面对 ICT 的经济贡献进行科学的估算和评价。

与已有研究相比，本文拟在如下几点取得突破：①系统构建涉及 ICT 资本的经济增长相关核算数据：利用投入产出分析系统测算出 1987～2010 年中国 ICT 的投资额，并利用永续盘存法测算出 1987～2010 年中国 ICT 的资本存量，计算出中国主要行业的 ICT 投入强度；②利用新经济增长理论建立起 ICT 对经济增长贡献的理论模型，并将其扩展为合乎中国国情的分析框架；③在相关数据和理论模型的基础上，分别测算 ICT 资本深化对经济增长的贡献和 ICT 对 TFP 增长的贡献。本文主要结构如下：第二部分为中国 ICT 相关数据测算，第三部分为理论框架，第四部分和第五部分为实证检验，第六部分为结论。

二、当前中国 ICT 投资、资本存量和投入强度测算

（一）中国 ICT 投资额测算

作为度量一国 ICT 发展状况的主要指标，ICT 投资量展现了国家经济各行业对 ICT 的利用情况，以及国家对 ICT 产业的支持力度。一般而言，行业投资数据主要包括积累数据、固定资产投资数据、固定资产形成数据、资本形成总额数据、存货投资数据以及新增固定资产数据。各个概念在统计年鉴中具备不同的基本定义。目前，大多数文献中主要选取固定资产投资作为主要的行业投资数据。然而，这种选取方法忽视了生产过程中对流动资产的投资，在一定程度上没有反映投资的真实情况，所得数据要比真实数据小。对此，为了更接近 ICT 的真实投资情况，本文选取积累数据作为 ICT 投资数额。从定义上看，积累额是指一年内物质生产部门和非物质生产部门新增加的固定资产（扣除固定资产磨损价值）与流动资产。积累按照用途可以分为生产性积累和非生产性积累；按照性能可分为固定资产积累和流动资产积累。其中，生产性积累是指由社会产品中的生产资料组成，包括物质生产部门新增加的生产用固定资产（扣除固定资产磨损）以及各生产企业的原材料、燃料、半成品和属于生产资料的产成品库存、商品库存、物资储备库存等流动资产的增加额。根据定义可得：ICT 投资 = 生产过程中的 ICT 中间使用投资 + ICT 相关固定资产投资 + ICT 存货投资，共计三大部分。

受制于中国相关统计数据缺失，同时历年中国投入产出表中对行业的分类标准并不一致，我们将 ICT 投资统计分为两个阶段：第一阶段为 1987～2002 年，主要为电子及通信设备制造业；第二阶段为 2002～2010 年，主要为通信设备、计算机及其他电子制造业投资与信息传输、计算机服务和软件业投资两个方面。在第一阶段，ICT 投资包括国民经济各行业对电子及通信设备制造业的中间使用、电子及通信设备制造业的固定资产投资与存货投资。在第二阶段，ICT 投资包括：国民经济各行业对通信设备、计算机及其他电子制造业的中间使用；国民经济各行业对信息传输、计算机服务和软件业的中间使用；通信设备、计算机及其他电子制造业的固定资产投资与存货投资；信息传输、计算机服务和软件业的固定资产投资与存货投资。由于投入产出表和延长表的时间年限并非连续，对于中间年份的数据，我们使用样条（Spline）函数插值法估算得出，并保证其变化趋势一致。可以发现，我国 ICT 投资已由 1987 年的 302 亿元上升至 2010 年的 55212 亿元，年均增速达到 49%，呈现出指数型增长态势。分阶段看，我国 ICT 投资存在三个拐点：1993 年、1998 年和 2005 年。在经历了 20 世纪 80 年代末期的初期积累后，ICT 产业投资在 20 世纪 90 年代进入爆发期，1993～1997 年年均增长率达到 28%，1998～2004 年年均增长率进一步上升至 32%。自 2005 年后，年均投资增速有所放缓，降至 11%。

（二）中国 ICT 资本存量测算

在宏观经济和行业经济研究中，资本存量是一个非常重要的变量。资本存量不仅能反映行业的生产要素积累状况，而且行业投资函数、行业全要素生产率和经济增长等方面的研究也都离不开资本存量的测算。针对中国 ICT 资本存量，本文选取在国内外使用较为普遍的永续盘存法（Perpetual Inventory Method，PIM）进行估测，具体公式为：

$$K_t = K_{t-1}(1 - \delta_t) + I_t$$

其中，K_{t-1} 与 K_t 分别表示 $t-1$ 期与 t 期资本

存量，δ_t 为折旧率，I_t 为以不变价格衡量的 t 期新增投资额。针对该公式涉及的三个变量，分别做如下处理：①每年新增投资额。对此，我们选取上节计算的 ICT 投资积累数据，这也与张军等（2004）的处理方法一致。②折旧率。根据 Jorgenson 和 Vu（2005）的估算，计算机硬件和软件的折旧率约为 0.32，电信设备的折旧率约为 0.11。对此，我们根据可获得的数据分段计算折旧资本：由于 1987～2001 年的可获得数据为电子及通信设备制造业投资，此段时间内折旧率的参考值我们选取 0.11；2002～2010 年可获得数据包括通信设备、计算机及其他电子制造业投资与信息传输、计算机服务和软件业投资，对于前者的折旧率，取计算机和电信折旧率的均值 0.21，对于后者的折旧率，取值为 0.32，分别计算各自的资本存量。③基期资本存量 K_0。Hall 和 Jones（1999）认为，经济系统在稳定状态下，资本存量的增速与投资增速是一致的，其以 1960 年的投资比上之后 10 年内的平均投资增速与折旧率之和，估计出各国 1960 年的资本存量。单豪杰（2008）也采用这一思路估测中国各省市 1952 年的基期资本存量。由于数据可获得性的限制，本文选取 1987 年作为基期。同时也沿用该方法，用 1987 年的 ICT 产业投资额比上折旧率与 1987～1997 年 ICT 产业投资平均增速之和，得到 1987 年我国的 ICT 产业初始资本存量。一般而言，随着时间的推移，基期数据的准确性对后期资本存量的误差影响将逐步减弱。由此测算出我国 1987～2010 年的资本存量。可以发现，我国 ICT 资本存量已由 1987 年的 3382 亿元上升至 2010 年的 102452 亿元，24 年间总量扩大了 30 倍，年均增长速度达到 16%。同时，ICT 资本存量的增长趋势与 ICT 投资基本保持一致。由于投资对资本存量有着滞后性的影响，资本存量的变化趋势相较投资要晚一年，其最快的增长时期为 1999～2005 年。2006 年后，资本存量的增长速度开始放缓。

（三）中国主要行业 ICT 投入强度变化趋势

ICT 投入强度是指企业在生产过程中 ICT 投资所占总投资的比重。行业 ICT 投入强度的高低可以反映某一行业的信息化与自动化程度，同时也间接体现 ICT 在国民经济生产中的普及程度。通过测算 1987～2010 年我国主要行业的 ICT 投入强度（见表 1），可以发现，20 多年来，我国主要行业的 ICT 投入强度得到明显提高。1987 年，18 个行业中仅有电气、机械及器材制造业和仪器仪表及文化办公用机械制造业两个行业投入强度超过 1%，而至 2010 年，则有 11 个行业超过 1%。其中，制造业的 ICT 投入强度上升较为明显，多数行业在 23 年内得到了快速提高。仪器仪表及文化办公用机械制造业在 2010 年的 ICT 投入强度近 30%，是投入最高的行业。农业也呈现出较快的上升势头，已由 1987 年的 0.01% 上升至 2010 年的 0.80%，从原来的接近 0 投入，改善到目前的已有一定比重投入。此外，ICT 在服务业中的投入也明显加大，交通运输、批发零售、金融保险与房地产业的 ICT 投入强度均超过 1%，金融保险业更是超过 8%，ICT 逐步成为我国服务业发展的重要助力器。

表 1　1987～2010 年中国主要行业 ICT
投入强度变化情况　　　　单位:%

年份	1987	2002	2010
农业	0.01	0.46	0.80
煤炭开采和洗选业	0.37	2.92	0.76
石油和天然气开采业	0.69	3.47	0.69
食品制造及烟草加工业	0.01	0.73	0.27
纺织业	0.01	1.01	0.29
造纸印刷及文教用品制造业	0.23	2.12	1.41
化学工业	0.07	1.41	0.48
金属冶炼及压延加工业	0.16	1.01	1.00
通用、专用设备制造业（1987 年为机械工业）	0.90	4.56	3.02
交通运输设备制造业	0.85	2.31	1.58
电气、机械及器材制造业	1.14	6.44	7.42
仪器仪表及文化办公用机械制造业	13.30	27.33	29.56
建筑业	0.15	5.55	2.28
交通运输及仓储业（1987 年为货运邮电业）	0.94	2.26	1.60

续表

年份	1987	2002	2010
批发和零售贸易业（1987 年为商业）	0.59	8.47	3.93
住宿和餐饮业（1987 年为饮食业）	0.02	1.48	0.55
金融保险业	0.57	15.24	8.34
房地产业	—	2.38	2.85

注：由于 2002 年前投入产出表的行业统计口径与 2002 年后的并不一致，我们采取近似归类的方法。对于一些后续统计中被调整了的行业，如机械工业、货运邮电业、商业、饮食业，选取与之接近的通用、专用设备制造业、交通运输及仓储业、批发和零售贸易业、住宿和餐饮业进行比较。1987 年投入产出表中房地产业统计缺失。

资料来源：根据中国投入产出表 1987 年、2002 年、2010 年计算。

三、ICT 推动经济增长的理论框架

（一）一般国别下的新经济增长模型

借鉴 Yoo（2003）及 Jorgenson 和 Vu（2010），构建一个加入人力资本的新经济增长模型。假定经济系统中存在三种投入资本：ICT 资本、非 ICT 资本和人力资本，则可设定规模报酬不变的柯布—道格拉斯生产函数：

$$Y = F(A, K_{nict}, K_{ict}, H, L) = K_{nict}^{\alpha} K_{ict}^{\beta} H^{\gamma} (AL)^{1-\alpha-\beta-\gamma} \tag{1}$$

其中，K_{nict} 为非 ICT 资本，K_{ict} 为 ICT 资本，H 为人力资本，L 为劳动力投入，A 为技术。α、β、γ 分别为非 ICT 资本、ICT 资本和人力资本的要素生产弹性系数，且满足 $\alpha, \beta, \gamma > 0$，$\alpha + \beta + \gamma < 1$。同时，假定劳动力 L 和技术 A 分别保持常数 n 和 g 的增长率外生性地指数型增长，即有：$L(t) = L(0)e^{nt}$，$A(t) = A(0)e^{gt}$。

设定有效人均产出 $\widetilde{y} = \dfrac{Y(t)}{A(t)L(t)}$，有效人均非 ICT 资本 $\widetilde{k}_{nict} = \dfrac{K_{nict}(t)}{A(t)L(t)}$，有效人均人力资本 $\widetilde{h} = \dfrac{H(t)}{A(t)L(t)}$，有效人均 ICT 资本 $\widetilde{k}_{ict} = \dfrac{K_{ict}(t)}{A(t)L(t)}$。

则式（1）可变为有效人均形式：$\widetilde{y} = \widetilde{k}_{nict}^{\alpha} \widetilde{k}_{ict}^{\beta} \widetilde{h}^{\gamma}$。假定总产出以一定比重投资于各个资本，则有资本积累方程：

$$\dot{\widetilde{k}}_{nict} = s_{K_{nict}} \widetilde{y} - (n + \delta + g) \widetilde{k}_{nict} \tag{2}$$

$$\dot{\widetilde{k}}_{ict} = s_{K_{ict}} \widetilde{y} - (n + \delta + g) \widetilde{k}_{ict} \tag{3}$$

$$\dot{\widetilde{h}} = s_H \widetilde{y} - (n + \delta + g) \widetilde{h} \tag{4}$$

其中，$s_{K_{nict}}$、$s_{K_{ict}}$、s_H 分别为非 ICT 资本、ICT 资本和人力资本的投入比重，δ 为折旧率，且假定各资本的折旧率相等。根据微分方程组（3）～（5），可得稳态下的各资本方程：

$$\widetilde{k}_{nict}^{*} = \left[\frac{s_{K_{nict}}^{1-\beta-\gamma} s_{K_{ict}}^{\beta} s_H^{\gamma}}{n + \delta + g} \right]^{\frac{1}{1-\alpha-\beta-\gamma}} \tag{5}$$

$$\widetilde{k}_{ict}^{*} = \left[\frac{s_{K_{nict}}^{\alpha} s_{K_{ict}}^{1-\alpha-\gamma} s_H^{\gamma}}{n + \delta + g} \right]^{\frac{1}{1-\alpha-\beta-\gamma}} \tag{6}$$

$$\widetilde{h}^{*} = \left[\frac{s_{K_{nict}}^{\alpha} s_{K_{ict}}^{\beta} s_H^{1-\alpha-\beta}}{n + \delta + g} \right]^{\frac{1}{1-\alpha-\beta-\gamma}} \tag{7}$$

将式（5）～（7）代入式（1），并取自然对数，则有：

$$\ln \widetilde{y}^{*} = \frac{\alpha}{1-\alpha-\beta-\gamma} [\ln s_{K_{nict}} - \ln(n + \delta + g)] + \frac{\beta}{1-\alpha-\beta-\gamma} [\ln s_{K_{ict}} - \ln(n + \delta + g)] + \frac{\gamma}{1-\alpha-\beta-\gamma} [\ln s_H - \ln(n + \delta + g)] \tag{8}$$

由于有效人均产出较难度量，我们将上式转化为人均产出形式：

$$\ln y^{*} = \ln A(0) + g \cdot t + \frac{\alpha}{1-\alpha-\beta-\gamma} \ln s_{K_{nict}} + \frac{\beta}{1-\alpha-\beta-\gamma} \ln s_{K_{ict}} + \frac{\gamma}{1-\alpha-\beta-\gamma} \ln s_H - \frac{\alpha+\beta+\gamma}{1-\alpha-\beta-\gamma} \ln(n + \delta + g) \tag{9}$$

其中，$y = \dfrac{Y(t)}{L(t)}$，为人均产出，y^{*} 为稳态值。

可见，参数 $\dfrac{\beta}{1-\alpha-\beta-\gamma} > 0$，因此式（9）表明，ICT 产业的投资确实能给经济增长起到带动作用。

（二）基于中国等发展中国家的新经济增长模型

式（9）描述的是稳态情况下 ICT 投资对经

济增长的带动作用，在实际情况下，当前只有发达国家经济才达到或接近稳态。而对于类似中国这种正处在经济快速增长期的发展中国家而言，现在所处阶段并不是稳态，而是向稳态逐步过渡的阶段。ICT 投资是否能对发展中国家经济增长起到同样的作用？我们将对上述模型进行扩展，构建发展中国家下的新经济增长模型，对此进行考察。

对于有效人均形式的生产函数：$\tilde{y} = \tilde{k}_{nict}^{\alpha} \tilde{k}_{ict}^{\beta} \tilde{h}^{\gamma}$，可将其改写成增长率形式：$\hat{\tilde{y}} = \alpha \hat{\tilde{k}}_{nict} + \beta \hat{\tilde{k}}_{ict} + \gamma \hat{\tilde{h}}$ 　　　　(10)

其中，$\hat{\tilde{y}}$、$\hat{\tilde{k}}_{nict}$、$\hat{\tilde{k}}_{ict}$ 和 $\hat{\tilde{h}}$ 代表变量增长率，如 $\hat{\tilde{y}} = \dfrac{\dot{\tilde{y}}}{\tilde{y}}$。则微分方程组（2）~（4）可改写为：

$$\hat{\tilde{k}}_{nict} = s_{K_{nict}} \tilde{k}_{nict}^{\alpha-1} \tilde{k}_{ict}^{\beta} \tilde{h}^{\gamma} - (n+\delta+g) \quad (11)$$

$$\hat{\tilde{k}}_{ict} = s_{K_{ict}} \tilde{k}_{nict}^{\alpha} \tilde{k}_{ict}^{\beta-1} \tilde{h}^{\gamma} - (n+\delta+g) \quad (12)$$

$$\hat{\tilde{h}} = s_H \tilde{k}_{nict}^{\alpha} \tilde{k}_{ict}^{\beta} \tilde{h}^{\gamma-1} - (n+\delta+g) \quad (13)$$

将式（11）~（13）代入式（10），则可得：

$$\hat{\tilde{y}} \approx -(1-\alpha-\beta-\gamma)(n+\delta+g)[\alpha(\ln\tilde{k}_{nict}-\ln\tilde{k}_{nict}^{*})+\beta(\ln\tilde{k}_{ict}-\ln\tilde{k}_{ict}^{*})+\gamma(\ln\tilde{h}-\ln\tilde{h}^{*})] \quad (14)$$

又因 $\ln\tilde{y}-\ln\tilde{y}^{*} = \alpha(\ln\tilde{k}_{nict}-\ln\tilde{k}_{nict}^{*})+\beta(\ln\tilde{k}_{ict}-\ln\tilde{k}_{ict}^{*})+\gamma(\ln\tilde{h}-\ln\tilde{h}^{*})$，则将式（14）代入可得：

$$\hat{\tilde{y}} \approx -(1-\alpha-\beta-\gamma)(n+\delta+g)[\ln\tilde{y}-\ln\tilde{y}^{*}] \quad (15)$$

对于方程（15），可以改写为微分形式：$\dfrac{\partial \hat{\tilde{y}}}{\partial \ln\tilde{y}} = -(1-\alpha-\beta-\gamma)(n+\delta+g)$，并由此得其解为：

$$\ln\tilde{y}(t) = e^{-\lambda t}\ln\tilde{y}(0) + (1-e^{-\lambda t})\ln\tilde{y}^{*} \quad (16)$$

由式（16）可得：$\ln\tilde{y}(t) - \ln\tilde{y}(0) = -(1-e^{-\lambda t})\ln\tilde{y}(0) + (1-e^{-\lambda t})\ln\tilde{y}^{*}$。由于 $y(t) = A(t)\tilde{y}(t)$，则有：

$$\ln y(t) - \ln y(0) = (1-e^{-\lambda t})\ln A(0) + g\cdot t - (1-e^{-\lambda t})\ln\tilde{y}(0) + (1-e^{-\lambda t})\left[\frac{\alpha}{1-\alpha-\beta-\gamma}\ln s_{K_{nict}} + \frac{\beta}{1-\alpha-\beta-\gamma}\ln s_{K_{ict}} + \frac{\gamma}{1-\alpha-\beta-\gamma}\ln s_H - \frac{\alpha+\beta+\gamma}{1-\alpha-\beta-\gamma}\right.$$

$$\left. \ln(n+\delta+g) \right] \quad (17)$$

此式即为发展中国家的经济增长路径。可见，ICT 投资比重 $s_{K_{nict}}$ 的参数为 $(1-e^{-\lambda t})\cdot\dfrac{\beta}{1-\alpha-\beta-\gamma}$，为正值，即其对经济增长有着正面的拉动作用。同时，随着时间的增加，参数$(1-e^{-\lambda t})\cdot\dfrac{\beta}{1-\alpha-\beta-\gamma}$ 不断变大，并逐步趋近于 $\dfrac{\beta}{1-\alpha-\beta-\gamma}$，即最终达到稳态下的经济增长拉动系数。

四、ICT 资本深化对中国经济增长的贡献测算

根据第三部分的理论框架，我们可以从实证角度测算 ICT 资本深化对中国经济增长的贡献。目前，该类研究的实证方法主要有两种：增长核算法和经济计量法，但增长核算法的准确性受到了一些学者的质疑。O'Mahony 和 Vecchi（2005）分别使用增长核算法和经济计量法估计了美国和英国的 ICT 投资对经济增长的贡献，其发现增长核算法可能会低估了 ICT 对经济增长的带动作用。Meijers（2007）也肯定了这一点，其通过经验性比较发现，ICT 对经济增长的实际贡献要比利用传统新古典经济增长理论估算的结果更高，他认为新古典经济增长核算不准确的原因在于其忽视了 ICT 对经济系统的滞后性影响，这也是一些学者未能在研究中发现 ICT 与经济增长之间存在正相关性的原因。对此，本节拟采用经济计量法进行实证检验。由于一国经济结构和产业结构的变化会直接影响变量之间的关系，采用普通的线性回归模型并不准确，因此，本节采用状态空间模型检验 ICT 资本深化对中国经济增长的动态影响。

根据式（17），可建立状态空间模型的量测方程和状态方程：

$$y_t = c_0 + c_{a,t}a_t + c_{nict,t}k_{nict,t} + c_{ict,t}k_{ict,t} + c_{h,t}h_t$$

$$c_{a,t} = s_1 + s_2 c_{a,t-1}$$

$$c_{nict,t} = s_3 + s_4 c_{nict,t-1}$$

$$c_{ict,t} = s_5 + s_6 c_{ict,t-1}$$

$$c_{h,t} = s_7 + s_8 c_{h,t-1} \tag{18}$$

其中，a_t 为技术水平，$k_{nict,t}$ 为人均非 ICT 资本，$k_{ict,t}$ 为人均 ICT 资本，h_t 为人均人力资本[①]，y_t 为人均产出，c_0 为常数。$c_{a,t}$、$c_{nict,t}$、$c_{ict,t}$ 和 $c_{h,t}$ 分别表示技术、非 ICT 资本积累、ICT 资本积累和人力资本对经济增长的贡献率，其数值受状态方程影响动态变化。

受中国现有投入产出表数据限制，本部分选取时间序列数据年限为 1987～2010 年。其中，产出数据选取人均 GDP 数值，人均 ICT 资本由第二部分结果测算得出。人均非 ICT 资本等于人均总资本积累减去人均 ICT 资本，人均总资本积累参考单豪杰（2008）估计得出。以上数值均利用 GDP 平减指数折算为 2000 年不变价。技术水平数据参照董敏捷和梁泳梅（2013）的计算结果，而人均人力资本数据参考《中国人力资本报告 2014》计算得出。计量方程的回归结果如表 2 所示。

表 2　回归方程的主要参数估计

参数	估计值	z-统计量	P 值
$c_{a,t}$	2.58	5.92	0.02
$c_{nict,t}$	0.57	4.27	0.02
$c_{ict,t}$	0.33	17.47	0.00
$c_{h,t}$	1.28	2.48	0.01
最大似然值	AIC		Schwarz criterion
26.53	1.59		1.79

回归结果显示，技术、人力资本和 ICT 资本

对经济增长的贡献率不断上升，而非 ICT 资本则呈现出下降的态势（见图 1）。其中，ICT 资本对经济增长的贡献率由 1987 年的 0.05% 上升至 2010 年的 0.33%。这意味着到 1987 年，ICT 让中国 GDP 增速提高了 0.05 个百分点，而至 2010 年该值扩大到 0.33 个百分点。近年来，我国 ICT 投资的不断增加加快了其资本深化进程，带动边际资本产出增加，从而提高了贡献率。相比之下，非 ICT 资本对经济增长的贡献率由 1987 年的 3.6% 下降至 2010 年的 0.58%，下降势头明显。与资本相比，技术和人力资本对经济增长的贡献率提高较快。技术贡献率由 1987 年的 1.08% 上升至 2010 年的 2.58%，人力资本贡献率由 1987 年的 0.28% 上升至 2010 年的 1.28%。可见，目前资本投入已不是我国经济增长的主要动力来源，这主要是由非 ICT 资本的边际产出下降所致，而 ICT 资本投入仍有望在未来我国的经济增长中发挥更大作用。

通过与国外相关研究结果比较发现，我国 ICT 资本投入对经济增长的贡献率仍较低，与欧美发达国家存在较大差距。2000～2010 年我国 ICT 资本投入对经济增长的贡献率为 0.32%，接近法国、西班牙和意大利 1996～1999 年的水平。20 世纪 90 年代是欧美发达国家 ICT 产业快速发展时期，特别是 1995 年后，ICT 对国民经济增长的拉动效果凸显。美国在该阶段的贡献率达到 1.01%，瑞典、爱尔兰、芬兰等重视发展 ICT 的国家也收获了 0.7% 以上的贡献率。我国由于工业化基础较弱，导致 ICT 产业起步晚，但从欧美发展经验来看，随着我国 ICT 资本投入的进一步增加，ICT 对经济增长的贡献还有一定的上升空间。

[①] 这里的人力资本为广义上的概念，不仅包括劳动力数量，还包括劳动力结构、素质等，并由《中国人力资本报告 2014》中的测算结果反映。

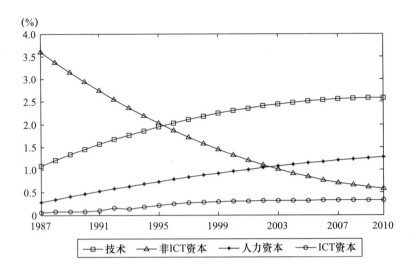

图1　各要素对经济增长的贡献率

五、ICT 对中国 TFP 增长的贡献测算

ICT 产业不仅能通过资本投入推动经济增长，还可依靠身为通用技术的特性，发挥其强大的技术外溢能力，提高 TFP。即使在欧美等资本基础更好的发达国家，从历史经验看，ICT 本身的资本投入对经济增长的贡献率最多为 1.01%（如20世纪90年代后半期的美国），ICT 资本深化的经济贡献有限。由第四部分的回归结果也可以看出，我国 ICT 本身的资本投入贡献率较低，但该数值并不能全面反映 ICT 对经济增长的贡献。当前，我国经济增长中贡献率最高的是技术，而 ICT 不仅能通过产业本身技术进步提高我国总量 TFP，还可以通过技术外溢效应促使被使用行业 TFP 水平的上升，从而间接地推动经济增长。这种传导机制被隐藏在了技术贡献率的数值中，容易造成对 ICT 经济贡献的低估。本部分将从总量和行业两个层面估算 ICT 对 TFP 的影响，以此论证 ICT 所具备的通用技术正外部性效应。

（一）ICT 产业本身对总量 TFP 的贡献

在估算 ICT 产业本身对我国总量 TFP 的贡献率时，我们借鉴 Jorgenson 和 Vu（2005）中的方法。在一个规模报酬不变的竞争性市场中，行业 j 的 TFP 增长率可以定义为：

$$tfp_j = \Delta \ln Y_j - v_{K,j} \Delta \ln K_j - v_{L,j} \Delta \ln L_j - v_{X,j} \Delta \ln X_j$$

（19）

其中，$v_{K,j}$、$v_{L,j}$、$v_{X,j}$ 分别为资本投入 K、劳动投入 L 和中间产品投入 X 占名义总产出的比重。然而，在很多情况下，一些行业总产出和中间投入数据获取存在困难，此时，可改写成增加值 TFP 增长率的估算：

$$tfp_j^{VA} = \Delta \ln V_j - u_{K,j} \Delta \ln K_j - u_{L,j} \Delta \ln L_j$$

（20）

其中，$u_{K,j}$、$u_{L,j}$ 分别表示资本投入 K、劳动投入 L 占行业增加值中的比重。而 tfp_j^{VA} 和 tfp_j 之间的关系为：$tfp_j = v_{V,j} tfp_j^{VA}$。其中，$v_{V,j}$ 为行业增加值占总产出的比重。

由此，整个国民经济的 TFP 增长率 tfp 可以分解为：

$$
\begin{aligned}
tfp &= \Delta \ln V - v_K \Delta \ln K - v_L \Delta \ln L \\
&= \left(\sum_j \frac{w_j}{v_{V,j}} tfp_j \right) + \left(\sum_j w_j \frac{v_{K,j}}{v_{V,j}} \Delta \ln K_j - v_K \Delta \ln K \right) + \\
&\quad \left(\sum_j w_j \frac{v_{L,j}}{v_{V,j}} \Delta \ln L_j - v_K \Delta \ln L \right) \\
&= \left(\sum_j \frac{w_j}{v_{V,j}} tfp_j \right) + REALL_K + REALL_L \\
&\approx \sum_j w_j tfp_j^{VA}
\end{aligned}
$$

（21）

可见，行业 j 对全国 TFP 增长率的贡献约为 $w_j tfp_j^{VA}$，根据上式即可计算出 ICT 产业对我国总量 TFP 的贡献。

由图2可见，1987年来 ICT 产业本身确实在一定程度上提高了我国总量 TFP，1987 ~ 2010 年，ICT 每年提高我国 TFP 增长率 0.15 ~ 0.32 个百分点不等。但从数值看，ICT 产业对我国 TFP 增长率的提高帮助并不明显。这一方面是由于我国 ICT 产业起步较晚，投资和资本积累偏低，导致在国民经济中产值占比较低，对总量经济影响有限；另一方面则因 ICT 产业的研发能力还较弱，创新人才缺乏，缺少突破性的技术进步。

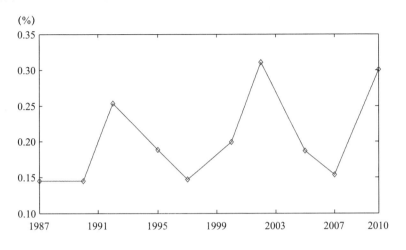

图 2　ICT 产业对我国 TFP 的贡献率

（二）ICT 对被使用行业 TFP 的贡献

为了验证 ICT 对被使用行业的技术外溢效应，我们使用 DID（Difference in Difference）法测算 ICT 对被使用行业的影响。我们根据主要行业 ICT 的投入强度，取中位数值，将其分为 ICT 使用密度较高和 ICT 使用密度较低的行业。考虑到 ICT 投资作用发挥存在滞后性，且我国 ICT 资本积累在 1995 年后才开始加速，设 1999 年为间断点，并由此建立回归方程：

$$\mathrm{dln}tfp_{j,t} = c_0 + c_1 M + c_2 N + c_3 M \cdot N + \mu \quad (22)$$

其中，$tfp_{j,t}$ 表示行业的 TFP 增长率。M 为时间虚拟变量，当时间在 1999 年后，$M = 1$，否则 $M = 0$。N 为行业虚拟变量，当该行业是 ICT 使用密度较高行业时，$N = 1$，否则 $N = 0$。$M \cdot N$ 表示 1999 年后使用密度较高行业虚拟变量。参数 c_0 是 ICT 使用密度较低行业 1999 年前的平均 TFP 增长率，$c_0 + c_2$ 是 ICT 使用密度较高行业 1999 年前的平均 TFP 增长率，$c_0 + c_1$ 是 ICT 使用密度较低行业 1999 年后的平均 TFP 增长率，$c_0 + c_1 + c_3$ 是 ICT 使用密度较高行业 1999 年后的平均 TFP 增长率。可见，c_2、c_3 分别表示 1999 年前和 1999 年后 ICT 使用密度较高行业高于 ICT 使用密度较低行业的 TFP 增长率。

回归结果显示（见表 3），无论是在 1999 年之前还是之后，ICT 使用密度较高行业的 TFP 增长率均要高于 ICT 使用密度较低行业，且在 1999 年后，两者之差有扩大的趋势，这表明随着我国 ICT 产业的发展，其对行业的技术外溢效应越发明显。比较 1999 年之前和之后 ICT 使用密度较高行业的平均 TFP 增长率，可发现前后差距较大。1999 年之前，ICT 使用密度较高行业的平均 TFP 增长率甚至为负。这一方面由于当时我国经济增长主要依托资本和劳动力拉动所致，各行业的技术进步速度较慢；另一方面因为 ICT 投资的效果存在滞后性，ICT 的硬件和软件操作掌握需要一定时间，同时生产过程中的组织架构变化对发挥 ICT 的作用至关重要，而这也需要企业管理人员花费一定时间来完善。因此，1999 年后，ICT 对被使用行业 TFP 增长率的带动作用就逐步显现。

表 3　DID 法估算结果

参数	数值	P 值	R^2
c_0	− 0.02	0.10	
c_1	0.03	0.05	0.28
c_2	0.02	0.03	
c_3	0.04	0.07	

通过比较 ICT 产业本身对总量 TFP 贡献与 ICT 对被使用行业 TFP 的贡献，可发现 ICT 对被使用行业 TFP 的提高更为明显。这与 Brynjolfsson 和 Sauders（2010）的看法一致，即 ICT 产业对经济最大的贡献并非是靠产业本身促进经济增长，而是作为在被使用行业中的"创新互补品"来提高该行业的生产率，从而在更广范围内推动经济增长。这一结论对我国这样的技术后发国家尤其重要。我国当前在发展 ICT 产业时，有人认为应努力扩大产业本身的规模，加快提高行业本身技术创新能力，但通过本文的实证测算结果表明，这并非带动国民经济最有效的办法。加大 ICT 的普及与推广应用，让更多行业在生产过程中享受到 ICT 的技术外溢效应，以此带动各行业生产率的提高，是更好的发展策略。

六、结 论

1987～2010 年，我国 ICT 投资年均增速达 49%，ICT 资本存量 24 年来扩大了 30 倍，增速位居世界前列。尽管从理论上看，ICT 投资对经济增长具备积极的带动作用，但通过对我国数据的实证检验发现，ICT 资本投入对我国经济增长的贡献并不大。2000～2010 年，ICT 资本深化对我国经济增长的贡献率仅为 0.32%，处于欧美多数发达国家 20 世纪 90 年代初期水平。同时，ICT 对社会全要素生产率的提高效果有限，年均贡献率低于 0.3%。当前，我国产业本身技术基础较弱、ICT 产业发展时间较短、ICT 需要的相应配套投资不足、ICT 提高全要素生产率存在滞后期等是导致出现这一情况的主要原因。然而，通过测算 ICT 对被使用行业的 TFP 贡献可以发现 ICT 使用密度较高行业的 TFP 增长率提高较为明显，显著高于 ICT 使用密度较低行业，且差距不断扩大，这表明 ICT 的技术外溢效应是其对经济增长最重要的贡献。随着 ICT 在我国生产过程中的进一步普及，ICT 对经济增长的滞后拉动效果将会逐步显现，其对经济增长的贡献还有很大的上升空间。

对我国这样技术后发的国家而言，推广 ICT 比发展 ICT 产业本身更有效，ICT 对被使用行业的技术外溢和辐射效应是其最重要的功能。从美国 20 世纪 90 年代"新经济"的成功经验来看，鼓励企业加强组织架构方面的投资，提升管理水平，能够对 ICT 投资形成有效互补，提高 ICT 的利用效率，缩短投资见效的滞后期。今后，我国应该注重加强 ICT 的配套服务，推广成功的企业管理经验，以求在第三次工业革命的浪潮中，充分挖掘 ICT 对经济增长的拉动潜力。

参考文献

［1］Jorgenson, D. Information Technology and the G7 Economies［J］. World Economics, 2003, 4（4）：139－169.

［2］Lipsey, R., Carlaw, K., Bekar, C. Economic-Transformations：General Purpose Technologies and Long－Term Economic Growth［M］. New York：Oxford University Press, 2005.

［3］Moshiri, S., Nikpour, S. International ICT Spillover［A］//ICTs and Sustainable Solutions for the Digital Divide：Theory and Perspectives［M］. Edited by Steven J. and Johansson G., U. S.：Information Science Reference, 2010.

［4］Solow, R. We'd Better Watch Out［J］. New York Times Book Review, 1987（12）36.

［5］Brynjolfsson, E., Hitt, L. Computing Productivity：Firm－Level Evidence［J］. Review of Economics and Statistics, 2003, 85（4）：793－808.

［6］Bartel, A., Ichniowski, C., Kathryn, S. How Does Information Technology Affect Productivity? Plant－Level Comparisons of Product Innovation, Process Improvement and Worker Skills［J］. Quarterly Journal of Economics, 2007, 122（4）：1721－1758.

［7］Vu, K. ICT as a Source of Economic Growth in the Information Age Empirical Evidence from the 1996－2005 Period［J］. Telecommunications Policy, 2011, 35（4）：357－372.

［8］Seo, H., Lee, Y. Contribution of Information and Communication Technology to Total Factor Productivity and Externalities Effects［J］. Information Technology for Development, 2006, 12（2）：159－173.

［9］汪斌，余冬筠. 中国信息化的经济结构效应分

析——基于计量模型的实证研究 ［J］．中国工业经济，2004（7）：21 - 28.

［10］施莉．信息技术对中国 TFP 增长影响估算：1980~2003 ［J］．预测，2008（3）：1 - 7.

［11］孙琳琳，郑海涛，任若恩．信息化对中国经济增长贡献：行业面板数据的经验证据 ［J］．世界经济，2012（2）：3 - 25.

［12］张军，吴桂英，张吉鹏．中国省际物质资本存量估算：1952~2000 ［J］．经济研究，2004（10）：35 - 44.

［13］Jorgenson, D., Vu, K. Information Technology and the World Economy ［J］. Scandinavian Journal of Economics, 2005, 107（4）：631 - 650.

［14］Hall, R., Jones, C. Why do Some Countries Produce so Much More Output per Worker than Others? ［J］. Quarterly Journal of Economics, 1999, 114（1）：83 - 116.

［15］单豪杰．中国资本存量 K 的再估算：1952~2006 年 ［J］．数量经济技术经济研究，2008（10）：17 - 31.

［16］Yoo, S - H. Does Information Technology Contribute to Economic Growth in Developing Countries? a Cross - Country Analysis ［J］. Applied Economics Letters, 2003（10）：679 - 82.

［17］Jorgenson, D., Vu, K. Potential Growth of the World Economy ［J］. Journal of Policy Modeling, 2010, 32（5）：615 - 631.

［18］O' Mahony, M., Vecchi, M. Quantifying the Impact of ICT Capitalon Output Growth: A Heterogeneous Dynamic Panel Approach ［J］. Economica, 2005, 72（288）：615 - 633.

［19］Meijers, H. ICT Externalities: Evidence from Cross Country Data ［R］. United Nations University Working Paper, No. 15, 2007.

［20］董敏捷，梁泳梅．1978 - 2010 年的中国经济增长来源：一个非参数分解框架 ［J］．经济研究，2013（5）：17 - 32.

［21］Brynjolfsson, E., Saunders, A. Wired for Innovation ［M］. Cambridge: The MIT Press, 2010.

ICT and China's Economic Growth：The Contributions of Capital Deepening and Technology Spillover

Qu Shenning

Abstract：ICT has been regarded as a new strategic industry and the core of the "third industrial revolution" and "Internet ＋" to support economic growth in the future. The driving effect of ICT on economic growth is mainly reflected in the capital deepening effect and the improvement of social TFP. This paper will calculate the relevant accounting data of ICT industry and establish the theoretical model to measure the contribution of ICT capital to economic growth and the contribution of ICT to TFP growth. The conclusion shows that the contribution of ICT capital to China's economic growth is very small and the technology spillover effect of ICT is the most important contribution to the economic growth in 1987 - 2010. The promotion of ICT is more effective than the development of ICT industry itself for China.

Key words：Capital Deepening；Technology Spillover；Economic Growth；ICT

技术进步对通货紧缩预期的影响[*]

王秀丽　贺　俊

摘　要： 以生产的自动化、数字化、智能化为核心特征的新一轮技术革命将对企业的成本结构、从而产品价格水平产生深刻的影响。本文使用 DSGE 模型模拟研究发现：技术进步通过产出效应、收入效应等从供给和需求两侧影响商品价格，但宏观模型的模拟结果显示，技术进步对通货紧缩的总体影响有限；静态地看，以自动化、智能化为特征的新一轮技术革命会通过替代劳动、提高生产效率降低工业产品的价格，从而可能带来成本下降导致的通货紧缩；但如果考虑到技术革命的新部门创造效应，则技术进步同时会驱动经济增长并创造新的需求，从而抵销成本下降效应。技术进步的净效应取决于一国是否能够有效促进新型生产方式的扩散，是否能够创造新兴的产业部门。

关键词： 技术进步；DSGE 模型；通货紧缩

一、问题的提出

近两年，工业生产者出厂价格指数（PPI）连续 44 个月负增长，且下降幅度越来越大，业界一度认为经济进入"通货紧缩，至少是'潜在'通货紧缩"（殷剑锋，2015）状态。尽管对于我国是否已经进入通货紧缩状态尚有争论（张超，2015；卢峰，2015；郑联盛，2015），但各界对价格下降"自我强化作用"将导致经济锁定于萧条状态的担忧日益加剧。20 世纪 30 年代大萧条之后，世界各国中央银行实施的货币扩张的政策，让通货紧缩一度远离大家的视野；如今，随着价格持续不断地下降，通货紧缩再度成为热议的对象。中央银行一向视币值稳定作为首要和最终目标，作为币值稳定的反面，与通货膨胀一样，通货紧缩也被视为币值不稳定的一种表现，而被宏观经济学界和中央银行所关注。然而，通货紧缩是不是需要治理并不存在定论（巴格斯，2015）。

历史上很多的案例显示，通货紧缩经常与经济衰退相伴而生，而通货紧缩导致的收入分配效应使债务人负担加重，以及由此导致的银行惜贷，也往往成为经济衰退的助推器。然而，通货紧缩是一种结果而非原因，不同的原因造成的通货紧缩及预期，其对经济增长的影响差异较大，政府的应对措施也应有所不同。而当前以新工业革命为代表的技术进步，已经并将持续提高工业生产的效率；与此同时，随着大数据、智能制造、移动互联和云计算在制造业和商业中的推广，生产的组织模式，商业模式也在发生变革，网络经济、平台经济逐渐兴起，继而打破时间和空间的局限，扩大生产者的销售范围。数据显示，1978 年以不变价度量的全员劳动生产率每人每年不足 5000 元，而 2015 年该数字近 7.7 万元/人，38 年增长

＊　本文发表在《经济与管理研究》2017 年第 3 期。
王秀丽，中国社会科学院工业经济研究所助理研究员；贺俊，中国社会科学院工业经济研究所研究员。

15 倍（见图 1）。

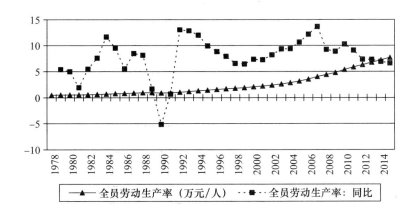

图 1　全员劳动生产率及同比增速

注：主坐标轴为全员劳动生产率，次坐标轴为全员劳动生产率同比增速。

资料来源：国家统计局。

　　随着生产效率的不断提高和市场范围的持续扩大，供给不断提高，势必引起价格的持续下降，然而，技术进步对通货紧缩的影响的效果究竟如何，目前鲜有文献进行系统探讨。

　　历史上，受货币中性假设的影响，古典主义学派围绕技术进步的探讨限制在实际变量（如产出、就业）的影响上，鲜有对价格等短期因素影响的研究，技术进步与价格关系研究成为边缘课题；而 20 世纪 30 年代之后兴起的凯恩斯学派，加剧了技术进步对短期影响研究的边缘化状态，形成了长短期二分法的研究现象。凯恩斯主义认为，由于边际消费倾向递减、投资的预期回报率递减以及流动性陷阱的存在，产品市场、货币市场、资本市场常常处在非出清状态，短期的刺激政策有助于经济恢复到潜在生产力水平上，故而为积极的财政政策提供理论支持。希克斯在凯恩斯基础上，建立了 IS－LM 模型，使短期波动研究得以量化。其货币市场和商品市场均衡模型如下：

$$\frac{M}{P} = L\ (i,\ Y)$$

$$Y = C\ (Y - T)\ + I\ (i - \pi^e)\ + G$$

　　奥肯实证研究发现，当失业率下降 3%，产出就增长 3%，这种失业率与产出之间的稳定关系，被称为奥肯定律。菲利普斯将这种关系拓展至价格和失业的关系，形成了新凯恩斯主义的总供给模型：$\pi_t = a_3 E_t\ \pi_{t+1} + a_4 y_t + v_{2t}$，进一步完善了凯恩斯主义的宏观分析框架。后来为了解释 20 世纪 70 年代出现在西方发达国家的滞胀状态，凯恩斯主义学派提出了加速通货膨胀的菲利普斯曲线，以弥补凯恩斯在解释现实的不足。

　　20 世纪 60 年代凯恩斯主义理论面临理论层面和实践层面的双重挑战。理论上，首先，弗里德曼的永久收入假说，逐渐取代凯恩斯的暂时性收入假说，成为消费决定理论的分析基础，从根本上动摇了凯恩斯消费不足假说。其次，Lucas 指出，基于凯恩斯的国民收入决定理论得出很多的参数，如乘数—加速数、弹性等是不稳定的，这些参数受深层次参数的影响，缺乏微观基础而沦为纯粹美学考量。来自实践层面的压力更迫切，20 世纪 70 年代，西方国家出现普遍的滞胀状态，即失业率和通货膨胀双双高起，总供给模型（即菲利普斯曲线）失效。

　　这期间普兰斯科特和基德兰德（Prescott & Kydland，1972）以新古典增长模型为核心，利用动态随机一般均衡方法（DSGE）模拟了技术进步对实际变量的关系，进而指出实际中观测到的波动是由于技术进步引起，由于劳动的跨期替代效应和建筑周期等因素导致产出、消费等调整而呈现出来的，被称为真实经济周期研究，核心的思想是经济中的波动是由经济中的真实因素引起的，挑战了凯恩斯以名义变量为主的经济周期研究，同时打破了古典主义"长短期二分法"的传统。RBC 模型的核心假定为：

$$\max \sum \beta^t U(C_t, N_t)$$

模型假定经济体中存在无数个无限期存在的家庭。在任何时间点上，每个家庭需要权衡消费 C_t 和闲暇 N_t 以满足期望效用最大化，其中瞬时效用函数满足无餍足性 $U'(x_t) > 0$ 和边际效用递减性 $U''(x_t) < 0$，本文假设瞬时效用函数为 $U = \log C_t + \varphi \log N_t$，$\beta$ 是主观折现率，是 $[0, 1]$ 上的常数，β 越高，意味着家庭对未来消费的权重越高，越倾向于减少消费，增加投资；反之亦然。家庭的生产消费行为受约束当前的生产水平 $Y_t = f(A_t, K_t, L_t)$，资本积累水平 $K_{t+1} = (1-\delta)K_t + I_t$，所以家庭需要在闲暇还是劳动（$L_t + N_t = 1$）、消费还是投资（$C_t + = Y_t$）中做出选择。其中，$Y_t$ 为当期产出，L_t 为当期劳动投入，K_t 为当期资本投入，δ 为资本折旧率，I_t 为当期投资。$Y_t = f(A_t, K_t, L_t)$ 模型使用常见的 C-D 生产函数 $f(K, L) = AK^\alpha L^{1-\alpha}$。

当凯恩斯主义者将价格黏性和工资黏性加入上述模型后，发现模型的解释范围得以扩大，也为研究技术进步与价格之间的关系提供了研究框架，故本文使用新凯恩斯框架下的 DSGE 模型展开对技术进步与价格之间关系的模拟研究。

二、模型描述

本文模型以真实经济周期理论模型为核心，添加了商品市场和劳动力市场的不完全竞争特征，同时结合中国的金融结构特征，添加了伯南克的金融加速器模型，以模拟技术冲击下通货紧缩的发生机理。

（一）技术水平和生产条件

假定生产中间产品的企业是垄断竞争行业，服从 C-D 生产函数，形式如下：

$$Y_{jt} = A_t K_{jt}^\alpha L_{jt}^{1-\alpha} \tag{1}$$

其中，$0 < \alpha < 1$。L_{jt} 和 K_{jt} 分别表示 t 期生产第 j 个中间产品时所使用的劳动和资本。假设在稳态条件下，各行业的利润趋于均等，超额利润为 0。φ 表示稳态条件下超额利润为 0 所对应的阈值。对于垄断竞争厂商而言，假设企业依据成本最小化原则组织生产，即

$$\min R_t W_t L_{jt} + R_t^k K_{jt}$$

根据一阶条件可得边际成本为：

$$s_t = \left(\frac{1}{1-\alpha}\right)^{1-\alpha} \left(\frac{1}{\alpha}\right)^\alpha (R_t^k)^\alpha (R_t W_t)^{1-\alpha} \tag{2}$$

零售商出售的最终产品是一个混合品，包括众多的商品，众多商品以不变替代弹性的生产函数确定：

$$Y_t = \left[\int_0^1 Y_{jt}^{\frac{1}{\lambda_f}} dj\right]^{\lambda_f} \tag{3}$$

其中，$1 \leqslant \lambda_f < \infty$，$Y_t$ 为 t 期最终产品，Y_{jt} 表示 t 期中间产品 j 的投入数量。P_t 和 P_{jt} 分别表示 t 期最终产品和中间产品 j 的价格。假设产品的边际收益等于平均价格，且零售商面临的商品市场是完全竞争的，其利润最大化行为为 $P_t Y_t - \int_0^1 P_{jt} Y_{jt} dj$，约束为式（3）。于是可得中间产品需求函数：

$$\left(\frac{P_t}{P_{jt}}\right)^{\frac{\lambda_f}{\lambda_f - 1}} = \frac{Y_{jt}}{Y_t} \tag{4}$$

同时可得到中间产品价格和最终产品价格的如下关系式：

$$P_t = \left[\int_0^1 P_{jt}^{\frac{1}{1-\lambda_f}} dj\right]^{(1-\lambda_f)} \tag{5}$$

本研究接受新凯恩斯主义对菜单成本的假定，由于菜单成本的存在，价格的设定并不是随着市场供需变化而改变，而是存在一定程度黏性。1983 年 Calvo 提出一个用于理论分析的粘性价格模型，该理论模型在实证研究和理论研究上构建了一个桥梁，为 DSGE 建模提供了理论依据。模型设定时假定生产企业在 t 期调整价格的概率为 $(1-\xi_p)$，而未进行价格调整的生产企业其价格设定由以下规则决定：$P_{j,t} = \pi_{t-1} P_{j,t-1}$，其中，$\pi_{t-1}$

为上期通胀指数。假设企业 j 的边际成本等于平均成本，生产企业在式（4）约束下选择利润最大化：

$$E_{t-1}\sum_{l=0}^{\infty}(\beta\xi_p)^l[\tilde{P}_tX_{tl}-s_{t+l}P_{t+l}]Y_{j,t+l}$$

其中，$X_{tl}=\prod_{i=1}^{l}\pi_{t-i}$，据一阶条件可得：

$$E_{t-1}\sum_{l=0}^{\infty}(\beta\xi_p)^l[\tilde{P}_tX_{tl}-\lambda_f s_{t+l}P_{t+l}]Y_{j,t+l}=0 \tag{6}$$

对于生产企业而言，假定技术进步 A_t 是一个外生变量，令 $a_t=\ln A_t-\ln A$，其中，A 为稳态时的技术进步水平，假设技术进步冲击的演化路径服从 $AR(1)$ 过程：

$$a_t=\rho_a\cdot a_{t-1}+\varepsilon_t^a$$

（二）家庭行为与劳动力市场

假定经济体中存在无数个家庭，家庭在时间上是延续不断的。在任何时间点上，每个家庭需要选择工作时间 h_t、消费 C_t 以及资产组合以满足期望效用最大化。对家庭而言，消费、闲暇以及手持现金都能带来效用；但是闲暇的增加，将导致工作时间的减少，工作时间减少将导致劳动资本的减少，进而导致收入的减少；收入减少后，导致消费的减少。所以，家庭在选择劳动和闲暇时实际上是选择闲暇还是消费，由于消费函数是凹函数，这意味着随着消费和闲暇的边际效用随着本身的增加是递减的，也意味着二者之间存在一个最优解，使效用达到最大化。需要强调的是，对于家庭而言，工资的外生性，导致家庭选择是局部最优的。本文采用 MIU（Money in Utility）设计货币，意味着持有货币会带来效用。现实中对应的含义是现金的交易便利性是无法取代的。然而，相对于其他资产而言，手持现金没有利息，而利息损失意味着收入减少，进而减少消费，所以权衡资产的持有形式，实际是在消费和手持现金中做选择，而基于边际效用递减规律，消费和持有的现金存在此消彼长的替代关系。本文假设资产的持有形式除了现金之外只有银行存款 D_{t+1}。

$$E_t^j\sum_{l=0}^{\infty}\beta^l[\ln(C_{t+l})+\zeta\ln(M_{t+l}/P_{t+l})+\xi\ln(1-$$

$$h_{t+l})] \tag{7}$$

其中，β 为主观折现率，M_{t+l}/P_{t+l} 为现金，M_{t+l}/P_{t+l} 是指现金的实际购买力。约束条件为：

$$C_t=W_th_t-T_t+\Pi_t+R_tD_t-D_{t+1}+(M_{t-1}-M_t)/P_t \tag{8}$$

其中，$R_t=1+i_t$，i_t 为存款利率，P_t 表示价格，Π_t 为零售商分配的利润，T_t 为政府征收的税收，D_t 是居民的上一期存款。

根据家庭最优化行为的一阶条件可得：

$$\frac{1}{C_t}=E_t\left\{\left[\beta\frac{1}{C_{t+1}}\right]R_{t+1}\right\} \tag{9}$$

$$\frac{W_t}{C_t}=\xi\frac{1}{1-h_t} \tag{10}$$

$$\frac{M_t}{P_t}=E_t\left\{\zeta C_t\left(1-\frac{1}{R_{t+1}^n}\right)^{-1}\right\} \tag{11}$$

其中，$R_{t+1}^n=R_{t+1}P_{t+1}/P_t$ 为名义利率，R_{t+1} 为实际利率。本文假定不存在存款准备金制，于是 $D_t=B_t$，其中 B_t 为银行贷款。

假设劳动的边际收益等于平均工资，劳动力市场最优化的目标函数和约束如下：

$$\max W_tH_t-\int_0^1 W_{jt}h_{jt}dj$$

$$\text{s. t. } H_t=\left[\int_0^1 h_{jt}^{\frac{1}{\lambda_w}}dj\right]^{\lambda_w} \tag{12}$$

其中，$1\le\lambda_w<\infty$，W_t 和 W_{jt} 分别表示家庭 j 在 t 期最终劳动和中间劳动的工资。可得劳动力需求函数为：

$$\left(\frac{W_t}{W_{jt}}\right)^{\frac{\lambda_w}{\lambda_w-1}}=\frac{h_{jt}}{H_t} \tag{13}$$

对式（13）积分并将式（12）代入可得工资指数和差别化的工资之间的关系：

$$W_t=\left[\int_0^1 W_{jt}^{\frac{1}{1-\lambda_w}}dj\right]^{(1-\lambda_w)} \tag{14}$$

20 世纪 80 年代之前，经济学家对于工资—价格机制的研究主要集中在实证研究领域。在实证研究上，工资—价格机制的主要实证特征已取得一致意见，认为考虑价格通胀效应的菲利普斯曲线可以用来解释工资形成机制。1983 年 Calvo 提出一个用于理论分析的模型，该理论模型在实证研究和理论研究上构建了一个桥梁，为 DSGE

建模提供了理论依据。本文依据 Calvo 所使用的方法，假定在 t 期调整工资的概率为（$1-\xi_w$），而未调整工资者其工资的设定由以下规则决定：$W_{j,t}=\pi_{t-1}W_{j,t-1}$，其中，$\pi_{t-1}$ 为上期通胀指数。

假设家庭 j 的边际成本等于平均工资，在整个生命周期内，家庭将在式（7）约束下选择其最优化工资 $\widetilde{W}_t$，其最优化行为可表示为：

$$E_t^j \sum_{l=0}^{\infty} (\xi_w\beta)^l \left[\lambda_{2,t+l} \widetilde{W}_{j,t} X_{tl} - z'(h_{t+l}) \right]$$

其中，$X_{tl}=\prod_{i=1}^{l}\pi_{t-i}$，$z'(h_{t+l})=\xi\dfrac{1}{1-h_t}$，$\lambda_{2,t+l}=1/C_t$。于是可得关于 $\widetilde{W}_t$ 的一阶条件：

$$E_t^j \sum_{l=0}^{\infty} (\xi_w\beta)^l h_{j,t+l} \left[\lambda_{2,t+l} \widetilde{W}_{j,t} X_{tl} - \lambda_w z'(h_{t+l}) \right] = 0 \tag{15}$$

（三）商品的生产与资本的需求函数

假定市场上存在着大量的、同质的资本生产商，他们将价格视为给定。资本生产商使用上期的资本 K_t 和投资 I_t 生产下期使用的资本 K_{t+1}。由于资本的使用，上期资本物理损耗为 δK_t。资本量的演化公式为：

$$K_{t+1}=\Phi\left(\frac{I_t}{K_t}\right)K_t+(1-\delta)K_t \tag{16}$$

资本生产商的利润可由以下模型表示：

$$\Pi_t^k = Q_t\left[\Phi\left(\frac{I_t}{K_t}\right)K_t+(1-\delta)K_t\right]-Q_{t-1}(1-\delta)K_t-I_t \tag{17}$$

对 I_t 求最优化的一阶条件得：

$$Q_t=\left[\Phi'\left(\frac{I_t}{K_t}\right)\right]^{-1} \tag{18}$$

资本需求方程式则与预期资本回报率和预期资本价格变动有关。$\dfrac{\alpha Y_{t+1}}{K_{t+1}}$ 是由商品生产商最优化行为下得到资本回报率；$\dfrac{1}{X_{t+1}}$ 是价格调整指数，由于价格黏性的存在，实际价格与完全竞争下的价格存在差异，X_{t+1} 是由于垄断而存在导致的价格差异；R_{t+1}^k 是资本的需求价格。

$$E\{R_{t+1}^k\}=E\left\{\frac{\dfrac{1}{X_{t+1}}\dfrac{\alpha Y_{t+1}}{K_{t+1}}+Q_{t+1}(1-\delta)}{Q_t}\right\} \tag{19}$$

在资本价格不变的条件下，资本回报率越高，资本需求越旺盛，资本需求价格越高；而在预期资本回报率不变的前提下，预期的资本价格越高，资本的需求也越旺盛，资本的需求价格越高。

（四）金融加速器与资本的供给函数

假定市场上存在大量的套利企业。这里的套利企业特指介于银行与生产企业之间满足双方资金供求的企业，套利企业存在是为了分离企业的风险。由于净资产的不同，不同套利企业所面临的融资环境是异质性的。假定每个时期都有（$1-\gamma$）的企业因盈利能力不足而退出市场。为了分析便利，这里沿用 BGG 模型的假定，市场上的套利企业总数不变，有多少退出市场的套利企业，就同时会有相同数目的套利企业进入市场。由于市场存在不确定性，对于套利企业 j 而言其盈利服从一个分布函数。套利企业和银行双方需要订立合约以确定在各种情况下双方的责任和义务。

对于净资产为 N_{t+1}^j 的套利企业 j 而言，在 t 期决定购买 K_{t+1}^j 的资本，资本的市场价格为 Q_t，该套利企业需要融资的额度 B_{t+1}^j 由以下恒等式决定：

$$B_{t+1}^j=Q_t K_{t+1}^j-N_{t+1}^j \tag{20}$$

假定市场的资本回报率为确定性的，银行和套利企业 j 面临的不确定性来自套利企业的盈利能力。需要区分市场的资本回报率和单个套利企业的市场回报率，假定市场的资本回报率为 R_{t+1}^k，而套利企业的资本回报率为 $\omega^j R_{t+1}^k$。ω^j 服从以下两个条件：其一，ω^j 服从均值为1的分布函数为 $F(\omega)$、ω^j 和 R_{t+1}^k 是独立的，即市场的资本回报率和单个套利企业的资本回报率是独立的；其二，$F(\omega)$ 是定义在 $[0,\infty)$ 的分布函数，满足 $\dfrac{\partial(\omega h(\omega))}{\partial\omega}>0$，其中，$h(\omega)=\dfrac{\mathrm{d}F(\omega)}{1-F(\omega)}$。

银行和套利企业达成如下协议：对套利企业设定一个临界值 $\overline{\omega}^j$，当套利企业的 ω^j 大于或等于 $\overline{\omega}^j$ 时，在 t 期末，银行所获得利润为 $\overline{\omega}_{t+1}^j R_{t+1}^k Q_t K_{t+1}^j=Z_{t+1}^j B_{t+1}^j$，套利企业所得为（$\omega_{t+1}^j-\overline{\omega}_{t+1}^j$）$R_{t+1}^k Q_t K_{t+1}^j$；当套利企业的 ω^j 小于 $\overline{\omega}^j$ 时，银行获得（$1-\mu$）$\omega_{t+1}^j R_{t+1}^k Q_t K_{t+1}^j$，其中，$\mu$ 为监管费用系

数，$\mu\omega_{t+1}^j R_{t+1}^k Q_t K_{t+1}^j$ 是银行所付出的监管费用，套利企业什么都不得，在当期消费掉其净资产后退出资本市场。

对于处在完全竞争市场上的银行来说，其所获得的收益等于其机会成本，暗含的假定为：

$$[1 - F(\overline{\omega}_{t+1}^j)]Z_{t+1}^j B_{t+1}^j + (1-\mu)\int_0^{\overline{\omega}_{t+1}} \omega dF(\omega)$$
$$R_{t+1}^k Q_t K_{t+1}^j = R_{t+1} B_{t+1}^j \tag{21}$$

将式（20）和 $\overline{\omega}_{t+1}^j R_{t+1}^k Q_t K_{t+1}^j = Z_{t+1}^j B_{t+1}^j$ 代入式（21）可得：

$$\left\{[1 - F(\overline{\omega}_{t+1}^j)]\overline{\omega}_{t+1}^j + (1-\mu)\int_0^{\overline{\omega}_{t+1}^j} \omega dF(\omega)\right\}$$
$$R_{t+1}^k Q_t K_{t+1}^j = R_{t+1}(Q_t K_{t+1}^j - N_{t+1}^j) \tag{22}$$

套利企业的期末回报为：

$$E\left\{\int_{\overline{\omega}_{t+1}^j}^\infty \omega R_{t+1}^k Q_t K_{t+1}^j dF(\omega) - [1 - F(\overline{\omega}_{t+1}^j)]\right.$$
$$\left.\overline{\omega}_{t+1}^j R_{t+1}^k Q_t K_{t+1}^j\right\} \tag{23}$$

套利企业在式（22）约束下追求预期回报与机会成本之差最大化为：

$$\left\{1 - \mu\int_0^{\overline{\omega}_{t+1}^j} \omega dF(\omega)\right\}R_{t+1}^k Q_t K_{t+1}^j - R_{t+1}(Q_t K_{t+1}^j - N_{t+1}^j) \tag{24}$$

可得金融加速器表达式为：

$$E\{R_{t+1}^k\} = R_{t+1}s\left(\frac{N_{t+1}^j}{Q_t K_{t+1}^j}\right), \quad s'(\cdot) < 0 \tag{25}$$

以上得出了资本供给方程式，当实际利率不变时，杠杆率越高，银行要求套利企业家所偿付的利率越低；杠杆率越高，套利企业家所需偿付的利率越高。当杠杆率不变时，资本回报率越高，债务合约中，套利企业所能偿付的利息越高，而资本回报率越低，债务合约中套利企业所能偿付的利息越低。

（五）资本家收入与净财富的积累

由于资本供给方程式依赖于杠杆率的变动，而杠杆率与净资本息息相关。净资本的积累成为资本需求价格变动中一个关键设置。BGG中假设，方程（10）中的劳动力可以进一步分解为资本家劳动力和家户劳动力。资本家劳动力的报酬 W_t^e 作为净资产累积的部分，而家户劳动力的劳动报酬进入家户行为约束中，分解式

如下：

$$L_t = H_t^\Omega (H_t^e)^{1-\Omega} \tag{26}$$

则有：

$$W_t^e = (1-\alpha)(1-\Omega)\frac{Y_t}{K_t} \tag{27}$$

净资本演化方程式为：

$$N_{t+1} = \gamma V_t + W_t^e \tag{28}$$

其中，γV_t 是存活下来的资本家所持有的净财富或者股本。当期消亡的企业股本为 $(1-\gamma)V_t$。也就是说，企业家的消费就是 $C_t^e = (1-\gamma)V_t$。

$$V_t = R_t^k Q_{t-1} K_t - \left(R_t + \frac{\mu\int_0^{\overline{\omega}_t} \omega R_t^k Q_{t-1} K_t dF(\omega)}{Q_{t-1} K_t - N_t}\right)$$
$$(Q_{t-1} K_t - N_t) \tag{29}$$

由式（27）、式（28）和式（29）得到净资产积累公式如下：

$$N_{t+1} = \gamma\left[R_t^k Q_{t-1} K_t - \left(R_t + \frac{\mu\int_0^{\overline{\omega}_t} \omega R_t^k Q_{t-1} K_t dF(\omega)}{Q_{t-1} K_t - N_t}\right)\right.$$
$$\left.(Q_{t-1} K_t - N_t)\right] + (1-\alpha)(1-\Omega)\frac{Y_t}{K_t} \tag{30}$$

（六）政府行为与总量约束

本文假定货币供应量 M_t 是外生变量，其变动取决于进出口规模的变动以及通货膨胀的考量。即

$$M_t = e^{g_t} M_{t-1} \tag{31}$$

均衡条件下，政府支出受政府收入约束：

$$G_t = T_t + \frac{M_t - M_{t-1}}{P_t} \tag{32}$$

经济体中的总供给等于总需求，这样得到总量约束方程为：

$$Y_t = C_t + I_t + C_t^e + G_t + \mu\int_0^{\overline{\omega}_t} \omega R_t^k Q_{t-1} K_t dF(\omega) \tag{33}$$

其中，Y_t 为总供给，C_t 为家庭消费，I_t 为投资，C_t^e 为退出市场的金融企业的消费，$\mu\int_0^{\overline{\omega}_t} \omega R_t^k Q_{t-1} K_t dF(\omega)$ 为监管成本。

三、数据来源和参数赋值

（一）静态参数赋值

由于模型参数较多，本研究使用稳态赋值的方法对部分模型进行赋值。当经济处在稳态时，上一期的变量等于下一期变量等于稳态值，即 $x_{t+1} = x_t = x$。这里的变量包括消费、投资、价格、资本存量、产出、货币供应量。当价格不变时，名义利率等于实际利率。

主观折现率 β 的赋值。稳态时主观折现率等于无风险利率的倒数，即 $\beta = 1/R$，本研究将月度主观折现率设定为 0.9975，意味着月度无风险利率为 0.002，那么以复利计算的年度无风险利率为 0.025 左右，大致相当于 1 年期定期存款利率。在校准该参数时，美国采用国债收益率作为校准参数，但是中国缺乏统一的、市场化意义上的无风险利率。目前，中国市场上存在三种参照基准利率：央行公布的存贷款基准利率、上海银行间市场基准利率 Shibor 和银行间债券回购利率。本研究选择定期存款利率作为无风险利率主要考虑到以下几点：首先，美国债券收益率是基准利率，其余利率参照该利率和风险溢价设定；而中国的基准利率是存贷款利率，其余利率设定参照存贷款及基准利率设定。其次，与模型更加匹配。在美国，居民的投资渠道多元化，居民是面对无风险利率基础上的选择；在中国银行间市场基准利率和银行间债券回购利率的交易对象是金融机构，居民投资的主要渠道是存款，不能直接参与到银行间市场。尽管近年来理财产品的兴起拓展了居民的投资渠道，居民大部分的剩余资金仍以存款形式为主，故选择定期存款利率赋值。

生产要素回报率和折旧的赋值。在稳态水平下，劳动回报率等于劳动者报酬除以产出水平，而在规模报酬不变的假设前提下资本回报率 = 1 - 劳动回报率 - 企业家回报率。这里假定企业家与劳动者分别属于不同的生产要素，获得不同于劳动者报酬的收入。根据国家统计局数据显示 2000 ~ 2014 年劳动者报酬占 GDP 的比重平均为

0.45，本文采用此数据；资本回报率与企业家回报率分别为 0.54 和 0.01。本研究沿用李雪松、王秀丽（2011）对折旧率的假定，即 = 0.025，那么年折旧率为 0.3。

各类支出的比重赋值。根据统计局 2000 ~ 2014 年消费占国民总支出为平均为 0.41，政府支出占 0.15，而投资为 0.43，企业家消费占 0.01。

其余参考文献李雪松、王秀丽（2011）予以赋值，如表 1 所示。

表 1　静态参数和动态参数的先验参数赋值

序号	符号	符号的含义	赋值
1	β	主观折现率	0.9975
2	α	资本回报率	0.55
3	Ω	资本家劳动的产出弹性的份额	0.01
4	δ	折旧率	0.025
5	C/Y	消费产出比	0.41
6	I/Y	投资产出比	0.43
7	G/Y	政府支出产出比	0.15
8	C^e/Y	企业家消费产出比	0.01
9	φ	资本价格对投资资本比的弹性	0.25
10	ξ_p	价格调整概率	0.6
11	ξ_w	工资调整概率	0.5
12	λ_w	工资的加成弹性	0.25
13	$1 - \gamma$	企业死亡率	0.002
14	μ	监管费用占损失的比率	0.12
15	K/N	资本净财富比（杠杆率的倒数）	0.7
16	$R^k - R$	风险利率与无风险利率之差（风险溢价）	0.02
17	$F(\overline{\omega})$	年均套利企业退出率	0.03
18	$\log(\omega)$ 的方差	企业失败概率的对数的方差	0.99

（二）数据来源

用于估计动态参数的数据序列是 2005 年 1 月至 2015 年 7 月的工业增加值、M0 和居民消费价格指数月度数据。资料来源于中经网数据库。为了使系统与数据相匹配，需要对数据进行调整。

首先，对数据取对数后进行季节调整。由于季节变动的原因，月度数据的波动率要远远大于外在因素引起的波动，以致高估政府支出、货币供应量和技术变动的方差。其次，去掉趋势项。本文建立的模型主要是研究经济波动的传导机制和经济波动的特征，需要分别处理经济增长的部分。最后，模型是建立在对数差分系统的基础上，数据需要进行相应的处理，即差分处理。

四、技术进步冲击的通货紧缩效应及探讨

（一）贝叶斯结果分析

除了稳态参数之外，我们将经济结构参数，如代表商品市场垄断程度的价格调整系数 ξ_p 和代表劳动力市场垄断程度的工资调整系数 ξ_w 作为待估参数进行估计。这里，价格调整系数越高说明市场的垄断程度越低，价格调整系数越低代表市场的垄断程度越高。对于工资也是如此。另外，方程系统中有三个随机演化方程式，政府支出演化方程式、货币供应量演化方程式以及技术经济演化方程式，本文假定其服从 AR（1）的随机分布，系数和随机扰动项的均值和方差待估。估计的结果如表2和图2所示。

表2 动态参数的先验值和后验值比较

	先验均值	后验均值	上限	下限	分布函数
rho_gm	0.7	0.0127	0.0023	0.0227	beta
rho_a	0.9	0.1723	0.0055	0.3284	beta
rho_g	0.5	0.7457	0.7038	0.8008	beta
thetw	0.5	0.1725	0.1265	0.2327	beta
thet	0.5	0.4891	0.1732	0.8132	beta
sig	0.7	0.9838	0.9645	0.9996	beta
e_g	0.035	0.7784	0.6721	0.8882	invg
e_m	0.035	0.3688	0.3297	0.4079	invg
e_a	0.035	0.066	0.0543	0.0776	invg

贝叶斯估计结果显示，厂商的价格黏性系数 thet 的后验均值为 0.4891，而工资的黏性系数为 0.1732，意味着：①销售商按成本的变动、前期价格、预期未来价格预测一个最终价格，并每期调整49%的商品价格的方式对商品定价；②按同样方式，工人中则仅有17%的人数会调整工资。这意味着当技术进步冲击经济时，商品价格下降速度高于工资调整速度，工资表现得更为刚性。

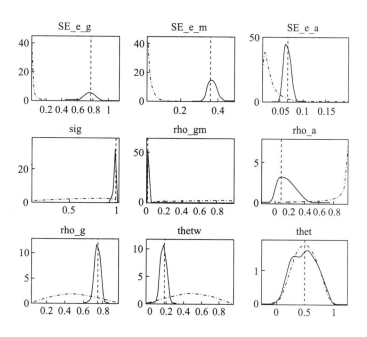

图2 贝叶斯估计结果

在技术冲击模型 $a_t = \rho_a \cdot a_{t-1} + \varepsilon_t^a$ 中，先验的一阶相关关系和方差分别为 0.9 和 0.035，数值模拟的后验一阶相关系数和后验均值分别修正为 0.1723 和 0.066，一方面说明原始数据中所包含的技术进步的信息较多，模型较为可信；另一方面，技术冲击的延续性较小，但是技术冲击的变动性较大。

（二）技术进步对通货紧缩的效应分析

技术冲击 a 会促进产出 y 的提高，模拟结果显示一单位技术进步的冲击（见图 3 右上角与图 4 左上角）导致产出正向刺激。此时劳动产出效率和资本产出效率得到提高。生产商的效率提高，会产生以下效应：①价格效应。由于单位劳动和单位资本的产出增多，薄利多销往往能获得更多的利润，销售商开始通过定价策略降低价格。因为菜单成本的存在，销售商按成本的变动、前期价格、预期未来价格预测一个最终价格，并每期调整 49% 的商品价格的方式对商品定价，最终影响消费品价格指数 pi（见图 3 右中）。②投资效应、资产价格效应、财富效应及货币需求效应。短期的利润会提高，生产商的资本回报率提高，这样会刺激生产商的投资需求 i（见图 4 右上角）；与此同时，资本回报率的提高直接提高了资本价格 q，而资本价格效应和资本回报率效应有助于企业家财富的积累 n。资产价格上升，引致持有现金的机会成本增长，货币需求 m 下降，活期存款利率 r 也随之下降。③生产要素回报率效应。随着劳动产出效率和资本产出效率的提高，由于资本回报率和劳动回报率的提高，生产商倾向于提高工资 w（见图 3 右下角）和股票分红 rk（见图 4 中右），由此家庭获得收入提高。④收入的消费效应。家庭的收入提高后，消费 c（见图 4 上中）也随之提高。与此同时闲暇的机会成本变得更高，家庭会倾向于牺牲部分闲暇的时间，提高劳动时间 h（见图 3 中左）。

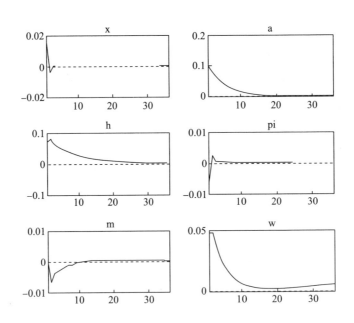

图3　技术进步冲击对宏观经济的影响

当然，最终的价格水平由销售商的定价策略以及商品市场上的供需共同决定，模拟结果显示，一单位一阶自回归的技术冲击会在短期内造成价格的下降，0.1 个单位技术冲击 a 在一个月内即会引起价格 pi 下降 0.008 左右。然而，这种冲击的货币通缩效应持续时间较短，两个月后恢复为正值，并引起通货膨胀，但通货膨胀效应并不显著。另外，由于商品价格的定价机制，这种价格持续下降的效应将逐渐累积，并对未来的价格产生直接作用，不过由于技术冲击的一阶相关系数的后验均值为 0.1723，说明当期技术冲击的影响力更大，这意味着持续不断的技术冲击会引起通货紧缩。反观技术冲击对其他宏观经济变量的影响会发现，技术进步有助于提高工人工资，而这种提高能延续 10 个月之久（见图 3 右下角 w），同时也会促使劳动力增加劳动时间（见图 3 中左 h），且持续时间长达 20 个月左右。与此同时，投资、消费和产出都存在不同程度增加。由此可见，有技术冲击尽管会引致通货紧缩，但是对于产出规模是增加的，并未对经济产生实质性伤害，且起到一定的正向激励作用。

而且，技术进步对价格影响的持续性并不强，相对于实体经济的变动轨迹，通货膨胀价格的变动轨迹货币市场的变动轨迹相关性更强。在持续性的维度上，资本回报率 rk 的收敛速度最快，其次是价格指数 pi，接下来是货币量 m 以及活期存款利率 r 和工资水平 w，而资本价格 q 收敛速度相对较慢，产出 y、投资 i、企业家的财富以及企业家的消费水平 ce 收敛速度更慢，而资本存量的收敛速度最慢。这意味着，当前的经济下行压力与技术进步及由此引起的价格下降相关性并不强，而稳定价格的方式需从其他方面寻找解决之道；由于技术进步有助于促进产出增加，面对当前经济下行压力加大的局面，应着力解决技术进步过程遇到的瓶颈与障碍，大力推进技术进步以此带动经济增长。

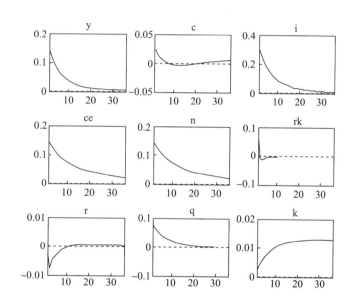

图 4　技术进步冲击对宏观经济的影响

五、研究结论及展望

本文在 DSGE 模型的分析框架下，模拟分析技术进步对通货紧缩的传导机制及经济效应：①黏性价格机制，贝叶斯估计结果显示，厂商每期将按成本的变动、前期价格、预期未来价格预测一个最终价格，并调整其中 49% 的商品价格。意味着商品价格并非一次性调整至市场出清价格，而是将以指数递减的方式缓慢调整至出清价格。

在技术进步的前提下，商品价格将出现不断下降的趋势，表面上形成通货紧缩特征。②随后消费者、投资者根据价格作出响应决策，具体表现为投资效应、财富收入效应、货币需求效应等。短期的利润会提高，生产商的资本回报率提高，这样会刺激生产商的投资需求；与此同时，资本回报率的提高直接提高了资本价格，而资本价格效应和资本回报率效应有助于企业家积累财富。资产价格上升，引致持有现金的机会成本增长，货币需求下降，活期存款利率 r 也随之下降。随着劳动产出效率和资本产出效率的提高，由于资本回报率和劳动回报率的提高，生产商倾向于提高工资和股票分红，由此家庭获得收入提高，引致收入的消费效应。家庭的收入提高后，消费也随之提高。与此同时，闲暇的机会成本变得更高，家庭会倾向于牺牲部分闲暇的时间，提高劳动时间。

DSGE 模型的模拟显示技术进步对通货紧缩的影响程度有限。静态地看，以自动化、智能化为特征的新一轮技术革命会通过替代劳动、提高生产效率降低工业产品的价格，从而可能带来通货紧缩效应。但如果考虑到技术革命也会创造新的部门（迂回生产），则技术进步同时会驱动经济增长并创造新的需求，从而对通货紧缩效应形成抵消。技术进步的净效应取决于一国是否能够有效促进新型生产方式的扩散，是否能够创造新兴的产业部门。当技术进步发生在产能过剩的行业时，产品市场供过于求，市场难以消化过多的产品，劳动效率的提高意味着给定数量的产品，劳动需求不断下降，这意味着更多的工人面临失业的风险。失业风险的提高将考验尚未完善的失业保障系统和再就业培训系统。政府应加强和完善失业保障系统建设和再就业工程。当技术进步发生在创造新兴的产业部门时，产品则处于供不应求的状态，意味着价格基本保持不变的情况下，劳动回报率和资本回报率越来越高。企业在吸纳更多劳动力的同时企业的股票估值也越来越高。资产价格市场变得异常活跃，在货币供给不变的情况下，资本市场的货币需求替代了商品市场的货币需求，引致商品市场货币不足，也易产生价格下降的效应。适当提高货币供给，有助于缓解价格下降效应。

以上的探讨局限在封闭性国家，在全球进入新一轮技术革命的背景下，技术进步可能发生在中国也可能发生在其他国家。本模型没有考虑到开放问题，得出的结论也不免局限，今后希望进一步拓展模型至两国模型，以得到技术进步对通货紧缩和经济增长影响更为全面的结论。

参考文献

[1] Bernanke B. S. and M. Gertler, et al. The Financial Accelerator in a Quantitative Business Cycle Framework [M]. Handbook of Macroeconomics 1999 (1): 1341 - 1393.

[2] Calvo, G. A.: Staggered Price in A Utility - Maximizing Framework [J]. Journal of Monetary Economics, 1983 (12): 383 - 398.

[3] Campbell, J. Y. Inspecting the Mechanism: An Analytical Approach to the Stochastic Growth Model [J]. Journal of Monetary Economics 1994 (33): 463 - 506.

[4] Kydland, F. E. and Prescott, E. C. Rules Rather Than Discretion: The Inconsistency of Optimal Plans [J]. The Journal of Political Economy, 1997 (2): 473 - 491.

[5] Kydland, F. E. and Prescott, E. C. Hours and Employment Variation in Business Cycle Theory [J]. Economic Theory, 1991 (6): 63 - 81.

[6] Kydland, F. E. and Prescott, E. C. Classical Competitive Analysis of Economies with Islands [J]. Journal of Economic Theory, 1992 (6): 73 - 98.

[7] Schorfheide, F. Loss Function - based Evaluation of DSGE Models [J]. Journal of Applied Econometrics 2000 (15): 645 - 670.

[8] 范从来. 供给冲击、价格总水平下降与货币量紧缩 [J]. 金融研究, 2002 (4): 32 - 39.

[9] 李雪松, 王秀丽. 工资粘性、经济波动与货币政策模拟——基于 DSGE 模拟的分析[J]. 数量经济与技术经济研究, 2011 (5): 22 - 33.

[10] 卢锋. 反思通缩恐惧 [J]. 财新周刊, 2015 (22).

[11] 殷剑峰. 通货紧缩的成因与应对[J]. 中国金融, 2015 (6): 72 - 75.

[12] 余根钱. 通货紧缩的判别标准及对我国现状的判断 [J]. 统计研究, 2002, 19 (12): 16 - 18.

[13] 张超. 中国不会陷入通货紧缩 [J]. 金融博览, 2015 (5): 37.

[14] 郑联盛. 警惕通货紧缩的风险 [J]. 金融博览. 2015 (5): 36.

[15] [德] 菲利普·巴格斯. 通缩之间 [M]. 清华大学出版社, 2015.

[16] 黄群慧, 贺俊. "第三次工业革命"与中国经济发展战略调整——技术经济范式转变的视角 [J]. 中国工业经济, 2013 (1): 5 - 18.

The Influence of Technological Progress on the Deflation Expectation

WANG Xiuli, HE Jun

Abstract: The new round of technological revolution characterized by production Automation, digital and intelligent would change cost structure to the enterprise and the product price level. This paper uses DSGE model to simulate the influence of the technological progress, finding that the technological progress is the key reason of the price falling through the output effect, income effect and etc. But from the point of duration, this influence is limited. The "net" effect of technological progress depends on whether the spread of the new mode of production can be effectively promoted, and whether emerging industrial sectors can be created.

Key words: Technological Progress; DSGE Model; Deflation Expectation

互联网对企业边界的影响机制

——主要基于新制度经济学派的交易成本经济学分析[*]

曹建海　郭　文

提　要： 企业边界是企业经营决策的重要参考指标，明确的企业边界是企业制定发展战略的前提。互联网的应用带来了企业生产方式的变革，企业的交易成本和生产成本处于不断变化中，企业边界趋于模糊化。本文基于新制度经济学派的交易成本经济学和新古典经济学派的生产成本理论，构建理论分析框架探究互联网对企业边界的影响机制。结果表明：不同企业由于资产专用性程度、具有的比较优势大小和信息依赖程度等特征的差异，在互联网的作用下，企业边界呈现不同的变动趋势。这一结论较好地解释了当前企业并购和虚拟企业的产生并存的社会现象。

关键词： 互联网；企业边界；交易成本经济学；生产成本理论

一、引　言

企业边界是现代企业理论研究的重要领域，研究企业边界有助于现代企业理论的发展和企业发展战略的选择（杨瑞龙、杨其静，2005），企业边界和企业决策相互作用，前者是后者成功的关键性因素（Afuah，2003）。科技的进步和全球化的深化改变了企业赖以生存的外部发展环境，为适应外部环境的变化，企业边界处于不断调整中，发达国家的企业在20世纪经历了纵向并购、混合并购和企业外包三个阶段。20世纪80年代以来，信息技术尤其是互联网的出现和应用改变了企业的生产方式，生产方式的变革带来企业分工与合作的变化，传统的企业组织结构逐渐被依托互联网平台的新型企业组织形式所取代（Harasim，1993），如虚拟企业、战略联盟等形式的出现，企业边界呈现模糊化的趋势。

已有的国内外研究为分析互联网对企业边界的影响机制奠定了基础，相关文献主要从以下三个角度进行分析：

一是基于科斯的交易成本理论分析互联网（信息技术）对企业边界的影响。科斯的交易成本理论认为，企业和市场是两种可以相互替代的资源配置方式，替代的依据是各自所产生的交易成本的相对大小。信息技术的运用降低了信息搜寻、收集、加工和传递的时间与资金成本，从而能更有效地降低市场机制产生的交易成本，因而企业不再偏好内部制造，企业边界呈现扩大的趋势（Lewis & Sappington，1991；Clemons & Row，1992）。通过重新界定交易成本的概念，可以把交易成本进一步地划分为内部协调成本和外部协调成本，两者的相对大小决定了企业边界的变动方向（Brynjolfsson et al.，1991）。进一步的研究

* 本文发表在《经济与管理研究》2017年第12期。

曹建海，中国社会科学院工业经济研究所研究员、博士生导师；郭文，中国社会科学院研究生院博士研究生。

表明，信息技术在企业生产过程中的应用对企业外部协调成本的节约效果更为显著，企业倾向于采取市场购买的方式，企业垂直一体化程度不断降低（Earle & Pagano，2006）。

二是基于威廉姆森的交易成本经济学分析互联网（信息技术）对企业边界的影响。在科斯交易成本理论的基础上，威廉姆森剖析了交易成本的决定因素，使交易成本的概念具有可操作性。资产专用性、信息不对称和机会主义是刻画交易成本的三个重要维度，互联网的应用能够降低资产专用性、信息不对称和机会主义行为倾向，进而降低企业交易成本（Afuah，2003）。此外，互联网对企业边界的作用方向和大小还与信息特征等因素相关。在实证研究方面，Hitt（1999）试图量化交易成本的决定因素，基于面板数据的模型结果表明：信息技术的应用能同时降低企业内部交易成本和外部交易成本，但对外部交易成本节约效果更为显著，企业纵向边界趋于缩小。

三是从企业能力、企业间关系、企业知识和企业资源等角度分析互联网对企业边界的影响（Dewett & Jones，2001；刘东，2005；董华和吴江，2010；秦志华和刘学友，2011；曾楚宏和朱仁宏，2013）。

梳理以上国内外文献不难看出，多数研究以交易成本理论为基础，忽略了企业生产成本；最新的文献尝试从企业知识等视角分析互联网对企业边界的影响，但企业知识等边界理论尚不够完善。鉴于此，本文基于新制度经济学派的交易成本经济学和新古典经济学派的生产成本理论，构建理论分析框架综合地分析互联网对企业边界的影响机制。此外，不同于以往基于威廉姆森的交易成本经济学的研究，本文从资产专用性、人的有限理性和机会主义行为三个维度来刻画企业交易成本，并综合考虑了信息特征等其他可能影响互联网对企业边界作用大小和方向的因素。论文的结构安排如下：第二部分为理论综述，重点厘清了交易成本经济学的内在演进逻辑；第三部分基于理论综述构建理论分析框架，探究互联网影响企业边界的内在机制；第四部分为结论和启示。

二、理论综述

（一）新古典经济学的生产成本理论

新古典经济学对企业成本的分析建立在古典经济学的理论基础之上。首先，古典经济学假设经济主体是理性人，理性人假设具有完整性、理性选择和自利的特征，亚当·斯密在《国富论》中论述：每个经济活动参与主体都以追求自我利益最大化为目的，在"看不见的手"的引导下，个人的自利行为会带来社会利益的最大化。新古典经济学在理性人假设的基础上，进一步假定信息是完全的，构成了新古典经济学最基本的假设。新古典经济学认为，完全信息和完全理性密不可分，如果信息是完全的，理性人就能以"零成本"获取相关的信息，而信息成本是交易成本的主要组成部分。因此，新古典经济学认为市场交易成本为零。

其次，马歇尔和熊彼特等新古典经济学代表人物发展了古典经济学的企业理论，他们把企业视为"黑匣子"，熊彼特在《经济发展原理》中指出，企业是一种生产函数，创新的实质是建立一个新的生产函数。因此，新古典经济学认为企业是一种生产函数，是劳动和资本等生产要素的统一，生产成本是企业生产过程中生产要素的耗费。

综上所述，新古典经济学认为企业的交易成本为零，企业的生产成本由投入的生产要素决定。

（二）新制度经济学的交易成本理论

科斯（1937）开辟了企业主流契约理论的先河，后来阿尔钦、威廉姆森、罗斯、克莱因、张五常、哈特、霍姆斯特姆等学者发展了这一理论，最新的模型由黄有光和杨小凯提出（张维迎，1994）。企业主流契约理论的宗旨是，企业是"一系列合约的缔结"（费方域，2000），具有典型代表性的是交易成本理论和代理理论。交易成本理论研究的重点是企业和市场的关系，即企业为什么存在的问题，理论界倾向于将交易成本理论分为两类：间接定价理论和资产专用性理论。

1. 间接定价理论

张维迎认为，科斯、张五常、杨小凯和黄有光的理论可以被概述为间接定价理论，这一理论的要旨是企业的产生在于节约市场中的直接定价成本（市场交易成本）。

科斯在经典著作《企业的性质》（1937）中首次提出"交易成本"的概念，否认了新古典经济学"市场交易成本为零"的假设，打开了新古典经济学的"企业黑匣子"，成为整个新古典制度经济学的核心范畴。市场机制作为资源配置方式，会产生交易成本，当成本增加到一定程度后，市场机制将被另一种资源配置方式所取代，即组建企业（科斯，2003）。企业和市场作为两种资源配置方式，可以相互替代，替代的依据是各自所产生的交易成本的相对大小，但两者又是有区别的，突出体现在：在市场上，资源配置主要由价格机制来调节；在企业内部，则由企业形成的等级制度或权威关系来实现调节。

但在资本和劳动的关系上，科斯忽视了马克思的观点。马克思认为，资本的价值在于运动，运动的本质在于剥削劳动者创造的剩余价值，资本和劳动是剥削与被剥削的关系；科斯则认为，劳动和资本实质上处于对等的关系，权利由谁掌控并不影响企业性质的分析，所以科斯没能向我们阐明：为什么企业的权利总是集中在资本家手中（荣兆梓，1995）。

与科斯分析的视角不同，张五常从契约安排的角度给出了企业性质的解释。张五常认为，市场经济中的要素所有者面临三种选择：①自己生产和销售商品；②出售全都生产要素；③引入契约（黄少安，2013）。三者都是通过契约安排来进行的，前两种选择属于市场契约，后一种属于企业契约。企业的产生与第三种选择相关：在这种契约中，代理人（企业家）享有生产资料的有限使用权，并以此为根据来决定企业的生产经营活动；要素所有者受契约所规定的指令约束，并按照指令来指导自身的行为。作为服从指令的补偿，要素所有者要支付给代理人相应的报酬。于是，张五常认为，企业并非为取代市场而创立，而是以一种契约形式取代另一种契约形式，或者说是要素市场取代产品市场（张维迎，1994）。

基于科斯和张五常的研究，杨小凯和黄有光（1994）采用模型阐述其间接定价理论。他们认为，企业会在一定程度上增加交易成本，然而企业能促进劳动分工的发展，劳动分工又能促进经济收益的提高。与张五常不同的是，他们运用成本—收益比较方法解释企业存在的合理性，即只要劳动分工带来的收益大于企业产生所增加的交易成本，企业就会出现。得出了不同于科斯的结论：科斯的交易成本理论认为，交易成本的增加扩大了企业边界，缩小市场的范围；而一般均衡的契约模型则认为，交易成本的增加不仅缩小了市场的范围，而且缩小了企业的边界。从历史的角度看，杨小凯和黄有光的观点更有说服力。

2. 资产专用性理论

科斯的企业理论另一部分在威廉姆森和克莱因等学者那里取得了发展。这一理论的要旨：由于人的有限理性等因素，交易主体间的合约必然是不完全的，不完全合约导致机会主义行为的产生，进而引起交易成本的上升，企业的产生在于纵向一体化能够减少甚至消除机会主义行为，达到节约交易成本的目的。威廉姆森的集大成之作《资本主义经济制度》对交易成本的决定因素做了剖析和归纳：第一组为交易因素，包括资产专用性、交易频率等；第二组为人的因素，包括人有限理性和机会主义行为，并引入"离散的结构选择分析法"，使交易成本具有可操作性，打破了交易成本概念一直处于"引而不用"的处境，并以此为基础构建了交易成本经济学，极大地推动了新制度经济学的发展（聂辉华，2004）。

资产专用性是最重要的交易因素，也是威廉姆森交易成本经济学区别于以往企业理论最重要的特点。资产专用性指在不牺牲资产生产价值的条件下，某项资产可用于不同用途和由不同使用者利用的程度。在特定市场交易过程中，如果交易一方对另一方投资的是专用性资产，就有可能形成垄断（黄少安，2013），垄断程度越高，专用性资产产生的锁定效应越强，交易主体实施

"敲竹杠"的机会主义行为倾向越大,市场交易成本越高。

有限理性属于人的因素,有限理性是"考虑限制决策者信息处理能力的约束",信息不对称、经济主体处理信息的成本等构成有限理性概念的核心。有限理性使交易双方签订的契约具有不完备性,不完备契约滋生了契约双方的机会主义行为,结果是交易成本(如契约监督成本等)的上升。

机会主义也属于人的因素,作为经济人的市场交易主体以自我利益最大化为动机,只要有逐利的机会,经济主体就会采取机会主义行为,如保险市场上盛行的道德风险,道德风险导致资源配置偏离帕累托最优,提高了市场交易成本。

威廉姆森关于交易成本决定因素的分析是有成效的,体现在:①威廉姆森在暗含交易稀缺性的前提下,具体而深刻地研究了决定交易成本的因素。他认为,稀缺的交易产生代价是由于资产专用性、人的有限理性、机会主义行为等因素的客观存在。②威廉姆森关于市场交易成本决定因素的分析具有一般性,可以推广到其他交易类型中以说明交易成本的变化。交易成本经济学是唯一在实证检验方面取得成功的领域,这也是本文以其作为理论基础的主要原因之一。

三、理论分析框架

(一) 企业纵向边界的决定因素:生产成本和交易成本

企业边界可分为纵向边界和横向边界,企业的纵向边界即企业的经营范围,明确了企业和市场的界限;企业的横向边界指在生产经营范围确定的前提下,企业的生产经营规模。本文的研究对象是企业的纵向边界,即企业是采取内部制造还是购买的方式获得产品。

企业的生产成本和交易成本具有内在的统一性,为生产产品企业需要原材料,企业获取原料的方式有两种:一是自己生产;二是从市场上购买。无论企业采取哪种方式,都会产生相应的成

本,企业选择内部制造产生的成本,包括企业内部生产成本和内部交易成本;企业从市场购买产生的成本,包括市场的生产成本和市场的交易成本。两种总成本的相对大小决定了企业纵向边界的变动方向。

(二) 互联网对企业生产成本的影响

基于新古典经济学的生产成本理论,本节从劳动力和资本两个维度分析互联网对企业生产成本的影响,具体分析如下:

1. 降低劳动力的需求

互联网具有高效性和易用性等特征,互联网在企业信息的收集、整理、传递、加工和处理过程中的应用,可以使企业利用信息的效率更高、成本更低。如 CIMS 的运用,计算机统一监控和实施产品生产过程,其高效运算等优势得到充分的发挥,减少了企业生产对劳动力的需求。

从马克思主义经济学的视角来看,互联网在企业价值增值活动中的应用使资本有机构成不断提高,资本有机构成的提高意味着相对于不变资本在社会总资本中的比重,可变资本的比重相对减少。马克思进一步指出,可变资本的多少决定了资本对劳动力的需求,因而互联网的应用所带来的资本有机构成的提高必然导致资本对劳动力需求的相对减少。

2. 降低资本使用的成本

互联网具有开放性,互联网与其他产业的融合有助于其他产业的优化升级,"互联网+"的出现改变了企业资本管理模式,降低了企业资本使用的成本,以"互联网金融"为例:

首先,互联网金融在企业资金结算上的应用诞生了第三方支付结算平台,有利于企业降低手续费、财务费和账户管理费等;其次,互联网金融在资金筹资上的应用诞生了 P2P 网络借贷平台,降低了企业的融资成本;最后,互联网金融在企业投资上的应用诞生了互联网金融理财产品,投资于这类产品可以提高企业闲散资金的利用率和收益率,实现资产的保值增值。总之,互联网的应用可以降低企业资本的使用成本。

结论1:互联网的运用减少企业生产所需的

劳动力、降低企业资本使用的成本，从而降低企业的生产成本。

（三）互联网对企业交易成本的影响

基于威廉姆森的交易成本经济学，本文从资产专用性、人的有限理性和机会主义行为三个维度来分析互联网对交易成本的影响，具体分析如下：

1. 弱化资产专用性

威廉姆森将资产专用性分为四类，资产专用性的类型不同，互联网对其作用机制也不同，以地点专用性、特定领域的资产专用性和人力资本专用性为例：

（1）地点专用性，即由于受到地理空间的限制，无法自由转移的专用性资产。资产的地点专用性将导致资产在地理位置上的错配，例如，A地的资产无法移动到B地的使用者手中。互联网的应用可以通过远程操控的模式克服资产地理空间的限制，如A地的毕业生可以借助互联网平台寻找并完成B地的工作，而没有必要非得离开A地。

（2）特定领域的资产专用性，即由于资产自身的属性等原因，只能用在特定的领域，无法自由转移的专用性资产。互联网的应用（电子交易市场如B2B、C2C等），一方面使潜在使用者能以较低的成本、快捷的方式收集该专用性资产的相关信息，如资产的用途、当前使用者情况等；另一方面可以通过信息技术对专用性资产进行改造，扩大其应用的范围。

（3）人力资本专用性，即由于人们知识储备的差异性等原因，资产间的替代性下降，无法自由转移的专用性资产。互联网的应用可以提供知识、经验交流互动平台，实现资源的共享，从而降低人力资本专用性。

2. 提高人的有限理性程度

互联网的应用，一方面会产生直接效果即信息效率的提高、信息不对称程度的降低（Dewett & Jones，2001）；另一方面互联网的运用为信息的分享和交流提供实时、公共的平台，实现信息在时间和空间上的共享，从而有效地解决了信息

使用的排他性问题，同时也降低了信息不对称程度。因此，互联网的应用在降低信息不对称的同时也降低了经济主体处理信息的成本，从而提高了人的有限理性程度。

3. 降低机会主义行为倾向

互联网的应用发展了网上交易系统，为交易双方提供和反馈更多的交易信息。例如，网上电子交易系统记录了每一位交易者的交易历史信息，包括买卖双方的信用状况等。交易主体根据历史记录可以衡量出每一位参与者的信用等级，然后挑选出等级最高的对象进行交易，从而减少交易过程中机会主义行为的发生。此外，公开的交易记录也具有一定的警示作用，能有效防止机会主义行为的发生。

以上分析可知，互联网的应用能降低信息不对称程度和机会主义行为倾向。这里需要指出两点：首先，互联网是一把"双刃剑"，然而其在多数情况下发挥的是前述的作用。其次，本文基于交易成本经济学分析互联网对信息不对称、机会主义行为等的影响，进而分析互联网对企业交易成本的影响，采用的是经验常识加逻辑推理的方法，该方法具有一般性。

结论2：互联网的应用降低资产专用性、交易主体的机会主义行为并提高人的有限理性程度，从而降低企业的交易成本。

（四）信息特征的影响

不同类别的信息具有不同的特征，其在互联网平台上传播的速度和效率也不同，从而影响互联网对企业边界的作用效果（Hitt，1999），信息特征体现为信息依赖性和可编码程度。

1. 信息可编码程度

信息可分为隐形信息和明确信息。隐形信息指没有经过编码、无法用语言描述，主要通过干中学等个人经历所获得的信息，隐形信息的显著特点是：未编码、难传播、难复制、高隐藏。因此，相比于明确信息，在网上交换隐形信息要艰难得多；相对于互联网的传播，隐形信息通过面对面的交流，效果更加显著。

结论3.1：当经济活动主要依靠明确信息时，

互联网降低生产所需劳动力和资本的作用就更大，从而越能降低企业生产成本。

此外，信息隐形还影响互联网降低资产专用性和机会主义行为的作用效果。以互联网对地点专用性资产的影响为例，由上面分析可知，资产的地点专用性导致资产在地理位置上的错配，使 A 地的资产无法移动到 B 地的使用者手中，但如果 B 地使用者使用 A 地资产进行的经济活动主要依赖明确信息，借助于互联网的平台作用，A 资产就可能不必非得移往 B 地，从而资产专用性程度降低。然而隐形信息由于具有未编码和高隐藏性等特点，很难借助互联网平台进行传播，这将抵消部分互联网降低资产专用性的作用效果。

结论 3.2：当经济活动主要依靠明确信息时，互联网降低资产专用性、机会主义行为和提高人的有限理性程度的作用更为显著，从而越能降低企业交易成本。

2. 信息依赖性

美国学者 Porter 认为，企业部门内部和部门之间的交流主要分为物质交流和信息交流两种。对信息依赖程度较高的企业主要依赖信息的处理和加工以实现增值的目的，如知识密集型企业；对物质依赖程度较高的企业主要依赖物质的加工

和转化以实现增值的目的，如劳动密集型企业。企业对信息的依赖程度越高，互联网就越能降低生产对劳动力和资本的需求，因为信息能够借助于互联网平台进行编码、解码和传递（Afuah，2003）。

结论 4.1：经济活动对信息的依赖程度越高，互联网越能够降低生产所需的劳动力和资本，从而越能降低企业生产成本。

此外，信息依赖程度的高低还影响互联网降低资产专用性和机会主义行为的作用效果。以互联网对特定领域的资产专用性的影响为例，上述分析可知，特定领域的资产专用性资使 A 领域的资产无法移动到 B 领域，但如果经济活动的信息依赖程度很高，借助信息技术对专用性资产进行改造，资产的使用范围将扩大，资产专用性程度降低。例如，互联网对计算机开发技能的影响远大于对自行车生产能力的影响。

结论 4.2：经济活动对信息的依赖程度越高，互联网越能降低资产专用性和机会主义行为倾向，越能提高人的有限理性程度，从而越能降低企业交易成本。

归纳以上结论，可以得出图 1 的理论分析框架：

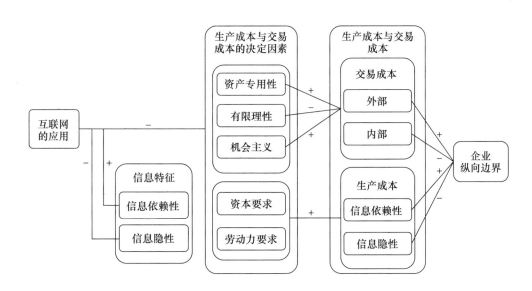

图 1　互联网对企业纵向边界的影响机制模型

注：＋表示正相关；－表示负相关。

四、结论和启示

从理论分析框架可以看出，互联网的应用能够降低企业的生产成本和交易成本，且作用效果受信息特征等因素的影响。当企业内部交易成本和生产成本降低时，企业纵向边界趋于扩大；而当企业外部交易成本和生产成本降低时，企业纵向边界趋于缩小。进而得出结论：在互联网条件下，企业边界趋于模糊化，即企业纵向边界可能扩大，也可能缩小。具体推导如下：

情况1：企业纵向边界扩大。

互联网应用前，假定1产品P的外部生产成本低于A企业内部制造的生产成本，且资产专用性不高（即交易成本不高），于是A企业采取购买的方式；假定2产品P的生产对信息依赖程度较高，且生产过程中使用的是明确信息。互联网应用后，企业A内部生产成本将大幅度降低；又由于交易成本不高，互联网的应用不会对内外交易成本的差额产生较大的影响。于是当产品P的内部生产成本降低的幅度达到一定点后，企业纵向边界将扩大。

情况2：企业纵向边界缩小。

互联网应用前，假定1产品P的外部生产成本约等于A企业内部制造的生产成本，且外部交易中资产专用性很高（外部交易成本很高），于是A企业采取内部制造的方式。互联网应用后，资产专用性程度降低，使外部交易成本的降低幅度可能大于内部交易成本的降低幅度；又由于内部生产成本和外部生产成本差别很小。于是企业A选择从市场购买产品P，企业纵向边界将缩小。

结合上述结论，得出如下启示：不同企业由于资产专用性程度、具有的比较优势大小和信息依赖程度等特征的差异，在互联网作用下，企业边界呈现不同的变动趋势。如果企业在某种产品或服务的生产上具有比较优势，生产过程对明确信息依赖程度较高，且资产专用性不高，在互联网作用下，企业倾向于扩大其纵向边界，如海尔、华为等企业通过海外并购不断对外扩张，扩大企业的经营范围；反之则倾向于缩小企业的纵向边界，如企业业务外包的盛行以及虚拟企业的产生。

参考文献

［1］董华，吴江．企业边界问题研究新进展［J］．经济学动态，2010（1）：106－110.

［2］费方域．企业的契约性质［J］．现代企业理论，2000（5）：10－15.

［3］黄少安．罗纳德科斯与新古典制度经济学［J］．经济学动态，2013（11）：97－105.

［4］科斯．企业的性质［M］．北京：北京大学出版社，2003.

［5］刘东．企业边界的多种变化及其原因［J］．中国工业经济，2005（3）：92－99.

［6］聂辉华．交易费用经济学：过去、现在和未来［J］．管理世界，2004（12）．

［7］秦志华，刘学友．基于异质性资源整合的创业资源获取［J］．中国人民大学学报，2011（6）：143－150.

［8］荣兆梓．企业性质研究的两个层面——科斯的企业理论与马克思的企业理论［J］．经济研究，1995（5）．

［9］杨瑞龙，杨其静．企业理论：现代观点［M］．北京：中国人民大学出版社，2005.

［10］曾楚宏，朱仁宏．基于战略视角的企业边界研究前沿探析［J］．外国经济与管理，2013（7）：2－11.

［11］张维迎．西方企业理论的演进与最新发展［J］．经济研究，1994（11）．

［12］Afuah. Redefining Firm Boundaries in the Face of the Internet：Are Firms Really Shrinking？［J］．Academy of Management Review，2003，28（1）：34－53.

［13］Coase R H. The Nature of the Firm［J］．Economist，1937，4（16）：386－405.

［14］Clemons E K，Row M C. Information Technology and Industrial Cooperation：The Changing Economics of Coordination and Ownership［J］．Journal of Management Information Systems，1992，9（2）：9－28.

［15］Dwwett T，Jones G R. The Role of Information Technology in the Organization：A Review，Model，and Assessment［J］．Journal of Management，2001，27（3）：313－346.

［16］Erik Brynjolfsson，Thomas W Malone，Gurbaxani，

Kambil. Does Information Technology Lead to Smaller Firms?
Management Science, 1991, 40 (12): 1628 - 1644.

[17] Earl J S, Pagano U M. Information Technology, Organizational Form, and Transition to the Market [J]. Journal of Economic Behavior & Organization, 2006, 60 (4): 471 - 189.

[18] Harasim L. Collaborating in Cyberspace: Using Computer Conferences as a Group Learning Environment [J].

Interactive Learning Environments, 1993, 3 (2): 119 - 130.

[19] Hitt L M. Information Technology and Firm Boundaries: Evidence from Panel Data [J]. Information Systems Research, 1999, 10 (2): 134 - 149.

[20] Lewis T R, Sappington D E M. Technological Change and the Boundaries of the Firm [J]. The American Economic Review, 1991, 81 (4): 887 - 900.

Research on Effect of the Internet on Enterprise Boundary

—Mainly Based on the Perspective of Transaction Cost Economics

CAO Jianhai, GUO Wen

Abstract: Enterprise boundary plays a significant role in business decision - making, a clear enterprise boundary is the prerequisite for firms to design, then to implement development strategy. The application of information technology, especially the Internet, has brought about the transformation of manufacture and management mode of the firm. Meanwhile, the firm's transaction cost and production cost are changing constantly, as a result, the enterprise boundary tends to be ambiguous. Based on the transaction cost economics of the new institutional economic school and the production cost theory of the neoclassical economic school, this paper is trying to construct the theoretical analysis framework, exploring the mechanism of how the Internet influences the enterprise boundary. The results tell us that the trend of the enterprise boundary varies due to the various traits of firms in terms of the asset specificity, the comparative edge, the reliance on the information and so forth. This conclusion is a good explanation of the social phenomena—the coexistence of the virtual enterprise and the corporate mergers and acquisitions.

Key words: The Internet; Enterprise Boundary; Transaction Cost Economics; Production Cost Theory

分享经济的内涵与特征探析[*]

李晓华

摘　要：国际金融危机后，分享经济在美国发轫并迅速风靡全球，成为政产学研各界关注的热点。本文在对分享经济既有研究进行总结的基础上，给出分享经济的定义，揭示分享经济发展的动力，提出分享经济的三个主要特征。结合网约车案例，对分享经济的内涵作进一步探讨并提出狭义的分享经济与广义的分享经济概念。在分析分享经济的经济和产业影响之后，对未来分享经济的发展进行了展望。

关键词：分享经济；信息技术；平台

一、引　言

分享古已有之，但是成为一种经济现象并被称作分享经济却是近几年的事情。分享经济对应的英文是 Sharing Economy，中文也译作共享经济。国际金融危机后，分享经济在美国发轫并迅速风靡全球，涌现出一批以 Uber、Airbnb 为代表的独角兽企业。分享经济不仅在出行分享、房屋短租方面发展得如火如荼，而且在旧货、个人时间和技能分享等领域表现出了蓬勃生机，并从个人富余产品、时间的分享扩展到生产能力的分享、协同制造等方面。普华永道（PWC，2015）的研究显示，旅游、汽车分享、金融、招聘、音乐和视频 5 个分享经济关键领域的收入到 2025 年可以达到 3350 亿美元。尽管我国分享经济的起步略晚，但是发展速度快。滴滴出行等分享平台已经深刻改变了居民的出行方式并走向世界。例如，滴滴从 2012 年创业至今已经拥有 1500 多万司机，每

天产生上千万订单，2016 年 8 月 1 日与 Uber 达成收购后者在华股份的协议，而且已经与美国 Lyft 公司开展全面合作。

作为一种新的商业模式，尽管分享经济的发展产生如传统产业失业增加、互联网金融诈骗、刑事案件等问题，但世界主要国家对于分享经济都给予了巨大的包容。国际金融危机后，我国经济发展从高速增长转入中高速增长的"新常态"。面对世界经济持续低迷，我国经济处于增长速度"换挡期"、结构调整阵痛期、前期刺激政策消化期的现状，党中央和国务院提出"大众创业、万众创新"、供给侧结构性改革等重大战略，推动我国经济增长动力从依靠投资、土地、资源、劳动力等初级要素投入驱动转向创新驱动，通过创新发展创造新供给、发展新经济、壮大新动能。发展分享经济既是顺应技术变化和世界经济发展趋势，又是我国推进供给侧结构性改革、实施"双创""互联网＋"战略和发展新经济的重要抓手，党中央和国务院给予了高度重视。2015 年 11

---

[*]　本文发表在《商业研究》2017 年第 7 期。

李晓华，中国社会科学院工业经济研究所研究员。

月 15 日,习近平总书记在二十国集团领导人第十次峰会第一阶段会议上的讲话指出,新一轮科技和产业革命正在创造历史性机遇,催生"互联网+"、分享经济、3D 打印、智能制造等新理念、新业态,其中蕴含着巨大商机,正在创造巨大需求(习近平,2016)。李克强总理在 2016 年的政府工作报告中指出:"当前我国发展正处于这样一个关键时期,必须培育壮大新动能,加快发展新经济。要推动新技术、新产业、新业态加快成长,以体制机制创新促进分享经济发展,建设共享平台,做大高技术产业、现代服务业等新兴产业集群,打造动力强劲的新引擎。"国家"十三五"规划纲要提出:"促进'互联网+'新业态创新,鼓励搭建资源开放共享平台,探索建立国家信息经济试点示范区,积极发展分享经济。"2016 年 7 月 27 日,《网络预约出租汽车经营服务管理暂行办法》(交通运输部令 2016 年第 60 号)发布,并于 2016 年 11 月 1 日起施行。我国成为世界主要经济体中第一个出台全国性法规使网约车合法化的国家,表明我国政府对以网约车为代表的分享经济的开放、支持态度。

随着在全球范围内的蓬勃兴起,分享经济已经不仅是产业界投资的热点,而且成为学术界研究和政府政策的焦点。但是对于什么是分享经济不但有着不同的认识,而且在实践中分享经济往往与其他相关概念(如分时租赁)难以清晰地区别开来,存在把分享经济泛化的倾向。要在法律、政策层面对分享经济进行规范和监管,促进分享经济的健康发展,首先要厘清其内涵与特征。

二、分享经济的概念界定

尽管分享经济发展得如火如荼,但对于什么是分享经济,学术界并没有一个一致的定义,不同学者和机构从各自的研究目的出发,从不同视角对分享经济进行了研究。

(一)分享经济的既有研究

蔡斯(2015)将分享经济称为"人人"共享,认为分享经济以"产能过剩+共享平台+人人参与"为基础。人人共享模型的三个核心要点是:第一,利用过剩产能(分享资产)实现实际的经济效益;第二,科学技术让我们建立共享平台,使分享变得简单易行;第三,个人是具有影响力的合作者。博茨曼和罗杰斯(2015)称之为协同消费,认为"协同消费的核心是共享,它可以是地方性的面对面的共享形式,还可以通过网络的方式,来联系、汇集、组建社群,从而匹配能满足交换需求的物品或个体,将一个个'点对点'的相互满足需求变为'多对多'的平台"。协同消费背后有四大核心原理:群聚效应、闲置产能、社会公共资源、陌生人之间的信任。普华永道(PWC,2015)认为,分享经济使个人和团体能够从未充分利用的资产赚钱。这样,物理资产就被作为服务分享。例如,轿车的拥有者可以在它不用车时允许一些人租用他的车;公寓的所有者可以在度假时将公寓出租。作为一种商业模式,分享经济有 5 个支柱:第一,连接闲置资源和需求的数字平台;第二,提供超越所有权的交易;第三,更多协作消费的形式,往往比传统交易方式融入了更深层次的社会交互;第四,驱动感情联系的品牌体验;第五,建立在信任的基础之上。Wosskow(2014)将分享经济定义为:帮助人们分享资产、资源、时间和技能的在线平台。腾讯研究院将分享经济定义为"公众将闲置资源通过社会化平台与他人分享,进而获得收入的经济现象"。该定义包括四个要素:第一,公众目前主要以个人为主;第二,闲置资源包括资金、房屋、汽车等物品和个人知识、技能和经验等;第三,社会化平台主要是指通过互联网技术实现了大规模分享的平台;第四,获得收入包括网络租借、网络二手交易和网络打零工三种(马化腾等,2016)。国内分享经济"领头羊"——滴滴出行的 CEO 程维和总裁柳青等(2016)将分享经济定义为"将社会海量、分散的闲置资源,平台化、协同化地集聚、复用与供需匹配,从而实现经济与社会价值创造的新形态"。

分享经济可以划分为不同的类型。博茨曼和罗杰斯(2015)将协同消费分为三种:第一,产品服务系统，用户只为产品的使用价值付费，而不考虑去完全占有产品的归属权；第二，再分配市场，二手的、废弃的物品可以从不需要的人手中重新分配到另一些需要的人手中。不管交易形式如何，再分配市场鼓励人们重新利用、出售旧物品，而不是把它们扔掉；第三，协同式生活方式，有着相同兴趣的群体聚集在一起，相互分享或交换各自的时间、空间、技能、资金等一系列虚拟产品。Schor（2014）将分享经济分为四类：第一，物品的再循环，在美国以 eBay 和 Craigslist 两家商品再循环市场为代表；第二，耐用资产利用率的提高；第三，服务的交换；第四，生产性资产的共享，即分享资产或空间不是为了消费而是为了生产。他还根据提供者的类型（个人对个人，Peer - to - Peer；或企业对个人，Business - to - Peer）和平台的盈利导向（营利性；非营利性）两个维度将分享经济划入四个象限。腾讯研究院从经济剩余类型的角度可以分为三种模式：第一，使用权剩余的分享，如物品租赁、资金借贷，强调使用而不占有；第二，时间剩余的分享，个人的职业技能与非职业特长可以在其他领域发挥作用，形成新的就业机会；第三，所有权剩余的分享，如二手物品进入再循环。

（二）分享经济的定义

上述分享经济的定义或分类都注意到了分享经济的某些方面，但是没有涵盖分享经济之所以成立的全部特征。我们认为，分享经济就是利用新一代信息技术平台，将个人或企业等组织闲置或未加充分利用的商品、技能、时间、生产设施等资源，以较低的价格甚至免费的方式提供或转让给需要的个人或企业使用的一种新型的资源配置方式。对于支撑分享经济发展的信息技术平台企业来说，分享经济就是一种新型的商业模式。

从这一概念可以看到，分享经济的核心是闲置或未加充分利用资源的再利用或更高效的利用。由于个人或企业的需求偏好或效用函数不同，同一件商品/服务的价值具有不同的评价，这是商品交换的基础。同样，闲置产品对其所有者来说的价值也很低（在某些情况下为负——如不用的产

品堆满家里的仓库），但是对于其他一些人或组织具有更高的价值，因此通过闲置产品的分享，该资源的使用价值能够获得提高，并带来社会福利的增加。

三、分享经济发展的驱动力

分享经济古已有之，但为什么直到近几年才出现爆发式的增长？我们认为，这是以下四个方面因素共同作用的结果。

（一）富足和经济剩余

分享经济形成和发展的基础是闲置资源的存在，而闲置资源的广泛存在是随着社会生产力提高带来的生活富足。在生产力发展水平较低的时代，除了君王、贵族等少数群体，普通百姓即使起早贪黑、克勤克俭，多数情况下也仅食能果腹、衣能遮体，几乎不可能有闲置物品或闲暇时间。没有富余的资源，因此也根本没有分享的对象。生产力的高度发展至少产生两方面的影响：第一，物质产量的丰富程度大大提高，产生大量闲置不用的物品成为可能。许多即使有用的物品，也有大量的时间处于闲置不用状态。例如，平均来说，家用汽车每天只有 1 小时处于使用状态，大部分时间闲置；图书看完后就很少查阅或第二次阅读。第二，获得谋生所需生活资料的劳动时间不断缩短，闲暇时间不断增加。同时由于受教育程度的不断提高，许多专业人员的业务时间构成了认知盈余。全球受教育人口的自由时间每年累计超过 1 万亿小时，这些自由时间不仅可以用于个人的闲暇，而且能够作为一种普遍的社会资产用于大型共同创造的项目，实际上，仅维基百科上所花费的用于文章编辑、讨论的时间就超过 1 亿小时（舍基，2012）。在企业层面，同样由于生产力的发展，企业的生产能力显著增强，而且还有若干具有同样生产能力的企业共存竞争，导致生产能力的闲置成为常态。例如，在任何时点，办公室的桌子有一半空置，零售店有一半的时间处于关闭状态，工厂的产能利用率低于 80% 。即使考虑到企业停产维修、意外事故的影响，生产能力仍

然是过剩的。在经济衰退时期，产能过剩问题会更加突出。总之，经济剩余在个人层面表现为闲置物品、闲置时间和闲置资金，在企业层面表现为闲置产能、仪器设备和库存。

（二）资源的稀缺性

富足通常是指大部分人的基本生存和发展需求得到满足，但是一方面人类的物质文化需求是不断增长的，在满足基本生存和发展需求后，会不断产生更高层次的享受型、发展型需求，而且随着经济的继续发展和技术演进，不断有新的产品被创造出来，形成消费者永无止境的选择。人类的消费行为、企业的投资行为都是在预算约束下进行的，尽管经济发展水平的提高会抬高消费者的无差异曲线和企业的生产可能曲线；但是受预算约束，无差异曲线、生产可能曲线之外仍然构成消费者或企业不可达到的需要。因此，资源总是处于稀缺状态，富足并不意味着所有需要都得到满足。在预算的约束下，人们只能选择对自己效用最大化的产品或服务（及其组合）。假设一部分人只拥有产品 A，一部分人只拥有产品 B，这也就意味着拥有 A 产品的人对 B 产品的需要未能满足，而另一部分拥有 B 产品的人对 A 产品的需要未能满足。另一方面，任何一个国家、社会都存在收入不平等问题，少数人处于收入分配金字塔的塔尖，大部分人的收入水平较低。皮凯蒂（2014）发现，无论是劳动分配还是资本分配都存在着严重的不平等，后者更甚。劳动收入分配中收入最高的 10% 的人，一般拿到总劳动收入的 25%～30%，工资分配底层的 50% 一般能占到劳动总收入的 1/4～1/3；而资本收入分配前 10% 的人占到所有财富的 50% 以上（有些社会高达90%），资本收入分配底层 50% 的人一无所有或者接近一无所有。而且近几十年来，收入差异还有拉大的趋势。这就造成少数人拥有大量的财富，大量的人由于收入水平低，许多需要无法实现。在获得完全所有权才能使用的情况下，一些商品和服务是许多人所无法获得的，因此，资源的稀缺性成为分享经济发展的另一个驱动因素。

（三）信息技术的进步

信息技术是分享经济发展的支柱和加速器。在前信息经济时代，社会上也有分享，如将闲置或暂时不用的东西借给邻居、社区内的二手货交易、闲置物品的捐赠等。但是由于闲置资源和与之相对应的需求都是高度分散的，将大地理尺度范围内的商品和需求信息撮合起来面临巨大的成本，因此在此阶段的分享无论从地域范围、参与数量、商品或服务种类都很有限，分享往往发生在较小地理范围的社区甚至熟人社会之中。许多类型的产品都存在"长尾分布"特征，即头部畅销品的需求量大，但有更多的商品是处于长尾部的冷门商品（安德森，2006）。在实体店铺销售中，由于货架空间的限制，处于长尾端的产品很难被摆上货架，从而销量很低，而对于长尾端商品有需求的用户也难以发现并购买这些商品。对于大多数闲置产品，基本都处于每个所有者仅拥有极少量甚至单件的状态，可以认为处于长尾端，其使用价值难以被需要的人所发现。

信息技术的发展一方面使闲置产品的拥有者可以近乎于零的成本发布产品信息，同时闲置产品的需求者也可以近乎"零成本"（不考虑机会成本）地搜寻所需要的产品，从而解决了存在于陌生的且在地理空间上分散分布的供需双方的信息不对称问题，使更广大范围、更大数量供需双方之间的交易成为可能。另一方面，信息技术提供了无限的销售的"货架"空间，使长尾产品/服务得以展示出来并有机会被它的潜在用户发现和购买。这也就是在互联网技术发展之初促使以 eBay 和 Craigslist 为代表的闲置产品/二手产品交易网站发展起来的原因。由于电脑、互联网同时具有生产资料和生活资料的功能，这就使普通的消费者也获得了可以用于产品/服务研发和设计、信息产品（软件、APP 等）开发、产品发布等生产性活动的工具，改变了过去劳动者依附于资本所有的状况。消费者可以在自己的业余时间、利用自己的技能（职业上的或爱好上的）参与到许多产品/服务的开发、生产中来。

信息技术的另一项颠覆式影响源于移动互联

网的发展与大数据、云计算、人工智能技术的逐渐成熟。2007 年 1 月 10 日苹果公司的智能手机 iPhone 发布，随后智能手机进入爆发式增长阶段。随着智能手机的普及，每一个消费者都能随时连接互联网获得各种商品和服务的信息。第一代互联网实现了闲置商品的交易，但是主要以低频次的交易为主；而移动互联网的出现使打车、租房等高频次的服务交易成为可能。特别是近年来大数据、云计算、人工智能等新一代信息技术取得突飞猛进的发展，信息平台能够在极短的时间内实现供需双方的精准匹配，为商品找到用户、为用户找到商品，交易的撮合效率和精确度获得大幅度提高，减少了信息平台用户的交易成本，提高了分享经济的效率。

（四）使用权重要性提高

在许多情况下，无论是个人还是企业所需要的并不是产品本身，而是产品所能提供的功能。例如，电视的视频传输功能、机器的生产加工功能、汽车的客货运输功能，不一而足。营销大师爱玛·赫伊拉甚至说："我们卖的不是牛排，而是牛排的滋滋声。"企业销售产品，个人用户或企业用户购买产品，实际是买卖之间物品所有权的转移。如果用户所需要的不是产品而是产品所提供的功能，那么，所有权属于谁对于用户效用的高低关系不大。这就意味着，使用权比所有权更根本、更重要。对用户而言，他可以在不拥有所有权的情况下获得产品的使用价值及其带来的效用满足；对富余产品的所有者来说，他可以在不转让产品所有权的前提下，通过转让在一定时间内的产品使用权获得收益。由于只购买在一定时期内的使用权，支出必然要比获得产品的所有权要小得多，因此扩大了消费者的选择集，增加了他们的效用。分享经济之所以兴起于国际金融危机之后，除了信息技术恰逢其时的突破之外，很重要的一个原因是 2007 年的次贷危机及其之后的国际金融危机使美国经济遭受重创，经济增速下降、企业效益下滑、出现大量裁员失业，这就促使美国人在开源与节流方面做文章。作为世界经济的霸主，美国人无疑拥有大量的闲置财产，

如果能将这些闲置资源利用起来，一方面能够增加自己的收入，另一方面由于闲置资源的价格更低，也能够帮助别人节约支出。因此，分享经济的商业模式甫一提出就受到广大用户特别是千禧一代（泛指 1980～2000 年出生的人）的热烈欢迎。普华永道的一份报告指出，千禧一代是最热衷于分享的群体，占分享总人群的 40%；路透社的一份报告认为美国千禧一代不再强调"拥有"某个想要的东西，而是以分享和物物交换为主（马化腾等，2016）。对于许多人来说，与其花费更多的钱获得产品的所有权且在购买后大部分时间处于闲置状态，他们更愿意通过与他人分享获得在一定时间内产品或服务的使用权。分享经济就是使用而不占有，只租不买，按需付费（马化腾等，2016）。

四、分享经济的特征与相关概念比较

（一）分享经济的特征

以上诸多对分享经济的研究已经体现出分享经济某些方面的特征，如闲置资源、技术平台、使用而不购买等。这些固然是分享经济的特征，但是还不能将分享经济与其他经济现象或商业模式区别开来。我们认为，闲置资源只是提供了能够分享的对象，技术平台提供了分享的基础条件，使用而不购买是许多服务性质活动的基本特征（如各种交通出行、酒店、仓储等）。与其他经济活动和商业模式相比，分享经济还有一个重要特征是价格低于同类商品的市场均衡价格。

1. 闲置资源的出让和再利用

分享经济与通常的市场经济活动都涉及产品或服务的交换，但是二者有明显的区别。通常的市场经济活动以追求利润最大化为目标，而生产成本通常会受到生产规模的影响，因此，为了发挥规模经济效应，通常市场经济活动的交易对象多为大规模生产的产品或者是标准化的服务。即使近年来定制化产品或服务越来越多，它仍然是以大规模生产的模块、可重构或柔性的生产系统为基础，或是建立在标准的服务之上、依托标准

化的产品拓展服务的内容。而分享经济的基本交易对象是富余、闲置的产品、生产设施、能力和时间等，因为是来自为数众多的个人或企业的零星闲置品，因此具有海量、碎片化的特征，通常是不完全相同的——即使是同一品牌、同一型号的产品也有使用、磨损程度的差异，因此通常市场经济活动的交易对象是大宗的（至少从交易双方的一个方面），而分享经济的交易对象是小量甚至单个的。闲置资源通常为非经营性资产，即不是以该资源的出租、出售维持个人的生活或维持企业的生存和发展为目的，由闲置资源出租、出售获得的收入不是个人、企业收入的主体而仅是补充。

2. 以数字化交易平台为枢纽

与传统的闲置物品分享相比，分享经济的参与人数、交易涉及的产品/服务数量要大得多，因此分享经济不可能发生在传统的实体交易场所。同样，由于参与分享的闲置物品以及交易对象众多且需求各异，也不可能依靠两两之间的联系实现供给与需求的匹配，这会产生巨大的信息成本。因此，分享经济的实现必须依靠一个数字化的交易平台，提供买卖双方交流产品和服务信息，并实现买卖双方的交易撮合。平台担负着分享经济中信息枢纽的作用，通常由一个公益性的组织或者一家企业来扮演这个角色，而且企业作为交易平台已经成为分享经济的主流。我们看到，无论是出行分享的滴滴、优步、易道，房屋短租的Airbnb，设计技能分享的"猪八戒"网，专业知识分享的知乎、维基百科等，都是建立在一个信息技术平台基础上的。数字化交易平台不仅基于传统的互联网，而且已经包括了移动互联网、云计算、大数据甚至人工智能、物联网等新一代ICT技术。基于这些信息技术，数字化平台能够对供、需双方进行用户画像，对他们未来的交易行为给出智能化的预测，在此基础上给出智能化的推荐；当用户提出供需要求时，可以智能化地进行交易撮合。例如，滴滴出行已经可以预测某时段、某区域的用车需求，甚至预判用户的目的地，从而可以动态定价、调整车辆调度、优化行

车路线（程维、柳青等，2016）。

3. 低于同类商品的均衡价格

当前，对于什么是分享经济呈现泛化的倾向，认为只要满足前三个特征的就是分享经济。更有甚者，认为只要是"使用而不占有"就是分享经济。实际上，许多服务均具有"只租不买，按需付费"的特征，而且永不满足分享经济的交易对象是富余产品这一基本要求。再如，有人认为只要是闲置资源的交易就是分享经济，但实际上二手物品商店、过季商品的折扣店早就存在，这实际上是一种传统的市场交易模式。

由于分享经济交易的是闲置的资源，同时用户更看重使用权而不是所有权，这就使由于两方面的原因，分享经济的价格低于通常同类商品的市场均衡价格。第一，如果获得使用权的成本比获得所有权更高，用户就会直接购买，分享就不会产生。事实上，由于分享经济节约了购买商品的直接成本与资金机会成本、保养维护成本，因此总成本往往更低。第二，也是更重要的，在闲置产品或服务的所有者与需求者之间存在对其使用价值评价的差异。由于分享经济的对象属于闲置产品或服务，因此对所有者的使用价值较低，如果以低于同类商品的市场均衡价格成交，所有者的整体福利仍然是增加的。同时，对于闲置产品的购买者来说，他所需要的是产品带来的实际功能，因此他对该产品的评价会高于所有者，这样分享经济下的交易就成为可能。分享经济与完全市场化交换关系的根本区别就是分享经济的价格更低。可以用如图1所示的一个简化模型加以说明。

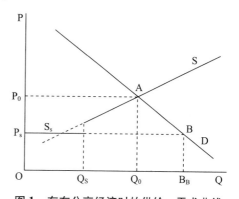

图1 存在分享经济时的供给—需求曲线

假设在正常商品（相对于闲置商品）的交易中，如果供给曲线为 S，需求曲线为 D，那么供求平衡时（A 点）对应的价格为 P_0、产量为 Q_0。考虑引入闲置商品分享的情况：在分享经济条件下，所有闲置产品的提供者作为一个整体供应方。为简化分析，假设所有的闲置商品相同。由于闲置商品的所有者对商品使用价值的评价低，因此他对该商品的出价 P_S 低于市场均衡价格 P_0。同时，由于每个闲置产品所有者拥有的产品数量有限——假设为 1 单位，且闲置商品的总数量远远低于社会上大规模生产并交易的正常商品，因此闲置产品的供给曲线没有弹性，是一条水平的线段 S_S。也就是说，分享经济以 P_S 的价格满足 Q_S 的市场需求。与原有的均衡状态相比，有 $Q_0 - Q_S$ 的需求没有满足，仍有传统的供应商以 P_0 的价格予以提供。分享经济实际上产生了一种价格歧视，对价格敏感的用户参与分享，对价格不敏感的用户仍然以传统的方式购买产品或服务。也就是说，传统的供应商针对相对高端的需求，但是销量会有所下降。这也是在许多领域分享经济兴起后，引起传统供应商反对、抵制的重要原因。

（二）分享经济内涵的进一步探讨

上述分享经济的三个特征——闲置资源的出让和再利用、以数字化交易平台为枢纽、低于同类商品的均衡价格——虽然能够在理论上较为清晰地界定何为分享经济，但是在实践中仍然存在困难。①闲置资源如何准确地加以界定？标准不同，对闲置资源的划分就会有很大差异。以汽车出行分享为例，闲置是以汽车每天行驶时间少于8 小时正常工作时间为标准，还是以出租车的运营时间（一般远远超过 8 小时）为标准，抑或以汽车所能运行的极限时间 24 小时为标准？如果以8 小时为标准，那么大多数上班族的私家车除上下班路上之外的大多数时间均处于闲置状态，是闲置资源，而许多从事专车（快车）等网约车运营的车辆（司机以此为专职工作）就不能算作闲置资源；但如果以出租车的实际运营时间为标准，那么从事专车（快车）等网约车运营的车辆也可算作闲置资源。②均衡价格该如何衡量？这又可以分为两种情况：第一，分享经济的发展可能会加剧市场竞争，对原有市场形成冲击，从而促进全行业效率提高，价格下降。那么，均衡价格是以分享经济出现之前的价格还是以之后的价格为准？是以分享经济发展到什么样规模时候的价格为准？第二，如果分享经济的市场以前根本不存在，均衡价格该如何确定？例如，最近在国内涌现出以摩拜单车、ofo 共享单车为代表的自行车共享出行，但是之前并没有自行车租赁市场。③传统的租赁能够把大量短期的或阶段性的对产品、设备、资金、场地等方面的需求集合起来，从而提高资源的利用效率。与互联网结合后，传统的租赁企业实际上也具有了数字化交易平台的特征，而且通过信息技术强大的聚集需求、匹配撮合交易的功能，有可能进一步提高资源的使用效率。即使在降低价格之后，租赁公司仍然可以盈利。那么，互联网化的分时租赁也是分享经济吗？

由于对什么是分享经济认识上的差异，在政府政策的制定和实施中出现了一些不同意见。特别是北京、上海、广州、深圳等城市出台网络预约出租汽车经营服务管理的地方细则征求意见稿引起了较大的争议。我们认为，对于分享经济这一新生事物总体上应秉承包容的态度。正如著名法律经济学家、美国联邦第七巡回上诉法院法官理查德·波斯纳在伊利诺伊州运输贸易协会起诉芝加哥政府一案的判决书中所说："当新技术或新商业模式诞生时，通常的结果是老一代技术或商业模式的式微甚至消失。如果老一代技术或商业模式被认为拥有宪法赋予的权利，阻止新生事物进入自己的市场，那么经济发展可能陷入停滞。我们可能就不会有出租车而只有马车，不会有电话而只有电报，不会有计算机而只有计算尺。"（Posner，2016）政府支持还是限制根本上还是要看它是否能够提高资源的利用效率以及符合其他重要的目标（如治理城市交通拥堵、环境污染等）。从提高资源的使用效率这一目标出发，我们可以把分享经济区分为狭义的分享经济与广义的分享经济。狭义的分享经济严格符合上述分享经济的三个特征，特别是闲置资源为非经营性资产；广义的分享经济是指不完全满足上述三个特征，特别是资源为运营性质，但是依托互联网平台实现了资源利用效率的提高。广义的分享经济可以看作分享经济思维，即采用使用而不占有或只租不买、按需付费的方式，同时利用信息化分享平台把供需双方集中起来，降低交易成本、提高供需匹配效率，进而提高资源利用效率的一种思维方式。

我们以网约车服务和分时租赁为例对狭义和广义的分享经济进行说明。由于数字化交易平台这一特征均能满足，所以在表1中予以省略。网约车大致可以分为网约出租车、网约专车和快车以及网约顺风车三类。①网约出租车的资产是运营车辆，不是闲置资源。②网约专车和快车可分为以滴滴出行为代表的通过招募第三方车辆加盟的模式与以首汽约车为代表的自有车辆的模式。

在滴滴模式下的资产是个人资产（目前以公司模式统一经营的越来越多），如果是在下班后、周末等空闲时间接几单业务，明显是利用了自己的闲暇时间和车辆；但是，如果接单业务大幅度增长且工作时间增加进而成为一份可以养家糊口的职业，那么其实就与出租车没有了本质的区别，并不能算作狭义的分享经济。首汽模式下的车辆显然是经营性资产，实际上就是互联网化的分时租赁。③网约顺风车多为上下班路上顺路拼车，利用了自己的闲暇时间和车辆，属于狭义的分享经济。④分时租赁使用的是运营性资产，其运作与传统的非互联网化的租赁高度类似，不属于狭义的分享经济。至于上述这些商业模式是否属于广义的分享经济，要看是否能够提高资产的利用效率，具体问题具体分析。

表1　分享经济的辨别

模式		闲置资源的出让和再利用	低于同类商品的均衡价格	资产利用效率显著提高
网约出租车		否，运营车辆	市场价格	不确定
网约专车、快车（加盟车辆）	空闲时间	是，利用个人闲暇时间和闲置车辆	待观察	是
	全职	否，车辆、人员都得到充分使用	待观察	不确定
网约专车、快车（自有车辆）		否，运营车辆	否	不确定
网约顺风车		是，利用车辆闲置空间	是	是
分时租赁		否，运营性资产	不确定	不确定

五、分享经济的产业影响与发展展望

（一）分享经济的产业影响

分享经济已经是世界上最红火的商业模式，其发展速度超过了许多人的预期，对资源利用方式、既有产业竞争格局、社会生产方式以及政府监管都产生了巨大的影响。

1. 变革资源利用方式

在分享经济兴起前，由于缺乏解决信息不对称、降低交易成本的有效技术手段和商业模式，在大量需要无法得到满足的同时，社会上大量房屋、私家车、二手货、碎片时间与服务能力等分散资源处于闲置状态，没有参与价值创造。而分享经济使得资源组织和配置模式发生了翻天覆地的变化，闲置资源信息被汇集、检索和发现，大量的闲置或低效利用资源被激活，参加到社会生产和交换中来，创造经济价值的能力大为提高（程维、柳青等，2016）。对于以"使用而不占有"方式参与分享的消费者和企业来说，以低于同类商品的均衡价格得以分享商品或服务带来支出的降低，同时由于不需要支付商品存储、保养、维修等方面的成本，可以进一步实现资源的节约。

2. 冲击产业竞争格局

分享经济的出现减少了提供相同产品和服务的大规模生产企业的用户需求，传统的大规模生产企业受到冲击。由于分享经济中商品与服务的价格相对较低，因此传统的中低端供应商受到的影响更为突出。在传统的产业中，产品的生产者、供应者合一，而在分享经济方式中，许多情况下（如二手产品交易）生产者不再重要，供应者也分离为闲置资源的所有者和承担交易撮合功能的数字化交易平台。由于闲置资源的所有者高度分散，在许多情况下并不是工商企业，因此单独来看并不构成对传统供应商的挑战。而数字化交易平台由于聚集大量分散的闲置资源，实际上扮演了供应商的角色，成为传统供应商的直接竞争对手。

3. 改变社会生产方式

在前工业社会，产品的生产者一般是分散的个人，即马克思所说小农生产方式。工业革命之后，由于产品复杂性和迂回生产程度的提高，个体已经无法承担整个产品的生产过程，而成为以现代企业为代表的集中化生产组织中的一个组成部分。但是在分享经济下，个人成为生产者，每个分散的个体通过交易平台出售自己的产品、服务，实际上就是参与到产品的生产与服务过剩，形成一种社会化生产方式。尽管信息平台是分享经济的枢纽，但是与传统的企业不同，它无法决定分散的个体是否生产、生产多少。也就是说，分享经济是高度去中心化的，分散的个体独立做出分享产品或服务的决策。

4. 对政府监管提出挑战

在分享经济，市场的参与主体发生了很大的改变。数字化交易平台不直接生产产品和服务，但是却成为市场竞争的参与者，供应产品和服务、参与价格形成、售后服务；分散的闲置资源的拥有者是交易的实际主体，但他们却又不是通常意义上的企业。在这种情况下，许多原有的对行业进行监管的法律法规就变得不适用。而且分享经济还对原有的产业利益格局产生影响，一方面，传统的供应商及其从业人员的利益遭受损害；另一方面，低价产品和服务的获得者成为受益方，政府政策的调整陷入左右为难的两难境地。以优步、滴滴为代表的交通出行分享出现后，在国内外都曾受到政府的打压，受到传统供应商和从业人员的抵制。分享经济的出现对于行业监管也有利好。政府一般采取常规的手段对业内企业、从

业人员进行监管，这种监管的成本高、效果也不理想。但是在分享经济下，数字化交易平台汇集了大量的买卖双方的数据，依托大数据、人工智能等技术，可以对服务价格、服务质量进行实时的监控和评价。尽管政府机构也可以自己投资建设类似的信息化系统，但一方面可能无力承担信息化设施建设、运行的巨额成本，另一方面也没有太强的动力对平台进行持续的改进。以出行分享为例，在传统出租车方式下，监管部门无法获得乘客身份、上下车时间、行车路线等信息，也难以对出租车的服务质量进行准确的评价。但是在分享经济下，数据化交易平台可以从叫车开始就进行实时的监控，用户可以使用手机 APP 对司机的服务做出评价。

（二）分享经济发展展望

分享经济的兴起对生产与生活产生深刻的影响，对于一些传统产业的竞争格局、商业模式的改变甚至是颠覆性的。那么，分享经济是否会完全取代既有的商业模式或产业中原有的地位企业呢？我们认为，经济的发展过程是分工不断深化和专业化程度不断提高的过程。分工深化能够发挥规模经济、降低转换成本，特别是通过造成越来越迂回的生产方式，从而不断把先进的生产方式引入到生产过程中来，带来生产率的大幅度提高。与专业化的企业相比，分享经济的交易对象多为闲置资源，数量有限，规格不统一，相对于工厂生产的产品只能作为补充；在分享知识、技能的模式中，参与者多是在业务时间加入产品（服务）的创新或生产，而且其中不乏大量的业余爱好者。与集中化、科层制的企业相比，"去中心化"的社会化生产方式尽管有动员社会资源、应对技术路线高度不确定性等方面的优势，但是在资源和人才实力、决策效率等方面都存在很大差距，这也是目前科层企业仍然是创新、生产主体的原因。由于分享经济本身存在的"短板"，它虽然会有光明的前景，但是更大程度上是传统生产方式的补充。但是，传统的生产企业也能够通过学习借鉴分享经济的思维方式，更好地提高资源利用效率、满足用户的需要。

分享经济的发展在改变生产、生活方式的同时，也涌现出一批估值数十亿、上百亿美元的独角兽企业，成为各国产业竞争的重要影响因素。当前，我国已经具备分享经济发展的良好基础。第一，随着我国进入中高收入国家之列，出现了大量的闲置生产能力、产品、资金、知识和技能；第二，我国的互联网基础设施和互联网产业的发展水平都居于世界前列，互联网领域的创新创业非常活跃；第三，我国拥有巨大的人口规模，容易形成足够庞大的用户基础，发挥规模经济和网络效应。如果监管层能够对分享经济的发展给予必要的宽容和支持，调动个人、企业的参与积极性和创造力，我国的分享经济的发展有望成为世界的亮点。

参考文献

［1］程维、柳青等：《滴滴：分享经济改变中国》，人民邮电出版社 2016 年版。

［2］马化腾等：《分享经济：供给侧改革的新经济方案》，中信出版社 2016 年版。

［3］［美］克莱·舍基：《认知盈余：自由时间的力量》，胡泳译，中国人民大学出版社 2012 年版。

［4］［美］克里斯·安德森：《长尾理论》，乔江涛、石晓燕等译，中信出版社 2006 年版。

［5］［美］雷切尔·博茨曼、路·罗杰斯：《共享经济时代：互联网思维下的协同消费商业模式》，唐朝文译，上海交通大学出版社 2015 年版。

［6］李克强：《政府工作报告——2016 年 3 月 5 日在第十二届全国人民代表大会第四次会议上》，中国政府网，2016 年 3 月 17 日。

［7］［美］罗宾·蔡斯：《共享经济：重构未来商业新模式》，王芮译，浙江人民出版社 2015 年版。

［8］［法］托马斯·皮凯蒂：《21 世纪资本论》，巴曙松等译，中信出版社 2014 年版。

［9］习近平：《创新增长路径共享发展成果——在二十国集团领导人第十次峰会第一阶段会议上关于世界经济形势的发言》，中国政府网，2016 年 6 月 1 日。

［10］Debbie Wosskow. Unlocking the Sharing Economy: An Independent Review, Gov. UK, November 2014.

［11］Juliet Schor. Debating the Sharing Economy. www. greattransition. org, October 2014.

［12］Posner, Richard A. United States Court of Appeals, Seventh Circuit. Illinois Transportation Trade Association, et al. , Plaintiffs – Appellants, v. City of Chicago, Defendant – Appellee, and Burgess, et al. , Intervening Defendants – Appellees. Nos. 16 – 2009, October 7, 2016.

［13］PWC. The Sharing Economy. pwc. com/CISsharing, Consumer Intelligence Series, April, 2015.

Research on the Connotation and Characteristic of Sharing Economy

LI Xiaohua

Abstract：After the international financial crisis, sharing economy emerged in the United States and sprang up around the world, and became a hot reserch focus. Based on the summary andcomment of the existing researches of sharing economy, this paper give a definition of sharing economy, reveals themotive forceofitsdevelopment, and put forward three major characteristics. Combining with the case of online car – hailing servicesinChina, this paperfurther discusses the connotation of the sharing economy, and bring forward the narrow sense and the broad sense of the concepts of sharing economy. After analysis of the impact of sharing economy on the industries and the economy, the future of sharing economy is discussed.

Key words：Sharing Economy；Information Technology；Platform

中国产业组织政策的缺陷与调整[*]

江飞涛

摘　要：长期以来，中国实施以推动产业集中、打造大规模企业为导向的产业组织政策，这种导向产业组织政策的政策逻辑与理论依据均存在较为严重的缺陷，政策效果不佳并且带来一系列的不良政策效应，也给产业的转型发展与效率提升带来了许多不利影响。中国产业政策部门应充分认识到"市场竞争及其优胜劣汰机制是推动产业组织自发优化调整的原动力"，并且调整产业组织政策的方向。市场竞争及其优胜劣汰机制充分发挥作用的基本前提是公平竞争的制度环境，而当前不正当竞争、不公平竞争问题非常突出，因而中国的产业组织政策应转为通过构建公平竞争的市场制度体系、促进公平竞争，以市场竞争及其优胜劣汰机制来推动产业组织结构自发的优化调整。

关键词：产业组织政策；公平竞争；市场集中；政策调整；产业集中度

一、引　言

在中国，产业组织政策是中国产业政策（尤其是传统行业产业政策）的重要构成。不同于发达国家以反垄断（关注市场结构高度集中可能带来反竞争效应）与支持中小企业发展为核心的产业组织政策，中国的产业组织政策尤其是在传统行业实施的产业组织政策，一直是以推动产业集中、打造（或者培育）大规模企业集团为核心。在"十三五"产业发展规划中，促进集中、培育大规模企业的产业组织政策仍是其重要组成部分。在《国民经济和社会发展第十三个五年规划纲要》第五篇（优化现代产业政策体系）第二十二章（实施制造强国战略）第三节（推动传统产业改造升级）中，明确提出"鼓励企业并购，形成以大企业集团为核心，集中度高、分工细化、协作高效的产业组织形态"。

《钢铁产业调整升级规划（2016 ~ 2020年）》，依旧将大幅度提高集中度作为其核心规划目标，拟到2020年将CR10（前十家大企业市场份额）由2015年的34.2%提高到60%，并提出要"推动行业龙头企业实施跨行业、跨地区、跨所有制兼并重组，形成若干家世界级一流超大型钢铁企业集团；在不锈钢、特殊钢、无缝钢管等领域形成若干家世界级专业化骨干企业，避免高端产品同质化恶性竞争"，"推进区域内钢铁企业兼并重组，形成若干家特大型钢铁企业集团，改变'小散乱'局面，提高区域产业集中度和市场影响力"。在《有色金属工业发展规划（2016 ~ 2020年）》中，亦将"产业集中度显著提高"作为政策目标，并明确提出"鼓励有色金属企业开展行业内上下游及跨行业联合重组，提高产业集中度"。《船舶工业深化结构调整加快转型升级行

---

* 本文发表在《学习与探索》2017年第8期。

江飞涛，中国社会科学院工业经济研究所副研究员。

动计划（2016～2020年）》的发展目标中明确提出，"产业集中度大幅提升，前10家造船企业造船完工量占全国总量的70%以上，形成一批核心竞争力强的世界级先进船舶和海洋工程装备制造企业"。医药、稀土、建材等行业的"十三五"发展规划，亦有极为相似的产业组织政策内容。

中国以"推动集中、培育大规模企业"为核心内容的产业组织政策，往往是以避免过度竞争；充分利用规模经济；打造（本土）大型企业集团，提升国际竞争力或者提高集中度，避免产能过剩等为依据。中国这种产业组织政策的基本思路与理论逻辑，从20世纪90年代一直延续到现在。这种政策思路和逻辑的形成，在很大程度上是受到日本20世纪五六十年代产业组织政策及相应理论的影响。但需要指出的是，该时期日本的产业组织政策及其政策理论逻辑受到广泛质疑（小宫隆太郎等，1988），并且从70年代日本政府已逐渐退出了该类产业组织政策，并越来越注重发挥竞争政策的作用。中国此类产业组织政策的理论依据，很大一部分是援引自当年日本相应政策理论，这些理论依据同样存在许多值得商榷的地方。此前，中国在诸多行业推行该类产业组织政策的效果也并不令人满意。然而，相关部门仍热衷于制定该类产业组织政策，一些学者及政策研究者仍以一些似是而非的理论依据倡导这种政策模式。有鉴于此，本文力图更为深入地探讨中国产业组织政策及其理论依据，厘清理论认识上的误区，揭示相应政策及政策依据上存在的主要缺陷。

二、以集中为导向的中国产业组织政策

中国实施以推动集中为导向的产业组织政策由来已久。在20世纪八九十年代，产业组织政策就是产业政策的重要构成，且产业组织政策的重点就是通过限制新企业的进入、严格投资审批、扶持重点企业（定点生产）、关闭五小、推动企业兼并重组、组建企业集团等形式，来打造大规

模企业与推动生产集中。这在当时制定的一系列政策中均有体现，例如，在20世纪80年代制定的洗衣机、电冰箱、电视机等行业政策，在90年代制定的《90年代国家产业政策纲要》《汽车工业发展政策》《建材工业"控制总量、调整结构"的若干意见》《关于严控制造修船基础设施重复建设的意见》《工商投资领域禁止重复建设目录》等一系列产业政策，集中导向的产业组织政策（江小涓，1996；魏后凯，2001）。当时相关政府部门认为，中国产业组织方面的问题主要是生产集中度过低，中小企业挤占大企业的市场与资源，导致重复建设等问题，会降低行业甚至整个国民经济活动的效率。这一时期的经济理论界也有不少学者支持这种观点，而支持的理据多源自日本的相应研究。

进入21世纪以后，中国强化了产业政策的运用，作为产业政策重要组成的产业组织政策也得到了强化。产业组织政策仍是以扩大优势企业规模、提高集中度为核心。以钢铁产业政策为例，2005年发布的《钢铁产业发展政策》明确指出，"到2010年，钢铁冶炼企业数量较大幅度减少，国内排名前十位的钢铁企业集团产量占全国产量的50%以上，2020年达到70%以上"；第21条则指出，"支持和鼓励有条件的大型企业集团，进行跨地区的联合重组，到2010年形成两个3000万吨级，若干个千万吨级的具有国际竞争力的特大型企业集团"。在2009年出台的《钢铁产业调整与振兴规划》中则更为明确地指出，"力争到2011年，全国形成宝钢集团、鞍本集团、武钢集团等几个产能在5000万吨以上、具有较强国际竞争力的特大型钢铁企业，形成若干个产能在1000万～3000万吨的大型钢铁企业"。再以汽车产业发展政策为例，在2004年发布的《汽车产业发展政策》中明确指出，推动汽车产业结构调整和重组，扩大企业规模效益，提高产业集中度，避免散、乱、低水平重复建设。《汽车产业调整与振兴规划》中则明确提出，鼓励一汽、东风、上汽、长安等大型汽车企业在全国内实施兼并重组，支持北汽、广汽、奇瑞、重汽等汽车企业实

施区域性兼并重组，形成 2~3 家产销规模超过 200 万辆的大型企业集团，4~5 家产销规模超过 100 万辆的汽车企业集团。类似的产业组织政策还出现在有色金属、船舶、装备制造、石化、建材等诸多行业的产业发展政策中。

在治理重复建设或产能过剩的治理政策中，"提场集中度与打造大规模企业"也被作为重要的政策手段。例如，2006 年发布的《国务院关于加快推进产能过剩行业结构调整的通知》将促进兼并重组，促进产业的集中化、大型化、基地化作为一项重点措施，并明确提出"推动优势大型钢铁企业与区域内其他钢铁企业的联合重组，形成若干年产 3000 万吨以上的钢铁企业集团。鼓励大型水泥企业集团对中小水泥厂实施兼并、重组、联合，增强在区域市场上的影响力……支持大型煤炭企业收购、兼并、重组和改造一批小煤矿，实现资源整合，提高回采率和安全生产水平"。2009 年发布的《关于抑制部分行业产能过剩和重复建设引导产业健康发展若干意见》、2016 年发布的《国务院关于钢铁行业化解过剩产能实现脱困发展的意见》均将兼并重组作为一项重要政策措施。

近年来，中国出台了促进兼并重组专项政策，并赋予其诸多重要政策目标。2010 年，《国务院关于促进企业兼并重组的意见》发布；2014 年，《国务院关于进一步优化企业兼并重组市场环境的意见》出台。《国务院关于促进兼并重组的意见》将促进企业兼并重组作为"加快经济发展方式转变和结构调整，提高发展质量和效益"的重要政策手段；主要针对"一些行业重复建设严重、产业集中度低、自主创新能力不强、市场竞争力较弱的问题"，并赋予了许多重要的政策目标或功能。这些政策目标包括："深化体制机制改革，完善以公有制为主体、多种所有制经济共同发展的基本经济制度"，"做强做大优势企业"，"提高产业集中度，促进规模化、集约化经营，加快发展具有自主知识产权和知名品牌的骨干企业，培养一批具有国际竞争力的大型企业集团，推动产业结构优化升级"。《国务院关于促进兼并

重组的意见》还要求兼并重组企业"……加强技术改造，推进技术进步和自主创新，淘汰落后产能，压缩过剩产能，促进节能减排……"

三、集中导向产业组织政策的基本逻辑、理论依据及其缺陷

中国相关政策部门实施以推动集中为导向的产业组织政策，其政策逻辑可以归纳为以下三个方面：①行业内企业规模过小，不能充分利用规模经济，必须推动市场集中，打造大规模企业，从而充分利用规模经济。②低集中度的市场结构会导致恶性竞争（不当竞争、无序竞争）或者过度竞争，低集中度的市场机构是低效率的，高集中度的市场结构（或者松散型寡头垄断的市场结构）才是最有效率的市场结构，因而必须推动市场集中以形成有效竞争的、高集中度的市场结构。③市场结构的集中度低会带来产能过剩问题，通过兼并重组提高市场集中度可以治理产能过剩，促进企业兼并重组还能化解过剩产能等。这些政策逻辑及其理论依据均存在较大缺陷。

（一）强调规模经济的产业组织政策逻辑，存在将技术经济上的规模经济性绝对化的倾向，这种观点或认识是值得商榷的

这种政策逻辑主要是认为钢铁、汽车、有色金属、船舶等行业存在显著的规模经济特征，尤其是在技术经济方面具有显著的规模经济性，这些行业企业规模越大越能充分利用规模经济；如果企业规模小、市场结构过于分散，将无法充分利用规模经济。同时，在判断国内企业规模是否过小的标准时，多是以与国外同行业主导企业作为标准，如果国内企业与之相比规模较小，则认为其规模过小不能充分利用规模经济。这种政策逻辑及其依据存在以下几个方面的误区，需要进一步探讨：

第一，从经济学的角度来看，规模经济并不会随着企业规模扩大而一直存在，当企业的规模扩大到一定程度时，企业的内部组织成本、信息成本、管理成本以及委托代理成本会快速上升，

并会带来 X 非效率问题，进而会制约规模经济效应的进一步作用，并最终导致规模不经济。由于企业间技术能力、企业管理水平、劳动者素质等方面存在差异，即便采用相同的设备与技术，在企业最优规模方面也是不同的，对于国外企业而言的最优规模可能对于我国企业而言并不是最优的。

第二，企业规模并不是企业效率的唯一重要的或者系统性的决定因素，企业的效率往往取决于企业的综合能力，即企业的技术能力、管理能力、应对市场的能力、人才质量、所处地区的要素禀赋、技术装备以及企业所具有的其他资源，以及协调各种资源的能力。现实中，由于企业所具有的资源及能力存在较大差异，会导致企业的生产成本曲线同样存在很大的差异，一些企业规模相对较小，同样也能取得较高的效率。例如，藤本隆宏（2007）的研究表明，丰田在规模尚小的时候就具有了很高的生产率水平；小宫隆太郎（1988）的研究表明，在 1970 年富士制铁和八幡制铁合并重组为新日本制铁之前，日本的钢铁企业在生产规模还相对较小的情况下，就已经具有比较高的效率与国际竞争力。

第三，与发达国家比较企业规模的大小，并没有什么经济学意义，企业规模应该是社会分工发展中适应市场的性质而确定的，由于发展阶段、资源禀赋、技术与管理能力等不同，都会使不同国家在生产曲线、最优生产规模方面存在巨大差异，忽视本国及发展阶段的特殊性一味追求企业规模，反而会出现大规模企业缺乏经济效益的现象（小宫隆太郎等，1988；江飞涛、李晓萍，2010）。

第四，政策部门及一些学者，虽然一再强调钢铁、汽车、有色金属等行业的规模经济性，但是这些政策部门及学者并未对这些行业的规模经济情况进行严谨的实证分析。倒是不少研究表明，这些行业的规模经济性并不显著，江飞涛等（2007）、焦国华（2007，2009）、刘川（2016）的研究表明，中国钢铁工业并不存在显著的规模经济性，大、中、小型钢铁企业均可处在行业的

效率前沿面上，大型、特大型钢铁企业中，不少企业效率相对缺乏，存在显著的规模不经济。何元贵（2009）的博士论文采用多种方法对中国汽车工业企业的规模经济性进行严谨的实证研究，其研究表明中国汽车工业并不存在显著的规模经济性。

第五，现实中大规模的企业表现得更具有效率优势，并不一定是规模经济的结果，而更可能是高效率企业在长期的市场竞争中不断扩大其市场份额与生产规模的结果（Stigler，1958）。在很大程度上不是企业的大规模造就了它的高效率，而是企业的高效率造就了它的大规模。藤本隆宏（2007）更是指出："企业规模充其量只不过是提高'经营质量'和'产品竞争力'的结果，不应该把（企业）规模变成追求的目的。而单纯追求产量，且勉为其难地进行工厂投资、销售投资、降价、扩大租赁业务等的日本企业，最终却在 20 世纪 90 年代陷入了困境，这是近年来的历史教训。"规模经济应该是竞争的结果，而不是竞争的起点。

（二）强调市场集中度的产业组织政策逻辑，实际上是将市场结构与市场绩效简单对应起来，其理论依据多存在根本缺陷

第一，认为低集中度市场结构会导致恶性竞争或者无序竞争的看法是令人质疑的。恶性竞争、无序竞争并无明确的经济学定义，从政策部门及部分学者的描述来看，大致指的是激烈的价格竞争，以及行业内不少企业采取生产假冒伪劣产品、侵犯其他企业知识产权、偷税漏税、违法排污等不正当竞争行为。企业采取假冒伪劣等不正当竞争行为（无序竞争、恶性竞争的主要形式）而得不到有效制约，其根本性的原因是规范市场秩序的法律不健全，以及这些法律法规不能得到有效执行。如果相应法律法规健全，无论是高集中度的市场结构也好、低集中度的市场结构也好，不正当竞争行为都能得到有效约束。行业中存在的不正当竞争行为，跟集中度高低并无直接的因果关系。部分学者在论证低集中度会带来过度竞争（或者恶性竞争）时，往往会援引贝恩（Bain，

1959）（*Industrial Organization*）一书中的论述，这种援引只是断章取义。因为贝恩在该书中明确指出："原子型市场结构不应被指责，最终的过错是企业生产能力的退出被阻止和劳动力资源的不可流动性，当出现某些历史事件时，造成了多余的生产能力和富余劳动力。原子型市场结构不是问题的根源或真正的过错。"

第二，至于激烈的价格竞争，是否属于无序竞争或者是恶性竞争是颇值得商榷的，在产品由高速增长期转向成熟期时，或者在经济周期性波动的衰退期时，企业间会进行激烈的价格竞争，这种价格竞争加快企业的优胜劣汰，以及加快过剩产能的出清，这正是市场机制发挥其作用的正常形式。如果激烈的价格竞争带来的是全行业长期的亏损，却未带来显著的优胜劣汰过程，往往是不正当竞争行为未得到法律的有效制约，体制机制上的缺陷（如破产机制上的缺陷）带来企业退出机制不畅通，地方政府扶持本地的低效率企业，国有企业中的低效率企业退出困难及预算软约束所造成的。在公平竞争的市场环境下，激烈的价格竞争会迫使低效率的企业和产能退出市场，并不会造成全行业的长期亏损以及优胜劣汰进程长期停滞。

第三，部分学者试图以有效竞争理论或最优竞争强度理论为依据，来论证松散寡头型的市场结构是最优市场结构，低集中度的市场结构偏离了最优市场结构，需要政府干预来推动市场集中，这种观点同样存在根本缺陷。首先，这种观点误读了克拉克（Clark，1961）的有效竞争（Effective Competition）理论。在克拉克（Clark，1961）的有效竞争理论中，"有效竞争是由'突进行动'（创新活动）和'追踪反应'（模仿成功企业）这两个阶段构成的一个无止境的动态竞争过程，其前提是竞争因素的不完全性，其结果是实现了技术进步"，克拉克的有效竞争理论从未认为松散寡头型市场结构（或者其他特定市场结构）是有效竞争的市场结构。有效竞争理论认为在动态竞争过程中，少数成功采取突进行动的企业具有更高效率与竞争优势，这些企业会获得（由创新

活动所带来的）优先利润，并在一段时间内保持垄断地位，这是必要和合理的，并不需要特定政策进行干预。有效竞争理论是针对完全竞争理论而提出的，它明确反对干预自由竞争所形成的市场结构。试图通过政府干预形成高集中的市场结构，实质上是将政府干预情形下形成的行政性垄断与自由竞争情形下形成的效率垄断混淆起来，忽略了两者的本质区别，通过准入管制、行政干预形成的垄断在动态效率和静态的配置效率上都是缺乏的（江飞涛、李晓萍，2010）。

而最优竞争强度理论自其提出以来，就面临诸多质疑和批评（陈秀山，1997；江飞涛，2010）。依据最优竞争理论制定实施产业组织政策时，还会面临两方面的问题，一方面，如何界定理想的竞争标准，即如何确定宽松寡头市场、紧密寡头市场与多头竞争之间的界限，如何把握适度产品差异、适度的市场透明度，这些都是悬而未决的问题（陈秀山，1997）；另一方面，更为重要的是，以市场准入、行政管制、扶持龙头企业等措施来推动市场集中时，会严重削弱潜在竞争程度，严重干扰现实中在位企业之间的竞争，通过这些产业组织政策措施即便形成了适度集中的市场结构，也难以形成与之对应的最优竞争强度。

主流的产业组织理论也不支持集中导向的产业组织政策。从哈佛学派的 SCP 范式来看，市场结构决定了市场主体行为，市场行为决定了市场绩效，市场集中度越高，在位企业越是倾向于相互串谋、阻止新的进入者，谋求垄断利润，市场绩效会越差。芝加哥学派的理论则认为，市场绩效并不取决于市场结构，反而是市场结构取决于市场行为与市场绩效，芝加哥学派反对政府以任何形式干预市场结构。在芝加哥学派认为，产业高集中度往往是市场竞争过程中，由于一家或者几家企业相对其他企业而言具有更高的效率，市场份额与生产要素不断向这一家或者几家企业集中的结果。市场的竞争性集中过程其实质是"优胜劣汰，适者生存"的生存检验过程，抛开这一过程，去强调高集中度市场结构的效率是毫无意

义的。对于产业结构、竞争与市场绩效，奥地利学派市场竞争过程理论的观点与芝加哥学派非常接近，它认为一定时期的市场结构是特定竞争过程的结果，其本身并无多大意义（王廷惠，2005）。市场竞争过程理论认为，在竞争过程中，市场份额总倾向于从缺乏效率的企业转移到更高效率的企业，市场竞争必然产生市场集中趋势，通过市场竞争形成的市场集中也更具效率特征，脱离开竞争过程，去强调市场结构的效率是毫无实际意义（王廷惠，2007）。以高集中度作为政策目标毫无价值。总而言之，在芝加哥学派、奥地利学派市场竞争过程理论看来，是市场争胜过程造就了高效率的大企业与市场动态效率，市场集中度的提高和企业规模的扩大只是这一竞争过程的副产品，试图以提高集中度的产业组织政策来提高市场效率完全是舍本逐末（王廷惠，2007；江飞涛、李晓萍，2010）。

第四，强调市场集中度的产业组织政策逻辑，往往会以与发达国家比较市场集中度的方式来判断我国同一产业市场结构是否合理，这颇令人质疑。各国同一产业发展阶段不同、各国市场规模不同、禀赋条件与所采用技术的差异等，都会造成同一产业的市场集中度在不同国家可能会存在巨大的差异，以发达国家的市场结构与集中度水平作为判断本国市场结构是否合理的标准，并将其作为产业组织政策的目标是很不合适的（江飞涛、李晓萍，2010）。以钢铁工业为例，2015年，中国钢铁工业产量8.04亿吨，日本粗钢产量为1.05亿吨，美国0.79亿吨，韩国0.70亿吨，中国的总量规模远远超过日本、美国、韩国等国家，巨大的市场规模可以让中国容纳许多大规模企业，这使中国钢铁工业的市场结构非常分散。在市场规模存在巨大差异的情况下，各国之间集中度的比较不具有任何经济学意义。

（三）集中导向的产业组织政策，还往往以低集中度导致产能过剩作为其干预的重要理由，然而这一理由同样存在较为严重的缺陷

学者在试图论证低集中度导致产能过剩时，往往会以过度竞争、过度进入定理以及潮涌理论作为其理论依据。部分学者在论证低集中度会带来产能过剩时，往往会援引贝恩（1959）关于过度竞争的论述，而这是对贝恩相关理论的误读（江飞涛、曹建海，2009）。

当前，支持低集中度导致产能过剩的产业组织政策干预逻辑，还会以过度进入定理作为其理论依据，而这是颇值得商榷的。过度进入定理指的是寡头市场结构下自由进入的企业数目可能会大于社会福利最大化情形下的企业数目（Von Weizsacker，1980；Mankiw & Whinston，1986），过度进入定理严格依赖于两个基本假设，即次可加性的成本函数（平均成本严格递减）与"商业盗窃效应"（或企业采取库诺特竞争的方式）。而当集中度较低时，企业更多的是作为价格接受者或者采取价格竞争行为模式，这时过度进入定理是不能成立的。也就是说，低集中度的市场结构并不会导致过度进入。过度进入定理能否成立还高度依赖其关于成本函数的假设，只有成本函数是次可加性（存在严格的规模收益递增）情形下，才可能出现过度进入的情形，当在整个市场范围内并不存在严格规模收益递增时，过度进入的情形并不成立（Nachbar，1998；Toshihiro Matsumura，1999），甚至可能会出现进入不足的情形（江飞涛、曹建海，2009）。即便在满足以上两个严格假设条件的寡头市场中，以可能出现过度进入（以及由此带来的产能过剩问题）为理由来管制进入也是一个危险的策略。Jaehong Kim（1998）的研究表明，政府试图通过准入管制防止过度进入与产能过剩的政策，会使在位企业有强烈的动机通过保有较多的剩余产能诱使政府进行更为严格的准入限制，其结果是产能过剩问题更为严重。

林毅夫等（2010）解释产能过剩形成机理的潮涌理论颇有影响，但是以其作为准入管制、防止过度进入与产能过剩的政策逻辑时，却可能是值得商榷的。在潮涌理论模型里只有当产能投资的沉没成本很低时，产能过剩发生的概率才会明显增加，产能过剩可能发生的程度也会较为严重。然而，产能投资的沉没成本越低，产能过剩导致的福利损失越小，退出成本也越小，产能过剩发生时的调整也更为迅速，并不需要政策干预。而在产能投资的沉没成本较高时，产能过剩发生的概率会明显降低，还会出现进入不足的现象。对于钢铁、电解铝等主要产能过剩行业而言，其产能投资的沉没成本高，按照潮涌理论的结论，这些行业发生产能过剩的概率比较低，严重程度也会比较低，很明显潮涌理论对于这些行业产能过剩现象的解释力是不足的。在这些行业中，根据潮涌理论对于进入进行管制显然是缺乏坚实理论依据的。

兼并重组难以担当"去产能"的重任且面临诸多困难。现行化解过剩产能政策中，都特别强调兼并重组的作用，但是在竞争性行业中，企业很少会以"去产能"作为兼并重组的动机，因为这不符合企业的自身利益。特别是在钢铁、电解铝等重资产、竞争性行业中，生产能力及相应设备是企业最有价值的资产，让并购企业收购目标企业然后自行报废目标企业有价值的资产，这显然是有悖于企业的自身利益。此外，我们对历年来钢铁行业兼并重组情况的调查研究表明，几乎所有的兼并重组不但没有减少产能，反而大量增加了产能。虽然兼并重组能盘活低效率企业的有效产能，但当前兼并重组仍面临诸多困难。一是在一些地方政府保护下，部分低效率企业兼并重组意愿不强；二是近年来产能过剩行业企业盈利水平普遍下降，资金压力已成为制约企业兼并重组的重要原因；三是兼并重组过程的手续烦琐，过程漫长；四是现有政策使跨区域、跨行业、跨所有制的重组依然困难重重，金融资本参与兼并重组面临诸多限制；五是许多低效率企业财务不透明，地方政府干预兼并重组，增加了企业兼并重组的风险（江飞涛，2016）。

四、中国产业组织政策的不良效应

中国的产业组织政策，以推动集中为导向，以"扶大限小"为特征，以市场与产品准入管制、投资管制、推动国有企业兼并重组等为主要手段（江飞涛、李晓萍，2010），这种产业组织政策带来了诸多的不良政策效应。

（一）优胜劣汰机制受阻，严重不利于行业效率的提升

在汽车、钢铁、有色金属、船舶等行业中，以准入管制、投资管制等政策推动集中的产业组织政策，造成这些行业中优胜劣汰机制的左右难以有效发挥作用，并进而对行业的效率提升带来了显著的负面影响。这表现在以下三个方面：许多在位大企业由于受政策扶持与保护而缺乏竞争压力，生产效率偏低并且生产率提升缓慢，但是其市场份额却不断扩大；而一些中小企业或新进入企业具有较高的生产效率且效率改进速度较快，但是受政策限制，这些高效率的企业却难以进一步扩展规模与市场份额；由于市场竞争受限，一些低效率的企业长期存活在市场中，不能被淘汰出市场。还需要指出的是，（除环境保护外）不必要的投资审批和核准还使企业对市场需求增长和结构变动难以迅速反应，给企业经营以及产品结构调整带来困难，还会带来"设租""寻租"等一系列问题，进一步降低行业整体效率。

（二）"扶持大企业，限制小企业"、推动兼并重组的政策导致了大量低效率重组或者形式上的重组

以钢铁工业为例，这种集中导向的产业组织政策导致大量低效率的重组，如鞍钢与攀钢的重组，本钢与北台钢铁的重组，武钢对于鄂钢、柳钢、昆钢的重组，宝钢对于八一钢铁的重组，首钢对通钢、贵钢、水钢的重组，渤海钢铁集团的重组，陕西钢铁集团的重组等，这些国企重组大多整而不合、重组效率较低。这种政策还导致大量民营钢铁企业形式上的重组，唐山渤海钢铁集团、唐山长城钢铁集团、河北宝信钢铁集团、曲靖钢铁集团、湖北十堰钢铁集团、淄博齐鑫钢铁集团、邹平钢铁集团、临沂鑫德钢铁、山西京特钢铁等一系列民营钢铁企业的联合重组，均属于形式上的重组，并无任何实质性的整合。这些重组多是对推动集中产业组织政策及相关政策的策

略性应对行为，即大中型钢铁企业获得更多政策扶持，试图通过兼并重组进一步扩大规模；中小型钢铁企业则为了避免被政策限制进行形式上的重组。刘川（2016）应用 DID 的方法估计兼并重组对于中国钢铁企业效率的影响，其结果表明兼并重组对于企业效率提升并无显著影响。

（三）"扶持大企业、限制小企业"，推动集中的产业政策还带来了其他不良政策效应

钢铁产业组织政策中，"扶持大企业、限制小企业"的作为，使大中型企业为获得更多扶持政策而进一步扩大规模，小企业则为了避免被政策限制甚至被政策直接逐出市场而进行大规模投资，这在一定程度上使这些行业的产能过剩问题更为严重。另外，试图促进兼并重组与严控产能的政策，反而使兼并重组、产业组织的优化调整更为困难。以钢铁工业为例，"严格限制产能投资，新建产能投资以淘汰落后产能为前提"企业为了在异地投建新的产能，必须先重组当地的低效率企业，并淘汰这些企业的落后产能。这一政策倾向在很大程度上使一些原本没有重组价值的企业，具有了"独特"的价值，使这些低效率企业在重组过程中谈判能力有了极大的提高，兼并重组方面需要付出更大的代价，在整合过程中也面临更多的困难，并形成了许多重组失败和联而不合的案例，宝钢重组八一钢铁、广钢，武钢重组柳钢、昆钢，都是这种类型的典型案例。还需要指出的是，推动集中的产业组织政策中，还存在诸多违反公平竞争原则的地方，例如对市场准入的严格限制，对异地新建产能的严格管制，对大企业的扶持政策、对小企业的限制政策（江飞涛、李晓萍，2012）。

五、中国产业组织政策的调整

（一）产业组织政策取向的调整

过去我国针对传统产业的产业组织政策主要以做大企业规模、提高市场集中度为主要政策目标。这种产业组织政策在理论上面临诸多质疑，且"扶大限小"与限制竞争的做法带来了一系列的不良政策效应，在很大程度上阻碍了产业提质增效与转型升级。产业组织政策应放弃"扶大限小"的政策模式，通过构建公平竞争的市场制度体系，促进不同规模、不同所有制企业公平竞争，以市场竞争及其优胜劣汰来推动产业组织结构自发的优化与调整。

市场竞争过程是推动产业组织优化调整最为重要，也是最为有效的机制。市场作为一个筛选机制和发现过程，可以让那些具备效率优势的企业能够生存、发展与扩大规模。出现新产品、新生产过程或组织创新，以致创新企业的市场份额上升时，合并导致生产、分配、研究与开发、资本融资和其他领域显现规模经济效应时，小企业就会成长为大企业，产业集中度必然提高。争胜竞争过程导致市场必然出现的集中趋势，是因为竞争者比竞争对手在满足消费者方面做得更好，以及其不懈努力（王廷惠，2007）。一定时期某一行业的市场结构、市场中的企业数目与企业规模等产业组织形态只是市场竞争的暂时结果，本身意义并不大。市场竞争推动的产业组织自发优化调整或者市场集中之所以更有效率，是因为市场优胜劣汰竞争的选择性过程中，市场份额和生产要素总倾向于从低效率的企业转移到高效率的企业，市场优胜劣汰竞争在不断推进市场效率提升的同时，也推动了产业组织的优化调整，形成了大规模、高效率的企业以及市场份额、生产要素集中于高效率企业的市场结构。总而言之，是市场争胜过程造就了市场动态效率与高效率的大企业，市场集中度的提高只是这一过程的副产品，试图以提高集中度和培育大企业的产业组织政策来提高市场效率完全是舍本逐末，并会造成市场效率的丧失（江飞涛、李晓萍，2010）。

需要进一步指出的是，公平竞争的市场环境是优胜劣汰机制能充分发挥作用的关键所在。然而，在中国许多行业中，由于对于市场严格的准入限制，对于投资的审批与管制，"扶持大企业、限制小企业"倾向的产业政策（包括产业组织政策），地方政府对于本地企业的扶持和保护，制约企业不正当竞争行为的制度体系不完善等原因，公平竞争的市场环境尚未建立，市场优胜劣汰机制难以有效发挥作用，这也严重阻碍了市场竞争及优胜劣汰机制推动的产业组织优化调整与市场效率的不断提升。因而，中国的产业组织政策迫切需要从过度关注市场集中度、企业规模，并为推动集中与打造大规模企业采取诸多管制与行政干预的政策模式，转向新的政策模式。新的政策模式以构筑公平竞争环境，为市场内生的产业组织优化调整创造良好的制度环境，来促进产业组织的自发演进与优化。

还需要指出的是，当前中国的产业组织政策还应关注产业生态的培育。随着新一轮科技革命与产业变革的兴起，新兴产业独特的技术经济特征，使得不是某项核心技术或某个企业决定产业的竞争力，而是整个系统的质量决定着产业的生命力。一方面，这些企业的技术能力构成大企业技术优势的支撑；另一方面更重要的是，保证了技术多样性的小微企业群体维持了整个技术创新生态系统的动态性（黄群慧等，2016）。

（二）产业组织政策调整的建议

市场优胜劣汰机制，会使资源和市场份额不断地向优势企业集中，能推动产业组织的自发调整和优化，因而让优胜劣汰的市场环境充分发挥作用是加快产业组织优化调整最为有效的政策工具。而建立公平竞争的市场环境是优胜劣汰机制能充分发挥作用的关键所在。建立公平竞争的市场环境，第一，需要调整产业政策取向。放弃当前以挑选特定产业、特定企业甚至特定技术与产品进行扶持的产业政策模式，将政策重点转为"放松管制，维护公平竞争，完善市场环境"。第二，应加快修订《产品质量法》《消费者权益保护法》《反不正当竞争法》，并加快完善相应执法体制，加大对违法（不正当竞争）行为的惩处力度，严禁企业的不正当竞争行为。第三，公平市场准入。放松并逐渐取消不必要的审批、核准与准入，让不同所有制、不同规模的企业具有公平进入市场的权利。第四，进一步完善公平竞争的法律法规体系，切实保障国有企业、民营企业、外资企业在参与市场竞争的公平性，同时，要将

地方保护主义中有损公平竞争的行为列入禁止范围。应全面清理对企业的各种税收等优惠政策，严禁对企业违规减免或缓征行政事业性收费，严禁以优惠价格或"零地价"向企业出让土地；严禁在兼并重组中低价转让国有资产、国有企业股权和矿产等国有资源；严禁违反法律法规和国务院规定减免或缓征企业应当承担的社会保险缴费。还应推进不同所有制、不同所在地、不同规模企业在税收负担、劳动者权益保护、环境成本承担等方面的均等化。第五，加快落实公平竞争审查制度，审查清理现行产业政策中违反公平竞争原则、排除竞争、限制竞争的政策条款。

促进市场内生的产业组织优化，还必须疏通"劣汰"渠道。低效率企业退出，才能为高效率企业发展腾出发展空间，才能推动生产要素向高效率企业的流动，从而实现产业组织的优化或竞争性集中。市场中"汰劣"最为重要的是破产机制，然而，由于中国地方政府保护本地企业、破产法及其执行机制不完善、企业破产清算成本较高等问题存在，破产机制这一"汰劣"机制严重受阻。因而，促进产业组织优化调整，必须在严禁各级政策为陷入破产危机的企业"输血"的同时，加快完善破产制度及其执行机制。具体而言，从以下几个方面入手：一是强化出资人的破产清算责任，当市场主体出现破产原因时，出资人在法定期限内负有破产清算义务，如违反该义务，应当承担相应的民事、行政乃至刑事责任；二是增强破产程序的司法属性，明确司法权和行政权在企业破产中的边界，增强法院在企业破产中的主导作用，使企业破产制度回归司法本质，避免地方政府对企业破产程序的直接介入；三是对于债权债务涉及面广、涉及金额大、有重大影响的破产案件，交由巡回法庭审理，避免地方政府干预破产司法程序；四是优化破产程序，完善破产管理人的相关规定，降低破产财产评估、审计、拍卖费用，减少破产清算成本，提高破产清算收益，提高债务人、债权人申请破产的积极性；五是适时修改《商业银行法》，赋予商业银行在处

置不良资产中的投资权利，促进商业银行创新不良资产处置方法。

企业破产带来的失业问题以及由此引起的社会问题，是地方政府不愿意本地企业退出、干预企业破产的重要原因。因而，有必要建立健全辅助退出机制，缓解企业破产退出带来的失业及相应社会问题。重点做好失业职工的安置与社会保障工作，并对失业人员再就业提供培训、信息服务甚至必要的资助；如破产资产不足以安置失业职工时，中央政府应减免破产企业土地处置应缴土地增值税，并以腾退与再开发破产企业土地所产生的部分收益用于职工安置。对于产能过剩行业集中的地区，中央政府还应给予一定财政支持失业职工的安置与再就业，并在土地开发利用方面提供支持；对于严重产能过剩行业集中地区、落后地区还可以提供特别的税收优惠政策，支持这些地区发展经济。

在促进企业兼并重组政策方面，不宜赋予企业兼并重组过多的政策目标，兼并重组只是企业经营发展、市场竞争中的一种行为，不同企业兼并重组的动机有很大差异，企业兼并重组失败的案例也比比皆是，将兼并重组作为产业转型升级的灵丹妙药，是严重高估了兼并重组的作用。促进兼并重组政策的重要意义，在于通过构筑有利于兼并重组的制度和市场环境，可以去除企业自发兼并重组时面临的制度性障碍，并在一定程度上改善和强化市场的优胜劣汰机制（优势企业兼并重组低效率企业面临更小的制度性成本），仅此而已。促进企业兼并重组政策的重点和目标应放在构筑良好的制度环境方面，至于多少企业会兼并重组，让企业自己去考量、行动即可，政策不必过多地强调或者推动。从中国这些年产业组织政策实施的情况来看，政府推动的兼并重组失败的案例数不胜数，真正能称得上成功的案例则屈指可数。英国在20世纪60年代，也曾推行过政府以财政补贴为手段的企业合并政策，其目的是形成"较高的产业效率"，政府于1968年成立了产业改组公司，在四年的时间内，该公司参与处理了70起合并事件，但根据英国学者的研究，只有两起案例勉强可以算得上成功（John Burton，1984）。

最后，仍需要指出的是，中国所谓的产能过剩、过度竞争、一哄而上、重复建设等问题，主要是地方政府补贴性竞争、优惠政策竞争、地方保护主义，各级政府不当产业政策干预（如电动车、光伏产业）以及国有企业预算软约束等扭曲了市场主体行为与扭曲市场竞争的结果，是典型的"政府失灵"（江飞涛、曹建海，2009；李平等，2015）。从根本上治理这些问题，需要加快推动土地等生产要素的市场化，严格规范限制地方政府对于企业的补贴行为与优惠政策，调整产业政策的取向，加快推动国有企业改革等（江飞涛等，2012；李平等，2016）。而试图采用准入管制、投资管制、行政力量推动集中等直接干预市场、扭曲市场的方式来治理这些问题，在很大程度上可以说是"缘木求鱼""南辕北辙"。

参考文献

[1] 小宫隆太郎等. 日本的产业政策[M]. 北京：国际文化出版公司，1988.

[2] 江小涓. 经济转轨时期的产业政策：对中国经验的实证分析与前景展望[M]. 上海：上海人民出版社，1996.

[3] 魏后凯. 从重复建设走向有序竞争[M]. 北京：人民出版社，2001.

[4] 藤本隆宏. 能力构筑竞争（日本的汽车产业为何强盛）[M]. 北京：中信出版社，2007.

[5] 江飞涛，李晓萍. 直接干预市场与限制竞争：中国产业政策的取向与根本缺陷[J]. 中国工业经济，2010（9）.

[6] 江飞涛，陈伟刚等. 投资规制政策的缺陷与不良效应——基于中国钢铁工业的考察[J]. 中国工业经济，2007（6）.

[7] 焦国华，江飞涛，陈舸. 中国钢铁企业的相对效率与规模效率[J]. 中国工业经济，2007（10）.

[8] 焦国华. 中国钢铁行业规模偏好与逆集中化现象研究[D]. 长沙：中南大学博士学位论文，2009.

[9] 刘川. 中国钢铁工业产业组织政策研究[D].

长沙：中南大学博士学位论文，2016.

［10］何元贵．中国汽车企业规模经济实证研究［D］．广州：暨南大学博士论文，2009.

［11］G. J. Stigler. The Economies of Scale［J］. Journal of Law and Economics, 1958（1）.

［12］Bain. Industrial organization［M］. New York：John Wiley, 1959.

［13］Clark J. M. Competition as a Dynamic Process［M］. Washington, D. C.：Brookings Institution, 1961.

［14］陈秀山．现代竞争理论与竞争政策［M］．北京：商务印书馆，1997.

［15］王廷惠．微观规制理论研究——基于对正统理论的批判和将市场作为一个过程的理解［M］．北京：中国社会科学出版社，2005.

［16］王廷惠．竞争与垄断：过程竞争理论视角的分析［M］．北京：中国经济科学出版社，2007.

［17］江飞涛，曹建海．市场失灵还是体制扭曲——重复建设形成机理研究中的争论、缺陷与新进展［J］．中国工业经济，2009（1）.

［18］Von Weizsacker C. C. A Welfare Analysis of Barriers to Entry［J］. Bell Journal of Economics, 1980（11）.

［19］Mankiw N. G. and Whinston, M. D. Free Entry and Social Inefficiency［J］. The Rand Journal of Economics, 1986（1）.

［20］John H. Nachbar, Bruce C. Petersen, Inhak Hwang. Sunk Cost, Accommodation, and the Welfare Effects of Entry［J］. The Journal of Industry Economics, 1998（3）.

［21］Toshihiro Matsumura. Entry Regulation and Social Welfare with an Integer Problem［J］. Journal of Economics, 2000（1）.

［22］Joehong Kim. Inefficiency of Subgame Optimal Entry Regulation［J］. The RAND Journal of Economics, 1997（1）.

［23］林毅夫，巫和懋，邢亦青．"潮涌现象"与产能过剩的形成机制［J］．经济研究，2010（10）.

［24］江飞涛等．当前化解过剩产能过程中面临的突出问题与政策建议［R］．中国社会科学院工业经济研究所研究报告，2016.

［25］江飞涛，李晓萍．中国产业政策取向应做重大调整［N］．东方早报．上海经济评论，2012 - 11 - 13.

［26］李平，等．产能过剩、重复建设形成机理与治理政策研究［M］．北京：社会科学文献出版社，2015.

［27］江飞涛，耿强，吕大国，李晓萍．地区竞争、体制扭曲与产能过剩的形成机理［J］．中国工业经济，2012（6）.

［28］李平等．中国的经济结构调整与化解过剩产能［M］．北京：经济管理出版社，2016.

［29］江小涓．体制转轨时期的增长、绩效与产业组织的变化：对中国若干行业的实证研究［M］．上海：上海人民出版社、上海三联书店，1999.

The Defect and Adjustment of China's Industrial Organization Policy

JIANG Feitao

Abstracts：China has long been implementing industrial organization policies aiming at concentrating and developing large - scale enterprise groups. There exist relatively severe deficiencies in both the policy logic and theoretical foundations of these policies, and these policies didn't well and have brought a series of undesirable policy effects, which have negative impacts on the development of industrial transformation and the promotion of industrial efficiency. China's industrial policymakers should first fully realize that market competition and its mechanism of the "survival of the fittest" are the motive forces of spontaneous optimization of industrial organizations, and then adjust the directions of industrial organization policies. Market competition and its mechanism of the "survival of the fittest" arebasic premises for an institutional environment of fair competition; however, illicit and unfair competition problems are very serious at present. Thus, China's industrial organization policies should promote fair competition by constructing a fair and competitive market system, and promote the spontaneous optimization of industrial organizations by market competition and its mechanism of the "survival of the fittest".

Key words: Industrial Organization Policies; Fair Competition; Market Concentration; Policy Adjustment; Industrial Concentration Ratio

中国利用外资区位条件的变化：
基于中美制造业成本的比较分析[*]

杨丹辉　渠慎宁　李鹏飞

摘　要： 随着经济总量扩张和国内资本积累加快，加之劳动力、能源、土地等生产要素价格不断攀升，我国以低成本为核心的利用外资传统区位条件发生了明显变化。而近年来，美国等发达国家实施再工业化战略，采取各种措施吸引制造业回流。通过比较中美两国劳动力成本和能源价格的变动可以发现，中美吸引外资的区位优势呈现出此消彼长的态势。为更好地适应利用外资新形势，应在保持外资政策连续性、稳定性的同时，进一步优化营商环境，加快培育利用外资新优势，促使外商投资在深化供给侧结构性改革中发挥积极作用。

关键词： 外商投资；区位条件；劳动力成本；能源价格；中美比较

随着劳动力、能源、土地等生产要素价格攀升，加之国内资本积累和技术创新能力不断提高，中国吸引外商投资的区位条件发生了显著变化，外商投资在资本形成中的作用逐步下降，表现为FDI占全社会固定资产投资的比重在20世纪90年代中期达到高点之后（1995年这一比值高达15.65%），进入21世纪后持续快速回落，2010年FDI占全社会固定资产投资的比重降至2.84%，2016年则仅为1.22%，而同期制造业实际使用外资占实际使用外资总额的比重也由超过70%下滑到2016年的不足30%（29.3%）。值得注意的是，国际金融危机发生后，美国等发达国家实施再工业化战略，引导制造业回流，重振实体经济。近年来，美国鼓励制造业投资一些政策的效果开始显现，包括中国企业在内的投资者选择到美国投资制造业。本文通过比较分析两国劳动力成本和能源价格的变动发现，中美制造业的要素成本呈现出此消彼长的态势，进一步凸显出我国利用外资传统区位优势的弱化态势。

一、中美制造业劳动力成本的比较

（一）中美制造业劳动力成本的相对差距不断缩小

1990～2015年，中国制造业年平均工资由2073元提高到55324元，16年间劳动力成本上升了26倍。而同期，美国制造业年平均工资由28173美元上升至55292美元，劳动力成本仅上升了1.9倍。其中，汇率波动是影响中美劳动力成本的重要因素。考虑汇率因素后，若统一按人民币计价，中美制造业劳动力成本的相对差距在缩小，而且这种趋势在2008年之后更为显著（见

---

*　本文发表在《国际贸易》2017年第9期。

杨丹辉，中国社会科学院工业经济研究所研究员，博士生导师；渠慎宁，中国社会科学院工业经济研究所副研究员；李鹏飞，中国社会科学院工业经济研究所研究员。

图1）。1990～2015年，中国制造业年平均工资增速基本保持在10%以上的水平，几乎一直高于美国（见图2），美中之间制造业平均工资的差距已由1990年的65倍降至2015年的6倍。

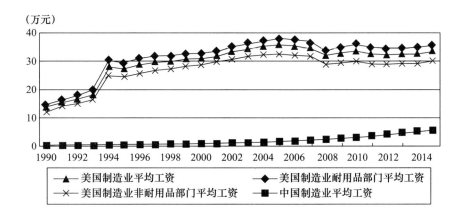

图1　1990～2015年中美制造业平均工资的变化

资料来源：国家统计局、美国劳工部。

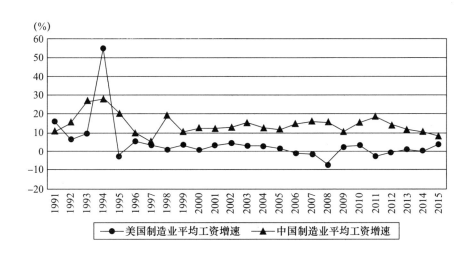

图2　中美制造业平均工资增长率比较（以人民币计价的增长率）

注：1993～1994年人民币兑美元汇率由5.7大幅贬值至8.6，导致以人民币计价的美国制造业工资增长率在1994年飙升。

资料来源：国家统计局、美国劳工部。

（二）美国制造业的劳动力成本产出比超过中国，吸引制造业投资的区位优势增强

1990～2015年，美国制造业人均增加值上升了3.16倍，而制造业人均工资仅上升了1.91倍，这使其劳动力成本产出比由1.98上升至3.27，即每支付美国制造业工人1美元，可以创造的制造业增加值由1990年的1.98美元上升至2015年的3.27美元（见表1）。相比之下，同期中国制造业人均增加值虽然提高了24.73倍，但由于同期制造业人均工资上升26.69倍，导致劳动力成本产出比不升反降，由2.59降至2.40，即每支付中国制造业工人1元人民币，可以创造的制造业增加值由1990年的2.59元降为2015年的2.40元。对比美国制造业的劳动力成本产出比一直稳步提高的情况，中国制造业的劳动力成本产出比则经历了先上升再下降的"驼峰"式变化过程（见图3）。在这种此消彼长的过程中，自2008年起，中国制造业劳动力成本产出比已经低于美国，这意味着美国制造业可以通过更快的劳动生产率增速"消化"其相对较高的劳动力成本。而反观中国，自 1997 年以来，制造业劳动生产率的增速只能勉强"跟上"劳动力成本增速，劳动力成本产出比止步不前。随着 2008 年后制造业人均工资进一步上升，中国劳动力成本产出比甚至出现下降。因此，从总体来看，目前投资美国制造业在一定程度上比中国更具"性价比"，这也是导致部分美国企业回流本土、一些中国企业"出走"美国的重要原因。

表1　中美制造业劳动力成本产出比

年份	美国			中国		
	制造业年人均增加值（美元）	制造业年人均工资（美元）	制造业劳动力成本产出比（%）	制造业年人均增加值（元）	制造业年人均工资（元）	制造业劳动力成本产出比（%）
1990	55699.91	28173.10	1.98	5375.27	2073.00	2.59
1995	68533.46	32673.33	2.10	17675.83	5169.00	3.42
2000	90524.42	37467.77	2.42	28302.67	8750.00	3.23
2005	120073.28	43501.75	2.76	51745.71	15934.00	3.25
2010	157878.40	49512.32	3.19	93388.33	30916.00	3.02
2015	176160.71	53856.92	3.27	132946.09	55324.00	2.40

资料来源：根据国家统计局、美国劳工部数据计算。

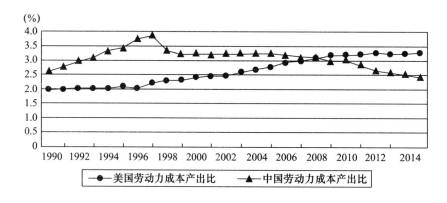

图3　中美制造业劳动力成本产出比

资料来源：根据国家统计局、美国劳工部数据计算。

（三）美国制造业劳动力成本的地区分化严重，其相对"落后"地区与中国的差距更小

进入 21 世纪，金融部门膨胀和数字经济的发展进一步拉大了美国各州之间的经济发展水平。目前，美国各州之间制造业劳动力成本存在较大差距。其中，以加利福尼亚州、马萨诸塞州、哥伦比亚特区为代表的"发达"地区的工资水平几乎是阿肯色州、密西西比州、内布拉斯加州这些所谓"落后"地区的 2 倍（见表2）。相比之下，中国制造业劳动力成本的地区差距则明显小于美国。江苏、广东、浙江等东部沿海省市的名义工资水平仅比西部的陕西、甘肃、宁夏高出 10%～20%，西部地区劳动力成本优势并不突出。由于 2015 年美国较为"落后"地区 45000 美元左右的平均工资较全美平均工资 55292 美元还低近 20%，其与中国劳动力成本的相对差距更小。再考虑到美国较高的劳动生产率，加之美国部分州政府为吸引外国投资采取了税收、土地等一系列优惠政策，未来一段时间美国这些相对"落后"地区的劳动力成本产出比优势将更为显著，或将成为中国制造业企业投资美国的首选地区。

表2 美国代表性州与中国代表性省区制造业平均工资

美国代表性州制造业年平均工资（美元）	加利福尼亚州	哥伦比亚特区	马萨诸塞州	阿肯色州	密西西比州	内布拉斯加州
2001 年	51213	63453	54451	29870	29419	32474
2005 年	59756	75770	62472	34210	34554	36569
2010 年	72561	84305	75202	39375	40476	42089
2015 年	83899	95801	86072	44580	46309	46827
中国代表性省制造业年平均工资（元）	江苏	广东	浙江	陕西	甘肃	宁夏
2001 年	10125	13512	12060	8242	9140	8686
2005 年	16937	18019	16446	13422	14930	13555
2010 年	32209	31277	29671	26015	28173	29560
2015 年	62731	57419	55370	51557	50458	51636

（四）中美两国新兴产业的劳动力成本均享有一定的"溢价"

新兴产业的劳动力成本较高是中美两国的共同特点。以 ICT（信息通信技术）产业为例，2015 年，美国 ICT 产业人均工资为 67204.8 美元，是制造业平均工资的 1.25 倍，而中国 ICT 产业人均工资达到 112042 元人民币，是制造业人均工资的 2.03 倍（见表 3）。然而，相比美国 ICT 产业工资溢价倍数一直稳定在 1.20 左右的水平，中国 ICT 产业由于起步较晚，人均工资与制造业之间的差距更大，但随着时间推移，ICT 产业的工资溢价倍数不断下降。这表明，ICT 这类新兴产业，在产业发展初期为了吸引更多人才进入，会提供高于传统行业的薪资，但当产业逐步进入成熟期后，其与传统行业间的收入差距会逐步缩小。

表3 中美 ICT 产业劳动力成本比较

年份	美国			中国		
	制造业年人均工资（美元）	ICT 产业年人均工资（美元）	ICT 产业工资溢价倍数	制造业年人均工资（元）	ICT 产业年人均工资（元）	ICT 产业工资溢价倍数
2006	44151.64	52123.76	1.18	18225.00	43435.00	2.38
2007	45415.76	52880.88	1.16	21144.00	47700.00	2.26
2008	45873.36	55190.72	1.20	24404.00	54906.00	2.25
2009	47608.60	56750.20	1.19	26810.00	58154.00	2.17
2010	49512.32	59009.08	1.19	30916.00	64436.00	2.08
2011	50352.12	60388.64	1.20	36665.00	70918.00	1.93
2012	50963.12	60986.12	1.20	41650.00	80510.00	1.93
2013	52361.92	64029.16	1.22	46431.00	90915.00	1.96
2014	52893.36	65462.28	1.24	51369.00	100845.00	1.96
2015	53856.92	67204.80	1.25	55324.00	112042.00	2.03

需要高度关注的是，近年来，发达国家实施再工业化战略的效果初步显现，大数据、云计算、人工智能、物联网、虚拟现实、可穿戴设备、3D打印、无人驾驶汽车、高端机器人等一批具有颠覆性的前沿科技成果相继步入产业化阶段。在由初创向成熟演进的过程中，这些新兴产业往往对劳动力成本并不敏感。现阶段，掌握尖端技术的企业更加注重研发的内部化，以便将附加值最高的环节掌控在企业内部，最大限度地防止创新成果过早扩散，形成利基市场，延长获利周期。而在国家层面，发达国家对颠覆性技术投入巨大，必然会对每一项重大科研成果及其产业化实行严格的知识产权保护，意欲将高附加值、最前沿的创新活动控制在本土。因此，新兴产业和高科技领域的竞争从来不是围绕劳动力成本展开，发展中国家以劳动力成本和资源价格为核心的固有比较优势与区位条件对新经济发展并不具备吸引力。

二、中美能源价格及成本的变化趋势

作为制造业重要的生产要素，能源价格高低及其变化趋势同样是影响制造业企业投资区位决策的关键因素。目前，在制造业企业使用的主要能源产品中，除原油成本中美基本相同之外，其他能源产品，中国的价格均显著高于美国。在中美制造业引资竞争中，美国能源价格具有较为明显的优势。

（一）中美两国电力成本的差距明显

从全国平均水平看，中国工业用电成本比美国高60%。来自美国能源信息署发布的数据显示，2016年9月美国工业部门的终端用电平均成本为7.15美分/千瓦时。按6.9元人民币/美元的汇率折算（下同），约合0.493元/千瓦时。2016年8月下旬，中国工业用电平均价格为0.79元/千瓦时，是美国的1.6倍。其中，美国制造业增加值排名前10位的州中，有9个州的工业用电成本比中国工业电价水平最低的新疆还要低。另据美国商务部经济分析局发布的数据，美国制造业十强州占全美工业增加值的比重达56.71%。在

这10个制造业强州中，除了加利福尼亚州的工业用电价格（13.86美分/千瓦时）较高之外，其余9个州的工业用电价格均低于7.3美分/千瓦时。换言之，美国绝大部分制造业强州的工业用电成本低于0.5元/千瓦时。与之相比较，2016年8月下旬，在我国31个省级行政区中，工业用电价格最低的是新疆，为0.51元/千瓦时。中国工业增加值排在前10位的省份中，用电价格最高的是湖北的0.91元/千瓦时，最低的是河北0.64元/千瓦时（见表4）。

表4　中国工业10强省与美国制造业
10强州的工业用电成本比较

中国工业10强省	工业电价（元/千瓦时）	美国制造业10强州	工业用电成本（元/千瓦时）
广东省	0.87	加利福尼亚州	0.96
江苏省	0.81	得克萨斯州	0.37
山东省	0.77	俄亥俄州	0.46
浙江省	0.82	印第安纳州	0.49
河南省	0.76	伊利诺伊州	0.45
河北省	0.64	北卡罗来纳州	0.46
辽宁省	0.86	密歇根州	0.50
四川省	0.81	宾夕法尼亚州	0.48
湖北省	0.91	纽约州	0.43
湖南省	0.83	华盛顿州	0.32

注：中国各省工业电价为2016年8月下旬数据，美国各州工业用电成本为2016年9月数据，并按6.9元人民币/美元的汇率折算。

资料来源：美国数据取自美国能源信息署，中国数据取自中商产业研究院。

（二）受能源结构及资源性产品价格形成机制的影响，中国煤炭成本高于美国

尽管不同煤炭产品的品质和价格存在较大差异，但从可比性最强的电煤和焦煤看，中国工业企业的煤炭成本显著高于美国同行。首先，中国电煤价格的全国平均值是美国的1.6倍，电煤最高值中国略低于美国，最低值中国略高于美国。根据2016年美国能源信息署发布的《煤炭行业年报》（*Annual Coal Report*），美国电煤价格全国平

均值为 42.58 美元/短吨。按 6.9 元人民币/美元的汇率折算，约合 324 元/吨。在各州中，新罕布什尔州的电煤价格最高，为 97.56 美元/短吨；北达科他州最低，仅为 20.71 美元/短吨。2016年 11 月，中国电煤价格全国平均值为 522 元/吨。在各省级行政区中，广西的电煤价格最高，为 712 元/吨；新疆最低，只有 166 元/吨（见表 5）。

再从焦煤价格来看，中国的全国平均价格是美国的 1.44 倍，最高值是美国的 1.69 倍，最低值略高于美国。另据美国《煤炭行业年报》，其焦煤价格的全国平均值为 118.69 美元/短吨，约合 903 元/吨。在各州中，印第安纳州的焦煤价格最高，为 130.64 美元/短吨；俄亥俄州最低，为 118.44 美元/短吨。而在中国各主要地区中，西南地区的焦煤价格最高，达 1685 元/吨；西北地区最低，为 943 元/吨（见表 5）。

（三）对比两国的油气成本发现，中美原油几乎没有价差，但中国成品油价格明显更高

由于国际原油市场高度一体化，加之中国的原油进口依存度很高，因此中国原油价格基本与国际市场联动。2016 年 12 月 21 日的时间截面上，美国西得克萨斯中级轻质原油（WTI）现货价格为 51.59 美元/桶；当天，中国的胜利原油现货价 51.47 美元/桶，大庆原油现货价 50.5 美元/桶。而从成品油市场看，2016 年 12 月 5 日，美国普通汽油零售价 2.208 美元/加仑，按 6.9 元人民币/美元的汇率折算，约合 5439 元/吨；当日美国公路用重型柴油零售价 2.48 美元/加仑，约合 4535 元/吨。2016 年 12 月 9 日，中国 93#汽油零售价 7938 元/吨，97#汽油零售价 8420 元/吨，0#柴油零售价 6508 元/吨（见图 4），这意味着中国汽油零售价格是美国的 1.46 倍 ~ 1.55 倍，柴油零售价格是美国的 1.44 倍。

表 5　中美电煤、焦煤的价格比较

	全国平均		最高		最低	
	中国	美国	中国	美国	中国	美国
电煤（元/吨）	522	324	712（广西）	742（新罕布什尔）	166（新疆）	158（北达科他）
焦煤（元/吨）	1304	903	1685（西南地区）	997（印第安纳）	943（西北地区）	901（俄亥俄）

资料来源：美国电煤、焦煤价格数据取自美国能源信息署；中国电煤价格数据取自国家发改委价格监测中心，中国焦煤价格数据取自万得资讯。

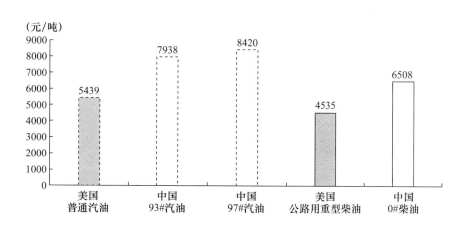

图 4　中美汽油、柴油零售价格比较

资料来源：美国汽油、柴油价格数据取自美国能源信息署；中国汽油、柴油价格数据取自万得资讯。

（四）页岩气量产强化了美国天然气的价格竞争优势

近年来，"页岩气革命"的成功使美国天然气价格大幅下降。美国能源信息署公布的数据显示，美国工业用气价格已由2008年7月的13.06美元/千立方英尺降至2016年9月的3.72美元/千立方英尺，8年内降幅超过70%。按6.9元人民币/美元的汇率换算，2016年9月美国工业用气价格约为0.91元/立方米。国内目前还没有全国工业用气价格数据，在沿江、西南、西北、华南、华东、华北、东北7个区域的工业用气市场价格中，2016年9月，西北地区的价格最低，为2.19元/立方米，是同期美国工业用气价格的2.4倍；华南地区的价格最高，为4.26元/立方米，是同期美国工业用气价格的4.7倍（见图5）。

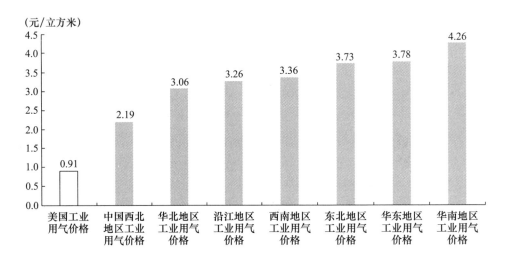

（元/立方米）

图5 中美工业用天然气价格比较

资料来源：美国数据取自美国能源信息署，中国数据取自万得资讯。

三、结论与政策建议

（一）结论

通过以上中美制造业劳动力成本及主要能源价格的比较分析可以看出，以劳动力、能源为代表的中美制造业主要生产要素成本的相对差距明显缩小，美国制造业劳动力成本产出比高出中国，其主要能源品种的价格优势明显，对投资者形成了一定的吸引力。

首先，随着中国经济快速发展和综合成本攀升，以劳动力总量和成本为核心的传统比较优势由逐步弱化加快转为系统性减失，而新的竞争优势尚未形成并发挥作用，在很多领域发展动能出现了"青黄不接"的现象。面对来自发达国家创新步伐加快、新兴产业群体性推进与发展中国家低成本竞争的"双重挤压"，迫切需要加快培育国际竞争新优势。其次，尽管中国制造业成本明显上升，但成本上升并未带来应有的福利效应。由于住房等生活成本激增，生产企业的一线员工普遍感受不到与工资上涨同步的福利改善，加之运营中遭遇的其他困难，进一步挫伤了国内外企业家继续投资中国实体经济的信心。最后，目前美国劳动力成本的总体水平虽然仍高于中国，但未来随着人工智能和机器人的大规模应用，制造业日益智能化、数字化，将对两国制造业的成本结构带来新的影响。可以预判，美国在智能化、数字化方面的领先优势将进一步抵销其与中国劳动力成本的差距。同时，更为现实的挑战是，一旦特朗普推动的"减税、大规模基础设施建设、贸易保护、放松环境规则、生产者主导的美国能源独立"等"一揽子"政策措施落实到位，美国吸引 FDI 的区位优势更加凸显，并将刺激全球投资向美国集聚，对中国吸收高质量 FDI 形成更大的挤压效应。

（二）利用外资与供给侧结构性改革

应该看到，中国利用外资区位条件的变化既是中国经济快速增长、经济发展阶段变化的结果，同时也受汇率等多种因素的影响。伴随着这一过程，各级政府和企业对外资的追逐动力减弱，"外资偏好"出现下降的迹象。特别是部分沿海发达地区的地方政府和开发区，当地外资存量较大，优惠政策空间被压缩，项目储备减少。同时，随着国民待遇的落实，改革开放初期外商投资推动制度变革的环境发生了很大变化，在日益开放的条件下，外商投资通过突破市场扭曲形成的制度创新效应日渐式微。

一方面，从国内市场的竞争态势来看，国内企业竞争力不断提升，外资企业与中国企业在技术、市场、人才等各个环节展开了激烈的竞争。目前，这种竞争已经不再局限于传统领域。在互联网经济、移动支付、云计算、共享经济等新兴领域，以华为、阿里、腾讯为代表的国内企业，其产品开发和技术水平以及运营能力不仅与在中国市场上的跨国公司不相上下，而且在全球市场上都处于领先地位。这些企业对当下新经济发展以及新技术革命带来的商业逻辑重构有着不逊于跨国公司的理解能力和市场敏感度，研发投入力度大，企业的内部组织架构更灵活。相比之下，一些大跨国公司对中国市场的定位和策略明显滞后，仍然把中国作为区域运营中心，总体创新活跃度不足，岗位设置僵化，研发活动碎片化，技术导向偏于应用，致使本土的专业人才被固化在没有太多延展性和创造性的岗位上，其发展空间、薪资水平以及晋升制度，对高端人才越来越失去吸引力，在部分环节的竞争中已经处于劣势。可以肯定的是，未来国内企业赶超世界先进水平的步伐加快，将由技术进步和行业发展的跟跑者、模仿者转变为同行者甚至是领跑者。在这种情况下，不少跨国公司将中国企业视为现实或潜在的竞争对手，双方基于传统合资合作方式的空间逐

步缩小。另一方面，近年来，我国利用外资的整体环境虽有所改善，但部分地区也出现了扩大利用外资的动力不足、抓手不够等问题，投资软环境不佳，深化改革有阻力，简化行政管理不到位、外资管理模式创新滞后，在一定程度上拉低了中国作为投资地的整体吸引力。

对于中国这样走过赶超式、压缩式工业化道路的发展中大国，在深化供给侧结构性改革的目标下，要提高供给体系的质量和效率，必须全面提升包括劳动力、土地、资本、技术和制度在内各类要素的整体素质。虽然随着我国进入工业化中后期，服务业吸收外资比重上升是必然趋势，但不论从国家层面应对工业 4.0 时代实体经济领域新一轮高层级的国际竞争，还是从地方经济发展的现实需要出发，制造业高质量外资及其蕴含的技术转让和技术溢出机会都不容忽视。通过吸收高质量的外资，有助于强化竞争效应，挤出低水平产能。同时，有针对性地利用外资服务于"补短板"，尽快形成示范和学习效应，促进政府与企业之间、各类市场主体之间、生产者与消费者之间的多样化、良性互动，从而切实扩大有效供给，使供给体系更好地适应需求结构变化。

（三）塑造利用外资新优势的建议

从人口规模和工业化发展水平来看，未来相当长时期内国内制造业仍有巨大市场和发展空间。要素成本优势持续弱化引发的资本外流和产业转移，势必对国内就业形势和地方经济发展产生冲击。为此，一方面要尊重福耀玻璃等企业"用脚投票"的投资决策，特别是对于外商投资企业撤离中国，做好"善后"工作；另一方面，要对资本流失带来的中国实体经济空心化风险必须有清醒的认识和高度重视，采取切实有效措施避免因经济过快"脱实向虚"、资本流失导致中国制造"未强先空"、"快盛快衰"。

1. 保持政策的连续性和稳定性，提高政策透明

利用外资是我国对外开放的核心内容之一，稳定、透明、可预期的外资政策和管理制度对于继续扩大利用外资，甚至是维护中国政府公信力

至关重要。为此，各级政府主管部门保持决策定力，以落实"新20条"为契机，不断提高政策制定实施的科学性、创新性和连续性，切忌朝令夕改，忽松忽紧。近期应把政策功夫下在改善营商环境上，多渠道加强宣传，引导外商重塑信心。在战略上盯住美国政府的产业政策和外资政策走向的同时，不宜走单纯靠拼优惠政策的老路，避免新一轮优惠引发政策"寻租"、利益冲突和各方质疑。

2. 深化供给侧结构性改革，助力各类企业降成本

一要坚持企业在产业转型升级中的主体地位，鼓励企业自主研发新产品，开拓新市场，提高技术工艺水平和产品质量，延展产业链，向高附加值环节攀升。二要大力发展人工智能、物联网和新一代通信技术，加快工业基础设施升级换代，全面提升智能化、绿色化水平，改善企业成本结构。三要加快推进资源性产品价格形成机制改革，短期内以工业用电增量为突破口，积极推进大用户直购电，降低工业用电成本；不断增强煤炭企业降本增效能力，确保电煤、焦煤价格不出现连续快速上涨；全面推进油气领域混合所有制改革，提升炼制、储运和销售环节效率，逐步降低成品油价格；创新体制机制，把页岩气开发和输送列入推广PPP模式的重点领域，改善天然气供应条件。四要进一步落实"放管服"，全面提升各级政府的服务意识和能力，着力优化营商环境，降低企业交易成本。

3. 继续把制造业吸引外资作为利用外资工作的重点，加快培育利用外资新优势

细化《中国制造2025》实施方案和相关专项规划，引导外商投资企业参与"互联网＋"、工业强基工程、绿色制造、智能制造、服务型制造等重点领域的技术创新，瞄准前沿科技和新兴产业，鼓励国内企业引进实力强的国外投资者共同研发面向工业4.0的技术、工艺和产品。同时，抓住机遇，鼓励一些与发达国家处于同一起跑线或差距不明显的领域开展颠覆性创新，引导企业投入商业模式和产业化创新，实现重点突破，形成新的经济增长点，为外国投资者进入国内实体经济提供更多的机遇和选择，进一步拓展合资合作空间。

4. 创新领域外资方式

一要强化外资政策与金融政策协同，放宽外国风险投资基金、私募基金在中国开展业务的限制条件，积极试点，推动金融部门协同配合，对跨境并购、上市融资提供更为便利、专业化、多样化的金融服务，降低外资并购的交易成本。二要加快国内创业园区、创客空间等"双创平台"对外开放，实行统一政策、统一待遇，着力吸引海外优秀创新创业团队加入"双创活动"，不断提高"双创"事业的开放度和国际影响力。同时，引导国外投资者在国内设立规范的天使基金，带动国内创业创新育成机制不断完善，拓宽"大众创业、万众创新"的融资渠道，提高风险管控能力，加快创新型中小微企业成长，完善创业企业的治理结构。三要依托"一带一路"倡议和"亚投行"等国家重大发展平台建设，鼓励有实力的企业到沿线国家和地区投资，扩展"以出带进"，通过深化与沿线国家的产能合作，形成资本对接融合的长效机制，全面提高要素互联互通的层级和水平。

5. 推动园区整体对接，鼓励沿海地区外资优先向中西部地区转移

加强信息沟通和要素对接，搭建市场导向的引资平台，增强引资中介服务功能，参照国际产能合作模式，在中西部地区建立外商投资园区，一对一地引进沿海地区的产业配套体系和园区管理模式，打造中西部地区加工贸易转型升级产业集群；加快物流业等配套服务产业发展和商务服务体系建设，不断改善中西部地区利用外资的区位条件；参照落后地区开发政策的国际经验，对中西部地区在财税金融、用地规划、市场准入、教育资源配置、人才引进等方面，实行差别化政策，尽快推动社保全国统筹，不断提高中西部地区对外商投资的吸引力。

6. 拓展引资渠道，吸引欧美中小企业来华投资

着眼于全球价值链整合优化，创新海外招商

推介方式，为欧美从事专业化制造的"隐形冠军"式中小企业量身打造投资项目，吸引汽车关键零部件、精密仪器、精细化工等行业的专业化企业来华投资，补齐关键零部件的"短板"，促成相关领域中外中小企业之间的深入合作，加快形成更加完备、优质的产业链，完善外商投资的产业生态体系。

The Changes of China's FDI Location Advantage：
A Comparative Analysis on Manufacturing Costs
between China and USA

YANG Danhui   QU Shenning   LI Pengfei

Abstract：Along with the accelerating expanding of GDP and capital accumulation，together with the rising cost of factor of production such as labor，energy and land，the traditional location condition with low labor cost as its core advantage for China to attract FDI has been changing dramatically. As a contrast，in recent years the developed countries carried out the so – called re – industrializedstrategy with various policy measures to stimulate the return of manufacturing industries. From the comparison of labor cost and energy price，we can see that the location advantage of FDI inflow has is becoming antagonistic between China and USA. In order to better adapt to the new situation of FDI，it calls for the government to further improve the business environment and cultivate new location advantage as well as keeping the continuity and stability of the current FDI policy system.

Key words：FDI；Location Condition；Labor Cost；Energy Price；Comparison between China and USA

促进我国企业参与互联互通建设的研究

中国社会科学院与国家开发银行联合课题组

摘　要： 我国与周边国家经济融合发展需要建立可靠的协作机制，加强基础设施建设，深化区域互联互通，而这些措施的落实需要企业深度参与。企业既是落实国家发展战略的重要执行者，也是经济资源整合的积极推动者，更是激活地区市场经济的主要参与者。从企业视角考察我国与周边国家的互联互通建设，不仅有利于深化互联互通研究，还有助于将互联互通落到实处。当前，企业参与我国与周边国家互联互通建设的主要方式包括合资经营和独资经营等投资方式，间接出口和直接出口等贸易方式，许可证、特许经营、交钥匙合同等契约方式。企业参与方式的选择，主要取决于东道国经验、区位、资源承诺、文化差异、产业特征、对外投资战略、行业比较优势等因素。为进一步推进企业参与我国与周边国家的互联互通建设，要立足长远战略和长远利益，充分发挥政府部门的协调作用，在有关政策与具体措施上支持企业积极参与"一带一路"倡议和互联互通建设。

关键词： 企业；周边国家；互联互通；"一带一路"倡议

2016 年 9 月，习近平总书记在二十国集团工商峰会开幕式上的主旨演讲中呼吁建设联动型世界经济，凝聚互动合力，提议夯实基础设施联动，发起全球基础设施互联互通联盟倡议，加速全球基础设施互联互通进程。2017 年 5 月，他在"一带一路"倡议国际合作高峰论坛上指出，要着力推动陆上、海上、天上、网上"四位一体"的联通，聚焦关键通道、关键城市、关键项目，联结陆上公路、铁路道路网络和海上港口网络。"一带一路"倡议和互联互通的建设顺应了时代要求和各国加快发展的愿望，提供了一个包容性巨大的发展平台，能够把快速发展的中国经济同沿线国家的利益结合起来，有利于我国扩大和深化对外开放，形成海陆统筹、东西互济、面向全球的开放新格局。当前，全球经济复苏缓慢，互联互通合作在密切区域经济联系、增强地区竞争力、缩小发展鸿沟、促进各国经济恢复增长方面发挥了重要的积极作用。我国与周边国家经济融合发展需要建立可靠的协作机制，加强基础设施建设，深化区域互联互通，而落实这些措施的主体正是企业，需要它们在前面蹚道，为"一带一路"倡议的落地和互联互通建设的实现乘风破浪。从企业主体视角考察我国与周边国家的互联互通建设，不仅有利于深化互联互通理论研究，还有助于将互联互通建设尽快落地实施。

一、企业参与互联互通建设的作用

企业参与我国与周边国家的互联互通建设，通过协作机制与市场化运作，可大力提高地区贸

＊　本文发表在《经济纵横》2017 年第 7 期。

本文系国家开发银行《互联互通：战略主体内容与实施模式研究》成果，执笔人：中国社会科学院工业经济研究所执行研究员陈晓东。

易便利化水平，采取切实措施推动在交通基础设施、资源利用、环境保护、生产贸易及减灾防灾等方面的合作，推动商品、服务、人员更便捷地流动，助力形成命运共同体意识。同时，企业参与我国与周边国家的互联互通建设，能配合国内产业升级，提高自身竞争能力。

（一）企业是落实国家发展战略的重要执行者

在我国国民经济中，虽然还存在大量古典形态的企业组织，但在社会经济活动中发挥主要作用的还是以公司制为组织形式的现代企业。企业作为国民经济的基础，不仅依法纳税，还积极响应政府制定的各项政策法规，协助政府达成既定的政治经济目标，是国家发展战略落实的重要执行者。作为独立于私人财产的社会经济主体，一方面，企业要接受国家法律政策的制约，其行为符合社会经济协调发展的需要；另一方面，企业为社会提供物质与精神产品，是国家得以发展、政府得以履行国家职能的经济基础。特别是在经济全球化时代，企业的国际竞争力已成为国家竞争力的重要表现，也是一个国家全球战略的重要参与者、执行者与传播者。

（二）企业是整合经济资源的积极推动者

企业国际化目标包括获得资源、技术和品牌，扩大市场与规模及学习先进的管理经验等。企业国际化的过程就是整合国际市场资源的过程，也是提高自身竞争力的过程。我国一些具有较强竞争优势的企业，如家电、纺织和服装等行业的企业，通过开拓国际市场，寻找到新的发展空间。我国企业在参与互联互通建设过程中，可用相对较低的成本获得有创新活力的人力资源，可将分散的资本相对集中，使资源配置得以不断优化、生产经营的集约化程度不断提高，实现规模经济效益，降低生产成本，以市场化的方式进入周边国家市场。此外，互联互通以后，更容易以收购兼并等方式获得在东道国具有一定知名度的本地品牌及适合当地的生产经营管理经验。

（三）企业是激活地区市场经济的主要参与者

考察市场是否有活力的一个重要指标是看市场上的企业是否多起来、活起来。只有通过培育壮大多元化、多层次的市场主体，才能有效实现社会财富的积累。市场经济的发展，离不开企业，而企业数量多少、规模大小、结构优劣，直接决定了一个国家和地区的经济实力和竞争力。市场是推动经济发展的根本动力，企业则是其中的主要力量。不断完善的市场经济制度，激发出亿万企业的活力，加快了区域经济的发展。通过确保市场在资源配置中起决定性作用，不仅可全面释放市场活力、社会资本活力和创业创新活力，还大大推动区域经济和整个国家经济发展迈向新高度。

二、企业参与互联互通建设的主要方式

企业参与我国与周边国家互联互通建设的关键是确定合理的控制程度，因为控制程度直接影响国际市场运营的绩效。如果单从控制程度看，独资经营方式要比其他方式有优势。但事实上并不是如此简单，还必须结合企业所在行业的特点、企业自身特点及这些参与方式内在特性是否能得到有效发挥等因素来综合考虑选择参与的方式。具体看，企业参与我国与周边国家互联互通建设主要有以下三种方式：

（一）投资方式

在跨国直接投资的实践中，国际独资企业和国际合资企业都大量存在。跨国公司在不同的股权进入模式下，其母公司与独资子公司及合资子公司间也是一种不完备的契约形式，独资公司和合资公司在治理结构安排（即所有权安排）上的不同，显然是跨国公司选择不同进入模式的关键所在。投资方式包括合资经营和独资经营。合资经营指由两个或两个以上不同国家的投资者共同投资，实行共同管理，共负盈亏，并按照投资比例分享利润。企业采取这种经营模式进入目标市

场好处较多，可直接利用东道国企业与当地政府、银行、客户及各级供应商的关系，还可利用当地资源。这既可减少投资，又能降低风险，还可学习合作方的管理经验和生产技术等。独资经营指企业不与目标国的企业合作，自行在目标国投资建厂，进行生产经营。独资进入模式的组建方式既可以是收购当地公司，也可以是自己建厂。从组建方式可以看出，独资经营模式的投入资金较多，在经营战略上也会受投入地的法律制度、社会习惯及政治文化的制约，如果遇到政局不稳定的情况，企业面临的风险将更大。

（二）贸易方式

贸易方式指企业主体在本国从事生产，向目标市场出口产品的模式，其又分为间接出口和直接出口两种基本方式。间接出口模式是通过本国的各种外贸机构出口，包括通过外国公司在本国的采购机构和分公司、通过贸易公司出口或代理出口。其优点是进入海外市场的风险较低，也不需增加新的投资；缺点是企业无法获取国际化经营的经验，对产品的价格及流向都不好控制。因此，这种方式只适合那些经营实力较弱及海外经营经验不足的中小型生产企业用来作为向海外国际市场发展的踏脚石。直接出口模式指企业直接自行报关向国外的客户或中间商销售产品。企业对产品流向及销售各方面情况的把控程度的深浅，就是直接出口与间接出口的本质区别。直接出口的主要优势是企业可有效实施进出口战略，及时掌握海外市场信息，积累国际营销经验，培养国际经营人才，从而提高企业的国际竞争力。其不足之处是要求企业投入一定的资源，企业所面临的风险也较大，还要求企业拥有专业化的人才并能进行跨国经营。严格意义上讲，只有直接出口才是企业国际化经营的起点。

（三）契约方式

契约方式指在不涉及股权或企业产权的条件下，通过与东道国政府或海外合作者签订某种契约，使企业的生产要素和产品进入海外市场的模式，包括许可证协议、特许经营、交钥匙合同。许可证模式指企业与国外法人单位签署协议向其转让工业产权的使用权，以收取一定的费用或其他方式获得补偿。这种模式一般转让的都是企业产权的使用权，而不是所有权。许可证进入模式的最大优势就是能绕过许多贸易壁垒，降低企业成本，而且面临的政治风险很小。但这种模式也有较大的缺点，就是容易将合作方培养成自己的竞争对手。特许经营是许可证模式的一种变体。特许经营权的拥有者以合同约定的形式将企业的商标、专有技术及经营模式等经验资源授权给被特许人。被特许人需按照合同的规定来使用这些经验资源从事经营活动，同时被特许人还需向特许人支付特许经营费或者其他补偿。交钥匙合同模式又称管理合同模式，指一个企业以合同形式给予另一个国家涉外企业日常经营的权利。在通常情况下，合同授权公司作出一系列安排，如新的投资、承担债务、更改所有权安排、红利分配等。管理合同属于契约型进入，是对企业经营活动的管理，不涉及股权或企业产权。管理合同广泛应用于服务业。

三、影响企业参与互联互通建设的因素

影响企业参与互联互通投资方式选择的因素众多，企业应根据自身实际，并结合东道国的具体环境，选取合适的参与方式。具体看，包括以下七个方面：

（一）东道国经验

东道国的投资环境（包括法律环境、政治环境等）及企业对东道国市场的认识和适应程度决定了企业经营模式的选择和变化。我国跨国公司在对投资环境因素较为熟悉、法律建设较为健全、社会较为稳定的国家和地区进行跨国投资时，采用独资的股权模式更多；反之，对相对陌生的国家和地区，我国跨国公司更多选择合资的股权模式，通过东道国本土合作伙伴对当地的法律法规、政治环境、行业规则、经济发展政策的了解，能规避跨国经营过程中可能出现的各种风险。

（二）区位因素

企业进行对外直接投资时必然受到区位因素影响，区位优势不仅决定了对外直接投资的决策倾向，也决定了对外直接投资的行业结构和进入模式。而这些区位因素主要包括市场因素、地区政策和成本因素。对于市场开放程度较高、法律法规建设较为完善、地区政策较为稳定、对外贸易政策较为开放、东道国对外资企业的接受程度较高、外资独资企业可获得与东道国企业平等甚至更加优越待遇的地区，我国跨国公司对外投资更多采用独资形式。反之，更多采用合资形式，通过东道国合作伙伴在本国的影响力，消除东道国区位因素带来的不利影响。

（三）资源承诺

资源的可获得性决定了企业对外投资的进入模式选择。对于跨国公司，某些行业（能源开采类行业等）的对外投资往往具有资金密集度较高的特点，而较高的资金密集度要求企业扩张需要更高的资源承诺。这种承诺不仅制约了企业的资金和人力资源，同时还增加了企业面临的商业风险和政治风险。因此，当投资规模大、需要寻找合资伙伴分散风险时，我国跨国公司倾向于选择合资形式来回避风险。此外，我国跨国公司在向国外转移专用性资产时更倾向于选择较高控制程度的占股结构。对资金密集度和规模相对较小、需要的资源承诺相对较低、企业面临的商业风险和政治风险相对较低的地区，企业对外投资股权模式选择更倾向于独资企业。

（四）文化差异

地区或民族文化对外商直接投资进入模式选择的影响是全方位、全过程的。对于语言文化、文化习俗、历史、社会法律体系相对了解或与我国相似，地理上接近的国家或地区（我国的周边邻国），因各国和地区间的相互了解程度较高、文化习俗较为接近、地区贸易较为活跃、地区认同感较强，为跨国经营带来较大便利，我国跨国公司在这些地区进行投资设厂，更多地采用独资模式；反之，对于文化、生活习俗相对陌生的国家或地区，企业更多采用合资模式进入，利用东

道主本土合作伙伴对本地生活习俗、文化差异的了解以及对当地居民和政府的影响力，实现跨国经营的平稳进行，降低跨国经营风险。

（五）产业特征

产业特征包括资产集中度（强度）、产品多样化程度、产品生命周期等。一般而言，在一个产业中，如果企业需要大量资源投入（包括资本、技术、人才等）才能获得垄断优势和长期超额利润，这样的进入壁垒和退出障碍会将其他企业拒之门外。因此，如果跨国公司在东道国的资产集中度越高，跨国公司为追求长期利润更多地选择独资模式，这有利于获得由于市场垄断地位产生的垄断利润。但企业的资本集中度越高，对资源的依赖性越强，反而增加了其经营风险和政治风险，因此，企业可选择具有相对控制权的合资模式。

（六）对外投资战略

对外投资战略目标是影响企业对外投资的重要因素。目前，我国企业对外直接投资的目的主要是寻求国外的自然资源、学习先进的技术和管理经验、开拓市场。自然资源寻求型企业对外直接投资应以合资形式为主，有利于冲破对于自然资源开发的控制及建立长期的合作关系。学习型企业对外直接投资应以并购、合资为主，能直接获得先进技术和管理经验，掌握先进技术，充分提高我国企业的跨国经营能力。市场开拓型企业的对外投资应以收购、独资为主，这种进入方式有利于获得由于市场垄断地位产生的可持续财务回报。

（七）行业比较优势

企业所在行业的发展程度与东道国相比具有竞争力也是影响企业参与方式的重要因素。我国一些有优势的行业在进行产业转移时，以新建企业和合资方式为主要进入方式。现阶段，我国技术比较成熟、产能可尽快释放与转移、在对外直接投资中具有比较优势的行业，若在经济技术水平与我国接近或较低的发展中国家或某些发达国家投资时，可考虑选择独资模式。而对于目前我国尚不具有投资优势的行业，更多的是利用自身资金实力较强等优势在该行业技术水平发展较为先进、竞争力较强的地区与本土企业合资建厂，

以实现自身综合竞争力的提高。

四、促进企业参与互联互通建设的政策建议

企业走出去，参与我国与周边国家的互联互通建设，一定程度上需要相关政策的扶持与保护。这些鼓励和保护措施不仅可降低企业投资的外在风险，还可有效引导本国境外投资的流向。对一些投资规模较大的项目，尤其是很难产生短期经济效益但具有长远战略意义和经济利益的项目，政府部门不但需要发挥协调作用，还要对企业在资金、政策等方面给予直接扶持。

（一）制定企业参与互联互通建设的国家级中长期发展规划

将我国企业在国际市场的发展与国家经济发展战略规划充分结合起来，充分发挥社会主义制度的优越性和企业的相对优势，争取最佳的经营效益。当务之急是从宏观上制定我国企业参与互联互通建设的中长期发展规划。同时，国家应实施重点扶持政策，鼓励企业"走出去"。规划的主要内容应包括企业参与互联互通建设的总体规模、投资区域、行业选择、投资方式、投资主体、融资战略、最小进入规模以及可享受的优惠政策等，为我国企业参与互联互通建设提供指导与帮助。

（二）成立专门的管理机构

成立专门的海外投资综合管理机构，该机构负责制定我国海外投资发展规划、实施方案、政策措施等工作；负责协调、组织和实施重大海外投资项目；分析和研究我国具备比较优势的产业，以及制定鼓励企业境外投资的产品指导目录，积极稳妥地推动各种类型的企业到境外投资，加强对跨国经营企业的指导和管理，使境外投资活动有领导、有计划、有秩序、更加健康地发展。在海外投资审批政策制定方面，也应由统一机构进行处理。

（三）健全对外投资法律法规与政策体系

企业走出国门涉及复杂的法律保障问题。健全相关的法律、法规体系既包括创造国内适宜的竞争环境，促进优势企业的形成和扩张，以利于形成本土跨国企业；也包括涉及国际关系的法律和协议，如境外投资法、境外投资保护协定和避免双重征税协定等。对于境外投资企业，还要健全鼓励性法律，扶持、促进境外投资的发展；调整、完善管制性法律规范，引导、规范海外投资的健康发展；依法加强对国有境外投资的监督管理等。首先，建立和完善我国海外投资法律体系，尽快制定"海外投资促进法"，改变我国企业从事国际化投资经营无法可依的局面。其次，政府应放宽审批政策，不仅要依法推动海外投资企业主体的多元化，更要打破地区、行业、所有制壁垒，让国内企业根据经济合理性进行重组，然后走向海外。最后，进一步健全我国对外投资管理规定，增强政策透明度，提高管理效率。

（四）进一步完善海外投资金融服务体系

加强银行的服务功能，构建完善的海外投融资服务体系。境外投资是金融资本与产业资本相结合的产物，投资指向哪里，银行就应办到哪里。由于我国大多数海外投资企业处于起步阶段，普遍缺乏国际知名度、实力较弱，在国际资本市场上的信誉不高，当地银行对它们了解不多，仅靠企业自身在国外融资很不现实，致使我国企业融资困难重重，融资成本也大大高于当地企业。亚投行的建立与运营，将大大提高我国企业参与互联互通建设的金融保障与金融安全。此外，我国国有银行在国际金融市场上有较高的信誉，有它们的支持与合作，大大提高了我国企业在国外融资的可能性。各大国有银行应发挥优势，积极为我国跨国企业的建立和发展营造有利的金融环境，加快在我国开展境外投资较多的国家或地区设立分支机构，为境外投资企业融资提供便利，特别要采取多种方式对海外企业给予流动资金的支持。

（五）为企业营造良好的对外投资环境

应加强与投资所在国与地区之间的官方联系，与重点投资国家和地区的政府建立长期联系，通过政府间交往，争取合资合作项目获得东道国政府的支持，并保障企业能享受到该国的优惠政策。积极推进与有关国家的商谈并签订双边投资保护协定，保护我国对外投资者权益，使其免受因发

生战争、没收、汇款限制等非常风险而带来的损失，促进同缔约国之间互利的投资合作。投资保护协定的主要内容包括：保障我国投资者与投资国企业享受同等国民待遇、不低于第三国的最惠国待遇，禁止对我国投资者采取国有化及没收措施，如万不得已而采取了有关措施，必须赔偿我方企业所遭受的损失。赔偿因发生战争、政变、暴动等突发事件而造成的损失，保障投资本息和利润自由汇出，规定有关发生投资争端的解决程序等。此外，还要积极利用各种国际组织维护本国海外投资企业的利益，按照国际惯例建立和完善海外投资的政治风险担保制度。

（六）充分发挥民间社团、行业协会与境外平台的作用

首先，在政府不宜直接采取措施的领域，民间社团组织等将是重要载体和着力点。在企业"走出去"遇到困难和纠纷时，由这些机构直接出面能获得一定的伸缩空间。在我国吸引外资的过程中，国外许多民间社团组织都发挥了积极作用，为国外企业在华投资提供了各种服务和支持。其次，行业协会在制定行业规范、维护市场秩序、推动公平竞争以及承担政府转移职能等方面应发挥重要作用。在企业对外直接投资过程中，行业协会在保护本国产业方面能起到重要协调作用。我国的行业协会也应积蓄力量，积极探索协助企业进行对外直接投资的方式方法。最后，利用现有的境外经济贸易合作区是我国企业参与互联互通建设的一个便捷措施。当前，很多国家都希望

与我国在合作区领域开展合作，将积极筹划合作区新布局与落实"一带一路"倡议相统一，把我国改革开放的成功经验与国外实际情况相结合，调动地方政府的积极性和企业的创造性，创新合作区模式，推动合作区建设在"一带一路"和互联互通建设中取得新突破和新发展。

参考文献

［1］习近平：携手推进"一带一路"建设［EB/OL］. http：//www. beltandroadforum. org/n100/2017/0514/c24 - 407. html.

［2］肖金成."一带一路"：开放、合作、发展、和平之路［J］. 区域经济评论，2015（3）.

［3］陈晓东. 推动企业深度参与"一带一路"战略的政策建议［J］. 区域经济评论，2016（4）.

［4］陈晓东. 我国与周边国家互联互通战略中的企业主体研究［R］. 中国社会科学院工业经济研究所，2015.

［5］陈晓东. 推动我国企业积极主动参与"一带一路"与互联互通的若干政策建议［J］. 中国社会科学院《要报》（中办专供信息），2015（413）.

［6］陈晓东. 推动我国企业积极主动参与"一带一路"与互联互通的若干政策建议［J］. 中国社会科学院《领导参阅》，2016（5）.

［7］陈晓东. 推动我国企业积极主动参与"一带一路"与互联互通的若干政策建议［J］. 中国社会科学院《要报》（中办专供信息），2015（413）.

［8］陈晓东."一带一路"战略落地实施的若干政策思考［J］. 价格理论与实践，2017（3）.

Promoting the Involvement of Chinese Enterprises in Connectively Interconnection

Joint research group of CASS and NDB

Abstract：The economic integration and development of our country and neighboring countries need to establish reliable coordination mechanism, strengthen infrastructure construction, deepen regional interconnection, and the implementation of these measures requires deep participation of enterprises. Enterprise is an important executor of national development strategy, an active promoter of integration of economic resources, and a major participant in activating regional market economy. From the enterprise point of view, the interconnection and construction between China and neighboring countries will not only help deepen the study of interconnection, but also help to implement interoperability. At present, the main way of enterprises to participate in the construction of interconnection in China and neighboring countries, included joint ventures and wholly foreign – owned investment, indirect export and direct export trade, licensing, franchising, turnkey contract. The choice of enterprise participation depends mainly on the host country experience, location, resource commitment, cultural differences, industrial characteristics, foreign investment strategy, industry comparative advantage and other factors. In order to further promote the enterprises to participate in the construction of interconnection in China and neighboring countries, should be based on long – term strategic and long – term interests, give full play to the coordination role of government departments, and enterprises in the capital, policy and other aspects to give direct support.

Key words：Enterprise；Neighboring Countries；Interoperability；One Belt and One Road Initiative